"THESAURUS"

DU MÊME AUTEUR

LES CERCUEILS DE ZINC, Christian Bourgois, 1991.

LA SUPPLICATION. TCHERNOBYL, CHRONIQUE DU MONDE APRÈS L'APOCALYPSE, Lattès, 1998 ; J'ai lu n° 5408.

LA GUERRE N'A PAS UN VISAGE DE FEMME, Presses de la Renaissance, 2004 ; J'ai lu n° 7552.

DERNIERS TÉMOINS, Presses de la Renaissance, 2005.

LA FIN DE L'HOMME ROUGE, OU LE TEMPS DU DÉSENCHANTEMENT, Actes Sud, 2013.

© ACTES SUD, 2015
pour la présente édition
ISBN 978-2-330-05629-2

SVETLANA ALEXIEVITCH

ŒUVRES

Précédées d'un entretien de l'auteur
avec Michel Eltchaninoff

La guerre n'a pas un visage de femme
Derniers témoins
La Supplication

"THESAURUS" *ACTES SUD*

INTRODUCTION

"J'ÉCRIS L'HISTOIRE DES ÂMES"

Entretien de Svetlana Alexievitch avec Michel Eltchaninoff

MICHEL ELTCHANINOFF : *Il y a en Europe un drôle de pays où le temps s'est figé. À Minsk, capitale de la Biélorussie, les avenues presque désertes sont ornées de publicités officielles pour l'engrais ou le métal nationaux. Au supermarché Océan, on trouve toutes les conserves de poisson de l'époque soviétique. Et au "Magasin universel d'État", les bouteilles de ce champagne très sucré qui accompagnait chaque banquet en URSS côtoient le cognac arménien et la vodka russe – des produits exaltant la nostalgie qu'on ne trouve plus guère dans les rayonnages moscovites. Au-dessus de l'immense place stalinienne dédiée à la mémoire de la Seconde Guerre mondiale, des lettres géantes clament :* L'exploit du peuple est immortel. *Un peu plus loin, près du Parlement voilé de flots de neige, un camion cellulaire rappelle aux hypothétiques opposants que le pouvoir est toujours prêt à les recevoir. En m'éloignant du centre, je parviens à un quartier moins oppressant, qui domine une rivière. Il faut un bon moment pour trouver la bonne entrée dans la pharaonique barre d'immeubles où je rends visite au plus célèbre écrivain biélorusse russophone. Svetlana Alexievitch, qui a reçu le prix Médicis-Essai 2013 pour* La Fin de l'homme rouge, *y habite depuis des décennies, même si elle a dû, sous la pression du pouvoir, s'exiler plusieurs fois. Elle me reçoit dans un cocon écarlate décoré de bois tressé. Même si elle dit se sentir en sécurité, elle me révèle qu'on ne compte plus les voisins emprisonnés, qu'on ouvre son courrier et que ses communications sont sur écoute.*

Je suis venu jusqu'à Minsk pour tenter de percer le mystère que s'obstine à décrire Svetlana Alexievitch dans ses stupéfiants "romans à voix", symphonies qui mêlent les témoignages les plus terribles et les plus intimes sur les tragédies du siècle soviétique : répressions staliniennes, Seconde Guerre mondiale, guerre d'Afghanistan, catastrophe de Tchernobyl, sanglants conflits postsoviétiques... Comment se fait-il que, malgré des souffrances inouïes, une telle nostalgie du communisme règne encore ? Comment s'imbriquent, dans l'histoire

réelle, le bien et le mal ? Tandis que l'Ukraine voisine est en guerre, nous reve-
nons longuement, autour d'un thé et de bonbons biélorusses, sur ce passé qui
reste notre horizon.

Quelles sont les plus fortes impressions de votre enfance ?

SVETLANA ALEXIEVITCH : Nous vivions à la campagne où mon père était directeur d'école et ma mère institutrice et bibliothécaire. Ils passaient leur temps au travail et je ne les voyais pour ainsi dire pas. Celle qui m'a ouvert tout un monde, c'est ma grand-mère. Chaque été, nous partions la voir en Ukraine. La Biélorussie est un pays de marais. Il y fait gris. L'atmosphère est plutôt maussade. Alors qu'en Ukraine, il y a des fleurs partout. La pauvreté règne, mais les maisons sont si belles et la nature embaume. Les poêles sont chauffés à la paille et dégagent un parfum extraordinaire. On cuit son pain soi-même… Cependant, au cœur de cette nature luxuriante, on croisait des invalides de guerre, des culs-de-jatte se traînant sur des planches à roulettes bricolées. Sur les marchés, ils demandaient la charité. Dans les trains, ils se rassemblaient pour chanter des chansons du front. C'était un drôle de tableau. Et sur ce fond, les paysannes parlaient, magnifiquement. Ma grand-mère me racontait comment mon grand-père l'avait enlevée pour l'épouser. Mais elle me peignait aussi le Holodomor, cette famine ordonnée par Staline en 1933 qui a décimé des millions de personnes. Ma grand-mère l'avait vécue et me racontait des choses atroces. Nous passions devant une maison du voisinage. Une vieille femme toute simple en sortait. Alors ma grand-mère se mettait, instinctivement, à chuchoter. Nous lui demandions pourquoi : parce qu'elle avait mangé ses enfants durant la famine, finissait-elle par avouer.

En Biélorussie, terre qui a énormément souffert durant la Seconde Guerre
mondiale, on en parlait aussi ?

Oh oui ! mais plutôt à la campagne qu'à la ville, où l'on était plus prudent. Dès qu'il y avait un baptême ou un mariage, les anciens se mettaient à raconter la guerre. Comme il restait très peu d'hommes, on ne parlait guère du front. Les femmes évoquaient surtout la guerre des partisans contre les nazis. Or cette guerre était extrêmement cruelle. Les partisans soviétiques étaient des hommes affamés et épuisés qui se cachaient dans les bois. Soudain ils débarquaient dans un village et prenaient sa dernière vache au paysan. C'étaient des récits très durs et très forts. Je ne les ai jamais oubliés.

Imaginez : les adultes sont réunis à la table. Nous, les enfants, courons autour. Parfois, on nous chasse et on nous dit d'aller nous mettre ailleurs. Mais j'essayais toujours d'écouter… Comme cette femme qui se cachait dans les marais, avec ses enfants, pour échapper aux nazis. Elle ne pouvait tous les nourrir. Ils risquaient de la faire repérer. Elle a dû en noyer deux.

Que vous reste-t-il de ces souvenirs ?

Une certaine méfiance vis-à-vis du mot imprimé. Ce que confiaient ces gens était bien plus effrayant que ce qu'on lisait alors dans les livres et les articles, tous pleins de la victoire des "nôtres" sur les "autres". La guerre dans la littérature était très jolie. Tout y avait un sens : il faut repousser l'ennemi. Mais ce que les paysannes retraçaient était totalement dénué de sens. Elles peignaient la cruauté humaine, par exemple, la manière dont un groupe de partisans débarque dans un village et tue toute la famille d'un Polizei[1], enfants et grands-parents compris, en brûlant leur ferme. En plus, à l'époque, il y avait des sujets tabous : la presse soviétique et les livres n'évoquaient jamais la manière dont les Allemands s'étaient comportés avec les Juifs. Or tout un pan de la culture biélorusse, la culture juive, a été effacé pendant la guerre, et c'est une très grande perte. Les paysannes, elles, racontaient. Dans les villages, il pouvait y avoir deux tailleurs, un cordonnier, des artisans et des marchands juifs de toutes sortes. En une nuit, ils étaient tous emmenés et on ne les revoyait plus. Il y avait des récits terrifiants sur eux.

Ces récits vous ont-ils empêchée de croire au communisme ?

Pas vraiment. Je ne suis pas née dissidente. Comme tous les écoliers soviétiques, je lisais la littérature autorisée, qui comprenait énormément de récits de guerre d'une tonalité beaucoup plus victorieuse et héroïque. Je subissais une double pression idéologique de l'école et des parents. Il n'était pas évident de ne pas croire au communisme dans ces conditions. J'appartenais sans problème aux Jeunesses communistes. Mais je posais tout de même des questions incongrues à mes enseignants. Pour me punir, on m'a même interdit de bénéficier d'un prix que j'avais reçu et qui m'aurait fait visiter tous les "lieux de Lénine !" en Europe. Je n'étais pas une opposante, mais je pensais différemment. Lorsque je suis entrée à l'université,

---

1. Membre d'une milice supplétive aux SS.

à la faculté de journalisme, je me suis beaucoup intéressée à la philosophie. J'ai essayé de lire Marx, mais ça ne m'a pas plu et j'ai laissé tomber. Je préférais Gramsci, qui représentait la version italienne du socialisme. Et grâce aux étudiants des "pays frères", j'ai pu lire les œuvres de Freud ou de Nietzsche. C'est seulement plus tard, quand je me suis mise à voyager à l'étranger, que j'ai commencé à rapporter des livres, et notamment la littérature sur les camps staliniens. Mais dans les années soixante-dix, je ne savais encore rien de tout cela. J'étais une provinciale et n'allais jamais à Moscou!

Comment est né votre premier livre, La guerre n'a pas un visage de femme*?*

À la fin de mes études, j'ai choisi d'aller travailler dans un journal rural. Je me suis remise à discuter avec les vieilles personnes. À la même époque, j'ai lu les ouvrages de l'écrivain biélorusse Ales Adamovitch. Lui et ses amis parcouraient les campagnes à la recherche des survivants des villages brûlés par les nazis pendant la guerre et les enregistraient. En entendant ces voix par dizaines, j'ai immédiatement senti quelle forme littéraire je devais, moi aussi, adopter. Je me suis mise à recueillir des témoignages, sept ans durant. J'ai choisi le thème des récits féminins de la guerre, car c'étaient les voix des femmes, comme celle de ma grand-mère, qui me restaient en mémoire.

Vous déplorez que nous restions prisonniers d'images masculines de la guerre...

Ce qui m'a le plus frappée, c'est que ces femmes avaient pitié des Allemands. À l'école, on nous apprenait à ne pas avoir pitié des ennemis. Mais la guerre, pour ces femmes, n'est pas enserrée dans les lois écrites par les hommes. Les femmes me parlaient tout autant des arbres abîmés et des oiseaux tués lors d'une fusillade que des victimes humaines. Dans la littérature de guerre, la femme existe pour décorer les exploits du soldat. En voyageant à travers le pays et en écoutant les vieilles femmes, j'ai découvert bien autre chose. J'avais une prédilection pour les gens du peuple. Les personnes éduquées se servent d'un répertoire bien défini de termes, de conceptions du monde, tirés des livres et des journaux. Chez les gens simples, le savoir et la sagesse naissent au contraire de la souffrance, de l'effort personnel ou du talent. Plus tard, j'ai remarqué la même chose après la catastrophe de Tchernobyl. Les savants, les intellectuels, les fonctionnaires étaient totalement perdus et ne savaient quoi penser. Tandis que, chez les gens ordinaires, incultes, j'ai remarqué un grand calme et une grande sagesse.

Comment le livre a-t-il été accueilli?

Une première version est parue dans la revue moscovite *Octobre*, en 1983. Certaines parties ont été censurées. Mais l'autocensure, la mienne et celle de mes interlocutrices, était pire que la censure. L'ouvrage a eu un énorme écho. On en a tiré deux millions d'exemplaires. Le livre a rencontré son époque, à la veille de la "transparence" promue par Gorbatchev, qui allait mener à la fin de l'URSS. On cherchait la vérité sur une période et on commençait à se douter que l'homme n'était pas aussi simple que ce que nous en disait la propagande. Mon principe est de chercher à comprendre la vie humaine. Dénoncer le mensonge du système soviétique ou du poutinisme demeure secondaire. Les choses ne m'intéressent pas lorsqu'elles se situent sur le plan idéologique, qui reste pour moi superficiel. Mais le résultat est que ces livres détruisent tout de même les mythes, soviétiques ou postsoviétiques.

Comment avez-vous pu publier Les Cercueils de zinc, *un livre encore plus dur sur la guerre d'Afghanistan* [1979-1989]?

Je n'avais pas envie d'écrire un nouveau livre sur la guerre. Ce sujet m'avait épuisée. Mais je suis allé voir mes parents à la campagne. On venait d'y ramener un soldat de là-bas. Il était devenu fou. Sa manière de parler, de crier, m'a fait beaucoup d'effet. Alors, j'ai tout de même décidé d'écrire un livre. J'ai commencé à recueillir les témoignages. La différence, c'est que j'ai pu me rendre en Afghanistan. Il n'a pas été simple d'obtenir l'autorisation. J'ai fini par y passer trois semaines à la fin des années quatre-vingt. La guerre s'est révélée encore plus effrayante que les récits. Tout me paraissait si embrouillé: l'héroïsme de ces garçons – mais au nom de quoi? –, toutes ces morts atroces, l'ivrognerie nocturne… Je ne parle pas des tortures sur les nouvelles recrues… Pourtant, ces garçons étaient loin d'être des brutes. Beaucoup d'entre eux étaient des fils d'instituteurs ou de médecins de campagne, des enfants de l'intelligentsia rurale que les parents avaient abreuvés de slogans soviétiques. J'ai reconnu ma propre famille en eux. Les gens venant de zones rurales étaient naïfs. Ils pensaient participer à une belle guerre au nom de nobles idéaux. Mais on les a trompés et trahis dès le départ. Et on a fait d'eux des assassins. Vous imaginez leur égarement après tout ceci! C'est à cette époque que j'ai définitivement perdu foi dans le socialisme. Cette description, très éloignée de l'image d'Épinal du soldat soviétique, m'a valu un procès lors de la publication du livre.

Mais nous étions au début des années quatre-vingt-dix, il était déjà impossible de l'interdire.

Aviez-vous déjà l'idée d'écrire, de livre en livre, une vaste fresque du siècle soviétique?

Pas tout de suite. Ce n'est que quand s'est produite la catastrophe de Tchernobyl, en 1986, qui a touché la Biélorussie davantage que l'Ukraine, que j'en ai eu l'idée. À l'occasion de cette catastrophe nucléaire, j'ai eu le sentiment que l'édifice soviétique lui-même était en train de se fissurer et qu'il faudrait aller jusqu'au bout de l'histoire de cette utopie. *La Supplication* est sans doute mon livre le plus important. Il m'a demandé énormément d'efforts. C'était plus compliqué, car j'ai eu du mal à en saisir le sujet même : comment appeler ce qui s'était passé là-bas ? Alors j'ai suivi ma méthode : j'ai récolté des témoignages des années durant. Puis j'ai vu se dessiner des lignes de force. Une philosophie d'ensemble a émergé, et j'ai compris ce que je voulais dire. Avec Tchernobyl, nous sommes entrés dans un monde inédit. Nous avons compris que le progrès technique représente une voie suicidaire. Il s'agit d'une guerre d'un nouveau type, dans laquelle l'homme ne se combat pas seulement lui-même, mais le vivant en général : les plantes et les animaux, la terre et le ciel. Dans la zone irradiée, on ramassait les moineaux morts à la pelle. On ne brûlait plus les feuilles mortes, irradiées, mais on les enterrait. D'ailleurs, on ne savait même pas de quoi il fallait avoir peur. Et la mort était différée, silencieuse. La nature ne ressemblait à rien de connu. Le jour de l'accident, j'ai vu un énorme nuage noir. Dans les jours suivants, les flaques ont pris des couleurs invraisemblables. Elles devenaient noires, jaunes, vertes, fluorescentes. Dans la zone irradiée, les sapins et les pins ont viré au rouge, puis au roux. Dans le ciel, il y avait une sorte de lueur, un rayonnement. Évidemment, personne n'avait été préparé à ça. Nous avions été élevés dans l'idée suivant laquelle l'atome pacifique soviétique était inoffensif. Du coup, pour lutter, on employait les moyens qu'on connaissait : on envoyait des militaires armés de fusils. C'était absurde !

Votre dernier ouvrage, La Fin de l'homme rouge, *est la fin du cycle. Il évoque la très puissante nostalgie pour l'Union soviétique, vingt-cinq ans après sa disparition. Minsk, avec son style très soviétique et sa dictature "bienveillante", en est un bon exemple…*

L'ouvrage se penche sur le *revival* soviétique que traversent actuellement la Russie de Poutine et plusieurs autres pays ex-soviétiques. La Biélorussie est un cas légèrement différent : nous ne sommes pas revenus au communisme car nous n'en sommes jamais sortis ! Très vite après la chute de l'URSS, le président Loukachenko a arrêté le temps. Et, lorsqu'ils ont vu que, dans les autres pays ex-soviétiques, les réformes apportaient de l'insécurité et ne donnaient aucun résultat immédiat, les gens sont restés dans le soviétisme avec plaisir. Les Biélorusses ont peur des changements. Au fond, la chute de l'URSS a été pour la majeure partie des gens une tragédie. Mon père, par exemple, a été complètement perdu quand c'est arrivé. Il croyait sincèrement au communisme. Il pensait qu'il fallait juste un peu nettoyer cet édifice, mais pas le mettre à bas. Et il ne s'agissait pas d'un homme corrompu, mais d'un être juste et sincère. Les témoignages dans *La Fin de l'homme rouge* abondent en ce sens. Beaucoup regrettent le culte du sacrifice qui caractérisait la société. L'argent était méprisé. L'altruisme était une valeur. Le pire, c'est que non seulement les anciens veulent revenir en arrière, mais aussi leurs enfants. Parmi les jeunes d'aujourd'hui, il y a beaucoup de communistes. Je ne crois pas que l'on puisse se libérer si facilement du communisme.

L'ancien dissident polonais Adam Michnik, quand on lui demandait ce qu'il y avait de pire dans le communisme, répondait : "Ce qui arrive après"...

C'est une phrase très lucide. Après le communisme ne reste qu'un homme totalement égaré, qui ne sait pas comment vivre. Les leaders qui ont gouverné la Russie après la fin de l'URSS ont pillé le pays et ont rendu le peuple fou de rage. Du coup, les termes "libéral" et "démocrate" sont devenus des gros mots. Les gens ont alors décidé de recommencer l'expérience. L'histoire est tragique, ici : tous les trente ou quarante ans, il se passe quelque chose d'atroce. Mais les gens sont habitués à vivre ainsi. Ils n'ont jamais vécu autrement. Ils n'ont jamais été libres. Ils savent qu'à tout moment, on peut tout leur reprendre. Les sources de ce sentiment sont plus profondes que le communisme, d'ailleurs. Cela remonte au moins à Ivan le Terrible. Dans ce territoire asiatique, la culture chrétienne du sacrifice a été complétée par le culte communiste de la mort. Quant à la Biélorussie, ce qui s'y passe est vraiment incroyable. En décembre 2010, des gens sont sortis manifester pour protester contre la énième réélection de Loukachenko. La police a jeté six cent trente-neuf personnes en prison. Eh bien, la plus grande partie de la société a fait comme si rien ne s'était passé.

Les gens sont davantage intéressés par les moyens de trouver un travail, de gagner de l'argent, et sont prêts à fermer les yeux sur tout le reste. Il existe en fait un contrat implicite avec le tyran : on a un travail, on peut voyager dans l'espace Schengen et, en échange, on se tient tranquille. Comme si, après le communisme, les gens n'étaient plus capables de répondre d'eux-mêmes. Les gens courageux sont très peu nombreux ici. On ne peut donc pas vraiment parler de terreur, mais d'une peur permanente. Quant à Loukachenko, il est tranquille pour l'instant, car il pense contrôler la situation dans le pays. Mais si jamais il sent qu'il perd le contrôle, alors rien ne l'arrêtera pour rester au pouvoir. Il fermera le pays et le transformera en Corée du Nord. Si cent mille personnes se rassemblent, il n'aura aucun scrupule à faire couler le sang.

Quelle vérité voulez-vous atteindre avec votre manière d'écrire, si particulière ?

Je ne cherche pas à produire un document mais à sculpter l'image d'une époque. C'est pourquoi je mets entre sept et dix ans pour rédiger chaque livre. J'enregistre des centaines de personnes. Je reviens voir la même personne plusieurs fois. Il faut d'abord, en effet, la libérer de la banalité qu'elle a en elle. Au début, nous avons tous tendance à répéter ce que nous avons lu dans les journaux ou les livres. Mais, peu à peu, on va vers le fond de soi-même et on prononce des phrases tirées de notre expérience vivante et singulière. Finalement, sur cinquante ou soixante-dix pages, je ne garde souvent qu'une demi-page, cinq au plus. Bien sûr, je nettoie un peu ce qu'on me dit, je supprime les répétitions. Mais je ne stylise pas et je tâche de conserver la langue qu'emploient les gens. Et si l'on a l'impression qu'ils parlent bien, c'est que je guette le moment où ils sont en état de choc, quand ils évoquent la mort ou l'amour. Alors leur pensée s'aiguise, ils sont tout entiers mobilisés. Et le résultat est souvent magnifique. N'oublions pas que l'art de la parole est une tradition russe. Les Italiens ont la grande peinture, les Allemands la grande musique. Les Russes, eux, ont développé une culture logocentrique, qui exalte le verbe. Je ne suis donc pas journaliste. Je ne reste pas au niveau de l'information, mais j'explore la vie des gens, ce qu'ils ont compris de l'existence. Je ne fais pas non plus un travail d'historien, car tout commence pour moi à l'endroit même où se termine la tâche de l'historien : que se passe-t-il dans la tête des gens après la bataille de Stalingrad ou après l'explosion de Tchernobyl ? Je n'écris pas l'histoire des faits mais celle des âmes.

Au fond, quelles questions vous obsèdent?

Celles qui torturaient déjà Dostoïevski. Pourquoi sommes-nous prêts à sacrifier notre liberté? Comment le désir de faire le bien peut-il déboucher sur le mal le plus absolu? Comment expliquer la noirceur de l'âme humaine? Quand j'étais jeune, j'ai lu les journaux intimes des grands acteurs de la révolution russe. J'avais envie de savoir qui étaient ces gens, par exemple Dzerjinski, le futur chef de la police politique. Eh bien, c'était un jeune homme très lumineux, qui rêvait de la régénération de l'être humain. Par quel mystère ces jeunes gens idéalistes se sont-ils transformés en leaders sanguinaires? C'était ce que je voulais comprendre. C'est pourquoi j'ai placé cette phrase du philosophe Friedrich Steppuhn en exergue de *La Fin de l'homme rouge*: “En tout cas, nous ne devons pas oublier que ceux qui sont responsables du triomphe du mal dans le monde, ce ne sont pas ses exécutants aveugles, mais les esprits clairvoyants qui servent le bien.” C'est mon traumatisme enfantin, et cela reste ma grande question.

Philosophie Magazine, novembre 2014.

LA GUERRE N'A PAS UN VISAGE DE FEMME

traduit du russe par
Galia Ackerman et Paul Lequesne

Titre original :
U voïni ne jenskoe litso

© Presses de la Renaissance, 2004
pour la traduction française

— *Quand, pour la première fois dans l'Histoire, des femmes apparaissent-elles dans une armée?*

— *Dès le IVe siècle avant notre ère, à Athènes et à Sparte, des femmes combattaient dans les troupes grecques. Plus tard, elles ont participé aux campagnes d'Alexandre de Macédoine.*

— *Et à l'époque moderne?*

— *Le premier pays à en enrôler a été l'Angleterre… Entre 1560 et 1650, des hôpitaux ont commencé d'être créés dans lesquels servaient des femmes soldats. Et durant la Première Guerre mondiale, on acceptait déjà des femmes dans la Royal Air Force ; les Britanniques avaient en outre formé un Corps royal auxiliaire et une légion féminine de transport automobile – le tout représentant un effectif de cent mille personnes.*

— *Comment s'est développée la féminisation de l'armée pendant la Seconde Guerre mondiale – la guerre la plus terrible du XXe siècle?*

— *Durant ces années-là, le monde a été témoin de l'amplification du phénomène. On a vu des femmes servir dans les différents corps de l'armée, et cela dans de nombreux pays – dans l'armée britannique, elles étaient deux cent vingt-cinq mille, dans l'armée américaine, de quatre cent cinquante à cinq cent mille, en Allemagne, près de cinq cent mille.*

Dans l'armée soviétique, près d'un million de femmes ont servi dans les différentes armes. Il y avait parmi elles des tireurs d'élite, des pilotes d'avion, des conducteurs-mécaniciens de chars lourds, des mitrailleurs…

Conversation avec un historien

L'HOMME EST PLUS GRAND
QUE LA GUERRE

Extraits du Journal de l'auteur, 1978-1985

J'écris un livre sur la guerre… Moi, qui n'ai jamais aimé lire des livres de guerre, bien qu'en mon enfance et mon adolescence ce fût la lecture préférée de tous. De tous les garçons et filles de mon âge. Et cela n'avait rien d'étonnant : nous étions les enfants de la Victoire. Les enfants des vainqueurs. Quel souvenir ai-je de la guerre ? Celui de mon angoisse d'enfant perdue au milieu de mots effrayants et incompréhensibles. La guerre était constamment évoquée : à l'école et à la maison, aux mariages et aux baptêmes, aux fêtes et aux enterrements. Et même dans les conversations entre gosses. La guerre, même après la guerre, était restée la demeure de nos âmes. Tout le monde logeait à cette même enseigne, tout procédait de ce monde effarant, et notre famille n'échappait pas à la règle : mon grand-père ukrainien, le père de ma mère, était mort au front, tandis que ma grand-mère biélorusse, la mère de mon père, avait été emportée par le typhus dans les rangs des partisans ; deux de ses fils avaient été portés disparus : sur les trois qu'elle avait envoyés se battre, un seul était revenu… Quant à mon père… Enfants, nous n'avions pas idée d'un monde sans guerre, le monde de la guerre était le seul connu de nous, et les gens de la guerre, les seuls qui nous fussent familiers. Aujourd'hui encore je ne sais pas d'autre monde ni d'autres gens. Mais ont-ils jamais vraiment existé ?

Sans doute serait-il impossible de compter combien de livres dans le monde ont été écrits sur la guerre. J'ai récemment lu quelque part que la terre a déjà connu plus de trois mille guerres. Or les livres qui en parlent sont encore plus nombreux… Tout ce que nous savons, cependant, de la guerre, nous a été conté par des hommes. Nous sommes prisonniers d'images "masculines" et de sensations "masculines" de la guerre. De mots "masculins". Les femmes se réfugient toujours dans le silence, et si d'aventure elles se décident à parler, elles racontent non pas leur guerre, mais celle des autres. Elles adoptent un langage qui n'est pas le leur. Se conforment à l'immuable modèle masculin. Et ce n'est que dans l'intimité de leur maison ou bien entourées d'anciennes camarades du front, qu'après avoir essuyé quelques larmes elles évoquent devant vous une guerre (j'en ai entendu plusieurs récits au cours de mes expéditions journalistiques) à vous faire défaillir le cœur. Votre âme devient silencieuse et attentive : il ne s'agit plus d'événements lointains et passés, mais d'une science et d'une compréhension de l'être humain dont on a toujours besoin. Même au jardin d'Éden. Parce que l'esprit humain n'est ni si fort ni si protégé qu'on le croit, il a sans cesse besoin qu'on le soutienne. Qu'on lui cherche quelque part de la force. Les récits des femmes ne contiennent rien ou presque rien de ce dont nous entendons parler sans fin et que sans doute, d'ailleurs, nous n'entendons plus, qui échappe désormais à notre attention, à savoir comment certaines gens en ont tué héroïquement d'autres et ont vaincu. Ou bien ont perdu. Les récits de femmes sont d'une autre nature et traitent d'un autre sujet. La guerre "féminine" possède ses propres couleurs, ses propres odeurs, son propre éclairage et son propre espace de sentiments. Ses propres mots enfin. On n'y trouve ni héros ni exploits incroyables, mais simplement des individus absorbés par une inhumaine besogne humaine. Et ils (les humains !) n'y sont pas les seuls à en souffrir : souffrent avec eux la terre, les oiseaux, les arbres. La nature entière. Laquelle souffre sans dire mot, ce qui est encore plus terrible…

Aussitôt la question se pose : pourquoi ? Pourquoi, après avoir disputé et occupé leur place dans un monde naguère exclusivement masculin, les femmes n'ont-elles pas défendu leur histoire ? Leurs paroles et leurs sentiments ? Pourquoi n'ont-elles pas eu foi en elles-mêmes ? Tout un monde nous est ainsi dérobé. Le continent isolé des femmes. Mais qu'est-ce qui nous empêche d'y pénétrer ? D'y aborder et d'écouter ? D'un côté un mur aveugle, celui d'une certaine résistance masculine, que je qualifierais même volontiers de conspiration secrète ourdie par les hommes, de l'autre un manque de désir et de curiosité de notre part, qu'on peut expliquer par le fait que personne n'attend de cette exploration la moindre découverte. Car l'homme, dit-on, ne vit que pour faire la guerre et pour parler de la guerre. Nous croyons tout savoir de la guerre. Mais moi qui écoute parler les femmes – celles de la ville et celles de la campagne, femmes simples et intellectuelles, celles qui sauvaient des blessés et celles qui tenaient un fusil –, je puis affirmer que c'est faux. C'est même une grande erreur. Il reste encore une guerre que nous ne connaissons pas.

Je veux écrire l'histoire de cette guerre… Une histoire féminine…

Premiers enregistrements… Et première surprise : les emplois militaires de ces femmes – brancardier, tireur d'élite, mitrailleur, chef de pièce antiaérienne, sapeur –, alors qu'elles sont aujourd'hui comptables, laborantines, guides touristiques, institutrices… À croire que ce ne sont pas leurs souvenirs qu'elles me rapportent, mais ceux de je ne sais quelles autres filles. Aujourd'hui, elles sont elles-mêmes étonnées de ce qu'elles ont vécu. Et sous mes yeux, l'Histoire peu à peu "s'humanise". J'ai le sentiment qu'elles et moi ne parlons pas tant de la guerre, justement, que de l'existence humaine. Qu'en somme nous méditons sur l'homme.

Je tombe sur des conteuses au talent bouleversant ; il est dans leur vie des pages comme on en rencontre rarement, même dans les romans de mon cher Dostoïevski. Des pages où le personnage devient le jouet du destin, et pourtant s'observe très clairement à la fois d'en haut – depuis le ciel – et d'en bas – depuis la terre. L'évocation des souvenirs, ce n'est pas un récit passionné ou au contraire indifférent des événements qu'on a connus et d'une certaine réalité enfuie, mais une vraie renaissance du passé. C'est une pure création. En se racontant, les gens recréent, "récrivent" leur vie. Il arrive qu'ils la complètent ou en rajoutent. Il faut être vigilant. J'ai eu le temps de remarquer que ce sont les femmes simples qui manifestent le plus de sincérité : infirmières, cuisinières, blanchisseuses… Comment définir ça plus précisément ? Les mots qu'elles emploient, elles les tirent d'elles-mêmes et non pas des journaux et des livres qu'elles ont lus. De leur culture. Et uniquement de leurs propres souffrances. Les sentiments et le langage des gens instruits, si étrange qu'il puisse paraître, sont souvent davantage soumis à l'influence du temps présent. À ses codes. Sont contaminés par un savoir et une expérience qui ne sont pas les leurs. Il faut souvent de longs travaux d'approche et toutes sortes de détours avant d'entendre le récit d'une guerre "féminine" et non "masculine", avec retraites, contre-attaques et numéros de secteurs de front… Une seule rencontre n'y suffit pas, il est besoin de plusieurs séances. Comme le réclame tout portraitiste un peu persévérant.

Je reste longtemps dans la demeure inconnue, parfois une journée entière. Nous prenons le thé, comparons nos chemisiers achetés récemment, parlons coiffures et recettes de cuisine. Regardons ensemble les photographies des petits-enfants. Et alors seulement… Au bout de quelque temps, on ne sait jamais à l'avance ni combien ni pourquoi, survient soudain l'instant tant attendu, où la personne s'éloigne du modèle communément admis – modèle de plâtre ou de béton armé, comme sont nos monuments – pour retourner vers soi. En soi. Commence à évoquer, non plus la guerre, mais sa propre jeunesse. Tout un pan de sa vie… Il faut savoir saisir cet instant. Ne pas le laisser échapper. Mais souvent, après une longue journée emplie de paroles et de faits, ne vous reste en mémoire qu'une seule phrase (mais quelle phrase !) : "J'étais si petite, quand je suis partie au front, que j'ai grandi pendant la guerre." C'est cette phrase que je note dans mon carnet, bien que j'aie enregistré des dizaines de mètres de bande sur mon magnétophone. Quatre à cinq cassettes…

Par quoi ma tâche est-elle facilitée ? Elle l'est par le fait que nous sommes habitués à vivre ensemble. À communiquer. Nous sommes gens de communauté. Nous mettons tout en commun : et le bonheur, et les larmes. Nous savons souffrir et parler de nos souffrances. Pour nous, la douleur est un art. Je dois avouer que les femmes s'engagent hardiment dans cette voie…

Comment m'accueillent-elles ?

Elles m'appellent "fillette", "ma fille", "mon enfant". Sans doute, si j'étais de la même génération qu'elles, se comporteraient-elles avec moi autrement. De manière plus sévère et sereine. Sans la joie qu'offre souvent la rencontre entre la vieillesse et la jeunesse. La fin et le début. Je suis jeune, elles sont vieilles. Elles m'expliquent les choses comme à une enfant. J'ai depuis longtemps remarqué que c'est avec les enfants que nous parlons le mieux : nous cherchons alors des mots neufs, parce qu'il nous est autrement impossible de franchir la frontière qui nous sépare de leur monde désormais pour nous inaccessible. Je vois souvent les femmes assises en face de moi tendre l'oreille à elles-mêmes. Au son qu'émet leur propre cœur. Le comparer aux mots qu'elles prononcent. À l'âge de la vieillesse, l'individu comprend que la vie désormais est derrière lui, et qu'il faut à présent se résigner et se préparer au départ. Il n'a pas envie, il serait fâché même, de disparaître simplement, comme ça. Sans se soucier de rien. En cours de route. Et quand il regarde en arrière, il ressent en lui le désir non pas seulement de se raconter, mais de parvenir jusqu'au mystère de la vie. De se poser à soi-même la question : "Pourquoi tout cela m'est-il arrivé ?" Il porte sur tout son passé un regard d'adieu un peu triste… Il n'a plus de raison de s'abuser ni d'abuser les autres. Et nulle envie, car le temps manque pour jouer. Tout est définitif et proche du mystère. Du dernier mystère.

La guerre est une épreuve trop intime. Et aussi interminable que l'existence humaine…

Une fois, une femme (une aviatrice) a refusé de me rencontrer. Elle m'a expliqué pourquoi au téléphone : "Je ne peux pas. Je ne veux pas me souvenir. Trois ans passés à la guerre… Et durant trois ans, je n'ai plus été une femme. Mon organisme était comme en sommeil. Je n'avais plus de règles, plus de désir sexuel. J'étais une jolie femme, cependant… Quand mon futur mari m'a fait sa demande, c'était à Berlin. Devant le Reichstag. Il m'a dit : « La guerre est finie. Nous sommes vivants. Épouse-moi. » J'aurais voulu pleurer. Crier. Le frapper ! Comment ça, l'épouser ? L'épouser – tout de suite ? Tu as bien regardé à quoi je ressemble ? Fais d'abord de moi une femme : offre-moi des fleurs, fais-moi la cour, dis-moi de belles paroles. J'en ai tellement envie ! J'ai failli lui flanquer une gifle… Je voulais le frapper… Mais il avait une joue brûlée, toute cramoisie, et j'ai vu qu'il avait compris : des larmes coulaient sur cette joue… Sur les cicatrices encore fraîches… Et je me suis entendue répondre, sans y croire moi-même : « D'accord, je vais t'épouser. »

Mais je ne peux pas raconter… Je n'ai pas la force de revenir en arrière… De devoir revivre encore une fois tout ça…"

Je l'ai comprise. Mais c'est aussi une page ou une demi-page du livre que j'écris.

Des textes, des textes. Partout : des textes. Dans des appartements et des maisons en bois, dans la rue, dans des cafés… Moi, j'écoute…

Je me métamorphose de plus en plus en une seule grande oreille sans relâche tournée vers l'autre. Je "lis" les voix…

L'homme est plus grand que la guerre… Je retiens précisément les moments où il est plus grand qu'elle. C'est quand il y est gouverné par quelque chose de plus fort que l'Histoire. Il me faut embrasser plus large : écrire la vérité sur la vie et la mort en général, et non pas seulement la vérité sur la guerre. Il ne fait aucun doute que le mal est séduisant : il nous hypnotise par sa provision d'inhumanité profondément enfouie en l'homme. J'ai toujours été curieuse de savoir combien il y avait d'humain en l'homme, et comment l'homme pouvait défendre cette humanité en lui. Mais pourquoi alors un tel intérêt pour le mal ? Peut-être pour savoir quels dangers nous menacent et comment les éviter ? Je m'enfonce de plus en plus loin dans le monde infini de la guerre, tout le reste a légèrement terni, est devenu plus ordinaire qu'à l'ordinaire. C'est un monde trop envahissant, trop puissant. Je comprends à présent la solitude de l'individu qui en revient. C'est comme s'il revenait d'une autre planète ou bien de l'autre monde. Il possède un savoir que les autres n'ont pas, et qu'on ne peut acquérir que là-bas, au contact de la mort. Quand il essaie d'en transmettre quelque chose par des mots, il a le sentiment d'une catastrophe. Il devient muet. Il voudrait bien raconter, les autres voudraient bien savoir, mais tous sont impuissants. J'ai peur de ce phénomène…

Ils sont toujours dans un autre espace que moi, à qui ils se confient. Au moins trois personnes participent à l'entretien : celui qui raconte aujourd'hui, celui que fut cette personne autrefois, au moment des événements, et moi. Mon but : avant tout obtenir la vérité de ces années-là. De ces jours-là. Une vérité débarrassée de toute fausseté de sentiments. Sans doute, juste après la Victoire, la personne aurait-elle raconté une guerre, et dix ans plus tard une autre, parce qu'elle engrange désormais dans ses souvenirs sa vie tout entière. Son être tout entier. La manière dont elle a vécu ces dernières années, ce qu'elle a lu, ce qu'elle a vu, les gens qu'elle a rencontrés. Enfin, le fait d'être heureux ou malheureux. Ou celui de parler, elle et moi, seule à seule ou bien avec quelqu'un d'autre à côté. Il importe alors de savoir de qui il s'agit. Un membre de la famille ? Un ami ? De quelle espèce ? Si c'est un ancien camarade du front, c'est une chose, sinon c'en est une autre. Les documents sont des êtres vivants, ils changent en même temps que nous, on peut en tirer sans fin quelque chose. Sans fin quelque chose de nouveau. Ceux qui racontent ne sont pas seulement des témoins – ils sont rien moins que des témoins –, mais des acteurs et des créateurs. Il est impossible de s'approcher directement de la réalité, front contre front. Ce sont nos sentiments qui s'interposent entre la réalité et nous. On peut dire que j'ai affaire à des versions – chacun a la sienne propre –, d'où ressurgit l'image de toute une époque et des gens qui y vivaient, selon le nombre de ces versions, et leurs entrecroisements. Mais je ne voudrais pas qu'on dise de mon livre : "Ses héros sont vrais", et puis c'est tout. Je cherche une image, un rythme…

Je n'écris pas sur la guerre, mais sur l'homme dans la guerre. J'écris non pas une histoire de la guerre, mais une histoire des sentiments. D'un côté, j'étudie des individus concrets ayant vécu à une époque concrète et participé à des événements concrets, mais d'un autre, j'ai besoin de discerner en chacun d'eux l'être humain de toute éternité. La part d'humain toujours présente en l'homme.

Sans doute certains formuleront-ils des doutes : les souvenirs, objecteront-ils, ça ne fait pas de l'Histoire. Ni de la littérature. Mais pour moi c'est là, dans la voix vivante de l'homme, dans la vivante restauration du passé, que se dissimule la joie originelle et qu'est mis à nu le tragique de la vie. Son chaos et son absurde. Son horreur et sa barbarie. Tous ces éléments y apparaissent, vierges de toute altération. Ce sont des originaux.

Hier, un coup de téléphone : "Nous ne nous connaissons pas, vous et moi… Mais j'arrive de Crimée, je vous appelle de la gare. J'aimerais vous raconter ma guerre… J'ai déjà lu les extraits que vous avez publiés…" Ah bon ?

Seulement nous nous apprêtions, ma fille et moi, à aller au parc. Faire du manège. Comment expliquer à une petite personne de six ans ce sur quoi je travaille ? Elle m'a demandé récemment : "Qu'est-ce que c'est, la guerre ?" Que lui répondre ?… J'aimerais la lâcher dans ce monde le cœur tout empli de douceur, alors je lui apprends qu'il ne faut pas cueillir une fleur quand ce n'est pas nécessaire, quand on n'en a nul besoin. Qu'il est dommage d'écraser une coccinelle, d'arracher une aile à une libellule. Mais comment expliquer la guerre à un enfant ? Comment répondre à la question : "Pourquoi y a-t-on tué mon grand-père ?" Après la guerre, mes parents me l'avaient expliqué peu ou prou, mais moi je ne puis plus en faire autant avec ma fille. Il n'y a aucun moyen qu'elle accepte de comprendre : "Mais tout de même, pour quoi ?"

Il faudrait écrire un livre sur la guerre, qui soit tel que le lecteur en ressente une nausée profonde, que l'idée même de guerre lui paraisse odieuse. Démente.

Mes amis hommes (à la différence de mes amies femmes) restent pantois devant une logique aussi "féminine". Et j'entends à nouveau l'argument "masculin" : "Tu n'as pas fait la guerre." Mais peut-être, justement, cela vaut-il mieux. J'ignore l'emprise de la haine, je conserve une vision normale. Une vision "non guerrière"...

La guerre des femmes possède son propre langage... Les hommes se retranchent derrière les faits, la guerre les captive, comme l'action et l'opposition des idées, alors que les femmes la perçoivent à travers les sentiments. Je le répète malgré tout : il s'agit d'un autre monde, différent de celui des hommes. Avec ses odeurs, ses couleurs propres, et un environnement détaillé : "On nous avait distribué des sacs, nous nous sommes taillé dedans des jupes", "Au bureau de recrutement, je suis entrée par une porte vêtue d'une robe, et ressortie par une autre en pantalon et vareuse ; on avait coupé ma tresse, il ne me restait plus qu'un petit toupet sur le crâne..." Plus d'une fois, on m'a mise en garde (surtout les hommes écrivains) : "Les femmes vont t'inventer des tas de contes. Elles vont fabuler tout leur saoul." Mais peut-on inventer pareilles choses ? Les bâtir de toutes pièces ? Si l'on peut avoir usé d'un modèle, celui-ci s'appelle forcément la vie, car elle seule possède une telle imagination.

Mais quel que soit le sujet qu'abordent les femmes, elles ont constamment une idée en tête : la guerre, c'est avant tout du meurtre, ensuite c'est un labeur harassant. Puis, en dernier lieu, c'est tout simplement la vie ordinaire : on chantait, on tombait amoureuse, on se mettait des bigoudis...

Mais surtout, elles ressentent tout ce qu'il y a d'intolérable à tuer, parce que la femme donne la vie. Offre la vie.

Les hommes... Ils laissent de mauvais gré les femmes pénétrer dans leur monde, sur leur territoire...

J'ai retrouvé une femme à l'usine de tracteurs de Minsk, qui avait servi comme tireur d'élite. Elle était célèbre pour ses faits d'armes. On avait publié de nombreux articles sur elle dans les journaux du front. Quelques-unes de ses amies moscovites m'avaient donné son numéro de téléphone, mais il n'était plus valable. Je suis donc allée au service des cadres de l'usine où j'ai entendu des hommes (le directeur de l'usine et le chef du service) me dire : "Est-ce qu'il n'y a pas assez d'hommes à interroger ? Pourquoi avez-vous besoin de femmes ? À quoi bon écouter leurs délires… leurs histoires de bonnes femmes…"

Je suis arrivée dans une famille… Le mari et la femme avaient fait la guerre tous les deux. Ils s'étaient rencontrés au front et s'y étaient mariés : "Nous avons fêté nos noces dans la tranchée, je m'étais confectionné une robe avec de la gaze." Il était mitrailleur, elle agent de liaison. L'homme a aussitôt expédié son épouse à la cuisine : "Prépare-nous donc quelque chose." Sur ma demande insistante, il a fini à contrecœur par lui céder la place, non sans lui recommander : "Raconte comme je te l'ai appris. Sans larmes ni détails idiots, du genre « J'avais envie d'être jolie, j'ai pleuré quand on m'a coupé ma tresse »". La femme m'a avoué : "Il a potassé toute la nuit avec moi l'*Histoire de la Grande Guerre patriotique*. Il avait peur pour moi. Et maintenant encore, il est anxieux à l'idée que je n'évoque pas les souvenirs qu'il faut…"

Oui, elles pleurent beaucoup. Elles crient. Après mon départ, elles avalent des comprimés pour le cœur. Elles appellent les secours d'urgence. Mais elles me répètent malgré tout : "Reviens nous voir. Reviens sans faute. Nous nous sommes tues durant si longtemps. Voilà quarante ans que nous nous taisons…"

Je suis bien consciente qu'on ne peut soumettre les cris et les pleurs à aucun travail d'écriture, car autrement l'essentiel n'est plus les cris et les pleurs, mais l'écriture elle-même. Telle est la nature du matériau : nulle part l'individu ne se montre autant, ne révèle autant de lui-même que dans la guerre, et aussi peut-être dans l'amour. Il y dévoile ses secrets les plus intimes. On lui voit jusqu'à travers la peau. Son enveloppe de banalité se déchire, découvrant un abîme que lui-même n'est pas prêt à affronter. Bien que ce soit sa propre histoire. Plusieurs fois, j'ai récupéré des textes envoyés pour relecture, avec en marge : "Inutile de mentionner les détails sans importance… Il faut parler de la Victoire…" Seulement, les "menus détails", c'est ce qui, pour moi, est l'essentiel – la part d'humain : le malheureux toupet qui subsiste à la place de la tresse, la marmite de kacha brûlante qui ne trouve pas d'amateur, parce que sur cent hommes partis au combat n'en sont revenus que sept, ou bien le fait de ne plus pouvoir aller au marché après la guerre, pour ne pas voir les étals de boucherie… La viande sanguinolente…

Qui étaient-ils, ces gens, des Russes ou bien des Soviétiques ? Non, ils étaient soviétiques, mais ils étaient aussi russes, biélorusses, ukrainiens, tadjiks…

Il a malgré tout bel et bien existé, l'homme soviétique. Il ne ressemble pas aux autres. Il savait les noms de ses victimes et de ses martyrs, il a créé ses idéaux et ses valeurs. Des hommes de cette sorte, je crois qu'il n'y en aura jamais plus. Même nous, leurs enfants, nous sommes différents. Et que dire de leurs petits-enfants…

Mais je les aime. Je les admire. Oui, ils avaient le Goulag, mais ils ont eu aussi la Victoire. Et ils le savent…

DIX-SEPT ANS PLUS TARD

2003

Je relis mes vieilles notes… Je tente de me rappeler la femme que j'étais alors, quand j'écrivais ce livre. Cette femme par certains côtés me plaît, par d'autres elle est avec moi en désaccord. J'élève des objections. Je poserais sûrement aujourd'hui beaucoup d'autres questions et j'entendrais bien d'autres réponses. Et j'écrirais un autre livre, pas totalement différent, mais différent tout de même. Les documents ne meurent pas, ne restent pas figés une fois pour toutes sous une forme donnée, dans les mêmes termes, ils bougent. Nous sommes capables de puiser sans fin de la matière neuve au fond des mots, ou plus exactement au fond de nous-mêmes. Surtout quand il est question de documents vivants, de nos témoignages. De nos sentiments.

C'est pourquoi je suis condamnée à compléter sans fin mes livres. Posez un point, il se métamorphose aussitôt en points de suspension…

Ce qui m'a le plus intéressée dans mes archives, c'est d'abord le carnet où je notais les épisodes supprimés par la censure. Mes conversations avec le censeur. Mais plus encore, les pages où j'ai conservé ce que j'éliminais moi-même. Mon autocensure. Et mes explications sur les raisons qui me poussaient à rejeter tel ou tel fait. J'ai déjà restauré dans le livre nombre de passages appartenant à ces deux catégories. Ainsi de ces quelques pages : c'est aussi et déjà un document. Et c'est mon chemin...

CE QUE LA CENSURE A SUPPRIMÉ

"On avait parcouru quarante kilomètres à pied... Tout un bataillon, composé en grande majorité de filles. On crevait de chaud. Il faisait bien trente degrés. Beaucoup de filles avaient... Comment dire... Ce qu'ont toutes les femmes... Ça leur dégoulinait le long des jambes... On ne nous fournissait rien, n'est-ce pas? Aucun moyen pour y remédier. Nous sommes arrivées à un point d'eau. Nous avons vu une rivière... Et ces filles, dont je parle, s'y sont toutes précipitées. Mais les Boches de l'autre côté ont aussitôt ouvert le feu. Ils visaient bien... Nous, nous avions besoin de nous laver, car nous avions trop honte devant les hommes... Nous ne voulions pas sortir de l'eau, et une fille a été tuée..."

"J'étais de service une nuit... Je suis entrée dans la salle des blessés graves... Il y avait là un capitaine... Les médecins m'avaient avertie avant que je prenne mon service qu'il allait mourir dans la nuit, qu'il ne tiendrait pas jusqu'au matin. Je lui demande : « Eh bien! comment va? Que puis-je faire pour t'aider? » Je n'oublierai jamais... Il a souri soudain, un sourire lumineux sur son visage épuisé : « Déboutonne ta blouse... Montre-moi tes seins... Il y a si longtemps que je n'ai pas vu ma femme... » J'ai senti le rouge me monter au front, je lui ai répondu je ne sais plus quoi... Je suis partie et ne suis revenue qu'une heure plus tard...
Il était mort... Et son sourire ne s'était pas effacé."

"On était encerclés... On a pris une décision : à l'aube, on ferait une tentative pour percer les lignes ennemies. De toute façon, nous allions périr, mieux valait alors périr au combat. Il y avait trois jeunes filles chez nous. La nuit, elles sont allées avec tous ceux qui pouvaient… Car, bien sûr, tout le monde n'en était pas capable. C'est une question de nerfs, voyez-vous. Nous nous apprêtions à mourir… Certains ont fait le choix entre l'amour et la mort, parce qu'ils n'avaient pas la force pour les deux, mais pas tous. Et il y a eu cette nuit…

Je me souviens de nos filles avec gratitude… Elles ont toutes été tuées…"

Extrait d'un entretien avec un censeur :

— À quoi bon tous ces détails physiologiques ? Vous abaissez la femme à force de naturalisme primaire. La femme héroïne. Vous la découronnez. Vous en faites une femme ordinaire. Une femelle. Or chez nous, ce sont des saintes !

— Notre héroïsme est stérile, il ne veut tenir compte ni de la physiologie, ni de la biologie. Il est impossible d'y croire. Ce n'est pas seulement l'esprit qui était mis à l'épreuve, mais aussi le corps. Son enveloppe matérielle.

— D'où vous viennent ces idées ? Elles nous sont étrangères. Elles ne sont pas soviétiques. Vous vous moquez des victimes qui gisent dans les fosses communes. Vous avez trop lu Remarque… Chez nous, le remarquisme ne passera pas. La femme soviétique n'est pas un animal…

"Quelqu'un nous a trahis… Les Allemands ont su où stationnait le groupe de partisans. Ils ont encerclé la forêt et ses abords. Nous nous sommes cachés dans les marais. Nous avons été sauvés par les marais, où les SS ne s'aventuraient pas. Le marécage. Il engloutissait tout, et les machines, et les hommes. Durant plusieurs semaines, nous avons passé des journées entières debout dans la vase, de l'eau jusqu'au cou. Il y avait avec nous une radiotélégraphiste. Elle relevait de couches. L'enfant était tout petit, il fallait le nourrir au sein. Mais la mère ne mangeait pas à sa faim, elle manquait de lait, et le gosse pleurait. Les SS étaient tout près… Avec des chiens… Si jamais ils nous entendaient, nous étions tous perdus. Le groupe entier. Une trentaine de personnes… Vous comprenez ?

Nous prenons une décision…

Personne n'ose transmettre l'ordre du commandant, mais la mère devine toute seule. Elle plonge l'enfant emmailloté dans l'eau et l'y maintient longtemps… Le gosse ne braille plus. Il est mort. Et nous, nous ne pouvons plus lever les yeux. Ni sur la mère, ni sur personne d'entre nous…"

"Quand nous faisions des prisonniers, nous les amenions devant les hommes rassemblés… On ne les fusillait pas, ç'aurait été une mort trop légère pour eux, on les crevait, comme des porcs, à coups de baguette de fusil, on les coupait en morceaux. J'allais voir ça… J'attendais! J'attendais longtemps le moment où, sous la douleur, les yeux leur saillaient hors des orbites… leurs pupilles…

Qu'est-ce que vous savez de ça?! Ils avaient brûlé ma mère et mes jeunes sœurs sur un bûcher, au milieu du village…"

"À Stalingrad, il y avait tant de tués que les chevaux n'en avaient plus peur. D'habitude, ils en ont peur. Un cheval ne marcherait jamais sur un cadavre d'être humain. Nous avions ramassé nos morts, mais pas ceux des Boches, qui traînaient par terre, gelés. Il y en avait partout. J'étais chauffeur, je transportais des caisses de munitions pour l'artillerie, j'entendais leurs os craquer sous les roues… leurs crânes… Et j'étais heureuse…"

Extrait d'un entretien avec un censeur :

— Oui, la Victoire nous a coûté bien des souffrances, mais vous devez chercher des exemples héroïques. Il s'en trouve par centaines. Or vous ne montrez de la guerre que la fange. Le linge sale. Avec vous, notre Victoire devient horrible… Quel but poursuivez-vous?

— Dire la vérité.

— Et vous pensez que la vérité, vous allez la trouver dans la vie? Dans la rue? Sous vos pieds? Pour vous, elle est aussi basse que ça? Aussi terre à terre? Non, la vérité, c'est ce dont nous rêvons. Ce que nous voulons être!

"L'offensive progressait… Les premiers villages allemands…
Nous étions jeunes. Vigoureux. Quatre années sans femmes. Dans
les caves : du vin. Et puis de quoi le faire passer. On chopait des
filles et… On s'y mettait à dix pour en violer une… Il n'y avait pas
assez de femmes, la population fuyait devant l'armée soviétique. On
en chopait qui étaient toutes jeunes. Des gamines… Douze ans…
Si la gosse pleurait, on la battait, on lui fourrait un chiffon dans la
bouche. Elle avait mal, et nous, ça nous faisait rire. Aujourd'hui je
ne comprends pas comment j'ai pu participer à ça… Un garçon sortant d'une famille cultivée… Mais c'était bien moi…

La seule chose dont nous avions peur, c'était que nos filles, à
nous, l'apprennent. Nos infirmières. Devant elles, nous avions
honte…"

"Nous étions encerclés… Nous tournions en rond dans les
bois, dans les marécages. Nous mangions des feuilles, nous mangions l'écorce des arbres. Des racines. Nous étions cinq, l'un tout
gamin encore. Il venait juste d'être mobilisé. Une nuit mon voisin
me murmure à l'oreille : « Le gamin est à peine encore vivant. De
toute manière, il va calancher. Tu me comprends… – Que veux-tu
dire ? – La chair humaine, ça peut aussi se consommer. Autrement,
nous y passerons tous. Un ancien prisonnier m'a raconté comment
il s'était évadé d'un camp avec quelques autres. En traversant la forêt
sibérienne. C'est comme ça qu'ils s'en sont tirés… »

J'ai senti la nausée me tordre les tripes, même si je n'avais rien à
vomir. Je n'avais plus la force de frapper. Le lendemain, nous avons
rencontré des partisans…"

"Les partisans sont arrivés à cheval dans le village, en plein jour. Ils
ont tiré de chez eux le staroste[1] et son fils. Ils leur ont cinglé la tête
à coups de baguettes de fer, jusqu'à ce qu'ils s'écroulent. Puis ils les
ont achevés à terre. J'étais assise à la fenêtre, j'ai tout vu. Parmi les
partisans, il y avait mon frère aîné… Quand il est entré dans notre
maison et qu'il a voulu m'embrasser – « Petite sœur ! » –, je me suis

---

1. Le chef (élu ou désigné) de la communauté villageoise sous l'Ancien Régime
Les nazis avaient restauré ce système de gouvernement rural dans les zones qu'ils
occupaient.

mise à hurler… Puis je suis devenue muette. Durant un mois, je n'ai pas prononcé un mot.

Mon frère est mort à la guerre… Mais que serait-il advenu s'il était resté en vie ? Et s'il était revenu à la maison… Je ne sais pas… Aurais-je retrouvé l'usage de la parole ou bien non ?

Je suis restée traumatisée par la guerre, à jamais…"

"Les SS ont incendié notre village. N'ont eu la vie sauve que ceux qui se sont enfuis. Nous sommes partis sans rien, les mains vides, sans même emporter du pain. Nous n'avons pas eu le temps. La nuit, Nastia, notre voisine, battait sa fille parce qu'elle ne cessait de pleurer. Nastia avait à s'occuper de ses cinq enfants. Tous étaient encore petits, et tous réclamaient à manger. Et Nastia est devenue folle. Une nuit, nous avons entendu sa fille, ma petite amie Iouletchka, la supplier : « Maman, ne me noie pas. Je ne le ferai plus… Je ne te demanderai plus à manger. »

Le lendemain matin, Iouletchka n'était plus là… Personne ne l'a jamais revue…

Quant à Nastia, lorsque nous avons regagné le village, ou plutôt l'endroit où le village se trouvait encore quelques jours auparavant, car il n'en restait que des cendres, nous l'avons retrouvée dans son jardin… Elle s'était pendue à un pommier noir… Ses enfants se tenaient auprès d'elle et réclamaient à manger…"

Extrait d'un entretien avec un censeur :

— C'est un mensonge ! C'est une calomnie destinée à salir nos soldats qui ont libéré la moitié de l'Europe. Destinée à salir nos partisans. Notre peuple. Nous n'avons pas besoin de votre petite histoire, nous avons besoin de la grande Histoire. Celle de la Victoire. Vous n'aimez personne ! Vous n'aimez pas nos grandes idées. Les idées de Marx et de Lénine.

— C'est vrai, je n'aime pas les grandes idées, j'aime les petits et les humbles. Et plus encore, j'aime la vie…

CE QUE J'AI ÉCARTÉ MOI-MÊME

"Nous étions encerclés… Il y avait avec nous un instructeur politique nommé Lounine… Il nous a donné lecture d'un ordre qui disait que les soldats soviétiques ne se constituaient pas prisonniers. Chez nous, comme avait dit le camarade Staline, il n'y avait pas de prisonniers, il n'y avait que des traîtres. Les gars ont sorti leurs pistolets… L'instructeur les a arrêtés : « C'est inutile. Vivez donc, les gosses, vous êtes jeunes. » Mais lui-même s'est tiré une balle dans la tête…

Et quand nous sommes revenus… on était passés déjà à la contre-offensive… Je me rappelle un petit garçon qui, jaillissant soudain hors d'une cave, ou de je ne sais quel abri enterré, a déboulé vers nous en criant : « Tuez ma sœur… Tuez-la! Elle a couché avec un Allemand… » Il avait les yeux exorbités de frayeur. Sa mère courait derrière lui… Elle courait et se signait…"

"On m'a convoquée à l'école… L'institutrice revenue d'évacuation voulait me parler :

« Je veux transférer votre fils dans une autre classe. La mienne est réservée aux meilleurs élèves.

— Mais mon fils n'a que des notes excellentes!

— Peu importe. Le garçon a vécu sous l'occupation allemande.

— Oui, ça a été très dur pour nous.

— Ce n'est pas ce que je veux dire. Tous ceux qui ont subi l'occupation… Tous ces gens sont l'objet de soupçons. Ainsi vous-même…

— Quoi? Je ne comprends pas…

— Nous ne sommes pas sûrs qu'il ait un développement normal. Tenez, par exemple, il bégaie…

— Je sais. C'est dû à la peur. Il a été roué de coups par l'officier allemand qui logeait chez nous.

— Vous voyez… Vous l'avouez vous-même… Vous viviez au côté de l'ennemi…

— Et qui l'a laissé arriver jusqu'à Moscou, cet ennemi? Qui nous a abandonnés ici avec nos enfants? »

J'ai piqué une crise d'hystérie…

J'ai tremblé pendant deux jours à l'idée que l'institutrice me dénonce. Puis, finalement, elle a gardé mon fils dans sa classe."

"Le jour nous redoutions les Boches et la Polizei, la nuit c'étaient les partisans. Les partisans m'avaient confisqué ma dernière vache, me laissant toute seule avec le chat. Dans une maison vide.

Nos propres villageois se faisaient la guerre. Les enfants des koulaks étaient revenus de déportation. Leurs parents y étaient morts. Désormais, ils servaient les autorités allemandes. Ils se vengeaient. L'un d'eux a tué le vieil instituteur... Mon voisin... Celui-ci avait autrefois dénoncé son père, au moment de la « dékoulakisation ». C'était un communiste fervent.

Oh! ma petite fille, j'ai peur des mots. Ces mots-là sont effrayants. À quoi bon juger les hommes? Les hommes ont grandi dans le mal, dans la terreur. J'ai été, moi, sauvée par le bien, je n'ai jamais voulu de mal à personne. J'avais pitié de tous..."

Je suis revenue dans mon village décorée de deux ordres de la Gloire[1] et de plusieurs médailles. J'ai vécu là trois jours ; le quatrième, maman est venue me tirer du lit en disant : « Ma chérie, je t'ai préparé ton paquet. Il faut t'en aller, tu as deux jeunes sœurs qui n'ont pas fini de grandir. Qui les prendra pour épouses?... Tout le monde sait que tu as passé quatre ans au front... »

Je ne tiens pas à en raconter davantage. Vous n'avez qu'à parler, comme les autres, de mes décorations..."

"J'étais servant d'une mitrailleuse. J'en ai tant tué... J'étais habitée par une telle haine... J'en suffoquais... Après la guerre, j'ai longtemps eu peur d'avoir des enfants. J'en ai eu quand je me suis sentie un peu apaisée. Au bout de sept ans...

Épargnez-moi... ne citez pas mon nom. Je ne veux pas que quelqu'un sache... Que mes enfants sachent... Jusqu'à aujourd'hui, je n'ai rien pardonné. Je ne pardonnerai jamais..."

"Beaucoup d'entre nous pensaient... croyaient qu'après la guerre tout serait changé, que les gens ne vivraient plus dans la peur. Que Staline aurait confiance en son peuple. La guerre n'était pas terminée que des convois partaient déjà pour Magadan. Des convois de vainqueurs, des trains entiers remplis de héros. On envoyait dans les camps ceux qui avaient été prisonniers de guerre, qui avaient survécu aux camps allemands, qui avaient vu l'Europe et pouvaient raconter

---

1. L'ordre de la Gloire est une des hautes décorations militaires introduites en 1943.

comment on y vivait. Sans communistes. Qui pouvaient raconter comment étaient là-bas les maisons et les routes. Et dire qu'on n'y voyait nulle part de kolkhozes…

La censure lisait le courrier de la poste aux armées. Chaque unité avait ses délateurs…

Après la Victoire, tout le monde s'est tu. Tout le monde a recommencé à se taire et à trembler, comme avant la guerre…"

"D'accord, nous partons. Mais qui prend la relève? Que restera-t-il après nous? J'enseigne l'histoire. Je suis une vieille prof. Au cours de ma carrière, on a déjà récrit l'histoire trois fois. Je l'ai enseignée suivant trois manuels différents… J'ai bien peur que notre vie aussi, on ne la récrive. Pour nous, à notre place. Mieux vaut que je la raconte moi-même… Nous-mêmes… Ne parlez pas à notre place et ne nous jugez pas…"

J'avais peur du mal, je ne croyais pas en l'incroyable diversité du mal, parce que l'homme me semblait être une créature plus solide qu'il ne l'est en réalité. C'est ce qu'on nous enseignait, et c'est ce que je pensais, moi aussi. J'étais un individu de mon temps, et j'avais ma propre guerre…

"JE NE VEUX PAS ME SOUVENIR…"

Un vieil immeuble de deux étages dans la banlieue de Minsk, de ceux qui furent construits à la hâte et, croyait-on alors, à titre temporaire, juste après la guerre, mais qui tiennent toujours debout, agrémentés de buissons touffus de jasmin. C'est là qu'a commencé ma quête qui devait durer sept ans, sept années étonnantes autant que douloureuses, qui m'ont permis de découvrir le monde de la guerre, un monde dont le sens nous échappe. Au fil de ces jours, je suis tombée amoureuse de notre passé et en même temps l'ai pris en détestation, plus d'une fois je suis descendue au fond de l'abîme et suis montée au ciel. J'ai appris à croire en l'homme et me suis étonnée de son infinie faculté d'extension dans un sens comme dans l'autre – celui du bien et celui du mal. J'ai éprouvé douleur, haine, tentation… Tendresse et perplexité… J'ai essayé de comprendre en quoi mourir est différent d'être tué, et où se trouve la frontière entre humain et inhumain. J'ai découvert que la guerre ne se réduisait pas à la mort, qu'elle était constituée d'une multitude d'autres éléments, qu'on y retrouvait tout ce qui compose l'ordinaire de la vie. Je me suis trouvée confrontée à l'infinité des sens, à l'infinité des vérités humaines, des mystères humains. Je me suis mise à réfléchir à des questions qui auparavant ne m'eussent même pas effleurée : par exemple, pourquoi ne sommes-nous pas surpris par l'existence du mal, pourquoi sommes-nous dénués d'étonnement devant le mal ? Ou encore : la guerre n'est-elle pas du temps assassiné ? Un lieu où l'on tue le temps…

Ce fut un long périple… Des dizaines d'expéditions à travers tout le pays, des centaines de cassettes enregistrées, des milliers de mètres de bande magnétique. Cinq cents entretiens, après quoi j'ai cessé de compter, les visages se sont effacés de ma mémoire, ne me sont restées que les voix. Tout un chœur qui résonne encore en ma mémoire. Non, je ne mentirai pas, je l'avoue : je n'ai pas toujours été certaine d'être de taille à aller jusqu'au bout de ce chemin. J'avais parfois envie de m'arrêter… de revenir sur mes pas… de retrouver celle que j'étais avant mon départ, celle qui ne savait encore rien, à laquelle on n'avait encore jamais rien confié. Je ne pouvais plus, cependant, renoncer. J'étais devenue prisonnière du mal, je tenais à le déchiffrer, à le comprendre. J'ai acquis, je crois, un certain nombre de connaissances, mais les questions se sont faites encore plus nombreuses. Et les réponses, de plus en plus rares…

Mais à ce moment, au tout début de mon chemin, je ne le soupçonnais pas encore…

J'avais été amenée dans cet immeuble par un petit article paru dans un journal local, faisant état d'une récente cérémonie d'adieu qui avait eu lieu à l'usine de voitures de voirie "Oudarnik", à l'occasion du départ en retraite de sa chef comptable, Maria Ivanovna Morozova. L'article disait que celle-ci avait été tireur d'élite pendant la guerre, qu'elle s'était vue onze fois décorée pour faits d'armes, et comptait soixante-quinze ennemis à son tableau de chasse. Il m'était difficile de relier mentalement l'activité de cette femme pendant la guerre avec sa profession en temps de paix. Et pas davantage avec la banale photographie publiée par le journal. Avec tous ces signes d'un quotidien très ordinaire.

… Une petite femme, coiffée de manière touchante comme une jeune fille d'autrefois, la longue tresse de ses cheveux enroulée autour de la tête, et qui ne ressemblait nullement à la photo du journal… Elle était assise dans un grand fauteuil, les mains sur le visage :

— Non, non, je ne veux pas. Je ne peux pas. Même aujourd'hui je suis incapable de regarder un film de guerre. De retourner là-bas. Tiens, tu me fais même pitié… Je te parle comme je le ferais à ma fille. Tu es si jeune, et tu voudrais connaître ça! Et moi? À l'époque j'étais encore presque une enfant… Je rêvais et je grandissais, je grandissais et je rêvais…

Puis, elle me demanda :

— Mais pourquoi venir me trouver, moi? Tu devrais plutôt rencontrer mon mari, il t'en raconterait… Les noms des commandants, des généraux, les numéros des unités – il se rappelle tout. Pas moi. Je ne me souviens que de ce que j'ai vécu… Il y avait beaucoup de monde autour de moi, mais on est toujours seul… L'être humain est toujours seul devant la mort…

Elle me demanda de ranger mon magnétophone :

— J'ai besoin de tes yeux pour parler, et ce truc va me gêner.

Mais au bout de quelques minutes, elle avait oublié sa présence.

Récit de Maria Ivanovna Morozova (Ivanouchkina),
caporal, tireur d'élite :

"Ce sera un récit tout simple… celui d'une simple jeune fille russe…

Là où était situé mon village natal de Diakovskoïe s'étend à présent le district Proletarski de Moscou. Lorsque la guerre a éclaté, je n'avais pas encore dix-huit ans. J'avais de très longues nattes qui me tombaient jusqu'aux genoux… Personne ne croyait que la guerre durerait encore longtemps, tout le monde pensait que quelques semaines suffiraient à la conclure. À chasser l'ennemi. J'ai travaillé un temps au kolkhoze, puis j'ai suivi des cours de comptabilité, et j'ai été embauchée comme comptable. La guerre continuait… Je me suis inscrite aux cours d'instruction militaire dispensés par le bureau de recrutement. On nous y apprenait à tirer au fusil d'assaut, à lancer des grenades. Au début, j'avais peur de prendre le fusil dans mes mains, c'était désagréable. Nous étions une quarantaine à suivre les cours. Quatre jeunes filles de notre village, cinq du village voisin, bref, chaque village environnant fournissait son lot. Et uniquement des filles. Les hommes, ils étaient déjà tous partis à la guerre, tous ceux qui pouvaient…

Bientôt, comme l'ennemi se trouvait déjà aux abords de Moscou, le comité central du Komsomol a appelé la jeunesse à assurer la défense de la Patrie. Comment ça, les Allemands allaient prendre Moscou ? Nous ne les laisserions pas faire ! Je n'étais pas la seule à vouloir aller à la guerre, toutes les filles de mon âge exprimaient le même désir. Mon père était déjà au front. Nous pensions bien cependant faire exception… Mais quand nous nous sommes présentées au bureau de recrutement, il y en avait beaucoup d'autres comme nous. La sélection était très rigoureuse. Premièrement, il fallait, bien sûr, avoir une solide santé. J'avais peur de ne pas être prise car, dans mon enfance, j'avais été souvent malade. J'étais, comme on dit, de faible constitution. Fragile, quoi. Ensuite, s'il n'y avait pas d'autre enfant au foyer, hormis la fillette qui voulait s'engager, on vous refusait aussi, parce qu'il ne fallait pas que votre mère se retrouve seule. Oh! nos petites mamans! Nos mamans pleuraient sans relâche, leurs joues n'avaient pas le temps de sécher... Quant à moi, j'avais deux sœurs et deux frères, tous, c'est vrai, beaucoup plus jeunes que moi, mais cela comptait quand même. Il y avait encore un autre obstacle : tout le monde avait quitté le kolkhoze, on manquait de bras pour labourer les champs, et le président du kolkhoze était opposé à notre départ. Bref, nous avons toutes été recalées. Nous sommes allées protester auprès du comité de district du Komsomol. Nouveau refus. Alors nous avons formé une délégation pour notre district et nous nous sommes rendues au comité de région. Nous étions toutes pleines d'enthousiasme. Mais, une fois de plus, on a nous renvoyées chez nous. Puisque aussi bien nous étions à Moscou, nous avons décidé de nous adresser directement au comité central du Komsomol. De rencontrer le premier secrétaire. De nous battre jusqu'au bout... Qui d'entre nous serait le rapporteur? Qui était la plus hardie? Nous pensions que là, à coup sûr, nous serions les seules visiteuses, mais tu parles! impossible de se frayer un chemin dans le couloir, je ne parle même pas de parvenir jusqu'à la porte du secrétaire. Il y avait là des jeunes venus de toute l'Union, dont beaucoup avaient déjà subi l'occupation et brûlaient de venger la mort de leurs proches. Des gens des quatre coins du pays...

Dans la soirée, finalement, nous avons réussi à obtenir une entrevue avec le secrétaire. On nous demande : « Allons, comment prétendez-vous combattre, alors que vous ne savez pas tirer? » Nous répondons en chœur que nous avons déjà appris... « Où ça? Comment? Et savez-vous faire des pansements au moins? » Or, tu sais, à ces mêmes cours dispensés par notre bureau de recrutement, le médecin du district nous avait montré comment panser une blessure. Alors, ils n'ont plus rien dit. Et ils ont commencé à nous regarder d'un autre œil. Et puis, nous avions un autre atout : nous n'étions pas quelques-unes, nous étions quarante qui toutes savaient tirer et étaient capables de donner les premiers soins. La décision fut : « Rentrez attendre chez vous. Vous aurez une réponse favorable. » Que nous étions heureuses au retour! C'est inoubliable...

Deux jours plus tard, exactement, nous recevions nos convocations...

On est arrivées au bureau de recrutement : on nous faisait aussitôt entrer par une porte pour ressortir par une autre. J'avais une tresse magnifique… Quand je suis ressortie, je ne l'avais plus! On m'a fait quitter aussi ma robe. Je n'ai eu le temps de donner ni la tresse ni la robe à ma mère. Elle qui m'avait suppliée de lui laisser quelque chose de moi. On nous a distribué sur-le-champ vareuses, calots et sacs de soldat et on nous a embarquées dans un train de marchandises… des wagons jonchés de paille…

On a embarqué gaiement… Crânement… En échangeant des blagues…

Où allions-nous? Nous n'en savions rien. En fin de compte, ce que nous allions devenir ne nous importait pas tant que ça. Pourvu qu'on nous envoie au front. Tout le monde combattait, nous aussi. On est descendues à Chtchelkovo. Une école de tir réservée aux femmes se trouvait à proximité. Telle était notre affectation. Nous allions devenir des tireurs d'élite. Tout le monde était content. Ça, c'était du vrai. On allait tirer au fusil.

Nous avons commencé notre apprentissage. On nous a enseigné les règlements : le service de garnison, la discipline militaire, le camouflage sur le terrain, la protection contre les gaz de combat. Toutes les filles s'appliquaient énormément. Nous avons appris à monter et à démonter notre arme les yeux fermés, à évaluer la vitesse du vent et celle de cibles en mouvement, à estimer la distance nous séparant de celles-ci, à creuser des trous pour nous y cacher, à ramper le ventre collé au sol. Tout cela, nous savions déjà le faire. Nous avions envie d'aller au front le plus tôt possible… Sous le feu… À la fin du stage, j'ai obtenu un « très bien » pour le tir et pour la préparation militaire. Le plus dur, je me souviens, c'était de se lever la nuit au signal d'alerte et d'être prête en cinq minutes. Nous avions pris des bottes d'une ou deux pointures au-dessus pour ne pas perdre de temps à les enfiler. En cinq minutes, il fallait s'habiller, se chausser et filer se mettre en rang. Il arrivait qu'on coure dehors pieds nus dans ses bottes. Une fille a failli ainsi avoir les pieds gelés. L'adjudant-chef s'en est aperçu, nous a fait une observation, puis nous a appris à enrouler correctement les portiankis[1] autour des pieds. Il se campait près de nous et grondait : « Comment vais-je pouvoir faire

---

1. En français, on parle parfois de "chaussettes russes" ; bandes de tissu remplaçant les chaussettes, qui sont toujours en usage dans l'armée russe.

de vous des soldats, mes petites, et non des cibles pour les Boches ? »
Mes petites, mes petites… Tout le monde nous aimait et sans cesse
nous plaignait… Nous étions vexées d'attirer cette pitié. N'étions-
nous pas des soldats comme les autres ?…

Enfin, nous sommes arrivées au front. À Orcha… Versées dans
la 62ᵉ division d'infanterie… Le commandant, si je me souviens
bien, était le colonel Borodkine. Quand il nous a vues, il s'est mis
en colère : « Voilà qu'on me colle des filles sur le dos ! Qu'est-ce que
c'est que ce corps de ballet ? C'est la guerre, ici, pas une soirée dan-
sante. Une guerre cruelle… » Mais ensuite, il nous a invitées chez
lui, nous a fait servir à manger. Et on l'a entendu demander à son
aide de camp : « N'avons-nous rien de sucré pour accompagner le
thé ? » Nous nous sommes senties insultées, bien sûr. Pour qui nous
prenait-il ? Nous étions venues pour faire la guerre ! Et il nous recevait non comme des soldats, mais comme des gosses. Il est vrai que
nous avions l'âge d'être ses filles. « Que vais-je faire de vous, mes
jolies ? Où est-on allé vous ramasser ? » Voilà quelle était son attitude
à notre égard, voilà comment il nous a accueillies. Et nous qui nous
voyions déjà grands foudres de guerre… Sur les champs de bataille !

Le lendemain, il nous a forcées à montrer ce dont nous étions
capables : tir, camouflage. Pour ce qui est de la première épreuve,
nous nous en sommes très bien tirées, mieux même que les hommes
tireurs d'élite qui avaient été rappelés des avant lignes pour un stage
de deux jours. Puis est venu le camouflage sur le terrain… Le colonel est arrivé, a déambulé un moment dans la clairière, l'a soigneusement inspectée, puis a grimpé sur un monticule de terre pour
mieux voir. Toujours rien. Et là, le « monticule » sous ses pieds s'est
mis à geindre : « Oh ! camarade colonel, je n'en peux plus, vous êtes
trop lourd ! » Ce qu'on a ri ! Il n'arrivait pas à croire qu'on pouvait se
camoufler aussi bien. « À présent, a-t-il déclaré, je retire ce que j'ai
dit au sujet des 'filles'. » Mais il était tourmenté quand même… Il
a mis longtemps à s'habituer à nous…

Je suis partie pour la première fois « à la chasse » (c'est comme
ça qu'on dit, chez les francs-tireurs) avec une coéquipière, Macha
Kozlova. Nous nous sommes camouflées et avons attendu, couchées :
j'étais chargée de l'observation, Macha tenait sa carabine épaulée.
Tout à coup, elle me dit :

— Tire ! Tire ! Tu ne vois pas ? Un Allemand…

Je réponds :

— Moi, j'observe. C'est à toi de tirer !

— Pendant que nous sommes là à discuter, dit-elle, il va décamper. Mais j'insiste :

— Il faut d'abord établir une carte de tir, marquer les points de repère : la grange, le bouleau…

— Tu te crois encore à l'école pour vouloir faire la bureaucrate ? Je ne suis pas venue ici pour m'occuper de paperasse, mais pour me battre !

Visiblement, elle commençait à être fâchée contre moi.

— Eh bien alors, tire ! Qu'attends-tu ?

Et notre querelle reprend. Or, pendant ce temps, en effet, l'officier allemand donnait des instructions à ses soldats. Un fourgon était arrivé, et les soldats faisaient la chaîne pour le décharger. L'officier est resté un moment, a prononcé encore quelques paroles, puis s'est éclipsé. Et nous, nous ne parvenions toujours pas à nous mettre d'accord. Mais c'était la deuxième fois qu'il se montrait, et j'ai senti que si on laissait encore passer l'occasion, il nous échapperait. Lorsqu'il est apparu pour la troisième fois – juste un bref instant, car il surgissait puis disparaissait presque aussitôt –, j'ai décidé de tirer. J'ai pris cette décision, et subitement une idée m'a traversée : c'est tout de même un être humain, un ennemi, d'accord, mais un être humain. Mes mains se sont mises à trembler, un frisson m'a parcouru tout le corps. Une sorte de terreur m'a envahie… C'était difficile de tirer sur un homme, après les cibles en contreplaqué. Presque impossible. Je le voyais très bien dans la lunette de visée. Il paraissait tout proche. Et quelque chose en moi résistait… M'empêchait… Mais je me suis ressaisie et j'ai appuyé sur la détente… Il a agité les bras et s'est effondré. J'ignore si je l'ai tué ou seulement blessé. Mais après cela, j'ai été prise d'un tremblement encore plus violent, j'étais comme terrorisée : moi, je venais de tuer un homme ?…

À notre retour à la section, nous avons raconté ce qui m'était arrivé. On a organisé une réunion. Klava Ivanova, la responsable de notre cellule de Komsomol, a bien cherché à me convaincre : « Il ne faut pas avoir pitié d'eux, il faut les haïr… » Les nazis avaient tué son père. Parfois, nous nous mettions à chanter, et elle nous disait : « Les filles, il ne faut pas ; quand nous aurons vaincu ces vermines, alors oui, nous chanterons. »

Mais ça n'a pas marché tout de suite… Tant s'en faut… Il a fallu d'abord se convaincre. Se persuader."

Quelques jours plus tard, Maria Ivanovna m'appelle et m'invite chez une de ses amies, ancienne combattante comme elle, Klavdia Grigorievna Krokhina. Et j'entends raconter une nouvelle fois que c'est une chose que de haïr le fascisme, mais que c'en est une autre que de tuer un homme pour de vrai. De devenir soldat. On a beau apprendre, se préparer, être enthousiaste, dès les premiers jours on découvre combien le monde dans lequel on vient d'entrer est dur et cruel.

Récit de Klavdia Grigorievna Krokhina,
sergent-chef, tireur d'élite :

"Nous nous étions embusquées, et j'observais. Et tout à coup, je vois un Allemand hausser la tête hors de sa tranchée. Je fais feu. Il tombe. Eh bien! vous savez, je me suis mise à trembler de tous mes membres, j'entendais mes os s'entrechoquer. J'ai fondu en sanglots. Quand je tirais sur des cibles, ça ne faisait rien, mais là : j'avais tué! Moi!

Puis ça m'a passé. Et voici comment. Nous étions déjà en pleine offensive, on était près d'une petite bourgade, je ne sais plus son nom. Et comme nous marchions par là, nous avons croisé un baraquement ou une maison – impossible de s'y reconnaître, car tout avait brûlé, il n'en restait que des cendres. Rien que des cendres… La plupart des filles ne se sont pas approchées, mais moi, j'étais comme attirée… Au milieu de ces cendres, nous avons distingué des os humains carbonisés et, parmi eux, des étoiles[1] noircies : ces restes étaient ceux des nôtres, des blessés ou des prisonniers, qui avaient été brûlés vifs. Après cela, j'ai eu beau tuer et tuer encore, je n'ai plus ressenti aucune pitié. Depuis que j'avais vu ces ossements achevant de se consumer…

Je suis rentrée de la guerre avec les cheveux blancs. Vingt et un ans, et la tête chenue comme celle d'une vieille femme. J'avais eu une blessure grave, une commotion, j'entendais mal d'une oreille. Maman m'a accueillie avec ces paroles : « J'étais certaine que tu reviendrais. J'ai prié pour toi jour et nuit. » Mon frère était mort au front. Elle pleurait : « Engendrer des filles ou bien des garçons, maintenant ça ne fait plus de différence! Mais lui, c'était un homme, il avait pour

---

1. Il s'agit d'insignes cousus sur les épaulettes.

devoir de défendre la Patrie, alors que toi, tu n'étais encore qu'une petite fille. Il y a une chose pour laquelle j'ai prié : si tu étais défigurée, mieux valait encore qu'on te tue. J'allais tout le temps à la gare… Pour voir les trains. Une fois, j'ai aperçu là une jeune fille en uniforme au visage entièrement brûlé… J'ai cru un instant que c'était toi ! Par la suite, j'ai prié aussi pour elle. »

Je suis originaire de la région de Tcheliabinsk, et il y avait des carrières non loin de chez nous. Dès que s'entendait une explosion – ce qui se produisait toujours la nuit –, instantanément, je bondissais hors de mon lit et empoignais mon manteau, prête à déguerpir, c'était plus fort que moi. Maman m'attrapait, me serrait contre elle et s'employait à m'apaiser, comme dans mon enfance : « Réveille-toi, réveille-toi. C'est moi, ta maman. »"

Il fait chaud dans la pièce, mais Maria Ivanovna s'emmitoufle dans une lourde couverture de laine – elle frissonne. Elle reprend son récit interrompu :

"Nous sommes devenues de bons soldats… Vous savez, on n'avait pas beaucoup de temps pour réfléchir. Pour s'inquiéter, pour hésiter…

Nos éclaireurs, un jour, ont capturé un officier allemand. Celui-ci était extrêmement étonné d'avoir eu tant d'hommes abattus sur la position qu'il occupait, et tous d'une balle dans la tête. Presque au même endroit. Il affirmait qu'un simple tireur n'était pas capable de faire mouche autant de fois. Avec une telle précision. « Montrez-moi, a-t-il demandé, ce tireur qui a tué tant de mes soldats. J'avais reçu de gros renforts, et chaque jour, j'en perdais jusqu'à une dizaine. » Le commandant du régiment lui a répondu : « Malheureusement, il m'est impossible de vous satisfaire. Il s'agissait d'une jeune fille tireur d'élite, mais elle est morte. » Il parlait de Sacha Chliakhova. Elle avait péri dans un duel contre un franc-tireur adverse. Ce qui l'avait trahie, c'était son écharpe rouge. Elle l'adorait. Mais une écharpe rouge, ça se remarque sur la neige, et elle s'était fait repérer. Lorsque l'officier allemand a entendu qu'il s'agissait d'une jeune fille, il a paru bouleversé. Il ne savait plus quoi dire. Au cours de son dernier interrogatoire, avant qu'il soit expédié à Moscou (il s'était révélé que c'était du gros gibier !), il ne l'a pas caché : « Je n'y comprends rien… Vous êtes toutes très jolies. Or notre propagande affirme que l'armée soviétique enrôle non pas des femmes mais des hermaphrodites. » Ainsi, jusqu'au bout il n'a rien compris…

Nous allions « à la chasse » par deux. Rester toute seule en planque jusqu'à la tombée du jour, c'est trop dur, les yeux fatiguent, larmoient, on ne sent plus ses bras, le corps s'engourdit à force de tension. C'est particulièrement difficile au début du printemps. La neige, elle fond sous toi, tu barbotes dans l'eau la journée entière. Tu nages. Nous sortions dès que le jour commençait à poindre et nous ne quittions les avant-lignes qu'au crépuscule. On restait couchées dans la neige douze heures et davantage ; ou bien l'on se juchait au sommet d'un arbre, sur le toit d'une remise ou d'une maison en ruine, et l'on s'y camouflait de manière que personne ne remarque où nous étions, ne devine quel était notre point d'observation. On s'efforçait de trouver la position la plus rapprochée : la distance qui nous séparait des tranchées où étaient embusqués les Allemands n'était que de sept à huit cents mètres, voire parfois cinq cents mètres. À l'aube, on entendait même leurs conversations. Leurs rires.

Je ne sais pas pourquoi nous n'avions pas peur… Aujourd'hui, je ne m'en souviens plus… On n'avait peur de rien…

Notre offensive a été rapide, très rapide. Mais nous nous sommes essoufflés, les services d'approvisionnement avaient du mal à nous suivre : nous n'avions plus de munitions, plus de nourriture, et même la roulante avait été détruite par un obus. Pendant trois jours, nous n'avons eu à manger que du pain de guerre : à force, nous avions la langue tellement râpeuse que nous ne pouvions plus parler. Ma coéquipière avait été tuée. J'étais partie en avant-poste avec une bleue. Et brusquement, nous apercevons un poulain au milieu de la zone « neutre ». Très beau, la queue et la crinière bien fournies… Il se baladait tranquillement, comme si de rien n'était, comme s'il n'y avait jamais eu de guerre. Nous avons entendu les Allemands s'agiter : eux aussi avaient vu l'animal. Nos soldats, affamés, échangeaient déjà leurs avis :

— Il va partir. Dommage, ça nous aurait fait une bonne soupe.

— À cette distance, impossible de l'abattre à la mitraillette.

À ce moment, ils nous aperçoivent.

— Voilà les tireurs d'élite. Elles l'auront sans problème… Allez, les filles !

Que faire ? Je n'ai pas eu le temps de réfléchir : mécaniquement, j'ai visé et j'ai tiré. Les jambes du poulain ont plié, il s'est effondré sur le flanc. Et le vent a porté jusqu'à nous un léger hennissement ténu.

Je n'ai réalisé qu'ensuite : pourquoi avais-je fait ça ? Il était tellement beau, et je venais de le tuer. Pour le mettre dans la soupe ! Derrière moi quelqu'un a éclaté en sanglots. Je me suis retournée : c'était ma nouvelle coéquipière.

— Qu'est-ce que tu as ? lui ai-je demandé.

— Je pleure le petit poulain...

Ses yeux étaient remplis de larmes.

— Oh ! quelle petite nature ! Ça fait trois jours qu'on n'a rien à bouffer. Tu as de la peine parce que tu n'as encore enterré personne. Essaie donc de marcher trente kilomètres par jour, avec tout le barda, et le ventre vide par-dessus le marché. Il faut d'abord chasser les Fritz, ensuite on verra pour les sentiments... Plus tard...

Je regarde les soldats qui un instant plus tôt m'encourageaient, criaient, insistaient. Juste un instant plus tôt... Quelques minutes à peine... Personne n'a les yeux tournés vers moi, chacun fait comme s'il ne me voyait pas, le nez plongé dans ses affaires. Les uns fument, les autres creusent... Quelqu'un taille un bout de bois. Et moi, je dois assumer toute seule. Assieds-toi là et pleure. Vide-toi de tes larmes ! Comme si j'étais un écorcheur à l'abattoir, comme si ça ne coûtait rien de tuer n'importe qui. Or, moi, j'ai toujours aimé tout ce qui est vivant. Chez nous, un jour (j'allais déjà à l'école), une vache était tombée malade, et on avait dû l'abattre. J'avais pleuré alors pendant deux jours. Et là – crac ! – je venais de buter un poulain sans défense. Deux ans déjà que je faisais la guerre. Et en deux ans, c'était le premier poulain que je voyais...

Le soir, on a apporté le dîner. Les cuistots m'ont félicitée : « Bravo, le tireur d'élite. Aujourd'hui on a de la viande à se mettre sous la dent. » On distribue les gamelles de soupe. Mais les filles ne bougent pas, elles ne touchent pas au dîner. J'ai bien compris pourquoi, et j'ai quitté la cagna en larmes... Les filles m'ont suivie, et toutes, d'une seule voix, ont entrepris de me consoler... Elles sont vite allées chercher leurs gamelles et les ont nettoyées bien proprement...

Oui, une histoire pareille... ça ne s'oublie pas...

La nuit, bien sûr, nous avions des conversations. De quoi parlions-nous ? De la maison, naturellement. Chacune parlait de sa mère, de son père et de ses frères qui étaient à la guerre. Et de ce qu'on deviendrait quand la guerre serait finie. On se demandait si on se marierait et si nos maris nous aimeraient. Le commandant riait : « Eh ! les filles ! Vous êtes toutes bien gentilles, mais après la guerre, on aura peur de vous épouser. Vous avez la main trop bien entraînée, si jamais vous balancez une assiette à la tête de votre mari, vous le tuerez ! »

J'ai rencontré mon mari à l'armée, nous servions dans le même régiment. Il a eu deux blessures, une commotion. Il a traversé toute la guerre, de bout en bout ; et puis, toute sa vie, il est resté militaire. Il ne fallait pas lui expliquer ce que c'était que la guerre. D'où je revenais. Ni qui j'étais. S'il m'arrivait de hausser le ton, ou bien il ne le remarquait pas ou bien il gardait le silence. Mais je ne lui en veux pas. Moi aussi, j'ai appris. Nous vivons ensemble depuis quarante ans, et nous comptons nos années de mariage de Jour de la Victoire en Jour de la Victoire. Depuis 1945… Nous avons eu deux enfants, ils ont déjà terminé la fac. Mon mari et moi, nous sommes heureux…

Mais tenez, une autre histoire… Je venais d'être démobilisée, je suis arrivée à Moscou. Seulement, de la ville jusqu'à chez nous, il y avait encore quelques kilomètres à parcourir, d'abord en voiture puis à pied. De nos jours, le métro arrive jusque-là, mais à l'époque, il fallait traverser d'anciennes cerisaies, des ravins profonds. Il y en avait un en particulier, très large, que je devais franchir. Mais le temps que j'y parvienne, la nuit était tombée. Évidemment, j'ai eu peur d'y descendre. Je me tenais là, campée devant et je ne savais pas quoi faire : rentrer à Moscou et attendre l'aube ou bien prendre mon courage à deux mains et tenter l'aventure. Quand j'y repense, c'était ridicule : j'avais combattu sur le front, j'en avais vu, des morts, et toutes sortes de choses, et voilà que j'avais peur d'un ravin. J'étais restée une gosse… Dans le train, pendant le trajet du retour… Nous revenions d'Allemagne, nous rentrions chez nous… Une souris s'est échappée d'un sac à dos. Toutes nos filles ont bondi de leur place, celles qui étaient installées sur les couchettes supérieures ont dégringolé en vitesse. Tout le monde piaillait. Or il y avait un capitaine qui voyageait avec nous : « Vous avez toutes une décoration et vous avez peur d'une souris ! »

Heureusement, un camion est passé près du ravin. J'ai décidé de me faire prendre en stop.

Le camion s'arrête. Je crie :

— Je vais à Diakovskoïe !

— Moi aussi!

Et un jeune gars m'ouvre la portière.

Je monte dans la cabine, il pose ma valise à l'arrière, et on démarre. Il voit mon uniforme, mes décorations. Il me demande :

— Combien de Boches as-tu descendus?

Je lui réponds :

— Soixante-quinze.

Il émet un petit ricanement :

— Allons donc, si ça se trouve, tu n'en as pas vu un seul…

Mais à ce moment, je l'ai reconnu :

— Kolka Tchijov? C'est bien toi? Te souviens-tu? C'est moi qui t'ai noué la cravate rouge autour du cou[1].

Car pendant un temps, avant à la guerre, j'avais travaillé dans mon école comme monitrice de pionniers.

— Maroussia, c'est toi?

— Eh oui!

— C'est pas vrai!

Et il pile sur place.

— Mais conduis-moi donc à la maison, pourquoi t'arrêtes-tu au milieu de la route?

J'avais les larmes aux yeux. Et je voyais bien que lui aussi. Quelle rencontre!

On arrive devant chez moi, il court avec ma valise trouver ma mère, il danse dans la cour avec cette valise :

— Venez vite, je vous ai ramené votre fille!

Impossible d'oublier ça… Impossible…

J'étais revenue, et j'avais tout à reprendre de zéro. J'ai réappris à marcher avec des escarpins, après avoir passé trois ans au front les pieds dans des bottes. On était habituées aux ceintures, on était toujours sanglées. Maintenant, j'avais l'impression que mes vêtements pendaient sur moi comme des sacs, je me sentais mal à l'aise. Je regardais une jupe ou une robe avec horreur… Car au front, nous étions tout le temps en pantalon. On le lavait le soir, on le plaçait sous le matelas, on se couchait, et le matin, on pouvait dire qu'il était repassé. Même s'il n'était pas tout à fait sec. S'il gelait, il se couvrait d'une croûte de glace. Comment réapprendre à porter la jupe? On croit avoir les jambes qui s'emmêlent. On se promène en

---

1. Les pionniers soviétiques portaient obligatoirement des cravates rouges à l'école.

habits civils, avec chaussures à talons, mais lorsqu'on croise un officier, on a le bras qui se lève tout seul pour saluer. On était accoutumées à toucher notre ration, à être entièrement prises en charge par l'État, alors quand on entrait dans une boulangerie, on prenait tout le pain dont on avait besoin et on oubliait de payer. La vendeuse me connaissait, elle comprenait de quoi il retournait et elle n'osait pas me rappeler à l'ordre. Et moi, j'avais pris le pain et j'étais repartie sans payer. Ensuite, j'avais honte, je revenais le lendemain pour m'excuser, j'achetais autre chose et payais le tout ensemble. Pour tout, il fallait réapprendre à vivre normalement. Réapprendre depuis le commencement... Se remémorer quelle était la vie en temps de paix...

Il y a autre chose à quoi je pense... Tenez, écoutez... La guerre a duré longtemps, très longtemps... Je ne me souviens ni d'oiseaux, ni de fleurs. Il y en avait, évidemment, mais je n'en ai pas gardé le moindre souvenir. C'est comme ça... Bizarre, non ? Est-ce que les films de guerre peuvent être en couleurs ? Au front, tout est noir... Seul le sang est d'une autre couleur... Seul le sang est rouge...

Ce n'est que récemment, il y a sept ou huit ans à peine, que nous avons retrouvé notre Machenka Alkhimova. Le commandant du groupe d'artillerie avait été blessé, elle avait rampé pour tenter de le sauver. Un obus a explosé devant elle... Tout près... Le commandant est mort avant qu'elle ait eu le temps de parvenir jusqu'à lui : elle a eu les deux jambes littéralement déchiquetées, au point qu'on n'arrivait même pas à la panser correctement. C'était impossible. Pendant qu'on la transportait à l'infirmerie de campagne, elle nous suppliait, sitôt qu'elle reprenait connaissance : « Les filles, achevez-moi... À qui pourrai-je être utile, dans cet état ? » Elle insistait... elle suppliait... Elle a été envoyée dans un hôpital, et nous, nous avons poursuivi l'offensive. On a perdu sa trace. Personne ne savait où elle était, ni ce qui lui était arrivé. Nous avions écrit partout, nous n'avions reçu aucune réponse positive. Ce sont des « trappeurs[1] » de l'école n° 73 de Moscou qui nous ont aidées. Ils l'ont dénichée dans une maison pour invalides. Quelque part dans l'Altaï. Très loin. Au cours de toutes ces années, elle avait séjourné dans plusieurs hôpitaux,

---

1. C'est ainsi qu'on appelait à l'époque soviétique certains jeunes qui se spécialisaient dans l'étude de l'histoire contemporaine et qui recherchaient, entre autres, des héros oubliés de la Seconde Guerre mondiale.

et subi des dizaines d'opérations. Elle n'avait même jamais écrit à sa mère pour lui dire qu'elle était encore en vie… Elle se cachait de tous… Nous l'avons amenée à l'une de nos réunions. Puis, nous lui avons fait rencontrer sa mère… Elles se sont retrouvées après trente ans de séparation… Sa mère a failli en devenir folle : « Quel bonheur que mon cœur ne soit pas brisé de chagrin ! Quel bonheur ! » Et Machenka qui répétait : « Maintenant, je n'ai plus peur de la revoir. Je suis vieille à présent. » Voilà ce que c'est, la guerre…

Je me rappelle, une nuit, je suis couchée dans le gourbi. Je ne dors pas. L'artillerie se déchaîne au loin… J'entends des coups de feu… Et je n'ai pas envie de mourir. J'ai prêté le serment, le serment militaire, que je donnerais ma vie, s'il le faut, mais je n'ai aucune envie de mourir… Même si on en revient vivant, c'est avec l'âme malade. Aujourd'hui, je me dis : mieux vaudrait avoir été blessée à la jambe ou au bras, qu'au moins je souffre dans mon corps. Mais l'âme… C'est trop douloureux. Nous étions toutes jeunettes lorsque nous sommes parties à la guerre. Nous sortions de l'enfance. J'ai même grandi, figurez-vous, sous l'uniforme. Maman m'a mesurée quand je suis rentrée à la maison… Pendant la guerre, j'avais pris dix centimètres…"

En guise d'adieu, elle m'a tendu d'un air gauche ses mains brûlantes. Et elle m'a serrée dans ses bras.

"GRANDISSEZ ENCORE, LES FILLES...
VOUS ÊTES TROP JEUNES..."

Des voix... Des dizaines de voix... Elles ont irrésistiblement fondu sur moi, me dévoilant une vérité insolite, une vérité qui ne rentrait pas dans la brève formule connue depuis l'enfance : "Nous avons vaincu." Formule scellée dans le bronze et le marbre. Il s'était produit une réaction chimique instantanée : le pathos s'était dissous dans le tissu vivant des destinées humaines, se révélant l'élément le plus éphémère. Le plus volatil et fugace.

Que cherchais-je à savoir, que voulais-je entendre raconter à présent, des dizaines d'années plus tard ? Ce qui s'était passé devant Moscou ou à Stalingrad, la description des opérations militaires elles-mêmes, les noms oubliés des hauteurs et des cotes qui avaient été prises ? Avais-je besoin qu'on me décrive les différents mouvements des secteurs et des fronts, qu'on me narre par le menu la retraite et la contre-offensive, en précisant le nombre de convois militaires détruits et de raids effectués par les partisans – éléments sur lesquels des milliers de volumes ont déjà été écrits ? Non, j'étais en quête d'autre chose. Le livre que j'allais écrire contiendrait peu de documents proprement militaires et spécialisés (ce n'était pas mon but), on y découvrirait, en revanche, accumulé en abondance, un autre matériau – humain, celui-là. J'étais en quête de ce que je nommerais un savoir de l'esprit.

Je marche sur les traces de la vie intérieure, je procède à l'enregistrement de l'âme. Le cheminement de l'âme est pour moi plus important que l'événement lui-même. Savoir "comment ça s'est passé" n'est pas si important, n'est pas si primordial ; ce qui est palpitant, c'est ce que l'individu a vécu... ce qu'il a vu et compris... ce qu'il a vu et compris de la guerre, plus généralement de la vie et de la mort. Ce qu'il a extrait de lui-même au milieu des ténèbres sans fond… J'écris l'histoire des sentiments. Non pas l'histoire de la guerre ou de l'État, mais l'histoire d'hommes ordinaires menant une vie ordinaire, précipités par leur époque dans les profondeurs épiques d'un événement colossal. Dans la grande Histoire. Ce ne sont pas des héroïnes célèbres et encensées qu'on entendra parler – j'ai sciemment évité leurs noms –, mais de celles qui disent d'elles-mêmes : "Nous étions des filles ordinaires, comme il y en avait alors des milliers." *(A. Sourova, agent de liaison de la Résistance.)* Mes héroïnes, on les voit dans la rue, dans la foule, et non sur des tableaux accrochés au musée.

Je recompose une histoire à partir de fragments de destins vécus, et cette histoire est féminine. Je veux connaître la guerre des femmes, et non celles des hommes. Quels souvenirs ont gardés les femmes ? Que racontent-elles ? Personne encore ne les a écoutées…

Les filles de 1941… La première question que j'aimerais leur poser, c'est : d'où venaient-elles ? Qu'est-ce qui les animait, les motivait ?

Cette même question était déjà posée au XIXᵉ siècle par Pouchkine au moment où il publiait, dans sa revue *Le Contemporain*, des extraits des Mémoires de "la demoiselle cavalier", Nadejda Dourova[1], célèbre pour avoir pris part à la guerre contre Napoléon : "Quelles raisons poussèrent une jeune fille bien née à quitter le toit paternel, à répudier son sexe, à assumer des tâches et des devoirs dont bien des hommes se fussent effrayés, pour enfin paraître sur les champs de bataille, et au cours de quelles guerres encore ? Les guerres napoléoniennes ! Qu'est-ce qui l'y décida ? Quelques secrets malheurs familiaux ? Une imagination enflammée ? Un penchant inné et invincible ? L'amour ?"

Quoi, en définitive ?

Toutes ces jeunes filles qui brûlent d'aller au front… Les premiers jours de la guerre, les bureaux de recrutement et les centres de mobilisation se sont trouvés débordés de jeunes filles qui voulaient

---

1. Première femme officier dans l'armée russe, écrivain. En 1806, s'étant travestie en homme, elle incorpora un régiment de cavalerie, participa aux guerres avec la France en 1807, puis en 1812-1814, et fut ordonnance du maréchal Koutouzov. Auteur de Mémoires (*La Demoiselle cavalier*, publié en français par Viviane Hamy sous le titre *La Cavalière du tsar*, traduction Paul Lequesne, 1997) et de récits à caractère romantique.

s'engager comme volontaires et aller au combat, au cœur de l'enfer. Elles suppliaient, exigeaient. Sanglotaient. Se sauvaient clandestinement pour rallier les troupes qui battaient en retraite. Au début, on les refusait. Personne encore ne croyait que l'Armée rouge eût été victime d'une catastrophe, fût presque anéantie, ni que la moitié de ses effectifs eussent été faits prisonniers par l'ennemi, ni que la guerre serait longue et impitoyable. Qu'elle réclamerait d'impensables sacrifices. Mais très vite, on les enrôla néanmoins, et on leur remit leur feuille de route. Implacable, le fléau de la balance de l'Histoire oscillait : être ou ne pas être ? Smolensk, Kiev, Odessa étaient tombés… Les généraux allemands se préparaient à parader sur la place Rouge, les cartons d'invitation étaient déjà imprimés… "Nous étions descendues du train à une gare pour aller chercher de l'eau. Quelqu'un parmi nous s'est exclamé : « Oh ! les filles, des convois entiers de femmes s'en vont à la guerre. Ça veut dire qu'il n'y a plus assez de types. Ils sont tombés. Soit ils sont en terre, soit ils sont prisonniers… »" *(N. Ravinskaïa, simple soldat affecté à un détachement d'hygiène de campagne.)* Elles étaient nombreuses, bien qu'on n'eût pas déclaré de mobilisation pour les femmes, même à l'époque la plus dure. Si certaines ont été appelées sous les drapeaux, c'étaient seulement celles qui répondaient à quelque spécialité militaire : téléphoniste, médecin, infirmière, employée du chemin de fer… Ces gamines voulaient aller faire la guerre… C'était un choix délibéré. Un sacrifice personnel. Je dis bien des gamines, je ne me trompe pas de mot, car elles avaient en moyenne dix-sept, dix-huit ans ; la plupart sortaient juste de l'école, tout au plus avaient-elles derrière elles une ou deux années de fac. Tout de même, quelles étaient leurs motivations ? Quels étaient leurs sentiments ? Je n'ai toujours entendu qu'une seule réponse : "Nous étions prêtes à mourir pour la Patrie ! On nous avait élevées comme ça." Cette réponse reflète toute leur époque. Leur foi. Elles étaient animées d'une telle foi que, de la mort, elles attendaient la vie.

On leur tondait les cheveux comme à des gamins. Ce détail, aucune n'omet de l'évoquer : il est chaque fois question de la longue tresse abandonnée sur le plancher sale du bureau de recrutement. On les affublait d'uniformes taillés pour des hommes – capote, bottes, portiankis –, dénichant avec difficulté un assortiment convenable, fournissant le plus souvent des effets trop grands de deux à trois tailles. Bottes de pointure 40 au lieu de 36. Imaginez un peu !

Pantalons et vareuses pas mieux accordés. L'armée ne les attendait pas, et encore moins en un nombre aussi stupéfiant – elles
étaient des centaines de mille –, et elle n'était pas prête à les recevoir. On leur apprenait à la va-vite à manier une mitraillette, une
mitrailleuse, une carabine de précision. À lancer des bombes et à
poser des mines. Elles ont assimilé toutes les spécialités militaires,
même les plus "viriles". Et fait la guerre non seulement en tant que
brancardiers ou personnel affecté à la défense antiaérienne, mais
aussi comme tireurs d'élite, conducteurs de chars, pilotes d'avions,
sapeurs mineurs, fantassins, matelots, mitrailleurs… Elles tiraient au
fusil, larguaient des bombes, menaient des opérations de sabotage.
Un problème linguistique est d'ailleurs apparu : des mots tels que
sapeur, *fantassin*, *mitrailleur* n'avaient pas de féminin, car ce genre
de besogne n'avait jamais encore été accompli par des femmes. Les
termes féminins sont nés là-bas, au front…

Avant d'apprendre à tuer, il leur fallait également s'initier à un
autre exercice inconnu : savoir produire de la haine à partir de
l'amour, et de l'amour à partir de la haine. "Ah! tuer et haïr, ce n'est
pas l'affaire des femmes. Ce n'est pas pour nous… C'est ce qu'il y a
de plus pénible…" *(A. Volossiouk, simple soldat, fantassin.)* Se retrouvant au cœur des combats sans y avoir été préparées, ces femmes ont
aussi découvert la guerre par un côté inattendu, ignoré de nous. Avec
d'autres yeux. La guerre des femmes possède d'autres mots, d'autres
couleurs et odeurs. "Je me rappelle un grand verger… En fleurs…
Et nous qui arpentions le terrain après le combat et ramassions nos
morts sous les arbres. Et quel bonheur c'était, si c'était un blessé et
non un mort! Il souffrait, mais il souriait, parce qu'il était encore en
vie… Et que le verger était en fleurs…" *(A. V. Gorioukhina, brancardière.)*

Premier coup de feu… première mort… "Une fille est étendue par terre… C'est notre agent de transmission. Elle est en train
de mourir… Je vois cela pour la première fois. Nous sommes des
« bleues »… Et des grues passent dans le ciel. Juste à ce moment.
Elles craquettent. Tout le monde lève la tête, et elle, elle ouvre les
yeux. Elle regarde : « Quel dommage… » Puis elle se tait et nous
sourit : « Ce n'est pas possible, je vais vraiment mourir? » Et ce fut
tout…" *(M. N. Vassilevskaïa, agent de transmission.)*

On pourrait penser que seuls des gens extraordinaires ou anormaux ont pu endurer toutes ces épreuves, mais non, c'étaient des

écolières de la veille, des étudiantes, des fillettes qui n'avaient encore jamais quitté leur maison. Comment ont-elles fait ? Comment ?

J'ai beaucoup de questions. J'ai hâte de les poser, mais j'ai peur de déranger, quand la personne s'écoute soi-même...

DES SERMENTS ET DES PRIÈRES

"Je veux parler ! Parler ! Dire tout ce que j'ai sur le cœur. Enfin, on veut bien nous écouter. Savoir. Nous avons gardé le silence durant tant d'années, même chez nous. Durant des dizaines d'années. La première année, lorsque je suis rentrée de la guerre, je parlais, je parlais. Personne ne m'écoutait. Ne me comprenait. Alors je me suis tue...

C'est bien que tu sois jeune. Tu pourrais être ma fille. Je suis déjà vieille. Je regarde le monde et je fais mes adieux, je sais que c'est peut-être la dernière fois que je contemple tout cela. J'ai le cœur malade. J'ai déjà eu un infarctus. Mais toi, tu es jeune... Écoute-moi. Même si tu ne comprends pas, au moins, tu pourras pleurer avec moi...

J'étais très jeune. J'avais une conscience... absolument... puérile... Je n'ai même pas su retenir tout cela...

Dans notre famille, il y avait huit enfants, les quatre premiers, c'étaient toutes des filles, et j'en étais l'aînée. La guerre va son train, les Allemands sont déjà aux abords de Moscou... Un jour, papa rentre du travail, en larmes : « Autrefois, je me réjouissais d'avoir eu des filles en premier. Des filles à marier. Mais maintenant, dans chaque famille quelqu'un part au front, et chez nous, personne... Je suis trop vieux, on ne veut pas me prendre, vous, vous êtes des filles, et les garçons sont trop petits. »

Des cours pour devenir infirmière avaient été organisés. Mon père nous y a envoyées, ma sœur et moi. J'avais quinze ans, ma sœur, quatorze. Il disait : « C'est tout ce que je peux donner pour la victoire. Mes filles... » À l'époque, on n'avait pas d'autre pensée.

Un an plus tard, j'étais au front..."

Natalia Ivanovna Sergueïeva,
simple soldat, aide-soignante.

"Les premiers jours… En ville, c'était la confusion. Le chaos. La peur… Chaque jour on capturait un ou deux espions… Mais personne, jusqu'à la fin, n'a accepté d'admettre, même en son for intérieur, que notre armée battait en retraite. Comment cela ? Où était Staline ? Staline se taisait.

Avant la guerre, des rumeurs circulaient, selon lesquelles Hitler se préparait à attaquer l'Union soviétique, mais de tels propos étaient dangereux. Ils étaient sévèrement réprimés. On tenait les gens qui les propageaient pour des semeurs de panique, les services compétents s'intéressaient à eux. Vous comprenez de quels services je parle ? Le NKVD… Les tchékistes… Si les gens murmuraient, c'était chez eux, à la cuisine, et dans les appartements communautaires, uniquement dans leur chambre, la porte close. Mais quand Staline a parlé… Il s'est adressé à nous : « Frères et sœurs… » Aussitôt, tout le monde a oublié ses ressentiments… Nous avions un oncle prisonnier dans un camp à la Kolyma, le frère de maman, il était cheminot, un vieux communiste. Il avait été arrêté sur son lieu de travail… Vous comprenez qui l'a arrêté ? Le NKVD… Notre cher oncle… Il avait des décorations qui lui venaient de la guerre civile… Mais maman a dit : « Défendons d'abord la Patrie, nous verrons le reste après. » Tout le monde aimait la Patrie.

J'ai couru sur-le-champ au bureau de recrutement. J'y suis allée à peine sortie d'une angine, j'avais encore de la fièvre. Mais je ne pouvais attendre…"

Elena Antonovna Koudina,
simple soldat, chauffeur.

"Notre mère n'avait pas eu de fils… Nous étions cinq filles. On a annoncé : « La guerre est déclarée ! » J'avais une excellente oreille. Je rêvais d'entrer au conservatoire supérieur. J'ai décidé que mon oreille serait utile au front : je serais agent de transmission.

On avait été évacuées à Stalingrad. Quand la ville s'est trouvée assiégée, nous sommes parties au front comme volontaires. Toutes ensemble. Maman et ses cinq filles. Papa à ce moment-là avait déjà été appelé…"

Antonina Maksimovna Kniazeva,
sergent, agent de transmission.

"Nous n'avions toutes qu'un seul désir : partir au front. Nous sommes allées au bureau de recrutement, mais on nous a dit : « Grandissez encore, les filles… Vous êtes trop jeunes. » On avait seize ou dix-sept ans. Mais à force d'insister, j'ai obtenu ce que je voulais : j'ai été recrutée. Nous espérions, une amie et moi, intégrer une école de tireurs d'élite, mais on a statué à notre place : « Vous serez agents de la circulation. On n'a pas le temps de vous former. » Pendant plusieurs jours, maman a monté la garde à la station de chemin de fer, guettant le moment où l'on nous emmènerait. Lorsqu'elle nous a vues marcher vers le convoi, elle m'a remis un gâteau, une dizaine d'œufs et est tombée dans les pommes…"

Tatiana Efimovna Semionova,
sergent, agent de la circulation.

"Le premier jour de la guerre, j'ai trouvé maman campée le soir devant la fenêtre, en train de prier. J'ignorais que ma mère croyait en Dieu. Elle est restée un long moment à fixer le ciel…

Dans notre famille, il n'y avait que des filles, uniquement des filles. J'ai été la seule à partir au front. Et mon père était heureux que sa fille fût à la guerre. À défendre la Patrie. Papa allait au bureau de recrutement tôt le matin. Il y allait pour toucher ma solde, et exprès très tôt, pour que tout le village voie bien qu'il avait une fille au front…"

Efrossinia Grigorievna Bréous,
capitaine, médecin.

"C'était l'été… Le dernier jour de paix… Ce soir-là, nous étions allés danser. Nous avions dans les seize ans. On se promenait encore en bande, on raccompagnait tous ensemble l'un, puis l'autre. Il n'y avait pas encore parmi nous de couples formés. On était, mettons, six gars et six filles à se balader.

Et voici que deux jours plus tard, ces garçons, tous élèves officiers d'une école de conducteurs de chars, les mêmes qui nous avaient raccompagnées après le dancing, ont été ramenés estropiés, mutilés, couverts de bandages. C'était horrible. Si j'entendais quelqu'un rire, je ne pouvais le lui pardonner. Comment pouvait-on rire, comment pouvait-on se réjouir, quand une pareille guerre faisait rage ?

Mon père est bientôt parti rejoindre les milices populaires. Seuls mes jeunes frères et moi sommes restés à la maison. Mes frères étaient de 1934 et de 1938. J'ai annoncé à ma mère que j'allais partir au front. Elle a pleuré... Je me suis sauvée de la maison... Je lui ai écrit depuis mon unité. Une fois là, elle ne pouvait plus me récupérer..."

Lilia Mikhaïlovna Boutko, infirmière,
assistante chirurgicale.

"On s'est rangées par ordre de taille, j'étais la plus petite. Le commandant nous passe en revue. Il s'approche de moi : « Qu'est-ce que c'est que cette demi-portion ? Qu'espères-tu faire ici ? Peut-être pourrais-tu retourner auprès de ta maman et attendre d'avoir grandi un peu ? »

Mais je n'avais plus de maman..."

Polina Semionovna Nozdratcheva,
brancardière.

"J'avais dit à maman : surtout, il ne faut pas pleurer. La nuit n'était pas encore tombée, mais il faisait sombre, et l'air était empli de hurlements. Elles ne pleuraient pas, ces mères qui faisaient leurs adieux à leurs filles, elles hurlaient. Ma mère, elle, n'a pas pleuré, elle se tenait toute droite, comme si elle était de pierre. Elle se retenait, elle avait peur de me voir éclater en sanglots. J'étais une fille à sa maman, on m'avait toujours beaucoup gâtée à la maison. Et là, on m'avait coupé les cheveux très court, on m'avait juste laissé une petite frange devant. Mes parents ne voulaient pas me laisser partir, et moi, je n'avais qu'une idée en tête : aller au front, au front ! Ces affiches, par exemple, qui sont exposées de nos jours au musée, m'avaient fortement influencée : « La mère Patrie t'appelle ! », « Qu'as-tu fait pour le front ? » Elles étaient tout le temps devant mes yeux...

Au cours du voyage en train, nous avons été frappées de voir des tués étendus à même le sol sur les quais... C'était déjà la guerre... Mais la jeunesse reprenait le dessus, et nous entonnions des chants militaires. Des couplets joyeux.

Vers la fin de la guerre, toute ma famille était sous les drapeaux. Mon père, ma mère, ma sœur s'étaient engagés dans le service ferroviaire. Ils suivaient la ligne de front et aidaient à remettre en état les voies ferrées. Tout le monde dans la famille a reçu la médaille « de la Victoire » : mon père, ma mère, ma sœur et moi…"

Evguenia Serguéïevna Sapronova,
sergent de la garde[1], mécanicien dans l'armée de l'air.

"Avant la guerre, je travaillais comme téléphoniste dans l'armée ; notre unité était cantonnée à Borissov où la guerre arriva dès les premières semaines. Le chef du service de transmissions nous a ordonné de nous mettre en rang. Nous n'étions pas des soldats, mais des auxiliaires civils.

Il nous a dit : « Une guerre très cruelle a commencé. Cela va être très dur pour vous, les filles. Pendant qu'il est encore temps, celles qui le désirent peuvent rentrer chez elles. Celles, en revanche, qui souhaitent rester au front, faites un pas en avant… »

Et toutes les filles, d'un seul mouvement, se sont avancées d'un pas. Nous étions une vingtaine. Toutes étaient prêtes à défendre la Patrie.

On travaillait jour et nuit, jour et nuit. Des soldats nous apportaient nos gamelles. Nous mangions et dormions sur place, à côté de nos téléphones de campagne, puis reprenions notre service. Nous n'avions pas le temps de nous laver les cheveux, alors j'ai demandé : « Eh ! les filles, coupez-moi mes nattes… »"

Galina Dmitrievna Zapolskaïa,
téléphoniste.

"Nous sommes allées à plusieurs reprises au bureau de recrutement. Nous n'avons pas cessé de frapper à cette porte. Et lorsque nous nous sommes présentées pour la énième fois, le chef du bureau a failli nous flanquer à la porte : « Si au moins vous aviez un métier. Si vous étiez infirmières ou bien chauffeurs… Mais qu'est-ce que vous savez faire ? Qu'allez-vous faire à la guerre ? » Nous ne comprenions pas que nous empêchions des gens de travailler. On ne s'était pas posé cette question : « Qu'allions-nous faire ? » Nous voulions nous battre, un point c'est tout. Nous ne comprenions pas que faire

1. Pendant la Seconde Guerre mondiale, les unités, régiments, navires, etc., qui avaient combattu avec un courage particulier se voyaient octroyer, à titre honorifique, le qualificatif "de la garde".

la guerre, c'est d'abord savoir faire quelque chose. Quelque chose de concret, dont les autres ont besoin. Sa remarque nous a laissées interloquées.

Je suis allée, avec plusieurs autres filles, m'inscrire à des cours pour devenir infirmière. On nous a annoncé là que nous aurions à étudier pendant six mois. C'était trop long, cela ne nous convenait pas. Nous avons déniché d'autres cours qui ne duraient que trois mois. Cela nous a semblé bien long quand même. Mais cette formation-là touchait déjà à sa fin. Nous avons demandé qu'on nous autorise à passer les examens. Il y en avait encore pour un mois d'études. La nuit, nous étions en stage pratique à l'hôpital, et dans la journée, nous étudiions la théorie. En fait, nous n'avons été à l'école qu'un peu plus d'un mois.

On nous a expédiées non pas au front, mais dans un hôpital. C'était à la fin du mois d'août 1941. En février, j'ai quitté l'endroit, je peux même bien le dire, je me suis enfuie, j'ai déserté, on ne peut pas qualifier ça autrement. Sans papiers ni rien, je me suis sauvée à bord d'un convoi sanitaire. J'ai laissé un mot : « Je ne reprendrai pas mon service. Je pars au front. » C'est tout… "

Elena Pavlovna Iakovleva,
adjudant-chef, infirmière.

"Ce jour-là, j'avais un rendez-vous. Je pensais que ce jour-là, il me dirait enfin : « Je t'aime », mais il est arrivé, la mine consternée : « Vera, c'est la guerre ! Notre promotion est envoyée directement au front. » Il étudiait dans une école militaire. Je me suis aussitôt imaginée, bien sûr, dans le rôle de Jeanne d'Arc. Au front, forcément, et le fusil dans les mains. Il fallait que nous restions ensemble. J'ai couru au bureau de recrutement, mais on m'a répondu que pour l'instant, on n'avait besoin que de personnel médical et qu'il fallait d'abord suivre six mois de formation. Six mois – c'était à devenir dingue !

Néanmoins, on a fini par me convaincre qu'il fallait étudier. Bon, d'accord, j'allais étudier, mais pas pour devenir infirmière… Je voulais me battre ! En quelque sorte, j'y étais prête. Notre école accueillait souvent des héros de la guerre civile, des gens qui avaient combattu en Espagne, qui venaient nous raconter leur expérience. Les filles se sentaient à égalité avec les garçons. On ne nous traitait

pas de manière différente. Nous entendions tout le temps répéter…
depuis l'enfance, depuis l'école : « Les filles, au volant des tracteurs !
Les filles, aux commandes des avions ! » Nous rêvions de défendre
notre grand pays ! Le meilleur au monde ! Notre pays bien-aimé !
Nous étions prêtes à mourir.

Avant la guerre, j'étudiais à la fac de théâtre. Je rêvais de devenir
actrice. Mon héroïne préférée était Larissa Reisner[1]. Une héroïne
de la révolution… Une femme commissaire en veste de cuir. J'aimais qu'elle fût si belle… "

Vera Danilovtseva, sergent,
tireur d'élite.

"Mes amis avaient tous été envoyés au front. Je pleurais horriblement, parce que je me retrouvais toute seule, et qu'on ne m'avait
pas prise. Il n'y avait pas besoin de propagande, tout le monde était
impatient de partir au front. On suppliait.

Mais mes études n'ont pas duré très longtemps. Bientôt, le doyen
nous a convoquées et nous a dit : « Vous achèverez vos études, les
filles, lorsque la guerre sera terminée. Il faut défendre la Patrie… »

Nos « parrains » de l'usine[2] ont organisé en notre honneur une
cérémonie d'adieux. C'était en été. Je me souviens que les wagons
de notre train semblaient couverts de verdure et de fleurs. On nous
avait apporté plein de cadeaux. J'ai reçu de délicieux gâteaux faits
maison et un joli petit pull. Avec quel entrain je dansais le gopak
ukrainien sur le quai… "

Anna Nikolaevna Khrolovitch,
infirmière.

"J'étais aviatrice.

Quand j'étais encore en cinquième, au collège, un avion a atterri
chez nous. En 1936, vous imaginez ! C'était alors très exotique.

---

1. Journaliste et écrivain (1895-1926). Pendant la guerre civile, elle fut combattante, commissaire politique dans l'Armée rouge.
2. La tradition du "parrainage" était largement répandue à l'époque soviétique :
des grandes entreprises "parrainaient" des écoles, des orphelinats, des écoles supérieures, en aidant leurs "filleuls" à faire, par exemple, des travaux de rénovation,
en les invitant dans leurs centres de vacances, etc. C'est ainsi qu'on créait des liens
entre les jeunes et le monde du travail.

À cette même époque, un slogan avait été lancé : « Jeunes filles et jeunes gens, aux avions ! » Naturellement, en tant que membre du Komsomol, je me suis trouvée dans les premiers rangs. J'ai tout de suite adhéré à un club de pilotage. Mon père, c'est vrai, était contre. Jusque-là, tout le monde dans notre famille avait été métallo, nous avions derrière nous plusieurs générations d'ouvriers métallurgistes employés dans les hauts fourneaux. Mon père considérait qu'une femme pouvait bien être métallo, mais pas aviateur. Le directeur du club de l'aviation l'a su, et il m'a permis d'offrir un baptême de l'air à mon père. C'est ce que j'ai fait. Mon père et moi nous sommes élevés dans les airs, et de ce jour-là, il n'a plus rien dit. Cela lui a plu. J'ai obtenu le diplôme du club avec mention, je sautais également très bien en parachute. Avant que la guerre éclate, j'avais eu le temps de me marier et de donner naissance à une petite fille.

Je n'ai pas réussi à partir au front tout de suite. Il y a d'abord eu divers changements dans notre aéro-club : les hommes instructeurs ont été mobilisés, et nous, les femmes, les avons remplacés. Nous donnions les cours. Il y avait énormément de travail, du matin au soir. Je devais m'occuper de ma fille ; or, nous vivions tout le temps dans des camps. Le matin, je l'enfermais à clé, je lui laissais de la kacha, et dès quatre heures du matin, on volait. Je ne rentrais qu'à la tombée du soir, et elle, qu'elle ait mangé ou non, était toute barbouillée de cette kacha. Elle avait trois ans. Une puce…

À la fin de l'année 1941, j'ai reçu un faire-part : mon mari était mort aux environs de Moscou. Il était pilote, chef d'escadrille. J'ai emmené ma fille chez mes parents. Et j'ai demandé à être envoyée au front…"

Antonina Grigorievna Bondareva,
lieutenant de la garde, chef-pilote.

"Je viens d'avoir dix-huit ans… Je suis heureuse… Et puis soudain, autour de moi, tout le monde se met à crier : « La guerre est déclarée ! » Je me rappelle comme les gens pleuraient. Tous ceux que je croisais dans la rue étaient en larmes. Certains priaient. C'était étrange… Inhabituel… Des gens qui priaient dans la rue… Se signaient… À l'école, on nous avait appris que Dieu n'existait pas. Bien sûr, tout le monde était désemparé… Où étaient nos tanks et nos si beaux avions ? On les voyait toujours lors des parades. On en était fiers ! Et là… Il y a eu, bien sûr, un moment de désarroi.

Un bref moment… Mais ensuite une autre question s'est imposée à nous : comment vaincre ?

J'étais en deuxième année à l'école de feldschers[1] et de sages-femmes, à Sverdlovsk. J'ai aussitôt pensé : « Si c'est la guerre, il faut partir au front. » Mon père était communiste, un vieux de la vieille, un ancien détenu politique qui avait connu le bagne. Il nous avait inculqué, dès notre enfance, que la Patrie, c'était tout, qu'il fallait défendre la Patrie. Aussi n'ai-je pas hésité : si je n'y allais pas, qui irait ? J'étais obligée…"

Serafima Ivanovna Panassenko,
sous-lieutenant, feldscher
dans un bataillon de fusiliers motocyclistes.

"On m'a affectée dans un régiment de transmissions. Je n'aurais jamais choisi cet emploi et je ne l'aurais pas accepté, car je ne comprenais pas que c'était cela aussi, combattre. Le commandant de la division est venu nous rendre visite. On nous a tous fait mettre en rang. Parmi nous, il y avait une certaine Machenka Soungourova. Et voici que cette Machenka avance d'un pas :

« Camarade général, permettez-moi de m'adresser à vous. »

Il répond :

« Adressez-vous, allez-y, soldat Soungourova !

— Le soldat Soungourova demande à être exempté du service dans les transmissions et envoyé là où on se sert d'un fusil. »

Vous comprenez, c'était notre état d'esprit général. Nous avions l'idée que ce que nous faisions, liaisons et transmissions, était bien peu de chose, que c'était même humiliant. On voulait être en première ligne, et c'est tout.

Le sourire du général s'est effacé d'un coup :

« Mes filles ! » (Et si vous aviez vu dans quel état nous étions alors, après tant de temps passé sans manger ni dormir… bref, il nous a parlé non pas en tant que commandant, mais comme un père.)

« Vous ne comprenez probablement pas l'importance de votre rôle à la guerre : vous êtes nos yeux et nos oreilles ; une armée sans transmissions est comme un homme exsangue. »

---

1. Personnel médical qui n'a pas d'équivalent dans le système français : une formation intermédiaire entre un infirmier et un médecin généraliste.

Machenka Soungourova a été la première à se rendre :

« Camarade général! Le soldat Soungourova se sent d'attaque pour accomplir n'importe quelle mission que vous lui confierez! »

C'est ainsi que, jusqu'à la fin de la guerre, on ne l'a plus appelée que « l'Attaquante ».

... En juin 1943, à Koursk, on nous remet le drapeau du régiment. Or, notre régiment, le régiment spécial de transmissions, le 129e de la 65e armée, était déjà composé à quatre-vingts pour cent de femmes. Et voici ce que je veux vous montrer pour que vous ayez une idée... Ce qui se passait dans nos âmes : car des gens comme ceux que nous étions alors, il n'y en aura probablement plus jamais. Jamais! Des gens aussi naïfs, aussi sincères! Aussi aimants et aussi croyants. Lorsque notre commandant de régiment a reçu le drapeau et donné l'ordre : « Régiment, sous le drapeau! À genoux! » nous nous sommes toutes senties heureuses. On nous témoignait de la confiance, nous étions maintenant un régiment comme tous les autres, pareil à un régiment blindé ou d'infanterie. Nous étions là à pleurer, chacune avait les larmes aux yeux. Vous n'allez pas me croire mais, sous la puissance de cette émotion, mon organisme entier a subi un choc, et l'héméralopie que j'avais développée à cause de la sous-alimentation et de la fatigue nerveuse, cette maladie m'est passée. Vous comprenez, le lendemain, j'étais guérie, à la suite de ce bouleversement de mon âme..."

Maria Semionovna Kaliberda,
sergent-chef, agent de transmission.

"Je venais juste d'être majeure... Le 9 juin 1941, j'avais eu dix-huit ans, j'étais devenue majeure. Et deux semaines plus tard, douze jours plus exactement, cette maudite guerre a commencé. On nous a envoyés sur le chantier de construction de la ligne de chemin de fer Gagra-Soukhoumi. On n'y avait rassemblé que des jeunes. Je me souviens du pain que nous mangions. Il ne contenait presque pas de farine, il y avait là-dedans n'importe quoi et, surtout, de l'eau. Si le pain restait sur la table, une petite flaque se formait qu'on léchait.

En 1942, je me suis portée volontaire pour travailler à l'hôpital d'évacuation primaire n° 3201. C'était un énorme hôpital de campagne qui desservait le front de la Transcaucasie et du Caucase du Nord ainsi que l'armée spéciale du Littoral. Les combats étaient d'une brutalité extrême, il y avait beaucoup de blessés. On m'a affectée à la distribution des repas. On faisait des permanences de vingt-quatre heures. Le matin arrivait, il fallait servir le petit-déjeuner quand on n'avait pas encore fini de distribuer le dîner. Quelques mois plus tard, j'ai été blessée à la jambe gauche : je sautillais sur la jambe droite, mais j'ai continué de travailler. Ensuite, on m'a confié en plus la charge d'économe : cela supposait également que je reste sur place vingt-quatre heures d'affilée. Bref, je vivais au travail.

Le 30 mai 1943, exactement à une heure de l'après-midi, un raid massif a été déclenché sur Krasnodar. J'ai bondi hors du bâtiment pour voir si on avait eu le temps d'embarquer dans un train les blessés qui se trouvaient à la gare. Deux bombes ont touché une remise où étaient stockées des munitions. Sous mes yeux, des caisses ont été propulsées à la hauteur d'un immeuble de six étages et ont explosé en l'air. L'onde de choc m'a projetée contre le mur de brique avec la violence d'un ouragan. J'ai perdu connaissance... Lorsque j'ai repris conscience, la nuit tombait déjà. J'ai relevé la tête, tenté de serrer les doigts – tout semblait fonctionner, j'ai réussi à entrouvrir l'œil gauche et me suis dirigée vers mon service, toute couverte de sang. Dans le couloir, j'ai croisé l'infirmière en chef. Elle ne m'a pas reconnue. Elle me demande : « Qui êtes-vous ? D'où venez-vous ? » Elle s'approche plus près, pousse un cri, puis me dit : « Où es-tu allée traîner si longtemps, Xenia ? Les blessés ont faim et tu n'es pas là ! » On m'a vite pansé la tête et le bras gauche, au-dessus du coude, et je suis allée réceptionner le dîner. Je voyais trouble, j'étais trempée de sueur. Je commence à distribuer le dîner et tout à coup je m'effondre. On me ramène à moi, et aussitôt je suis assaillie de cris, à droite, à gauche : « Pressez-vous, plus vite ! » Quelques jours plus tard, on me prenait déjà du sang pour des blessés graves. Beaucoup d'hommes mouraient...

... Aujourd'hui, tout a été reconstruit chez nous, tout disparaît sous les fleurs, mais moi, je reste taraudée par la douleur, et je n'ai toujours pas visage de femme. Souvent, je pleure, je passe mes journées à gémir. À ressasser mes souvenirs. Au cours de la guerre, j'ai tellement changé que lorsque je suis rentrée à la maison, maman ne m'a pas reconnue. On m'avait montré où elle habitait, je me suis arrêtée devant la porte, j'ai frappé. Une voix a répondu : « Oui, entrez. »

J'entre, je dis bonsoir, je demande : « Permettez-moi de passer la nuit chez vous. »

Ma mère était en train d'allumer le poêle. Mes deux frères cadets étaient assis par terre sur un tas de paille, tout nus, car ils n'avaient rien pour se vêtir. Maman ne m'a pas reconnue. Elle m'a répondu : « Vous voyez, citoyenne, comment nous vivons ? Allez voir plus loin avant qu'il fasse nuit. »

Je m'approche d'elle. Elle me lance une nouvelle fois : « Citoyenne, partez avant qu'il fasse nuit. »

Je me penche vers elle, je la prends dans mes bras et je dis : « Maman, maman chérie ! »

Alors ils se tous jetés à mon cou, il fallait voir, en poussant des sanglots…

J'ignore quand ma guerre, à moi, sera finie… Je ne ris jamais… À ce jour, je n'ai même toujours pas réappris à sourire…"

Xenia Sergueïevna Ossadtcheva,
simple soldat, infirmière économe.

DE L'ODEUR DE LA PEUR ET D'UNE VALISE DE CHOCOLATS

"Je suis partie au front par une belle journée. Le ciel était lumineux et il tombait une toute petite pluie, toute fine. C'était si beau ! Je sors le matin, je m'attarde un moment : est-ce que vraiment je ne reviendrai plus ici ? Est-ce que vraiment je ne reverrai plus notre jardin… notre rue… Maman pleure. Elle m'empoigne et ne veut pas me lâcher. Me voilà partie, elle me rattrape, me serre dans ses bras et m'empêche d'avancer…"

Olga Mitrofanovna Roujnitskaïa,
infirmière.

"Mourir… Je n'avais pas peur de mourir. La jeunesse, sans doute, ou je ne sais quoi d'autre d'inexplicable. La mort était autour de moi, la mort était toujours à deux pas, mais je n'y pensais pas. Je ne la prenais pas en compte. Elle rôdait sans cesse quelque part, tout près, mais passait toujours à côté. Une nuit, une compagnie entière a effectué une reconnaissance en combat dans le secteur de notre régiment. À l'aube, elle s'est retirée, et des gémissements se sont fait entendre dans la zone neutre. Un blessé était resté sur le terrain. « N'y va pas, tu vas te faire tuer. » (Les soldats essayaient de me retenir.) « Tu vois bien que le jour se lève déjà… »

Je ne les ai pas écoutés, j'ai rampé. J'ai trouvé le blessé, je l'ai traîné pendant huit heures, attaché à mon bras par une ceinture. Je l'ai ramené vivant. Lorsque le commandant du régiment l'a appris, il a tout de suite voulu me coller cinq jours d'arrêts pour absence irrégulière. Mais son second a réagi autrement : « Elle mérite une décoration. » Je les comprenais, tous les deux…

À dix-neuf ans, j'ai été décorée de la médaille de la Bravoure. À dix-neuf ans, j'avais les cheveux blancs. À dix-neuf ans, au cours de mon dernier combat, j'ai eu les deux poumons perforés par des balles – la deuxième est passée entre deux vertèbres. J'avais les jambes paralysées, et on m'a tenue pour morte… Lorsque je suis rentrée à la maison, ma sœur m'a montré un avis de décès…"

Nadejda Vassilievna Anissimova,
brancardière dans une section de mitrailleurs.

"Je ne me souviens pas de ma mère, ma mémoire n'a conservé que les contours de son visage… Du moins, je crois… J'avais trois ans, lorsqu'elle est morte. Mon père faisait son service en Extrême-Orient, il était militaire de carrière. Il m'a appris à monter à cheval. C'est la plus forte impression que je garde de mon enfance. Mon père ne voulait pas que je devienne une mijaurée. À Leningrad, où j'ai vécu avec ma tante, j'ai des souvenirs qui remontent à l'âge de cinq ans. Ma tante avait été infirmière pendant la guerre russo-japonaise. Je l'aimais beaucoup…

Quel genre d'enfant étais-je? Pour gagner un pari, je sautais du premier étage de mon école. J'aimais le foot, j'étais toujours le goal dans une équipe de garçons. Lorsque la guerre avec la Finlande a éclaté, j'ai fugué à plusieurs reprises dans l'espoir de m'engager. Et en 1941, je venais de terminer ma troisième et j'ai eu juste le temps de m'inscrire dans un lycée technique. Ma tante pleurait : « La guerre! » et moi, je me réjouissais de l'occasion d'aller au front et de faire preuve de courage. Comment aurais-je pu savoir ce qu'était le sang?

Lorsqu'on a formé la première division de la garde à partir des effectifs des milices populaires, nous avons été plusieurs filles à être enrôlées dans le service sanitaire de campagne.

J'ai appelé ma tante : « Je pars au front. »

À l'autre bout du fil, elle m'a répondu : « Rentre vite à la maison ! Le déjeuner est déjà froid. »

J'ai raccroché. Plus tard, je l'ai regretté. Follement regretté. Le blocus de la ville avait commencé, l'horrible blocus de Leningrad, au cours duquel la moitié de la population a péri, et elle était toute seule. Une vieille femme.

Je me souviens d'une permission qu'on m'avait accordée. Avant d'aller chez ma tante, je suis entrée dans un magasin. Avant la guerre, j'adorais les bonbons. Je dis : « Donnez-moi des bonbons. »

La vendeuse m'a regardée comme si j'étais une malade mentale. Je ne comprenais pas ce qu'étaient des tickets de rationnement, ce qu'était le blocus. Tous les gens qui patientaient dans la queue se sont tournés vers moi. Mon fusil était plus grand que moi. Lorsqu'on nous avait distribué nos armes, j'avais regardé le mien et je m'étais dit : « Quand atteindrai-je la même taille ? » Et subitement, les gens qui étaient là, toute la file d'attente, sont intervenus : « Donnez-lui des bonbons, prenez nos tickets. »

Et j'ai eu mes bonbons.

Dans la rue, on collectait des fonds pour soutenir l'armée. On avait dressé des tables au beau milieu de la place, avec de grands plateaux. Les passants s'approchaient et y déposaient qui une bague en or, qui des boucles d'oreilles… On apportait des montres, de l'argent… Personne ne notait rien, ne signait rien… Les femmes ôtaient leurs alliances… Ce sont des scènes que j'ai vues…

Mais il y a eu aussi l'ordre n° 227 : pas un pas en arrière ! Faites ce pas, et vous êtes fusillé ! Des détachements de barrage[1] marchaient derrière nous. Ils tiraient… Cet ordre m'a transformée tout de suite en adulte.

Nous passions des journées entières sans dormir, tant il y avait de blessés. Une fois, personne n'avait dormi depuis trois jours. On m'a chargée d'accompagner jusqu'à l'hôpital une camionnette remplie de blessés. J'ai conduit les blessés à bon port, et comme la voiture rentrait vide, j'ai pu dormir tout mon saoul. À mon arrivée, j'étais toute fraîche et dispose, alors que mes camarades ne tenaient plus debout.

Je croise le commissaire :

« Camarade commissaire, j'ai honte.

---

1. Détachements spéciaux du NKVD qui avaient pour ordre de tirer sur les militaires qui battaient en retraite.

— Que se passe-t-il ?

— J'ai dormi.

— Où cela ? »

Je lui raconte que j'ai accompagné des blessés et que, la voiture étant vide, j'ai dormi sur le chemin du retour.

« Et alors ? me réplique-t-il. Tu as bien fait ! Qu'il y ait au moins quelqu'un en forme, tout le monde autrement dort debout. »

Mais moi, j'avais honte. – Et nous avons vécu toute la guerre dans cet état d'esprit.

Au service sanitaire, on m'aimait bien, mais moi, je voulais être éclaireuse. J'ai dit que j'irais toute seule en première ligne si on ne me laissait pas partir. J'ai failli être exclue du Komsomol. Mais j'ai fini quand même par mettre les bouts…

Ma première médaille de la Bravoure…

Le combat est engagé. On essuie des tirs en rafales. Les soldats attendent, couchés. L'ordre est donné : « En avant ! Pour la Patrie ! » mais ils ne bougent pas. On répète l'ordre, ils ne bougent toujours pas. J'ôte mon bonnet pour qu'on voie bien que c'est une fille qui se porte en avant… Alors, tous se sont levés, et nous sommes montés à l'assaut…

On m'a remis la décoration, et le jour même, nous sommes partis en mission. Et là, j'ai eu pour la première fois de ma vie… Vous savez… ce qui arrive à toutes les femmes… J'ai vu du sang sur moi et j'ai hurlé : « Je suis blessée ! »

Il y avait avec nous, dans le détachement, un infirmier militaire, un homme assez âgé déjà. Il me demande :

« Où es-tu blessée ?

— Je ne sais pas… Mais je saigne… »

Alors il m'a tout expliqué, comme un père.

Après la guerre, j'ai continué à partir en reconnaissance durant une quinzaine d'années. Toutes les nuits… Je rêvais que ma mitraillette s'enrayait, ou bien qu'on était encerclés… Quand je me réveillais, je claquais des dents.

Lorsque la guerre a pris fin, j'avais trois désirs : le premier, c'était de ne plus jamais ramper, et de me déplacer désormais en trolley ; le deuxième, c'était d'acheter et de dévorer une miche entière de pain blanc ; et le troisième, c'était de dormir dans un lit, dans des draps blancs bien amidonnés… »

Albina Alexandrovna Gantimourova,
sergent-chef, éclaireur.

"J'attendais un second enfant… J'avais un fils de deux ans, et j'étais enceinte. La guerre a éclaté. Mon mari est parti au front. Je suis allée m'installer chez mes parents, et je me suis fait… Bon, vous comprenez ? Avorter… Alors que c'était interdit à l'époque… Comment donner naissance à un autre gosse ? C'était la guerre ! Partout autour de nous, il n'y avait que des larmes…

J'ai suivi des cours pour devenir chiffreuse, et on m'a envoyée au front. Je voulais me venger pour mon bébé, me venger de ne pas lui avoir donné naissance. De l'avoir empêché de venir au monde… Ç'aurait dû être une petite fille…

J'ai demandé à être expédiée en première ligne. Mais on m'a gardée à l'état-major…"

Lioubov Arkadievna Tcharnaïa,
sous-lieutenant, chiffreuse.

"Tout le monde partait… À midi, le 28 juin 1941, nous aussi, les étudiants de l'Institut pédagogique de Smolensk, nous nous sommes rassemblés dans la cour de l'imprimerie. La réunion a été brève. Nous avons quitté la ville, en empruntant la vieille route de Smolensk, en direction de Krasnoïe. Par précaution, nous marchions par petits groupes. Vers la fin de la journée, la chaleur s'est atténuée, la marche est devenue plus facile, on avançait plus vite sans regarder en arrière. Nous sommes arrivés à l'endroit prévu pour la halte, et c'est là seulement que nous avons regardé vers l'est. Tout l'horizon était embrasé : à une distance de quarante kilomètres, on avait l'impression que tout le ciel était inondé de pourpre. Nous avons compris que ce n'était pas une dizaine ni même une centaine de maisons qui brûlaient… Toute la ville de Smolensk était en feu…

J'avais une robe neuve, très légère, avec des volants. Elle plaisait beaucoup à Vera, ma copine, qui l'avait essayée à plusieurs reprises. J'avais promis de la lui offrir pour son mariage. Elle avait l'intention de se marier. Elle sortait avec un gars bien.

Et là, subitement, c'était la guerre. Nous partions creuser des fossés. Nous avions laissé nos affaires au gérant du foyer. Et la robe ? « Prends-la, Vera ! » avais-je dit avant de quitter la ville.

Elle avait refusé. La robe a brûlé dans cet incendie.

On marchait et on regardait constamment en arrière. On avait l'impression que la chaleur nous soufflait dans le dos. On a marché toute la nuit, sans relâche, et à l'aube on a commencé le travail.

Il fallait creuser des fossés antichars. Une muraille verticale de sept mètres de haut, puis une fosse de trois mètres et demi de profondeur. Je creuse, le manche de la pelle me brûle les mains, le sable me semble rouge. Et j'ai sans cesse devant les yeux notre maison entourée de fleurs et de buissons de lilas…

Nous logions dans des huttes, dans une prairie séparant deux rivières, régulièrement inondée par les crues du printemps. Chaleur et humidité. Des nuées de moustiques. Avant de nous coucher, on enfumait les huttes pour les chasser, mais à l'aube, ils s'infiltraient malgré tout à l'intérieur et nous empêchaient de dormir.

De là, j'ai été transportée au service sanitaire. On y couchait sur des paillasses posées à même le sol, côte à côte. Nous étions très nombreux à être tombés malades. J'avais beaucoup de fièvre, je frissonnais. Je pleurais, allongée par terre. La porte de notre chambre s'est ouverte, le médecin, une femme, a annoncé depuis le seuil (elle ne pouvait même pas entrer : les matelas occupaient tout l'espace) : « Ivanova, tu as du plasmodium dans le sang. » C'est à moi qu'elle s'adressait. Elle ignorait que rien ne pouvait m'effrayer davantage que ce mot de plasmodium depuis que j'avais lu un manuel qui en parlait en classe de cinquième. Et là, le haut-parleur a entonné *Lève-toi, immense pays*[1]… C'était la première fois que j'entendais ce chant. Et j'ai pensé : « Je vais guérir et je vais partir tout de suite au front. »

J'ai été transférée à Kozlovka, près de Yaroslavl, où on m'a déposée sur un banc. Je concentre toute mon énergie pour rester assise et ne pas tomber, quand j'entends comme dans un rêve :

« Celle-ci ?

— Oui, dit l'infirmier militaire.

— Conduisez-la à la cantine. Donnez-lui à manger d'abord. »

Et me voici dans un lit. Vous comprenez ce que ça signifie : non plus par terre, auprès d'un feu de camp, non plus dans une tente sous un arbre, mais à l'hôpital, au chaud. Dans des draps. J'ai dormi sept jours d'affilée. On m'a raconté après : les infirmières me réveillaient et me faisaient manger, mais je n'en ai pas le souvenir. Et lorsque, sept jours plus tard, j'ai émergé toute seule du sommeil, le médecin est venu me voir et a déclaré : « Elle a un solide organisme, elle s'en sortira. »

---

1. Célèbre chant patriotique qui appelait la population à se dresser contre l'envahisseur nazi.

Et je me suis endormie de nouveau.

À la guerre, le plus difficile était de combattre le sommeil. Tant qu'on travaille, on ne le sent pas, mais à la première pause, vos jambes se dérobent. Quand j'étais en faction, je déambulais sans arrêt, je marchais de long en large en récitant tout haut des poèmes. D'autres filles chantaient des chansons…"

Valentina Pavlovna Maximtchouk,
servant d'une pièce de DCA.

"On évacuait des blessés de Minsk. J'avais des souliers à talons hauts, car j'avais honte de ma petite taille. Un de mes talons s'est cassé, juste au moment où l'on criait : « Un parachutage ! » Me voilà à courir pieds nus, les chaussures à la main, de très jolies chaussures, qu'il me faisait de la peine de jeter.

Lorsqu'on s'est trouvés encerclés et qu'on a vu qu'il était impossible de percer l'encerclement, moi et une aide-soignante, Dacha, nous nous sommes dressées de toute notre taille hors de la tranchée. Nous ne voulions plus nous terrer : mieux valait être décapitées que d'être faites prisonnières et de subir des outrages. Les blessés, ceux qui en étaient capables, se sont levés, eux aussi…

Lorsque j'ai vu le premier soldat nazi, je n'ai pu prononcer un mot, j'avais perdu l'usage de la parole. Ils marchaient, de jeunes gars très gais, ils souriaient. Et partout où ils s'arrêtaient, dès qu'ils apercevaient une prise d'eau ou un puits, ils se lavaient. Ils avaient toujours les manches retroussées. Ils se lavaient, se lavaient… Il y avait du sang tout autour, des cris, et eux se lavaient, se lavaient… Une haine immense montait en moi… Je suis rentrée à la maison, et j'ai deux fois changé de corsage. Car tout en moi protestait contre leur présence. Je ne pouvais dormir la nuit. Notre voisine, Mme Klava, a été, elle, frappée de paralysie lorsqu'elle les a vus fouler notre terre… Entrer dans sa maison…"

Maria Vassilievna Jloba, résistante.

"Les Allemands sont entrés dans le village à moto. Je les regardais, je n'en croyais pas mes yeux : ils étaient jeunes, gais et riaient tout le temps. Riaient aux éclats ! Je sentais mon cœur défaillir : ils étaient là, sur ma terre, et en plus, ils riaient.

Je ne rêvais que de me venger… J'allais mourir et on écrirait un livre sur moi.

En 1943, j'ai accouché d'une petite fille… Mon mari et moi étions déjà dans la Résistance. J'ai accouché dans les marais, dans une meule de foin. Je séchais ses langes sur moi, je les glissais sur mon sein, les réchauffais et remmaillotais ma gosse. Tout brûlait autour de nous, les villages étaient incendiés. Avec leurs habitants. On brûlait les gens sur de grands bûchers… Dans les écoles… Dans les églises… Ma petite nièce un jour m'a demandé : « Tante Mania, lorsque j'aurai brûlé, qu'est-ce qui restera de moi ? Rien que mes bottines… »

Je ramassais les restes carbonisés. Je ramassais pour une amie tout ce qui était resté de sa famille. On retrouvait des os, et quand il subsistait un lambeau de vêtement, ne fût-ce qu'un infime morceau, on savait aussitôt qui c'était. J'ai recueilli un bout de tissu, elle l'a regardé et a dit : « La blouse de maman… » Et elle s'est évanouie. Certains collectaient les restes dans un drap, d'autres dans une taie d'oreiller. Chacun prenait ce qu'il avait de propre. Et l'on déposait tout dans une fosse commune. Rien que des os blancs. Ou de la cendre d'ossements. J'ai vite appris à la reconnaître… Je la distinguais des autres cendres… Elle était toute blanche…

Après cela, on pouvait bien m'envoyer n'importe où, je n'avais peur de rien. Mon bébé était tout petit, il n'avait que trois mois, je l'emmenais en mission. Le commissaire me donnait les ordres, et lui-même avait les larmes aux yeux : « Ça me déchire le cœur », disait-il. Je rapportais de la ville des médicaments, des bandes, du sérum… Je les plaçais entre les jambes de ma gosse, sous ses aisselles, je la langeais, l'enveloppais dans une couverture et partais avec elle dans les bras. Dans la forêt, des blessés étaient en train de mourir. Il fallait y aller. Personne ne pouvait passer, s'infiltrer, il y avait partout des postes de contrôle dressés par les Allemands et la police collabo. J'étais la seule à pouvoir les franchir… Avec mon bébé emmailloté…

Aujourd'hui, ça m'est difficile à avouer… Oh! très difficile! Pour que ma mouflette ait de la fièvre et qu'elle pleure, je la frottais avec du sel. Elle devenait toute rouge, ça la démangeait, elle braillait comme une forcenée. Je m'approchais du poste : « C'est la typhoïde, monsieur… La typhoïde… » Ils me chassaient pour que je m'éloigne au plus vite : « *Weg! Weg!* » Je la frottais avec du sel et lui collais une gousse d'ail. C'était un tout petit bébé… Dès qu'elle a eu trois mois, je l'ai emmenée avec moi en mission… Je la nourrissais encore au sein…

Passé les postes de contrôle, sitôt entrée dans la forêt, je fondais en sanglots. Je hurlais, tant je souffrais pour ma gosse. Mais un ou deux jours plus tard, je repartais en mission. Il le fallait…"

Maria Timofeïevna Savitskaïa-Radioukevitch,
agent de liaison pour la Résistance.

"La haine m'est venue! Tout de suite! Une haine terrible! Comment osaient-ils fouler notre terre! Qui étaient-ils?… D'où venaient-ils?… Il n'y avait que de la haine dans mon cœur. Jusqu'à la fièvre. J'en avais la fièvre qui montait… Savoir qu'ils étaient là…

J'ai vu tant de sang, tant de morts sur les routes. J'en ai tant et tant vu… De nos soldats faits prisonniers… Quand une colonne passait, des centaines de cadavres restaient sur la route. Les hommes étaient affamés, n'avaient plus la force de marcher, ils tombaient… On les achevait. Comme des chiens…

Les survivants ne pleuraient plus les morts… Ils n'avaient plus assez de larmes.

Nous avons tous pris le maquis : papa, mes frères et moi. On a rejoint les partisans. Maman est restée seule, avec la vache…"

Elena Fiodorovna Kovalevskaïa,
résistante.

"Je n'ai fait ni une ni deux. J'avais un métier dont on avait besoin au front. Alors je n'ai pas réfléchi, pas hésité une seule seconde. D'ailleurs j'ai rencontré peu de gens à l'époque qui auraient préféré passer cette période à l'abri ; à attendre que ça passe. Je me souviens d'une, pourtant… Une jeune femme, notre voisine… Elle m'a déclaré très honnêtement : « J'aime la vie. Je veux me poudrer, me maquiller, je ne veux pas mourir. » Je n'en ai pas rencontré d'autre. Peut-être ne les voyait-on pas, peut-être se taisaient-ils… Je ne sais quoi vous répondre…

Je me souviens avoir sorti les plantes de ma chambre et demandé aux voisins : « Arrosez-les, s'il vous plaît. Je serai bientôt de retour. »

Mais je ne suis rentrée que quatre ans plus tard…

Les filles qui restaient chez elles nous enviaient, mais les femmes plus âgées pleuraient. L'une des filles, qui partait avec moi, se tenait campée là, tout le monde était en larmes, et pas elle. Alors, elle a pris un mouchoir et s'est mouillé les yeux avec de l'eau. Elle se sentait mal à l'aise : tout le monde pleurait. Comprenions-nous ce que c'était que la guerre ? Nous étions si jeunes…"

Anna Semionovna Doubrovina-Tchekounova,
lieutenant-chef de la garde, pilote.

"Je venais d'obtenir mon diplôme d'infirmière… Je suis rentrée à la maison, mon père était souffrant. Et là, la guerre a éclaté. Je me souviens que c'était un matin… J'ai appris cette terrible nouvelle un matin… La rosée n'avait pas encore séché sur le feuillage des arbres et déjà on avait annoncé que la guerre était déclarée ! Et cette rosée que j'avais subitement remarquée sur les arbres, lorsqu'on avait annoncé la guerre, elle m'est revenue souvent en mémoire quand je me suis retrouvée au front. La nature se trouvait en opposition avec ce que vivaient les gens. Le soleil était très vif… Tout était en fleur… Mes chères campanules, il y en avait profusion dans les prés…

Je me souviens : on est couchés au milieu des blés, par une journée de grand soleil. Les mitraillettes allemandes crépitent, puis le silence retombe. À nouveau les mitraillettes… Je me dis : « Entendras-tu encore une fois le bruissement des épis ? »"

Maria Afanassievna Garatchouk,
infirmière militaire.

"Nous avions été évacués à l'arrière. En trois mois à peu près, j'ai appris le métier de tourneur. On restait à travailler sur les machines douze heures d'affilée. Cependant, je n'avais qu'une seule envie : partir au front. Je suis allée au bureau de recrutement avec une amie, mais nous n'avons pas dit que nous travaillions à l'usine. Autrement, on ne nous aurait pas recrutées. Grâce à cette omission, nous avons été enrôlées.

On nous a envoyées à l'école d'infanterie de Riazan. À la fin des classes, on est devenues chefs de sections de mitrailleurs. La mitrailleuse est lourde, il faut la traîner soi-même. Comme un cheval. La nuit. On est en faction et l'on guette chaque bruit. Comme un lynx. Le moindre bruissement. À la guerre, je vous dirai, on est à moitié des humains et à moitié des bêtes. Quelque chose de très ancien vous revient. Sinon, on ne pourrait survivre…

Je suis allée jusqu'à Varsovie. Et tout ce trajet, à pied. Je n'aime pas les livres sur la guerre. Sur les héros…"

Lioubov Ivanovna Lioubtchik,
chef de section de mitrailleurs.

"Une parade avait été organisée… Notre détachement de partisans s'est joint aux unités de l'Armée rouge, et après le défilé, on nous a dit que nous devions rendre les armes et travailler à la reconstruction de la ville. Mais de notre point de vue, c'était difficile à accepter : « Comment ça ? La guerre n'est pas finie, seule la Biélorussie pour l'instant est libérée, et nous devons rendre les armes ! » Chacune de nous voulait continuer à combattre. Nous sommes allées au bureau de recrutement, toutes les filles que nous étions… J'ai déclaré que j'étais infirmière et que je demandais à être envoyée au front. J'ai obtenu une promesse : « Bien, on vous inscrit dans le fichier, et si l'on a besoin de vous, on vous convoquera. Mais pour l'heure, allez travailler. »

J'attends. On ne me convoque pas. Je retourne au bureau de recrutement… Plusieurs fois… On a fini par m'avouer franchement qu'on n'avait pas besoin de moi, qu'il y avait suffisamment d'infirmières. Ce qui était urgent, en revanche, c'était de dégager les tas de briques à Minsk… La ville entière n'était que ruines…

Qui étaient nos filles, me demandez-vous ? Nous avions une jeune, Tchernova, elle était enceinte et elle portait des mines sur son ventre, là où battait le cœur de son futur enfant. Allez chercher à comprendre, vous, quel genre de femmes c'étaient. À nous, ça nous importait peu, nous étions comme nous étions. On nous avait élevées dans l'idée que nous et la Patrie, c'était la même chose. Ou une autre de mes copines, qui traversait la ville avec sa fille : celle-ci, sous sa robe, avait le torse enveloppé de tracts. La fillette levait les bras et se plaignait : « Maman, j'ai trop chaud… Maman, j'ai trop chaud… » Or dans les rues, il y avait partout des Allemands, des policiers.

Et tenez, même des enfants… Nous en avions accepté dans notre détachement, mais c'étaient quand même des enfants. Les Allemands nous ont encerclés. Blocus complet. Au vu du danger imminent, on a décidé de renvoyer les enfants derrière la ligne de front. Mais ils avaient tôt fait de s'échapper des foyers d'accueil pour retourner en première ligne. On les ramassait sur les routes, ils fuguaient à nouveau, pour rejoindre le front…

L'Histoire va délibérer encore pendant des centaines d'années pour comprendre le phénomène. Vous imaginez ? Une femme enceinte qui trimballe une mine sur elle… Elle attendait tout de même un gosse… Elle aimait, elle voulait vivre. Et bien sûr, elle avait peur. Et pourtant, elle allait en avant…"

Vera Sergueïevna Romanovskaïa,
infirmière.

— Au début de l'été, je décroche mon diplôme d'infirmière. Et puis, la guerre éclate ! Je suis tout de suite convoquée au bureau de recrutement où on m'annonce : "Vous avez deux heures pour vous préparer. On vous envoie au front." J'ai logé toutes mes affaires dans une seule petite valise.

— Qu'avez-vous emporté à la guerre ?

— Des chocolats.

— Comment cela ?

— Une pleine valise de chocolats. Dans le village où j'avais été expédiée d'office après mes études, on m'avait payé des indemnités de déplacement. J'avais donc des sous et, avec ce pactole, j'ai acheté une valise entière de chocolats. Et j'ai mis par-dessus la photo de ma promotion, avec toutes les filles. Je suis retournée au bureau de recrutement. Le commissaire me demande : "Où voulez-vous qu'on vous envoie ?" Je réponds : "Et ma copine, où est-ce qu'elle ira ?" Après nos études, nous étions arrivées ensemble dans la région de Leningrad, elle travaillait dans un village voisin, à quinze kilomètres du mien. Il a ri : "Elle a posé exactement la même question." Il a pris ma valise pour la porter jusqu'au camion qui devait nous conduire à la gare la plus proche : "Qu'avez-vous là-dedans qui pèse autant ? – Des chocolats. Une valise entière." Il n'a rien répondu. Son sourire s'est effacé. J'ai vu qu'il se sentait mal à l'aise, qu'il avait même un peu honte… C'était un homme assez âgé… Il savait où il m'envoyait…

Maria Vassilievna Tikhomirova,
infirmière militaire.

"Au bureau de recrutement était affichée une annonce : « On recherche des chauffeurs. » J'ai suivi un stage de formation pour être chauffeur… Un stage de six mois… On n'a même pas prêté attention au fait que j'étais institutrice (avant la guerre, j'avais fait l'école d'instituteurs). Qui a besoin d'instits pendant une guerre ? On a besoin de soldats. Nous étions beaucoup de filles : un bataillon entier de conductrices.

Une fois, pendant les classes… Je ne sais pas pourquoi, je ne peux pas me rappeler cette histoire sans pleurer… C'était au printemps. Nous revenions d'un exercice de tir. J'ai cueilli des violettes. Un petit bouquet, pas plus gros que ça. J'ai cueilli ce bouquet et l'ai attaché à ma baïonnette. Et en avant, marche !

Nous sommes revenus au camp. Le commandant nous a ordonné de nous mettre en rang puis il m'a appelée. Je fais un pas en avant… J'avais oublié les violettes attachées à mon fusil. Il s'est fichu en rogne : « Un soldat doit être un soldat, pas un cueilleur de fleurs ! » Il trouvait inconcevable qu'on puisse penser à des fleurs en pareille circonstance.

Mais je n'ai pas jeté mes violettes. Je les ai ôtées discrètement et les ai fourrées dans ma poche. Elles m'ont valu trois corvées supplémentaires…

Une autre fois, je suis en faction. À deux heures du matin, la relève arrive, mais je refuse de quitter mon poste. Je renvoie dormir le gars qui devait me remplacer : « Tu prendras ton tour quand il fera jour, pour l'instant c'est moi. » J'étais prête à rester debout toute la nuit, jusqu'à l'aube, pour écouter les oiseaux chanter. Seule la nuit me rappelait encore notre ancienne vie. Notre vie paisible.

Quand nous sommes parties au front, nous sommes passées dans une rue, les gens formaient une haie : femmes, vieillards, enfants. Et tout le monde pleurait : « Ce sont des filles qui partent à la guerre ! » Nous étions tout un bataillon de jeunes filles… Si jolies…

Je me retrouve chauffeur. Après le combat, on ramasse les morts… Ils sont tous jeunes… Des garçons… Et puis soudain, on tombe sur une fille étendue par terre. Une jeune fille tuée… Là, tout le monde se tait… Et c'est en silence qu'on fait le chemin jusqu'à la fosse commune… »

Tamara Illarionovna Davidovitch,
sergent, chauffeur.

"Ce que j'ai emporté pour aller au front ? Je pensais que je serais vite revenue. J'ai pris une jupe, ma préférée, deux paires de chaussettes et une paire d'escarpins. On était en train d'évacuer Voronej, mais je me souviens que nous avons fait un saut dans un magasin et que je m'y suis acheté une autre paire d'escarpins à talons hauts. Je me rappelle, l'armée se repliait, c'était terrible, tout était noir, tout était envahi de fumée (mais le magasin était ouvert), et j'ai éprouvé l'envie irrésistible d'acheter ces escarpins. Je m'en souviens encore, des escarpins très élégants... J'ai aussi acheté du parfum...

Il est difficile de renoncer d'un seul coup à la vie ordinaire qu'on a connue. Je n'avais pas encore envie de penser à la guerre. Ce n'étaient pas seulement mon cœur et mon esprit, c'était tout mon corps qui résistait. Je ne voulais pas laisser entrer en moi cette odeur... L'odeur de la peur... Quand je commençais à penser à la mort, je me sentais extrêmement seule..."

Vera Iossifovna Khoreva,
chirurgien militaire.

DE LA VIE QUOTIDIENNE ET DE L'EXISTENCE

"Nous rêvions... Nous avions envie de nous battre...

On nous a logées dans un wagon, et l'instruction a commencé. Tout était différent de ce que nous avions imaginé à la maison. Il fallait se lever très tôt et s'affairer toute la journée. Or nous étions encore imprégnées de notre ancienne vie. Nous étions indignées d'entendre le chef de notre unité, le sergent Gouliaev, qui n'avait pas dépassé l'école primaire, écorcher certains mots alors qu'il nous enseignait le règlement militaire. Qu'est-il capable de nous apprendre ? nous disions-nous. En fait, il nous apprenait comment ne pas mourir...

Après la période de quarantaine, avant que nous ne prêtions serment, l'adjudant-chef nous a apporté nos uniformes et notre équipement de soldats : capotes, calots, vareuses, jupes. En guise de lingerie, nous avons reçu deux chemises en toile de coton coupées pour homme, des bas (à la place des portiankis) et de lourdes bottines américaines, ferrées au talon et au bout. Dans ma compagnie, j'étais la plus petite : je mesurais un mètre cinquante-trois et chaussais du 35. Naturellement, l'industrie militaire ne confectionnait pas d'uniformes de taille aussi ridicule, et l'Amérique ne nous en livrait pas davantage. J'ai eu droit à la pointure 43 : j'enfilais et enlevais ces brodequins sans en délacer la tige, ils étaient affreusement pesants et quand je les portais, je n'avançais qu'en traînant les pieds. Si je marchais au pas, j'arrachais des étincelles au pavé, et ma démarche ressemblait à tout ce qu'on voulait, sauf au pas militaire. Je frémis encore au souvenir du cauchemar que fut ma première marche. J'étais prête à accomplir n'importe quel exploit, mais pas à porter du 43 alors que je chaussais du 35. C'était si lourd et si moche...

Le commandant avait remarqué ma drôle de dégaine. Il m'interpelle : « Smirnova, c'est comme ça que tu marches au pas ? Est-ce qu'on ne t'a pas appris ? Pourquoi ne lèves-tu pas les pieds ? Je te colle trois corvées supplémentaires... »

Je réponds : « À vos ordres, camarade lieutenant-chef, trois corvées supplémentaires ! » J'ai fait demi-tour pour regagner les rangs, j'ai trébuché, et je me suis affalée par terre... j'ai perdu mes grolles en tombant... J'avais les jambes en sang à cause du frottement.

C'est ainsi qu'il est apparu que je ne pouvais guère marcher autrement. On a alors donné ordre au cordonnier de la compagnie, un nommé Parchine, de me confectionner des bottes avec de la vieille toile de tente, pointure 35..."

Nonna Alexandrovna Smirnova,
soldat, servant d'une pièce de DCA.

"... Mais il y avait des tas de moments drôles... Discipline, règlement militaire, insignes distinguant les grades – toute cette science militaire était dure à assimiler du premier coup. On montait la garde auprès des avions. Or le règlement stipulait que si quelqu'un s'approchait, il fallait l'arrêter : « Halte ! Qui va là ! » Une de mes copines aperçoit le commandant du régiment et crie : « Halte ! Qui va là ! Excusez-moi, mais je vais tirer ! » Vous imaginez ! Elle lui crie : « Excusez-moi, mais je vais tirer ! »"

Antonina Grirorievna Bondareva,
lieutenant de la garde, chef-pilote.

"Les filles étaient arrivées à l'école militaire toutes joliment coiffées. Moi-même, j'avais des nattes enroulées autour de la tête. Mais comment se laver les cheveux ? Où les sécher ? Vous venez de les laver, et c'est l'alerte, vous devez courir. Notre commandant, Marina Raskova, nous a ordonné à toutes de couper nos tresses. Les filles ont obéi en versant des larmes. Mais Lilia Litvak, qui est devenue par la suite un pilote célèbre, refusait obstinément d'obtempérer.

Je vais voir Raskova :

« Camarade commandant, votre ordre a été exécuté, seule Litvak a refusé. »

Malgré sa douceur féminine, Marina Raskova pouvait être un commandant très sévère. Elle m'a renvoyée :

« Quelle représentante du Parti tu fais, si tu es incapable d'obtenir qu'on obéisse aux ordres! Demi-tour! Marche! »

Nos robes, nos escarpins à talons… Comme nous regrettions de ne pouvoir les porter! Nous les gardions planqués dans nos sacoches. Durant la journée, on portait les bottes, mais le soir, ne fût-ce qu'un moment, on chaussait les escarpins devant un miroir. Raskova s'en est aperçue et, quelques jours plus tard, nous avons reçu l'ordre de réexpédier chez nous, par colis, tous nos vêtements féminins. En revanche, nous avons appris le maniement d'un nouvel avion en six mois, au lieu de deux ans, comme c'est la règle en temps de paix.

Lors des premiers jours d'entraînement, deux équipages ont péri. Devant les quatre cercueils alignés, toutes, les trois régiments que nous étions, nous sanglotions comme des perdues.

Raskova a pris la parole :

« Les amies, séchez vos larmes. Ce sont nos premières pertes. On en aura beaucoup d'autres. Serrez votre cœur comme un poing… »

Plus tard, à la guerre, les enterrements se déroulaient sans larmes. On avait cessé de pleurer.

Nous pilotions des avions de chasse. L'altitude elle-même représentait une épreuve terrible pour l'organisme féminin, on avait parfois l'impression d'avoir le ventre collé à la colonne vertébrale. Mais nos filles volaient et abattaient des as. Et quels as! Vous savez, lorsque nous passions, les hommes nous regardaient avec étonnement : « Voilà les femmes pilotes. » Ils nous admiraient…"

Klavdia Ivanovna Terekhova,
capitaine dans l'armée de l'air.

"En automne, on me convoque au bureau de recrutement. Le chef du bureau me reçoit et me demande : « Savez-vous sauter en parachute? » Je lui avoue que ça me fait peur. Il passe un long moment à me vanter les mérites des troupes aéroportées : bel uniforme, chocolat tous les jours… Mais depuis mon enfance, j'ai peur du vide. « Préférez-vous être incorporée dans la défense antiaérienne? »

Seulement est-ce que je sais, moi, de quoi il s'agit? Il me propose alors de m'envoyer dans un groupe de partisans. « Comment ferai-je pour écrire de là-bas à maman qui est à Moscou? » Alors il inscrit au crayon rouge sur mon dossier d'affectation : « Front sud »...

Dans le train, un jeune capitaine est tombé amoureux de moi. Il a passé toute la nuit debout dans notre wagon. La guerre l'avait déjà marqué, il avait été blessé plusieurs fois. Il m'a regardée très longuement et m'a déclaré : « Chère Vera, prenez garde au moins à ne pas déchoir, à ne pas devenir grossière et brutale. Vous êtes si douce maintenant. Moi, j'en ai déjà tant vu! » Et il a continué sur le même mode, comme quoi il était difficile de rester pur à la guerre...

Avec une amie, nous avons mis un mois à rallier la 4ᵉ armée de la garde du deuxième front ukrainien. Quand enfin nous avons rejoint notre affectation, le chirurgien-chef a jeté un rapide coup d'œil sur nous et nous a menées aussitôt à une salle d'opération : « Voici la table où vous opérerez... » Les ambulances arrivaient les unes derrière les autres, de grosses voitures, des Studebaker[1], les blessés étaient étendus par terre, sur des brancards. Nous avons juste demandé : « Desquels s'occupe-t-on en premier? – De ceux qui se taisent... » Une heure plus tard, j'étais déjà à ma table d'opération, en plein travail. Et ça n'a plus arrêté... On opérait jour et nuit, au bout de vingt-quatre heures on piquait un somme, on se frottait vivement les yeux, un brin de toilette, et retour au billard! Et sur trois hommes qu'on nous amenait, un était déjà mort. On n'arrivait pas à soigner tout le monde à temps... Un sur trois était déjà mort...

À la gare de Jmerinka, nous avons été pris sous un terrible bombardement. Le convoi s'est arrêté et nous nous sommes éparpillés dans la nature. Notre commissaire politique, opéré la veille de l'appendicite, a couru ce jour-là comme tout le monde. Toute la nuit, nous sommes restés tapis dans la forêt, tandis que notre train était entièrement détruit. À l'aube, les avions allemands, volant au ras des cimes, se sont mis à ratisser la forêt. Où se cacher? Impossible de s'enfuir sous terre, comme une taupe. Alors j'ai enlacé un bouleau et j'ai attendu debout : « Oh! maman chérie! Est-ce que vraiment je vais mourir? Si je m'en tire, je serai la personne la plus heureuse du monde. » Plus tard, chaque fois que je racontais cette histoire,

---

1. À titre d'aide militaire pendant la guerre, les États-Unis ont livré à l'URSS près de 150 000 voitures et camions Studebaker.

tout le monde riait. Et en effet, j'offrais une cible parfaite : debout, dressée de toute ma taille, contre l'écorce blanche du bouleau…

J'ai fêté le Jour de la Victoire à Vienne. Nous sommes allés au zoo, nous avions très envie d'aller au zoo. On aurait pu visiter un camp de concentration. Mais ça ne nous disait rien… Aujourd'hui, je m'étonne de n'y être pas allée, mais à l'époque, je n'en avais aucune envie… On voulait voir quelque chose de joyeux… Provenant d'un autre monde…"

Vera Vladimirovna Chevaldycheva,
lieutenant-chef, chirurgien.

"Nous étions trois : maman, papa et moi. Mon père a été le premier à partir au front. Maman voulait partir avec lui, car elle était infirmière, mais on l'a envoyée dans une direction et mon père dans une autre. Moi, j'avais seulement seize ans… On ne voulait pas m'engager… Je suis allée régulièrement au bureau de recrutement, et un an plus tard, j'ai été prise.

Nous avons effectué un long trajet en train. Il y avait avec nous des soldats qui revenaient de l'hôpital. Ils nous parlaient du front, et nous écoutions, bouche bée. Ils affirmaient que le train risquait d'être mitraillé, et nous restions là à attendre, guettant les premiers tirs. Car ainsi nous pourrions déclarer à notre arrivée que nous avions déjà subi notre baptême du feu.

Nous sommes arrivées à destination. Mais on nous a collées non pas au maniement du fusil, mais à celui des chaudrons et des cuves à lessive. Les filles étaient toutes de mon âge ; jusqu'alors, nous avions été aimées, gâtées par nos parents. À la maison, j'étais fille unique. Et nous nous retrouvions là à coltiner des bûches dont on garnissait les fourneaux. Ensuite on en recueillait la cendre qu'on versait dans les cuves en guise de lessive. Or, le linge était sale, infesté de poux. Maculé de sang…"

Svetlana Vassilievna Katykhina,
combattante d'un détachement d'hygiène de campagne.

"Je me souviens encore de mon premier blessé… De son visage… Il avait une fracture ouverte : la tête du fémur était brisée. Vous n'imaginez pas l'effet d'un éclat d'obus : un os qui saille hors des chairs et de la bouillie autour. Je savais en théorie ce qu'il fallait faire, mais lorsque j'ai eu rampé jusqu'à lui et que j'ai vu tout ça, j'ai eu un haut-le-cœur. Et puis soudain, j'entends : « Vas-y, frangine, avale donc un coup de gnôle. » C'était le blessé qui me parlait. Il avait pitié de moi. Je revois la scène comme si c'était hier. Dès qu'il eut prononcé ces mots, je me suis ressaisie : « Ah ! ai-je pensé, je ne vaux pas mieux que ces foutues demoiselles à la Tourgueniev ! Ce type risque de crever, et moi, tendre créature, j'ai la nausée. » J'ai ouvert une boîte de pansements, j'ai recouvert la blessure, et là, je me suis sentie mieux et j'ai pu le soigner comme il convenait.

Il m'arrive aujourd'hui de regarder des films de guerre : on y voit des infirmières en première ligne, toutes proprettes et bien soignées, portant non pas un pantalon matelassé, mais une jolie petite jupe, et un calot sur la tête. Eh bien ! ça n'a rien à voir avec la réalité ! Est-ce qu'on aurait pu aller récupérer des blessés si on avait été attifées comme ça ? Ce n'est pas bien commode de ramper en jupe, quand il n'y a que des hommes autour de vous. Pour dire la vérité, des jupes, on n'en a reçu qu'à la fin de la guerre, pour défiler à la parade. C'est aussi à ce moment-là qu'on nous a donné des dessous en jersey, à la place des sous-vêtements masculins. Nous étions folles de joie. Nous déboutonnions nos vareuses pour qu'on puisse voir notre linge…"

Sofia Konstantinovna Doubniakova,
sergent-chef, brancardière.

"Un bombardement. Tout le monde se met à courir. Moi aussi. J'entends un gémissement : « À l'aide… » Mais je continue à courir… Quelques instants plus tard, une lueur se fait dans mon esprit, je sens mon sac d'infirmière sur mon épaule. Et aussi… une immense honte. Et hop ! ma peur s'est envolée ! Je reviens sur mes pas : je trouve un soldat blessé. Je m'empresse de le panser. Puis un deuxième, un troisième…

Le combat avait pris fin à la nuit tombée. Au matin, il s'était remis à neiger. Les morts s'étaient trouvés ensevelis… beaucoup avaient les bras levés dans un dernier effort…"

Anna Ivanovna Beliaï,
infirmière.

"Je voyais mon premier tué : j'étais là, plantée debout, et je pleurais. Je le pleurais. Mais à ce moment, un blessé m'appelle : « Bande-moi la jambe ! » Sa jambe n'était plus retenue que par son pantalon.

Je coupe le pantalon : « Pose ma jambe, à côté de moi ! » J'ai obéi. Aucun blessé, s'il était conscient, n'acceptait d'abandonner sur place son bras ou sa jambe. Il l'emportait avec lui…

Quand j'étais à la guerre, je me disais : je n'oublierai jamais rien. Mais on oublie quand même…

Cependant, j'ai ce souvenir, là… comme gravé dans ma mémoire… Un jeune gars, plutôt beau gosse. Il est étendu par terre, mort. J'imaginais qu'on enterrerait tous les morts avec les honneurs militaires, mais non, on empoigne celui-ci et on le tire vers une coudraie. On lui creuse une tombe… On le met en terre… sans cercueil, sans rien, on l'ensevelit tel quel. Il y avait un soleil magnifique, le corps baignait dans la lumière… C'était l'été. On n'avait ni toile de tente, ni rien d'autre pour l'envelopper : on l'a déposé dans sa tombe tel qu'il était, avec sa vareuse et sa culotte bouffante – et tout ça était encore neuf, on voyait qu'il venait d'arriver. Alors on l'a mis comme cela et on l'a recouvert de terre. La fosse n'était pas bien profonde, juste assez pour le recevoir. La blessure se voyait à peine, mais elle était mortelle : à la tempe. Dans ces cas-là, il y a peu de sang, l'homme paraissait encore vivant, il était seulement très pâle.

Après les tirs d'artillerie, le bombardement aérien a commencé. L'endroit a été pilonné. Je ne sais pas ce qu'il en est resté…

Et comment s'y prenait-on quand on était encerclés ? Eh bien ! on enterrait nos morts juste à côté de la tranchée où nous étions planqués, on creusait là, et point final. On ne voyait plus qu'un petit monticule de terre. Naturellement, si les Allemands venaient à passer là derrière nous, ou bien leurs engins, tout se retrouvait piétiné, aplati. Ne restait plus que la terre ordinaire, et plus une trace. Souvent nous enfouissions les corps dans la forêt, au pied des arbres… Sous un chêne, sous un bouleau…

Depuis, je ne peux plus aller me balader en forêt. Surtout là où poussent de vieux chênes ou de vieux bouleaux… Je ne peux pas m'y asseoir… »

Olga Vassilievna Korj,
brancardière d'un escadron de cavalerie.

"Le plus insupportable pour moi, c'étaient les amputations… Souvent, on amputait si haut que lorsque la jambe était coupée, j'étais à peine capable de la soulever pour la déposer dans le bac. Je me souviens combien c'était lourd. Je prenais la jambe discrètement pour que le blessé n'entende rien, et je l'emportais dans mes bras comme un bébé… Surtout si c'était une amputation haute, loin au-dessus du genou. Je n'arrivais pas à m'y habituer. Dans mes rêves, je trimballais des jambes…

Je n'écrivais rien de tout cela à maman. Je disais que tout allait bien, que j'étais chaudement vêtue et bien chaussée. Elle avait trois enfants au front, c'était dur pour elle…"

Maria Silvestrovna Bojok,
infirmière.

"Je suis née et j'ai grandi en Crimée… Près d'Odessa. En 1941, je venais juste d'avoir mon bac, à l'école de Slobodka, district de Kordym. Lorsque la guerre a éclaté, les premiers jours, j'écoutais la radio… J'ai vite compris que nous battions en retraite… J'ai couru au bureau de recrutement, mais on m'a renvoyée chez moi. J'y suis retournée encore deux fois, et les deux fois j'ai essuyé un refus. Le 28 juillet, des unités qui battaient en retraite ont traversé notre Slobodka, et sans autre convocation, je suis partie au front avec elles.

Quand j'ai vu mon premier blessé, je me suis évanouie. Puis ça m'a passé. Quand j'ai rampé pour la première fois sous les balles pour aller récupérer un homme, je hurlais si fort que ma voix semblait couvrir le vacarme du combat. Puis je me suis habituée. Dix jours plus tard, j'ai été blessée, j'ai extrait l'éclat moi-même, et j'ai pansé ma plaie…

Le 25 décembre 1942, notre division – la 333ᵉ division de la 56ᵉ armée – a pris d'assaut une hauteur aux abords de Stalingrad. L'ennemi a décidé de la reprendre coûte que coûte. Un combat s'est engagé. Des chars ont fait mouvement sur nous, mais notre artillerie les a arrêtés. Les Allemands ont battu en retraite, et un lieutenant blessé, l'artilleur Kostia Khoudov, est resté étendu dans le no man's land. Les brancardiers qui ont tenté de le récupérer ont été tués. Deux chiens bergers spécialement dressés pour secourir les blessés y sont allés (c'était la première fois que j'en voyais), mais ils ont été abattus également. J'ai alors ôté ma chapka, je me suis redressée de toute ma taille et me suis mise à chanter, d'abord doucement, puis à pleine voix, notre chanson préférée d'avant-guerre : *Je t'ai accompagné sur la route de l'exploit*[1]. Les tirs se sont tus des

1. Musique de N. Bogoslovski, paroles de V. Lebedev-Koumatch.

deux côtés – du nôtre et du côté allemand. Je me suis approchée de Kostia, me suis penchée sur lui, je l'ai placé sur le petit traîneau dont je m'étais munie, et je l'ai ramené vers nos lignes. J'avançais et je pensais : « Pourvu qu'ils ne me tirent pas dans le dos, je préférerais encore qu'ils visent la tête. » Mais il n'y a pas eu un seul coup de feu pendant mon trajet...

Il nous était impossible de garder un uniforme propre : nous étions constamment couverts de sang. Mon premier blessé a été le lieutenant-chef Belov, et mon dernier, Serguëi Petrovitch Trofimov, sergent d'une section de lance-mines. En 1970, il est venu me rendre visite, et j'ai montré à mes filles sa tête amochée, encore ornée d'une grosse cicatrice. Au total, j'ai ramené hors de portée des tirs quatre cent quatre-vingt-un blessés. Un journaliste a fait le compte : l'équivalent d'un bataillon entier de tirailleurs... On trimballait les hommes sur notre dos, des gars deux ou trois fois plus lourds que nous. Et quand ils sont blessés, ils sont encore plus lourds. On porte le blessé et son arme, et en plus sa capote et ses bottes. On se hisse quatre-vingts kilos sur le dos et on les porte. On dépose le blessé, et on repart chercher le suivant, et c'est à nouveau soixante-dix ou quatre-vingts kilos qu'il faut coltiner... Et ainsi cinq à six fois de suite au cours d'une même attaque. Or moi, je ne pesais que quarante-huit kilos, une vraie ballerine. Maintenant, on a du mal à y croire... Moi-même, je n'y crois pas..."

Maria Petrovna Smirnova (Koukharskaïa),
brancardière.

"1942... Nous partons en mission. On franchit la ligne du front, on fait halte près d'un cimetière. Nous savions que les Allemands se trouvaient à cinq kilomètres de là. C'était la nuit, ils lançaient des fusées éclairantes. Avec parachutes. Ces fusées brûlent longtemps et éclairent loin tout le terrain. Le chef de section m'a conduite en bordure du cimetière, il m'a montré l'endroit d'où les fusées étaient tirées, et les buissons d'où pouvaient surgir les Allemands. Je n'ai pas peur des morts, même dans mon enfance les cimetières ne m'ont jamais effrayée, mais j'avais vingt-deux ans, et c'était la première fois de ma vie que je me trouvais postée en sentinelle... En l'espace de deux heures, mes cheveux ont blanchi... Au matin, j'ai découvert mes premiers cheveux blancs, toute une mèche. Je montais la garde et j'observais ces buissons, ils bruissaient, bougeaient, j'avais l'impression de voir des Allemands en sortir… Et aussi d'autres créatures… Des espèces de monstres… Et j'étais là toute seule…

Est-ce vraiment le rôle d'une femme que d'être postée en sentinelle la nuit, au milieu d'un cimetière ? Les hommes prenaient la chose plus simplement, d'une manière ou d'une autre ils étaient prêts à accepter l'idée de devoir rester en faction, de devoir tirer… Mais pour nous, tout cela était tout de même inattendu… Comme de faire une marche de trente, quarante kilomètres… Avec tout le barda… Les chevaux tombaient, les hommes tombaient…"

Vera Safronovna Davydova,
fantassin.

"On ne voulait pas de moi à l'armée : j'étais trop jeune, je n'avais que seize ans, je venais juste de les avoir. Au village, le feldscher, une femme, s'est trouvée mobilisée, elle s'est vu remettre une convocation. Elle pleurait toutes les larmes de son corps à l'idée de devoir laisser son petit garçon. Je suis allée au bureau de recrutement : « Enrôlez-moi à sa place. » maman ne voulait pas me laisser partir : « Nina, voyons, quel âge as-tu ? D'ailleurs, peut-être la guerre va-t-elle bientôt finir. » Une mère, c'est toujours une mère. Mais qui, en ce cas, irait défendre la Patrie ?

Les soldats me refilaient qui un biscuit, qui un morceau de sucre. Je leur faisais pitié. J'ignorais que nous avions une katioucha[1] en couverture derrière nous. Elle a commencé à tirer. Elle tirait, il y avait comme un roulement de tonnerre autour de nous, tout s'embrasait. J'ai été tellement surprise, tellement effrayée par tout ce fracas, ces flammes, ce chahut, que je me suis cassé la figure dans une flaque d'eau, et j'ai perdu mon calot. Les soldats rigolaient : « Eh bien ! qu'est-ce qui t'arrive, petite Nina ? Qu'est-ce qui se passe ? »

Les combats au corps à corps… Quels souvenirs j'en garde ? Je me rappelle les craquements… Le corps à corps s'engage, et on entend aussitôt des craquements : cartilages qui se brisent, os qui craquent… Durant l'attaque, je marche à côté des soldats, légèrement en retrait, pour dire vrai, disons, juste à côté. Tout se déroule

---

1. Lance-fusées multiple, également surnommé "orgues de Staline".

sous mes yeux… Les hommes embrochés par les baïonnettes… Les blessés qu'on achève…

Après la guerre, je suis rentrée chez moi, à Toula. Dans mon sommeil, je n'arrêtais pas de crier. Ma mère et ma sœur passaient la nuit assises à mes côtés… Je me réveillais à mes propres hurlements…"

Nina Vladimirovna Kovelenova,
sergent-chef, brancardière d'une compagnie de tirailleurs.

"Nous sommes arrivées à Stalingrad. On se livrait là des combats meurtriers. C'était l'endroit le plus atroce… Et voilà que nous devons traverser la Volga, passer d'une rive à l'autre. Personne ne veut nous écouter : « Quoi ? Des gonzesses ? À quoi diable allez-vous servir ici ? Nous, on a besoin de tirailleurs et de mitrailleurs, pas d'agents de transmission. » Or nous étions nombreuses : quatre-vingts. À la tombée du jour, on a fait passer les filles les plus grandes, mais on nous a refusées, moi et une autre, parce que nous étions de petite taille. Nous n'avions pas assez grandi. On voulait nous laisser en réserve, mais j'ai poussé alors de tels cris…

Lors de mon premier combat, les officiers s'ingéniaient à m'écarter du parapet, et moi, au contraire, je haussais la tête pour tout voir de mes yeux. J'étais poussée par une sorte de curiosité, une curiosité d'enfant… Le commandant me crie : « Soldat Semionova ! Soldat Semionova, vous avez perdu la tête ! Nom de Dieu… Vous allez vous faire tuer ! » J'étais incapable de comprendre ça : comment pouvais-je être tuée, alors que je venais juste d'arriver sur le front ? Je n'avais pas encore combattu…

Je découvrais la mort… Je ne savais pas encore combien elle était simple et dénuée de scrupule…"

Nina Alexeïevna Semionova,
simple soldat, agent de transmission.

— J'ai fait toute la guerre de bout en bout…

Je traînais mon premier blessé, je sentais mes jambes flancher. Je le traînais et je murmurais : "Pourvu qu'il ne meure pas… Pourvu qu'il ne meure pas…" Je l'ai pansé, je pleurais, je lui disais des mots tendres. Le commandant passe à côté moi. Et le voilà qui m'engueule, qui laisse même échapper des injures…

— Pourquoi vous a-t-il engueulée ?

— On ne devait pas s'apitoyer autant, ni pleurer comme je le faisais. Je risquais d'y épuiser mes forces, or nous avions beaucoup de blessés.

On passe en camion, les morts jonchent le sol, ils ont la tête rasée, et leurs crânes sont verts comme des pommes de terre exposées au soleil... Éparpillés comme des pommes de terre... Ils gisent dans les labours, fauchés en pleine course...

Ekaterina Mikhaïlovna Rabtchaïeva,
simple soldat, brancardière.

"Je ne me rappelle plus où c'était... Une fois, il y en avait deux cents dans la grange, et j'étais seule. Les blessés qu'on nous amenait arrivaient directement du champ de bataille. C'était dans je ne sais plus quel village... Tant d'années ont passé... Je me souviens de n'avoir pas dormi pendant quatre jours, de ne pas m'être assise un instant, chacun criait : « Infirmière! Eh! frangine! Aide-moi, petite! » Je ne cessais de courir de l'un à l'autre, et une fois, j'ai trébuché, je me suis étalée par terre et me suis endormie aussitôt. Un cri m'a réveillée : un commandant, un tout jeune lieutenant blessé, s'était redressé sur son flanc intact et criait : « Silence! Silence, c'est un ordre! » Il avait compris que j'étais à bout de forces, alors que tout le monde m'appelait, tout le monde souffrait : « Infirmière! Infirmière! » Je me suis relevée d'un seul bond, et me suis mise à courir sans savoir où ni pourquoi. C'est alors que j'ai pleuré, pour la première fois depuis que j'étais au front.

Et voilà... On ne connaît jamais bien son propre cœur. Une fois, en plein hiver, on convoyait des soldats allemands prisonniers. Ils marchaient, transis de froid. Vêtus trop légèrement. Des couvertures en lambeaux sur la tête. Or, il gelait si fort que les oiseaux crevaient en plein vol. Ils tombaient. Dans cette colonne il y avait un soldat, tout jeune... Il était bleu de froid... Des larmes avaient gelé sur son visage... Moi, j'étais en train de pousser une brouette remplie de pain en direction de la cantine. Le gars ne pouvait détacher les yeux de cette brouette, il ne me voyait pas, il ne voyait qu'elle. J'ai attrapé une miche, je l'ai cassée en deux et lui en ai donné une moitié. Il l'a prise. Avec précaution... Lentement... Il n'y croyait pas...

J'étais heureuse... J'étais heureuse de voir que je ne pouvais pas haïr. J'étais étonnée de moi-même..."

Natalia Ivanovna Sergueïeva,
aide-soignante.

"JE SUIS LA SEULE
À AVOIR REVU MA MÈRE…"

Je me rends à Moscou pour rencontrer Nina Yakovlevna Vichnevskaïa. Ce que je sais d'elle n'occupe que quelques lignes dans mon bloc-notes : à dix-sept ans, elle est partie au front, elle a servi comme brancardière dans le 1er bataillon de la brigade blindée de la 5e armée. Elle a participé à la célèbre bataille de chars de Prokhorovka, où chaque adversaire engagea mille deux cents blindés et canons automoteurs dans un duel sans merci. Ce fut l'un des plus grands combats de chars de l'histoire mondiale.

Son adresse m'a été donnée par des "trappeurs", des écoliers de la ville de Borissov, qui ont rassemblé beaucoup d'informations sur la 32e brigade blindée qui avait libéré leur contrée. Habituellement, c'étaient des hommes qui servaient comme brancardiers dans les unités blindées, et là, c'était une toute jeune fille. J'ai décidé d'y aller sur-le-champ…

Je commence à me poser la question : comment choisir parmi des dizaines d'adresses ? Au début, j'enregistrais tous les témoins que je rencontrais. On se transmettait mon nom, d'une femme à l'autre. On se téléphonait à mon sujet. Des vétérans m'invitaient à leurs réunions, et parfois, tout simplement, chez eux : "Viens à notre soirée de mémés. Nous évoquons toujours la guerre. Nous parlons plus de la guerre que de nos petits-enfants." J'ai commencé à recevoir des lettres des quatre coins du pays. La filière des vétérans transmettait mon adresse. On m'écrivait : "Désormais, tu fais partie des nôtres. Tu es, comme nous, une fille du front." Bientôt, j'ai compris qu'il était impossible d'enregistrer tout le monde, qu'il fallait arrêter un principe de sélection et d'accumulation du matériau. Oui, mais lequel ? Après avoir classé les adresses que j'avais déjà à ma disposition, ce principe, je suis parvenue à le formuler ainsi : je devrai m'efforcer de noter le témoignage de femmes ayant exercé différents métiers militaires. Car chacun d'entre nous voit la vie à travers son métier, à travers la place qu'il occupe dans le monde ou bien au sein de tel événement auquel il participe. Il serait logique de supposer, malgré le caractère très conventionnel d'une telle affirmation, qu'une infirmière a vu une certaine guerre, une boulangère une autre, une parachutiste une troisième, une pilote une quatrième, le chef d'une section de mitrailleurs une cinquième… À la guerre, chacune de ces femmes avait son propre champ de vision : pour l'une, c'était la table d'opération : "Combien j'ai vu de bras et de jambes coupés… J'avais du mal à croire qu'il restait quelque part des hommes entiers. J'avais l'impression qu'ils étaient tous ou bien blessés, ou bien morts…" *(A. Demtchenko, sergent-chef, infirmière.)* Pour une autre, c'étaient les marmites de la cuisine roulante : "Après le combat, il arrivait qu'il ne reste plus personne… On faisait cuire une marmite de kacha, une autre de soupe, et puis on n'avait personne à qui les donner…" *(I. Zinina, simple soldat, cuisinière.)* Pour une troisième, c'était sa cabine de pilotage : "Notre camp avait été installé dans la forêt. Je suis rentrée après un vol, et j'ai décidé d'aller faire un tour dans les bois, car on était au milieu de l'été, à l'époque où mûrissent les fraises des bois. J'ai suivi un sentier et soudain j'ai vu un Allemand… mort… Déjà tout noir… Vous savez, j'ai été prise de peur. Car auparavant, je n'avais jamais vu de mort, même si je faisais la guerre depuis plus d'un an. Là-haut, c'était différent… Lorsqu'on vole, on n'a qu'un seul objectif : trouver la cible, lâcher ses bombes et revenir. Nous n'avions jamais été confrontés à des cadavres. Nous ne connaissions pas cette peur-là…" *(A. Bondareva, lieutenant de la garde, chef-pilote.)* Pour cette partisane, la guerre est aujourd'hui encore associée à l'odeur du feu de camp : "Tout se faisait autour du feu : on y cuisait le pain et la nourriture, s'il restait des braises, on mettait à sécher à côté nos pelisses, nos valenkis[1], ce que chacun possédait. La nuit, on s'y tenait au chaud…" *(E. Vyssotskaïa.)*

Mais il ne sera pas dit que je resterai plus longtemps plongée dans mes pensées. Le chef de wagon apporte du thé. Aussitôt, les passagers du compartiment font bruyamment connaissance. Selon la tradition, une bouteille de Moskovskaïa apparaît sur la table, ainsi que diverses provisions préparées pour la route, et une conversation

---

1. Grosses bottes de feutre qu'on porte en Russie l'hiver.

cordiale s'engage. Une demi-heure après, quiconque viendrait à nous entendre penserait assister à une rencontre entre de vieux amis. Comme le veut chez nous la coutume, on parle de secrets de famille, de politique, de l'amour, de la haine, des dirigeants du pays et de ceux des pays voisins. En ces instants-là, il n'y a pas de sujets tabous. On peut dévoiler son âme à un inconnu, lui confier les secrets les plus intimes, se mettre à nu devant lui sans scrupules : de toute façon, au matin, on lui serrera la main au moment de prendre congé en sachant bien qu'on ne le reverra jamais. Mais vous aurez soulagé votre cœur, et vous vous sentirez plus léger, comme après une confession.

Nous sommes gens de voyage et de conversation…

Je raconte moi aussi qui je vais visiter et pour quelle raison. Deux de mes compagnons de route ont eux-mêmes combattu pendant la Seconde Guerre. L'un est allé jusqu'à Berlin, en tant que chef d'un bataillon de sapeurs, l'autre a été partisan, trois ans durant, dans les forêts de Biélorussie. Très vite, on parle "des années quarante, des années de poudre" :

Je note ce qui m'est resté en mémoire :

— Nous sommes une espèce en voie de disparition. Des mammouths! Nous appartenons à une génération qui croyait qu'il y avait quelque chose de plus grand que la vie humaine. La Patrie. L'Idéologie. Et, bien sûr, Staline. Pourquoi mentir? On dit chez nous qu'on ne change pas les paroles d'une chanson.

Dans notre détachement, il y avait une fille très brave… Elle partait en mission faire sauter des trains. Avant la guerre, toute sa famille avait subi les répressions : son père, sa mère et ses deux frères aînés avaient été arrêtés. Elle vivait avec sa tante, la sœur de sa mère. Dès les premiers jours de la guerre, elle avait cherché à rallier les partisans. Dans le détachement, nous avions compris qu'elle recherchait le danger, délibérément. Elle voulait prouver… Tout le monde a reçu des décorations, et pas elle. On ne lui a jamais remis une seule médaille, à cause de ses parents tenus pour des ennemis du peuple. Juste avant l'arrivée de nos troupes, elle a eu une jambe emportée par une explosion. Je lui ai rendu visite à l'hôpital… Elle pleurait… "Au moins, maintenant, disait-elle, on me fera confiance." Une jolie fille…

Quand j'ai vu deux filles arriver chez moi, toutes deux chefs de sections de sapeurs, qu'avait affectées chez nous je ne sais quel imbécile du bureau des cadres, je les ai aussitôt renvoyées. Elles étaient furieuses. Elles tenaient à aller en première ligne pour frayer des passages à travers les champs de mines.

— Pourquoi en ce cas les avez-vous renvoyées ?

— Pour plusieurs raisons. *Primo*, j'avais suffisamment de bons sergents capables d'exécuter le travail dont ces filles étaient censées se charger ; *secundo*, je considérais qu'il était inutile que des femmes aillent s'exposer en première ligne. Dans l'enfer. Il y avait bien assez de nous, les hommes. Je savais par ailleurs qu'il faudrait leur construire un abri spécial et les doter d'un tas de commodités pour femmes afin qu'elles puissent faire leur boulot de chefs de section. C'était trop de tintouin...

— Vous pensez donc que la femme n'a pas sa place à la guerre ?

— Si on considère l'Histoire, de tout temps, la femme russe ne s'est jamais contentée de regarder son mari, son frère, son fils partir à la guerre, et de se morfondre en les attendant. Il y a des siècles, la princesse Yaroslavna montait déjà sur les remparts pour verser de la poix bouillante sur la tête des ennemis. Mais nous, les hommes, éprouvions un sentiment de culpabilité à voir des gamines faire la guerre, et ce sentiment m'est resté. Je me souviens d'un jour où l'on battait en retraite. C'était en automne, il pleuvait jour et nuit. Une jeune fille tuée gisait sur le bord de la route... Elle avait une longue natte et était toute couverte de boue...

Est-ce la peine d'évoquer cela ? Est-ce la peine de l'écrire ? Lorsque j'entendais raconter que nos infirmières, prises dans un encerclement, tiraient sur l'ennemi pour défendre nos soldats blessés, parce que ceux-ci étaient aussi désarmés que des enfants, je pouvais le comprendre. Mais prenez cette autre scène : deux femmes qui rampent dans la zone neutre, armées d'une carabine de précision, pour aller tuer... Je ne peux me défaire du sentiment qu'il s'agit là malgré tout d'une sorte de chasse à l'homme. Moi-même, j'ai tiré sur l'ennemi... Seulement, je suis un homme...

— Mais l'ennemi avait foulé leur terre, n'est-ce pas ? Il avait tué leurs proches.

— Non... Je n'arrive pas à imaginer que ma femme ait été un tireur embusqué. J'aurais pu partir en reconnaissance avec une fille comme ça, mais je ne l'aurais pas épousée. Nous avons l'habitude de voir en une femme une mère, une fiancée. Mon frère cadet m'a raconté qu'un jour une colonne de prisonniers allemands avait traversé notre ville et que, eux, les gosses, leur avaient tiré dessus à coups de lance-pierres. Ma mère l'a surpris et lui a flanqué une gifle. Les prisonniers étaient de ces jeunes blancs-becs que Hitler enrôlait à la fin de la guerre. Mon frère avait sept ans, mais il se rappelle que notre mère pleurait en regardant ces Allemands : "Puissent vos mères devenir aveugles pour vous avoir laissés partir à la guerre, tout gamins que vous êtes !" La guerre est une affaire d'hommes. Y a-t-il donc trop peu d'hommes dont l'histoire puisse faire un bouquin ?

— C'est injuste. Souvenez-vous de la catastrophe des premières années de la guerre. Les troupes allemandes aux abords de Moscou... Le blocus meurtrier de Leningrad. Des professeurs d'université s'engageaient dans les milices populaires... Les professeurs de Leningrad... Et les filles partaient comme volontaires, or on n'a jamais vu un lâche demander à être expédié au front. C'étaient des filles courageuses, des filles peu ordinaires. Les statistiques révèlent que les pertes parmi le personnel médical engagé à l'avant occupent la deuxième place après celles subies par les bataillons de tirailleurs. Dans l'infanterie. Savez-vous ce que c'est, par exemple, que de ramener un blessé du champ de bataille ? Je vais vous le raconter... Nous montons à l'attaque, et nous voilà fauchés par un tir de mitrailleuse. Plus de bataillon. Tout le monde est étendu par terre. Tous n'ont pas été tués. Il y a beaucoup de blessés. Les Allemands continuent de tirer, ils ne cessent pas le feu. Tout à coup, à la surprise générale, une fille bondit hors de la tranchée, puis une deuxième, une troisième... Elles se mettent à panser et à ramener les blessés, même les Allemands durant un instant en restent muets de stupeur. Vers dix heures du soir, toutes les filles étaient grièvement blessées, et chacune d'elles avait sauvé au maximum deux à trois hommes. À l'époque, au début de la guerre, les récompenses pour elles étaient rares, on ne distribuait pas les décorations à tour de bras. Il ne suffisait pas de ramener le blessé, il fallait aussi rapporter son arme. La première question qu'on vous posait à l'hôpital de campagne, c'était : "Où est l'arme ?" Au début de la guerre, on en manquait. Fusil, mitraillette, mitrailleuse, il fallait rapporter tout cela. Le décret n° 281, promulgué en 1941, imposait le barème d'attribution suivant : pour quinze blessés graves ramenés du champ de bataille chacun avec son arme personnelle, on avait droit à la médaille du Mérite militaire ; pour le sauvetage de vingt-cinq personnes, c'était l'ordre de l'Étoile rouge ; pour le sauvetage de quarante, l'ordre du Drapeau rouge ; et pour le sauvetage de quatre-vingts, l'ordre de Lénine. Or je vous ai raconté ce que signifiait sauver au combat ne fût-ce qu'un seul homme... Sous les balles...

— On avait envoyé nos éclaireurs dans un village où une garnison allemande était cantonnée. Deux étaient partis... Puis encore un troisième... Aucun n'était revenu. Le commandant appelle une fille : "Lioussia, c'est à toi d'y aller." On l'a costumée en bergère. On l'a accompagnée jusqu'à la route... Que pouvait-on faire? Quelle autre solution? Un homme était sûr de se faire tuer. Alors qu'une femme avait une chance de passer...

— Est-ce que la fille est revenue?

— J'ai honte, mais j'ai oublié son nom de famille. Je ne me rappelle que son prénom : Lioussia. Elle est morte.

Tout le monde reste silencieux un long moment. Puis on porte un toast à la mémoire des disparus. La conversation dévie sur un autre sujet : on parle de Staline, qui liquida, juste avant la guerre, les meilleurs cadres de l'armée. L'élite militaire. De la brutalité de la collectivisation, et de l'année 1937, l'année des grandes purges. Des camps et des déportations. Du fait que, sans 1937, il n'y aurait pas eu 1941. Nous n'aurions pas battu en retraite jusqu'à Moscou et n'aurions pas payé si cher la victoire.

— Y avait-il place pour l'amour à la guerre? demandé-je.

— J'ai rencontré beaucoup de jolies filles parmi celles qui étaient au front, mais nous ne voyions pas des femmes en elles. Même si c'étaient, à mon sens, des filles formidables. Seulement, elles étaient pour nous des camarades qui nous ramenaient du champ de bataille, qui nous sauvaient, nous soignaient. Deux fois, elles m'ont tiré d'affaire alors que j'étais blessé. Comment aurais-je pu mal me comporter envers elles? Mais est-ce que vous-même, vous pourriez épouser un frère? Elles, elles étaient comme nos sœurs.

— Et après la guerre?

— Quand la guerre a été finie, elles se sont retrouvées terriblement seules. Prenez ma femme, par exemple. C'est une femme intelligente, et néanmoins elle a une attitude négative à l'égard des filles qui ont combattu dans l'armée. Elle croit qu'elles partaient à la guerre pour se trouver des fiancés, que toutes s'arrangeaient pour y avoir des aventures. Alors qu'en vérité, je vous le dis sincèrement, pour la plupart, c'étaient des filles honnêtes. Parfaitement innocentes. Mais après la guerre... Après la saleté, après les poux, après les morts... On avait envie de quelque chose de beau. D'éclatant.

On voulait de belles femmes… J'avais un ami, au front, qui était aimé d'une jeune femme tout à fait épatante, ainsi que je m'en rends compte aujourd'hui. Elle était infirmière. Mais il ne l'a pas épousée, quand il a été démobilisé, il s'en est trouvé une autre, plus jolie. Et il est malheureux en ménage. Maintenant, il pense souvent à son amour de guerre, elle aurait été une bonne compagne pour lui. Mais après la guerre, il n'a pas voulu l'épouser, car durant quatre ans, il ne l'avait toujours vue que chaussée de bottes éculées, une veste matelassée sur le dos. Nous voulions oublier la guerre. Et nous avons aussi oublié nos filles…

Ainsi, cette nuit-là, personne n'a fermé l'œil. Nous avons bavardé jusqu'au petit matin.

… Juste au sortir du métro, je tombe dans une cour d'immeuble moscovite ordinaire. Une voix étonnée au téléphone : "Vous êtes déjà arrivée ? Et vous débarquez directement chez moi ? Vous n'avez besoin de demander aucune précision au Conseil des vétérans ? Ils possèdent tous les renseignements me concernant, ils ont tout vérifié." La vie met chaque fois à l'épreuve la pertinence de mes idées romantiques. Elle ne les épargne pas. Je croyais auparavant que les souffrances endurées rendaient l'être humain plus libre. Plus indépendant. À présent, je découvre que non, pas toujours. Souvent elles subsistent à part, comme une sorte de réserve intangible. Alors peut-être vont-elles aider d'autres personnes. Appartenant à d'autres générations. Comme moi, par exemple.

Ce que j'apprends de la guerre me fait aussi réfléchir à notre vie d'aujourd'hui. Me conduit à chercher où s'est dissous tout ce savoir. À chercher qui nous sommes en réalité. De quoi nous sommes faits, de quel matériau. Et si celui-ci est bien solide.

Une petite femme ronde m'ouvre la porte. Elle me tend la main pour me saluer, comme le ferait un homme, tandis qu'un garçonnet, son petit-fils, se tient cramponné à son autre bras. À la mine impassible de ce dernier, à son air de curiosité blasée, je comprends qu'il vient beaucoup de visiteurs dans cette maison. Ils y sont attendus.

La grande pièce est presque vide de meubles. Sur une étagère : des livres, des Mémoires de guerre pour la plupart, ainsi que plusieurs agrandissements de photos prises sur le front ; un casque de tankiste accroché à un bois d'élan ; une rangée de chars d'assaut en modèle réduit alignés sur un guéridon verni, et ornés de dédicaces : "De la part des soldats de la énième unité", "De la part des élèves officiers de l'école des tankistes"... Trois poupées trônent sur le canapé à côté de moi, toutes les trois en uniforme de soldat. Même les rideaux et le papier peint des murs sont couleur kaki.

— Les voisines sont étonnées : "À quoi te sert-il d'avoir chez toi un musée militaire ?" Mais je ne peux pas faire autrement. Je vis toujours là-bas... Au front...

J'enclenche le magnétophone.

Nina Yakovlevna Vichnevskaïa,
adjudant-chef, brancardière d'un bataillon de chars :

"Par où commencer ?... Il faut que je réfléchisse... Tu me demandes de te parler de mon âme, alors que je suis habituée à parler de la guerre. De notre Victoire. De la grande Victoire. Je t'avais même préparé un texte...

Je vais te raconter comment c'était... De femme à femme... Comme à une amie.

Je commencerai par le fait qu'on était très réticent à enrôler des filles dans les unités blindées. On peut même dire qu'on l'évitait carrément. Comment, moi, me suis-je débrouillée pour être prise ? Nous habitions Konakovo, dans la région de Kalinine. Je venais juste de passer mes examens pour entrer au lycée. Personne parmi nous ne se rendait compte de ce qu'était la guerre, pour nous, c'était un jeu, un truc un peu livresque. Nous étions élevés dans le romantisme de la révolution, dans les idéaux... Nous avions foi dans les livres...

Ma famille logeait dans un grand appartement communautaire, partagé par plusieurs familles, et tous les jours des gens partaient à la guerre : oncle Petia, oncle Vassia... Nous, les enfants, nous les accompagnions jusqu'à la gare, animés surtout par la curiosité. Nous les suivions jusqu'au train, et lorsque la musique se mettait à jouer, les femmes éclataient en sanglots – mais tout cela ne nous effrayait pas, au contraire, ça nous amusait. La première chose dont nous avions envie, c'était de monter dans le train et de partir. La guerre, dans notre esprit, était quelque part très loin. Moi, par exemple, j'adorais les boutons d'uniforme et leur aspect rutilant. Je suivais déjà les cours d'instruction sanitaire, mais encore une fois c'était pour moi comme un jeu. Puis, l'école a été fermée, et nous avons été mobilisés pour la construction d'ouvrages défensifs. On nous a installés dans des baraquements, au beau milieu d'un champ. Nous étions très fiers d'aller accomplir une mission liée à la guerre. On nous a inscrits dans le bataillon des « constitutions fragiles ». On travaillait de huit heures du matin à huit heures du soir. On creusait des fossés antichars. Or, nous étions tous des garçons et des filles de quinze, seize ans... Et voici qu'un jour, pendant le travail, on entend s'élever des voix. Les uns criaient : « Des avions ! » les autres : « Les Allemands ! » Les adultes sont partis en courant se mettre à l'abri, mais nous, nous étions curieux : comment étaient-ils, ces avions allemands ? Comment étaient-ils, ces Allemands ? Ils sont passés tout près, mais nous n'avons rien eu le temps de voir. On en était même déçus... Quelques instants plus tard, ils ont fait demi-tour en volant à altitude plus basse. Tout le monde a bien distingué les croix noires. Nous ne ressentions aucune frayeur, juste de la curiosité. Et brusquement, ils ont ouvert le feu à la mitrailleuse et ont commencé à nous arroser. Plusieurs gars sont tombés sous nos yeux, des gars avec lesquels on avait étudié et travaillé. Nous sommes restés frappés de stupeur, nous n'arrivions pas à comprendre ce qui se passait. Nous restions là, debout, à regarder... Comme cloués sur place... Des adultes accouraient déjà vers nous pour nous plaquer à terre, mais la peur était malgré tout toujours absente...

Bientôt, les Allemands se sont approchés tout près de la ville, à une dizaine de kilomètres. Moi et d'autres filles avons couru au bureau de recrutement : nous voulions nous aussi défendre la Patrie, être avec les autres. Tout le monde n'était pas enrôlé, on ne prenait que les filles les plus endurantes, les plus vigoureuses et, avant tout, celles qui étaient âgées de plus de dix-huit ans. Les bonnes komsomols. Un capitaine recrutait des filles pour son unité blindée. Il n'a même pas voulu m'écouter, car je n'avais que dix-sept ans et j'étais trop menue.

« Si un fantassin est blessé, m'expliquait-il, il tombe à terre. On peut ramper jusqu'à lui, le panser sur place ou le traîner jusqu'à un abri. Mais avec un tankiste, c'est différent... S'il est blessé à l'intérieur de son char, il faut le tirer par la trappe. Crois-tu vraiment que tu en serais capable ? Tu sais que les tankistes sont tous de solides gaillards. Lorsqu'on doit grimper sur un char, celui-ci est exposé aux tirs, les balles et les éclats volent dans tous les sens. Et as-tu déjà vu un char en flammes ?

— Mais je ne suis donc pas une komsomol, comme les autres ? ai-je répondu en pleurant.

— Bien sûr, tu es aussi une komsomol. Mais trop petite... »

Or, mes copines d'école qui fréquentaient, comme moi, le cours d'instruction sanitaire, étaient des filles costaudes, bien bâties, elles avaient toutes été enrôlées. Cela me rongeait de savoir qu'elles allaient partir quand moi, je devais rester.

Naturellement, je n'avais rien dit à mes parents. Je suis venue faire mes adieux aux filles, et celles-ci ont eu pitié de moi : elles m'ont dissimulée à l'arrière du camion, sous une bâche. On roulait dans un camion ouvert, chacune portait un fichu différent : noir, bleu, rouge... Cela faisait un joyeux spectacle ! Choura Kisseleva avait même emporté sa guitare. Comme on approchait des premières tranchées, des soldats nous ont vues et ont crié : « Voilà les artistes ! Voilà les artistes ! » On s'est senties vexées : on allait au front pour faire la guerre, et ceux-là nous traitaient d'artistes !

On est arrivées devant l'état-major, et le capitaine a donné ordre de se mettre en rang. Tout le monde est descendu, et je me suis alignée avec les autres, la dernière. Les filles avaient leurs affaires personnelles, moi, je n'avais rien. Mon départ avait été impromptu, je n'avais rien emporté. Choura m'a passé sa guitare : « Tiens ça, au moins tu n'auras pas les mains vides. »

Le chef de l'état-major paraît et le capitaine lui fait son rapport :

« Camarade lieutenant-colonel ! Douze filles viennent se mettre à votre disposition pour faire leur service. »

L'autre nous regarde : « Mais elles sont treize, pas douze.

— Non, douze, camarade lieutenant-colonel », insiste le capitaine, tant il était sûr de son compte. Puis il se retourne, jette un coup d'œil et aussitôt me lance : « Mais toi, d'où sors-tu ? »

Je réponds :

« Je suis venue faire la guerre, camarade capitaine...

— Viens un peu ici !

— Je suis venue avec une amie...

— Avec une amie, c'est bien d'aller au bal. Ici, c'est la guerre. Approche-toi donc plus près ! »

Je me présente, telle que j'étais, le pull de maman enroulé autour de la tête. Je montre mon certificat de brancardier. Je me fais suppliante :

« Vous pouvez me croire, messieurs, je suis forte. J'ai déjà travaillé comme infirmière… J'ai plusieurs fois donné mon sang…
S'il vous plaît… »

Ils examinent tous mes papiers, puis le lieutenant-colonel ordonne :

« Qu'on la renvoie chez elle ! Par le premier camion en partance ! »

Mais en attendant que se présente un véhicule susceptible de me
ramener, je me suis retrouvée affectée à l'infirmerie de campagne. Je
passais mon temps à confectionner des tampons de gaze. Dès que je
voyais une voiture quelconque s'arrêter devant l'état-major, je filais
aussitôt dans les bois. J'y restais une heure ou deux et je ne revenais
qu'après le départ de la voiture. Cela a duré trois jours, jusqu'à ce
que notre bataillon se trouve engagé. C'était le 1er bataillon de la
32e brigade blindée. Tout le monde est parti au combat, pendant
que moi, je restais à préparer les gourbis pour les blessés. Une demi-
heure ne s'était pas écoulée qu'on a commencé à ramener des blessés… Et des tués… Une de nos filles a péri dans cet engagement.
Bon, et moi, on m'a oubliée, on s'est habitué à ma présence. Les
chefs n'en parlaient plus…

Et ensuite ? Ensuite, il fallait que je me trouve un uniforme. On
nous avait distribué à toutes des sacs pour qu'on y range nos affaires.
Des sacs tout neufs. J'ai pris le mien, j'en ai coupé les sangles,
décousu le fond, puis je l'ai enfilé. Cela me faisait une jupe militaire. J'ai dégoté quelque part une vareuse pas trop abîmée, j'ai bou-
clé par-dessus un ceinturon et ai décidé de parader devant les autres
filles. Mais à peine avais-je eu le temps d'esquisser un ou deux pas
sous leurs yeux que l'adjudant-chef entre dans notre abri, suivi du
commandant de l'unité.

L'adjudant-chef : « Garde à vous ! »

Le lieutenant-colonel entre à son tour et l'adjudant-chef l'interpelle :

« Camarade lieutenant-colonel, permettez-moi de m'adresser à
vous. J'ai un pépin avec les filles : je leur ai délivré des sacs pour ranger leurs affaires, et voilà qu'elles se fourrent tout entières dedans ! »

À ce moment, le commandant de l'unité m'a reconnue :

« Ah ! mais c'est toi, la resquilleuse ! Eh bien quoi, adjudant-chef,
il faut fournir des uniformes aux filles. »

Personne ne se rappelait plus qu'il fallait me renvoyer par la
première voiture. Nous avons reçu chacune notre paquetage. Les

tankistes avaient des pantalons de grosse toile, renforcés aux genoux, mais à nous, on avait donné des combinaisons taillées dans un tissu léger comme de l'indienne. Or, la terre était pour moitié mêlée de débris de métal et de caillasse, aussi nous sommes-nous retrouvées rapidement en guenilles, car nous ne restions pas assises dans une voiture, nous étions constamment à ramper sur le sol. Les tanks étaient souvent la proie des flammes. Le tankiste, s'il était encore en vie, était couvert de brûlures. Et nous tout autant, car nous cherchions à sauver des hommes en train de brûler, nous allions les chercher dans le feu. C'est vrai... Il est très difficile de tirer un homme par une trappe de char, surtout le canonnier coincé dans sa tourelle. Et un mort est plus lourd qu'un vivant... Beaucoup plus. J'ai appris tout cela très vite...

... Nous n'avions reçu aucune formation militaire, et nous ne savions pas reconnaître les grades. L'adjudant-chef nous répétait constamment que désormais nous étions de vrais soldats, et que, de ce fait, nous devions saluer tous ceux qui avaient un grade supérieur au nôtre, avoir toujours une tenue impeccable, avec la capote boutonnée jusqu'au col.

Mais les soldats, nous voyant si gamines, se plaisaient à nous jouer des tours. Une fois, l'infirmerie m'a envoyée chercher du thé. J'arrive devant un cuisinier. Il me regarde : « Qu'est-ce que tu veux ? » Je réponds : « Du thé. »

« Ah ! le thé n'est pas encore prêt.

— Et pourquoi ?

— Les autres cuistots sont en train de se laver dans les chaudrons. Dès qu'ils auront terminé, on mettra l'eau à chauffer... »

Je l'ai cru. J'ai pris ça tout à fait au sérieux. J'ai empoigné mes seaux et j'ai tourné les talons. En chemin, je croise le médecin : « Pourquoi rentres-tu les mains vides ? Où est le thé ? »

Je lui balance aussitôt : « Les cuisiniers sont en train de se laver dans les chaudrons. Le thé n'est pas encore prêt. »

Il se prend la tête à deux mains : « Quels cuisiniers se lavent dans les chaudrons ? »

Il m'a ordonné de faire demi-tour, a passé un sacré savon à mon plaisantin et m'a fait verser deux seaux de thé. Me voilà donc portant mes deux seaux remplis, quand tout à coup je vois venir à ma rencontre le chef de la section politique et le commandant de la brigade. Je me suis aussitôt rappelé, comme on nous l'avait appris, qu'il fallait saluer tous les gradés, puisque nous n'étions que de simples soldats. Mais ils étaient deux. Comment pouvais-je les saluer tous les deux ? J'ai réfléchi. Au moment où ils arrivent à ma hauteur, je pose mes seaux par terre, je porte les deux mains à la visière et m'incline devant l'un puis devant l'autre. Ils seraient passés sans même me remarquer, mais là, ils sont restés paralysés de stupeur :

« Qui t'a appris à saluer de cette façon ?

— Notre adjudant-chef. Il dit qu'il faut saluer tous les gradés. Mais comme vous êtes deux et que vous marchez ensemble... »

Pour nous, les filles, tout dans l'armée était compliqué. Nous avions beaucoup de mal à distinguer les différents insignes de grade. Lorsque nous avons été recrutées, il y avait encore les losanges, les cubes, les rectangles cousus sur les pattes d'épaule[1]. Allez donc comprendre avec ça qui porte quel grade ! On me dit : « Va porter cette lettre au capitaine. » Bien, mais comment le reconnaître ? Pendant que je marche, même le mot « capitaine » me sort de la tête. J'arrive :

« Monsieur, monsieur, l'autre monsieur m'a demandé de vous remettre ceci...

— Quel monsieur ?

— Mais l'autre, là, celui qui est toujours en vareuse. Sans la tunique. »

On ne retenait pas que celui-ci était lieutenant et celui-là capitaine : ce qu'on retenait, c'était si l'homme était beau ou laid, roux ou grand. « Ah ! celui-là, le grand balèze » : ça, on s'en souvenait.

Bien sûr, lorsque j'ai vu des combinaisons brûlées, des mains brûlées, des visages brûlés... Je... C'est étonnant... J'ai cessé de pleurer... Les tankistes sautaient hors de leur char en flammes, tout brûlait sur eux... fumait... Souvent ils avaient les bras ou les jambes brisés. C'étaient des blessés graves. Un gars comme ça est allongé et me demande : « Je vais mourir, écris à ma mère, écris à ma femme... » Et alors, vous vient un sentiment plus fort que la peur. Une sorte d'ahurissement... Comment raconter à quelqu'un la mort...

Lorsque les tankistes m'ont ramassée moi-même avec les jambes esquintées, ils m'ont transportée au village de Joltoïe, près de Kirovograd, et la propriétaire de la chaumière où s'était installée l'infirmerie de campagne s'est mise à se lamenter : « Quel tout petit gars ! »

---

1. Ce système d'insignes a été simplifié en 1943.

Les tankistes rigolent : « Ce n'est pas un gars, grand-mère, c'est une fille ! »

Elle s'assoit près de moi et me dévisage : « Comment ça, une fille ? Comment ça ? C'est un petit gars... »

J'avais les cheveux courts, je portais une combinaison, un casque de tankiste – un vrai petit gars, quoi. Elle m'a laissé sa place dans la soupente et elle a même tué le cochon pour que je me remette sur pied plus rapidement. Et elle me plaignait tout le temps : « C'est-il qu'on manquait d'hommes pour qu'on aille prendre des gamins pareils... Des fillettes... »

À dix-huit ans, à la bataille de Koursk, j'ai été décorée de la médaille du Mérite militaire et de l'ordre de l'Étoile rouge, et à dix-neuf ans, du Petit Ordre de la Guerre patriotique. Lorsque arrivaient de nouveaux renforts, il y avait des jeunots, et bien sûr, ils étaient étonnés. Ils avaient eux aussi dix-huit ou dix-neuf ans, et parfois ils me demandaient d'un air moqueur : « Pour quel exploit as-tu reçu tes médailles ? » ou bien : « Es-tu déjà allée au combat ? » ou encore, par exemple, pour me charrier : « Est-ce que les balles peuvent percer le blindage d'un char ? »

Il m'est arrivé ensuite de donner les premiers soins à un de ces gars sur le champ de bataille, sous le feu de l'ennemi. Je me rappelle encore son nom : Chtchegolevatykh. Il avait une jambe fracturée... Je lui pose une éclisse, et lui, il me demande pardon :

« Frangine, faut m'excuser de t'avoir fait enrager l'autre fois. Tu m'avais plu... »

Que savions-nous alors de l'amour ? Toute l'expérience que nous avions, c'étaient nos amourettes de l'école. Des amours d'enfance. Je me souviens d'une fois où l'on s'était trouvés encerclés. Nous étions tenaillés de tous les côtés. À un moment, il a fallu nous rendre à l'évidence : soit cette nuit-là nous parvenions à percer, soit nous mourions. Et à dire vrai, cette dernière éventualité nous semblait la plus probable... Je ne sais pas si je dois te raconter tout cela...

On s'est camouflés. Et nous voilà planqués là, à attendre la nuit pour tenter de nous dégager. Le lieutenant, Micha T., un jeune de dix-neuf ans, pas plus, qui remplaçait le chef de bataillon blessé, me dit :

« Tu y as goûté, toi, au moins ?

— Goûté à quoi ? » (Je dois dire que j'avais une faim terrible.)

« Mais... au *plaisir* ! »

Or, avant-guerre, il y avait des gâteaux appelés comme ça.

« Non, jamais…

— Moi non plus, j'y ai pas goûté. Tu vois, on va mourir sans savoir ce que c'est que l'amour… On va se faire descendre cette nuit…

— Mais qu'est-ce que tu racontes, imbécile! » (J'avais fini par comprendre de quoi il parlait…)

On mourait pour défendre la vie, sans savoir encore ce qu'était justement la vie. On ne connaissait encore le monde que par les livres. J'adorais aussi le cinéma…

Les brancardiers affectés dans les unités blindées mouraient vite. Il n'y avait pas de place prévue pour nous à l'intérieur du char : on s'accrochait au blindage et on ne pensait plus qu'à une chose : ne pas se laisser prendre les pieds dans les chenilles. Il fallait aussi repérer les chars qui se mettaient à flamber… Y courir, y ramper… Au front, nous étions cinq copines : Liouba Yassinskaïa, Choura Kisseleva, Tonia Bobkova, Zina Latych et moi. Les filles de Konakovo – c'est ainsi que les tankistes nous appelaient. Elles ont toutes été tuées…

La veille de la bataille dans laquelle Liouba Yassinskaïa a été tuée, nous avions passé un moment assises, toutes les deux, enlacées. Le soir était tombé, nous causions. C'était en 1943. Notre division s'était arrêtée au bord du Dniepr. Tout à coup elle me dit : « Tu sais, je vais mourir dans cette bataille. J'ai un pressentiment. Je suis allée voir l'adjudant-chef, je lui ai demandé de me faire délivrer du linge neuf[1], mais il n'a pas voulu : 'Tu en as touché il n'y a pas si longtemps.' Retournons demain matin lui en demander à deux. » J'essaie de la calmer : « Nous faisons la guerre, toi et moi, depuis deux ans. À présent, les balles ont peur de nous. » Mais le lendemain matin, elle a réussi malgré tout à me convaincre de retourner voir l'adjudant-chef avec elle, et nous lui avons extorqué un change complet de linge de corps. La voilà donc avec sa chemisette toute neuve. Blanche comme neige, avec des cordons là et là… Elle était tout inondée de sang… Ce mariage du blanc et du rouge, du sang écarlate, ça m'est resté gravé dans la mémoire. C'était ainsi qu'elle s'était imaginée…

Nous l'avons portée à quatre, sur une toile de tente, tant elle était devenue lourde. Au cours de cette bataille, nous avions perdu

---

1. La tradition russe veut que la personne destinée à mourir soit habillée dans des habits neufs ou, en tout cas, propres.

beaucoup de monde. Nous avons creusé une grande fosse commune. Nous y avons déposé tous nos morts, et couché Liouba par-dessus. Je n'arrivais pas à concevoir qu'elle n'était plus, que je ne la reverrais plus jamais. Je me suis dit : je vais garder quelque chose d'elle, en souvenir. Elle avait une bague à la main, je ne sais pas si elle était en or ou non. Je la lui ai prise. Les gars avaient pourtant bien cherché à m'en empêcher : « Ne fais pas ça, voyons, me disaient-ils, ça porte malheur. » Eh bien ! au moment de faire nos adieux aux morts, quand chacun, selon la coutume, jette une poignée de terre dans la tombe, mon tour venu, cette bague m'a échappé des doigts pour aller atterrir au milieu des corps... Auprès de Liouba... Je me suis alors rappelé qu'elle tenait beaucoup à cette bague... Dans leur famille, le père a fait toute la guerre et est revenu vivant. Son frère aussi en est revenu. Les hommes sont rentrés chez eux... Et Liouba est morte...

Choura Kisseleva... C'était la plus jolie d'entre nous. Une vraie actrice de cinéma. Elle a brûlé vive. Elle avait planqué des blessés graves au milieu de meules de paille ; quand le mitraillage a commencé, les meules ont pris feu. Choura aurait pu se sauver, mais il aurait fallu alors qu'elle abandonne les blessés : aucun d'entre eux ne pouvait bouger... Les blessés ont brûlé... Et Choura avec eux...

Il n'y a que très peu de temps que j'ai appris comment Tonia Bobkova était morte. Elle a protégé de son corps l'homme qu'elle aimait, alors qu'une mine explosait. Les éclats qui volent, c'est l'affaire d'une fraction de seconde... Comment a-t-elle eu le temps ? Elle a sauvé le lieutenant Petia Boïtchevski, elle l'aimait. Et il est resté en vie.

Trente ans plus tard, Petia Boïtchevski est venu de Krasnodar et m'a rencontrée lors d'une réunion de vétérans. Il m'a raconté tout cela. Nous sommes allés ensemble à Borissov et avons retrouvé la clairière où Tonia était tombée. Il a pris de la terre sur sa tombe... Il portait cette poignée de terre et la couvrait de baisers...

Nous étions cinq, nous les filles de Konakovo... Mais je suis la seule à avoir revu ma mère... "

Soudain, elle se met à me réciter des poèmes. Elle m'avoue les avoir écrits au front. Elle est loin d'être la seule. Aujourd'hui, on recopie ces textes avec soin, on les conserve précieusement dans les archives familiales : ce sont des poèmes certes maladroits, mais touchants, emplis d'un sentiment sincère, que je finis par considérer, après tant de contacts et de rencontres, comme de véritables

documents. À travers ces "documents-sentiments", je puis entendre
cette époque-là, voir cette génération – génération qui, pour moi, au
bout du compte, ne serait pas tant celle de la guerre que celle de la foi.
Quand ces hommes et ces femmes parlent de leur foi, leurs visages
deviennent inspirés. Je ne vois pas aujourd'hui autour de moi de tels
visages. Dehors règnent d'autres temps   autres temps, autres faces.

"Depuis toutes ces années, ce n'est pas ici que je vis... je suis
toujours à la guerre... Il y a dix ans, j'ai retrouvé mon ami Vania
Pozdniakov. Nous pensions qu'il était mort, mais il s'est trouvé
que c'était faux. Le char qu'il commandait avait détruit deux blindés allemands à Prokhorovka, avant d'être touché à son tour et de
prendre feu. Tout l'équipage avait péri, seul Vania avait survécu,
mais il avait perdu la vue et était grièvement brûlé. On l'a envoyé
à hôpital, mais personne ne croyait qu'il s'en tirerait. J'ai retrouvé
son adresse trente ans plus tard... Bien du temps avait passé... Je
me rappelle : je monte l'escalier, je sens mes jambes qui flageolent :
est-ce bien lui que je vais revoir ? Il m'a ouvert lui-même la porte, il
a posé ses mains sur moi et m'a reconnue : « Ninka, c'est toi ? C'est
vraiment toi ? » Il m'a reconnue après tant d'années...

Sa mère était très âgée, il vivait avec elle. Elle s'est assise à table
avec nous et s'est mise à pleurer. Je me suis étonnée : « Pourquoi
pleurez-vous ? Vous devriez plutôt vous réjouir de voir deux camarades de régiment se retrouver. »

Elle me répond : « Mes trois fils sont partis à la guerre. Deux ont
été tués, seul Vania en est revenu. »

Mais Vania n'avait plus d'yeux. Elle allait passer le reste de sa vie
à le guider par la main.

« Vania, ai-je demandé, la dernière chose que tu as vue, c'est la
plaine de Prokhorovka, la bataille de chars... quels souvenirs gardes-
tu de ce jour-là ? »

Vous ne savez pas ce qu'il m'a répondu ?

« Je n'ai qu'un seul regret : c'est d'avoir donné trop tôt l'ordre à
mes hommes d'abandonner le char en flammes. De toute façon,
les gars sont morts, alors que nous aurions pu bousiller encore un
char boche... »

C'était tout ce qu'il regrettait à ce jour...

Mais lui et moi avons été heureux à la guerre... Je m'en souviens bien...

Pourquoi suis-je restée en vie ? Qui m'a protégée ? Pour quoi ?
Pour raconter tout cela…"

Ma rencontre avec Nina Yakovlevna a eu une suite, mais une suite
épistolaire. Ayant transcrit son récit sur le papier à partir de l'enregistrement sur magnétophone, je lui en ai envoyé une copie, comme je
le lui avais promis. Quelques semaines plus tard, j'ai reçu un lourd
colis postal en provenance de Moscou. Je l'ai ouvert : il contenait des
coupures de presse, des articles, des rapports sur le travail d'éducation militaire et patriotique que le vétéran de la dernière guerre, Nina
Yakovlevna Vichnevskaïa, accomplissait dans des écoles moscovites.
Elle me réexpédiait également le texte que je lui avais adressé. Il n'en
subsistait presque plus rien. Elle en avait rayé des passages entiers :
l'épisode comique des cuisiniers censés se laver dans leurs chaudrons,
et jusqu'à cette phrase innocente : "Monsieur, monsieur, le monsieur m'a demandé de vous remettre ceci…" Et dans la marge des
pages où était racontée l'histoire du lieutenant Micha T. figuraient
trois points d'exclamation indignés. Par la suite, j'ai été plus d'une
fois confrontée à la coexistence de deux vérités dans l'esprit d'une
même personne : une vérité personnelle refoulée dans les tréfonds
de la conscience, et une vérité empruntée, ou plutôt contemporaine,
imprégnée de l'esprit du temps présent, de ses impératifs et de ses
exigences. La première était rarement capable de résister à la pression
de la seconde. Si, par exemple, une femme me racontait son expérience de la guerre et qu'il se trouvât alors près de nous quelqu'un
de sa famille, un voisin ou bien un ami, son récit prenait un tour
moins franc et moins intime que si nous nous fussions trouvées en
tête à tête. La conversation, de fait, acquérait un caractère public. Il
devenait difficile de remonter jusqu'aux impressions personnelles,
je me heurtais sans cesse à une solide résistance intérieure. À une
espèce d'autodéfense. Les souvenirs qu'on m'exposait étaient comme
soumis à une correction permanente. J'ai découvert que le phénomène obéissait même à une sorte de loi : plus il y avait d'auditeurs,
et plus le récit devenait terne et froid. Plus il ressemblait à ce qu'on
attendait normalement qu'il fût. Plus il s'appliquait à se conformer
prudemment au stéréotype le plus courant. Nina Yakovlevna n'avait
pas échappé à ce travers : elle m'avait raconté une guerre – "comme
je [l'aurais fait] à ma fille, pour que tu comprennes ce que nous,
toutes gosses que nous étions, avons été amenées à endurer" – mais

en réservait une autre à un grand auditoire – une guerre "telle que les autres la racontent, telle que les journaux en parlent, faite d'exploits et de héros, afin d'éduquer la jeunesse en lui fournissant de nobles exemples". Chaque fois, j'étais frappée par cette défiance envers ce qui est simple et humain, par ce désir de substituer à la vie une image idéale. Un simulacre

Mais moi, je ne pouvais oublier que nous avions pris ensemble le thé, tout bêtement, à la cuisine. Et que nous étions toutes deux en larmes.

"CHEZ NOUS COHABITENT
DEUX GUERRES..."

Un petit immeuble, rue Kakhovskaïa, à Minsk. "Chez nous cohabitent deux guerres" : c'est avec ces paroles qu'on m'accueille alors qu'on vient juste de m'ouvrir la porte. Le second maître Olga Vassilievna Podvychenskaïa a servi pendant la guerre dans une unité de la flotte de la Baltique. Son mari, Saul Guenrikhovitch, était, lui, sergent dans l'infanterie.

On me montre d'abord des albums de famille, soigneusement et même amoureusement composés. Chacun porte un titre : "La guerre", "Mariage", "Enfants", "Petits-enfants". Et ce respect qu'ils portent à leur propre vie me plaît. Cette affection, si richement documentée, qu'ils témoignent à leur passé, c'est un cas qui se rencontre assez rarement, bien que j'aie visité déjà des centaines d'appartements et été reçue dans des familles très différentes, aussi bien d'intellectuels que de gens simples. Sans doute la fréquence des guerres et des révolutions que nous avons connues nous a-t-elle désappris à conserver un lien avec le passé, à l'aimer et à soigneusement filer la toile de notre généalogie. À rassembler notre mémoire. J'apprends que la chronique de la famille est tenue par Saul Guenrikhovitch. Qu'il écrit même un peu. Qu'il prend des notes, pour son propre usage.

— Vraiment, c'est bien moi, ça ? s'interroge Olga Vassilievna en riant.

Elle prend une photo qui la montre en uniforme de marin, bardé de décorations.

— Chaque fois que je regarde ces photos, j'ai un sentiment de surprise. Saul les a montrées à notre petite-fille âgée de six ans. Elle a demandé : "Grand-mère, avant tu étais un garçon, c'est ça ?"

— Olga Vassilievna, êtes-vous partie tout de suite pour le front ?

— Ma guerre, à moi, a commencé par notre évacuation... J'ai quitté ma maison, ma jeunesse. Durant tout le trajet, le convoi a été canonné, bombardé, les avions volaient très bas. Je me souviens d'un groupe d'adolescents, élèves d'un lycée technique, qui avait sauté hors d'un wagon : ils portaient tous des uniformes noirs. Une cible parfaite ! Ils sont tous morts mitraillés par les avions qui volaient en rase-mottes... On avait l'impression que les Boches les comptaient à mesure qu'ils les descendaient... Vous imaginez ?

On travaillait à l'usine, la nourriture nous y était assurée, on y était plutôt bien. Mais mon cœur brûlait... En juin 1942, j'ai reçu ma feuille de route. Nous étions trente jeunes filles. On nous a fait traverser le lac Ladoga sur des barges non pontées, exposées à tous les tirs, et l'on nous a débarquées à Leningrad, en plein blocus. De ma première journée passée dans la ville, j'ai gardé le souvenir de la nuit blanche et d'un détachement de fusiliers marins qui passaient, tout vêtus de noirs. On sentait l'atmosphère tendue, la population était invisible, il n'y avait pour seul mouvement que la course des projecteurs et ces matelots qui marchaient, comme pendant la guerre civile, ceinturés de bandes de cartouches de mitrailleuses. Une vraie scène de film. Vous imaginez ?

La ville était entièrement encerclée. Le front n'était qu'à deux pas. Avec le tram n° 3, on pouvait atteindre l'usine Kirov, et c'était déjà là le début des premières lignes. Dès que le temps était clair, l'artillerie pilonnait. Qui plus est, à pointage direct. Les tirs se succédaient sans discontinuer... Il y avait de grands navires amarrés à un appontement ; naturellement, on les avait camouflés, mais on ne pouvait exclure pour autant la possibilité d'un coup au but. Nous sommes devenues artificiers. Un détachement spécial de camouflage par rideau de fumée avait été monté et placé sous le commandement du lieutenant de vaisseau Alexandre Bogdanov, ancien commandant d'une division de vedettes lance-torpilles. Les filles y étaient nombreuses. La plupart sortaient de lycées techniques ou bien avaient une ou deux années de fac derrière elles. Notre mission était de préserver les navires en les masquant par de la fumée. Lorsque la canonnade commençait, les marins disaient : "Que les filles se grouillent de tirer le rideau ! Avec lui, on est plus tranquilles." On partait à bord de voitures, munies d'un mélange spécial, pendant que tout le monde se terrait dans les abris antiaériens. En fait, comme on dit, nous attirions le feu sur nous. Car c'est ce rideau de fumée que les Boches pilonnaient...

Vous savez, nous étions à la portion congrue sous le blocus, mais on tenait, malgré tout. Premièrement, nous étions jeunes, c'est un facteur important. Deuxièmement, nous étions soutenus par l'exemple étonnant des habitants de Leningrad. Car enfin, nous étions, nous, ravitaillés, si peu que ce fût, alors qu'on voyait ces gens-là marcher dans la rue et tomber d'inanition. Mourir en marchant... Des gosses venaient nous voir de temps à autre, et nous partagions avec eux nos maigres rations dans l'espoir de les requinquer un peu. Ce n'étaient plus des gosses, mais des espèces de petits vieillards. Des momies. Ils nous racontaient que tous les chiens et les chats de la ville avaient déjà été mangés. Il n'y avait plus un moineau, plus une pie. Et puis, ces enfants ont cessé de venir... Nous les avons longtemps attendus... Ils sont probablement morts. C'est ce que je pense... L'hiver venu, lorsque Leningrad s'est trouvé à court de combustible, on nous a envoyés démolir des maisons dans un quartier où subsistaient encore des constructions en bois. Le moment le plus dur était quand on s'arrêtait devant une habitation... On avait devant soi un bon bâtiment dont les occupants étaient ou bien morts ou bien partis, et on était censés l'abattre. Pendant une demi-heure, peut-être, personne n'osait lever sa barre de fer. Tout le monde restait là, debout, sans bouger. Ce n'est que lorsque le chef d'équipe s'approchait et commençait à montrer l'exemple qu'on se mettait à l'ouvrage.

On travaillait à l'abattage du bois, on trimballait des caisses de munitions. Je me souviens de m'être effondrée sous le poids de l'une d'elles : elle était plus lourde que moi. Combien de difficultés nous rencontrions, nous les femmes !... Tenez, un exemple. Par la suite, je suis devenue chef de section. Or ma section n'était composée que de jeunes gars. Nous passions des journées entières à bord d'une vedette. Un petit bateau, où il n'y avait pas de poulaine[1]. Les gars pouvaient faire leurs besoins par-dessus bord, pour eux, aucun problème. Mais moi ? Une ou deux fois, je n'en pouvais tellement plus que j'ai sauté à la baille et je me suis mise à nager. Les autres crient : "Le second maître à la mer !" Et ils me tirent de l'eau. Un détail élémentaire, n'est-ce pas ? Et le poids même des armes ? Ça aussi, c'est très dur pour une femme. Au début, on nous avait donné

---

1. Construction en saillie à l'avant du navire.

des fusils qui étaient plus grands que nous. Les filles marchaient, et leurs baïonnettes les dépassaient d'un demi-mètre. Vous imaginez?

Les hommes s'accommodaient plus facilement de tout. De cette vie ascétique. Mais nous, nous éprouvions une terrible nostalgie de la maison, de nos mères, du confort. Il y avait parmi nous une Moscovite, Natachka Jilina. Elle avait été décorée de la médaille de la Bravoure, et à titre de récompense, on lui avait accordé la permission de rentrer pour quelques jours chez elle. Eh bien! lorsqu'elle est revenue, nous l'avons toutes reniflée. Oui, littéralement, on faisait la queue pour la renifler, on disait qu'elle sentait la maison. On avait une telle nostalgie de chez nous... Dès qu'on avait une minute de repos, on brodait quelque chose, des mouchoirs, par exemple. On nous distribuait des portiankis, et nous, nous en faisions des écharpes, en y ajoutant une bordure de franges. Nous avions envie d'occupations féminines. Cette part féminine nous manquait, ça en devenait tout bonnement insupportable. On cherchait n'importe quel prétexte pour prendre une aiguille et coudre, retrouver, ne fût-ce que brièvement, notre aspect naturel. Bien sûr, nous connaissions des instants de rire et de joie, mais c'était bien différent d'avant la guerre. Et tant que la guerre a duré, on s'est trouvées dans une sorte de condition particulière dont il était impossible de sortir. Vous imaginez?

Le magnétophone enregistre les mots, reproduit l'intonation. Les silences. Les sanglots et les moments de désarroi. Mais comment "enregistrer" aussi les yeux, les mains... Leur vie durant la conversation, leur vie propre. Indépendante. Comment enregistrer la coupe très "jeune fille" de ce chemisier qui sied si bien à Olga Vassilievna, avec son col à pois? Ou encore le regard juvénile et amoureux que pose Saul Guenrikphovitch sur sa femme. La fierté et l'admiration qu'il lui témoigne, sa foi en chacune de ses paroles. Mais quelque chose d'autre encore semble les unir, quelque chose, peut-être, de plus grand que l'amour. J'ai peur ici d'en prononcer le nom : la guerre.

— Nous avons vécu deux guerres différentes... c'est exact, intervient Saul Guenrikhovitch. Lorsque nous commençons à évoquer ces années-là, j'ai le sentiment qu'elle a le souvenir de sa guerre à elle, et moi, de la mienne. J'ai sans doute aussi vécu des moments comme ceux qu'elle vous a racontés : la maison à démolir ou cette fille devant qui elles faisaient la queue pour la renifler le jour où elle rentrait de permission. Mais je n'en ai rien gardé en mémoire... Ces choses-là ont passé à côté de moi... Elle ne vous a pas encore raconté l'histoire des bérets ? Olga, comment se fait-il que tu l'aies oubliée ?

— Non, je n'ai pas oublié. C'est tout simplement le plus... J'ai toujours peur de m'en souvenir... Une fois, à l'aube, nos vedettes sont parties en mer. Nous avons entendu le combat s'engager. Il a duré plusieurs heures et s'est approché jusqu'aux limites de la ville. Là, le silence peu à peu est retombé. Le soir, je suis sortie faire un tour. Et j'ai vu des bérets qui flottaient sur le canal de la Mer... Des bérets noirs... C'étaient les bérets de nos gars, de ceux qui avaient été précipités à l'eau... Tout le temps que je suis restée là, sans bouger, j'ai vu ces bérets passer, flottant sur l'eau. J'ai d'abord voulu les compter, et puis j'ai renoncé. Le canal de la Mer ressemblait à une immense fosse commune...

— J'ai retenu bon nombre de ses histoires, reprend Saul Guenrikhovitch. Comme on dit maintenant, je les ai assez bien "pigées" pour les raconter à nos petits-enfants. Souvent, ce n'est pas ma guerre que je leur raconte, mais la sienne. Ils sont alors davantage intéressés, voilà ce que j'ai remarqué. J'ai plus de connaissances militaires concrètes, elle – plus de sentiments. Et les sentiments sont toujours plus marquants. Nous avions aussi des filles chez nous, dans l'infanterie. Et il suffisait qu'une seule fasse son apparition parmi nous, pour que chacun se reprenne, surveille sa conduite et sa tenue. Vous ne pouvez pas imaginer... *(Il se reprend aussitôt.)* Ça aussi, c'est un mot que je lui ai emprunté... Vous ne pouvez pas imaginer comme c'est bon, un rire de femme à la guerre ! Une voix féminine...

S'il arrivait qu'on s'aime à la guerre ? Bien sûr ! Et les femmes que nous y avons rencontrées sont des épouses merveilleuses. Des compagnes fidèles. Ceux qui se sont mariés au front sont les gens les plus heureux du monde. Les couples les plus heureux. Nous aussi, nous sommes tombés amoureux l'un de l'autre à la guerre. Au milieu du feu et de la mort. Ça tisse un lien solide. Je n'affirmerai pas que tout a été rose car la guerre a été longue et nous y étions nombreux. Mais je me rappelle davantage les beaux moments. Les moments sublimes.

La guerre m'a rendu meilleur... Je suis devenu un homme meilleur parce que j'y ai connu beaucoup de souffrances. J'y ai vu beaucoup de souffrances, et j'ai moi-même beaucoup souffert. Là-bas, tout ce qui n'est pas essentiel dans la vie est aussitôt balayé, car inutile. Mais la guerre s'est vengée de nous... Et nous avons peur de

nous l'avouer… D'en prendre conscience… Beaucoup de nos filles
ont échoué dans leur vie personnelle. Et je vais vous dire pourquoi :
leurs mères, qui avaient combattu pendant la guerre, les ont élevées
comme elles avaient été élevées elles-mêmes, au front. Et leurs pères
ont fait de même. Selon la même morale. Or, je vous ai déjà dit
qu'au front chacun se trouvait à découvert : on voyait tout de suite
qui il était et ce qu'il valait. Impossible de dissimuler. Ces jeunes
filles, donc, n'avaient pas idée que, dans la vie, il pouvait en aller
tout autrement que chez elles. On ne les a pas averties des pièges
cruels que recelait le monde. En se mariant, ces filles sont tombées
facilement sous la coupe de vauriens qui les ont trompées d'autant
plus facilement qu'elles étaient d'une totale naïveté. La mésaven-
ture est arrivée à nombre d'enfants de nos camarades du front. Et
à notre fille également

— Je ne sais pourquoi nous ne parlions jamais de la guerre à nos
enfants, dit Olga Vassilievna d'un air pensif. Je ne portais même
pas mes décorations. Une fois, je les ai ôtées et je ne les ai plus
jamais épinglées. Après la guerre, je travaillais comme directrice
d'une fabrique de pain. Lors d'une réunion, la présidente du trust
a remarqué mes décorations et m'a reproché, en présence de tout le
monde, de les porter comme si j'étais un homme. Elle-même avait
la médaille du Travail qu'elle portait en permanence épinglée sur
sa veste, mais mes décorations militaires, curieusement, n'étaient
pas à son goût. Lorsque nous nous sommes retrouvées toutes deux
seules dans son bureau, je lui ai exprimé, avec toute ma franchise
de matelot, ce que je pensais d'elle. Elle s'est sentie dans ses petits
souliers, mais moi, après cet incident, j'ai perdu l'envie de porter
mes décorations. Aujourd'hui encore, je ne les montre plus. Même
si j'en suis fière.

Il s'est écoulé des dizaines d'années avant que la célèbre journaliste Vera Tkatchenko écrive dans la *Pravda* un article sur nous, où
elle expliquait que nous, les femmes, avions aussi fait la guerre. Elle y
parlait des femmes vétérans qui étaient restées seules, avaient échoué
à organiser leur vie et ne disposaient toujours pas d'un appartement[1].
Or, affirmait-elle, nous étions tous redevables à ces saintes femmes.

---

1. Jusqu'à la fin des années 1960, la majorité des habitants des grandes villes ont
vécu dans des appartements communautaires, partagés par plusieurs familles ou
des personnes seules.

C'est alors seulement qu'on a commencé, peu à peu, à leur prêter attention. Elles avaient entre quarante et cinquante ans, et vivaient souvent dans des foyers. Finalement, il a été décidé de leur octroyer des logements individuels. Une de mes amies... Je ne la nommerai pas, de peur qu'elle ne le prenne mal... Elle était feldscher dans l'armée... Trois fois blessée. Après la guerre, elle est entrée à la faculté de médecine. Elle n'avait pas de famille, tous ses proches avaient disparu. Elle vivait dans la gêne, faisait des ménages pour se nourrir. Mais jamais elle ne révélait à quiconque qu'elle était invalide de guerre. Elle avait déchiré tous ses papiers militaires. Un jour, je lui demande : "Pourquoi les as-tu déchirés?" Elle fond en larmes : "Mais qui m'aurait épousée? – Ma foi, c'est vrai, tu as bien fait", lui dis-je. Mais la voilà qui sanglote de plus belle : "C'est aujourd'hui que j'en aurais besoin, de ces papiers. Je suis gravement malade." Vous imaginez?

À l'occasion du trente-cinquième anniversaire de la Victoire, pour la première fois ont été invités à Sébastopol, ville où s'est forgée la gloire de la marine russe, cent marins vétérans de la Grande Guerre patriotique, parmi lesquels trois femmes. J'étais de celles-ci, ainsi qu'une de mes amies. L'amiral commandant de la flotte s'est incliné devant chacune de nous, nous a publiquement remerciées et nous a fait le baisemain.

— Mais pourquoi ne parliez-vous jamais de la guerre à vos enfants?

Olga Vassilievna reste muette. C'est Saul Guenrikhovitch qui répond.

— La guerre était encore trop proche, et trop atroce, pour qu'on se risque à l'évoquer. Nous avions envie d'épargner les enfants...

— Envie d'oublier?

— Nous sommes incapables d'oublier. Le jour anniversaire de la Victoire, tu te rappelles, Olia, nous avons croisé une très vieille femme qui portait accrochée au cou une affichette aussi vieille qu'elle l'était : "Je recherche Koulnev Tomas Vladimirovitch, disparu en 1942, pendant le blocus de Leningrad." À vue de nez, elle avait plus de soixante-dix ans. Ça fait combien d'années maintenant, qu'elle le cherche? Je montrerais volontiers cette photo à tous ceux qui nous disent aujourd'hui : combien de temps peut-on entretenir encore le souvenir de la guerre? Et vous parlez d'oublier...

— Moi, je voulais oublier. Je voudrais oublier, prononce Olga Vassilievna d'une voix lente, presque en chuchotant. Écrivez-le : se rappeler la guerre, c'est continuer de mourir… De mourir et encore mourir…

Ils restent inscrits tous deux dans ma mémoire, tous deux ensemble – comme sur leurs photos de guerre.

"LE TÉLÉPHONE NE TUE PAS..."

Valentina Pavlovna Tchoudaïeva et moi avions longuement conversé au téléphone ; "conversé", c'est bien le mot, car elle parle lentement, de manière réfléchie, en pesant soigneusement chacune de ses phrases. Insensiblement, notre conversation s'était focalisée sur un thème : la haine. "C'est un point difficile, a reconnu Valentina Pavlovna. Mais, sans haine, on ne pourrait pas tirer. On est à la guerre, pas à la chasse. La guerre commence par la haine... Je me rappelle les cours d'instruction politique et l'instructeur qui nous lisait l'article d'Ilya Ehrenbourg intitulé *Tue-le!* « Partout où tu croises l'ennemi, tue-le... » Un texte célèbre, tout le monde le lisait à l'époque. On l'apprenait par cœur. Il avait produit sur moi une forte impression. Sur moi et sur toutes les autres."

Nous avons décidé de nous rencontrer. Me voici au rendez-vous.

— On va manger des pirojkis. Je m'affaire depuis ce matin, me dit gaiement Valentina Pavlovna Tchoudaïeva en guise de bienvenue. Nous avons bien le temps de causer. Je vais encore pleurer toutes les larmes de mon corps... Alors, d'abord les pirojkis. Fourrés aux merises. Comme on fait chez nous, en Sibérie. Allez, entre. Entre.

Tu n'es pas fâchée que je te tutoie? C'est une habitude héritée du front : "Eh bien! la môme, vas-y, la môme!" Et nous sommes toutes comme ça. Tu le sais bien. Tu vois, on ne fait pas dans les verres en cristal ici... Tout ce que nous avons amassé, mon mari et moi, tient dans une boîte à bonbons en fer-blanc : une paire de décorations et quelques médailles. Elles sont dans le buffet, je te les montrerai tout à l'heure.

Elle me conduit au salon.

— Le mobilier est vieillot, lui aussi, comme tu peux le constater. On y est habitués. On aurait scrupule à en changer.

Elle me présente son amie, Alexandra Fiodorovna Zentchenko, militante du Komsomol à Leningrad, durant le blocus.

Je m'assieds à la table déjà servie : allons-y pour les pirojkis, qui plus est sibériens, fourrés aux merises, dont je n'ai jamais goûté.

Trois femmes. Des pirojkis tout chauds, sortant du four. Et la conversation qui tout de suite aborde la guerre.

— Surtout, ne l'interrompez pas, me prévient Alexandra Fiodorovna. Si jamais elle s'arrête, elle se met à pleurer. J'ai appris à la connaître...

Valentina Pavlovna Tchoudaïeva,
sergent, chef d'une pièce de DCA :

"Je suis originaire de Sibérie. Qu'est-ce qui m'a poussée, moi, fille de la lointaine Sibérie, autant dire du bout du monde, à partir pour le front ? C'est un journaliste occidental qui m'a posé un jour la question en ces termes, lors d'une rencontre publique, dans un musée. Il me dévisageait depuis un bon moment, au point que je commençais à en être gênée. Puis il s'est approché de moi et m'a demandé, par l'intermédiaire de l'interprète, de lui accorder une interview. Bien sûr, je me suis sentie très troublée. Je me suis demandé ce qu'il voulait. Il venait de m'écouter au musée ! Mais visiblement ce n'était pas ça qui l'intéressait. En premier lieu, il m'adresse un compliment : « Vous avez l'air aujourd'hui si jeune... Comment est-il possible que vous ayez fait la guerre ? » Je lui réponds : « Comme vous comprenez, c'est la preuve que nous sommes parties au front quand nous n'avions pas vingt ans. » Mais autre chose le turlupinait. Il m'a reposé la question en ajoutant que la Sibérie, pour lui, c'était comme le bout du monde ! « Non, ai-je deviné, ce n'est pas cela, apparemment, qui vous inquiète. En fait, vous voudriez savoir s'il n'y a pas eu chez nous de mobilisation totale, qui expliquerait que je me sois retrouvée au front alors que je n'étais encore qu'une écolière, c'est bien ça ? » Il a opiné du chef. Je lui ai raconté alors toute ma vie, comme je vais te la raconter à présent. Il était en larmes. Finalement, il m'a dit : « Ne m'en veuillez pas, madame Tchoudaïeva. En Occident, la Première Guerre mondiale a produit un bouleversement bien plus important que la Seconde. Nous avons partout des tombes et des monuments élevés en mémoire de ce premier conflit. Nous connaissons bien son histoire et il reste inscrit dans notre souvenir. Mais de vous, nous ne savons rien. Beaucoup de gens pensent sérieusement que l'Amérique a gagné toute seule la guerre contre Hitler. Nous savons peu de chose sur le prix que les Soviétiques ont payé pour remporter la victoire : vingt millions de vies humaines. Sur les souffrances que vous avez endurées. Des souffrances inhumaines. Je vous remercie : vous avez bouleversé mon cœur. »

... Je ne me souviens pas de ma mère. Elle est morte très jeune. Mon père était un délégué du comité de district de Novossibirsk. En 1925, on l'a envoyé dans son village natal, pour réquisitionner du blé. Le pays entier était dans le besoin, et les koulaks dissimulaient leurs récoltes, les laissaient pourrir. J'avais neuf mois à l'époque. Ma mère a eu envie de visiter le pays où était né mon père, et il a accepté qu'elle vienne avec lui. Elle m'a emmenée, ainsi que ma sœur, car elle n'avait personne à qui nous confier. Dans le passé, papa avait travaillé comme ouvrier agricole chez un riche paysan. Un soir, pendant une réunion, il a menacé cet homme : « Nous savons où le blé est caché. Si vous ne le livrez pas de votre plein gré, nous saurons le trouver nous-mêmes et nous le prendrons de force. Nous le confisquerons au nom de la Révolution. »

Après la réunion, toute la famille s'est rassemblée. Papa avait cinq frères dont aucun n'est revenu plus tard de la guerre, pas plus que mon père. Ils se sont donc retrouvés autour d'une table pour un repas de fête – des pelmenis[1] sibériens traditionnels. Les bancs étaient disposés le long des fenêtres... Ma mère était assise le dos contre le mur, une épaule exposée à une fenêtre, mon père à côté d'elle, là où il n'y avait pas de fenêtre du tout. C'était le mois d'avril... En Sibérie, il gèle encore parfois à cette époque de l'année. Ma mère a sans doute eu froid. Je ne l'ai compris que bien plus tard, à l'âge adulte. Elle s'est levée, a jeté la veste de cuir de mon père sur ses épaules et a entrepris de me donner le sein. C'est alors qu'un coup de feu a éclaté, un coup de fusil à canon scié. C'était bien sûr mon père qui était visé, on a tiré sur la veste... Ma mère a juste eu le temps de dire : « Pav... » et m'a laissée tomber sur les pelmenis brûlants... Elle avait vingt-quatre ans...

Plus tard, mon grand-père est devenu président du soviet rural, dans le même village. Il a été empoisonné avec de la strychnine que

1. Sortes de raviolis farcis à la viande de bœuf et de porc.

l'on a versée dans de l'eau. J'ai gardé une photo de ses funérailles. Le cercueil est recouvert d'un calicot sur lequel est inscrit : « Mort assassiné par l'ennemi de classe. »

Mon père était un héros de la guerre civile, il avait commandé le train blindé engagé contre la rébellion du corps tchécoslovaque[1]. En 1931, il a été décoré de l'ordre du Drapeau rouge. À cette époque, très rares étaient ceux qui avaient obtenu cette distinction, surtout chez nous, en Sibérie. C'était un grand honneur, un signe de grande estime. Mon père avait reçu dix-neuf blessures, il avait tout le corps couturé. Ma mère a raconté – pas à moi, bien sûr, à des parents – que les Tchèques avaient condamné mon père à vingt ans de bagne. Elle a demandé à le voir. Or, elle était à ce moment-là au dernier mois de sa grossesse. Elle attendait Tania, ma sœur aînée. Il y avait là-bas, dans la prison, un long couloir à traverser. On ne lui a pas permis d'aller jusqu'à mon père, on lui a dit : « Salope bolchevique! Rampe... » Et elle, à quelques jours de l'accouchement, elle a rampé jusqu'au bout de ce long couloir en ciment. Voilà à quel prix on lui a octroyé cette entrevue. Elle n'a pas reconnu mon père, ses cheveux étaient devenus tout gris...

Pouvais-je rester indifférente, quand l'ennemi à nouveau est venu envahir ma terre, alors que j'avais grandi dans une telle famille, avec un tel père? Son sang coule dans mes veines... Je suis la chair de sa chair... Il a connu beaucoup d'épreuves difficiles... En 1937, il a été l'objet d'une dénonciation, on a voulu le calomnier. Le faire passer pour un ennemi du peuple. Vous savez, ces horribles purges staliniennes... Mais il a obtenu d'être reçu par Kalinine[2], et son honneur a été rétabli. Tout le monde connaissait mon père.

Mais tout cela, je ne l'ai appris que plus tard...

Et puis est venu l'été 1941. La dernière sonnerie a retenti, marquant pour moi la fin du lycée. Nous avions toutes des projets, des rêves – comme toutes les gosses de notre âge. Après la fête, on a pris le bateau pour gagner une île sur l'Ob. Nous étions si gaies,

1. La rébellion des anciens prisonniers de guerre tchécoslovaques (près de 45 000 personnes) contre les bolcheviks, entre mai et août 1918, dans la région de la Volga, dans l'Oural et en Sibérie. Le corps tchécoslovaque s'était rallié aux forces blanches, et notamment à l'armée de l'amiral Koltchak.
2. Mikhaïl Kalinine, président du Comité exécutif central des soviets (de 1922 à 1938), proche de Staline, qui donna son aval aux purges.

si heureuses… Des jouvencelles, comme on dit, je n'avais même encore jamais eu de petit copain. Nous rentrons après avoir assisté au lever du soleil dans l'île… Et nous trouvons la ville en ébullition, les gens en larmes. De tous côtés, on entend répéter : « C'est la guerre ! C'est la guerre ! » Partout, on écoute la radio. Mais pour nous, c'était impossible à comprendre. Quelle guerre ? Nous étions si heureuses, nous avions des projets si grandioses : les études que telle ou telle allait entreprendre, la fac où on allait s'inscrire, l'avenir qui nous attendait. Et brusquement, la guerre ! Les adultes pleuraient, mais nous, nous n'avions pas peur, nous nous confortions mutuellement de l'idée qu'avant un mois, « on aurait remis aux fascistes la cervelle à l'endroit » – avant la guerre, tout le monde chantait cette chanson. Qu'on aurait tôt fait de combattre en territoire ennemi…

Nous n'avons commencé à comprendre que lorsque les premiers avis de décès sont arrivés…

On ne voulait pas enrôler mon père. Mais il a insisté auprès du bureau de recrutement. Et finalement, il est parti à la guerre. Malgré sa santé, ses cheveux gris, ses poumons : il était atteint de la tuberculose. Je ne parle pas de son âge… Mais il est parti quand même. Il s'est engagé dans la division d'acier, qu'on appelait aussi « division Staline[1] », où il y avait beaucoup de Sibériens. Nous avions nous aussi le sentiment que, sans nous, la guerre ne serait pas la guerre, que nous devions nous aussi y participer. Qu'on nous donne des armes, tout de suite ! Nous avons toutes couru au bureau de recrutement, toutes les filles de la classe. Et le 10 février, je partais pour le front. Ma belle-mère a beaucoup pleuré : « Valia, ne t'en va pas. Que fais-tu ? Tu es si maigre, si fragile, quelle espèce de soldat va-t-on faire de toi ? » J'avais été rachitique, pendant longtemps, très longtemps. Après qu'on eut tué ma mère. Je n'ai pas marché avant l'âge de cinq ans… Mais là, je ne sais d'où les forces me sont venues tout à coup !

Nous avons été trimballées durant deux mois dans des wagons à bestiaux. Nous étions deux mille filles, un train entier. Le train de Sibérie. Des chefs de section nous accompagnaient, ils étaient chargés de nous former. Nous devions être affectées aux transmissions. Nous sommes arrivées finalement en Ukraine, et c'est là que nous avons été bombardées pour la première fois. Nous venions juste de nous présenter au service de désinfection, on nous avait expédiées

1. Jeu de mots : le pseudonyme "Staline" provient du mot *stal*, "acier".

aux bains. Il y avait là-bas un type de service pour surveiller l'étuve. Nous étions très gênées par sa présence : nous étions des jeunes filles, n'est-ce pas, toutes jeunes. Mais dès que le bombardement a commencé, nous nous sommes toutes précipitées vers cet homme, pour chercher secours. On s'est rhabillées en toute hâte, j'ai enroulé une serviette autour de ma tête, la serviette rouge que j'avais emportée, puis on a bondi au-dehors. Le lieutenant-chef, un gamin tout comme nous, me crie :

« Mademoiselle, vite, à l'abri antiaérien ! Et jetez cette serviette ! Vous allez nous faire repérer... »

Je cours pour qu'il ne me rattrape pas :

« Je ne fais rien repérer du tout ! Ma mère ne veut pas que je sorte avec les cheveux mouillés ! »

Après le bombardement, il m'a retrouvée :

« Pourquoi ne m'obéis-tu pas ? Je suis ton chef. »

Je ne l'ai pas cru :

« Il ne manquerait plus que ça, que tu veuilles me commander... »

Je me suis querellée avec lui comme avec un gamin. Nous avions le même âge.

On nous avait donné des manteaux, très grands, en drap épais. Quand on avait ça sur le dos, on ressemblait à des meules de foin, on ne marchait pas, on se traînait. Au début, il n'y avait même pas de bottes prévues pour nous. On avait bien des bottes, mais toutes de pointures d'homme. Plus tard, on nous les a remplacées par d'autres : l'empeigne était rouge, la tige en similicuir noir. C'était d'un chic ! Nous étions toutes maigrichonnes, les vareuses d'homme nous pendouillaient sur le corps. Celles qui savaient coudre arrivaient à les ajuster un peu. Mais nous avions besoin aussi d'autre linge, n'est-ce pas ? On était des filles ! L'adjudant-chef a donc entrepris de prendre nos mesures. Et là, quelle rigolade ! Le chef de bataillon se pointe : « Alors, l'adjudant-chef vous a-t-il distribué tous vos effets féminins ? » L'autre lui répond : « Je viens de prendre leurs mesures. Elles auront ce qu'il leur faut... »

J'ai été affectée comme agent de transmission dans une unité antiaérienne. Je servais au poste de commandement. J'aurais peut-être continué ainsi jusqu'à la fin de la guerre, si je n'avais appris un jour que mon père était mort. Je n'avais plus mon papa bien-aimé. Mon cher petit papa... Mon seul et unique... Dès lors, j'ai supplié : « Je veux me venger. Je veux venger la mort de mon père. » J'avais envie de tuer… De manier une arme… On pouvait bien chercher à me démontrer que le téléphone, dans l'artillerie, est un outil essentiel ; le téléphone, en lui-même, ne tue pas… J'ai écrit un rapport au commandant du régiment. Il a repoussé ma requête. Alors, sans réfléchir davantage, je me suis adressée au commandant de division. Le colonel Krasnykh arrive chez nous, nous fait mettre en rang et demande : « Où est celle qui désire devenir chef de pièce ? » Et moi, je suis là, au garde-à-vous, la mitraillette pendue à mon long cou maigre. Qu'elle était lourde ! Soixante et onze cartouches… Je devais avoir l'air pitoyable… Il m'a dévisagée : « Que veux-tu au juste ? – Je veux me battre », ai-je répondu. Je ne sais pas ce qu'il a pensé. Il m'a longuement considérée, puis soudain a tourné les talons et s'est éloigné. « Eh bien ! me suis-je dit, à coup sûr, c'est fichu. » Notre chef arrive alors en courant : « Le colonel a donné son accord… »

J'ai suivi un stage de courte durée, mais vraiment de courte durée : il n'a duré que trois mois. Et me voici devenue chef de pièce. J'ai été affectée au 1 357ᵉ régiment d'artillerie antiaérienne. Dans les premiers temps, je saignais du nez et des oreilles, j'avais des diarrhées horribles… La nuit, ce n'était encore pas trop terrible, mais le jour, j'étais morte de peur. Tu as l'impression que les avions volent droit sur toi, visent précisément ta pièce. Qu'ils te visent, toi. Qu'ils vont te pulvériser, t'anéantir. Tout ça n'est pas fait pour une jeune fille… N'est pas fait pour ses oreilles, pour ses yeux… Au début, nous avions des pièces de 85 qui avaient fait leurs preuves lors de la défense de Moscou ; par la suite, elles sont allées servir contre les chars, et on nous a donné à la place des canons de 37 mm. C'était dans la région de Rjev. Il se déroulait là des combats terribles… Au printemps, la glace s'est mise en marche sur la Volga… Et qu'est-ce que nous avons vu ? Nous avons vu dériver un gros glaçon sur lequel se trouvaient deux ou trois Allemands et un soldat russe… Ils étaient morts ainsi, cramponnés l'un à l'autre. La glace les avait pris, et le glaçon était encore couvert de sang. Toute la Volga était teintée de sang…"

Elle s'interrompt soudain au milieu d'un soupir et demande :
"Je n'en peux plus… Laissez-moi souffler un peu…"

En écoutant parler Valia, je me suis rappelé Leningrad durant le blocus, intervient alors Alexandra Fiodorovna Zentchenko qui, jusqu'à ce moment, s'était tenue silencieuse. En particulier, une histoire qui nous avait tous bouleversés. On nous avait raconté qu'une femme d'un certain âge ouvrait chaque jour sa fenêtre pour jeter de l'eau dans la rue au moyen d'une cruche, et que chaque fois elle parvenait à balancer la flotte un peu plus loin. Nous avons d'abord pensé qu'elle était sans doute folle : on en avait vu d'autres exemples pendant le blocus. Nous sommes donc allés la trouver chez elle pour voir de quoi il retournait. Or écoutez ce qu'elle nous a répondu : « Si jamais les nazis entrent dans Leningrad et mettent un pied dans ma rue, je les ébouillanterai. Je suis vieille, je ne suis plus bonne à rien, mais au moins je peux les ébouillanter. » Alors elle s'entraînait... C'était une femme très cultivée. Je me souviens encore de son visage.

Elle avait choisi le moyen de lutte pour lequel elle se sentait assez de force. Il faut bien se représenter ce moment : l'ennemi était déjà tout près, des combats avaient lieu à la porte de Narva, les ateliers de l'usine Kirov étaient sous le feu ennemi... Chacun réfléchissait à ce qu'il pourrait faire pour défendre la ville. Mourir était trop simple, il fallait aussi agir. Des milliers de personnes pensaient de la sorte. J'en suis témoin...

"Je suis rentrée de la guerre infirme, reprend Valentina Pavlovna, poursuivant son récit. J'ai été blessée d'un éclat d'obus dans le dos. La blessure n'était pas bien importante, mais je me suis trouvée projetée assez loin, dans une congère. Or il y avait plusieurs jours que je n'avais pas fait sécher mes valenkis, je ne sais plus pourquoi : soit le bois manquait, soit ce n'était pas mon tour de les mettre à sécher, car le poêle était petit, et nous étions nombreux à nous installer autour. Ainsi, le temps qu'on me retrouve, mes jambes avaient gelé. J'étais complètement ensevelie, mais comme je respirais, il s'était formé un trou dans la neige, comme une sorte de tube. Ce sont des chiens qui m'ont découverte. Ils ont creusé dans le tas de neige et ont rapporté ma chapka à des brancardiers. Dans la chapka, j'avais cousu mon passeport de la mort. Tout le monde en portait un sur lui : on y indiquait quels parents prévenir, à quelle adresse écrire en cas de décès. On m'a dégagée et allongée sur un brancard, ma pelisse était tout imbibée de sang... Mais personne n'a prêté attention à mes jambes...

Je suis restée six mois à l'hôpital. On a voulu m'amputer d'une jambe, m'amputer au-dessus du genou, parce qu'il y avait un début de gangrène. Et là, j'ai fait preuve d'un peu de lâcheté, je ne voulais pas rester toute ma vie infirme. À quoi bon vivre, alors ? À qui pourrais-je être utile ? Je n'avais ni père, ni mère. Je ne serais qu'un fardeau. Allons, qui irait s'encombrer d'une estropiée ! Plutôt me pendre… J'ai demandé à une infirmière une grande serviette au lieu d'une petite… Or, à l'hôpital, tout le monde me taquinait : « Ah ! la grand-mère… Voici notre vieille grand-mère. » Parce que, lorsque le directeur de l'hôpital m'avait vue pour la première fois, il m'avait demandé : « Quel âge as-tu ? » Et moi, je lui avais répondu bien vite : « Dix-neuf ans. J'aurai bientôt dix-neuf ans. » Il avait ri : « Oh ! que tu es vieille. Ça, c'est du grand âge ! » Et l'infirmière, qu'on appelait tante Macha, me taquinait elle aussi de la sorte. Elle m'a dit : « Je te donnerai ta serviette, puisque aussi bien on te prépare pour l'opération. Mais je vais garder un œil sur toi. Quelque chose dans tes yeux ne me plaît pas, ma fille. N'aurais-tu pas de mauvaises intentions ? » Moi, je reste coite… Mais je constate qu'en effet on me prépare pour m'opérer. Je ne savais pas ce que c'était, une opération, je n'étais jamais passée sur le billard (alors qu'aujourd'hui, j'ai une vraie carte géographique tracée sur le corps) mais j'avais deviné. J'ai caché la grande serviette sous mon oreiller, et j'ai attendu que tout soit silencieux. Que tout le monde soit endormi. On avait des lits en fer, et je m'étais dit que je pourrais attacher la serviette à une barre et me pendre. Mais la tante Macha ne m'a pas quittée de toute la nuit. Elle a préservé ma jeune existence. Elle ne s'est pas endormie…

Cependant le médecin responsable de notre chambrée, un jeune lieutenant, suivait littéralement le directeur de l'hôpital pas à pas et le suppliait : « Laissez-moi essayer. Laissez-moi essayer… » L'autre lui répondait : « Que veux-tu essayer ? Elle a déjà un orteil tout noir. Cette fille a dix-neuf ans. À cause de nous deux, elle y laissera la peau. » Mon médecin de chambrée était contre l'opération, il proposait d'user d'un autre procédé totalement nouveau à cette époque, à savoir introduire de l'oxygène sous la peau au moyen d'une aiguille spéciale. L'oxygène nourrissait les tissus… Bon, je ne vais pas vous expliquer exactement comment, je ne suis pas médecin… Mais ce jeune lieutenant a fini par convaincre le directeur. Ils ne m'ont pas coupé la jambe. Ils ont entrepris de me soigner par ce moyen. Deux mois plus tard, je recommençais à marcher. Avec des béquilles, bien sûr, car j'avais les jambes comme en chiffon, je ne pouvais m'appuyer dessus. Je ne les sentais pas, je les voyais seulement. Puis, j'ai

appris à marcher sans béquilles. On me félicitait : c'était comme
une deuxième naissance. Après l'hôpital, j'avais droit normalement
à un congé. Mais quel congé? Où? Chez qui? Je suis retournée
dans mon unité, auprès de ma pièce d'artillerie. J'ai adhéré là-bas
au Parti. À dix-neuf ans...

J'ai accueilli le Jour de la Victoire en Prusse-Orientale. Depuis
deux ou trois jours, tout était calme, personne ne tirait, et soudain,
au beau milieu de la nuit, le signal : « Alerte! » On a tous sursauté.
Puis on entend crier : « C'est la victoire! La capitulation! » La capitulation, je ne sais pas, mais la victoire – ça, on a tout de suite pigé :
« La guerre est finie! La guerre est finie! » Tout le monde s'est mis
à tirer en l'air, chacun avec ce qu'il avait sous la main : mitraillette,
pistolet... Pièce de DCA... L'un essuie ses larmes, un autre danse :
« Je suis vivant! Je suis vivant! » Le commandant nous a dit ensuite :
« Eh bien! vous ne serez pas démobilisés tant que vous n'aurez pas
payé pour les munitions. Qu'avez-vous fait? Combien d'obus avez-
vous gaspillés? » Il nous semblait que la paix allait désormais toujours régner sur terre, que plus personne ne voudrait jamais la guerre,
et que toutes les munitions devaient être détruites. À quoi bon les
garder? Nous étions fatigués de haïr.

Et comme j'avais envie de rentrer chez moi! Même si mon père
n'était plus, même si ma mère n'était plus. Mais je m'incline jusqu'à
terre devant ma belle-mère : elle m'a accueillie comme une mère
véritable. Plus tard, je l'ai appelée maman. Elle m'attendait, m'attendait avec impatience. Bien que le directeur de l'hôpital ait eu le
temps de lui écrire qu'on allait m'amputer d'une jambe et qu'on lui
ramènerait une infirme. Il voulait qu'elle soit préparée. Il lui promettait que je resterais un peu chez elle, et qu'ensuite on me place-
rait ailleurs... Mais elle, elle tenait à ce que je rentre à la maison...

Elle m'attendait...

Quand nous sommes parties au front, nous avions dix-huit, vingt
ans, quand nous sommes revenues nous en avions vingt-deux, vingt-
quatre. D'abord ce fut la joie, puis la peur nous est venue : qu'allions-nous faire dans la vie civile? Nos amies avaient eu le temps de
décrocher leur diplôme à la fac, mais nous, qu'étions-nous devenues? Où était passée notre époque? Notre époque avait été tuée
par la guerre. Nous n'étions adaptées à rien, nous n'avions pas de
métier. Tout ce que nous connaissions, c'était la guerre. Tout ce que
nous savions faire, c'était la guerre. Nous avions le désir de nous

en détacher le plus vite possible. J'ai eu tôt fait de transformer ma capote de soldat en manteau, d'y coudre de nouveaux boutons. Au marché, j'ai vendu mes bottes en similicuir et je me suis acheté une paire d'escarpins. Lorsque j'ai enfilé une robe pour la première fois, j'ai éclaté en sanglots. Je ne me reconnaissais pas dans le miroir : pendant quatre ans, n'est-ce pas, nous n'avions porté que le pantalon. À qui pouvais-je confier que j'avais été blessée, commotionnée ? Essaie de raconter ça, qui ira t'embaucher ensuite ? Je souffrais donc en silence de mes jambes malades, j'étais très nerveuse... Nous restions muettes comme des carpes. Nous ne disions à personne que nous avions été au front. Nous gardions juste le contact entre nous, en échangeant des lettres. C'est plus tard qu'on a commencé à nous couvrir d'honneurs, à nous convier à des réunions de vétérans, mais les premiers temps, nous nous dissimulions. Nous ne portions même pas nos décorations. Les hommes les portaient, les femmes non. Les hommes étaient des vainqueurs, des héros, des fiancés possibles, c'était leur guerre, mais nous, on nous regardait avec de tout autres yeux. Je vais vous dire : on nous avait confisqué la victoire. On nous l'avait échangée, discrètement, contre un bonheur féminin ordinaire. On refusait de partager la victoire avec nous. Et c'était vexant... Incompréhensible... Parce que, au front, les hommes avaient une attitude épatante vis-à-vis de nous, ils nous protégeaient toujours, je ne les ai jamais vus se comporter d'une telle manière avec les femmes dans la vie civile. Lorsqu'on battait en retraite, il arrivait qu'on s'étende à même le sol pour reprendre souffle, les hommes restaient eux-mêmes en vareuse pour nous prêter leurs manteaux : « Les gamines... Il faut couvrir les gamines... » S'ils trouvaient quelque part un bout de gaze ou de coton, ils nous le refilaient : « Tiens, prends, ça peut toujours te servir... » Ils partageaient avec nous leur dernier morceau de biscuit. Nous n'avions connu de leur part que de la chaleur et de la bonté. Aussi nous sommes-nous senties terriblement offensées quand, après la guerre, nous avons dû dissimuler nos livrets militaires...

Après la démobilisation, mon mari et moi nous sommes installés à Minsk. Nous n'avions rien : pas une tasse, pas un drap. Deux capotes et deux vareuses de soldat. Nous avons trouvé une grande carte de géographie, elle était de bonne qualité, encollée sur une toile de coton. Nous l'avons mise à tremper pour récupérer son support... Eh bien ! ce drap de coton est le premier drap que nous ayons possédé. Plus tard, lorsque notre fille est née, il nous a servi à lui faire des couches. Cette carte… Je m'en souviens comme si c'était hier, c'était une carte politique du monde… Un jour, mon mari rentre à la maison : « Viens, maman, je viens de voir un vieux canapé abandonné dans la rue… » Et nous sommes allés chercher ce canapé, en pleine nuit, pour que personne ne nous voie. Comme nous étions contents de notre trouvaille!

Malgré tout, nous étions heureux. Je m'étais fait tellement d'amies! Les temps étaient durs, mais nous ne perdions pas courage. Dès qu'on obtenait quelque chose de comestible avec les tickets de rationnement, on s'invitait les uns les autres : « Viens, j'ai touché du sucre. On va prendre le thé. » Il n'y avait rien au-dessus de nous, ni rien au-dessous, personne n'avait encore de ces tapis, de ces services en cristal… Nous n'avions rien… Et nous étions heureux. Heureux d'être restés en vie. On respirait, on riait, on marchait dans les rues. On était réchauffé par un sentiment d'amour. Chacun avait besoin de l'autre, tout le monde avait énormément besoin des autres. C'est plus tard que nous nous sommes dispersés, pour aller chacun chez soi, chacun dans sa maison, dans sa famille, mais à cette époque nous vivions encore ensemble. Épaule contre épaule, comme dans les tranchées…

Récemment, j'ai donné une conférence dans un musée, devant des Italiens. Ils m'ont longuement questionnée, ils m'ont posé mille questions bizarres… Par quel médecin m'étais-je fait soigner? De quoi souffrais-je? Ils cherchaient, je ne sais pourquoi, à savoir si je m'étais adressée à un psychiatre. Et quels rêves je faisais. Si je rêvais de la guerre. Pour eux, m'ont-ils dit, la femme russe était une énigme. Autre chose les intéressait encore : m'étais-je mariée après la guerre? Ils pensaient curieusement que je n'étais pas mariée. Que j'étais restée célibataire. Moi, j'ai ri : « Tout le monde a rapporté des trophées de la guerre, moi, j'en ai rapporté un mari. J'ai une fille. Et maintenant, j'ai aussi des petits-enfants. » Je ne t'ai pas parlé d'amour aujourd'hui… Nous n'avons tout le temps parlé que de haine… Eh bien! l'amour, ce sera pour une autre fois… Je te raconterai tout… Comment, au front, notre chef de bataillon est tombé amoureux de moi. Il a veillé sur moi durant toute la guerre, et une fois démobilisé il est allé me chercher à l'hôpital. Bon, mais je te dirai tout cela plus tard… Tu reviendras, il faudra absolument que tu reviennes. Tu seras ma seconde fille…

Je n'ai qu'une seule fille. Bien sûr, j'aurais aimé avoir plus d'enfants, mais ma santé ne me l'a pas permis, je n'étais pas assez solide. Je n'ai pas pu faire d'études, non plus... Jusqu'à ma retraite, j'ai travaillé comme laborantine à l'Institut polytechnique. Mais tout le monde m'aimait... Les professeurs comme les étudiants. J'avais accumulé en moi énormément d'amour... C'est ainsi que je comprenais la vie, c'est ainsi, et pas autrement, que je voulais vivre après la guerre...

Il y a deux ans, notre chef d'état-major, Ivan Mikhaïlovitch Grinko, est venu en visite chez nous. Il est à la retraite, depuis longtemps. Il était assis à cette même table. J'avais fait ce jour-là aussi des pirojkis. Il était en train de discuter avec mon mari, ils échangeaient des souvenirs. Et puis ils se sont mis à parler des filles. Subitement, j'ai éclaté en sanglots : « De l'estime, dites-vous, du respect... Mais nos filles sont presque toutes restées seules. Elles vivent dans des appartements communautaires. Qui s'est soucié d'elles ? Qui les a défendues ? » Bref, je leur ai gâché leur bonne humeur...

Le chef d'état-major était assis là, à ta place. « Montre-moi qui t'a causé du tort, m'a-t-il dit. Montre-le-moi seulement ! » Puis il m'a demandé pardon : « Valia, je ne peux rien te dire, je n'ai que des larmes. » Mais nous n'avons pas besoin d'être prises en pitié. Nous sommes fières... On peut bien récrire dix fois l'Histoire. Avec Staline ou sans Staline. Un fait restera : nous avons vaincu ! Et resteront aussi nos souffrances. Tout ce que nous avons enduré... "

Avant que je parte, on m'emballe des gâteaux dans un paquet :

— Ce sont des pirojkis sibériens. Des spéciaux.

Je me vois remettre également une longue liste d'adresses et de numéros de téléphone :

— Toutes seront ravies de te voir. Elles t'attendent. Personne encore ne nous a écoutées.

Elles se sont tues durant si longtemps que leur silence, lui aussi, s'est changé en histoire.

"NOUS N'AVIONS DROIT
QU'À DE PETITES MÉDAILLES..."

Mon courrier personnel rappelle de plus en plus celui d'un bureau de recrutement ou d'un musée militaire : "Les aviatrices du régiment Marina Raskova vous saluent", "Je vous écris à la demande des partisanes de la brigade « Jelezniak »", "Les résistantes de Minsk [...] vous félicitent... Nous vous souhaitons du succès dans le travail que vous avez entrepris...", "Les simples soldates d'un détachement d'hygiène de campagne s'adressent à vous..." Durant tout le temps qu'ont duré mes recherches, je n'ai essuyé que quelques refus catégoriques : "Non, c'est comme un atroce cauchemar... Je ne peux pas ! Ne comptez pas sur moi !" Ou bien : "Je ne veux pas me souvenir ! Je ne veux pas !" Je garde aussi en mémoire une lettre, sans adresse d'expéditeur : "Après la guerre, mon mari, chevalier de l'ordre de la Gloire, a été condamné à dix années de camp. C'est ainsi que la Patrie a accueilli ses vainqueurs. Il avait écrit dans une lettre à un ami qu'il avait du mal à s'enorgueillir de notre victoire, car on avait jonché nos terres et celles de l'ennemi de cadavres russes. On les avait inondées de sang. Il s'est trouvé arrêté illico... Il n'est revenu de Magadan qu'après la mort de Staline... Miné par la maladie. Nous n'avons pas d'enfants. Je n'ai pas besoin de me souvenir de la guerre, ma guerre à moi n'est pas finie..."

Tout le monde n'ose pas écrire ses Mémoires, et nombreux aussi sont ceux qui ne parviennent pas à confier au papier leurs sentiments et leurs pensées. "Les larmes m'en empêchent..." *(A. Bourakova, sergent, radiotélégraphiste.)* Et, contre toute attente, cette abondante correspondance ne me livre que de nouveaux noms et adresses.

"Du métal, je n'en manque pas... Blessée à Vitebsk, je garde un éclat d'obus logé dans le poumon gauche, à trois centimètres du cœur. J'en ai un deuxième dans le poumon droit. Et deux autres encore dans la région de l'abdomen… Voici mon adresse… Venez. Je ne puis vous en écrire davantage : je n'y vois plus rien à cause des larmes…"

V. Gromova, instructeur sanitaire.

"Je n'ai pas de grosses décorations, juste quelques médailles. Je ne sais pas si ma vie vous intéressera, mais j'aimerais la raconter à quelqu'un…"

V. P. Voronova, standardiste.

"Je vivais avec mon mari dans l'extrême Nord, à Magadan. Mon mari était chauffeur, et moi contrôleuse. Dès que la guerre a éclaté, nous avons demandé tous deux à partir au front. On nous a répondu de continuer à travailler là où on avait besoin de nous. Nous avons alors adressé au camarade Staline un télégramme disant que nous faisions don de cinquante mille roubles pour la construction d'un char et que nous souhaitions tous deux partir au front. Nous avons reçu les remerciements du gouvernement. Et, en 1943, on nous a envoyés, mon mari et moi, à titre d'externes, à l'école technique de blindés de Tcheliabinsk.

C'est là que nous avons reçu notre char. Nous étions tous les deux chefs conducteurs-mécaniciens, mais dans un char, il n'y a jamais qu'un seul conducteur-mécanicien. On a décidé en haut lieu de me nommer, moi, commandant du char « IS-122 », et mon mari chef conducteur-mécanicien. C'est ainsi que nous sommes parvenus jusqu'en Allemagne. Nous avons tous deux été blessés. Et tous deux décorés.

Il y a eu pas mal de filles tankistes dans les chars moyens, mais j'ai été la seule à commander un char lourd. Parfois, je me dis que je devrais raconter ma vie à un écrivain…"

A. Boïko, sous-lieutenant, tankiste.

"En 1942, j'ai été nommé commandant d'un groupe de batterie. Le commissaire du régiment m'a averti : « Prenez bien en considération, capitaine, que vous allez avoir sous vos ordres un groupe un peu spécial. La moitié de son effectif est composée de jeunes filles, et celles-ci réclament un traitement, une attention et un intérêt particuliers. » Je savais bien sûr que des filles servaient dans l'armée, mais je me représentais mal la chose. Nous, officiers de carrière, nous méfiions quelque peu de l'apprentissage du métier militaire par le « sexe faible » car, de tout temps, il avait été considéré comme une affaire d'hommes. Bon, disons, les infirmières, on y était habitués. Elles s'étaient acquis une solide réputation pendant la Première Guerre mondiale, puis durant la guerre civile. Mais qu'allaient faire des filles dans l'artillerie antiaérienne, où l'on doit coltiner des obus pesant plusieurs dizaines de livres ? Comment les affecter à une batterie de DCA servie également par des hommes quand il n'y avait qu'une seule casemate à partager ? Elles auraient en outre à passer des heures perchées sur les appareils de pointage, lesquels sont en métal tout comme les sièges installés sur les pièces, or c'étaient des filles, et rien n'était plus mauvais pour elles. Enfin, où allaient-elles se laver et se sécher les cheveux ? Une masse de questions surgissait, tant le problème sortait de l'ordinaire…

Je me suis mis à inspecter régulièrement les batteries, à observer avec attention ce qui s'y passait. J'avoue que je me sentais légèrement mal à l'aise : une fille en faction armée d'un fusil, une fille en haut d'un mirador, avec des jumelles, tandis que moi, voyez-vous, j'arrivais du front, des premières lignes. Et elles étaient toutes si différentes : timides, craintives, minaudières, ou bien résolues, énergiques. Toutes ne savaient pas se soumettre à la discipline militaire : la nature féminine résiste aux règlements de l'armée. L'une a oublié ce qu'on lui a ordonné de faire, l'autre a reçu une lettre de sa famille et pleuré toute la matinée. On les punit, puis la fois d'après on lève la punition tant elles vous font pitié. Je me disais : « Avec pareille engeance, je suis foutu ! » Mais rapidement, j'ai dû me défaire de mes préjugés. Les filles sont devenues de vrais soldats. Nous avons accompli ensemble un chemin éprouvant. Venez. Nous parlerons longuement… »

A. Levitski, ancien commandant
du 5ᵉ groupe de batteries
du 784ᵉ régiment d'artillerie antiaérienne.

Les adresses sont des plus variées : Moscou, Kiev, Apcheronsk, dans la région de Krasnodar, Vitebsk, Volgograd, Ialoutorovsk, Galitch, Smolensk… Comment embrasser tout cela ? Le pays est immense. Et là, le hasard me vient en aide. Un jour, je trouve dans mon courrier une invitation de la part des vétérans de la 65ᵉ armée du général P. I. Batov : "Le 16 ou le 17 mai, nous nous rassemblons d'habitude à Moscou, sur la place Rouge. C'est une tradition, et c'est aussi un rite. Viennent tous ceux qui en sont encore capables. Ils arrivent de Mourmansk et de Karaganda, d'Alma-Ata et d'Omsk. De partout. Des quatre coins de notre immense Patrie… Bref, on vous attend…"

… Hôtel Moscou. On est au mois de mai, le mois de la Victoire. Partout, on s'embrasse, on pleure, on se prend en photo. Il n'y a pas là de connaissances et d'inconnus, on y est tous de la même fratrie. Je pénètre dans ce flot et sens la puissance de son courant souterrain, qui me soulève et qui m'emporte. Je me retrouve dans un monde ignoré… Sur une île ignorée… Notre pays est grand, certes, mais en son sein en existe un autre où vivent des gens doués de leur propre mémoire, de leurs propres valeurs et systèmes de mesure, de leurs peurs et de leurs rêves, qui ne ressemblent pas toujours aux nôtres. D'habitude, ils sont perdus au milieu des autres, mais une fois l'an, ils se réunissent tous ensemble, pour se réfugier, ne fût-ce qu'un instant, dans le temps qui est le leur. Et ce temps, ce sont leurs souvenirs.

Au septième étage, dans la chambre 52, s'est rassemblé tout l'hôpital nº 5 257. Alexandra Ivanovna Zaïtseva, médecin militaire, capitaine, préside la tablée. Elle me présente tout le monde.

Je note : Galina Ivanovna Sazonova, chirurgien, Elisaveta Mikhaïlovna Eisenstein, médecin, Valentina Vassilievna Loukina, infirmière en chirurgie, Anna Ignatievna Gorelik, infirmière en chef de salle d'opération, et les infirmières Nadejda Fiodorovna Potoujnaïa, Klavdia Prokhorovna Borodoulina, Elena Pavlovna Iakovleva, Anguelina Nikolaïevna Timofeïeva, Sofia Kamaldinovna Motrenko, Tamara Dmitrievna Morozova, Sofia Filimonovna Semeniouk, Larissa Tikhonovna Deïkoun.

DES POUPÉES ET DES FUSILS

"Si l'on considère la guerre avec nos yeux de femmes… de simples femmes… elle est plus horrible que tout ce qu'on imagine. C'est pourquoi on ne nous pose jamais de questions…"

"Vous vous souvenez, les filles : on voyageait dans des wagons à bestiaux, et les soldats riaient de notre manière de tenir nos fusils. On ne les tenait pas comme on tient une arme, mais plutôt comme ça… Aujourd'hui, je ne saurais même plus vous montrer… On les tenait comme des poupées…"

"Les gens pleuraient, criaient : « C'est la guerre! » Et moi, je pensais : « Mais quelle guerre, si on a un examen demain à la fac? Un examen, c'est si important. Comment peut-il y avoir la guerre? »

Mais une semaine plus tard, les bombardements commençaient, et nous étions déjà occupés à secourir des gens. Trois ans de fac de médecine, c'était beaucoup en pareille circonstance. Or, les premiers jours, j'ai vu tant de sang que je me suis mise à en avoir peur. Ah! elle était belle, la presque diplômée en médecine! Elle était belle, l'excellente élève en travaux pratiques! Mais les gens se comportaient de façon exceptionnelle, et ça vous donnait des ailes.

Les filles, je vous ai déjà raconté l'histoire… C'était juste après une vague de bombardements, je vois la terre devant moi qui remue. Je cours et je commence à creuser. Je sens sous mes mains un visage, des cheveux… C'était une femme… Je l'ai déterrée et j'ai fondu en larmes sur elle. Mais elle, lorsqu'elle a ouvert les yeux, elle n'a pas demandé ce qui lui était arrivé, elle m'a dit d'une voix inquiète :

« Où est mon sac?

— Qu'avez-vous besoin maintenant de votre sac? On le retrouvera bien.

— Il y a ma carte du Parti dedans. »

Elle ne se souciait pas de savoir si elle était indemne, elle s'inquiétait pour sa carte du Parti. J'ai aussitôt entrepris de chercher son sac. Je l'ai trouvé. Elle l'a posé sur sa poitrine et a fermé les yeux. Bientôt, une ambulance est arrivée et nous l'y avons embarquée. Je me suis encore une fois assurée qu'elle avait bien son sac. Et le soir, je suis rentrée à la maison, j'ai raconté ça à maman et lui ai annoncé que j'avais décidé de partir au front."

"Nos troupes battaient en retraite… Nous étions tous sortis sur la route… Un soldat d'un certain âge vient à passer, il s'arrête devant notre maison et s'incline très bas juste aux pieds de ma mère : « Pardonne-moi, mère… Mais sauve ta fille! Oh! il faut sauver ta gamine! » J'avais alors seize ans, j'avais une longue tresse... Et des sourcils... noirs, comme ça!"

"Je me rappelle quand on avançait vers le front. Le camion était rempli de filles, un gros camion bâché. Il faisait nuit noire, des branches heurtaient la toile, et il régnait une telle tension qu'il nous semblait entendre des impacts de balles, comme si on essuyait des tirs... Avec la guerre, les sons, les mots se trouvaient changés... On disait « maman », et c'était un tout autre mot qui vous sortait de la bouche, on disait « je t'aime », et le sens n'en était plus du tout le même... Quelque chose d'autre venait s'y ajouter. Il s'y ajoutait plus d'amour, plus de peur."

"J'étais une fille à sa maman... Je n'avais jamais quitté ma ville, je n'avais jamais passé une nuit en dehors de chez moi, et voilà que je me retrouvais médecin auxiliaire dans une batterie de mortiers. Qu'est-ce que j'ai souffert! Dès que les mortiers se mettaient à tirer, je devenais complètement sourde. Comme si ça me brûlait. Je m'asseyais et je murmurais : « Maman... maman... ma petite maman... » Nous bivouaquions dans une forêt. Le matin, je sortais : tout était silencieux, constellé de gouttes de rosée. Était-il possible que ce fût la guerre? Quand la nature était si belle, si paisible...

On nous avait dit de revêtir l'uniforme, or je ne mesure qu'un mètre cinquante. J'avais bien tenté d'enfiler le pantalon, et les filles m'avaient ligotée dedans en me le nouant sous les aisselles. C'est pourquoi je continuais à porter ma robe, en m'appliquant à échapper aux regards de mes supérieurs. Finalement, j'ai été mise aux arrêts pour manquement à la discipline militaire."

"Je ne l'aurais jamais cru... J'ignorais que je serais un jour capable de dormir en marchant. Tu es là, à marcher en colonne, et puis tu t'endors, tu heurtes celui qui est devant toi, tu te réveilles une seconde et tu replonges dans le sommeil. Une fois cependant, j'ai trébuché non pas en avant, mais sur le côté, et j'ai continué à marcher en plein champ, je marchais, tout endormie. Jusqu'à ce que je tombe dans un fossé : alors seulement je me suis réveillée et j'ai couru pour rattraper la troupe."

"On opérait durant des jours et des nuits d'affilée. On était là, debout, et les bras vous en tombaient tout seuls. Il m'arrivait de piquer du nez sur le corps du blessé étendu sur le billard. On avait les jambes tellement enflées qu'elles ne rentraient plus dans nos bottes en similicuir. Et les yeux si fatigués qu'on avait du mal à fermer les paupières…

Je ne l'oublierai jamais : on nous amène un blessé, on le descend du brancard… Quelqu'un lui prend la main : « Non, il est mort. » On passe au suivant. Et juste à ce moment, le blessé pousse un soupir. En entendant ça, je m'agenouille auprès de lui. Je pleure, je crie : « Le médecin ! Le médecin ! » On essaie de réveiller le médecin, on le fait lever, on le secoue, mais il s'affaisse à nouveau comme une marionnette, tant il dort profondément. Nous n'avons jamais réussi à le tirer du sommeil, même en lui faisant respirer des sels. Il y avait trois jours entiers, avant cela, qu'il n'avait pas fermé l'œil."

"C'était un bataillon de chasseurs à ski – rien que des gosses qui sortaient du collège. Ils se sont fait mitrailler… Quand on t'amène un gamin comme ça, il est en larmes. Nous avions le même âge qu'eux, mais nous nous sentions déjà plus vieilles. Tu l'embrasses : « Mon pauvre bébé. » Et lui, aussi sec : « Si tu avais été là-bas, tu ne m'aurais pas traité de bébé. » Il agonise, et toute la nuit, il appelle : « Maman, maman ! » Il y avait parmi eux deux gars de Koursk, on les appelait les « rossignols de Koursk ». Lorsqu'on venait pour les réveiller, ils dormaient à poings fermés, les lèvres mouillées de salive. De vrais gosses…"

"Les blessures étaient atroces… C'était à devenir fou. L'un avait la cage thoracique entièrement déchiquetée… Son cœur était à nu… Il était en train de mourir… Je lui fais un dernier pansement et je retiens mes larmes à grand-peine. J'ai envie que ça se termine au plus vite pour pouvoir me planquer dans un coin et sangloter tout mon saoul. Mais il me dit : « Merci, frangine… » et me tend quelque chose, un petit objet métallique. Je regarde : c'est un sabre et un fusil entrecroisés. « Pourquoi me donnes-tu ça ?

— Maman m'a dit que ce talisman me sauverait la vie. Mais je n'en ai plus besoin. Peut-être auras-tu plus de chance que moi… » Il m'a dit ça, puis a tourné la tête vers le mur.

Un autre m'appelle : « Infirmière, j'ai mal à la jambe. » Mais il n'a plus de jambe… Ce dont j'avais peur par-dessus tout, c'était de porter des cadavres : le vent soulève le drap, et le mort te regarde. Je ne pouvais pas porter un mort s'il avait les yeux ouverts. Il fallait que je les lui ferme…"

"On m'amène un blessé, entièrement bandé, il avait reçu une blessure à la tête, on ne voyait presque rien de son visage. Mais, visiblement, je lui rappelais quelqu'un, car il s'adresse à moi : « Larissa… Larissa… Ma petite Lara… » Ce devait être le nom de la fille qu'il aimait. Mais c'est aussi le mien. Je suis certaine de n'avoir jamais rencontré cet homme auparavant, mais il m'appelle. Je m'approche, je n'y comprends toujours rien, je le regarde attentivement. « Tu es venue ? Tu es venue ? » J'ai pris sa main, je me suis penchée vers lui… « Je savais que tu viendrais… » Il ajoute quelques mots dans un murmure, mais je n'arrive pas à entendre ce qu'il dit. Même aujourd'hui, je ne peux pas raconter cette histoire sans en avoir les larmes aux yeux. « Quand je suis parti au front, je n'ai pas eu le temps de t'embrasser. Embrasse-moi… » Je me suis inclinée sur lui et je l'ai embrassé. Une larme a perlé de son œil puis a disparu, absorbée par la gaze. Et c'est tout. Il était mort…"

DE LA MORT ET DE L'ÉTONNEMENT DEVANT LA MORT

"Les hommes ne voulaient pas mourir. Nous répondions à chaque gémissement, à chaque cri. Un blessé, qui avait senti qu'il mourait, m'avait saisie par l'épaule, comme ça, m'avait serrée contre lui et ne me lâchait plus. Il lui semblait que si quelqu'un était à côté de lui, si l'infirmière était tout près, la vie ne le quitterait pas. Il suppliait : « Si je pouvais vivre encore cinq minutes. Encore deux minutes… » Les uns mouraient sans bruit, tout doucement, d'autres criaient : « Je ne veux pas mourir ! » On est à l'agonie, mais on refuse d'y penser, on refuse d'y croire. Et vous voyez une ombre jaune naître à la racine des cheveux, s'étendre d'abord sur le visage, puis sous les vêtements… L'homme repose sans vie, et une sorte d'étonnement est peint sur sa face, comme s'il gisait là et pensait : « Comment ça, je suis mort ? Non, c'est vrai, je suis bien mort ? »

Tant qu'il entend encore… Jusqu'au dernier moment, vous lui dites que non, non, c'est impossible qu'il meure. Vous l'embrassez, le prenez contre vous : « Allons, allons, pas de bêtises ! » Il est déjà mort, ses yeux fixent le plafond, et je lui chuchote encore des mots… Je cherche à l'apaiser… Les noms se sont effacés, sont sortis de ma mémoire, mais leurs visages me restent…"

"On amène les blessés… Ils pleurent… Ils pleurent non de douleur, mais d'impuissance. Le premier jour, quand on les a conduits au front, certains n'ont pas tiré un seul coup de feu. On n'avait pas eu le temps de leur distribuer des fusils, et il faut avouer que, les premières années, on en manquait. Leurs camarades tombaient, ils ramassaient leurs armes. Leurs grenades. Ou bien ils se ruaient au combat les mains nues… armés de couteaux de poche…

Et se retrouvaient d'emblée à affronter des tanks…"

"Lorsqu'on coupe un bras ou une jambe, il n'y a pas de sang… On voit de la chair blanche, bien propre, le sang ne vient qu'ensuite. Aujourd'hui encore, je ne peux pas découper un poulet, si sa chair est trop blanche et nette. Un atroce goût de sel me vient dans la bouche…"

"Les Allemands ne faisaient pas prisonnières les femmes qui portaient l'uniforme. Ils les abattaient sur place. Ils les traînaient devant leurs soldats alignés et les leur montraient : « Tenez, regardez, ce ne sont pas des femmes, mais des monstres. Des fanatiques russes ! » Aussi gardions-nous toujours une cartouche pour nous. Il valait mieux mourir que se laisser prendre…

Une de nos infirmières avait été faite prisonnière. Le surlendemain, lorsque nous avons repris le village, nous l'y avons retrouvée : les yeux crevés, les seins coupés… Ils l'avaient empalée… Il gelait, elle était toute blanche, et ses cheveux étaient devenus gris. Elle avait dix-neuf ans. Une très jolie fille…"

"Nous battons en retraite, on nous bombarde. La première année, on ne cessait de reculer. Les avions fascistes volaient très bas, poursuivaient chaque individu. On court. On se cache dans la forêt. Un

Allemand vole droit sur moi… Je le vois. Je distingue son visage…
Et lui aussi, il voit que nous sommes des filles… Un convoi de blessés… Nous nous dissimulons derrière des pins… Il tire presque à
bout portant et en plus, il sourit. Un sourire si insolent, si odieux…
Et un beau visage… Je cours dans les maïs, il me suit, je cours
vers la forêt, il me force à me plaquer au sol. Finalement, j'atteins
les bois, je plonge dans un tas de feuilles mortes. J'ai si peur que
j'en saigne du nez, je ne sais si je suis vivante ou non, je remue un
bras… Oui, je suis bien vivante… Depuis ce jour, j'ai la phobie des
avions. L'appareil peut être encore très loin, je tremble déjà, je ne
peux plus penser à rien, je sais seulement qu'il s'approche, que je
dois me cacher, me nicher quelque part pour ne pas le voir, ne pas
l'entendre. Même aujourd'hui, je ne supporte pas le bruit des avions.
Je ne prends jamais l'avion…"

"Avant la guerre, j'avais failli me marier. Avec mon professeur de
musique. Une histoire folle. J'étais sérieusement amoureuse. Et lui
aussi… Mais maman ne m'a pas laissée faire : j'étais encore trop
jeune!

Bientôt, la guerre a éclaté. J'ai demandé à partir au front. J'avais
envie de partir de chez moi. De devenir adulte. À la maison, on a
pleuré et on m'a aidée à faire mon bagage. Chaussettes chaudes,
linge de corps…

J'ai vu mon premier tué dès le premier jour… Un éclat d'obus a
volé par hasard dans la cour de l'école où on avait installé l'hôpital
et a blessé mortellement notre feldscher. On venait de nous amener au front… Et j'ai pensé : « Pour me marier, maman a décidé
que j'étais trop jeune, mais pour la guerre, non… Pour la guerre,
je suis apte… »"

"On vient à peine d'arriver… on vient à peine d'installer l'hôpital, aussitôt envahi d'une pléthore de blessés, que l'ordre tombe : il
faut évacuer. On rembarque une partie de notre monde, une partie
seulement. Il n'y a pas assez de véhicules pour les transporter tous.
On nous presse : « Laissez-les… Vous, vous devez partir… » Tu te
prépares au départ, ils te regardent. Ils te suivent des yeux. Tout y
est, dans ce regard : la résignation, la colère… Et une telle tristesse!
Une telle tristesse! Ceux qui peuvent tenir sur leurs jambes partent
avec nous. Les autres restent. Et tu n'es plus en mesure d'aider aucun

d'eux, tu as peur de lever les yeux… J'étais jeune, je pleurais toutes les larmes de mon corps…

Quand nous sommes passés à l'offensive, nous ne laissions plus aucun blessé derrière nous. Nous ramassions même ceux des Allemands… Pendant quelque temps, j'ai travaillé avec eux. Je m'y habituais et je les soignais, comme si de rien n'était. Mais quand je me rappelais l'année 1941, le sort qu'ils réservaient aux blessés que nous abandonnions, j'avais l'impression que plus jamais je ne pourrais m'approcher d'aucun d'eux… Et puis le lendemain, je les soignais tout de même…"

"Qu'est-ce qui m'a marquée, qu'est-ce qui est resté gravé dans ma mémoire? C'est d'abord le silence, l'extraordinaire silence des salles où reposaient les blessés graves… Ils ne parlaient pas… N'appelaient pas… Beaucoup étaient sans connaissance. Mais le plus souvent, ils ne disaient rien. Ils pensaient. Le regard perdu dans le vague, ils semblaient réfléchir. Si on les interpellait, ils n'entendaient pas…

À quoi pouvaient-ils penser?"

DES CHEVAUX ET DES OISEAUX

"Deux convois étaient en gare… L'un transportait des blessés, l'autre des chevaux. Et voici que survient une attaque aérienne. Nous avons ouvert aux blessés pour qu'ils puissent décamper, mais eux, au lieu de ça, se sont tous précipités vers les chevaux pour les tirer des flammes. Quand des blessés hurlent, c'est horrible bien sûr, mais il n'y a rien de plus horrible encore que le hennissement des chevaux martyrisés. Car, n'est-ce pas? ils ne sont coupables de rien, ils ne sont pas responsables des problèmes des hommes. Ainsi, personne n'a couru se réfugier dans les bois, tout le monde s'est employé à sauver les chevaux. Qu'est-ce que je veux dire par là? Je veux dire qu'on s'efforçait de rester des êtres humains… De ne pas devenir des bêtes sauvages… Les avions nazis volaient en rase-mottes… Tout près… J'ai réfléchi par la suite : les pilotes allemands, évidemment, voyaient tout… comment n'avaient-ils pas honte?"

"Je me souviens d'un fait… On est arrivés dans un village, et là, à l'orée d'un bois, on a découvert les cadavres de partisans. Je ne peux vous décrire ce qu'ils avaient subi. Ils avaient été torturés, littéralement découpés en morceaux… Même ces mots me font peur, je ne veux pas raconter pareille horreur… Or à côté, tout près, il y avait des chevaux en train de paître. On voyait que c'étaient les chevaux des partisans, ils étaient même encore sellés. J'ignore s'ils avaient réussi à échapper aux Allemands et étaient revenus plus tard, ou si les Allemands n'avaient pas eu le temps de les emmener. Les bêtes étaient paisibles, l'herbe était abondante. Comment des hommes ont-ils pu commettre une telle abomination en présence des chevaux? Devant des animaux qui les regardaient…"

"La forêt brûlait, le grain brûlait… J'ai vu des vaches et des chiens brûlés… Une odeur inhabituelle. Inconnue. J'ai vu brûler… des tonneaux de tomates en saumure, des tonneaux de choucroute. J'ai vu brûler des oiseaux… des chevaux, des vaches… Il fallait aussi s'accoutumer à cette odeur-là…

J'ai alors compris que tout pouvait brûler… Même le sang…"

"J'avais pitié de tout être vivant : d'un chien blessé… l'une cigogne tuée… Pendant un bombardement, une chèvre s'est approchée de nous. Elle s'est couchée auprès de nous. Elle s'est allongée tout simplement et s'est mise à bêler. Lorsque le bombardement a cessé, elle nous a accompagnés, elle se serrait constamment contre nous ; normal : c'était un être vivant, elle avait peur. On arrive à un village et on dit à une femme : « Prenez-la, elle fait pitié. » On avait envie de la sauver…"

"Dans la salle où j'officiais, il y avait deux blessés : un Allemand et un tankiste à nous, gravement brûlé. Je passe les visiter :
« Comment allez-vous?
— Moi, ça va, répond le tankiste, mais celui-là n'est pas fameux.
— C'est un nazi…
— Non, moi ça va, mais lui est dans un sale état. »
Ce n'étaient plus des ennemis, mais simplement deux hommes blessés allongés l'un à côté de l'autre. Entre eux se nouait quelque chose d'humain. J'ai plus d'une fois observé comme ce phénomène survenait rapidement…"

"À la fin de l'automne, des oiseaux passaient dans le ciel… D'interminables volées d'oiseaux. Notre artillerie et celle des Allemands pilonnaient sans relâche, et eux volaient au-dessus de tout ça. Comment le leur crier ? Comment les avertir ? « Pas par ici ! C'est dangereux ! » Les oiseaux tombaient, s'abattaient par terre…"

"On nous avait amené des SS à soigner. Des officiers SS. Une infirmière s'approche de moi :

« Comment s'y prend-on ? On les massacre ou bien on procède normalement ?

— On procède normalement. Ce sont des blessés… »

Et nous les avons soignés normalement. Plus tard, deux d'entre eux se sont échappés. On les a rattrapés, et pour qu'ils ne se fassent pas la belle encore une fois, je leur ai coupé leurs boutons de caleçon…"

"Nous sauvions des vies humaines… Mais beaucoup parmi nous regrettaient énormément d'appartenir au corps médical, et de n'être habilités qu'à soigner et non à prendre les armes ; à se battre pour de bon… Je m'étonne moi-même, je vis dans une sorte d'étonnement devant moi-même. Étonnement d'avoir pu endurer tout cela : dormir au milieu des morts, tirer au fusil, voir couler tant de flots de sang… Je me rappelle que l'odeur du sang sur la neige était particulièrement forte…"

"Vers la fin de la guerre, j'avais peur d'écrire chez moi. Non, je n'écrirai pas, me disais-je. Si jamais je suis tuée, maman sera folle de chagrin à l'idée que la guerre est finie et que je suis morte juste avant la victoire. Personne ne l'exprimait à haute voix, mais tout le monde pensait la même chose. Nous sentions déjà que la victoire était proche. Le printemps était déjà là…"

"Quand on m'a dit… eh bien ! ceci : « La guerre est finie ! » je me suis assise sur la table stérile. Nous étions convenus, le médecin et moi, que le jour où l'on nous annoncerait que la guerre était finie, nous poserions nos fesses sur la table stérile. Que nous ferions quelque chose de ce genre, quelque chose d'impossible. Je ne laissais jamais personne s'approcher de cette table, voyez-vous. Moi, je portais des gants, un masque et une blouse stérile, et je tendais aux chirurgiens ce dont ils avaient besoin : tampons, instruments... Et là, hop! je me suis assise sur cette table...

De quoi rêvions-nous? Premièrement, de la victoire. Deuxièmement, de rester en vie. L'une disait : « Quand la guerre sera terminée, j'aurai une flopée de gosses », une autre : « Je m'inscrirai à la fac », une troisième : « Moi, je passerai mon temps au salon de coiffure. Je m'habillerai chic, je me chouchouterai. » Ou bien encore : « J'élèverai des oiseaux. Je les écouterai chanter. J'en ai ma claque du bruit des obus. »

Et voici que ce moment était venu... Tout le monde, tout à coup, était silencieux..."

"Nous venions de reprendre un village... Nous cherchons un endroit pour faire provision d'eau. Nous entrons dans une cour où s'élève un chadouf. Il y a là un puits en bois, sculpté... Le maître des lieux gît sur le sol, le corps criblé de balles... Un chien semble monter la garde à côté. Le chien nous voit, commence à geindre. Nous avons mis un moment à comprendre qu'en fait il nous appelait. Il nous a conduits vers l'entrée de la chaumière... Nous l'avons suivi. Sur le seuil étaient étendus la femme de l'homme et trois petits enfants...

Le chien s'assoit près d'eux et se met à pleurer. À pleurer vraiment. Comme un être humain... Un grand chien... J'ai pensé pour la première fois : « Pourquoi les hommes n'ont-ils jamais honte devant les animaux?... »"

"Nous entrions dans nos villages... il n'en restait debout que quelques cheminées, et c'est tout... Juste des cheminées! En Ukraine, nous libérions des endroits où il ne restait plus rien, il n'y poussait plus que des pastèques, les gens ne se nourrissaient que de cela, ils n'avaient rien d'autre à manger. Ils nous accueillaient en nous offrant leurs pastèques... en guise de fleurs...

Je suis rentrée chez moi. J'ai retrouvé, logeant dans une hutte, ma mère et ses trois jeunes enfants, et un petit chien qui mangeait de l'arroche. Ils faisaient cuire de l'arroche, en mangeaient eux-mêmes et en donnaient au chien. Qui la mangeait... Avant la guerre, il y avait chez nous quantité de rossignols. Après la guerre, personne n'en a plus entendu durant deux ans. Toute la terre avait été retournée, on avait soulevé, comme on dit, le fumier des aïeux. Tout avait été labouré. La troisième année, les rossignols ont réapparu. Où étaient-ils passés ? Nul ne le sait. Ils sont revenus trois ans plus tard. Les gens ont rebâti leurs maisons, et les rossignols sont revenus…"

"Chaque fois que je cueille des fleurs des champs, je pense à la guerre. Là-bas, on ne cueillait pas de fleurs…"

"CE N'ÉTAIT PAS MOI…"

Que retient-on en premier?

On retient la voix douce, souvent perplexe, de la personne qui vous parle. Elle est perplexe devant elle-même, devant ce qui lui est arrivé. Le passé n'est plus, et elle est encore là. Je deviens moi aussi témoin. Témoin de ce que ces gens évoquent et de la manière dont ils le font, de ce qu'ils veulent dire et de ce qu'ils tentent d'oublier ou bien de voiler, de refouler au plus profond de leur mémoire. Témoin de leurs efforts désespérés pour trouver les mots justes…

C'est encore à Moscou, le Jour de la Victoire, que j'ai rencontré Olga Iakovlevna Omeltchenko. Toutes les femmes étaient vêtues de robes printanières, fichus de couleurs claires sur la tête, mais elle, elle arborait l'uniforme et le béret militaires. Elle était grande, robuste. Elle ne parlait pas, ne pleurait pas. Elle gardait constamment le silence, mais son silence était singulier, il portait en lui beaucoup plus que des mots. Elle paraissait entretenir tout le temps une sorte de dialogue intérieur avec elle-même. Elle n'avait besoin de personne.

Nous avons fait connaissance, puis je suis allée lui rendre visite chez elle, à Polotsk.

Une nouvelle page de la guerre s'est trouvée tournée sous mes yeux, une page devant laquelle l'imagination la plus folle se sentirait intimidée…

Olga Iakovlevna Omeltchenko,
brancardière d'une compagnie de fusiliers voltigeurs :

— Ma mère… Elle voulait que je parte avec elle quand on a été évacués, elle savait que je brûlais de partir au front, aussi m'avait-elle

liée à la charrette qui transportait nos affaires. Mais je me suis détachée en douce et je me suis fait la paire… La ficelle m'est restée
autour du poignet… Le talisman de maman…

Autour de moi, tout le monde fuyait, courait. Qu'allais-je devenir? En chemin, je rencontre un groupe de jeunes filles. L'une d'elles
me dit : "Ma mère n'habite pas loin, viens chez moi." Nous arrivons
en pleine nuit, nous frappons à la porte. Sa mère nous ouvre, nous
regarde – nous étions sales, déguenillées – et nous ordonne : "Restez sur le seuil!" Nous obéissons. Elle apporte d'énormes seaux remplis d'eau, nous fait ôter tous nos vêtements. Nous nous sommes
lavé les cheveux avec de la cendre (il n'y avait pas de savon), puis
avons grimpé sur le poêle[1] où j'ai aussitôt sombré dans un sommeil
de plomb. Le lendemain matin, la mère de cette jeune fille nous a
préparé une soupe aux choux, et confectionné du pain avec du son
mélangé à de la pomme de terre. Que ce pain nous a paru bon et
cette soupe, savoureuse! Nous sommes restées là quatre jours, le
temps qu'elle nous remplume. Elle nous servait de petites quantités
chaque fois, elle avait peur autrement de nous faire mourir d'une
indigestion. Le cinquième jour, elle nous a dit : "Partez!" Avant
cela, une voisine était passée la voir, alors que nous étions installées
en haut du poêle. La mère nous avait fait signe du doigt de rester
silencieuses. Elle n'avait révélé à aucun de ses voisins que sa fille,
que tout le monde savait partie à la guerre, était là, chez elle. Cette
fille était son unique enfant, et cependant elle ne montrait pour elle
aucune pitié, elle ne pouvait lui pardonner la honte que son retour
faisait peser sur elle.

Elle nous a réveillées au milieu de la nuit, nous a donné à chacune
un baluchon contenant de la nourriture. Puis elle nous a embrassées l'une après l'autre et à chacune a dit : "Partez!"

— Elle n'a même pas essayé de retenir sa fille?

— Non, elle l'a embrassée en lui disant : "Ton père est à la guerre,
va te battre toi aussi."

Ce n'est qu'en chemin que cette fille m'a raconté qu'elle était infirmière et qu'elle s'était retrouvée encerclée…

---

1. Le poêle de la maison russe traditionnelle est un grand cube de maçonnerie
servant à chauffer toutes les pièces adjacentes. À la base du poêle se trouve le foyer
qui fait également office de four. Le sommet touche presque au plafond : la place
est généralement réservée aux enfants et aux vieillards.

J'ai longtemps été ballottée d'un endroit à l'autre avant d'arriver à Tambov et d'y décrocher un poste à l'hôpital. On y était bien, après avoir tant crevé la faim, j'y ai pris du poids au point de devenir même un peu rondelette. Or quand j'ai eu mes seize ans, on m'a annoncé que je pouvais désormais donner mon sang, comme toutes les infirmières et tous les médecins. J'ai donc commencé à donner de mon sang tous les mois : l'hôpital en avait constamment besoin de centaines de litres, il en manquait toujours. J'en donnais d'un coup 500 cm³, un demi-litre deux fois par mois. Je touchais la ration de donneur de sang : un kilo de sucre, un kilo de semoule, un kilo de saucisson, pour restaurer mes forces. Je me suis liée d'amitié avec une aide-soignante, qu'on appelait tante Nioura. Elle avait sept enfants, et son mari était mort au début de la guerre. Son fils aîné, qui avait onze ans, était allé chercher des provisions et avait perdu ses tickets de rationnement. Je leur avais offert alors ma ration de donneur de sang. Un jour, le médecin me dit : "On va marquer ton adresse ; comme ça, peut-être celui qu'on va transfuser avec ton sang se fera-t-il connaître." Nous avons inscrit mon adresse sur une étiquette que nous avons attachée au flacon.

Et voici que quelque temps plus tard, deux mois tout au plus, alors que j'étais allée me coucher après avoir terminé mon service, brusquement on me réveille :

"Lève-toi ! Lève-toi, ton frère est là !

— Quel frère ? Je n'ai pas de frère."

Notre foyer se trouvait au dernier étage de l'hôpital ; je descends et je vois un jeune et beau lieutenant en train d'attendre en bas. Je demande :

"Qui a demandé ici Omeltchenko ?"

Il répond :

"C'est moi." Et il me montre le petit mot que le médecin et moi avions écrit. "Voilà… Je suis ton frère de sang…"

Il m'avait apporté deux pommes, et un sachet de bonbons, alors qu'il était impossible de s'en procurer à l'époque. Mon Dieu ! Qu'ils étaient délicieux, ces bonbons ! Je suis allée voir le directeur de l'hôpital : "Mon frère est là !" On m'a accordé une permission. Il m'a invitée : "Allons au théâtre." Moi qui n'avais encore jamais mis les pieds dans un théâtre, tout à coup c'était fait, et au bras d'un gars, par-dessus le marché ! Un beau garçon. Un officier !

Quelques jours plus tard, il a dû partir : il était affecté sur le front de Voronej. Quand il est venu me faire ses adieux, j'ai ouvert la fenêtre et j'ai agité la main pour lui dire au revoir. Je n'ai pas obtenu de congé : on venait de nous amener des blessés en grand nombre.

Je n'avais jamais reçu de lettres de personne, je n'avais même pas idée de ce que c'était que de recevoir une lettre. Et voilà qu'un beau jour on me remet une enveloppe triangulaire. Je la décachette, et je lis : "Votre ami, chef d'une section de mitrailleurs... est mort comme meurent les braves..." C'était mon frère de sang. Il était de l'Assistance, et visiblement, la seule adresse qu'il avait sur lui, c'était la mienne. Mon adresse... En partant, il avait beaucoup insisté pour que je reste dans cet hôpital afin de pouvoir me retrouver plus facilement après la guerre. Il m'avait tant suppliée... Et un mois plus tard, je reçois cette lettre qui m'annonce sa mort... Je me suis sentie atrocement mal. J'ai décidé de faire tout mon possible pour partir au front et venger mon sang, car je savais que quelque part mon sang avait été versé...

Mais ce n'était pas si simple d'être expédiée au front. J'ai adressé trois requêtes au chef de l'hôpital, et au lieu d'en écrire une quatrième, j'ai pris rendez-vous avec lui.

"Si vous ne me laissez pas partir, je m'enfuirai.

— Bon, très bien. Je vais te procurer une nouvelle affectation, puisque tu es si obstinée..."

Le plus terrible, bien sûr, c'est le premier combat. Le ciel tonne, la terre tonne, tu as l'impression que ton cœur va éclater, que ta peau va se fendre. Je ne pensais pas que la terre pouvait craquer ainsi. Tout craquait, crépitait, grondait... Vacillait... La terre entière... Tout bonnement, je n'en pouvais plus... Comment allais-je survivre à tout cela ? Et si je n'y parvenais pas ? J'avais une peur atroce, alors voici ce que j'ai décidé : j'ai pris ma carte de komsomol, je l'ai trempée dans le sang d'un blessé et l'ai glissée dans une petite poche contre mon cœur, qu'ensuite j'ai boutonnée. Par ce geste, je me faisais serment de tenir coûte que coûte, de ne par flancher surtout, car si je flanchais au premier combat, je ne pourrais plus avancer d'un pas. On ne me garderait pas en première ligne, on m'expédierait au bataillon sanitaire. Or moi, je voulais être en première ligne, je voulais voir ne fût-ce qu'un seul nazi en face... De mes propres yeux... Puis nous sommes passés à l'attaque, nous progressions dans de l'herbe haute, qui nous arrivait jusqu'à la taille...

La terre n'était plus cultivée depuis plusieurs années. La marche était très pénible. C'était à Koursk...

Après la bataille, j'ai été convoquée par le chef de l'état-major. Imaginez une petite isba à moitié démolie, dans laquelle il n'y avait rien, à part une chaise. Le colonel m'attendait là, debout. Il m'a ordonné de m'asseoir sur la chaise :

"Je te regarde et je me demande ce qui t'a poussée à venir dans cet enfer. Tu vas t'y faire tuer comme une mouche. C'est la guerre, nom d'un chien! La boucherie! Allons, je vais au moins te muter au service de santé. Et encore, que tu sois tuée! mais imagine que tu te retrouves aveugle ou amputée des deux mains? Y as-tu pensé?"

Je lui réponds :

"Oui, camarade colonel, j'y ai pensé. Et je ne vous demande qu'une chose : laissez-moi dans ma compagnie.

— C'est bon, décampe!" m'a-t-il crié, avec tant de véhémence que j'en ai été effrayée. Puis il s'est détourné vers la fenêtre...

Les combats étaient violents. J'ai été mêlée à des corps à corps. C'était atroce... On y devient si... ce n'est pas pour un être humain... On frappe, on plonge sa baïonnette dans un ventre, dans des yeux, on se prend mutuellement à la gorge pour s'étrangler. On brise des os... D'abord un hurlement, puis un cri... une plainte... Et ce craquement... Ce craquement! Impossible de l'oublier... C'est la chose la plus cauchemardesque de la guerre. Il n'y a rien d'humain là-dedans... Ne crois pas ceux qui te diront qu'à la guerre on ne connaît pas la peur. Tiens, par exemple, les Allemands se relèvent, ils avancent, encore cinq, dix minutes et ce sera l'assaut. Tu te mets à grelotter... Te voilà secouée de frissons... Mais ça ne dure que jusqu'au premier coup de feu. Dès que tu entends lancer l'ordre, tu ne penses plus à rien, tu te lèves avec tout le monde et tu cours. Et à cet instant, tu ne penses plus à ta peur. Seulement, le lendemain, tu ne dors plus, c'est maintenant que la trouille te vient. Tout te revient en mémoire, tous les détails, tu prends conscience qu'on aurait pu te tuer, et tu es saisie d'une terreur folle. Mieux vaut ne pas regarder les visages des autres après une attaque, ce sont des visages complètement différents de ceux qu'ont d'ordinaire les gens. Je ne peux pas exprimer de quoi il s'agit. On a l'impression qu'ils sont tous un peu anormaux, qu'il y apparaît même, furtivement, quelque chose de bestial... Mieux vaut ne pas regarder... Aujourd'hui encore, j'ai du mal à croire que je sois restée vivante. Vivante… Blessée, commotionnée, mais saine et sauve… Je n'y crois pas…

Je ferme les yeux et tout se redessine devant moi…

Un obus touche le dépôt de munitions, le feu éclate. Le soldat qui montait la garde à côté est changé en torche. En un instant, ce n'est plus un homme, mais un bloc de chair noircie… Il danse d'un pied sur l'autre… Il sautille sur place… Les gars le regardent depuis la tranchée, mais aucun d'eux ne bouge, tant ils sont désemparés. Je saisis un drap, je cours vers ce soldat, je l'enveloppe et aussitôt me couche sur lui. Je le presse contre la terre… La terre est froide… Il continue ainsi un moment à se débattre, jusqu'à ce que son cœur lâche et qu'il cesse de bouger…

J'étais toute couverte de sang. Un des soldats les plus âgés s'approche de moi, m'entoure de ses bras, et je l'entends dire : "Quand la guerre sera finie, si elle est encore en vie à ce moment-là, elle ne sera plus jamais un être normal, c'en est terminé pour elle." Il voulait exprimer qu'on ne pouvait, si jeune, vivre de telles horreurs sans en garder des traces. J'étais agitée de convulsions, comme si j'avais une crise d'épilepsie. On m'a empoignée sous les bras et on m'a entraînée dans un abri. Dans les bois… Cette fois-ci, c'était moi qu'on portait…

Et puis le combat a repris de plus belle… À Sevsk, les Allemands nous attaquaient sept à huit fois par jour. Ce même jour, j'ai ramené plusieurs blessés du champ de bataille, avec leurs armes. Le dernier que je suis allée chercher avait un bras complètement réduit en miettes. Il pendait, inerte… Tout ensanglanté… Il fallait le lui couper de toute urgence et bander le reste, c'était impossible autrement. Or je n'avais sur moi ni couteau, ni ciseaux. Ma musette, à force de brinquebaler contre ma hanche lorsque je rampais, les avais laissés échapper. Que faire ? Eh bien ! j'ai mordu dans cette chair. Je l'ai tranchée à coups de dents, puis j'ai posé un garrot… Pendant que je lui bandais ce qui lui restait de bras, le soldat me répétait : "Plus vite, infirmière. Je dois encore me battre…" Il avait la fièvre…

Mais le lendemain, quand les chars ont foncé sur nous, deux gars ont flanché. Beaucoup de nos camarades ont péri à cause d'eux. Les blessés que j'avais traînés à l'abri dans un trou d'obus sont tombés aux mains des Boches. Une voiture devait venir les ramasser… Mais quand ces deux-là ont cédé à la peur, la panique a commencé. La ligne n'a pas tenu le coup, les gars se sont débandés. On a abandonné les blessés. Nous sommes revenus un peu plus tard à l'endroit où ils étaient étendus : nous les avons retrouvés, les yeux crevés, le ventre ouvert... Quand j'ai vu cela, tout en moi s'est assombri, en l'espace d'une nuit. Car c'était moi, n'est-ce pas ? qui les avais tous regroupés à la même place... qui les avais sauvés...

Le lendemain matin, on a fait s'aligner tout le bataillon, on a sorti ces lâches et on les a amenés devant nous. On leur a donné lecture du jugement qui les condamnait à être fusillés. Il fallait sept hommes pour exécuter la sentence... Trois se sont portés volontaires, les autres n'ont pas bougé. J'ai pris ma mitraillette et je me suis avancée. Sitôt que j'ai quitté le rang, tous les autres m'ont suivie... On ne pouvait pas leur pardonner. À cause d'eux, des gars formidables étaient morts !

Et nous avons mis la sentence à exécution...

Je ne sais si je les pardonnerais aujourd'hui. Je ne saurais le dire. Ma vie ne me suffira pas à surmonter tout ce que j'ai vu à la guerre. Ma vie entière n'y suffira pas... Parfois, je voudrais pleurer. Mais je n'y arrive pas...

À la guerre, j'ai tout oublié. Toute mon existence antérieure. J'ai oublié aussi l'amour. Tout oublié...

Le commandant d'une compagnie d'éclaireurs était tombé amoureux de moi. Il m'envoyait des billets doux par l'intermédiaire de ses hommes. Une fois, je suis allée au rendez-vous qu'il me fixait. "Non, lui ai-je dit, j'aime un homme qui n'est plus de ce monde depuis longtemps." Il s'est approché tout près de moi, m'a regardée droit dans les yeux, puis a tourné les talons et s'est éloigné. On tirait autour de nous, mais il marchait tout droit, sans même se baisser... Plus tard, on était déjà en Ukraine, nous avons libéré un grand village. Je me suis dit : "Allons faire un tour, je vais jeter un coup d'œil." Il faisait beau, les chaumières étaient toutes blanches. Et puis, à la sortie du village : des tombes, la terre fraîchement retournée... On avait inhumé là les hommes qui étaient morts au combat pour reprendre ce village. Je ne sais pourquoi, je me suis sentie soudain attirée. Or il y avait là, sur chaque tombe, une photographie collée sur une tablette au-dessus du nom de famille... Tout à coup, j'ai aperçu un visage familier... C'était ce commandant de la compagnie d'éclaireurs qui m'avait fait une déclaration d'amour. Il y avait son nom inscrit... Je me suis sentie très mal. C'était si terrible. Et à cet instant, j'ai vu des gars de sa compagnie qui se dirigeaient vers la tombe. Ils me connaissaient tous, c'étaient eux qui m'avaient porté les billets doux de leur commandant. Aucun ne m'a accordé un regard, comme si je n'existais pas. Ou qu'ils ne m'avaient pas reconnue. Ensuite, quand je les croisais, il me semble… j'ai l'impression… ils auraient voulu que je sois morte, moi aussi. C'était dur pour eux de voir que j'étais… toujours vivante… C'est ce que je ressentais… Comme si j'étais coupable… Devant eux… Peut-être aussi devant lui…

À mon retour de la guerre, je suis tombée gravement malade. J'ai longtemps traîné d'hôpital en hôpital, jusqu'à ce que j'échoue entre les mains d'un vieux professeur. Il m'a soignée. Il affirmait que si j'étais partie au front à l'âge de dix-huit ou dix-neuf ans, mon organisme aurait pu mieux se défendre, mais que, comme je n'avais alors que seize ans, qui est un âge très précoce, il avait subi un très violent traumatisme. "Bien sûr, les médicaments sont utiles, m'expliquait-il, ils peuvent aider à vous retaper un peu, mais si vous voulez vraiment vous rétablir, si vous voulez vivre, mon seul conseil c'est : mariez-vous et faites le plus d'enfants possible. C'est votre unique chance de salut. À chaque grossesse, votre organisme renaîtra…"

— Quel âge aviez-vous ?

— À la fin de la guerre, j'allais sur mes vingt ans. Bien entendu, je n'avais aucune envie de me marier.

— Pourquoi ?

— Je me sentais très fatiguée, bien plus âgée que les autres filles de mon âge, et même vieille. Mes copines dansaient, s'amusaient ; moi, je n'y arrivais pas. Je voyais la vie avec d'autres yeux. Extérieurement, ça ne se voyait pas, des tas de jeunes gars me faisaient la cour. Des gamins. Ils ne voyaient pas mon âme, ils ne voyaient pas ce qui se passait à l'intérieur de moi. Tenez, je ne vous ai raconté qu'une seule journée… celle des combats autour de Sevsk… Une seule journée… Si pénible, si violente, que durant la nuit, mes oreilles ont pissé le sang. Le matin, je me suis réveillée comme si je sortais d'une grave maladie. Mon oreiller était trempé de sang…

— Vous êtes-vous mariée finalement ?

— Oui. J'ai eu cinq fils, que j'ai élevés. Le plus étonnant pour moi, c'est d'avoir pu, après tant d'effroi et d'horreur, donner naissance à d'aussi beaux enfants. Et je me suis révélée une bonne mère, ainsi qu'une bonne grand-mère…

Je me souviens à présent de tout cela, et il me semble que ce n'était pas moi, mais une autre fille…

Je suis rentrée chez moi, remportant quatre cassettes (deux jours de conversation) sur lesquelles était enregistrée "encore une guerre". J'étais partagée entre plusieurs sentiments : bouleversement et effroi, perplexité et admiration. Curiosité et désarroi. De retour chez moi, je relatai divers épisodes à des amis. Tout le monde eut la même réaction : "C'est trop horrible. Pareille héroïne fiche la trouille!" Ou bien : "Personne n'y croira. Et on ne voudra pas le publier." Mais tous avaient les larmes aux yeux, comme moi, et tous devenaient songeurs. Ce sont ces larmes qui me soutiennent, qui m'aident à ne pas m'effrayer, à ne pas succomber à la tentation de ne pas raconter cette vie en entier, d'en retrancher ce qui pourrait faire peur ou n'être pas compris. De retoucher ou de récrire l'histoire. Or comment la récrire, avec quelle encre, quand elle a été tracée avec du sang? Ceci ressemble moins que tout à un récit : c'est une douleur vive. Une passion nue. Il faut se fier à cette douleur. Je me fie à elle, quant à moi. Je ne dirai pas que je n'ai jamais de doute ni d'hésitation. Il me faut aussi, à moi, du courage pour échapper à l'emprise de mon époque, de son langage et de ses sentiments. Il n'existe qu'une seule voie : aimer l'être humain. Le fort et le faible, le mal assuré et l'impitoyable. Le mortel et l'immortel. L'autre.

Je suis justement en train de faire l'apprentissage de cet amour.

"JE ME RAPPELLE ENCORE
CES YEUX..."

C'est ainsi que je progresse... Allant de l'amour vers la haine, de la haine vers l'amour...

Ma rue, à Minsk, porte le nom d'un héros de l'Union soviétique : Vassili Zakharovitch Korj, combattant de la guerre civile, héros de la guerre d'Espagne, commandant d'une brigade de partisans pendant la Seconde Guerre mondiale. Cet homme était une légende à lui tout seul. Mais ce jour-là, je marchais dans ma rue avec un sentiment nouveau : le nom que je connaissais par les livres et les films, le nom que j'avais tant de fois machinalement inscrit sur mes enveloppes quand j'indiquais l'adresse de l'expéditeur, avait soudain perdu l'importance et la distance du symbole, pour acquérir une familiarité quasi intime. Une consistance physique. Une demi-heure de trajet en trolleybus à l'autre bout de la ville, et j'allais voir les propres filles du héros. Devant mes yeux, le mythe allait se ranimer, se métamorphoser en une vie humaine. Une vie proche de moi, parfaitement intelligible.

C'est la fille cadette, Zinaïda Vassilievna, qui m'ouvre la porte. Elle a les mêmes sourcils larges et sombres, et le même regard, franc et obstiné, que son père sur les photos que j'ai vues.

— Nous sommes toutes là, dit-elle. Ce matin, ma sœur Olia est arrivée de Moscou. Elle vit là-bas. Elle enseigne à l'université Patrice-Lumumba. Maman est là aussi. Grâce à vous, nous nous trouvons réunies.

Les deux sœurs, Olga Vassilievna et Zinaïda Vassilievna Korj, étaient brancardières dans des escadrons de cavalerie. Elles s'assoient côte à côte et regardent leur mère, Féodossia Alexeïevna.

C'est elle qui prend la parole :
— Tout brûlait... On nous a ordonné de suivre l'évacuation... Le voyage a été long. On est arrivés dans la région de Stalingrad.

Les femmes et les enfants étaient dirigés vers l'arrière du pays, les hommes faisaient la route inverse. Des conducteurs de moissonneuses-batteuses ou de tracteurs, tous allaient au front. Je me souviens d'un camion non bâché rempli d'hommes ; l'un d'eux s'est soulevé de son banc et a crié : "Eh! les mères, les filles! Partez à l'arrière, allez récolter le blé, qu'on puisse vaincre l'ennemi!" Et les voilà tous qui ôtent leurs bonnets et qui nous regardent. Or, tout ce que nous avions eu le temps d'emporter avec nous, c'étaient nos gosses. On les tenait, qui dans ses bras, qui par la main. Et lui, qui demande : "Mères, Frères! Partez à l'arrière, allez récolter le blé..."

Durant tout le reste de la conversation, elle ne prononce plus un seul mot.

Zinaïda Vassilievna :

"Nous vivions à Pinsk. J'avais quatorze ans et demi. Olia en avait seize, et notre frère Lionia, treize. Nous venions juste d'envoyer Olia, quelques jours plus tôt, dans un sanatorium pour enfants. Quant à nous, papa voulait nous emmener avec lui au village, il avait de la famille là-bas. Mais cette nuit-là, il n'a quasiment pas dormi à la maison. Il travaillait au comité régional du Parti, il a été convoqué pendant la nuit et il n'est rentré qu'au matin. Il est entré dans la cuisine, a avalé rapidement un morceau et nous a déclaré :

« Les enfants, la guerre a éclaté. Ne sortez pas. Attendez-moi. »

Il nous a regardés, comme si c'était la dernière fois... Pendant toute la guerre, je me suis souvenue de ce regard. Je me rappelle encore ces yeux...

Nous avons abandonné la maison en pleine nuit. Mon père avait rapporté un souvenir d'Espagne auquel il tenait beaucoup : un fusil de chasse, très luxueux, avec cartouchière. Il l'avait reçu à titre de récompense, pour sa bravoure. Il a lancé ce fusil à mon frère : « Désormais, tu es l'aîné, tu es un homme, tu dois veiller sur ta mère et tes sœurs... »

Nous avons gardé ce fusil durant toute la guerre. Nous avons vendu ou troqué contre de la nourriture tout ce que nous possédions d'un peu précieux, mais ce fusil, nous l'avons gardé. Nous ne pouvions nous en séparer. C'était notre souvenir de papa. Au dernier moment, il avait aussi jeté sa grosse pelisse dans le camion qui nous emmenait vers l'arrière, c'était son vêtement le plus chaud.

À la gare, nous avons pris le train, mais avant d'arriver à Gomel, nous nous sommes retrouvés sous le feu de l'ennemi. Lorsque les tirs ont cessé... D'abord un grand silence est tombé, puis des cris ont retenti... Tout le monde courait... Maman et mon frère ont réussi à sauter dans un wagon, pas moi. J'ai eu très peur... Très, très peur! Je n'étais jamais restée toute seule. Et là, je me retrouvais sans personne. Je me suis accrochée aux basques d'une femme, je l'aidais à panser les blessés – elle était médecin, avec le grade de capitaine. J'ai continué le voyage au sein de son unité. Les gens m'ont bien accueillie, m'ont donné à manger, et puis, ils se sont ressaisis : « Quel âge as-tu? »

J'ai compris que si je disais la vérité, on m'expédierait dans un orphelinat. Mais moi, je ne voulais plus être séparée de ces gens dont la force m'impressionnait. Je voulais faire la guerre, comme eux. On nous avait toujours répété, et mon père le premier, que nous allions combattre sur le territoire de l'ennemi, que nos défaites étaient temporaires et que la guerre se terminerait bientôt par notre victoire. Quoi, tout cela allait se passer sans moi? Telles étaient mes pensées d'enfant. J'ai répondu que j'avais seize ans, et on m'a laissée tranquille. Bientôt, on m'a envoyée suivre une formation. J'ai étudié pendant quatre mois. J'étudiais et, parallèlement, je continuais à soigner les blessés. Je suivais les cours non pas dans une école d'infirmières, mais sur place, au bataillon sanitaire. Notre armée battait en retraite, nous emmenions nos blessés avec nous.

Nous évitions les routes, car elles étaient régulièrement bombardées et mitraillées. Nous passions par les marécages, longions les bas-côtés. En ordre dispersé. Toutes unités confondues. Par endroits, les troupes se concentraient, par endroits donc, on livrait combat. Et on marchait, marchait, marchait. Nous traversions des champs. Quelle récolte c'était! On marchait en piétinant le seigle. Or, la récolte cette année-là était exceptionnelle, les blés n'avaient jamais été si hauts. L'herbe verte, un soleil splendide, et les morts étendus par terre, le sang... Des cadavres d'hommes et de bêtes. Des arbres abattus... Nous avons marché ainsi jusqu'à Rostov. Là, j'ai été blessée lors d'un bombardement. J'ai repris connaissance à bord d'un train, et j'ai entendu un soldat ukrainien, d'un certain âge, qui engueulait un plus jeune : « Ta femme, quand elle a accouché, ne braillait pas autant que toi. » Mais quand il a vu que j'avais ouvert les yeux, il m'a dit : « Toi, tu peux crier, ma chérie. Crie, ne te gêne pas ! Tu te sentiras mieux. À toi, c'est permis. » J'ai pensé à maman et j'ai fondu en larmes…

À ma sortie d'hôpital, j'ai eu droit à un congé et j'ai essayé de retrouver ma mère. Mais maman, de son côté, me cherchait aussi, et ma sœur Olia nous cherchait toutes les deux. Nous nous sommes toutes retrouvées grâce à des amis de Moscou. Chacune a écrit à leur adresse et c'est ainsi que nous avons su où chacune se trouvait. Maman vivait près de Stalingrad, dans un kolkhoze. J'y suis allée. C'était à la fin de l'année 1941. Mon frère travaillait sur un tracteur, c'était encore un gamin, il n'avait que treize ans. Il avait d'abord été affecté à l'attelage des remorques, mais lorsque tous les tractoristes s'étaient trouvés mobilisés, il était devenu conducteur à son tour. Il travaillait de jour comme de nuit. Maman suivait l'engin à pied, ou bien montait s'asseoir à côté de son fils. Elle avait peur qu'il ne s'endorme et ne tombe de son siège. Tous deux logeaient chez quelqu'un du coin, couchant à même le sol… Ils dormaient avec leurs vêtements, parce qu'ils n'avaient rien pour se couvrir. Voilà le tableau… Bientôt, Olia est arrivée, on lui a trouvé un boulot de comptable. Elle écrivait des lettres au bureau de recrutement pour réclamer qu'on l'envoie au front, mais toutes ses demandes étaient rejetées. Nous avons décidé alors – j'avais déjà l'esprit guerrier – que nous partirions ensemble pour Stalingrad, bien certaines de trouver là-bas à nous enrôler. Nous avons rassuré maman en lui faisant croire que nous allions à Kouban, une région riche, où notre père avait des relations…

Je possédais alors une vieille capote de soldat, une vareuse et deux pantalons. J'en ai donné un à Olia, qui, elle, n'avait rien du tout. Nous n'avions également qu'une paire de bottes pour deux. Maman nous a tricoté des espèces de chaussons montants, très chauds, en vraie laine. Nous avons parcouru soixante kilomètres à pied, pour atteindre Stalingrad : l'une portait les bottes, l'autre les chaussons, puis on échangeait. Il gelait, on était en février, nous étions transies, affamées. Qu'est-ce que maman nous avait préparé pour la route ? Une sorte de gelée à base d'os bouillis et quelques galettes. Nous mourions de faim… S'il nous arrivait de nous assoupir et de rêver, c'était toujours de nourriture. Dans mon sommeil, je voyais des miches de pain voler au-dessus de ma tête…

Nous sommes arrivées à Stalingrad, mais on n'avait que faire de nous. Personne ne voulait nous entendre. Nous avons alors décidé de nous rendre là où maman pensait nous avoir envoyées, à l'adresse laissée par papa. Nous avons grimpé dans un train de marchandises : je passais le manteau militaire et me tenais assise, tandis qu'Olia se planquait sous le banc. Puis, nous échangions nos habits, et c'est moi qui me dissimulais, pendant qu'Olia prenait ma place. Les militaires n'étaient jamais inquiétés. Or nous n'avions pas un rond…

Nous avons atterri à Kouban et trouvé les connaissances de papa. Et puis nous avons appris là-bas qu'un corps volontaire de Cosaques était en train de se constituer. C'était le quatrième corps de cavalerie cosaque, qui par la suite devait être intégré à la garde. Il était formé uniquement de volontaires. Il y avait là des gens de tous âges : des Cosaques que Boudienny et Vorochilov[1] avaient autrefois menés à l'attaque, aussi bien que des jeunes. On nous a acceptées. On nous a enrôlées au sein du même escadron. On nous a donné, à chacune, un équipement militaire et un cheval qu'il fallait nourrir, abreuver et soigner, bref, dont on devait entièrement s'occuper. Heureusement, nous avions eu une jument dans notre enfance, et je m'étais habituée à elle, je l'aimais beaucoup. Aussi quand on m'a confié une bête, j'ai grimpé sur son dos, et je n'ai rien éprouvé de bien terrible. Je n'ai pas tout réussi du premier coup, mais en tout cas je n'avais pas peur. C'était un petit cheval, sa queue balayait presque le sol, mais il était rapide et obéissant, et j'ai vite appris à monter. Par la suite, j'ai monté des chevaux hongrois, roumains. Et j'ai à ce point appris à les aimer, appris à les connaître qu'aujourd'hui encore je ne peux passer près d'un cheval avec indifférence : je passe les bras autour de son encolure. Nous dormions à leurs pieds : ils remuaient les jambes avec précaution, et jamais ils ne heurtaient personne. Un cheval ne marcherait jamais sur un cadavre, et il ne s'éloigne jamais, n'abandonne jamais un homme encore en vie, si celui-ci est seulement blessé. C'est un animal très intelligent. Pour un cavalier, le cheval est un ami… Le meilleur des amis…

---

1. Le maréchal Semen Boudienny (1883-1973) était le célèbre commandant de la Iʳᵉ armée de cavalerie de l'Armée rouge ; le maréchal Kliment Vorochilov (1881-1969) avait été, durant la guerre civile, membre du Conseil militaire révolutionnaire et commandant de plusieurs armées et fronts.

Notre baptême, ce fut lorsque notre corps contribua à repousser les chars allemands au village de Kouchtchovskaïa. Après la bataille de Kouchtchovskaïa – où eut lieu la célèbre charge de cavalerie des Cosaques de Kouban –, notre corps, à titre de récompense, fut intégré à la garde. Ce fut un combat terrible. Pour Olia et moi, le plus terrible de tous, car nous avions encore très peur. J'avais beau avoir déjà combattu et savoir ce que c'était, quand cette armée de cavaliers s'est élancée au galop, sabre au clair, tcherkeska[1] flottant au vent… les chevaux qui s'ébrouent… et les chevaux, lorsqu'ils filent à fond de train, ils ont une telle puissance…, et que tout ce torrent s'est rué sur les chars, sur l'artillerie, sur les Boches, ce fut comme dans un cauchemar. Et les Boches, ils étaient nombreux, bien plus nombreux que nous, ils avançaient, la mitraillette pointée en avant, ils marchaient à côté des tanks… et ils n'ont pas tenu, vous comprenez, ils n'ont pas tenu devant ce torrent. Ils ont abandonné leurs armes et se sont débandés… Voilà le tableau…"

Olga Vassilievna, à propos de la même bataille :

"Je pansais des blessés, un Boche gisait à côté, je pensais qu'il était mort et je ne lui avais prêté aucune attention, mais il n'était que blessé, et il voulait me tuer. Je l'ai senti, comme si quelqu'un m'avait flanqué un coup en douce, et je me suis retournée vers lui. J'ai réussi d'un coup de pied à lui faire sauter la mitraillette des mains. Je ne l'ai pas tué, mais je ne l'ai pas soigné non plus. Je me suis éloignée. Il avait une blessure au ventre…"

Zinaïda Vassilievna reprend :

"Je ramenais un blessé quand j'ai vu soudain deux Allemands surgir de derrière une chenillette. La chenillette avait été détruite mais, apparemment, ils avaient eu le temps de sauter à terre. Ça a été l'affaire d'une seconde : si je n'avais pas tiré une rafale, ils m'auraient descendue avec mon blessé. Tout s'est passé de manière tellement inattendue. Après le combat, je me suis approchée d'eux : ils gisaient

---

1. Long cafetan des montagnards du Caucase et des Cosaques.

les yeux ouverts. Je me rappelle encore ces yeux... L'un, je me rappelle, était un très beau garçon. C'était dommage, même si c'était un fasciste, peu importe... Ce sentiment ne m'a pas quittée pendant longtemps, car on n'a pas envie de tuer, vous comprenez? On se dit avoir affaire au mal, on est empli de haine : pourquoi sont-ils venus nous envahir? Mais qu'on essaie soi-même de tuer, c'est horrible... Atroce. Quand à son tour on doit tuer...

La bataille était terminée. Les sotnias[1] de Cosaques lèvent le camp, mais Olia n'est pas là. Je suis la dernière à me mettre en marche, je regarde tout le temps en arrière. Le soir tombe. Et Olia n'est toujours pas là... Une information relayée par les soldats m'apprend qu'elle et quelques autres se sont attardés pour ramasser des blessés. Je ne peux rien faire que l'attendre. Je laisse ma sotnia s'éloigner, j'attends encore, puis je rattrape les autres. Je pleure : aurais-je perdu ma sœur dans le premier combat? Où est-elle? Que lui est-il arrivé? Si ça se trouve, elle est en train de mourir quelque part, elle m'appelle...

En larmes... Olia aussi était tout en larmes... Elle ne m'a retrouvée qu'à la nuit... Tous les Cosaques pleuraient en assistant à nos retrouvailles. On s'est pendues au cou l'une de l'autre, on ne pouvait plus se détacher. Nous avons compris alors qu'il était impossible, insupportable, pour nous, de rester ensemble. Mieux valait qu'on se sépare. Si jamais l'une mourait sous les yeux de l'autre, celle-ci n'y survivrait pas. Nous avons conclu que je devais demander à être mutée dans un autre escadron. Mais comment nous séparer... Comment?

Par la suite, nous avons fait la guerre chacune de notre côté, d'abord dans des escadrons différents, puis même dans des divisions différentes. On s'envoyait des petits messages à l'occasion, on savait ainsi que l'autre était en vie... La mort guettait à chaque pas. Aux alentours d'Ararat... Nous étions cantonnés dans des sables. Le bourg d'Ararat avait été pris par les Allemands. C'était Noël, et les Allemands faisaient la fête. On a sélectionné un escadron, et une batterie de 40 mm. Vers cinq heures de l'après-midi, nous nous sommes mis en route et nous avons marché toute la nuit. À l'aube, nous avons rencontré nos éclaireurs, qui étaient partis avant nous.

1. Escadron de Cosaques (qui, à l'origine, comptait cent hommes).

Le bourg lui-même se trouvait en contrebas. Les Allemands n'avaient pas imaginé que nous pourrions traverser une telle étendue de sable, aussi n'avaient-ils établi qu'une défense très réduite. On s'est faufilés à travers leurs arrières dans le plus grand silence. On a descendu la montagne, maîtrisé d'un coup les sentinelles et fait irruption dans le bourg. Les Allemands ont bondi hors des maisons entièrement à poil, juste la mitraillette dans les mains. Il y avait des sapins de Noël… Ils étaient tous ivres… Et dans chaque cour, il y avait au minimum deux à trois chars. Des chenillettes, des voitures de transport blindées… Tous les engins possibles… Nous les avons fait sauter sur place, et déclenché une telle fusillade, un tel fracas, une telle panique… Tout le monde courait dans tous les sens… La situation était telle que chacun avait peur de toucher un des siens… De se tromper de cible…

J'avais huit blessés à ma charge. Je leur ai fait gravir la montagne. Mais, visiblement, nous avions commis une faute en ne bousillant pas leurs transmissions. Et l'artillerie allemande nous a arrosés de tirs de mortiers et canons à longue portée. Je fais grimper en hâte mes blessés dans un fourgon d'ambulance. J'aide le dernier à monter et ils s'éloignent… Et voilà que, sous mes yeux, un obus touche ce chariot, tout vole en éclats. Je m'approche : il ne reste qu'un survivant. Entre-temps, les Boches avaient commencé d'escalader la montagne… Le blessé me dit : « Laisse-moi, frangine… Laisse-moi… Je vais mourir… » Il avait le ventre ouvert… Il perdait ses tripes… tout ça… Comment le transporter ?

Je croyais que si mon cheval était couvert de sang, c'était à cause de ce blessé. Et puis, j'y regarde de plus près : lui aussi avait une blessure au flanc. J'ai utilisé une boîte entière de pansements pour la colmater. J'avais sur moi quelques morceaux de sucre, je les lui ai donnés. Déjà, ça canardait de tous les côtés, on ne comprenait plus où étaient les Boches, où étaient les nôtres. J'avance de dix mètres, je tombe sur d'autres blessés… Je me dis : il faut trouver un chariot et ramasser tout ce monde. Je pousse plus loin et j'arrive à une descente. En bas, trois routes : l'une qui s'en va par ici, l'autre par là, et la troisième qui continue tout droit. Me voilà toute paumée… Quel chemin prendre ? Jusque-là, je tenais solidement la bride. Le cheval allait vers où je le dirigeais. Mais là, je ne sais pas, une sorte d'instinct m'a soufflé – à moins que je l'aie entendu dire quelque part – que les chevaux savaient retrouver tout seuls leur route. Avant d'atteindre cette patte-d'oie, je lâche donc les rênes. Le cheval, alors, prend une direction tout à fait opposée à celle que, moi, j'aurais choisie. Et il marche, marche et marche encore…

Je suis à bout de forces, au point que ça m'est complètement égal de savoir où il va. Advienne que pourra! Le cheval continue ainsi de marcher, de marcher, et puis tout à coup il se met au trot, son allure est de plus en plus joyeuse, il remue la tête. Moi, j'ai repris la bride et je la tiens ferme. De temps en temps, je me penche et comprime sa blessure avec la main. Le cheval trotte de plus en plus vite, et puis : *hi-i-i-i!* il pousse un hennissement parce qu'il vient d'entendre quelqu'un. Je n'en mène pas large : et si c'étaient des Allemands? Je décide de laisser partir le cheval tout seul en avant, mais à ce moment, j'aperçois des traces fraîches : empreintes de sabots de chevaux et sillon laissé par les roues d'une tatchanka[1] – au moins cinquante personnes ont dû passer là. Deux à trois cents mètres plus loin, mon cheval tombe pile devant un chariot chargé de blessés. C'est là que j'ai vu ce qui restait de notre escadron.

Mais des renforts arrivaient déjà : chariots, tatchankas… Un ordre est donné : récupérer tout le monde. Sous les balles, sous le feu de l'ennemi, nous sommes allés ramasser les nôtres. Nous les avons tous ramenés, tous jusqu'au dernier, les blessés comme les morts. J'ai grimpé moi aussi dans une tatchanka. Je les ai tous retrouvés, y compris celui qui avait été blessé au ventre, et je les ai tous tirés de là. Seuls les chevaux abattus sont restés sur le terrain. Il faisait déjà bien jour, on roule et on voit un troupeau entier jonchant le sol. De beaux chevaux vigoureux… Le vent faisait flotter leurs crinières…"

Un mur entier de la grande pièce où nous sommes installées est couvert d'agrandissements de photographies des deux sœurs, prises avant et pendant la guerre. Les voici encore écolières, coiffées de jolis petits chapeaux à fleurs. Le cliché date de deux semaines avant la guerre. Des visages enfantins ordinaires, rieurs, que la solennité du moment ne suffit pas à rendre sérieux. Ici elles portent déjà la tcherkeska et la bourka[2] des cavaliers. Elles ont été photographiées

---

1. Voiture tirée par des chevaux et armée d'une mitrailleuse, version rudimentaire de l'auto mitrailleuse très utilisée pendant la guerre civile.
2. Sorte de longue cape de feutre qui complète le costume des montagnards caucasiens.

en 1942. Une année seulement sépare les deux photos, mais ce sont déjà des visages différents, des personnes différentes. Et cet autre portrait que Zinaïda Vassilievna a envoyé à sa mère quand elle était au front : la vareuse arbore la première médaille de la Bravoure. Celle-là montre les deux sœurs prises le Jour de la Victoire. Qu'est-ce qui s'inscrit dans ma mémoire ? Je dirais comme un mouvement du visage : allant de la douceur de traits enfantins à un regard de femme adulte, et même à une certaine dureté, une certaine sévérité. Il est difficile de croire que ce changement s'est produit en l'espace de quelques mois, une ou deux années tout au plus. Le temps accomplit d'ordinaire ce travail de manière bien plus lente et imperceptible. Le visage d'un homme met longtemps à se modeler.

Mais la guerre allait vite à créer son image d'être humain. Elle peignait ses propres portraits.

Olga Vassilievna :

— Nous avions repris un grand village. Environ trois cents foyers. Et les Allemands y avaient laissé leur hôpital de campagne. Installé dans les bâtiments de l'hôpital local. La première chose que j'ai vue, c'est une grande fosse creusée au milieu de la cour. Une partie des malades y gisaient, tués par balle : avant de partir, les Boches avaient abattu eux-mêmes leurs propres blessés. Une seule salle était encore occupée, sans doute n'avaient-ils pas eu le temps d'aller jusque-là, ou peut-être ces blessés-là avaient-ils été négligés parce qu'ils étaient tous amputés des deux jambes.

Lorsque nous sommes entrés dans la pièce, ils nous ont dévisagés avec haine : ils pensaient manifestement que nous allions les tuer. L'interprète leur a dit que nous n'avions pas coutume de tuer les blessés, mais de les soigner. L'un d'eux s'est mis alors à réclamer : d'après lui, ils n'avaient rien mangé depuis trois jours, ni reçu aucun soin. J'ai regardé : effectivement, c'était horrible. Il y avait belle lurette qu'aucun médecin ne les avait examinés. Leurs plaies suppuraient, les pansements s'étaient incrustés dans les chairs.

— Et vous avez eu pitié d'eux ?

— Je ne peux nommer pitié le sentiment que j'ai éprouvé alors, car avoir pitié, c'est forcément aussi compatir, mais je ne leur voulais pas de mal. Je n'avais plus de haine. Une fois, tenez, un de nos soldats – dont les nazis avaient torturé toute la famille, brûlé vifs la femme et les enfants – a frappé un prisonnier. Ses nerfs ont lâché. Moi, ça m'a semblé intolérable : j'ai pris la défense de ce prisonnier. Même si j'avais en mémoire... même si j'avais en mémoire certaine scène... Comment les Boches avaient exposé, devant leurs tranchées, une rangée de bottes contenant chacune une jambe coupée. C'étaient celles de nos camarades qui avaient péri la veille au combat... Je me souviens... Une première vague était montée à l'attaque et avait été fauchée, puis une deuxième, pareil... Beaucoup avaient sauté sur des mines... C'étaient des marins, leurs cadavres sont restés là longtemps, ils ont enflé, et à cause de leurs maillots rayés, on aurait dit que des pastèques avaient poussé. Dans un grand champ...

Zinaïda Vassilievna :

"C'était lors d'un combat aux abords de Budapest. On était en hiver... Je ramenais, donc, un sergent blessé, le chef des servants d'une mitrailleuse. J'étais moi-même vêtue d'un pantalon et d'une veste matelassée, et coiffée d'une chapka. Je le traînais vers nos lignes quand je vois de la neige toute noire... comme carbonisée... J'ai compris que c'était un trou d'obus très profond, exactement ce qu'il me fallait. Je me laisse glisser dans ce trou, mais il y a là quelqu'un de vivant – je sens qu'il est vivant, puis j'entends un cliquetis métallique... Je me retourne : c'est un officier allemand, blessé aux jambes, qui est étendu là, sa mitraillette braquée sur moi. Mes cheveux s'étaient échappés de dessous mon bonnet, je portais une musette d'infirmier à l'épaule, avec la croix rouge dessus. Lorsque je me suis retournée, il a vu mon visage, il a compris que j'étais une fille, et il a fait comme ça : « Ha-a-a ! » Sa tension nerveuse, n'est-ce pas, était retombée. Il a lâché sa mitraillette. Tout lui était devenu égal...

Et nous voici tous les trois dans ce trou : notre blessé, moi et cet Allemand. Le trou n'est pas large, nos pieds se touchent. Voilà le tableau... Je suis couverte de leur sang... De leurs sangs mêlés... L'Allemand ouvre des yeux comme des soucoupes, et il me dévisage avec ces yeux-là : que vais-je faire ? Il avait tout de suite relâché la mitraillette, vous comprenez ? Notre blessé, lui, ne pige rien à ce qui se passe, il empoigne son pistolet, il voudrait régler son compte au Boche... Il me regarde lui aussi... Je me rappelle encore ses yeux… Je suis en train de le soigner, alors que l'Allemand gît dans son sang, perd tout son sang : il a une jambe en miettes. Encore un peu, et il mourra. Alors moi, j'arrête de panser notre blessé. À cet Allemand, je lui déchire ses vêtements, je lui nettoie ses plaies et lui pose un garrot. Puis, je reviens à notre sergent. L'Allemand dit : « *Gut! Gut!* » Il ne fait plus que répéter ce mot. J'achève de panser notre blessé… Avant de perdre connaissance, il me crie quelque chose… Me montre son pistolet… Et moi, je lui caresse la tête, je l'apaise comme je peux. Une voiture d'ambulance est arrivée jusqu'à nous, on les a tirés tous les deux du trou… Et embarqués… Tous les deux. Vous comprenez ?"

Olga Vassilievna :

"Si les hommes voyaient une femme en première ligne, leurs visages changeaient, le seul fait même d'entendre une voix féminine les métamorphosait. Une nuit, je me suis assise à l'extérieur de mon gourbi, et je me suis mise à chantonner tout bas. Je pensais que tout le monde dormait, que personne ne m'entendait, mais le matin, le commandant m'a dit : « Nous ne dormions pas. Nous avons une telle nostalgie des voix de femme… »

Je suis en train de soigner un tankiste… On est en plein combat, en plein vacarme. Il me demande : « Mademoiselle, comment vous appelez-vous ? » Il me tourne même une espèce de compliment. J'ai trouvé ça tellement bizarre, de prononcer mon prénom au milieu de tout ce boucan, au milieu de cette horreur : « Olia. » Je m'efforçais toujours de garder une tenue correcte, une silhouette harmonieuse. Et on me disait souvent : « Mon Dieu, ne me dis pas que tu étais au combat, tu es toute proprette. » J'avais très peur, si j'étais tuée, d'avoir l'air moche, étendue par terre… J'avais vu beaucoup de jeunes filles tuées… Gisant dans la boue, dans la flotte… Enfin… Comment m'exprimer ? Je n'avais pas envie de mourir comme ça… Il m'arrivait de me planquer à l'abri quand on était arrosés par l'ennemi, mais je pensais moins à éviter d'être tuée qu'à protéger mon visage. Mes mains. Je crois que toutes nos filles étaient préoccupées par cela. Et les hommes se moquaient de nous, ils trouvaient ça drôle. Pour eux, c'était bizarre qu'on ne pense pas à la mort, mais à Dieu sait quoi… À des âneries…"

Zinaïda Vassilievna :

"C'était impossible de s'habituer à la mort. À l'idée de disparaître… On battait en retraite dans les montagnes devant l'offensive allemande. Mais il nous restait cinq blessés graves, tous blessés
au ventre. Et c'étaient des blessures mortelles   un jour, deux jours,
et ils y passeraient. Or, on ne pouvait pas les emmener, car nous
n'avions aucun moyen de les transporter. On nous a laissées, moi
et une autre infirmière nommée Oksana, avec eux dans un hangar,
en nous promettant bien de revenir nous chercher deux jours après.
Ils ne sont revenus, en fait, que trois jours plus tard. Pendant trois
jours, nous sommes restées avec ces blessés. Des hommes vigoureux,
totalement conscients. Ils ne voulaient pas mourir… Et nous, nous
n'avions que quelques sachets de médicaments, rien d'autre… Ils
réclamaient tout le temps à boire, or il ne fallait pas qu'ils boivent.
Les uns comprenaient, les autres juraient. L'un nous a balancé son
quart à la tête, un autre sa botte… Ça a été les trois jours les plus
horribles de ma vie. Ils crevaient sous nos yeux, l'un après l'autre,
et nous ne pouvions que les regarder mourir…

Ma première décoration? J'ai été proposée pour la médaille de
la Bravoure. Mais je ne suis pas allée à la remise des récompenses.
J'étais en colère. C'était ridicule, voyons! Vous comprenez pourquoi? Une de mes copines avait reçu la médaille du Mérite militaire,
et moi je n'avais droit qu'à celle de la Bravoure. Elle, elle n'avait été
mêlée qu'à un seul combat, alors que moi, j'avais déjà participé à
la bataille de Kouchtchovskaïa et à bien d'autres opérations. Alors
je me suis sentie vexée : pour un seul combat, on lui reconnaissait
le mérite, l'expérience d'un soldat, alors que moi, on avait l'air de
dire finalement que je n'avais fait preuve que d'un peu de courage,
comme si je ne m'étais distinguée qu'une seule fois. Le commandant
a bien rigolé, lorsqu'il a appris quel était le problème. Il m'a expliqué que la médaille de la Bravoure était la plus importante, qu'elle
valait presque les plus hautes distinctions.

À Makeïevka, dans le Donbass, j'ai été blessée, blessée au bas du
dos. Un petit éclat comme ça, gros comme un caillou, m'est entré
dans la chair et y est resté logé. J'ai senti le sang couler, alors j'ai plié
tout un paquet de pansements et l'ai plaqué sur la blessure. J'ai continué à courir, à panser les autres. Je n'osais pas dire que j'étais blessée.
Et encore moins de préciser où! À la fesse, au derrière!… À seize ans,

on a honte de dire ça, d'avouer ça à quelqu'un. J'ai donc continué à galoper et à soigner les autres jusqu'à ce que je perde connaissance à cause de l'hémorragie. J'avais du sang plein les bottes…

Les nôtres me voient tomber, sans doute se disent-ils que j'ai été tuée. « Quand les brancardiers passeront, ils la ramasseront. » Les combats s'éloignent. Encore un peu, et j'y laissais la peau. Mais des tankistes partis en reconnaissance remarquent une fille étendue au milieu du champ de bataille. J'étais tête nue, ma chapka avait roulé plus loin. Ils ont écouté mon cœur et constaté que j'étais encore vivante. Ils m'ont amenée au service sanitaire de campagne. De là, j'ai été expédiée dans un hôpital, puis dans un autre. Six mois plus tard, par conséquent, une commission m'a déclarée inapte au service. La guerre s'est terminée, j'avais dix-huit ans, mais de santé, je n'en avais plus : trois blessures plus une sévère commotion. Mais j'étais encore une gosse, et bien sûr je dissimulais soigneusement ce dernier détail, je parlais de mes blessures, mais je passais la commotion sous silence. Or, ses séquelles se sont fait sentir. J'ai été de nouveau hospitalisée. On m'a reconnu une invalidité… Et moi, qu'ai-je fait ? J'ai déchiré tous ces papiers et je les ai jetés, j'ai même renoncé à toucher je ne sais plus quelle allocation. Car pour l'obtenir, il m'aurait fallu passer et repasser devant je ne sais combien de commissions. Raconter mon histoire : quand avais-je été commotionnée, quand avais-je été blessée ? À quel endroit ?

À l'hôpital, le capitaine de l'escadron et l'adjudant-chef sont venus me rendre visite. Ce capitaine me plaisait beaucoup pendant la guerre, mais lui, là-bas, ne me remarquait même pas. C'était un bel homme, et l'uniforme lui allait très bien. L'uniforme va bien à tous les hommes. Les femmes, elles, elles avaient l'air de quoi ? En pantalon, pas de tresses – c'était interdit, on passait toutes à la tondeuse, comme des gamins. Ce n'est qu'à la fin de la guerre qu'on nous permettait parfois d'avoir des coiffures plus féminines, d'être dispensées de la coupe réglementaire. À l'hôpital, mes cheveux avaient beaucoup poussé, j'avais une longue natte, et eux… C'est idiot, mon Dieu ! Ils sont tombés tous les deux amoureux de moi… D'un coup ! Nous avions fait toute la guerre ensemble, il ne s'était rien passé de tel, et là, les deux à la fois, le commandant de l'escadron et l'adjudant-chef, qui me font leur demande ! L'amour !

Après la guerre, j'avais envie d'oublier celle-ci au plus vite. Mon père nous y a aidées, moi et ma sœur. Papa était un sage. Il nous a pris toutes nos décorations, nos lettres de félicitation, les a rangées dans un coin et nous a dit : « Il y a eu la guerre, et vous avez combattu. Mais maintenant, oubliez tout. Hier, c'était la guerre, mais aujourd'hui, c'est une autre vie qui commence. Chaussez des escarpins. Vous êtes de jolies filles. Il faut reprendre vos études, il faut vous marier. »

Olia a eu du mal à s'adapter tout de suite à une autre vie, elle était fière. Elle ne voulait pas quitter sa capote de soldat. Et je me souviens de mon père disant à ma mère : « C'est ma faute si nos filles sont parties si jeunes à la guerre. J'espère qu'elle ne les a pas brisées. Qu'elles ne vont pas continuer à combattre toute leur vie durant. »

Grâce à mes décorations et à mes médailles, j'ai eu droit à des bons spéciaux pour pouvoir aller au voïentorg[1] faire des achats. Je me suis offert des bottes en caoutchouc qui étaient alors très à la mode, un manteau, une robe, des bottines. J'ai décidé de vendre ma capote. Je suis allée au marché... Je portais une robe de soie... Et qu'ai-je vu là-bas ? Des jeunes gens amputés des deux bras, des deux jambes... Tous anciens soldats... Ceux qui avaient encore leurs bras vendaient des cuillères en bois qu'ils fabriquaient eux-mêmes. Les autres... Ceux qui n'avaient plus ni bras ni jambes... Ils étaient là, inondés de larmes. Ils demandaient l'aumône. Voilà le tableau... Je suis repartie sans avoir vendu ma capote. Et tant que j'ai vécu à Moscou, cinq ans peut-être, je n'ai jamais pu retourner au marché. J'avais peur qu'un de ces infirmes ne me reconnaisse et ne dise : « Pourquoi m'as-tu sauvé ? » Je me rappelais un jeune lieutenant. Quand j'étais allée le chercher... Il avait les jambes... les deux jambes en sang, l'une avait été presque sectionnée par un éclat. Je le pansais... Sous les bombes... J'ai failli moi-même y rester, mais je l'ai tiré de là, et j'ai réussi à stopper l'hémorragie. Et il me criait : « Laisse-moi ici ! Achève-moi ! » Il l'exigeait. Vous comprenez ? Alors voilà, j'avais tout le temps peur de rencontrer ce lieutenant...

Lorsque j'étais à l'hôpital, tout le monde là-bas connaissait un jeune et beau garçon, ancien tankiste, nommé Micha... Je ne me souviens plus de son nom. Il avait été amputé des deux jambes et d'un bras, il ne lui restait plus que le bras gauche. Il avait subi une

---

1. Grand magasin, géré par l'armée, où l'on pouvait se procurer aussi bien des fournitures militaires (uniformes, bottes, ceinturons, etc.), que des produits de consommation courante.

amputation haute, ses jambes avaient été coupées au niveau de l'articulation coxo-fémorale, de sorte qu'il n'était pas question pour lui de porter des prothèses. On le promenait en chaise roulante. On avait fait fabriquer spécialement pour lui une chaise haute et tout le monde le promenait dehors, tous les visiteurs. Beaucoup de civils venaient à l'hôpital, ils aidaient à donner des soins, en particulier aux patients victimes de blessures graves, comme Micha. Des enfants, des femmes, des écoliers. Ils portaient ce Micha dans leurs bras. Et lui ne se décourageait pas. Il avait un tel désir de vivre! Il n'avait que dix-neuf ans, il n'avait pas encore vécu. Je ne me rappelle pas s'il avait de la famille, mais il savait qu'on ne l'abandonnerait pas dans son malheur, il était convaincu qu'on ne l'oublierait pas. Même si, bien sûr, la guerre avait passé sur notre pays, et que tout n'y fût plus que ruine. Quand nous libérions un village, il n'en restait que des cendres. Seule la terre restait aux gens. Rien que la terre.

Ma sœur et moi ne sommes pas devenues médecins, alors qu'on en rêvait avant la guerre. Nous pouvions fort bien entrer à la fac de médecine sans passer aucun examen, nous avions cette possibilité, comme tous les anciens combattants. Mais nous avions tellement vu de gens souffrir, de gens mourir, que nous ne pouvions plus en supporter le spectacle. Nous ne pouvions même plus l'imaginer. Trente ans plus tard, j'ai dissuadé ma fille de s'inscrire en fac de médecine, bien qu'elle en eût très envie. Des dizaines d'années plus tard… dès que je ferme les yeux, je revois tout… Le printemps… Nous marchons à travers un champ où vient de se dérouler un combat, nous cherchons des blessés. Le champ a été entièrement piétiné, un champ de blé en herbe. Je tombe sur deux corps : un jeune soldat à nous et un jeune Allemand… Ils sont étendus dans le blé vert et regardent le ciel… On ne voit pas encore sur eux l'empreinte de la mort. Ils regardent le ciel… Je me rappelle encore ces yeux…"

Olga Vassilievna :

"Et voici ce que moi, j'ai retenu des derniers jours de la guerre. Nous sommes à cheval – et soudain, on entend de la musique sortie d'on ne sait où. Un violon… Eh bien! c'est ce jour-là que la guerre a pris fin pour moi, pas le Jour de la Victoire, où tout le monde tirait en l'air et s'embrassait. C'est lorsque j'ai entendu le violon. C'était un tel miracle : de la musique, tout à coup ! C'était comme si je sortais du sommeil... Il nous semblait à tous qu'après la guerre, après de tels torrents de larmes, la vie serait belle. Magnifique. Il nous semblait que tous les gens désormais seraient très bons, qu'ils s'aimeraient tous. Qu'ils deviendraient tous frères et sœurs. Comme nous attendions ce jour... Le Jour de la Victoire ! Et effectivement, ce fut un jour merveilleux. On aurait dit que la nature elle-même avait senti ce qui se passait dans nos âmes. Elle était avec nous, la nature. Nous nous mettions tous soudain à parler d'avenir ! D'amour. Durant toute la guerre, chaque jour je pensais : combien d'hommes aujourd'hui met-on en terre ! Combien en fait-on disparaître ! Des hommes si jeunes. Si beaux et si forts. J'avais peur de mourir sans avoir eu le temps de donner naissance à un bébé. De laisser une trace sur la terre.

J'avais envie d'aimer..."

"NOUS N'AVONS PAS TIRÉ…"

Il y a beaucoup de monde à la guerre… Et beaucoup de choses à faire…

On ne se contente pas d'y tirer, fusiller, bombarder, saboter, livrer combat au corps à corps, on s'y emploie aussi à laver le linge, cuire la kacha, pétrir le pain, réparer les véhicules, distribuer le courrier, apporter le tabac. La guerre n'est pas constituée que de grands événements, elle l'est aussi de petits détails. "Notre simple travail de bonnes femmes en représentait une part immense", dit l'aide-soignante Alexandra Iossifovna Michoutina. L'armée marchait en avant, derrière elle s'étirait un "second front" : blanchisseuses, cuisiniers, mécaniciens, postiers…

Ils ont leur propre mémoire, et cette mémoire est toujours la même. Car ils possèdent la même expérience acquise dans l'horreur : expérience non seulement de la guerre, mais de l'homme en général, du sublime dont celui-ci est capable en tant qu'homme, et de l'abject dont il est capable en tant qu'inhumaine créature. Là-bas, tout se côtoie : le noble et le vil, le simple et l'atroce. Mais ce n'est pas l'horreur dont on se souvient, du moins ce n'est pas tant l'horreur que la résistance de l'être humain au milieu de l'horreur. Sa dignité et sa fermeté. La manière dont l'humain résiste à l'inhumain, justement parce qu'il est humain. "Nous progressons dans la boue, les chevaux s'y noient, les camions calent… Les soldats s'attellent eux-mêmes aux pièces d'artillerie. Aux chariots… Mon mari me dit, me répète : « Regarde! Ouvre grands les yeux! C'est de l'épopée! De l'épopée! »" (*T. A. Smelianskaïa, journaliste militaire.*)

Ils ouvraient grands leurs yeux…

DE BOTTINES ET D'UNE MAUDITE JAMBE DE BOIS

"Avant la guerre, j'ai vécu heureuse… Avec papa et maman. Mon père avait fait la guerre de Finlande. Il en était revenu avec un doigt en moins, et je lui demandais toujours : « Papa, à quoi sert la guerre ? »

Mais la guerre est bientôt arrivée, je n'avais pas encore grandi comme il faut. J'ai été évacuée de Minsk. On nous a conduits à Saratov. Là-bas, j'ai travaillé dans un kolkhoze. Un jour, le président du soviet du village me convoque :

« Je pense tout le temps à toi, ma fille. »

J'étais étonnée :

« Et qu'est-ce que vous pensez ?

— Oh, si seulement je ne traînais pas ce fichu bout de bois ! Tout ça à cause de cette maudite jambe de bois… »

Je reste plantée là, sans rien comprendre. Il ajoute :

« On vient de recevoir un papier, nous devons désigner deux personnes pour partir au front, seulement je n'ai personne à envoyer. J'y serais bien allé moi-même, sans cette maudite jambe de bois. Et toi, c'est impossible, tu es une évacuée. Mais peut-être accepterais-tu tout de même ? Je n'ai que deux filles ici : toi et Maria Outkina. »

Maria était une grande fille, bien balancée, moi, pas trop. J'étais très quelconque.

« Es-tu d'accord ?

— J'aurai droit à des bandes molletières ? »

Nous étions en guenilles : vous pensez si on avait eu le temps d'emporter des bagages !

« Tu es si mignonne que tu auras même droit à des bottines. »

Alors j'ai accepté.

… On nous a fait descendre du convoi, et un gros homme moustachu est venu nous accueillir. Mais personne n'a voulu le suivre. Je ne sais pas pourquoi, je n'ai pas posé de questions, je n'étais pas une activiste et je ne me mêlais de rien. Le gars ne nous avait pas plu. Puis, un bel officier arrive. Beau comme une poupée ! Il nous a persuadées, et nous sommes parties avec lui. On est arrivées dans l'unité, et nous avons retrouvé là-bas le moustachu qui s'est mis à rire : « Alors, petites malignes, vous n'avez pas voulu venir avec moi ? »

Le major nous a convoquées l'une après l'autre. À chacune il demandait : « Que sais-tu faire ? »

L'une répond : « Je sais traire les vaches. » Une autre : « À la maison, je faisais cuire les patates, j'aidais maman. »

Vient mon tour :

« Et toi ?

— Je sais faire la lessive.

— Je vois que tu es une brave fille. Si seulement tu savais cuisiner…

— Je sais aussi. »

Toute la journée, je travaillais aux fourneaux, et quand je rentrais le soir, il fallait laver le linge des soldats. J'avais à prendre aussi des tours de garde. On me crie : « Sentinelle ! Sentinelle ! » et je suis incapable de répondre, je suis à bout de forces."

Irina Nikolaïevna Zinina,
simple soldat, cuisinière.

— J'étais à bord d'un train sanitaire… Je me souviens avoir passé toute la première semaine à pleurer : d'abord je me retrouvais sans maman, ensuite je devais dormir en haut sur la troisième couchette, là où maintenant on pose les bagages. C'était ça, ma "chambre".

— À quel âge êtes-vous partie au front ?

— J'étais en seconde, mais je n'ai pas terminé l'année. Je me suis sauvée pour m'enrôler. Toutes les filles à bord du train étaient de mon âge.

— Quel était votre travail ?

— Donner des soins aux blessés, les faire manger et boire. Leur passer le bassin. Tout ça relevait de notre compétence. Je travaillais en équipe avec une fille un peu plus âgée ; au début, elle me ménageait : "Si quelqu'un réclame le pistolet, appelle-moi." On transportait des blessés graves : certains avaient perdu un bras, d'autres une jambe. Le premier jour, j'ai fait appel à elle, mais ensuite… elle ne pouvait tout de même pas rester avec moi jour et nuit… j'ai assuré le service toute seule. Et voici qu'un blessé m'appelle : "Infirmière, le pistolet !"

Je lui tends l'objet mais il ne le prend pas. C'est alors seulement que j'ai vu qu'il n'avait plus de bras. Une idée m'a bien traversé la cervelle, j'ai fini par comprendre plus ou moins ce qu'il fallait faire, mais durant quelques instants je suis restée plantée là, debout, sans savoir comment réagir. Vous comprenez ? Il fallait que je l'aide… Seulement moi, je ne savais pas ce que c'était, je n'avais encore jamais vu ça. Même au cours d'instruction, on ne nous l'avait pas enseigné…

Svetlana Nikolaïevna Lioubitch,
volontaire du service sanitaire.

"Je n'ai jamais tiré un coup de feu… Je préparais la kacha pour les soldats. Et c'est pour ça qu'on m'a donné une médaille. Je n'y repense jamais : est-ce que j'ai vraiment fait la guerre, moi ? Je préparais la kacha, la soupe des soldats. Je trimballais des chaudrons, des bouilloires énormes. Tout ça pesait des tonnes… Le commandant, je me rappelle, était furieux : « J'aurais dû les transformer en passoires, tes chaudrons… Comment feras-tu pour avoir des gosses après la guerre ? » Un jour, il a pris tout ce que j'avais comme récipients et les a criblés de balles. On a dû aller en chercher d'autres, un peu plus petits, dans un village.

Les soldats revenaient de première ligne, on leur accordait du repos. Les pauvrets, ils étaient tous sales, éreintés ; les pieds, les mains… ils étaient couverts d'engelures. C'étaient surtout les Ouzbeks, les Tadjiks qui craignaient le froid. Car chez eux, n'est-ce pas ? il y a toujours du soleil, il fait toujours chaud, alors que là, il faisait dans les moins trente, moins quarante. Un gars comme ça n'arrivait pas à se réchauffer. Il fallait lui donner à manger : lui-même était incapable de porter la cuillère à la bouche…"

Alexandra Semionovna Massakovskaïa,
simple soldat, cuisinière.

"Je lavais le linge… J'ai passé toute la guerre devant un baquet de lessive… On nous apportait le linge. Il était crasseux, pouilleux. Les cabans blancs – vous savez, pour le camouflage : ils étaient couverts de sang, ils n'étaient plus blancs, mais rouges. Il fallait changer l'eau après le premier trempage : elle était si rouge qu'elle paraissait noire… Vous trouviez là une vareuse sans manches, avec un énorme trou sur le devant, des pantalons auxquels manquait une jambe. On les lavait avec des larmes et on les rinçait avec des larmes. Des montagnes, des montagnes de linge comme ça. Quand j'y repense, j'en ai encore mal aux mains et aux bras. Je revois souvent tout ça en rêve... Du noir et du rouge..."

Maria Stepanovna Detko,
simple soldat, blanchisseuse.

"Notre boulot était un boulot de femmes... On habillait les soldats, on lavait leur linge, on repassait leurs habits, voilà toute notre part d'héroïsme. On se déplaçait à cheval, rarement en train, les chevaux étaient éreintés, on peut dire qu'on a terminé la route à pied pour atteindre Berlin. Et puisqu'on en est à évoquer des souvenirs, on a fait tout ce qu'il fallait : on aidait à porter les blessés, dans la région du Dniepr, on a même trimballé des obus qu'il était impossible de transporter autrement, on les portait dans nos bras pour les livrer à destination, à plusieurs kilomètres de là...

J'ai l'impression d'avoir gardé très peu de souvenirs. Et pourtant, j'en ai vécu, des choses! J'en ai vécu..."

Anna Zakharovna Gorlatch,
simple soldat, blanchisseuse.

"L'adjudant-chef me demande :
« Ma fille, quel âge as-tu ?
— Dix-huit ans, pourquoi ?
— Parce que nous n'avons pas besoin de mineures.
— Je ferai tout ce que vous voulez. Ne serait-ce que le pain. »
J'ai été enrôlée..."

Natalia Moukhametdinova,
simple soldat, boulangère.

"J'ai fait l'école d'instituteurs... J'ai obtenu mon diplôme alors que la guerre avait déjà éclaté. Comme c'était la guerre, au lieu de nous donner un poste, on nous a renvoyées chez nous. Je suis rentrée à la maison et, quelques jours plus tard, j'ai été convoquée au bureau de recrutement. Maman, bien sûr, ne voulait pas me laisser y aller, j'étais encore toute jeune, je n'avais que dix-huit ans : « Je vais t'envoyer chez mon frère, je dirai que tu n'habites plus ici. – Mais je suis une komsomol », ai-je répondu. Au bureau de recrutement, on nous a rassemblées pour nous dire qu'on avait besoin de femmes pour les boulangeries de l'armée.

C'est un travail extrêmement pénible. Nous avions huit fours métalliques. On arrivait dans un village ou une ville en ruine, et on les installait. Une fois les fours en place, il fallait du bois, vingt à trente seaux d'eau, cinq sacs de farine. Nous, gamines de dix-huit ans, nous coltinions des sacs de farine de soixante-dix kilos. On les empoignait à deux, et hop! c'était parti... Ou bien on nous posait quarante grosses miches de pain sur une civière. Moi, par exemple, j'étais incapable de soulever ça. Jour et nuit devant le four, jour et nuit. À peine avait-on fini de pétrir une fournée qu'il fallait s'occuper de la suivante. On nous bombardait, et nous, nous étions encore là à faire le pain..."

Maria Semionovna Koulakova,
simple soldat, boulangère.

"Nous construisions... Nous construisions des voies ferrées, des ponts de bateaux, des casemates. Le front était tout près. Nous creusions la terre pendant la nuit, pour ne pas être repérés.

Nous abattions du bois. Dans ma section, il y avait surtout des filles, toutes très jeunes. Il y avait aussi quelques hommes, inaptes au service armé. Comment faisait-on pour dégager un arbre? On s'y mettait tous pour parvenir à le soulever. Un seul arbre réclamait la section entière. On avait les mains, les épaules, couvertes de cals sanguinolents..."

Zoïa Loukianovna Verjbitskaïa,
chef de section d'un bataillon du génie.

"Au début de la guerre... j'avais dix-neuf ans... Je vivais à Mourom, dans la région de Vladimir. En octobre 1941, on nous a envoyés, nous les komsomols, sur le chantier de la route Mourom-Gorki-Koulebaki. Quand nous sommes rentrés du « front du travail », nous avons été mobilisés.

J'ai été expédiée à Gorki, dans une école de liaisons et transmissions, pour suivre une formation de postier. Mon stage terminé, j'ai été engagée dans l'armée active, dans la 60ᵉ division d'infanterie. J'ai servi comme officier au service postal du régiment. J'ai vu de mes propres yeux des hommes pleurer, embrasser des enveloppes, quand ils avaient reçu une lettre en première ligne. Beaucoup étaient coupés de leur famille, tous leurs proches étaient morts ou bien habitaient dans les territoires occupés par l'ennemi. Ils ne pouvaient donc recevoir de courrier. Alors nous leur écrivions des lettres de l'Inconnue : « Cher soldat, c'est la Jeune Inconnue qui t'écrit. Comment combats-tu l'ennemi ? Quand reviendras-tu porteur de la Victoire ? » On passait des nuits à écrire. Pendant la guerre, j'en ai rédigé des centaines…"

Maria Alexeïevna Remneva,
sous-lieutenant, vaguemestre.

"Les quatre années qu'a duré la guerre, je les ai passées sur les routes… Je voyageais selon les panneaux indicateurs : « Intendance Chtchoukine », « Intendance Kojouro ». Au centre de ravitaillement, on se voyait remettre du tabac, des cigarettes, des pierres à briquet, bref, tout ce dont un soldat ne peut se passer en première ligne – et puis, en route ! Tantôt en voiture, tantôt en chariot, mais le plus souvent à pied, accompagnée d'un ou deux soldats. On se coltinait tout sur l'échine. On ne pouvait pousser les chevaux jusqu'aux tranchées, les Allemands auraient entendu les grincements. On trimballait tout sur soi. Sur son dos. Voilà, ma chérie…"

Elena Nikiforovna Ievskaïa,
simple soldat, ravitailleuse.

DU SAVON SPÉCIAL "K" ET DES ARRÊTS DE RIGUEUR

"Je me suis mariée le 1er mai… Et le 22 juin, la guerre éclatait. Les premiers avions allemands ont survolé la ville. Je travaillais dans un orphelinat abritant des enfants espagnols que nous avions ramenés chez nous, à Kiev, en 1937… après la guerre civile en Espagne… Nous ne savions pas quoi faire, mais les petits Espagnols, eux, se sont mis à creuser des tranchées dans la cour. Ils savaient déjà tout… On a évacué les enfants à l'arrière, et moi, je suis partie dans la région de Penza. On m'avait chargée d'une mission : organiser des cours de formation d'infirmières. Fin 1941, j'ai dû faire passer moi-même les examens organisés à l'issue des cours, car tous les médecins étaient partis au front. J'ai délivré les certificats et demandé moi aussi à être enrôlée. On m'a envoyée près de Stalingrad, dans un hôpital militaire de campagne. J'étais la plus âgée des filles qui se trouvaient là. Mon amie Sonia Oudrougova – nous sommes restées amies jusqu'à ce jour – avait seize ans à l'époque, elle n'était allée que jusqu'en première, puis avait suivi ces cours, justement, de formation médicale. Nous étions au front depuis trois jours, quand je découvre Sonia assise au milieu d'un bois, en train de pleurer. Je m'approche :

« Sonia, mais pourquoi pleures-tu ?

— Comment est-ce que tu ne comprends pas ? Cela fait trois jours que je n'ai pas vu maman. »

Aujourd'hui, quand je lui rappelle cette histoire, ça la fait rire.

Au saillant de Koursk[1], j'ai été transférée de l'hôpital dans une section d'hygiène de campagne, en tant que zampolit[2]. Les blanchisseuses étaient des volontaires civiles. En général, nous nous déplacions en chariots : il fallait voir les bassines entassées, les cuves à lessive dressées au milieu, les samovars pour chauffer l'eau et, juchées tout en haut, des filles en jupes rouges, vertes, bleues, grises. Tout le monde riait : « L'armée des blanchisseuses est en marche ! » Quant à moi, on m'appelait la « commissaire lingère ». Il s'est passé du temps avant que mes filles puissent s'habiller plus décemment, « se saper », comme on dit.

On travaillait très dur. Nous arrivions sur place, on nous attribuait une chaumière, une maison ou une simple hutte. Nous y faisions la lessive et, avant de l'étendre à sécher, nous imprégnions le linge de savon spécial « K » pour éliminer les poux. On avait bien du DDT, mais ça n'y faisait rien. Nous utilisions du savon « K », un truc puant, d'une odeur atroce. On mettait le linge à sécher dans le même local où nous faisions la lessive, et c'est aussi là que nous dormions. On nous donnait vingt à vingt-cinq grammes de savon pour laver le linge d'un soldat. Or, il était noir comme de la terre. Beaucoup de filles attrapaient des hernies à force de frotter le linge, de porter des charges trop lourdes, de subir une tension continuelle, beaucoup également avaient les mains rongées d'eczéma à cause du savon « K » ; leurs ongles tombaient, on pensait qu'ils ne pourraient

---

1. C'est ainsi qu'on dénomme la partie du front en forme d'arc, aux environs de Koursk, où eut lieu, en 1943, la plus grande bataille de chars de la Seconde Guerre mondiale, qui s'acheva par la victoire des troupes soviétiques.
2. Acronyme pour "suppléant instructeur politique".

jamais repousser. Et pourtant, elles se reposaient une journée ou deux, puis retournaient à leurs baquets.

Les filles m'obéissaient...

Une fois, on arrive dans un endroit où cantonnait une unité d'aviateurs. Imaginez la scène : quand ils nous ont vues, dans nos vêtements noirs d'usure et de crasse, ces gars-là ont détourné la tête avec dédain : « Oh! ce ne sont que des blanchisseuses... » Mes filles en pleuraient presque : « Zampolit, vous avez vu...

— Ce n'est rien, allez, on se vengera d'eux. »

Et nous avons élaboré un plan. Le soir, mes filles se mettent ce qu'elles ont de mieux et se réunissent dans le pré. L'une joue de l'accordéon, et les autres dansent. Ce qui était convenu, c'était qu'aucune ne danserait avec aucun pilote. Ceux-là abordent les filles, mais elles refusent toutes les invitations. Pendant toute la soirée, elles n'ont dansé qu'entre elles. Finalement, les gars nous ont implorées : « Vous ne pouvez pas nous en vouloir à tous, pour les paroles d'un seul crétin! »

D'après le règlement, on ne pouvait infliger les arrêts de rigueur à des volontaires civils, mais que faire quand on a une centaine de filles réunies sous ses ordres? Chez nous, à onze heures du soir, il y avait extinction des feux, pour toutes sans exception. Il y en avait toujours une pour chercher à s'esquiver – que voulez-vous, une fille est une fille. Quand la chose se produisait, je faisais mettre la coupable aux arrêts. Un jour, des officiers supérieurs de l'unité voisine se pointent, alors que deux de mes filles sont au trou.

« Comment cela? Vous mettez aux arrêts des volontaires civiles? » me demandent-ils.

Je réponds calmement :

« Camarade colonel, rédigez un rapport pour le commandement. C'est votre affaire. Moi, je dois lutter pour assurer la discipline. Et chez moi règne un ordre exemplaire. »

Ils sont repartis là-dessus.

J'imposais en effet une discipline très stricte. Un jour, je rencontre un capitaine qui passait devant ma maison, juste comme je venais d'en sortir. Il s'arrête :

« Mon Dieu! Vous sortez d'ici? Mais savez-vous qui loge là?

— Oui, je le sais.

— C'est la zampolit. Vous ne savez pas comme elle est mauvaise? »

Je réponds que je ne suis pas au courant.

« Mon Dieu! C'est quelqu'un qui ne sourit jamais, qui est toujours d'une humeur de chien.

— Et aimeriez-vous la rencontrer ?

— Que Dieu m'en préserve ! Non ! »

Alors, j'ai jeté le masque :

« Faisons connaissance tout de même, c'est moi la zampolit !

— Non, ce n'est pas possible ! On m'a raconté à son propos… »

Je veillais sur mes filles. Nous en avions une très jolie, qui s'appelait Valia. Une fois, on m'a convoquée à l'état-major pour une dizaine de jours. Quand je suis revenue, on m'a dit que Valia était rentrée tard tous les soirs, durant toute mon absence, qu'elle sortait avec un capitaine. Ou plutôt qu'elle était sortie, car c'était déjà du passé. Deux mois s'écoulent, et j'apprends que Valia est enceinte. Je la convoque : « Valia, comment est-ce que cela a pu se produire ? Où vas-tu aller ? Ta belle-mère (elle n'avait plus de mère, mais une belle-mère) vit dans une hutte. » Elle fond en larmes : « C'est votre faute, à vous, si vous n'étiez pas partie, rien ne serait arrivé. » Elles voyaient en moi une mère, une sœur aînée.

Elle ne possédait qu'un petit manteau léger, or il faisait déjà froid. Je lui ai donné ma capote. Et ma Valia s'en est allée…

Le 8 mars 1945[1]… Nous avons organisé une fête. Préparé du thé. On avait réussi à dégoter des bonbons. Mes filles vont dehors et volent soudain deux Allemands sortir de la forêt. Ils traînent derrière eux leurs mitraillettes… Ils sont blessés… Mes filles les entourent aussitôt. Et moi, en tant que zampolit, je rédige bien sûr un rapport où je raconte comment, le 8 mars, des blanchisseuses ont fait prisonniers deux Allemands.

Le lendemain, nous avions une réunion de commandants. Le chef du bureau politique nous annonce en guise d'entrée en matière :

« Camarades, j'ai envie de vous donner une bonne nouvelle : la guerre sera bientôt terminée. Hier, des blanchisseuses de la 21e section de blanchisserie de campagne ont capturé deux Allemands. »

Tout le monde a applaudi…

Tant que la guerre avait duré, personne chez nous n'avait reçu de récompense, mais lorsqu'elle a été finie, on m'a dit : « Choisissez deux personnes pour être décorées. » Mon sang n'a fait qu'un tour. J'ai pris la parole et j'ai expliqué dans mon intervention que

1. Journée internationale de la Femme.

j'étais zampolit d'une section de blanchisseuses, que c'était un travail extrêmement pénible, que beaucoup parmi celles qui l'accomplissaient avaient aujourd'hui des hernies, de l'eczéma aux mains, etc., qu'il s'agissait de filles toutes jeunes qui travaillaient plus que des machines et devaient porter chaque jour des poids énormes. On m'a demandé alors : « Pouvez-vous nous présenter demain une liste ? Nous décorerons d'autres personnes. » Et j'ai passé la nuit, avec le chef de la section, à éplucher les états de service de chacune. Beaucoup de filles se sont vu décerner la médaille de la Bravoure ou celle du Mérite militaire ; une blanchisseuse a même été décorée de l'ordre de l'Étoile rouge. C'était la meilleure de toutes : il arrivait que tout le monde soit à bout de forces, au point de tomber littéralement par terre, mais elle, elle continuait à laver. C'était une femme d'âge mûr…

Lorsque l'heure est venue de renvoyer les filles chez elles, j'ai eu envie de leur donner quelque chose. Elles étaient toutes de Biélorussie et d'Ukraine ; or, là-bas, tout avait été détruit, il ne restait que des ruines. Comment les laisser repartir les mains vides ? Il se trouve que nous étions cantonnés dans un village allemand, il y avait là un atelier de couture. J'y suis allée jeter un coup d'œil : par bonheur, les machines à coudre étaient intactes. Alors, à chaque fille qui partait, nous avons offert un cadeau. C'est tout ce que j'ai pu faire pour elles.

Tout le monde avait envie de rentrer chez soi, mais en même temps, on avait peur. Car personne ne savait ce qui l'y attendait… "

Valentina Kouzminitchna Bratchikova-Borchtchevskaïa,
lieutenant, zampolit d'une section d'hygiène de campagne.

"Les troupes allemandes avaient été arrêtées devant Voronej… Il leur a fallu beaucoup de temps pour réussir à prendre la ville. Celle-ci était bombardée sans cesse. Les avions passaient au-dessus de notre village de Moskovka. Je n'avais pas encore vu l'ennemi, je ne voyais que ses avions. Mais j'ai très vite appris ce qu'était la guerre…

Notre hôpital a été un jour informé qu'un convoi venait d'être bombardé juste aux abords de Voronej. Nous nous sommes rendus sur place et nous avons vu… Qu'est-ce que nous avons vu ? De la viande hachée… Je ne peux pas exprimer ça… Aïe aïe aïe ! Notre professeur a été le premier à se ressaisir. Il a commandé d'une voix forte : « Les civières ! » J'étais la plus jeune, je venais juste d'avoir seize ans, et tout le monde avait un œil sur moi, de peur que je ne tombe dans les pommes. Nous avons longé les rails, inspecté les vestiges de wagons. Il n'y avait personne à allonger sur les civières : les wagons brûlaient encore, on n'entendait ni gémissements, ni cris. Il n'y avait plus une personne en vie. Je gardais la main crispée sur mon cœur, mes yeux se fermaient devant l'atrocité du spectacle. De retour à l'hôpital, nous nous sommes tous écroulés, l'un la tête sur la table, l'autre affalé sur une chaise, et nous nous sommes endormis comme ça.

J'ai terminé mon service et je suis rentrée chez moi. Je suis arrivée le visage en larmes, je me suis étendue sur mon lit, mais dès que je fermais les yeux, je revoyais tout… Ma mère est rentrée du travail, puis mon oncle Mitia. J'ai entendu la voix de maman :

« Je ne sais pas ce que va devenir Lena. As-tu vu comme elle a changé de figure depuis qu'elle travaille à l'hôpital ? Elle ne se ressemble plus, elle ne dit pas un mot, ne cause avec personne, pousse des cris dans son sommeil. Et où son sourire est-il passé ? Et son rire ? Tu sais pourtant comme elle était gaie. Maintenant, elle ne plaisante plus jamais. »

J'entends maman, et mes larmes ruissellent.

… Quand on a libéré Voronej en 1943, je me suis enrôlée dans les troupes auxiliaires de la défense civile. Il n'y avait là que des filles. Elles avaient toutes entre dix-sept et vingt ans. Toutes jeunes et belles, je n'ai jamais vu autant de jolies filles à la fois. La première que j'ai connue s'appelait Maroussia Prokhorova, et sa meilleure amie, Tania Fiodorova. Elles venaient du même village. Tania était une fille sérieuse, elle aimait l'ordre et la propreté. Maroussia, elle, aimait chanter, danser. Elle chantait des couplets coquins. Et, par-dessus tout, elle adorait se maquiller : elle s'asseyait devant un miroir et y passait des heures. Tania l'enguirlandait : « Au lieu de te pomponner, tu ferais mieux de repasser ton uniforme et de faire correctement ton lit. » Nous avions aussi Pacha Litavrina, une fille terriblement intrépide. Elle était très amie avec Choura Batichtcheva qui, elle, était timide et réservée, c'était la plus sage de nous toutes. Quant à Lioussia Likhatcheva, elle aimait avoir les cheveux bouclés, elle se mettait ses bigoudis et sautait aussitôt sur sa guitare. Elle se couchait avec sa guitare et se levait avec sa guitare. Polina Neverova était la plus âgée d'entre nous, son mari était mort au front, et elle était toujours triste.

Nous portions toutes l'uniforme. Quand maman m'a vue pour la première fois ainsi costumée, elle est devenue toute blanche :

« Tu as décidé de t'engager dans l'armée ? »

Je l'ai rassurée :

« Mais non, maman, je t'ai déjà dit que je gardais des ponts. »

Elle s'est mise à pleurer :

« La guerre sera bientôt finie. Et tu m'ôteras aussitôt ce manteau militaire. »

C'est ce que je pensais également.

Deux jours après l'annonce de la fin de la guerre, nous avons eu une réunion au foyer. Le chef de notre unité de la défense civile, le camarade Naoumov, a pris la parole :

« Mes chers soldats, a-t-il dit, la guerre est terminée. Mais j'ai reçu hier un ordre qui préconise l'envoi de combattants des troupes auxiliaires de la défense civile sur la route de l'ouest. »

Quelqu'un dans la salle s'est écrié :

« Mais il y a les hommes de Bandera¹ là-bas !... »

Naoumov a gardé un instant le silence, puis a déclaré :

« Oui, jeunes filles, il y a des hommes de Bandera là-bas. Ils combattent contre l'Armée rouge. Mais un ordre est un ordre, et il faut l'exécuter. Je demande à celles qui sont prêtes à y aller de déposer leurs demandes auprès du commandant de la garde. Seules partiront des volontaires. »

Nous sommes rentrées à la caserne, et chacune s'est allongée sur son lit. Il régnait un profond silence. Personne n'avait envie de s'en aller loin des lieux de son enfance. Et personne n'avait envie de mourir alors que la guerre était finie. Le lendemain, on nous a rassemblées de nouveau. J'étais assise à la table de présidence, une table recouverte d'une nappe rouge. Et je pensais que c'était la dernière fois.

Le chef de notre unité a prononcé un discours :

« Je savais, Babina, que tu serais la première à te porter volontaire. Et bravo à vous toutes, les filles, aucune de vous n'a eu peur. La guerre est terminée, chacun peut rentrer chez soi, mais vous, vous allez défendre votre Patrie. »

Deux jours après, nous partions. On nous a fourni un train de marchandises, il y avait du foin sur le plancher et ça sentait l'herbe.

---

1. Détachements de partisans nationalistes qui menèrent, jusqu'au début des années 1950, sous la direction de Sémion Bandera, une lutte armée contre l'annexion soviétique de l'Ukraine occidentale.

Je n'avais jamais entendu parler auparavant de Stryï mais, à présent, c'était notre lieu d'affectation. La ville ne m'a pas plu, elle était petite et effrayante ; chaque jour, la musique jouait et l'on enterrait quelqu'un : milicien, communiste ou komsomol. À nouveau, nous avons vu la mort. Je me suis liée d'amitié avec Galia Korobkina. Elle est morte là-bas. Avec une autre fille… Elle aussi égorgée en pleine nuit… Là-bas, j'ai cessé totalement de plaisanter et de rire… Mon âme s'est figée…"

Elena Ivanovna Babina, combattante
des troupes auxiliaires de la défense civile.

DES ROULEMENTS À BILLES QUI FONDENT
ET DES JURONS RUSSES

"Je suis la réplique de mon père… Sa fille à lui…

Mon père, Miron Lenkov, de gamin analphabète s'était hissé jusqu'au grade de chef de section pendant la guerre civile. C'était un vrai communiste. Quand il est mort, maman et moi sommes restées vivre à Leningrad, et je dois à cette ville tout le meilleur qui est en moi. Ma passion, c'étaient les livres. Je sanglotais en lisant les romans de Lidia Tcharskaïa[1], j'adorais Tourgueniev. J'aimais la poésie…

En été 1941, vers la mi-juin, nous sommes allées chez ma grand-mère, dans la région du Don. La guerre nous a surprises en route. D'un coup on a vu galoper à travers la steppe, à bride abattue, des courriers à cheval porteurs de convocations émanant des bureaux de recrutement. Les femmes cosaques chantaient, buvaient et pleuraient à gros sanglots en accompagnant leurs maris qui partaient à la guerre. Je me suis rendue au bureau de recrutement de la stanitsa[2] Bokovskaïa. Là, on s'est montré avec moi bref et sévère :

« Nous ne prenons pas les gosses au front. Tu es komsomol ? Parfait. Offre donc ton aide au kolkhoze. »

---

1. Poète et romancière, auteur de près de quatre-vingts ouvrages, Lidia Tcharskaïa (1875-1937) était tout particulièrement appréciée des jeunes filles, avant la révolution d'Octobre.
2. Village cosaque.

On remuait le grain à la pelle pour qu'il ne se dessèche pas dans les silos provisoires. Puis, on allait récolter les légumes. Les ampoules que j'avais aux mains ont fini par former des cals, mes lèvres se sont crevassées, mon visage a pris le hâle de la steppe. Et si je me différenciais encore un peu des filles du village, c'était seulement par le fait que je connaissais quantité de poèmes par cœur et pouvais les réciter pendant tout le long trajet entre les champs et la maison.

Mais la guerre se rapprochait. Le 17 octobre, les nazis occupaient Taganrog. La population était évacuée. Ma grand-mère est restée, mais elle nous a enjoint, à moi et à ma sœur, de partir : « Vous êtes jeunes. Sauvez-vous. » Nous avons marché durant cinq jours et cinq nuits pour atteindre la station d'Oblivskaïa. Nous avons dû jeter nos sandales, nous sommes entrées dans le village pieds nus. Le chef de station prévenait tout le monde : « Ne vous attendez pas à des voitures fermées. Installez-vous sur les wagons plates-formes. On va vous atteler à une locomotive qui vous emmènera à Stalingrad. » Nous avons eu la chance de grimper sur un wagon chargé d'avoine. Nous avons plongé nos pieds nus dans le grain, nous sommes couvertes d'un châle… Bien blotties l'une contre l'autre, nous nous sommes assoupies… Nous n'avions plus de pain depuis longtemps, ni de miel. Les derniers jours, c'étaient des femmes cosaques qui nous donnaient de quoi apaiser notre faim. Nous étions gênées, car nous n'avions pas de quoi les payer, mais elles insistaient : « Mangez donc, pauvrettes. Tout le monde va mal en ce moment, il faut s'entraider. » Je me suis juré de ne jamais oublier cette bonté humaine… Jamais ! Pour rien au monde ! Et je n'ai pas oublié.

À Stalingrad, nous avons pris le bateau, puis à nouveau le train, pour parvenir tant bien que mal, à deux heures du matin, à la gare de Medveditskoïe. Une vague humaine nous a rejetées sur le quai. Changées en deux glaçons, nous étions incapables de bouger et restions là, debout, l'une soutenant l'autre pour ne pas tomber. Ne pas voler en éclats, comme cette grenouille qu'on avait un jour plongée dans un bain d'oxygène liquide puis jetée sur le sol devant moi. Heureusement, quelqu'un qui avait fait le voyage avec nous nous a aperçues. Un chariot bondé s'est arrêté devant nous, et on nous a attachées derrière. On nous a passé des vestes matelassées et on nous a dit : « Il faut que vous marchiez, autrement vous allez geler. Vous ne pourrez jamais vous réchauffer. Mieux vaut pour vous que vous ne montiez pas. » Au début, nous tombions à chaque pas mais ensuite, nous nous sommes mises à marcher, puis même à courir. Et nous avons parcouru ainsi seize kilomètres...

Le village de Frank – le kolkhoze « 1er-Mai ». Le président du kolkhoze était ravi d'apprendre que je venais de Leningrad et avais eu le temps d'achever ma première :

« C'est parfait. Tu vas pouvoir m'aider. À la place du comptable. »

Un instant, je me suis sentie très heureuse. Mais ensuite, j'ai vu l'affiche punaisée au mur derrière le président du kolkhoze : « Les filles, au volant! »

« Je ne tiens pas à rester assise dans un bureau, ai-je répondu au président. Si on m'apprend, je peux conduire un tracteur. »

Les tracteurs étaient immobilisés, ensevelis sous la neige. Nous les avons dégagés, puis démontés, nous brûlant les mains au contact du métal glacé, y laissant des lambeaux de peau. Les boulons rouillés, serrés à bloc, étaient comme soudés. Quand on n'arrivait pas à les dévisser normalement, on essayait de tirer dessus en tournant dans l'autre sens, dans l'espoir de débloquer la vis. Mais comme par un fait exprès... juste à ce moment-là... notre chef d'équipe et mentor, Ivan Ivanovitch Nikitine, seul véritable tractoriste du kolkhoze, surgissait devant nous, comme s'il sortait de terre. Il se prenait la tête à deux mains et ne pouvait retenir d'épouvantables jurons : « Oh! putain de ta mère!... » Ses injures étaient en fait autant de gémissements... Et pourtant, une fois, j'en ai fondu en larmes...

Je suis partie pour les champs en marche arrière : dans la boîte de vitesses de mon STZ[1], la plupart des pignons étaient édentés. Le calcul était simple : en vingt kilomètres de trajet, l'un ou l'autre des tracteurs tomberait forcément en panne, et alors on démonterait sa boîte de vitesses pour la poser sur le mien. C'est exactement ce qui s'est produit. Une tractoriste aussi « chevronnée » que moi, la petite Sarah Gozenbouk, n'a pas remarqué que son radiateur fuyait et a bousillé son moteur. Oh! putain de ta mère!...

Avant la guerre, je n'avais même pas appris à faire du vélo, et là, je me retrouvais au volant d'un tracteur! On réchauffait longuement les moteurs, au mépris de toutes les règles : directement à la flamme. J'ai aussi appris ce qui se passait quand on serrait trop fort. Et quel bazar c'était de démarrer le tracteur après une pareille gaffe : impossible d'effectuer un tour complet avec la manivelle, or ce n'était

---

1. Sigle d'une marque de tracteurs fabriqués à Sverdlovsk.

pas un quart de tour qui allait faire broncher l'engin… L'huile et le carburant étaient délivrés selon les normes imposées en temps de guerre. Une goutte gaspillée pouvait te coûter ta tête, de même qu'un palier fondu. Oh! putain de ta mère!… Une seule goutte…

Un jour, avant de partir pour les champs, j'ouvre le bouchon du carter pour vérifier l'huile. Il s'en écoule une espèce de petit-lait. Je crie au chef d'équipe qu'il faudrait vidanger. Il s'approche, écrase une goutte entre ses mains, renifle l'odeur, puis déclare : « Ne t'en fais pas! Tu peux encore bosser une journée. » Je lui rétorque : « Impossible, vous m'avez dit vous-même… » Il démarre alors au quart de tour : « J'en ai trop dit et ça me retombe sur le crâne! Vous m'emmerdez, à la fin! Ah! ces donzelles de la ville! Ça sait toujours tout. Allez, au volant, bordel de nom d'un chien!… » J'ai grimpé sur le tracteur. Il faisait chaud, l'engin crachait de la fumée, j'en avais du mal à respirer, mais tout ça n'était rien : que devenaient les paliers? J'avais l'impression d'entendre un drôle de bruit. Je m'arrête – apparemment, non, tout va bien. J'accélère – ça se met à cogner à nouveau! Et puis soudain, je sens, juste sous mon siège : clang, clang, clang!

Je coupe le moteur, je cours à la trappe de visite : j'avais fait fondre entièrement deux paliers de bielle! Je me suis affalée par terre, j'ai embrassé la roue et, pour la deuxième fois depuis le début de la guerre, j'ai éclaté en sanglots. C'était ma faute : j'avais bien vu dans quel état était l'huile! Je m'étais laissé intimider par les jurons du chef d'équipe. J'aurais dû l'agonir d'injures à mon tour, mais non, voilà ce que c'était que d'appartenir à cette foutue intelligentsia!

J'entends un bruit de voix, je me retourne. Mince alors! Le président du kolkhoze, le directeur de la MTS[1], le chef du service politique et notre chef d'équipe, bien sûr, par qui tout était arrivé…

Il se tient coi, abasourdi. Il a compris. Il n'ouvre pas la bouche. Oh! putain de ta mère!…

Le directeur de la MTS a lui aussi tout compris :

« Combien?

— Deux. »

Selon les lois en vigueur en temps de guerre, je suis passible du tribunal. Chef d'accusation : négligence et sabotage.

Le chef du service politique se tourne vers notre chef d'équipe :

---

1. Sigle pour "Station de tracteurs et de machines", entreprise d'État qui louait le matériel technique aux kolkhozes. Ce système a perduré jusqu'en 1958.

« Pourquoi fais-tu courir de tels ennuis à tes filles ? Comment puis-je traduire cette gamine en justice ? »

Finalement, l'affaire s'est arrangée. À force de discussions. Mais le chef de l'équipe a cessé de jurer en ma présence. Et moi, au contraire, je suis devenue experte en la matière… Oh ! putain de ta mère !… Je pouvais en débiter des kilomètres…

Et puis, un événement heureux est survenu : nous avons retrouvé maman. Elle est venue nous rejoindre, et à nouveau, nous avons composé une famille. Un beau jour, maman me dit :

« Je pense que tu dois retourner à l'école. »

Je n'ai pas tout de suite compris :

« Où ça ?

— Qui va faire ta terminale à ta place, à ton avis ? »

Après tout ce que j'avais vécu, c'était bizarre de se retrouver à nouveau derrière un pupitre, à résoudre des problèmes, écrire des rédactions, apprendre par cœur des listes de verbes allemands au lieu de combattre les Boches ! Et ça, au moment où l'ennemi débouchait sur la Volga !

Il me fallait patienter juste un peu : dans quatre mois, j'allais avoir dix-sept ans. Pas dix-huit, mais au moins dix-sept. Et là, personne ne me renverrait chez moi. Personne ! Au comité régional du Komsomol, tout s'est bien passé, mais au bureau de recrutement, j'ai dû me battre. À cause de mon âge, à cause de ma vue. Mais le premier obstacle m'a aidée à écarter le second… Lorsqu'il a été question de mon âge, j'ai accusé le chef du bureau de recrutement de n'être qu'un bureaucrate… Et j'ai déclaré une grève de la faim… Je me suis assise à côté de lui et pendant deux jours, je n'ai pas bougé de place, repoussant le morceau de pain et la tasse d'eau bouillante qu'il me proposait. Je l'ai menacé de me laisser mourir de faim, non sans avoir au préalable laissé une lettre désignant le responsable de ma mort. Je ne crois pas avoir réussi à beaucoup l'effrayer ; néanmoins, il a fini par m'envoyer devant la commission médicale. Tout cela se passait dans la même salle. Le médecin, après avoir contrôlé ma vue, a écarté les bras en signe d'impuissance, et le chef du bureau s'est esclaffé : je devais me rendre à l'évidence, j'avais fait la grève de la faim pour rien. Mais j'ai rétorqué aussitôt que c'était justement à cause de cette grève que je voyais trouble. Je suis allée à la fenêtre à côté de laquelle était accroché ce maudit tableau ophtalmologique et j'ai éclaté en sanglots. Et j'ai pleuré jusqu'à ce que…

J'ai pleuré un bon moment… Jusqu'à savoir par cœur les lignes du bas. Alors, j'ai essuyé mes larmes et j'ai annoncé que j'étais prête à repasser l'examen médical. Et tout s'est bien passé.

Le 10 novembre 1942, après nous être munies, selon les ordres, de provisions pour dix jours, nous (vingt-cinq jeunes filles, à peu près) avons grimpé dans un vieux camion déglingué et entonné *L'ordre est donné*, en y remplaçant les mots « combattre dans la guerre civile », par « pour défendre notre pays[1] ». De Kamychine, où nous avons prêté notre serment, nous avons poursuivi à pied, en longeant la rive gauche de la Volga, jusqu'à Kapoustine Yar. Là était cantonné un régiment de la réserve. Au milieu de ces milliers d'hommes, nous nous sentions complètement perdues. Des « acheteurs » appartenant à différentes unités venaient là recruter des renforts. Mais ils s'appliquaient à ne pas nous voir. Ils passaient à côté de nous sans jamais s'arrêter…

En chemin, je m'étais liée d'amitié avec deux filles, Annouchka Rakchenko et Assia Bassina. Aucune des deux ne possédait un métier, et moi, je considérais que le mien était purement civil. C'est pourquoi, quelle que fût la spécialité réclamée, nous faisions toujours ensemble trois pas en avant, considérant que nous pourrions toujours apprendre sur le tas. Mais on ne nous prêtait aucune attention.

Un jour, cependant, alors que nous venions de nous avancer en réponse au commandement : « Chauffeurs, tractoristes, mécaniciens – trois pas en avant ! », l'« acheteur », qui était un jeune lieutenant-chef, n'a pas réussi à nous éviter. J'ai fait non pas trois pas en avant, mais cinq, et il s'est arrêté :

« Pourquoi choisissez-vous uniquement des hommes ? Je suis tractoriste moi aussi ! »

Il s'est étonné :

« Pas possible ! Tiens, dis-moi, quel est le cycle de fonctionnement d'un moteur de tracteur ?

— Quatre temps : un, trois, quatre, deux.

— As-tu déjà coulé des paliers ? »

J'ai avoué honnêtement que j'avais bousillé deux paliers de bielle.

---

1. Célèbre chanson de l'époque de la guerre civile qui commence ainsi : "L'ordre est donné : il partira à l'ouest, elle, dans le sens opposé. Les komsomols partaient combattre dans la guerre civile."

« C'est bon, je te prends. Pour ta franchise. » Il m'a saluée de la tête et a continué son chemin.

Mes copines se sont rangées à côté de moi. Le lieutenant-chef a esquissé une mimique pour indiquer que c'était d'accord. Oh ! putain de ta mère !...

Le commandant de l'unité, quand il a fait connaissance avec le nouveau personnel de renfort, a demandé au lieutenant-chef :

« Pourquoi as-tu ramené ces gamines ? »

L'autre s'est troublé et a répondu qu'il avait eu pitié de nous : « Si elles atterrissent sur un champ de bataille, elles se feront abattre comme des lapins. »

Le commandant a soupiré :

« Bon, d'accord. Une aux cuisines, une autre à l'entrepôt, et celle qui est la plus instruite, à l'état-major, comme secrétaire. » Il s'est tu un instant, puis a ajouté : « De si jolies filles, ce serait dommage. »

La plus instruite, c'était moi, mais bosser comme secrétaire ! Et puis que venait faire là-dedans notre apparence physique ? Oubliant toute discipline militaire, je suis vraiment montée sur mes grands chevaux :

« Nous sommes des volontaires ! Nous sommes venues pour défendre la Patrie. Nous n'accepterons d'aller que dans des unités combattantes... »

Je ne sais pourquoi, mais le colonel s'est aussitôt rendu :

« Comme vous voudrez. Dans ce cas, ces deux-là dans une unité mobile, aux machines-outils. Et celle-ci, qui a la langue si bien pendue, à l'assemblage des moteurs. »

C'est ainsi qu'a commencé notre service au 44ᵉ atelier de campagne pour blindés et véhicules automobiles. Nous étions une véritable usine sur roues. Les machines-outils – fraiseuses, aléseuses, polissoirs, tours –, le groupe électrogène, les postes de rechapage et de vulcanisation, tout était installé à bord de camions (baptisés « unités mobiles »). Une machine-outil était servie par deux personnes dont chacune travaillait douze heures de suite, sans une seule minute de pause. Au moment du déjeuner, du dîner, du petit-déjeuner, le coéquipier prenait le relais. Et si c'était le tour de votre coéquipier d'être de corvée, vous étiez bon pour turbiner vingt-quatre heures d'affilée. On bossait dans la neige, dans la boue. Sous les bombes. Et personne ne disait plus que nous étions de jolies filles. Mais on avait pitié des jolies filles à la guerre, on les plaignait davantage, c'est vrai. Ça faisait de la peine de les enterrer... Ça faisait de la peine de devoir expédier un avis de décès à leurs mamans... Oh! putain de ta mère!...

Je rêve souvent de mes camarades... Je rêve de la guerre... Et plus le temps passe, plus ça m'arrive souvent. Dans un rêve, une seconde suffit pour voir se dérouler ce qui, dans la vie, prend généralement des années. Mais parfois, je ne sais plus bien où est le rêve et où la réalité... Je crois que c'était à Zimovniki, où je devais faire une sieste de deux heures : j'étais à peine arrivée qu'un bombardement a commencé. Oh! putain de ta mère!... Je me suis dit : mieux vaut être tuée qu'être privée de la joie d'un bon roupillon... Je me suis endormie en pensant : pourvu que je voie maman en rêve. Même si, à dire vrai, pendant la guerre je ne faisais jamais de rêves. Quelque part au voisinage a retenti une violente explosion. Toute la maison a tremblé. Mais je me suis endormie quand même...

Je ne connaissais pas la peur, ce sentiment m'était étranger. Croyez-moi, je vous le dis honnêtement. Quand le pilonnage aérien avait été particulièrement intense, ma dent cariée se rappelait à moi par une sorte de douleur lancinante, mais c'est bien tout. Et encore, ça ne durait guère longtemps. Je me considérerais aujourd'hui comme quelqu'un de terriblement courageux si, quelques années après la fin de la guerre, je n'avais été obligée de consulter des spécialistes à cause d'atroces douleurs, permanentes et totalement inexplicables, en différents points de mon organisme. Un neurologue chevronné m'a demandé mon âge et n'a pas caché son étonnement :

« À vingt-quatre ans, avoir ainsi ruiné tout son système neuro-végétatif! Comment comptez-vous vivre maintenant?

J'ai répondu que je comptais vivre bien. J'étais vivante, non? Oui, j'étais restée vivante, mais mes articulations enflaient, mon bras droit me refusait tout service et me faisait horriblement souffrir, ma vue était encore plus basse, un de mes reins était descendu, mon foie s'était déplacé et, comme on l'a découvert très vite, mon système neuro-végétatif se trouvait complètement détraqué. Or, durant toute la guerre, j'avais rêvé de reprendre mes études. L'université est devenue pour moi comme un deuxième Stalingrad. J'ai décroché mon diplôme avec une année d'avance, car autrement, les forces m'auraient manqué. Pendant quatre ans, je n'ai porté que le manteau que j'avais rapporté de l'armée – que ce soit en hiver, au printemps ou en automne – et ma vareuse délavée au point d'avoir perdu toute couleur... Oh! putain de ta mère!..."

Antonina Mironovna Lenkova,
mécanicienne d'un atelier de campagne
pour blindés et véhicules automobiles.

"ON AVAIT BESOIN DE SOLDATS…
MAIS J'AVAIS AUSSI ENVIE D'ÊTRE JOLIE…"

J'ai déjà enregistré des centaines de récits… Sur mes étagères sont classées des centaines de cassettes et des milliers de pages imprimées. J'ouvre bien les oreilles et me plonge dans la lecture…

Il y a quelque chose de naïf et d'encore très jeune dans l'intonation de mes conteuses, quelque chose qui remonte aussi sans doute à leur époque, au temps où coexistaient le Goulag, la Victoire et leur foi sincère. Seuls des cœurs purs pouvaient réunir tout cela. Des cœurs inexpérimentés et confiants. Aujourd'hui, l'une d'elles se rappelle que ceux qui étaient plus âgés "étaient assis dans le train, la mine pensive… Triste. Je me souviens qu'une nuit, alors que tout le monde dormait, un major[1] a engagé la conversation avec moi, à propos de Staline. Il avait un peu bu et s'était enhardi : il m'a raconté que son père se trouvait depuis dix ans dans un camp, sans avoir le droit de correspondre. Il ignorait s'il était encore vivant ou non[2]. Son père était un menchevik. Cet officier a alors prononcé des mots terribles : « Je veux bien défendre ma Patrie, mais pas ce traître à la révolution qu'est Staline. » Mon propre père était communiste, il m'avait enseigné tout autre chose… J'étais effrayée… Heureusement, le lendemain matin ce major m'a fait ses adieux et est parti. Personne ne nous a entendus…" (*A. Nabatnikova, capitaine, médecin.*)

Cependant mes témoins n'abordent que rarement ce sujet, et toujours avec circonspection. Elles viennent malgré tout de cette époque stalinienne, et s'y sentent liées par la même peur, la même hypnose.

---

1. Dans l'armée de terre soviétique, grade situé entre capitaine et lieutenant-colonel.
2. "Dix ans sans droit de correspondance" était une formule consacrée qui signifiait habituellement que la personne avait été fusillée après les interrogatoires et un simulacre de procès.

Et puis il y a aussi... il y a aussi que les femmes, en n'importe quelle circonstance, la plus grandiose ou la plus terrible, sont capables de vivre leur propre histoire intime : leur propre vie de femme se fraie un chemin à travers n'importe quel obstacle, c'est elle qui compte le plus. Peut-être est-ce la raison pour laquelle ces femmes ont survécu à la guerre, sans y perdre leur âme. En préservant leur moi au plus profond d'elles-mêmes.

Dans chaque récit, il est fait une mention furtive de ce que je nommerais volontiers le "mystère féminin". Elles me racontent leurs subterfuges naïfs de jeunes filles, leurs petits secrets, leur langage de signes : comment, même dans le quotidien "masculin" de la guerre, dans le métier "masculin" de la guerre, elles s'efforçaient de rester elles-mêmes. De préserver leur territoire intérieur. Et je veux maintenant sélectionner des récits où il est surtout question de cela : de la vie de femme. De ses joies et de ses angoisses face à la guerre. Des années après, ces femmes gardent en mémoire une quantité prodigieuse de menus détails concernant la vie militaire. Un prodigieux éventail de teintes et de nuances. De couleurs et de sons. Car les femmes vivent d'une manière plus sensuelle et subtile que les hommes : elles sont ainsi faites. Dans leur monde, l'existence et l'être se joignent, et le cours d'une vie possède sa propre valeur : elles se souviennent de la guerre comme d'une période de leur vie. Il s'agit moins d'actions accomplies que de vie vécue. "Quand j'étais belle, c'était la guerre, c'est bien dommage... Mes meilleures années se sont écoulées au front. S'y sont consumées. Et ensuite, j'ai vieilli très vite..." *(Anna Galaï, tirailleur.)*

Et puis... À plusieurs années de distance, certains événements prennent une place plus grande, tandis que d'autres s'amenuisent. Et ce qui acquiert plus d'importance, c'est la part humaine, la part intime du passé. Cela aussi, c'est intéressant : comparer ce qui s'oublie, s'efface de la mémoire, s'enterre en quelque sorte de soi-même, et ce qui demeure essentiel et palpitant, qui vous secoue l'âme même après des dizaines d'années. "N'aie pas peur de mes larmes. Ne me plains pas. Peu importe que j'aie mal, je te suis reconnaissante, tu m'as offert le moyen de me retrouver moi-même. De retrouver ma jeunesse..." *(K. S. Tikhonovitch, sergent, servant d'une pièce de DCA.)*

La vie humaine devenait histoire, et l'histoire se morcelait en milliers de vies humaines. On tirait et on mourait, on avait la foi et on connaissait le désenchantement ; et en même temps, on avait envie de se farder les sourcils, d'au moins porter pour dormir une légère chemise de femme… De ne pas oublier comment on sourit… Parfois même, on dansait…

BOTTES D'HOMME ET CHAPEAUX DE FEMME

"On vivait sous la terre… Comme des taupes… Et pourtant, on conservait divers menus objets. Au printemps, on rapportait une branche d'arbuste, on la mettait dans l'eau. On la contemplait en se disant : « Demain, je ne serai peut-être plus. » Et on s'efforçait de tout bien garder en mémoire… Une fille avait reçu une robe de laine expédiée par sa famille. Nous étions toutes un peu jalouses, même s'il était interdit de porter ses habits personnels. Et l'adjudant-chef, qui lui était un homme, grommelait : « Tes parents auraient mieux fait de t'envoyer un drap. C'est plus utile. » Nous n'avions ni draps ni oreillers. Nous dormions sur des lits de branchages. Mais j'avais des boucles d'oreilles dissimulées dans une cachette.

Quand j'ai été commotionnée pour la première fois, je n'entendais plus rien et ne pouvais plus parler. Je me suis dit : si ma voix ne revient pas, je me jetterai sous un train… Je chantais si joliment, et là soudain j'étais muette… Mais la voix m'est revenue…

Tout heureuse, j'ai mis mes boucles d'oreilles. J'arrive pour prendre mon service et j'annonce joyeusement :

« Camarade lieutenant-chef, sergent Chtchelokova, à vos ordres!

— Qu'est-ce que c'est que ça?

— Quoi donc?

— Dehors!

— Mais pourquoi?

— Ôte-moi tout de suite ces boucles d'oreilles! Tu es un soldat oui ou non? »

Le lieutenant-chef était beau garçon. Toutes nos filles en étaient un peu amoureuses. Il nous répétait qu'à la guerre, c'était de soldats qu'on avait besoin. Uniquement de soldats… Mais j'avais aussi envie d'être jolie… Durant toute la guerre, j'ai eu peur d'avoir les jambes estropiées. J'avais de jolies jambes. Pour un homme, quelle différence? Pour lui, même s'il perd ses jambes, ça n'est pas bien grave. De toute façon, ce sera un héros. Un type qu'on peut épouser! Mais dès lors qu'une femme se trouve mutilée, son destin est scellé. Son destin de femme…"

Maria Nikolaïevna Chtchelokova,
sergent, chef d'une section de transmissions.

"Pendant toute la guerre, je me suis appliquée à toujours sourire… J'estimais que je devais sourire le plus souvent possible, qu'une femme se devait d'être toujours rayonnante. Avant notre départ pour le front, c'est ce que notre vieux professeur nous avait enseigné : « Vous devez dire à chaque blessé que vous l'aimez. Votre médicament le plus efficace, c'est l'amour. L'amour préserve, donne des forces pour rester en vie. » Un blessé est étendu là, il souffre tant qu'il est en larmes, et moi je lui dis : « Tiens bon, mon chéri. Courage, mon mignon… – Tu m'aimes, frangine? (C'est ainsi qu'ils appelaient toutes les jeunes infirmières.) – Bien sûr que je t'aime. Mais il faut que tu guérisses au plus vite. » Eux, ils avaient droit d'être en colère, de jurer, mais nous, jamais. Un seul mot grossier et l'on était punies, ça pouvait aller jusqu'aux arrêts de rigueur.

C'était difficile… Bien sûr que c'était difficile… Ne serait-ce, tenez, que de grimper en jupe sur un camion, quand il n'y avait que des hommes autour. Les camions, voyez-vous, étaient hauts, c'étaient des voitures ambulances spéciales. Allez donc grimper sur le toit! Essayez donc!…"

Vera Vladimirovna Chevaldycheva,
lieutenant-chef, chirurgien.

"On nous a donné des wagons… Des wagons à marchandises… Nous étions douze filles, et le reste, que des hommes. On roule dix à quinze kilomètres, puis le train s'arrête. Encore dix à quinze kilomètres, et l'on nous met de nouveau sur une voie de garage. Pas d'eau, pas de toilettes… Vous voyez le tableau?

À l'arrêt, les hommes allument un feu de camp. Ils secouent leurs vêtements au-dessus pour les débarrasser des poux, ils se sèchent. Mais nous, comment faire? On court derrière un abri pour se déshabiller. J'avais un pull tricoté : pas une maille, pas un millimètre de laine qui ne fût infesté de bestioles. J'ai eu envie de vomir en découvrant ça. Mais je ne serais pas allée faire griller mes poux avec les hommes! J'avais trop honte. J'ai balancé le pull et je suis restée en petite robe. Dans une autre gare, une femme m'a donné un chandail et de vieilles chaussures. Nous avons long-temps roulé en train, puis longtemps marché. Il gelait. Je mar-chais avec un petit miroir dans la main, pour vérifier si je n'avais pas d'engelures. À la tombée du soir, j'ai constaté que mes joues étaient gelées. Quelle idiote je faisais... J'avais entendu dire que les joues, quand elles gelaient, devenaient toutes blanches. Or les miennes étaient rouge vif. Je me suis dit que ce serait bien, finale-ment, d'avoir tout le temps des engelures. Mais le lendemain, mes joues étaient noires..."

Nadejda Vassilievna Alexeïeva,
simple soldat, télégraphiste.

"Il y avait beaucoup de jolies filles parmi nous... Un jour on va aux bains, et à côté il y avait un salon de coiffure ouvert. Alors, chacune regardant l'autre, on s'est toutes fardé les cils. Qu'est-ce que le commandant nous a passé! « Vous êtes venues faire la guerre ou danser au bal? » Nous avons pleuré toute la nuit, en nous frot-tant la figure pour ôter le maquillage. Le lendemain matin, il est passé et a répété à chacune : « J'ai besoin de soldats, et non de midinettes. Les midinettes ne survivent pas au combat. » C'était un commandant très sévère. Avant la guerre, il était professeur de mathématiques..."

Anastasia Petrovna Cheleg,
sergent, aérostier.

— J'ai l'impression d'avoir vécu deux vies : une vie d'homme et une vie de femme...

Quand je suis arrivée à l'école d'officiers, j'ai connu tout de suite la discipline militaire : à l'exercice, dans les rangs, à la caserne, tout était soumis au règlement. Et aucune faveur pour nous, les filles. On n'entendait que des "Cessez les conversations!" ou des "Pas de bavar-dage!" Le soir, on n'avait qu'une envie : se reposer au calme, faire un peu de broderie... retrouver une activité un peu féminine... Mais ce n'était autorisé en aucun cas. Nous étions sans foyer, sans occu-pations domestiques, et ça nous mettait mal à l'aise. Nous n'avions droit qu'à une heure de repos par jour : on s'installait dans la salle

Lénine[1], on écrivait des lettres, il était permis de se tenir comme on voulait, de bavarder. Mais pas de crier, ni de rire trop fort, ça, ce n'était pas admis.

— Pouvait-on chanter?

— Non, c'était interdit.

— Pourquoi?

— Ce n'était pas toléré par le règlement. Quand on marchait en colonne, là oui, on pouvait y aller si on en donnait l'ordre. L'ordre, c'était : "Premier chanteur, une chanson!"

— Mais spontanément, ce n'était pas possible?

— Non. C'était contraire au règlement.

— Vous avez eu du mal à vous habituer?

— Je crois que je ne me suis jamais habituée. À peine avait-on fermé l'œil qu'on entendait hurler : "Debout!" Et c'était comme si un coup de vent nous chassait du lit. On commence à s'habiller, seulement les femmes ont plus de linge que les hommes, et voilà qu'un truc t'échappe des mains, puis un autre. Enfin on court au vestiaire, le ceinturon à la main. On attrape son manteau au passage et on file à l'armurerie. Là, on enfile une housse sur sa pelle, on se la passe à la ceinture, on accroche la cartouchière par-dessus, et on se boutonne à la va-vite. Puis on empoigne son fusil, on referme la culasse tout en courant et on dégringole littéralement du cinquième étage jusqu'en bas. Une fois en rang, on rectifie comme on peut sa tenue. Et pour tout cela, on ne vous donne que quelques minutes.

Mais l'histoire suivante, c'est quand j'étais déjà au front… Mes bottes étaient trois pointures trop grandes, elles s'étaient recourbées au bout et étaient incrustées de poussière. Ma logeuse m'apporte deux œufs : "Prends ça pour la route, tu es si maigrichonne que tu vas finir par te casser en deux." Et moi, en douce, pour qu'elle ne voie pas, je casse les œufs, qui étaient tout petits, et je cire mes bottes avec. Bien sûr, j'aurais préféré les manger, ces œufs, mais c'est mon côté femme qui a pris le dessus : je voulais être élégante. Vous ne savez pas ce que c'est que le frottement du manteau sur la peau, ni à quel point tout ça est lourd, masculin, et le ceinturon, et tout et tout. Ce que je détestais par-dessus tout, c'était le frottement du

1. Désignation traditionnelle de la pièce destinée aux réunions dans l'armée, dans les écoles, dans les entreprises.

drap sur le cou, et puis encore ces maudites bottes. Notre démarche était changée, tout était changé…

Je me souviens que nous étions tristes. Tout le temps tristes…

Stanislava Petrovna Volkova,
sous-lieutenant, chef d'une section de sapeurs.

"Ce n'était pas si facile de nous transformer en soldats… Pas si simple…

On reçoit notre paquetage. L'adjudant-chef fait mettre en rang :

« La pointe des pieds sur une seule ligne! »

Nous rectifions notre position. Nos bottes sont parfaitement alignées par le bout, mais nous-mêmes restons loin derrière, car ces bottes-là sont de pointure 41, 42. L'adjudant répète :

« Alignez bien les pointes, mieux que ça! »

Puis il nous donne un nouvel ordre :

« Élèves-officiers, la poitrine au niveau de celle de la quatrième à votre gauche! »

Naturellement, avec les filles, cela ne marche pas, alors il s'époumone :

« Qu'avez-vous mis dans les poches de vos vareuses? »

Nous éclatons de rire.

« Arrêtez de rire! » gueule l'adjudant-chef.

Pour nous apprendre à faire correctement et sans hésiter le salut militaire, il nous forçait à saluer n'importe quoi, une chaise, une affiche accrochée. Ah! on peut dire qu'il a en sué, avec nous!

Dans je ne sais plus quelle ville, un jour, on nous conduit aux bains. Nous arrivons, marchant au pas. Les hommes vont dans la partie qui leur est réservée, et nous dans la nôtre. Les femmes, dès qu'elles nous ont vues, se sont mises à hurler, chacune cherchant à dissimuler sa nudité : « Des soldats! » Il était impossible de deviner, à notre allure, si nous étions des gars ou des filles : nous avions le crâne tondu et portions des uniformes militaires. Une autre fois, on entre dans des toilettes publiques, et sur-le-champ des femmes s'en vont chercher un milicien.

« En ce cas, où sommes-nous censées aller? » lui demandons-nous.

Il se tourne alors vers les femmes qui l'avaient fait venir et leur dit, furieux :

« Mais ce sont des filles !

— Tu parles de filles ! Ce sont des soldats… » ''

Maria Nikolaïevna Stepanova, major,
chef des liaisons et transmissions
dans un bataillon de fusiliers voltigeurs.

''Je me rappelle la route… toujours la route… Tantôt en avant, tantôt en arrière…

Lorsque nous sommes arrivées sur le Deuxième Front de Biélorussie, on a voulu nous laisser à l'état-major de la division, au prétexte que nous étions des femmes et que nous n'avions rien à faire en première ligne. « Non, avons-nous répliqué, nous sommes tireurs d'élite, envoyez-nous là où nous pouvons être utiles. » On nous a répondu alors : « On va vous affecter dans un régiment où le colonel est bien, il ménage les filles. » Car des commandants, il y en avait de toute espèce. C'est ce qu'on nous avait dit.

Le colonel en question nous a adressé le discours d'accueil suivant : « Prenez garde, les filles, vous êtes venues faire la guerre, faites-la, mais ne perdez pas votre temps à autre chose. Il y a des hommes autour de vous, et pas de femmes. Je ne sais pas comment vous expliquer mieux la chose. C'est la guerre, les filles… » Il comprenait que nous n'étions encore que des gamines…

Dans un village allemand, on nous avait installées pour la nuit dans un château normalement habité. Il y avait là un nombre incroyable de pièces, des salons immenses. Et quels salons ! Des armoires bourrées de beaux vêtements. Les filles se sont choisi chacune une robe. Moi j'en ai déniché une jaune qui me plaisait beaucoup, et puis aussi une robe de chambre… je ne peux pas vous décrire comme elle était belle, cette robe de chambre… longue, légère… Comme une plume ! Mais c'était déjà l'heure de dormir, tout le monde était terriblement fatigué. Nous avons enfilé ces robes et sommes allées nous coucher. Nous avons passé les vêtements qui nous avaient plu, et nous sommes endormies aussitôt. Moi, je me suis mise au lit dans cette robe jaune, avec la robe de chambre par-dessus…

Une autre fois, nous avons choisi chacune un chapeau dans un atelier de modiste abandonné. Et, histoire de les porter un peu, nous avons dormi toute la nuit assises. Le matin, on s'est levées… On s'est contemplées une dernière fois dans la glace… Et puis on a tout enlevé, on a renfilé nos vareuses et nos pantalons. Nous n'avons rien emporté. En route, même une aiguille finit par peser. On glisse sa cuillère dans sa botte, et c'est tout... "

Bella Isaakovna Epstein,
sergent, tireur d'élite.

"Les hommes... Ils sont différents... Ils ne nous comprenaient pas toujours...

Mais nous aimions beaucoup notre colonel Ptitsyne. Nous l'appelions « le Paternel ». Il comprenait nos cœurs de femme. À Moscou, au moment de la retraite, à l'époque la plus terrible, il nous avait dit :

« Les filles, Moscou est à deux pas. Je vous ramènerai une coiffeuse. Fardez-vous les sourcils et les cils, faites-vous friser les cheveux. Ça n'est pas très réglementaire, mais je veux que vous soyez belles. La guerre sera longue... Elle ne se terminera pas de sitôt... »

Et il a vraiment fait venir une coiffeuse. Nous nous sommes fait coiffer, maquiller. Et nous étions si heureuses... "

Zinaïda Prokofievna Gomareva,
télégraphiste.

"On s'est engagés sur la glace du lac Ladoga... C'était au moment de l'offensive... On s'est trouvés pris sous un feu intense. Avec l'eau partout autour de nous, si on était blessé, on coulait aussitôt à pic. Je rampe, je panse les blessures. Je m'approche d'un gars, il avait les deux jambes brisées. Il est en train de perdre connaissance, pourtant il me repousse et se met à fouiller dans son « flacul », je veux dire, dans sa musette. Il cherchait sa ration de réserve. Il voulait manger, avant de mourir... Or nous avions reçu des vivres, juste avant de tenter la traversée du lac. Je veux le panser, mais lui continue à fouiller dans sa musette, et ne veut rien entendre : les hommes, bizarrement, supportaient très mal la faim. La faim, c'était leur hantise, une hantise plus forte que la mort...

Quant à moi, voilà ce qui m'est resté dans la mémoire... Au début, on a peur de la mort... On est habité à la fois par l'étonnement et la curiosité. Et puis, la fatigue est telle que l'un et l'autre s'effacent. On est tout le temps à la limite de ses forces. Au-delà même de cette limite. Ne subsiste qu'une seule peur, celle d'être moche après la mort. Une peur toute féminine... Celle d'être déchiquetée par un obus et réduite en morceaux… Je sais ce que c'est… J'en ai assez ramassé…"

Sofia Konstantinovna Doubniakova,
brancardière.

"Il pleuvait sans discontinuer… On courait dans la boue, on tombait dans cette boue. Des blessés, des tués. On avait tellement peu envie de mourir dans ce marécage! Un marécage noir. Allons, comment une jeune fille aurait-elle pu se coucher là?… Et une autre fois, dans la forêt d'Orcha, j'ai vu des buissons de merisier. Et des perce-neige bleus. Tout une clairière couleur de ciel… Le bonheur de mourir au milieu de fleurs pareilles! Être étendue là… J'étais encore une dinde, je n'avais que dix-sept ans… C'est ainsi que je m'imaginais la mort…

Je pensais que mourir, c'était comme s'envoler quelque part. Mais pour cela, j'avais besoin de beauté… De quelque chose d'un bleu profond… Ou de bleu ciel…"

Lioubov Ivanovna Osmolovskaïa,
simple soldat, éclaireuse.

"Notre régiment, entièrement féminin… a pris son envol pour le front en mai 1942…

On nous a donné des avions « Po-2 ». Un petit appareil, très peu rapide. Il ne volait qu'à basse altitude, souvent même en rase-mottes. À deux doigts du sol! Avant la guerre, il servait à l'entraînement de la jeunesse dans les clubs d'aviation, mais personne n'aurait pu même imaginer qu'on l'utiliserait un jour à des fins militaires. L'avion était fait d'une structure en bois, entièrement en contreplaqué, sur laquelle était tendue de la percale. Une sorte de gaze, si vous voulez. Il suffisait d'un coup au but pour qu'il s'enflamme, et alors il brûlait en l'air avant d'avoir touché le sol. Comme une allumette. Le seul élément métallique un peu solide, c'était le moteur lui-même, un M-II. Ce n'est que bien plus tard, vers la fin de la guerre, qu'on nous a fourni des parachutes et qu'on a installé une mitrailleuse auprès du navigateur. Auparavant, il n'y avait aucune arme embarquée à bord. Quatre porte-bombes sous les ailes, un point, c'est tout. Aujourd'hui, on nous traiterait de kamikazes, et peut-être en effet étions-nous des kamikazes. Oui! c'est bien ce qu'on était! Mais la victoire était estimée valoir plus que nos vies. La victoire!

Vous vous demandez comment nous tenions le coup ? Je vais vous répondre…

Avant de prendre ma retraite, je suis tombée malade, rien qu'à l'idée de ne plus travailler. C'est pour cela d'ailleurs que, la cinquantaine passée, je suis retournée à la fac. Je suis devenue historienne. Alors que toute ma vie, j'avais été géologue. Seulement, un bon géologue est toujours sur le terrain, et moi je n'avais plus la force pour ça. Un médecin est arrivé, on m'a fait un électrocardiogramme, puis on m'a demandé :

« Quand avez-vous eu un infarctus ?

— Quel infarctus ?

— Vous avez le cœur couvert de cicatrices. »

Mais ces cicatrices sont probablement un souvenir de guerre. Quand tu survoles l'objectif, tu trembles de la tête aux pieds. Tout ton corps est secoué de frissons, parce que, en bas, c'est l'enfer : les avions de chasse te tirent dessus, la DCA te tire dessus… Plusieurs filles ont été obligées de quitter le régiment, elles n'ont pas supporté ça. Nous volions surtout de nuit. Pendant quelque temps, on a tenté de nous envoyer en mission en plein jour, mais l'idée a été presque aussitôt abandonnée. Nos « Po-2 » pouvaient être descendus d'un simple coup de fusil…

On faisait jusqu'à douze sorties par nuit. J'ai vu le célèbre as Pokrychkine, à son retour d'un vol de combat. C'était un homme solide, il n'avait pas vingt ou vingt-trois ans, comme nous. Le temps qu'on remplisse le réservoir de son avion, un technicien lui ôtait sa chemise et l'essorait. Ça dégoulinait, comme s'il avait pris la pluie. Alors vous pouvez imaginer ce qui se passait pour nous. Quand on atterrissait, on était incapables de descendre de la carlingue, il fallait nous en extraire. Nous n'avions même pas la force de tenir notre porte-cartes, nous le laissions traîner par terre.

Et le travail de nos filles armuriers ! Elles devaient accrocher, manuellement, quatre bombes sous l'engin – autant dire trimballer chaque fois près de quatre cents kilos. Et ainsi toute la nuit : un avion décollait, un autre atterrissait. Notre organisme subissait de telles contraintes que pendant toute la guerre, nous n'avons plus été des femmes. Nous n'avions plus de choses… Plus de règles… Bon, vous comprenez… Et après la guerre, certaines se sont trouvées incapables d'avoir des enfants…

Nous fumions toutes. Et moi aussi, je fumais, cela me donnait comme la sensation de m'apaiser un peu. On atterrit, on tremble de tous ses membres, et puis on allume une cigarette et l'on se calme. Nous portions blouson de cuir, pantalon, vareuse, et en hiver une veste de fourrure par-dessus le tout. Bon gré mal gré, quelque chose de masculin apparaissait dans notre démarche, dans nos mouvements. Lorsque la guerre a été terminée, on nous a confectionné des robes kaki. Et nous avons subitement redécouvert que nous étions des filles…"

Alexandra Semionovna Popova,
lieutenant de la garde, navigateur.

"On m'a récemment décerné une médaille… De la Croix-Rouge… La médaille d'or internationale « Florence Nightingale »… Tout le monde me félicite et s'étonne : « Comment avez-vous pu sauver cent quarante-sept blessés ? Vous paraissez tellement gamine et minuscule sur les photos de guerre ! » Mais j'en ai peut-être sauvé deux cents, qui en tenait le compte à l'époque ? Ça ne me serait même pas venu à l'esprit, nous ne l'aurions pas compris, de toute manière. Le combat ferait rage, des hommes se videraient de leur sang, et moi, je resterais assise à prendre des notes dans un carnet ? Je n'attendais jamais qu'une attaque soit terminée, je rampais pendant le combat et je tâchais de ramener les blessés. Si un gars était touché par éclat d'obus, si je n'arrivais près de lui qu'une ou deux heures plus tard, je ne pouvais plus rien faire, l'hémorragie l'avait déjà tué.

J'ai été blessée trois fois et commotionnée trois fois. À la guerre, chacun avait un rêve : certains, celui de rentrer chez eux, d'autres, d'arriver jusqu'à Berlin, mais quant à moi, je n'avais qu'une idée : rester en vie jusqu'à mon anniversaire, pour fêter mes dix-huit ans. Je ne sais pas pourquoi, mais j'avais peur de mourir plus tôt, de ne jamais atteindre cet âge-là. J'étais toujours en pantalon, le calot sur la tête, toujours en guenilles, car je passais mon temps à me traîner à genoux, qui plus est sous le poids d'un blessé. Je ne parvenais pas à croire qu'un jour je pourrais me relever et marcher normalement, au lieu de ramper. Ça aussi, c'était un rêve. Une fois, le commandant de la division me voit et demande : « Qu'est-ce que c'est que ce gosse ? Pourquoi le gardez-vous ici ? Mieux vaudrait le renvoyer faire des études. »

Je me souviens d'un jour… j'étais à court de pansements… Les blessures par balles étaient si moches qu'il m'en fallait une boîte entière pour en panser une seule. J'ai déchiré mes sous-vêtements et j'ai demandé aux gars : « Allez, enlevez vite vos caleçons, vos maillots de corps, j'ai des hommes là qui meurent. » Ils ont ôté leurs sous-vêtements et les ont déchirés en lambeaux. Je n'étais jamais gênée devant eux, ils étaient comme des frères pour moi, j'étais en quelque sorte leur benjamin. On marchait par trois en se tenant par le bras, celui du milieu dormait une heure ou deux. Puis, on changeait.

Quand je vois une fosse commune, je me mets à genoux devant elle. Devant chaque fosse commune… Toujours à genoux…"

Sofia Adamovna Kountsevitch,
adjudant-chef, brancardière
d'une compagnie de fusiliers voltigeurs.

DE LA VOIX DE SOPRANO DES JEUNES FILLES
ET DES SUPERSTITIONS DE MARINS

"J'ai entendu qu'on lançait derrière moi… des mots… des mots lourds comme des pierres… « Partir faire la guerre, disait-on, ce sont les hommes qui veulent ça. Vous êtes des anormales. Des femmes ratées… Des déficientes… » Mais non ! Non, c'était un vœu humain. Il y avait la guerre, je menais une vie ordinaire… Une vie de jeune fille de mon âge… Et puis ma voisine a reçu une lettre : son mari avait été blessé, il était dans un hôpital. J'ai pensé : « Il est blessé, qui va le remplacer ? » Un autre voisin est revenu amputé d'un bras : qui prendra sa relève ? Un troisième rentre chez lui avec une jambe en moins, c'est encore un qui manque. J'ai écrit, j'ai demandé, j'ai supplié qu'on m'enrôle dans l'armée. C'est ainsi que nous avions été élevées : nous avions appris que rien ne devait se faire sans nous dans notre pays. On nous avait appris à l'aimer. Et dès lors que la guerre avait éclaté, nous étions tenues d'apporter notre aide. Si l'on avait besoin d'infirmières, il fallait devenir infirmière. Si l'on manquait d'artilleurs pour la DCA, c'est là qu'il fallait s'engager.

Vous demandez si nous désirions ressembler à des hommes, au front ? Au début, oui, beaucoup ! On se faisait couper les cheveux très court, on allait jusqu'à modifier sa façon de marcher. Mais ensuite, non, bernique! Par la suite, on avait une telle envie de se maquiller! Au lieu de manger le sucre, on le mettait de côté, pour se raidir la frange. Nous étions heureuses, quand nous réussissions à nous procurer une marmite d'eau pour nous laver les cheveux. Après une longue marche, on cherchait de l'herbe tendre. On l'arrachait et on se… Bon, vous comprenez… on s'essuyait les cuisses avec… On se nettoyait avec l'herbe… Nous, les filles, nous avions nos particularités, n'est-ce pas?… Du coup, on avait les cuisses toutes vertes… Ça allait quand l'adjudant-chef avait un certain âge: il comprenait ces choses-là et ne nous ôtait pas du sac le linge superflu. Mais si on tombait sur un jeune, on était sûres de se le faire confisquer. Or, le linge n'est jamais superflu pour les filles, qui ont besoin de se changer deux fois par jour. Nous arrachions les manches de nos maillots de corps, seulement on n'en avait que deux. Ça ne faisait jamais que quatre manches…"

Klara Semionovna Tikhonovitch, sergent-chef,
servant d'une pièce de DCA.

"Avant la guerre, j'aimais tout ce qui était militaire… viril… Je m'étais adressée à une école d'aviation pour qu'on m'envoie la liste des formalités d'admission. L'uniforme militaire m'allait bien. J'aimais les manœuvres en formation, la précision, la brièveté des paroles de commandement. L'école d'aviation m'a répondu que je devais d'abord avoir achevé mes études secondaires.

Bien sûr, quand la guerre a commencé, avec ma tournure d'esprit, il était impossible que je reste tranquillement à la maison. Mais on refusait de me prendre pour m'envoyer au front. En aucun cas, parce que je n'avais que seize ans. Le chef du bureau de recrutement me disait:

« Qu'est-ce que l'ennemi penserait de nous, si à peine la guerre commencée, nous expédiions au front des enfants, des gamines mineures?

— Il faut battre l'ennemi.

— On le fera sans toi. »

Je m'évertuais à le persuader que j'étais grande de taille, que personne ne me donnerait seize ans. Je me tenais campée au milieu de son bureau et refusais de m'en aller.

« Écrivez 'dix-huit' au lieu de 'seize'.

— Tu parles comme ça maintenant, mais plus tard quel souvenir garderas-tu de moi ? »

Mais après la guerre, je ne voulais plus, je ne pouvais plus, si vous voulez, m'engager dans aucune spécialité militaire. J'avais envie de me débarrasser au plus vite possible de tous mes habits kaki… Aujourd'hui encore, j'éprouve une aversion pour les pantalons, je n'en mets jamais, même lorsque je vais en forêt cueillir des baies ou des champignons. J'avais envie de porter des vêtements normaux, féminins…"

Klara Vassilievna Gontcharova,
simple soldat, servant d'une pièce de DCA.

"La guerre, nous l'avons tout de suite ressentie… Le jour même où nous terminions l'école militaire, des « acheteurs » sont venus. Les acheteurs, vous savez, c'étaient ces types dont l'unité d'origine avait été renvoyée à l'arrière pour être réorganisée, et qui avaient pour mission de compléter les effectifs. C'étaient toujours des hommes, et l'on sentait bien qu'ils avaient pitié de nous. Nous les regardions avec enthousiasme, alors qu'ils nous considéraient avec de tout autres yeux : nous étions prêtes à bondir hors du rang, nous avions hâte de nous manifester, hâte qu'ils nous remarquent et nous emmènent, mais eux, ils étaient fatigués, ils nous dévisageaient, sachant bien ce qui nous attendait.

C'était un régiment essentiellement masculin, puisqu'il ne comptait que vingt-deux femmes : le 870ᵉ régiment de bombardiers à long rayon d'action. Nous avions emporté, en quittant la maison, deux, trois paires de sous-vêtements, il était impossible d'en prendre davantage. Un jour, nous avons été bombardés, nous nous sommes retrouvés sans rien, à part ce que nous avions sur le dos. Les hommes sont allés au centre de répartition, on leur a fourni un autre paquetage. Mais pour nous, il n'y avait rien. On nous a donné des portiankis, dans lesquelles nous nous sommes taillé des culottes et des soutiens-gorge. Quand le commandant l'a appris, il nous a engueulées.

Mais nous avions aussi besoin… Un jour, par exemple, on voit des maillots que des soldats ont accrochés à des buissons. Alors, hop ! on en fauche deux ou trois… Plus tard, ils ont deviné qui avait fait le coup, et ils rigolaient : « Adjudant, donne-nous d'autres sous-vêtements… Les filles nous ont piqué les nôtres… »

Six mois se sont écoulés… À force de porter des charges trop lourdes pour nous, nous avions cessé d'être femmes… Nous n'avions plus de… Notre cycle biologique s'était détraqué… vous pigez? C'était très effrayant! C'est terrifiant de penser qu'on ne sera plus jamais femme…"

Maria Nesterovna Kouzmenko,
sergent-chef, armurier.

"Nous aspirions… Nous ne voulions pas qu'on dise de nous : « Ah! ces femmes! » Alors nous nous mettions en quatre, nous en faisions plus que les hommes, car nous avions à prouver que nous valions autant. Or, pendant longtemps, nous nous sommes heurtées à une attitude condescendante, sinon méprisante à notre égard : « Des bonnes femmes, tu parles de guerrières!… »

Nous marchons… Nous sommes deux cents filles à peu près, suivies de deux cents hommes. C'est l'été. Il fait une chaleur torride. Progression par petites étapes : marche de vingt kilomètres tous les jours… Et nous qui laissons derrière nous des taches rouges, grosses comme ça, sur le sable… Affaires de femmes… Comment cacher ça en pareilles circonstances? Les soldats qui nous suivent font mine de ne rien remarquer… Mais nous, comment faire? On ne nous donnait rien… Il n'y avait déjà pas assez de coton ni de gaze pour les blessés. Alors pour nous, n'en parlons pas… Le linge destiné aux femmes n'a fait son apparition que deux ans, peut-être, après le début de la guerre. Avant ça, on portait des caleçons d'homme et des maillots de corps comme eux… Donc, disais-je, nous marchons… On se hâte pour arriver au fleuve où les bacs nous attendent. On arrive au point de passage, et juste à ce moment, des avions nous attaquent. Un bombardement terrible, les hommes courent dans tous les sens à la recherche d'un abri. Mais nous, nous n'entendons même pas les bombes, tant nous sommes pressées d'atteindre le fleuve. De plonger dans l'eau… Et nous y restons tant que les taches ne sont pas parties… Heureuses… C'est comme ça… La honte nous effrayait plus que la mort. Plusieurs filles ont péri ce jour-là. Dans l'eau du fleuve. Touchées par des éclats… C'était cela aussi, notre vie de femmes à la guerre…

Et puis c'est la Victoire. Les premiers jours, je marchais dans la rue et n'arrivais pas à le croire. Je m'asseyais à table et je ne croyais pas que c'était la Victoire. La Victoire! Notre victoire…"

Maria Semionovna Kaliberda,
sergent, agent de transmission.

"On était en train de libérer la Lettonie… Nous étions cantonnés près de Daugavpils. C'était la nuit, et j'avais l'intention de faire juste un petit somme. Soudain, j'entends la sentinelle interpeller quelqu'un : « Halte! Qui vive? » Dix minutes plus tard, exactement, on m'appelle chez le commandant. J'entre dans son gourbi, j'y trouve nos camarades rassemblés et un homme en civil. Je me souviens très bien de cet homme. Car, pendant des années, je n'avais vu que des hommes en tenue militaire, en kaki, et celui-là portait un manteau noir avec un col de velours.

« J'ai besoin de votre aide, me dit cet homme. Ma femme est en train d'accoucher à deux kilomètres d'ici. Elle est toute seule, il n'y a personne d'autre à la maison. »

Le commandant me dit :

« C'est dans la zone neutre. Vous savez que ce n'est pas sans danger.

— Cette femme est en train d'accoucher. Je dois l'aider. »

On m'a fourni une escorte de cinq soldats armés de mitraillettes. J'ai préparé un sac de matériel de soins, auquel j'ai ajouté des portiankis toutes neuves en flanelle qu'on m'avait données peu de temps auparavant. Nous voilà partis. Sans cesse, nous essuyons des coups de feu ; heureusement, le tir est tantôt trop court, tantôt trop long. La forêt est si sombre qu'on ne voit même pas la lune. On finit par distinguer les contours d'une sorte de bâtiment. C'était une petite ferme isolée. Quand nous sommes entrés dans la maison, j'ai tout de suite vu la femme. Elle était étendue par terre, enveloppée dans de vieilles nippes. Son mari a aussitôt tiré les rideaux aux fenêtres. Deux soldats sont allés se poster dans la cour, deux autres devant la porte, tandis que le dernier restait auprès de moi pour m'éclairer avec la torche. La femme avait peine à retenir ses plaintes, elle souffrait beaucoup.

Je lui répétais tout le temps :

« Courage, ma jolie. Il ne faut pas crier. Allez, tenez bon. »

On était en zone neutre, vous comprenez. Si jamais l'adversaire remarquait quelque chose, nous étions bons pour une pluie d'obus. Mais quand mes soldats ont entendu que l'enfant était né… « Hourra! Hourra! » Tout bas, comme ça, presque en chuchotant. Un bébé venait de naître en première ligne!

On m'a apporté de l'eau. Il n'y avait rien pour la faire bouillir, alors j'ai nettoyé le bébé à l'eau froide. Je l'ai enveloppé dans mes portiankis. Impossible de trouver autre chose dans la maison, il n'y avait que les vieux chiffons sur lesquels était couchée la mère.

Je suis retournée voir cette femme plusieurs nuits de suite. La dernière fois, c'était juste avant l'offensive. Je leur ai fait mes adieux : « Je ne pourrai plus venir vous voir. Je pars. »

La femme a posé une question en letton à son mari. Il m'a traduit : « Ma femme demande comment vous vous appelez.

— Anna. »

La femme a prononcé quelques mots encore, que son mari à nouveau a traduits : « Elle dit que c'est un très joli nom. En votre honneur, nous appellerons notre fille Anna. »

La femme s'est redressée – elle ne pouvait pas encore se lever – et m'a tendu un joli poudrier de nacre. C'était visiblement ce qu'elle possédait de plus précieux. J'ai ouvert le poudrier, et cette odeur de poudre dans la nuit, quand les tirs se succèdent sans relâche autour de vous, que des obus éclatent… Il y avait là quelque chose… Même aujourd'hui, ça me donne encore envie de pleurer… L'odeur de la poudre, ce couvercle de nacre… Un petit bébé… une petite fille… Il y avait là quelque chose de si familier, quelque chose de la vraie vie des femmes…"

Anna Nikolaïevna Khrolovitch,
lieutenant de la garde, feldscher.

"Une femme dans la marine… C'était impensable et même contre nature. On croyait que ça portait malheur à un navire. Je suis née près de Fastovo et, dans notre village, les commères se sont toujours moquées de maman, jusqu'à sa mort : « À qui as-tu donné naissance ? à une fille ou un garçon ? » J'ai écrit à Vorochilov[1] en personne pour être admise à l'École technique d'artillerie de Leningrad. Et c'est seulement sur son ordre personnel qu'on a bien voulu m'y accepter. J'y étais la seule fille.

Lorsque j'ai eu mon diplôme, on a voulu néanmoins me garder à terre. J'ai décidé alors de dissimuler que j'étais une femme. Mon nom ukrainien de Roudenko me rendait bien service[2]. Un jour,

---

1. Vorochilov (Kliment Iefremovitch) : maréchal soviétique (1881-1969).
2. Une grande partie des noms de famille russes ont une désinence spéciale pour les noms de femmes, par exemple M. Ivanov, mais Mme Ivanova. Le nom ukrainien Roudenko n'a pas de désinence pour le genre féminin et est utilisé indifféremment pour un homme ou une femme.

cependant, je me suis trahie. J'étais occupée à laver le pont. Tout à coup, j'entends un bruit. Je me retourne : je vois un marin en train de poursuivre un chat. Je ne sais toujours pas comment ce chat avait grimpé à bord ; hélas pour lui, il ignorait la superstition (remontant probablement aux premiers navigateurs) qui soutient que les chats et les femmes portent malheur en mer. L'animal n'avait aucune envie de quitter le navire et effectuait des bonds et des pirouettes à faire pâlir de jalousie un footballeur de classe internationale. Tout le monde sur le navire rigolait. Seulement, à un moment, le chat a failli tomber à la mer, j'ai eu peur et j'ai poussé un cri. Et la note, il faut croire, était si aiguë, si féminine, que les rires des hommes se sont interrompus aussitôt. Un silence de mort est tombé.

J'entends la voix du commandant :

« Officier de quart, une femme s'est-elle introduite sur le navire ?

— Impossible, camarade commandant. »

Et là, nouvelle panique : il y a une femme à bord !

… J'ai été la première femme officier de carrière de la marine nationale. Pendant la guerre, je m'occupais de l'armement des navires et des unités de fusiliers marins. Un article est paru à l'époque dans la presse britannique, qui racontait qu'une créature étrange – mi-homme, mi-femme – combattait dans la flotte russe. Et qui insinuait également que personne ne voudrait jamais épouser cette « lady à la dague[1] ». Allons donc, moi, personne ne voudrait m'épouser ? Non, vous vous trompiez, mes bons messieurs ! J'ai été prise pour femme par le plus bel officier…

J'ai été une épouse heureuse, et je suis devenue une mère et une grand-mère heureuse. Ce n'est pas ma faute si mon mari a péri à la guerre. Quant à la marine, je l'ai toujours aimée, et je l'aimerai toute ma vie…"

Taïssia Petrovna Roudenko-Cheveleva,
capitaine de corvette, commandant
d'une compagnie des équipages de la flotte,
aujourd'hui capitaine de frégate à la retraite.

"Je travaillais à l'usine… Une usine de chaînes installée dans notre village de Mikhaltchikovo, district de Kstovo, dans la région de

---

1. La dague est un élément de l'uniforme de parade des officiers de la marine soviétique.

Gorki. Dès que les hommes ont commencé à être appelés au front, j'ai été affectée à une machine-outil pour y remplacer un ouvrier. De là, je suis passée à la forge, comme marteleur, à l'atelier où étaient fabriquées les chaînes de navires.

J'ai fait plusieurs demandes pour partir au front, mais la direction de l'usine me retenait chaque fois à l'usine sous divers prétextes. J'ai écrit alors au comité de district du Komsomol et, en mars 1942, j'ai enfin reçu ma feuille de route. Nous étions plusieurs filles à partir au front, et tout le village est sorti sur la route pour nous faire ses adieux. Nous avons parcouru à pied trente kilomètres jusqu'à Gorki, et là, nous avons été affectées dans des unités différentes. J'ai été envoyée au 784e régiment d'artillerie aérienne de moyen calibre.

Bientôt, j'ai été nommée premier pointeur. Mais ça ne me suffisait pas, je voulais devenir chargeur. Certes, ce travail était tenu pour exclusivement masculin : il fallait soulever des obus de seize kilos et être capable de soutenir une cadence de tir intensif, à raison d'un coup toutes les cinq secondes. Seulement, je n'avais pas travaillé comme marteleur pour rien. Un an plus tard, on m'a collé le grade de caporal-chef et nommée chef de la pièce numéro deux servie par deux filles et quatre hommes. À cause de l'intensité des tirs, les tubes de la pièce étaient portés au rouge et il devenait alors dangereux de tirer. On était obligés, au mépris de toutes les règles, de les refroidir avec des couvertures mouillées. Les pièces ne tenaient pas le coup, mais les hommes, eux, oui. Moi, j'étais une fille robuste, très endurante. Je sais cependant qu'à la guerre je me suis trouvée capable de beaucoup plus que dans la vie ordinaire. Même physiquement. Il me venait, je ne sais d'où, des forces insoupçonnées…

Quand j'ai entendu à la radio la nouvelle de la Victoire, j'ai donné le signal d'alerte aux servants de ma pièce, et leur ai crié mon dernier ordre :

« Azimut, quinze zéro zéro. Hausse, dix zéro. Détonateur cent vingt, cadence dix ! »

Je me suis approchée à mon tour de la pièce et j'ai tiré une salve de quatre coups, en l'honneur de notre Victoire après quatre années de guerre.

Au bruit des tirs, tous ceux qui se trouvaient sur l'emplacement de la batterie ont accouru. Parmi eux, le chef de bataillon Slatvinski. Devant tout le monde, il a ordonné de me mettre aux arrêts pour insubordination, puis il a levé la punition. Et nous avons alors salué tous ensemble la Victoire, cette fois-ci avec nos armes personnelles, et nous sommes tous tombés dans les bras les uns des autres, nous nous sommes tous embrassés. Et ensuite, nous avons pleuré toute la nuit et tout le jour…"

Klavdia Vassilievna Konovalova,
sergent, chef d'une pièce de DCA.

— Je portais un fusil-mitrailleur sur les épaules… Jamais je n'aurais dit qu'il était trop lourd. Car alors, qui m'aurait gardée comme deuxième servant? Inapte au combat : à remplacer! On m'aurait envoyée aux cuisines. Et ça, c'était la pire des hontes. Dieu nous garde de passer toute la guerre aux fourneaux! J'en aurais pleuré…

— Est-ce qu'on envoyait les femmes en mission au même titre que les hommes?

— On s'efforçait de nous protéger. Il fallait vraiment insister pour partir en commando ou bien il fallait le mériter. Faire ses preuves. Pour cela, il fallait posséder une certaine dose d'audace, de témérité, et ce n'était pas le cas de toutes les filles. Il y en avait une, chez nous, Valia, qui travaillait à la cuisine. Elle était si douce, si sensible qu'on ne l'imaginait guère avec un fusil. Dans une situation extrême, bien sûr, elle aurait tiré, mais elle n'était nullement pressée d'aller au combat. Alors que moi, j'en brûlais d'envie…

Auparavant, je ne m'en serais jamais imaginée capable. Enfant, j'avais toujours le nez plongé dans les livres. J'étais une gosse très casanière…

Galina Yaroslavovna Doubovik,
résistante, membre de la 12ᵉ brigade montée
de partisans, dite "brigade Staline".

"Ordre : arriver sur place dans les vingt-quatre heures… Affectation : 713ᵉ hôpital mobile de campagne…

Je me souviens d'être arrivée à l'hôpital vêtue d'une robe noire en voile de coton et chaussée de sandales ; par-dessus la robe, je portais la cape de mon mari. On m'a délivré aussitôt une tenue militaire, mais j'ai refusé de la prendre, car tout était trop grand pour moi, d'au moins trois ou quatre tailles. On a rapporté au directeur de l'hôpital que je refusais de me soumettre à la discipline militaire, mais il n'a pris aucune mesure. Il a décidé d'attendre quelques jours, bien certain que je ne tarderais pas à changer d'avis.

Quelques jours plus tard, l'hôpital s'est déplacé dans un autre endroit, et nous avons essuyé un violent bombardement. Nous avons cherché refuge dans un champ de pommes de terre ; or, avant cela, il avait plu. Vous pouvez imaginer en quoi ont été changées ma robe en voile de coton et mes sandales… Le lendemain, j'étais habillée en soldat. La tenue complète…

C'est ainsi qu'a commencé mon terrible chemin… Jusqu'en Allemagne…

En 1942, aux premiers jours de janvier, nous sommes entrés dans le village d'Afonevka, dans la région de Koursk. Il faisait extrêmement froid. Les deux bâtiments d'école étaient remplis à craquer de blessés, les uns étendus sur des civières, les autres par terre, sur de la paille. Nous manquions de véhicules et d'essence pour les transporter tous à l'arrière. Le directeur de l'hôpital a pris la décision d'organiser un convoi de traîneaux en réquisitionnant ce qu'on trouverait à Afonevka et dans les villages environnants. Le lendemain matin, le convoi est arrivé. Tous les chevaux étaient conduits par des femmes. Dans les traîneaux étaient empilés couvertures de facture artisanale, pelisses, oreillers, et même quelques édredons. Aujourd'hui encore, je ne peux évoquer cette scène sans que les larmes me montent aux yeux… Ce tableau extraordinaire… Chaque femme s'est choisi un blessé, et l'a préparé pour la route en psalmodiant tout bas : « Mon fils adoré », « Allons, mon grand chéri ! », « Allons, mon tout gentil ! » Chacune avait apporté de chez elle un peu de nourriture, y compris des pommes de terre encore tièdes. Elles emmitouflaient les blessés dans les affaires dont elles s'étaient munies, les installaient avec précaution dans les traîneaux. J'ai encore dans les oreilles cette prière, cette douce lamentation de femmes : « Oh ! mon chéri ! », « Oh ! mon gentil… » Je regrette de ne pas avoir demandé leurs noms à ces femmes, j'en ai même du remords.

Je me rappelle aussi notre progression à travers la Biélorussie libérée, et les villages où nous ne croisions aucun homme. Nous n'étions accueillis que par des femmes. Comme s'il n'était resté partout que des femmes…"

Elena Ivanovna Varioukhina,
infirmière.

DU SILENCE DE LA VIE ET DE LA BEAUTÉ DE LA FICTION

"Est-ce que je trouverai les mots qu'il faut ? Je peux raconter comment je me battais. Mais raconter comment je pleurais, ça non, je ne peux pas. Cela restera non dit…

Vous êtes écrivain. Inventez quelque chose. Quelque chose de beau… Pas d'aussi atroce que la vie…"

Anastasia Ivanovna Medvedkina,
simple soldat, mitrailleur.

"Mes mots n'y suffisent pas. Mes simples mots. Il faudrait raconter cela en vers… Il faudrait un poète…"

Anna Petrovna Kaliaguina, sergent,
brancardière.

"Il m'arrive d'entendre de la musique… Ou bien une chanson… Une voix féminine… Et là, je retrouve un peu de ce que je ressentais alors. Quelque chose d'approchant. Mais lorsque je regarde un film sur la guerre, tout me paraît faux, quand je lis un livre – pareil. Ou en tout cas pas tout à fait vrai, pas tout à fait comme les choses pouvaient être. Je commence à en parler moi-même – et ce n'est pas ça non plus. Ce n'était pas comme ça. Ce n'était ni si horrible, ni si beau. Vous ne savez pas quelles belles matinées on peut connaître à la guerre… Avant la bataille… tu regardes et tu sais que c'est peut-être pour toi la dernière… Et la terre est si belle… si belle…"

Olga Nikititchna Zabelina,
chirurgien militaire.

"Moi ? Je ne veux pas parler… Je veux me taire…"

Irina Moïsseïevna Lepitskaïa,
simple soldat, fantassin.

"Je ne me souviens que d'une chose : on a crié : « Victoire ! » Toute la journée, un seul cri a retenti… « Victoire ! Victoire ! » Et nous étions heureux ! Heureux !"

Anna Mikhaïlovna Perepelka,
sergent, infirmière.

"MESDEMOISELLES, SAVEZ-VOUS BIEN QU'UN CHEF DE SECTION DE SAPEURS NE VIT QUE DEUX MOIS…"

Sur quoi portent le plus souvent mes questions ? Qu'est-ce que je tiens le plus à comprendre ?

Sans doute mes questions les plus fréquentes portent-elles sur la mort. Sur leurs relations avec la mort – car celle-ci rôdait en permanence autour d'elles. Aussi près d'elles que la vie. J'essaie de comprendre comment il était possible d'en réchapper au sein de cette interminable expérience d'agonie.

Et peut-on seulement raconter cela ? Si oui, que raconte-t-on ? Sinon, pourquoi ? Qu'est-ce qui est accessible aux paroles et à nos sentiments ?

Parfois, je rentre chez moi après une série d'entretiens avec l'idée que la souffrance, c'est la solitude. L'isolement absolu. D'autres fois, il me semble que la souffrance est une forme particulière de connaissance. Une sorte d'information essentielle. Mais pour nous, il y a dans la souffrance quelque chose de religieux, de presque artistique. Nous sommes une civilisation à part. Une civilisation de larmes. Pourtant, là, ce n'est pas seulement l'abject qui se dévoile à nos yeux, mais aussi le sublime. En dépit de tout, l'homme tient tête. Il s'élève. Et garde sa beauté.

"Quand nous sommes parties au front, nous étions déjà officiers… Sous-lieutenants… On nous a accueillies ainsi : « Bravo, les filles ! C'est bien que vous soyez venues ici. Mais nous ne vous enverrons nulle part. Vous resterez chez nous, à l'état-major. » C'est ainsi qu'on nous a accueillies à l'état-major des troupes du génie. Alors nous avons tourné les talons et sommes parties à la recherche du commandant du front, Malinovski. Pendant que nous déambulions dans le village, la nouvelle s'est répandue que deux jeunes filles étaient après le commandant. Un officier s'approche de nous et nous dit :

« Montrez-moi vos papiers. »

Il les examine.

« Pourquoi cherchez-vous le commandant du front, alors que vous êtes censées vous rendre à l'état-major des troupes du génie ? »

Nous nous sommes plaintes à lui :

« Nous avons été envoyées ici pour y prendre chacune le commandement d'une section de sapeurs, et on veut nous garder à l'état-major ! Mais nous ferons tout pour obtenir d'être chefs d'une section de sapeurs et rien d'autre. En première ligne. »

L'officier nous ramène alors à l'état-major. Là, tout le monde s'est mis à parler et parler à n'en plus finir, la baraque était pleine à craquer, chacun y allait de son conseil, certains même rigolaient. Mais nous, nous tenions tête, nous n'en démordions pas : nous avions reçu un ordre d'affectation, nous devions être chefs d'une section de sapeurs, et point barre. L'officier qui nous avait ramenées là s'est alors fichu en colère :

« Mesdemoiselles ! Savez-vous combien de temps vit un chef de section de sapeurs ? Un chef de section de sapeurs vit deux mois, pas plus...

— Nous le savons, et c'est bien pourquoi nous souhaitons être affectées en première ligne. »

Finalement, voyant que c'était peine perdue, ils se sont résignés à nous donner une section :

« Très bien, on va vous envoyer dans la 5e armée, dans les troupes de choc. Vous savez probablement ce que c'est que des troupes de choc, le nom est suffisamment évocateur. Vous y serez en première ligne en permanence. »

Je ne dis pas toutes les horreurs qu'ils ont pu nous raconter. Mais nous étions contentes :

« Nous sommes d'accord ! »

Nous arrivons donc à l'état-major de la 5e armée. Il y avait là un capitaine très galant et bien élevé qui nous a merveilleusement reçues. Mais quand il a entendu que nous n'avions pas l'intention d'être autre chose que chefs d'une section de sapeurs, il s'est pris la tête dans les mains :

« Non et non ! Mais quelle idée ! Nous allons vous trouver du travail ici, à l'état-major. Non, quoi, vous plaisantez, il n'y a que des hommes dans les sections, et d'un seul coup, il faudrait que leur chef soit une femme! C'est de la folie. Non mais vraiment, quelle idée! »

Ils nous ont travaillées ainsi pendant deux jours. Encore une fois! Nous n'avons pas cédé d'un pouce : chefs d'une section de sapeurs et rien d'autre. Pas de compromis. Mais ce n'était encore rien… Finalement… Finalement, nous obtenons nos affectations. On me conduit à la section que je dois commander… Les soldats me regardent : les uns avec un sourire ironique, certains avec méchanceté, d'autres haussent les épaules en faisant une telle moue que le message est tout de suite clair. Quand le commandant du bataillon vient à me présenter comme le nouveau chef de section, tout le monde pousse un cri de protestation : « Ou-ou-ouh! » L'un va même jusqu'à cracher par terre : « Pouah! »

Mais un an plus tard, lorsqu'on m'a remis l'ordre de l'Étoile rouge, ces mêmes gars – du moins ceux qui étaient restés en vie – me portaient en triomphe jusqu'à mon gourbi. Ils étaient fiers de moi.

Si vous me demandez de quelle couleur est la guerre, je vous dirai : couleur de terre. Normal, pour un sapeur… Noire, jaune, couleur d'argile…

Nous marchons en je ne sais quel endroit… Nous bivouaquons dans la forêt. Nous avons allumé un feu de camp, les flammes dansent, et tout le monde est assis là, paisible, silencieux, certains se sont même déjà assoupis. Je m'endors en regardant le feu, je dors les yeux ouverts : des phalènes, des moucherons sont attirés par les flammes, toute la nuit durant, ils volent autour sans un bruit, sans un frémissement, pour disparaître en silence au sein de cette grande torche. D'autres arrivent… C'était pareil pour nous. Nous marchions et marchions sans relâche. Nous roulions en un flot ininterrompu…

Deux mois plus tard, je n'ai pas été tuée, j'ai été blessée. La première fois, la blessure était légère. Et j'ai cessé de penser à la mort… "

Stanislava Petrovna Volkova, sous-lieutenant,
chef d'une section de sapeurs.

"Dans mon enfance… C'est par mon enfance que je vais commencer… À la guerre, c'étaient les souvenirs d'enfance, justement, que je redoutais le plus. Car à la guerre, mieux vaut ne pas se rappeler les moments les plus tendres… La tendresse, c'est interdit… Tabou.

Alors, voilà... Dans mon enfance, mon père me tondait la boule à zéro. Ça m'est revenu quand on nous a coupé les cheveux, et que, de jeunes filles, nous nous sommes trouvées soudain métamorphosées en pioupious. Certaines étaient effarées... Mais moi, je n'ai eu aucun mal à m'y faire. J'étais dans mon élément. Mon père avait bien des motifs de soupirer : « Ce n'est pas une fille que nous avons faite, mais un garçon. » Mais la cause principale en était une sorte de passion qui me tenait et à laquelle je dois d'avoir reçu de mes parents plus d'une paire de taloches : l'hiver, je sautais du haut d'un ravin abrupt pour atterrir dans la neige qui recouvrait l'Ob gelé. Après les cours, j'enfilais un vieux pantalon matelassé de mon père et le nouais par-dessus mes bottes de feutre avec une ficelle. J'enfonçais les pans de ma grosse veste dans le pantalon et serrais solidement la ceinture. J'avais sur la tête une chapka, les oreillettes nouées sous le menton. Et c'est dans ce costume que je me dirigeais vers le fleuve, en me dandinant comme un ours. Là, je m'élançais de toutes mes forces et bondissais du haut du ravin...

Ah ! Quelle sensation c'était, de voler dans le vide et de plonger la tête la première dans la neige ! J'en avais le souffle coupé ! D'autres filles essayaient de m'imiter, mais ça tournait toujours mal pour elles : l'une se foulait une cheville, une autre se cassait le nez sur un bloc de neige durcie, une troisième était victime de je ne sais quel autre malheur... Mais quant à moi, j'étais plus leste et plus agile que tous les garçons de mon âge.

J'ai parlé de mon enfance... Parce que je n'ai pas envie de parler tout de suite de sang...

Nous sommes arrivées à Moscou en septembre 1942. On nous a trimballées pendant une semaine entière sur la ligne périphérique. À chaque arrêt, Kountsevo, Perovo, Otchakovo, etc., des filles débarquaient du train. Des « acheteurs », comme on dit, venaient, des commandants de différentes unités et de différentes armes, et cherchaient à nous persuader de devenir tireurs d'élite, brancardières, radios... Mais tout cela ne me tentait guère. Finalement, de tout le convoi, nous ne sommes restées que treize. On nous a regroupées dans un wagon de marchandises aménagé pour le transport de troupes. Deux voitures seulement stationnaient sur la voie de garage : la nôtre et celle de l'état-major. Pendant deux jours, personne n'est venu nous voir. On riait et on chantait la vieille chanson : « Oublié, abandonné... » Au soir du deuxième jour, nous avons vu trois officiers, accompagnés du chef du convoi, se diriger vers nos wagons.

Des « acheteurs »! Ils étaient grands, élancés, la taille bien prise dans leur ceinturon. Le manteau tiré à quatre épingles, les bottes rutilantes, avec des éperons. Alors là, oui! Nous n'en avions encore jamais vu d'aussi beaux. Ils sont montés dans la voiture de l'état major et nous avons collé nos oreilles contre la paroi pour entendre ce qui se disait. Le chef leur montrait ses listes et présentait brièvement chacune de nous : nom, lieu de résidence, formation. Finalement, nous avons entendu répondre : « Elles nous conviennent toutes. »

Alors, le chef du convoi est descendu du wagon et nous a ordonné de nous mettre en rang. « Souhaitez-vous apprendre l'art de la guerre? » nous a-t-on demandé. Eh! comment aurions-nous pu ne pas le souhaiter? Bien sûr que nous le souhaitions. Énormément! C'était même notre rêve! Personne parmi nous n'a demandé où nous irions étudier ni quel serait l'objet exact de nos études. « Lieutenant-chef Mitropolski, conduisez ces jeunes filles à l'École militaire. » Chacune a passé sa musette à l'épaule, nous nous sommes alignées en colonne par deux, et l'officier nous a guidées à travers les rues de Moscou. La Moscou bien-aimée... Notre capitale... Belle même en ces jours difficiles... Si chère à nos cœurs... L'officier marchait vite, à grands pas, et nous avions du mal à le suivre. Ce n'est qu'au cours d'une réunion à Moscou, à l'occasion du trentième anniversaire de la Victoire, que Sergueï Fiodorovitch Mitropolski nous a avoué, à nous, anciennes élèves de l'École du génie militaire de Moscou, combien il avait honte de nous conduire ainsi à travers la ville. Il s'efforçait de se tenir à distance de manière à ne pas attirer l'attention sur lui. Pour ne pas être associé à ce troupeau de filles... Ça, bien sûr, nous ne le savions pas et nous courions presque après lui pour le rattraper. Ah! nous devions offrir un joli spectacle!

Enfin... Dès les premiers jours à l'École militaire, j'ai écopé de deux corvées supplémentaires : tantôt c'était l'amphithéâtre mal chauffé qui ne me convenait pas, tantôt je ne sais quoi... Vous savez, les habitudes prises à l'école... Toujours est-il que j'ai été servie selon mes mérites : une première corvée, puis une autre... Très vite, elles se sont accumulées. Au moment de la pose des sentinelles dans la rue, les autres élèves m'ont remarquée et se sont mis à rire : voilà le planton en titre! Pour eux, c'était drôle, mais moi, je n'allais plus aux cours, et je ne dormais pas de la nuit. Dans la journée, j'étais condamnée à rester debout à la porte du dortoir, à côté d'une petite commode, et la nuit, je devais cirer le plancher de la caserne. Comment s'y prenait-on à l'époque ? Je vais vous l'expliquer... Et en détail... Ça ne se faisait pas du tout comme maintenant, où il y a des brosses spéciales, des ponceuses à parquet, etc. À l'époque... après le signal d'extinction des feux, j'ôtais mes bottes pour ne pas les tacher avec l'encaustique, j'enroulais autour de mes pieds des lambeaux de vieux manteau, qui, maintenus avec de la ficelle, me faisaient comme des sortes d'espadrilles. Ensuite, je répandais l'encaustique sur le sol et l'étalais avec une brosse − pas une brosse en nylon, une brosse en crin, dont des touffes entières restaient collées au plancher. Enfin, après toutes ces opérations, je commençais à jouer des pieds. Il fallait frotter jusqu'à ce que ça brille comme un miroir. Ah ! en une nuit, j'avais le temps d'être dégoûtée de danser ! Mes jambes engourdies me faisaient mal, je ne pouvais plus redresser le dos, la sueur m'inondait les yeux. Au matin, je n'avais même plus la force de crier à la compagnie : « Debout ! » Et dans la journée, je ne pouvais pas m'asseoir un instant, car le planton devait rester tout le temps debout, à côté de la commode. Une fois, il m'est arrivé une drôle d'histoire... Je me tenais à mon poste de planton, après m'être acquittée du ménage de la caserne. J'avais tellement sommeil que j'ai senti que j'allais tomber. Je me suis accoudée à la commode et je me suis assoupie. Brusquement, j'entends quelqu'un ouvrir la porte du local. Je me redresse d'un bond : c'était l'officier de service du bataillon. Je porte la main à ma tempe et lance : « Camarade lieutenant, la compagnie a eu quartier libre. » Il me regarde avec de grands yeux ronds et ne peut étouffer un rire. C'est alors seulement que je me rends compte que, dans ma hâte, étant gauchère, j'ai porté la main gauche à mon calot. J'essaie de vite changer de main, mais c'est trop tard. J'ai commis une nouvelle faute...

J'ai mis longtemps à piger que ce n'était pas un jeu ni une école ordinaire, mais un établissement d'enseignement militaire. Une préparation à la guerre. Et qu'un ordre donné par un supérieur avait valeur de loi pour un subordonné.

Du dernier examen, je me rappelle la dernière question :

« Combien d'erreurs commet un sapeur dans sa vie ?

— Un sapeur ne commet qu'une seule erreur dans sa vie.

— Eh oui ! jeune fille... »

Puis est venue la formule consacrée :

« Vous êtes libre, élève Baïrak. »

Et j'ai connu la guerre. La vraie guerre…

On m'a conduite à ma section. Je lance : « Section, garde-à-vous ! » mais la section ne montre aucune intention de bouger. L'un reste couché, l'autre assis à fumer, un troisième s'étire en faisant craquer ses os : « Ah-ah ! » Bref, on fait mine de ne pas me remarquer. Les hommes étaient furieux que des éclaireurs comme eux, qui en avaient déjà vu de toutes les couleurs, soient tenus d'obéir à une gamine de vingt ans. Je le comprenais et je me suis vue obligée d'ordonner : « Repos ! »

À ce moment, des tirs d'artillerie ont éclaté. J'ai sauté dans un fossé, mais comme j'avais un manteau tout neuf, je ne me suis pas allongée au fond, dans la gadoue, mais collée sur le côté, dans la neige qui n'avait pas encore fondu. C'est ce qui arrive quand on est jeune : on pense plus à son manteau qu'à sa vie. Une gamine idiote ! Que voulez-vous, mes soldats ont bien rigolé…

Enfin, voilà… En quoi consistaient ces missions de reconnaissance dont était chargé le génie ? Durant la nuit, les soldats creusaient un trou pour deux au milieu du no man's land. Avant l'aube, je rampais jusqu'à cette mini-tranchée, accompagnée d'un chef de groupe, et les soldats nous camouflaient. Et nous restions ainsi embusqués une journée entière, terrifiés à l'idée d'esquisser un mouvement de trop. Au bout d'une heure ou deux, on avait les mains et les pieds gelés, même équipés de valenkis et d'une bonne veste fourrée. On se transformait en glaçon. En bonhomme de neige… Ça, c'était l'hiver. Sous la neige… L'été, il fallait rester immobiles dans la chaleur torride ou bien sous la pluie. Nous passions toute la journée à tout surveiller très attentivement et à dresser une sorte de carte d'observation de la première ligne. Nous notions tous les changements visibles à la surface du sol. Si nous découvrions de nouveaux monticules ou bien des mottes de terre, de la neige sale, de l'herbe piétinée ou encore des traînées dans la rosée, c'était bon pour nous… C'était notre objectif… Il était clair que les sapeurs allemands avaient installé là des champs de mines. Et s'ils avaient dressé une barrière de barbelés, il était indispensable d'en connaître la longueur et la largeur. Et de savoir quelles mines étaient utilisées. Des mines antipersonnel, des mines antichars ou des mines surprises ? Nous repérions également les positions d'artillerie de l'adversaire…

Avant l'offensive de nos troupes, on travaillait pendant la nuit. On sondait tout le terrain centimètre par centimètre. On ménageait des couloirs à travers les champs de mines... On était tout le temps en train de ramper. Et moi, je faisais la navette entre les différents groupes. J'avais toujours le plus de mines « à mon compte »...

Il m'est arrivé plein d'histoires... Il y en aurait assez pour tourner un film... Toute une série télévisée...

Dans un village libéré, des officiers nous avaient invités à déjeuner. J'avais accepté, car les sapeurs n'étaient pas toujours ravitaillés en nourriture chaude, ils vivaient principalement sur leurs rations de guerre. Tout le monde est déjà installé à la table de cuisine, quand mon attention est attirée par le poêle russe dont la porte est fermée. Je m'approche pour examiner celle-ci de plus près. Les officiers me taquinent : cette femme-là, elle croit voir des mines jusque dans les chaudrons. Je réponds aux plaisanteries, et là, je remarque soudain un petit trou percé tout en bas, à gauche de la porte. Je regarde plus attentivement et découvre un fil très fin qui pénètre à l'intérieur du foyer. Je me retourne aussitôt vers la table : « La maison est minée, je prie tout le monde de quitter la pièce. » Les officiers font silence et me considèrent avec incrédulité : personne n'a envie de sortir de table. Ça sent bon la viande et la pomme de terre frite... Je répète : « Videz immédiatement les lieux ! » Avec mes sapeurs, on se met au travail. D'abord, on démonte la porte du poêle. Avec des ciseaux, on coupe le fil... Et là... Et là... À l'intérieur du poêle, il y avait plusieurs grands quarts émaillés d'un litre, liés ensemble par une ficelle. Le rêve du soldat ! Bien mieux que nos simples gamelles. Et tout au fond du foyer se trouvaient deux gros paquets enveloppés de papier noir. Vingt kilos d'explosif à peu près. Et on me parlait de chaudrons !

Une autre fois, nous traversions l'Ukraine, nous étions dans la région de Stanislav, aujourd'hui région d'Ivano-Frank. La section reçoit un ordre : déminer d'urgence une raffinerie de sucre. Chaque minute était précieuse : on ignorait par quel moyen l'usine avait été piégée ; si un mécanisme d'horlogerie avait été enclenché, on pouvait s'attendre à une explosion à n'importe quel instant. Nous sommes partis en mission à marche forcée. Il faisait doux, nous portions des vêtements légers. Comme on passait près d'une position d'artillerie longue portée, un canonnier bondit soudain hors de sa tranchée et hurle : « Alerte ! Un moulin ! » Je lève la tête pour chercher ce « moulin » dans le ciel, mais je n'aperçois aucun avion. Tout alentour était parfaitement calme et silencieux. Où était-il alors, ce mystérieux « moulin » ? Soudain, un de mes sapeurs demande l'autorisation de sortir des rangs. Il s'approche de l'artilleur et lui balance une gifle. Avant que j'aie le temps de comprendre ce qui se passe, l'artilleur se met à brailler : « Les gars, on s'en prend à un des vôtres ! » D'autres surgissent alors de la tranchée et viennent entourer mon sapeur. Sans réfléchir plus longtemps, les hommes de ma section laissent tomber à terre sondes, détecteurs de mines et sacs à dos, et se ruent au secours de leur camarade. Une bagarre s'engage. Je n'arrivais toujours pas à comprendre ce qui s'était passé. Pourquoi ma section avait-elle déclenché ce pugilat ? Chaque minute comptait, et eux se mêlaient de faire le coup de poing. Je lance un ordre : « Section, à vos rangs ! » Personne n'y prête attention. Je dégaine alors mon pistolet et tire un coup de feu en l'air. D'un bond, des officiers sortent de leur casemate. Pas mal de temps s'écoule avant qu'on réussisse à calmer tout le monde. Un capitaine s'approche de ma section et demande : « Qui commande ici ? » Je me présente à lui. Il écarquille les yeux, la mine presque désemparée. Puis il m'interroge : « Que s'est-il passé ? » Je suis incapable de lui répondre puisque je ne le sais pas moi-même. Alors, mon adjoint s'avance et explique la raison de l'échauffourée. C'est ainsi que j'ai appris ce qu'était un « moulin » : il s'agissait d'un terme insultant pour désigner une femme. Quelque chose comme une traînée, une grue. De l'argot du front...

Vous savez... Nous parlons là en toute franchise... À la guerre, je m'efforçais de ne penser ni à l'amour, ni à l'enfance. Ni à la mort. Je vous l'ai dit : j'observais un certain nombre de tabous, pour être capable de survivre. Je m'interdisais en particulier tout ce qui était doux et tendre. Je m'interdisais même d'y penser. D'en évoquer le souvenir. C'est dans Lvov libéré que, pour la première fois, on nous a accordé quelques soirées de permission. Pour la première fois depuis le début de la guerre... Et tout le bataillon est allé voir un film au cinéma de la ville. Au début, c'était très bizarre de se retrouver là, assise dans un fauteuil moelleux, avec sous les yeux le joli décor d'une salle calme et confortable. Avant le début de la séance, il y a eu des attractions : un orchestre, des numéros d'artistes. Le film terminé, on a organisé un bal dans le hall. On a dansé la polka, la cracovienne, le paso doble et à la fin, bien sûr, l'immuable « danse russe ». C'était la musique surtout qui agissait sur moi... J'avais du mal à croire qu'on se battait encore quelque part et que nous allions bientôt retourner en première ligne. Et que la mort rôdait tout près...

Et puis, deux jours plus tard, ma section a reçu l'ordre de ratisser un terrain assez accidenté qui s'étendait entre un village et une voie ferrée. Plusieurs véhicules y avaient sauté sur des mines... Nos gars sont partis le long de la chaussée, munis de détecteurs. Il tombait une petite pluie glacée. Tout le monde était trempé jusqu'aux os. Mes bottes étaient complètement imbibées, j'avais l'impression de traîner des semelles de pierre, tant elles étaient devenues lourdes. J'avais fourré les pans de ma capote dans ma ceinture pour qu'ils ne se prennent pas dans mes jambes. Ma petite chienne, Nelka, courait devant moi au bout de sa laisse. Dès qu'elle découvrait un obus ou une mine, elle s'asseyait à côté et attendait que les démineurs aient terminé leur travail. Mon amie fidèle... La voilà justement qui s'arrête tout à coup... Elle attend en gémissant... Mais à ce moment, on me fait passer un message : « Lieutenant, un général vous demande. » Je regarde en arrière : une Willis est garée sur un chemin de traverse. J'enjambe le fossé, libère tout en courant les pans de mon manteau, rectifie mon ceinturon et mon calot. Ma tenue, néanmoins, laissait beaucoup à désirer.

Arrivée à la voiture, j'ouvre la portière et commence à me présenter :

« Camarade général, conformément à votre ordre... »

Je l'entends répondre :

« Repos ! »

Je me tiens toujours au garde-à-vous. Mais le général ne me prête même pas attention, il scrute la route à travers la vitre de sa voiture. Nerveux, il consulte sans arrêt sa montre. Moi, je reste là, debout. Il s'adresse à son ordonnance :

« Mais où donc est ce chef des sapeurs ? »

Je tente à nouveau de me présenter :

« Camarade général... »

Il tourne enfin la tête vers moi et lâche avec agacement :

« Nom de Dieu, fous-moi la paix ! »

Je devine soudain le malentendu et réprime un fou rire. L'officier d'ordonnance est le premier à concevoir un soupçon :

« Camarade général, peut-être est-ce elle, justement, le chef de section ? »

Le général me dévisage :

« Qui es-tu ?

— Le chef de la section de sapeurs, camarade général.

— Tu es chef de section, toi ? s'exclame-t-il, indigné.

— Oui, camarade général !

— Ce sont tes sapeurs qui travaillent là ?

— Oui, camarade général !

— Cesse de rabâcher 'général', 'général'... »

Il descend de voiture, fait quelques pas, puis se tourne à nouveau vers moi pour me toiser du regard. À son ordonnance :

« Tu as vu ça ? »

Puis il me demande :

« Quel âge as-tu, lieutenant ?

— Vingt ans, camarade général.

— Tu es de quel coin ?

— De Sibérie. »

Il m'a encore longuement interrogée puis m'a proposé de me joindre à son unité de chars. Il était scandalisé de me voir dans une tenue aussi lamentable : jamais il ne l'aurait toléré. Ils avaient besoin à tout prix d'une escouade de sapeurs.

Finalement, il m'entraîne à l'écart et tend le bras en direction d'un bois :

« C'est là que sont stationnés mes 'bahuts'. Je voudrais les faire passer par ce remblai de voie ferrée. Il n'y a plus ni rails ni traverses, mais le chemin peut être miné. Rends un service d'amie à mes tankistes : inspecte la voie. C'est la route la plus directe et la plus commode pour avancer jusqu'en première ligne. Tu sais ce que c'est qu'une attaque surprise ?

— Oui, camarade général.

— Allez, porte-toi bien, lieutenant. Et tâche de survivre jusqu'à la victoire. Elle est pour bientôt. Tu comprends ? »

L'ancienne voie de chemin de fer avait en effet été minée. Nous l'avons vérifié.

Tout le monde avait envie de vivre jusqu'à la victoire...

En octobre 1944, notre bataillon, incorporé dans le 210e détachement spécial de déminage, entrait sur le territoire de Tchécoslovaquie, avec les troupes du Quatrième Front ukrainien. Nous étions partout accueillis dans la liesse. Qu'une jeune femme soit à la tête d'une section d'hommes, et qu'elle-même, par-dessus le marché, soit sapeur-mineur faisait sensation. J'avais les cheveux coupés à la garçonne, je portais pantalon et tunique d'uniforme, j'avais de plus acquis des manières d'homme, bref, j'avais tout d'un adolescent. Il m'arrivait d'entrer dans un village à cheval, et là, il devenait très difficile de deviner à qui l'on avait affaire, cependant les femmes en avaient l'intuition et me dévisageaient avec une attention redoublée. L'intuition féminine… C'était drôle… C'était vraiment drôle, lorsque j'arrivais dans la maison qu'on m'avait assignée pour logement, et que mes logeurs découvraient que leur hôte était certes un officier, mais pas un homme. Beaucoup en restaient bouche bée… Comme dans les films muets… Je n'exagère pas… Mais j'avoue que ça me plaisait bien. Ça me plaisait d'ébahir ainsi les gens. En Pologne, même chose. Je me souviens d'un village, où une vieille m'a caressé la tête. J'ai deviné ce qu'elle pensait et demandé : « *Co pani rogi na mne szukaje?* » : « Est-ce que madame cherche à voir si j'ai des cornes ? » Elle s'est trouvée confuse et a répondu que non, qu'elle voulait seulement réconforter « *taku mlodu panenku* » : « une si jeune demoiselle ».

Quant aux mines, il y en avait à chaque pas. Des quantités. Une fois, on pénètre dans une maison et quelqu'un y remarque de magnifiques bottes en *box-calf*. Il tend déjà la main pour s'en emparer, quand je lui crie : « N'y touche pas ! » Je me suis approchée pour les examiner de près, et il s'est révélé qu'effectivement, elles étaient piégées. Nous avons vu des fauteuils, des commodes, des crédences, des poupées, des lustres piégés… Les habitants nous demandaient de déminer leurs rangs de tomates, de pommes de terre, de choux. Une fois, à seule fin de déguster des varenikis[1], les hommes de ma section se sont vus contraints de déminer non seulement un champ de blé mais aussi le fléau qui devait nous servir à battre le grain…

Enfin… J'ai traversé la Tchécoslovaquie, la Pologne, la Hongrie, la Roumanie, l'Allemagne… Mais il me reste peu d'impressions en mémoire, j'ai conservé surtout des sortes de photographies mentales du relief des localités traversées. Des blocs erratiques… De l'herbe haute… Était-elle vraiment si haute ou bien est-ce une illusion due au fait qu'elle rendait la progression et le travail avec sondes et détecteurs de mines incroyablement difficiles ? Je me rappelle aussi une multitude de ruisseaux et de ravins. D'épais fourrés, des barrières de

---

1. Plat ukrainien typique : de gros raviolis au fromage blanc ou aux fruits rouges.

barbelés posés sur des pieux pourris, des champs de mines recouverts de végétation sauvage. Des parterres de fleurs laissés à l'abandon. Des mines y étaient immanquablement planquées : les Boches adoraient les parterres de fleurs. Une fois, dans un champ, des paysans armés de pelles arrachaient des pommes de terre, tandis que, dans le champ voisin, nous étions, nous, occupés à déterrer des mines…

En Roumanie, à Dej, je me suis trouvée logée dans la maison d'une jeune Roumaine qui parlait bien le russe. Sa grand-mère, m'a-t-elle appris, était russe. Cette femme avait trois enfants. Son mari était mort à la guerre, qui plus est dans les rangs de la division des volontaires roumains. Mais elle aimait rire et s'amuser. Un jour, elle m'a invitée à aller au bal avec elle. Elle m'offrait de me prêter des vêtements. La tentation était grande. J'avais envie de me distraire un peu, de me sentir femme. J'ai mis mon pantalon, ma vareuse et mes bottes en *box-calf*, et j'ai enfilé par-dessus le costume national roumain : longue chemise de coton brodée, jupe de laine à carreaux moulante et large ceinture d'étoffe noire serrant la taille. Je me suis couvert la tête d'un châle bariolé à longues franges. Et comme, à force de crapahuter dans les montagnes, j'avais fortement bruni au soleil pendant l'été, si l'on exceptait mon nez pelé et quelques mèches blanches débordant sur mes tempes, rien ne me distinguait d'une vraie Roumaine. Une vraie jeune fille de Roumanie…

Il n'y avait pas de club, aussi les jeunes se rassemblaient-ils chez l'un ou l'autre des leurs. Quand nous sommes arrivées, la musique jouait déjà et l'on dansait. J'ai retrouvé là presque tous les officiers de mon bataillon. D'abord, j'ai eu peur d'être reconnue et démasquée, c'est pourquoi je suis allée m'asseoir très à l'écart, afin de ne pas attirer l'attention. Quitte à dissimuler à moitié mon visage sous mon châle, je tenais au moins à profiter du spectacle… Cependant, après avoir été invitée plusieurs fois à danser par un de nos officiers qui s'obstinait à ne pas me reconnaître sous mon rouge à lèvres et mon fard à paupières, j'ai commencé à me sentir gaie et rieuse. Je m'amusais comme une folle… Il me plaisait d'entendre dire que j'étais belle. J'ai reçu ce soir-là beaucoup de compliments… J'ai dansé et dansé…

La guerre a pris fin, mais, durant une année entière, nous avons continué à déminer des champs, des lacs, des rivières. Pendant la guerre, on balançait tout à l'eau, l'important était de passer, d'arriver à temps au but. Mais désormais, il fallait penser à autre chose…

À la vie… Pour les sapeurs, la guerre s'est terminée plusieurs années après la guerre, ils ont combattu plus longtemps que quiconque. Et savez-vous ce que c'est que de redouter sans cesse une explosion après la Victoire… Je ne vous le raconterai pas… Je n'en suis pas capable… Non, non! La mort après la Victoire est la mort la plus atroce. La plus insensée… La plus intolérable…

Enfin, bon… En guise de cadeau pour la nouvelle année 1946, on m'a donné dix mètres de satinette rouge. J'ai ri : « Allons, à quoi cela va-t-il bien pouvoir me servir? À me confectionner une robe rouge quand j'aurai été démobilisée, peut-être? Une robe de la Victoire? » Je voyais juste… Mon ordre de démobilisation ne s'est pas fait attendre… Comme il était d'usage, mon bataillon a organisé pour moi une cérémonie d'adieu. Au cours de la soirée, les officiers m'ont offert un grand châle bleu très finement tricoté ; j'ai dû les remercier en chantant évidemment *Le Petit Châle bleu*[1]. Et j'ai continué à leur chanter des chansons toute la soirée.

Dans le train, j'ai eu une poussée de fièvre. J'avais la figure tout enflée, je ne pouvais même plus ouvrir la bouche. C'étaient mes dents de sagesse qui perçaient… Je revenais de guerre…"

Appolina Nikonovna Litskevitch-Baïrak,
sous-lieutenant, chef d'une section de sapeurs.

---

1. L'une des chansons les plus populaires pendant la guerre, chantée par la célèbre chanteuse de l'époque, Klavdia Chouljenko.

"LE VOIR, AU MOINS UNE FOIS…"

Ce sera une histoire d'amour.

L'amour est le seul événement personnel qu'on connaisse à la guerre. Tout le reste est collectif. Même la mort.

Qu'est-ce qui a été pour moi une surprise ? Le fait, sans doute, que les femmes me parlaient de l'amour avec moins de franchise que de la mort. Elles passaient toujours quelque chose sous silence, elles dissimulaient, comme pour protéger un secret sinon se protéger elles-mêmes. On devine bien de quoi elles se protégeaient : des insultes et des calomnies de l'après-guerre. Car elles en ont eu leur lot ! Si l'une d'elles se décidait à se montrer absolument sincère, si un aveu lui échappait, elle concluait forcément sur cette prière : "Changez mon nom, je ne veux pas qu'on sache." En revanche, cet espace de vie amoureuse inséré dans la guerre, elles le briquaient jusqu'à le rendre éclatant ; jusqu'à lui donner un tour littéraire. On me rapportait des histoires surtout romantiques et tragiques. De belles histoires, en fait.

Bien sûr, ce n'est pas toute la vie. Pas toute la vérité. Mais c'est leur vérité. Dans l'histoire, il est bien des pages muettes qui nous émeuvent autant que des paroles. Comme ici…

D'UNE MAUDITE BONNE FEMME ET DES ROSES DE MAI

"La guerre m'a pris mon amour… L'être que j'avais de plus cher…
L'unique…

La ville était sous les bombes. Ma sœur Nina accourt chez moi, nous nous faisons nos adieux. Elle me dit : « Je vais m'engager dans une équipe de volontaires des services de santé, mais je ne sais pas où les trouver. » Et voici ce dont je me souviens : je la regarde, c'était l'été, elle portait une robe légère, et je vois sur son épaule gauche, ici, près du cou, un grain de beauté. C'était ma sœur, mais c'était la première fois que je remarquais ce détail. Je la regarde et je pense : « Je te reconnaîtrai n'importe où. »

Et il me vient un sentiment si poignant... Un tel amour... À me briser le cœur...

Toute la population quittait Minsk. Les routes étaient mitraillées, on marchait par les bois. Une fillette crie : « Maman, c'est la guerre ! » Notre unité battait en retraite. Nous passons à côté d'un grand champ, le seigle montait en épi. Une isba de paysan, au toit très bas, se dresse non loin de la route. C'est déjà la région de Smolensk... Une femme se tient au bord de la chaussée, et on a l'impression qu'elle est plus grande que sa bicoque. Elle est entièrement vêtue de lin, brodé de motifs populaires russes. Les bras croisés sur la poitrine, elle s'incline, les soldats passent et elle s'incline devant eux en disant : « Dieu fasse que vous retourniez chez vous. » Et vous savez, elle s'incline ainsi devant chacun pour lui répéter chaque fois ces paroles. Tout le monde avait les larmes aux yeux...

Son souvenir m'a accompagnée pendant toute la guerre... Et puis, cet autre épisode... c'était en Allemagne, à l'époque où nous pourchassions les Boches en sens inverse. Un village... Deux Allemandes sont assises dans une cour, affublées de leurs coiffes, et prennent le café. Comme si la guerre n'avait pas eu lieu... Et je me dis : « Mon Dieu ! chez nous tout est en ruine, chez nous les gens se creusent des trous dans la terre pour se loger, chez nous, on en est réduit à manger de l'herbe, et vous, vous êtes assises là, à siroter du café. » Nos camions passaient devant elles, transportant nos soldats, et elles buvaient du café...

Plus tard je voyageais à travers notre pays... Et qu'est-ce que j'ai vu ? Un poêle russe qui seul subsistait de tout un village. Un vieux assis et, debout derrière lui, ses trois petits-enfants. Il avait probablement perdu son fils et sa bru. Sa vieille rassemblait des braises pour allumer le foyer. Elle avait accroché sa veste ; visiblement, ils venaient de rentrer de la forêt. Et rien ne cuisait dans ce poêle...

Un sentiment si poignant... Un tel amour...

Oui, la haine, la colère – tout se trouvait mêlé. Mais tenez... Notre convoi un jour s'arrête. Je ne me rappelle pas pour quelle raison :

travaux sur les voies, peut-être, ou changement de locomotive… Je suis assise à côté d'une infirmière, et deux de nos soldats sont occupés à faire cuire de la kacha. Deux prisonniers allemands sortis je ne sais d'où s'approchent de nous et nous demandent à manger. Il se trouvait que nous avions du pain. Nous en prenons une miche, que nous coupons en deux pour la leur donner. J'entends les soldats, devant leur marmite de kacha, protester :

« Tu as vu tout ce que ces toubibs ont refilé, comme pain, à nos ennemis ! » Suivi d'un autre commentaire, du genre : « Qu'est-ce qu'elles peuvent savoir de la vraie guerre, elles ont passé leur temps planquées dans des hôpitaux… »

Quelques instants plus tard, d'autres prisonniers s'approchent de ces mêmes soldats. Et celui qui vient de nous adresser des reproches dit à un Allemand :

« Quoi, tu veux bouffer ? »

L'autre se tient coi… Il attend. Un autre soldat passe une miche à son copain :

« Bon, d'accord, coupe-lui-en un morceau. »

Le premier coupe une tranche de pain pour chacun. Les Allemands prennent le pain, mais restent là, sans bouger : ils ont vu la kacha en train de cuire.

« Bon, allez, dit un autre soldat, file-leur de la kacha.

Mais elle n'est pas encore prête. »

Les Allemands, comme s'ils comprenaient notre langue, ne bougent pas. Ils attendent. Finalement, les soldats ajoutent du lard dans la kacha et leur en servent une portion dans des boîtes de conserve vides.

Voilà l'âme du soldat russe. Ils nous désapprouvaient, mais eux-mêmes ont donné du pain à leur ennemi, et aussi de la kacha, et seulement après avoir assaisonné celle-ci de lard. Voilà ce dont je me souviens…

C'est un sentiment si vif… Du pur amour… Pour tout le monde…

La guerre était terminée depuis longtemps, je m'apprêtais à partir en vacances. C'était au moment de la crise de Cuba. Le monde entier était à nouveau plongé dans l'inquiétude. Je prépare ma valise, j'y range des robes, des chemisiers. Est-ce que je n'ai rien oublié ? J'attrape la sacoche contenant tous mes papiers et en tire mon livret militaire. Je me dis : « En cas de malheur, j'irai tout de suite au bureau de recrutement, sur place. »

J'arrive au bord de la mer. Je me repose, et puis, un jour, au restaurant du sanatorium, je raconte à quelqu'un que j'ai pris avec moi, avant de partir, mon livret militaire. J'ai dit ça comme ça, sans arrière-pensée ni désir de faire l'intéressante. Mais un homme à notre table s'en est trouvé bouleversé :

« Non vraiment, il n'y a que la femme russe pour avoir l'idée d'emporter son livret militaire au moment de partir en vacances, avec dans l'esprit de foncer au bureau de recrutement s'il arrive quoi que ce soit ! »

Je me rappelle son enthousiasme. Son admiration.

Et maintenant, je vais vous parler de l'amour... De mon amour...

Je suis partie au front avec mon mari. Nous sommes partis à deux. Nous ne voulions pas être séparés.

Voici ce dont je me souviens...

Le combat est terminé... Nous sommes étendus dans l'herbe fauchée. On a du mal à croire au silence. Il passe ses mains sur l'herbe, l'herbe est si douce... Et il me regarde... Me regarde avec de tels yeux...

Son équipe est partie en reconnaissance. On les a attendus pendant deux jours... Pendant deux jours, je n'ai pas fermé l'œil... Puis, je me suis assoupie. Je me réveille parce que j'ai senti qu'il était assis à côté de moi et me regardait. « Couche-toi et dors. – Ce serait dommage de dormir maintenant. »

Un sentiment si fort... Un tel amour... À me briser le cœur...

J'ai beaucoup oublié, j'ai presque tout oublié. Je ne me rappelle que le plus atroce, qui a supplanté le reste. Le plus atroce...

Nous traversions la Prusse-Orientale, tout le monde parlait déjà de la Victoire. Il est mort... Il est mort sur le coup... Touché par un éclat d'obus... Une mort instantanée. L'affaire d'une seconde. On m'a avertie, j'ai accouru... Je l'ai enlacé, j'ai empêché qu'on l'emporte. Qu'on l'enterre. À la guerre, on enterrait vite : ceux qui étaient morts au cours de la journée, si les combats progressaient rapidement, on les ramassait tous sans attendre, on les rassemblait de partout et l'on creusait une grande fosse commune. Où ils étaient ensevelis. Parfois, seulement sous une couche de sable sec. Et si vous regardiez longuement ce sable, vous aviez l'impression de le voir bouger. Trembler. S'agiter. Car en dessous, il y avait des vivants – des hommes qui vivaient encore quelques heures plus tôt... Je me souviens d'eux... Et j'ai empêché qu'on l'enterre là. Je voulais que nous ayons encore une nuit ensemble. Je voulais encore lui parler… Le voir…

Au matin… j'ai décidé de le ramener chez nous. En Biélorussie. Or, c'était à trois mille kilomètres. Autour de nous, c'était la guerre. Tout le monde a pensé que le chagrin m'avait fait perdre la raison. « Tu dois te calmer. Tu devrais dormir un peu. » Non! Non! Je suis allée d'un général à l'autre, et je suis remontée ainsi jusqu'à Rokossovski, le commandant du front. D'abord, il a refusé… Il m'a prise pour une folle!

J'ai réussi à obtenir un deuxième rendez-vous avec lui :

« Voulez-vous que je vous supplie à genoux ?

— Je vous comprends… Mais il est déjà mort…

— Je n'ai pas d'enfants de lui. Notre maison a brûlé. Je ne possède même plus une photographie. Je n'ai plus rien. J'aurai au moins sa tombe. Et un endroit où retourner après la guerre. »

Il ne répond pas. Il arpente son bureau. De long en large.

« Avez-vous déjà aimé ? »

Il reste silencieux.

« Alors, je veux mourir ici, moi aussi. Mourir! À quoi bon vivre sans lui ? »

Il est resté un long moment sans répondre. Puis il s'est approché de moi et m'a baisé la main.

On m'a donné un avion spécial, pour une nuit. Je suis montée dans l'avion… J'ai embrassé le cercueil… Et j'ai perdu connaissance…"

Efrossinia Grigorievna Bréous,
capitaine, médecin.

"La guerre nous a séparés… Mon mari était au front. J'ai été évacuée d'abord à Kharkov, puis en Tatarie. J'ai trouvé un emploi là-bas. Un jour, on vient me chercher au travail. Mon nom de jeune fille est Lissovskaïa, et j'entends appeler : « Sovskaïa! Sovskaïa! » Je réponds : « C'est moi! » On me dit alors : « Allez au NKVD, faites-vous délivrer un laissez-passer et partez pour Moscou. » Pourquoi? Personne ne m'a rien expliqué, et je ne savais pas. En temps de guerre… Je prends donc le train, en imaginant que peut-être mon mari a été blessé et qu'on m'appelle à son chevet. J'étais sans nouvelles de lui, voyez-vous, depuis déjà quatre mois. J'avais l'intention, si je le retrouvais infirme, amputé des bras, des jambes, de le ramener tout de suite à la maison. Ensuite, on se débrouillerait bien pour vivre!

J'arrive à Moscou, je me rends à l'adresse qui m'a été indiquée. Je lis sur la plaque : « CC PCB » (Comité central du parti communiste de Biélorussie) : il s'agissait, autant dire, du siège de notre gouvernement biélorusse. Il y avait là plein de femmes comme moi qui attendaient. Nous posons des questions : « Que se passe-t-il ? Pourquoi nous a-t-on fait venir ici ? » On nous répond : « Vous allez tout savoir dans un instant. » Nous pénétrons dans une pièce où se trouvent déjà le secrétaire du Comité central de Biélorussie, le camarade Ponomarenko, et d'autres camarades. On me demande : « Aimeriez-vous retourner là d'où vous venez ? » Moi, d'où je viens, c'est de Biélorussie. Bien sûr que ça me plairait. Et c'est ainsi que je suis expédiée dans une école spéciale, où je reçois une préparation avant d'être envoyée à l'arrière de l'ennemi.

Aujourd'hui, nous terminons le stage, le lendemain on nous fait embarquer dans des camions qui nous emmènent vers la ligne de front. Ensuite, nous poursuivons à pied. Je ne savais pas ce qu'était que le front, ce qu'était une zone neutre. Un ordre est donné : « Préparez-vous ! État d'alerte numéro un. » Bang ! – on tire des fusées. Je vois la neige d'une blancheur parfaite, et, dessus, une longue file d'hommes : c'est nous, couchés les uns derrière les autres. Nous sommes nombreux. La dernière fusée s'éteint. Pas de coups de feu. Nouvel ordre : « Au pas de charge ! » Et nous nous élançons en courant. C'est ainsi que nous sommes passés…

Une fois ralliés les rangs des partisans, j'ai reçu, par je ne sais quel miracle, une lettre de mon mari. C'était une telle joie, c'était si inattendu, il y avait deux ans que je ne savais plus rien de lui. Et là, un avion nous a largué des vivres, des munitions… Et du courrier… Et au milieu de ce courrier, dans ce sac de grosse toile, il y avait une lettre pour moi. Je m'adresse alors, par écrit, au Comité central. J'écris que je ferai tout ce qu'on me demandera, pourvu que je puisse retrouver mon mari. Et, à l'insu du chef de notre détachement, je remets ma lettre au pilote. Bientôt, j'apprends la nouvelle : on nous a transmis par radio qu'après exécution de notre mission notre groupe est attendu à Moscou. Notre groupe spécial au grand complet. On nous expédiera ensuite ailleurs… Tout le monde doit s'envoler, et spécialement la nommée Fedossenko.

Nous attendons l'avion. C'est la nuit, il fait noir comme dans un four. Un avion décrit des cercles au-dessus de nous, puis, soudain, nous largue des bombes. C'était un Messerschmitt, les Allemands nous avaient repérés. Il entame un nouveau virage, et entre-temps, notre avion, un U-2, descend pour se poser, juste devant le sapin sous lequel je suis postée. Le pilote a à peine touché le sol qu'il commence à remonter, car il sait que sitôt que le Boche aura achevé sa courbe, il reviendra nous mitrailler. Alors je m'accroche à l'aile et je crie : « J'ai besoin d'aller à Moscou ! J'ai une autorisation ! » Il lâche une bordée de jurons, puis : « Grimpe ! » C'est ainsi que nous avons fait le vol à deux. Il n'y avait ni blessés… ni personne.

En plein mois de mai, à Moscou, je me trimballais en valenkis. Je suis allée au théâtre chaussée de valenkis. Et c'était merveilleux. J'écris à mon mari : comment pouvons-nous nous retrouver ? Pour l'instant, je suis dans la réserve… Mais on me fait des promesses… Partout, je réclame : envoyez-moi là où est mon mari, donnez-moi ne serait-ce que deux jours, accordez-moi de le voir au moins une fois, et puis, je reviendrai et vous pourrez m'envoyer où vous voudrez. Tout le monde hausse les épaules. Je finis malgré tout par apprendre, grâce au numéro postal de son unité, à quel endroit mon mari combat. Je me présente en premier lieu au comité régional du Parti, j'indique l'adresse de mon mari, je présente les papiers attestant que je suis sa femme, et je dis que je veux le rencontrer. On me répond que c'est impossible, qu'il est en première ligne et que je ferais mieux de rentrer chez moi. Mais moi, je suis tellement brisée, affamée, comment puis je reculer ? Je vais trouver le commandant d'armes. Il me regarde et donne aussitôt l'ordre de me fournir de quoi me vêtir un peu. On me donne une vareuse, une ceinture. Il entreprend alors de me dissuader :

« Ravisez-vous, voyons, c'est très dangereux là où est votre mari… »

Je reste assise là, à pleurer. Il finit par se laisser émouvoir et me délivre un laissez-passer.

« Avancez-vous sur la grand-route, me dit-il, vous y trouverez un agent de la circulation, il vous indiquera comment y aller. »

Je trouve la grand-route en question, puis l'agent de la circulation, il me fait monter dans une voiture. J'arrive à la position occupée par l'unité de mon mari, tout le monde là-bas est étonné, il n'y a que des militaires dans les environs. « Qui êtes-vous ? » me demande-t-on. Je ne peux pas dire : la femme d'un tel. Comment dire ça, alors que des bombes explosent partout autour de nous ?… Je réponds que je suis sa sœur. Je ne sais pas même pourquoi j'ai dit « sa sœur ». « Attendez un peu, me dit-on, il y a encore six kilomètres pour arriver là-bas. » Mais comment puis-je attendre, après la longue route que j'ai déjà faite ? Or, justement, des voitures arrivaient de là-bas pour chercher la soupe, et, parmi le personnel, il y avait un adjudant, un rouquin couvert de taches de son. Il me dit :

« Fedossenko, oui, je le connais. Mais il est vraiment dans la tranchée... »

À force de prières, j'ai réussi à le convaincre de m'emmener. On me fait grimper dans une voiture, on roule, mais on ne voit rien... La forêt... Un chemin qui la traverse... Pour moi, c'était nouveau : la première ligne, et personne, nulle part. Quelques coups de feu qui éclatent, de temps à autre. Enfin on arrive. L'adjudant-chef demande :

« Où est Fedossenko ? »

On lui répond :

« Ils sont partis hier en reconnaissance, l'aube les a surpris là-bas, ils attendent la nuit pour rentrer. »

Mais ils avaient une liaison radio. On a informé ainsi mon mari que sa sœur était là. « Quelle sœur ? » a-t-il demandé. « Une rousse. » Or, sa sœur était brune. Il a donc tout de suite deviné quelle sorte de sœur le réclamait. J'ignore comment il a réussi à se dégager de l'endroit où ils étaient, mais toujours est-il que mon Fedossenko est bientôt apparu, et c'est là qu'ont eu lieu nos retrouvailles. Quelle joie c'était...

Je suis restée auprès de lui une journée, puis une autre. Finalement, j'ai pris une décision :

« Va à l'état-major et expose la situation. Je veux rester ici avec toi. »

Il s'en va trouver ses supérieurs, et moi, je ne respire plus : et si on lui dit que je dois avoir décampé dans les vingt-quatre heures ? On est au front, n'est-ce pas, ça pourrait se comprendre. Et puis, tout à coup, je vois les grands chefs entrer dans notre gourbi : le major, le colonel. Tous me tendent la main pour me saluer. Puis, bien sûr, on s'est assis là, on a bu et chacun y est allé de son discours : une femme était venue retrouver son mari dans les tranchées, et c'était sa vraie femme, elle avait des documents pour le prouver. Ça, c'était une femme ! Qu'on nous laisse contempler cette femme-là ! Ils prononçaient ce genre de paroles, et tous, ils pleuraient. Je me souviendrai toute ma vie de cette soirée...

Je suis restée chez eux, comme aide-soignante. Je partais avec lui en reconnaissance. Un jour, des tirs de mortiers. Je le vois tomber. Je pense : mort ou blessé? Je cours dans sa direction, mais le mortier continue de tirer, et le commandant me lance :

« Où vas-tu, maudite bonne femme? »

Je m'approche en rampant : il est en vie…

Au bord du Dniepr, une nuit, à la lumière de la lune, on m'a remis l'ordre du Drapeau rouge. Mon mari a été blessé, grièvement. Nous avions couru ensemble, marché ensemble dans les marécages, rampé ensemble. La mitrailleuse était embusquée, mettons, à droite, et nous, nous rampions dans les marécages par la gauche, et nous nous aplatissions tellement contre le sol que, même si la mitrailleuse était à droite, il a néanmoins été blessé au flanc gauche. Il a été touché par une balle explosive, et alors tu peux toujours courir pour appliquer un pansement, quand la fesse est atteinte. Tout était déchiré, et la boue, et la terre, tout avait pénétré dans la plaie. Or, nous cherchions à sortir d'un encerclement. Nous n'avions nulle part où évacuer les blessés, je n'avais pas non plus de médicament sur moi. Notre unique espoir était de percer les lignes ennemies. Lorsque nous l'avons fait, j'ai accompagné mon mari jusqu'à l'hôpital. Le temps que je le conduise à bon port, il était devenu impossible d'enrayer la septicémie. C'était le jour du Nouvel An… Il était en train de mourir… Je comprenais bien qu'il allait mourir… Il avait été décoré à plusieurs reprises, j'ai rassemblé toutes ses médailles, et je les ai posées près de lui. C'était l'heure de la visite du médecin, et lui dormait. Le médecin s'approche :

« Vous devez sortir d'ici. Il est mort. »

Je réponds :

« Chut! Il est encore vivant. »

Mon mari ouvre les yeux, juste à cet instant, et dit :

« On dirait que le plafond est devenu bleu. »

Je regarde :

« Non, Vassia, le plafond n'est pas bleu, il est blanc. »

Mais lui, il le voyait bleu.

Son voisin lui lance :

« Toi, Fedossenko, si jamais tu t'en tires, tu pourras chouchouter ta femme.

— Je la chouchouterai, va », acquiesce-t-il.

Je ne sais pas... il sentait sans doute qu'il était en train de mourir, car il m'a pris par les mains, m'a attirée contre lui et m'a embrassée. Vous savez, comme quand on embrasse pour la dernière fois :

« Lioubotchka, c'est tellement dommage ; pour tout le monde, c'est le Nouvel An, et toi et moi, nous sommes ici... Mais ne t'en fais pas, nous avons encore toute la vie devant nous... »

Alors qu'il ne lui restait plus que quelques heures à vivre, il lui est arrivé ce pépin, à cause duquel il a fallu lui changer sa literie... Je lui ai mis un drap propre, j'ai refait le pansement à sa jambe, mais il fallait le hisser sur son oreiller, c'était un homme, il était lourd, je me penche sur lui, très bas, pour le redresser et je sens que tout est fini, que dans un instant, il ne sera plus... J'ai eu envie de mourir, moi aussi... Mais je portais notre enfant sous mon cœur, et c'est ce qui m'a retenue... J'ai survécu à ces jours-là... Je l'ai enterré le 1er janvier, et trente-huit jours plus tard, mon fils est né, il est de 1944, et lui-même a déjà des enfants. Mon mari s'appelait Vassili, mon fils s'appelle Vassili Vassilievitch, et j'ai un Vassia pour petit-fils... Vassiliok[1]..."

Lioubov Fominitchna Fedossenko,
simple soldat, aide-soignante.

"Nous regardions tout le temps la mort en face...

Il y avait tant de blessés, et on avait tant pitié d'eux tous, que lorsqu'on se voyait impuissantes, que le gars était en train de mourir... et qu'on ne pouvait rien faire... on avait envie d'avoir le temps au moins de l'embrasser. D'avoir pour lui un geste de femme, à défaut de pouvoir agir en tant que médecin. De lui sourire...

Plusieurs années après la guerre, un homme m'a avoué qu'il se rappelait mon sourire de jeune fille. Or, pour moi, c'était un blessé comme les autres, je n'avais même pas gardé souvenir de lui. Il m'a confié que mon sourire l'avait ramené à la vie, l'avait ramené de l'autre monde, comme on dit... Un sourire de femme..."

Vera Vladimirovna Chevaldycheva,
lieutenant-chef, chirurgien.

---

1. Vassia est un diminutif de Vassili. Quant à Vassiliok, c'est à la fois un autre diminutif de Vassili, très tendre, et le nom d'une fleur, le bleuet.

"Nous sommes arrivées sur le Premier Front biélorusse... Vingt-sept jeunes filles. Les hommes nous regardaient avec admiration : « Ni des blanchisseuses, ni des téléphonistes, mais des filles tireurs d'élite. C'est bien la première fois que nous voyons ça. Et quelles filles! » Un adjudant-chef a composé un poème en notre honneur. Le sens en était qu'il espérait que les filles restent émouvantes comme les roses de mai, et que la guerre n'aille pas estropier leurs âmes.

Au moment de partir au front, chacune de nous avait fait un serment : celui de n'y avoir aucune aventure. Tout cela nous viendrait, si nous en réchappions, après la guerre. Or, avant la guerre, nous n'avions pas même eu le temps de connaître un premier baiser. Nous portions sur ces choses-là un regard plus strict que les jeunes gens d'aujourd'hui. Pour nous, s'embrasser, ça voulait dire s'aimer toute la vie. Mais à la guerre, l'amour était comme frappé d'interdit (si les supérieurs apprenaient quelque chose, l'un des amoureux était muté dans une unité différente, on les séparait tout bonnement), aussi fallait-il le ménager, le protéger.

Je crois que si je n'étais pas tombée amoureuse à la guerre, je n'aurais pas survécu. Ou bien, j'aurais survécu, mais avec une autre âme. L'amour nous sauvait. Il m'a sauvée..."

Sofia Kriegel, sergent-chef, tireur d'élite.

"Vous m'interrogez sur l'amour ? Je n'ai pas peur de dire la vérité... J'ai été EDC, ce qui veut dire épouse de campagne. Épouse de guerre, si vous préférez. Une deuxième. Illégitime.

Mon premier était chef de bataillon.

Je ne l'aimais pas. C'était un type bien, mais je ne l'aimais pas. Et pourtant, je l'ai rejoint dans son gourbi au bout de quelques mois. Que serais-je devenue sinon ? Il n'y avait que des hommes autour de moi, alors mieux valait vivre avec l'un d'eux qu'avoir constamment peur de tous. J'étais moins anxieuse durant le combat qu'après, surtout si on était de repos, et qu'on se trouvait éloignés du front avant d'être regroupés. Tant que l'ennemi tirait, tant qu'on était sous le feu, ils appelaient : « Infirmière! Frangine! » mais après le combat, chacun te guettait... Impossible, la nuit, de sortir de son gourbi... Les autres filles ne vous l'ont pas dit ? Je pense qu'elles ont eu honte... Elles ont préféré passer ça sous silence. Elles sont trop fières! Mais c'est comme ça que les choses se passaient... Parce que personne n'avait envie de mourir… C'est rageant de devoir mourir quand on est si jeune… Et puis, pour les hommes, c'était dur de rester quatre ans sans femmes… Dans notre armée, il n'y avait pas de bordels, et on ne distribuait pas non plus de comprimés. Peut-être ailleurs prêtait-on attention à ce problème, mais pas chez nous. Quatre ans… Seuls les chefs pouvaient se permettre quelques privautés, mais pas les simples soldats. C'était passible de sanctions. Mais on n'en parle pas… Moi, par exemple : au bataillon, j'étais la seule femme et je partageais un gourbi avec d'autres. Tous hommes. On m'avait attribué une place à l'écart, mais de quel écart pouvait-il être question quand le gourbi ne faisait pas six mètres carrés? Je me réveillais la nuit, car j'agitais les bras sans arrêt : je giflais l'un, je tapais sur les mains d'un autre… Quand j'ai été blessée et que je me suis retrouvée à l'hôpital, je continuais là aussi à gesticuler dans mon sommeil. L'aide-soignante me réveillait la nuit : « Qu'est-ce que tu as? » Mais à qui raconter ça?

Mon premier a été tué par une mine.

Mon deuxième était lui aussi chef de bataillon…

Celui-là, je l'aimais. Je l'accompagnais au combat, juste pour rester à ses côtés. Je l'aimais, même s'il avait une femme qu'il me préférait et deux enfants. Il me montrait leurs photos. Et je savais qu'après la guerre, s'il était encore en vie, il retournerait auprès d'eux. À Kalouga. Et alors? Nous avons connu des instants si heureux! Nous avons vécu un tel bonheur! Par exemple, nous revenons du combat… Un combat terrible… Et nous sommes vivants… Jamais il ne connaî-trait la même chose avec quelqu'un d'autre. Ça ne marcherait pas. Je le savais… Je savais qu'il ne serait pas heureux sans moi… Qu'il ne le pourrait plus…

À la fin de la guerre, je suis tombée enceinte. C'est moi qui l'ai voulu… Mais j'ai élevé notre fille toute seule, il ne m'a pas aidée. Il n'a pas levé le petit doigt. Pas un cadeau, pas une lettre. Des cartes postales. La guerre s'est terminée, l'amour s'en est allé. Comme une chanson… Il est parti retrouver sa femme légitime, ses enfants. Il m'a laissé sa photo en souvenir. Moi, je ne voulais pas que la guerre se termine… C'est terrible d'avouer ça… Je ne voulais pas… Je suis folle. Je savais bien que notre amour prendrait fin en même temps que la guerre. Son amour… Mais je lui suis quand même reconnais-sante des sentiments qu'il m'a fait découvrir, que j'ai connus avec lui. Lui, je l'ai aimé toute ma vie, j'ai conservé mes sentiments intacts à

travers toutes ces années. Je n'ai plus aucune raison de mentir. Oui,
à travers toute ma vie! Je ne regrette rien…

Ma fille me le reproche : « Maman, pourquoi l'aimes-tu ? » Mais
je l'aime… Récemment, j'ai appris qu'il était mort. J'ai beaucoup
pleuré… Et je me suis même brouillée à cause de cela avec ma fille :
« Pourquoi pleures-tu ? Pour toi, il y a longtemps qu'il est mort. »
Elle ne me comprend pas, mais moi, je suis comme ça. Je l'aime
encore aujourd'hui.

La guerre, c'est la meilleure période de ma vie, parce que c'est le
temps où j'aimais. Où j'étais heureuse.

Mais je vous en supplie, ne marquez pas mon nom. C'est à cause
de ma fille… "

Sofia K-vitch, brancardière.

"Quels souvenirs je garde ? Pendant la guerre…

On m'a conduite à mon unité… En première ligne. Le commandant m'a accueillie avec ces paroles : « Ôtez votre bonnet, s'il
vous plaît. » J'étais plutôt étonnée… J'ai obéi cependant… Au
bureau de recrutement, on nous avait tondues comme des gars,
mais le temps qu'on en termine avec les camps d'entraînement,
puis qu'on parvienne jusqu'au front, mes cheveux avaient un peu
repoussé. Ils recommençaient à boucler, car j'étais frisée à l'époque.
Frisée serré comme un mouton… Aujourd'hui, on ne le devine-
rait pas… Le voilà donc qui me regarde, me regarde : « Je n'ai pas
vu de femme depuis deux ans. Que je puisse au moins te regarder
un peu… »

Après la guerre…

Après la guerre, j'ai habité dans un appartement communautaire.
Toutes mes voisines avaient un mari, elles passaient leur temps à
me chercher noise. Elles m'insultaient : « Ha ! ha ! ha !… Raconte-
nous donc comment tu b… là-bas avec les hommes… » Tantôt
elles versaient du vinaigre dans ma casserole de pommes de terre,
tantôt elles y ajoutaient une grosse cuillère de sel… Et elles riaient,
très contentes d'elles…

Mon commandant a été démobilisé. Il est venu me rejoindre.
Nous nous sommes mariés. Mais un an plus tard, il m'a quittée pour
une autre femme, la directrice de la cantine de notre usine : « Elle
sent bon le parfum, alors que toi, tu traînes une odeur de bottes et
de portiankis. »

À la guerre, j'avais connu un homme, après la guerre, j'en découvrais un autre. À la guerre, les hommes sont différents. Sans femmes, ils sont différents… Sans femmes et devant la mort… devant les balles…"

Ekaterina Nikititchna Sannikova,
sergent, tirailleur.

D'UN ÉTRANGE SILENCE
DEVANT LE CIEL ET D'UNE BAGUE PERDUE

"Quand j'ai quitté Kazan pour aller au front, j'étais une gamine de dix-neuf ans…

Six mois plus tard, j'écrivais à maman qu'on m'en donnait vingt-cinq ou vingt-sept. Chaque jour dans la peur, dans l'horreur. Un éclat qui vole, et on croit être écorchée vive. Et les hommes qui meurent. Qui meurent chaque jour, à chaque heure qui passe. On a le sentiment même qu'il en meurt à chaque instant. On manquait de draps pour recouvrir les morts. On les déposait dans leur tombe en linge de corps. Un silence terrible régnait dans les chambres. Je ne me souviens pas d'avoir connu ailleurs un tel silence. Quand un homme est à l'agonie, il regarde toujours vers le haut, jamais il ne regarde de côté ou dans ta direction, si tu es auprès de lui. Seulement vers le haut… Vers le plafond… Mais ce plafond, il le regarde comme si c'était le ciel…

Et je me disais que je serais incapable d'entendre le moindre mot d'amour au milieu de cet enfer. Que je ne pourrais y croire. La guerre a duré plusieurs années, et pourtant je ne me rappelle aucune chanson. Même pas la célèbre *Casemate*. Aucune chanson… Tout ce dont je me souviens, c'est qu'au moment de mon départ pour le front les cerisiers de notre verger étaient en fleur. En m'éloignant, je regarde derrière moi : « Peut-être est-ce la dernière fois que je vois des cerisiers en fleur. » Par la suite, j'ai sûrement croisé d'autres vergers au bord des routes. Ils continuaient bien à fleurir, n'est-ce pas ? même pendant la guerre. Mais je n'en ai conservé aucun souvenir. À l'école, j'étais du genre rieuse, mais là, je ne souriais jamais. Si je voyais une des filles s'épiler les sourcils ou se mettre du rouge à

lèvres, je me sentais indignée. Je réprouvais cela de manière catégo-
rique : comment est-ce possible, comment peut-elle vouloir plaire
à quelqu'un en des temps pareils ?

Il y a partout des blessés, partout des gémissements... Des morts
au visage jaune verdâtre. Comment pourrait-on penser à la joie ? À
son propre bonheur ? Je ne voulais pas associer l'amour à cela. À cela,
vous voyez... Il me semblait qu'ici, confronté à pareille ambiance,
n'importe quel amour dépérirait dans l'instant. Sans solennité, sans
beauté, quel amour est possible ? Lorsque la guerre serait finie, alors
oui, on aurait une belle vie. On connaîtrait l'amour. Mais ici... Ici,
non ! Et puis, si je venais à mourir, celui qui m'aurait aimée souf-
frirait. Et je souffrais, moi, à l'imaginer. C'est ainsi que je ressentais les choses...

L'homme qui aujourd'hui est mon mari me faisait la cour là-
bas, nous nous sommes rencontrés au front. Mais je ne voulais pas
l'écouter : « Non, non, quand la guerre sera finie, là nous pourrons
en parler. » Je n'oublierai jamais le jour où, de retour d'un combat,
il m'a demandé : « As-tu un corsage ? Mets-le, s'il te plaît. Laisse-
moi regarder comment tu es en corsage. » Mais je n'avais rien, à
part ma vareuse.

Même à une de mes amies, qui s'est mariée au front, je disais :
« Il ne t'a jamais offert de fleurs. Il ne t'a jamais fait la cour. Et du
jour au lendemain, vous vous mariez. Est-ce bien ça, l'amour ? » Je
n'approuvais pas ses sentiments...

La guerre a pris fin... Nous nous regardions et nous ne parvenions pas à croire que c'était vrai et que nous étions encore en vie.
Désormais, nous allions vivre... Nous allions aimer... Mais nous
avions oublié tout cela, nous ne savions plus comment on s'y prenait. Je suis rentrée chez moi et je suis allée avec maman me commander une robe. Ma première robe de l'après-guerre.

Mon tour arrive, on me demande :

« Quel modèle souhaitez-vous ?

— Je ne sais pas.

— Comment cela ? Vous venez dans un atelier de couture et vous
ne savez pas quel genre de robe vous voulez ?

— Non, je ne sais pas... »

Moi, depuis cinq ans, je n'avais pas vu une seule robe. J'avais
même oublié comment ça se confectionnait, une robe. Toutes
ces histoires de pinces, d'échancrures... De taille basse et de taille

haute… Pour moi, c'était du chinois. J'ai acheté des chaussures à talons, je les ai essayées un peu à la maison puis les ai enlevées. Je les ai rangées dans un coin et je me suis dit : « Jamais je n'apprendrai à marcher avec ça… »"

Maria Selivestrovna Bojok, infirmière.

— Je tiens à me souvenir… Je tiens à dire que j'ai rapporté de la guerre un extraordinaire sentiment. Je ne saurais tout bonnement exprimer par des mots quel enthousiasme, quelle admiration les hommes nous témoignaient. J'ai partagé avec eux les mêmes gourbis, dormi sous les mêmes soupentes, accompli les mêmes missions, et quand je mourais de froid au point de sentir ma rate geler dans mon ventre, ma langue geler dans ma bouche, quand j'étais sur le point de perdre connaissance, je demandais : "Micha, déboutonne ta pelisse, réchauffe-moi." Il me réchauffait : "Alors, ça va mieux ? – Oui, ça va mieux."

Je n'ai jamais plus rencontré cela dans la vie. Mais il était impossible de penser à quoi que ce soit de personnel, quand la patrie était en danger.

— Mais il y avait des histoires d'amour ?

— Oui, il y en avait. J'ai été témoin de quelques-unes… Mais vous m'excuserez, j'ai peut-être tort, et ce n'est sans doute pas tout à fait naturel, mais dans mon for intérieur, je désapprouvais ces personnes-là. Je considérais que ce n'était pas le moment de penser à l'amour. Nous étions environnés par le mal. Par la haine. Je crois que beaucoup partageaient ce sentiment… Mes amies le partageaient…

— Quel genre de fille étiez-vous avant la guerre ?

— J'aimais chanter. J'aimais rire. Je voulais devenir aviatrice. J'avais autre chose à penser qu'à l'amour ! Pour moi ce n'était pas l'essentiel dans la vie. L'essentiel, c'était la patrie. Nous étions différentes… très différentes de vous. Nous avions la foi…

Elena Viktorovna Klenovskaïa, partisane.

— À l'hôpital… Ils étaient tous heureux. Ils étaient heureux parce qu'ils étaient restés en vie. Un lieutenant de vingt ans souffrait d'avoir perdu une jambe. Mais à l'époque, au milieu du malheur généralisé, il nous semblait qu'il avait eu de la chance : il était en vie, alors une jambe en moins, vous pensez, la belle affaire !…

L'important, c'était d'être en vie. Il connaîtrait encore l'amour, il aurait une femme, il aurait tout! Aujourd'hui, oui, avoir une jambe en moins c'est horrible, mais à l'époque, il fallait les voir tous sautiller sur un pied, fumer, rire. Ils étaient des héros, pour tout dire! Alors, vous parlez!

— Il y en avait là-bas, parmi vous, qui tombaient amoureuses?

— Bien sûr, nous étions si jeunes. Dès que de nouveaux blessés nous arrivaient, nous tombions forcément amoureuses de l'un d'eux. Une de mes copines s'était éprise d'un lieutenant-chef, le pauvre était couvert de blessures. Elle me le montre : tiens, c'est lui. Mais, moi aussi, bien sûr j'ai décidé qu'il me plaisait. Le jour où on est venu le chercher pour le transporter ailleurs, il m'a réclamé une photo de moi. Mais je n'en possédais qu'une seule : un portrait de groupe pris dans je ne sais plus quelle gare. J'ai pris cette photo pour la lui donner, et puis j'ai réfléchi : et si jamais ce n'était pas ça, le vrai amour, je lui aurais fait cadeau de ma photo pour rien? Déjà on l'emporte, je lui tends la main, j'ai la photo dans mon poing, mais je ne me décide pas à desserrer les doigts. Et voilà la fin d'un amour...

Puis, il y a eu Pavlik, un lieutenant, lui aussi. Il souffrait beaucoup, alors je lui avais glissé du chocolat sous son oreiller. Et quand nous nous sommes retrouvés, vingt ans après la guerre, il a voulu remercier mon amie Lilia Drozdova pour ce chocolat. Lilia lui répond : "Quel chocolat?" J'ai alors avoué que c'était moi... Et il m'a embrassée... Vingt ans après, il m'a embrassée...

Svetlana Nikolaïevna Lioubitch,
auxiliaire civile du service de santé.

"Un jour après un concert... Dans un grand hôpital d'évacuation[1]... Le médecin-chef s'approche de moi et me dit : « Nous avons un tankiste grièvement blessé que nous avons installé dans une chambre à part. Il ne réagit pratiquement à rien, peut-être trouverait-il du réconfort à vous entendre chanter. » Je me rends dans cette chambre. De ma vie, je n'oublierai cet homme qui n'avait réussi que par miracle à s'extirper de son char en feu et se trouvait brûlé de la tête aux pieds. Il était allongé sur son lit, immobile, le

---

1. Hôpital de regroupement situé dans la zone frontalière d'où l'on dirigeait les blessés, après leur avoir prodigué les premiers soins, vers les hôpitaux de l'arrière.

visage noir, les yeux morts. J'avais la gorge nouée, et j'ai mis plusieurs minutes à me reprendre en main. Puis, j'ai commencé à chanter doucement... Et j'ai vu le visage du blessé s'animer légèrement...
L'homme a chuchoté quelques mots. Je me suis penchée sur lui et
j'ai entendu : « Chantez encore... » Alors j'ai chanté, chanté, tout
mon répertoire y est passé, jusqu'à ce que le médecin-chef me dise :
« Je crois bien qu'il s'est endormi... »"

Lilia Alexandrovskaïa, artiste.

"Chez nous, c'étaient le chef de bataillon et Liouba Silina...
Comme ils s'aimaient tous les deux! Comme ils s'aimaient! Tout
le monde le voyait... Il partait au combat, elle s'y précipitait derrière lui. Elle disait qu'elle ne se le pardonnerait jamais, s'il venait à
mourir loin d'elle, si elle n'était pas là pour le voir à son dernier instant. « Puissions-nous être tués ensemble, disait-elle. Qu'un même
obus nous emporte tous les deux. » Ils avaient l'intention de mourir
ensemble ou de survivre ensemble. L'amour pour nous ne se divisait
pas en aujourd'hui et demain, seul aujourd'hui comptait. Chacun
savait que la personne qu'on aimait à l'instant présent pouvait fort
bien n'être plus quelques minutes après. À la guerre, le temps n'est
pas le même... il s'écoule de manière différente...

Au cours d'un combat, le chef de bataillon a été grièvement blessé,
tandis que Liouba s'en tirait avec une simple égratignure due à une
balle. Il a été dirigé vers l'arrière, et elle est restée seule sur place.
Comme elle était enceinte, il lui a remis une lettre : « Va trouver
mes parents. Quoi qu'il puisse m'arriver, tu es ma femme. Et nous
élèverons tous deux notre fils ou notre fille. »

Plus tard, Liouba m'a écrit que les parents de son homme ne les
avaient pas acceptés, elle et l'enfant, qu'ils les avaient chassés. Et que
le chef de bataillon était mort...

Et néanmoins, je l'enviais... Malgré tout, elle avait été heureuse...

À la guerre, tout se déroulait plus vite : la vie comme la mort. Tout
se passait dans une autre dimension. Là-bas, en l'espace de quelques
années, nous avons vécu une vie entière. Nous avons éprouvé tous
les sentiments..."

Nina Leonidovna Mikhaï,
sergent-chef, infirmière.

"Le jour anniversaire de la Victoire...

Nous nous sommes réunies pour notre traditionnelle rencontre. Je sors de l'hôtel, et les filles me disent :

« Où étais-tu, Lilia ? Nous avons tellement pleuré. »

J'apprends qu'un homme les a abordées, un Kazakh, qui leur a demandé :

« D'où êtes-vous, les filles ? De quel hôpital ?

— Qui cherchez-vous ?

— Je viens ici tous les ans et je cherche une infirmière. Elle m'a sauvé la vie. Je l'ai aimée. Je veux la retrouver. »

Mes camarades éclatent de rire :

« Ce n'est plus la peine de chercher une petite infirmière, c'est sûrement une grand-mère déjà.

— Non...

— Vous avez bien une femme, vous ? Des enfants ?

— J'ai des petits-enfants, j'ai des enfants, j'ai une femme. Mais j'ai perdu mon âme... Je n'ai plus d'âme... »

Les filles me racontent ça, et l'on se remémore l'histoire ensemble : ce Kazakh serait-il le mien ?

... On nous avait amené un tout jeune Kazakh. Un gamin, vraiment. Nous l'avions opéré. Il avait sept ou huit déchirures de l'intestin. Son cas était tenu pour désespéré. Et il était à ce point prostré que je l'ai tout de suite remarqué. Dès que j'avais une minute de libre, je passais le voir en coup de vent : « Comment ça va ? » Je lui faisais moi-même les piqûres intraveineuses, prenais sa température. Finalement, il s'en est tiré. Il est entré en convalescence. Mais nous ne gardions pas les malades très longtemps chez nous, car nous étions en première ligne. On leur donnait les premiers soins, on arrachait les gens à la mort puis on les expédiait vers d'autres hôpitaux. Le jour donc arrive où il doit partir avec une nouvelle fournée de blessés à évacuer.

Il est étendu sur un brancard, on vient me dire qu'il me demande.

« Frangine, approche-toi.

— Que se passe-t-il ? Que veux-tu ? Tu vas être évacué à l'arrière. Tout ira bien. Considère que tu t'en es bien tiré. »

Il dit alors :

« Je t'en prie, mes parents n'ont pas d'autre enfant que moi. Tu m'as sauvé. »

Et là-dessus, il me donne un cadeau : une bague, une sorte de mince anneau. Moi, je ne portais jamais de bagues. Je n'aimais pas ça. Alors, je refuse :

« Non, je ne peux pas, je ne peux vraiment pas. »

Il insiste. D'autres blessés viennent à son secours :

« Mais prends donc, il te l'offre de bon cœur.

— Je n'ai fait que mon devoir, vous comprenez ? »

Ils ont fini malgré tout par me convaincre. À vrai dire, j'ai perdu cette bague par la suite. Elle était trop grande, et un jour que je m'étais assoupie, la voiture a fait une embardée, et la bague a glissé de mon doigt pour tomber je ne sais où. Je l'ai beaucoup regrettée.

— Avez-vous retrouvé l'homme qui vous cherchait ?

— Non, je n'ai pas réussi à le rencontrer. J'ignore si c'était bien lui. Mais nous l'avons cherché toute la journée, avec les filles.

… En 1946, je suis rentrée à la maison. On me demande : « Vas-tu t'habiller en civil désormais ou en uniforme ? » En uniforme, bien sûr. Je n'avais aucune envie de l'ôter. Un soir, je suis allée à la Maison des officiers, pour un bal. Eh bien ! vous allez entendre comment on se comportait avec les jeunes filles qui avaient fait la guerre.

Je passe une robe, j'enfile des escarpins, et je laisse au vestiaire ma capote et mes bottes.

Un militaire s'approche de moi et m'invite à danser.

« Vous n'êtes sûrement pas d'ici, me dit-il. Vous paraissez si cultivée. »

Il passe toute la soirée avec moi. Il ne me lâche pas d'une semelle. Lorsque le bal se termine, il me dit :

« Donnez-moi votre jeton de vestiaire. »

Il passe devant moi. Et au vestiaire, on lui donne mes bottes et ma capote.

« Vous devez faire erreur… »

Je m'approche :

« Non, c'est bien à moi.

"– Mais vous ne m'avez pas dit que vous étiez allée au front.

— Vous me l'avez demandé ? »

Il était décontenancé. Il ne pouvait plus lever les yeux sur moi. Or, lui-même venait juste de rentrer de la guerre…

« Pourquoi êtes-vous si étonné ?

— Jamais je n'aurais imaginé que vous étiez dans l'armée. Vous comprenez, ces filles qui étaient au front...

— Vous êtes étonné, peut-être, que je sois seule ? Ni mariée, ni enceinte ? »

Je ne lui ai pas permis de me raccompagner à la maison.

J'ai toujours été fière d'avoir été à la guerre. D'avoir défendu la patrie... "

Lilia Mikhaïlovna Boutko,
infirmière chirurgicale.

"Mon premier baiser...

Le sous-lieutenant Nikolaï Belokhvostik... Je pensais... J'étais sûre que personne dans la compagnie ne soupçonnait que j'étais amoureuse de lui. Amoureuse éperdument. Et j'étais sûre que lui non plus n'en savait rien. Mon premier amour...

Nous nous préparions à l'enterrer... Il était étendu sur une toile de tente, il venait juste d'être tué. Tout le monde était pressé. Les Allemands étaient en passe de nous encercler. Ils nous pilonnaient. Nous avons trouvé un arbre... Un vieux bouleau qui se trouvait un peu loin de la route. À l'écart. Je me suis efforcée de bien mémoriser les lieux pour pouvoir revenir plus tard et retrouver cet endroit. Pour ne pas le perdre. Non... Ce n'est pas... Je voulais ajouter autre chose... J'ai oublié quoi. Je suis émue. Terriblement émue...

Le moment des adieux est arrivé... On m'a dit : « Vas-y la première ! » J'ai compris... J'ai compris que tout le monde était au courant de mon amour secret. Que peut-être lui aussi savait... Il était là, allongé... Mais il n'était plus... Et pourtant, je me suis sentie heureuse malgré tout à cette idée – à l'idée que, peut-être, il était au courant. Et que moi aussi je lui plaisais. Je me suis souvenue qu'il m'avait offert pour le Nouvel An du chocolat allemand...

Je me suis approchée de lui et je l'ai embrassé. Jamais avant cela je n'avais embrassé un homme que j'aimais. Il était le premier... "

Lioubov Mikhaïlovna Grozd,
brancardière.

DE LA SOLITUDE DE LA BALLE ET DE L'HOMME

"Mon histoire est particulière… Je ne la raconte à personne… Mais qu'est-ce que je peux expliquer? Je n'ai pas su moi-même déchiffrer mon destin… Je me suis mise à croire en Dieu. Les prières ne me soufflent rien, mais elles me réconfortent. Je prie avec mes mots à moi…

Je me souviens d'un proverbe qu'aimait répéter ma mère : « La balle est imbécile, le sort est scélérat. » Ce proverbe lui servait pour commenter n'importe quel malheur. La balle est seule, l'homme est seul, la balle vole où bon lui semble, tandis que le destin manipule l'homme à sa guise. Le pousse tantôt dans un sens, tantôt dans un autre. L'homme est comme une plume, une petite plume de moineau. Personne ne connaîtra jamais son avenir. Cela ne nous est pas accordé. Une gitane m'a dit la bonne aventure, alors que nous revenions de la guerre. Elle s'est approchée de moi dans une gare… Elle m'a choisie… Elle me promettait un grand amour… J'avais une montre, je l'ai ôtée et la lui ai donnée pour ce grand amour. Je l'ai crue.

Et maintenant, je n'aurai pas trop de toute ma vie pour pleurer cet amour…

Je me suis préparée gaiement à partir à la guerre. Comme une vraie komsomol. En même temps que tous les autres. J'ai appris à devenir tireur d'élite. J'aurais pu aussi bien devenir radiotélégraphiste, c'est un métier utile, en temps de guerre comme en temps de paix. Un métier féminin. Mais on m'a dit qu'il fallait tirer, alors j'ai tiré. Je tirais bien. J'ai reçu deux ordres de la Gloire et quatre médailles. En trois années de guerre.

Aujourd'hui, j'ai de la peine moi-même à le croire. Mes mains tremblent. Je suis incapable d'enfiler une aiguille…

On nous a crié : « Victoire! » On nous a annoncé : « Victoire! » Je me rappelle mon premier mouvement : c'était de la joie. Et puis aussitôt, dans le même instant, la peur! La panique! La panique! Quelle vie à présent m'attendait? Papa était mort à Stalingrad. Mes deux frères aînés avaient été portés disparus dès le début de la guerre. Ne restaient plus que maman et moi. Deux femmes. Qu'allions-nous faire? Toutes les filles étaient songeuses… On se rassemblait le soir dans la casemate et on restait là, silencieuses. Chacune pensait à son avenir. À la vie qui pour nous n'allait commencer que maintenant… La vraie vie… Nous étions partagées entre la joie et la peur. Avant, nous avions peur de la mort, à présent nous avions peur de la vie. Peur pareillement. Je l'avoue… En toute sincérité…

Allions-nous nous marier ou non? Mariage d'amour ou sans amour? On effeuillait des marguerites… On lançait des couronnes de fleurs dans la rivière, on faisait fondre des bougies… Je me souviens d'un village où l'on nous a dit qu'une sorcière habitait. Tout le monde s'est précipité chez elle, même notre commandant. Toutes les filles, sans exception. Elle lisait l'avenir dans l'eau… Dans les lignes de la main… Une autre fois, un joueur d'orgue de Barbarie nous a fait tirer au sort des petits papiers. Des billets…

Comment la patrie nous a-t-elle accueillies? Je ne peux pas en parler sans verser des larmes… Quarante ans ont passé, mais mes joues brûlent encore. Les hommes se taisaient, et les femmes… Elles nous criaient: « Nous savons bien ce que vous faisiez là-bas! Vous couchiez avec nos maris. Putains à soldats! Salopes en uniforme!… » Elles avaient mille manières de nous injurier…

Un gars me raccompagne du dancing. Tout à coup, je me sens très mal, mon cœur défaille. Je marche, je marche et puis soudain je m'assois sur un tas de neige. « Qu'est-ce que tu as? – Ce n'est rien, j'ai trop dansé. » Mais en réalité, c'était la guerre. J'ai été blessée deux fois, dont une grièvement: la balle a passé près du cœur. C'est le hasard qui m'a sauvée. J'ai bougé juste à cet instant-là. De quelques centimètres… Le hasard… Et aussi, les prières de ma mère… Je voulais être frêle, fragile, mais mes pieds se sont élargis dans les bottes: je chausse maintenant du 40. Je n'avais pas l'habitude que quelqu'un me prenne dans ses bras. J'étais accoutumée à me prendre toute seule en charge. J'aspirais à des mots tendres… Mais je ne les comprenais pas, ils n'arrivaient pas jusqu'à moi. Au front, au milieu des hommes, on n'usait que de solides jurons russes. Une amie bibliothécaire qui n'avait pas été à la guerre me suggérait: « Lis de la poésie. Lis Essénine. »

Le mariage… Je me suis mariée vite. Un an plus tard. J'ai épousé un ingénieur de l'usine où je travaillais. Sa mère ne savait pas que j'avais combattu, nous le lui avons caché. Je rêvais d'amour. D'un grand amour. Mais j'étais surtout avide de tendresse, de mots doux. D'une maison et d'une famille. D'une maison emplie d'une odeur de couches de bébé. Les premières couches, je les humais à plein nez, je ne pouvais m'en rassasier. C'était là le parfum du bonheur, du bonheur au féminin. Pendant trois ans, je n'avais eu à renifler que des portiankis. Des bottes en similicuir. À la guerre, il n'y a pas d'odeurs féminines. Toutes les odeurs sont masculines. La guerre sent l'homme.

J'ai deux enfants… Un garçon et une fille. Le garçon, c'est l'aîné. Un bon garçon, intelligent. Il a fait des études supérieures. Il est architecte. Mais quant à la fille… Ma fille… Elle a commencé à marcher à cinq ans, elle a prononcé son premier mot, « maman », à sept. Et à ce jour, ce n'est toujours pas « maman » qu'elle dit, mais « moumo », et au lieu de « papa », « poupo ». Elle… Encore aujourd'hui, j'ai l'impression que tout cela n'est pas vrai… Qu'il s'agit d'une erreur… Elle est placée dans un asile psychiatrique… Depuis quarante ans. Je vais la voir tous les jours, si seulement je ne suis pas malade et que j'arrive à marcher jusqu'au bus. Mon péché… Ma fille…

Chaque année, le 1er septembre, je lui achète un nouvel abécédaire. Avec des images. « Achète-moi un abécédai-ai-ai-re. J'irai à l'éco-o-o-le. » Je l'achète. Nous lisons l'abécédaire à longueur de journée. Parfois, quand je rentre à la maison après la visite, j'ai l'impression d'avoir désappris à lire et à écrire. À parler. Et de n'en avoir plus besoin.

Je suis punie… De quoi? Peut-être, d'avoir tué? Quelquefois, c'est ce que je pense… La vieillesse, c'est une période de la vie où l'on a beaucoup de temps, beaucoup plus qu'avant. Je réfléchis et je réfléchis. Je porte ma faute. Chaque matin, je me mets à genoux, je regarde par la fenêtre. Et je prie Dieu… Je prie pour tous. Je n'en veux pas à mon mari, je lui ai pardonné. Quand notre fille est née… Il a attendu de voir… Il est resté quelque temps avec nous, puis il nous a quittés. Il nous a abandonnés en m'accablant de reproches : « Est-ce qu'une femme normale irait à la guerre? Apprendrait à tirer? C'est pour cela que tu n'es pas capable de donner naissance à un enfant normal. » Je prie pour lui…

Et s'il avait raison?

J'aimais la Patrie plus que tout au monde. Je l'aimais… À qui puis-je raconter ça aujourd'hui? À ma fille… Je lui raconte mes souvenirs de guerre, et elle pense que ce sont des contes. Des contes pour enfants. D'affreux contes pour enfants…

Ne marquez pas mon nom. Ce n'est pas la peine…"

Klavdia S-va, tireur d'élite.

"DE MINUSCULES PATATES…"

Il y avait encore une autre guerre : celle des partisans et des résistants… Un immense espace de solitude… Car dans cette guerre, on réclamait souvent des hommes un sacrifice doublement inhumain : sacrifice non seulement de sa vie, mais aussi de celle de sa propre mère, de son enfant, de toute sa famille. Souvent, le courage – comme la trahison – n'avait personne pour témoin. De même, cette guerre-là ne connaissait ni trêves, ni lois, ni commencement, ni fin. Ce n'étaient pas des armées qui combattaient – avec des fronts bien définis, des divisions, des bataillons –, mais le peuple : des partisans et des résistants. Et ces derniers combattaient chaque jour, chaque heure, chaque seconde. Tolstoï appelait cet élan aux multiples visages "le gourdin de la colère populaire", tandis que Hitler se plaignait à ses généraux de ce que "la Russie ne se battait pas dans les règles".

Je me souviens que dans les villages de Biélorussie, on ne se réjouit pas le jour anniversaire de la Victoire. On pleure. On pleure beaucoup. On soupire. "C'était une époque horrible… J'ai enterré tous mes proches, j'ai enterré mon âme à la guerre." (*V. G. Androssik, résistante.*) On commence à parler à voix basse et, à la fin, presque tout le monde hurle.

"Chacun était confronté à un choix… Mais il arrivait qu'après avoir effectué ce choix, il devenait impossible de continuer à vivre. Impossible ! J'en suis témoin… Le chef de notre détachement de partisans… Puis-je taire son nom ? Certains de ses proches sont encore en vie, ils en souffriraient…

Des agents de liaison nous avaient transmis que sa famille – sa femme et ses deux fillettes – avait été arrêtée par la Gestapo. Les Allemands avaient placardé partout des affiches. Ils posaient un ultimatum : notre commandant devait sortir de la forêt et se rendre, autrement sa famille serait fusillée. Il avait deux jours pour réfléchir. Quarante-huit heures… Des policiers collabos parcouraient les villages pour y faire de la propagande : les commissaires rouges, disaient-ils, n'ont pas même pitié de leurs propres enfants. Ce ne sont pas des êtres humains, mais des staliniens fanatiques. Des bêtes féroces rouges… Le chef hésitait entre se rendre et se tuer. Se pendre. Il ne trouvait pas de solution… Moscou a été contacté. On a convoqué une réunion du Parti au sein du détachement. Une décision a été prise : ne pas céder à la provocation allemande! En tant que communiste, il s'est soumis à la discipline du Parti. À la règle. En tant que communiste…

Deux jours se sont écoulés. Quarante-huit heures. On a envoyé des espions en ville. Ils ont appris que la famille avait été fusillée. Les fillettes y comprises. Lors du premier combat qui a suivi, le chef a été tué… Il est mort de manière incompréhensible. Presque accidentelle. Je crois qu'il voulait mourir… Je vous raconte ça et je pleure…" *(V. Korotaïeva, partisane.)*

Combien la victoire nous a-t-elle coûté? Quel en a été le prix? Nous ne le saurons jamais totalement… Les victimes se taisent, les témoins sont devenus muets. J'entends souvent dire : "Il me vient des larmes au lieu de mots."

Je n'ai plus la force d'écouter. Mais ils ont besoin, eux, de parler encore…

D'UNE CORBEILLE CONTENANT UNE BOMBE ET UN JOUET EN PELUCHE, ET DE SERVIETTES BRODÉES POSÉES SUR DES ICÔNES

"J'ai rempli ma mission… Et du coup, je ne pouvais plus rester au village, je suis partie rejoindre les partisans. Quelques jours plus tard, ma mère a été arrêtée par la Gestapo. Mon frère a réussi à s'enfuir, mais ma mère a été prise. Elle a été torturée : on voulait lui faire dire où j'étais. Elle est restée deux ans en prison. Pendant deux ans, les nazis l'ont emmenée, avec d'autres femmes, chaque fois qu'ils partaient en opération : ils redoutaient les mines posées par les partisans et faisaient toujours marcher devant eux des otages pris dans la population locale. S'il y avait des mines, c'étaient ces gens-là qui sautaient, tandis que les soldats boches restaient sains et saufs. Ils servaient de bouclier vivant… Pendant deux ans, ma mère en a fait partie…

C'est arrivé plus d'une fois : on est en embuscade, et tout à coup on voit venir un groupe de femmes suivi par des Boches. Elles se rapprochent, et certains d'entre nous reconnaissent leur mère parmi elles. Le plus terrible, c'est d'attendre que le chef donne l'ordre de tirer. Tout le monde attend ce moment avec terreur, parce que l'un murmure : « Là, c'est ma mère… », un autre : « Tiens, là, c'est ma petite sœur… », alors qu'un troisième n'aperçoit pas son gosse… Maman portait toujours un fichu blanc sur la tête. Elle était grande et on la distinguait toujours la première. Je ne l'ai pas encore remarquée, qu'on me transmet déjà : « Ta mère est là… » On donne l'ordre de tirer – nous ouvrons le feu. Je ne sais pas bien moi-même sur quoi je tire, je n'ai qu'une idée en tête : ne pas perdre de vue le fichu blanc – est-elle en vie, est-elle tombée ? Le fichu blanc… Tout le monde se disperse, s'écroule par terre, et je ne sais pas si maman a été tuée ou non. Pendant deux jours ou davantage, je suis plus morte que vive, jusqu'à ce que nos agents de liaison reviennent du village et me disent qu'elle est vivante. Alors seulement je peux respirer à nouveau. Et ainsi jusqu'à la fois suivante. Il me semble qu'aujourd'hui je ne pourrais pas endurer ça… Mais je haïssais les Allemands, la haine me soutenait. Ma haine ! J'ai encore à ce jour dans les oreilles le cri d'un petit enfant qu'on jette dans un puits. Avez-vous jamais entendu un cri pareil ? L'enfant tombe dans le vide et crie, il crie comme s'il était déjà sous terre. Un cri d'outre-tombe. Ni enfantin ni humain… Et voir un jeune gars coupé en deux à la scie ?… Scié comme un rondin… C'était un gars de chez de nous, un partisan… Après cela, quand vous partez en mission, votre âme n'aspire qu'à une chose : tuer, en tuer le plus grand nombre possible, les anéantir par les moyens les plus cruels, les plus atroces. Lorsque je voyais des prisonniers nazis, l'envie me prenait aussitôt de leur sauter à la gorge. De les étrangler. De les étrangler de mes propres mains, de les déchirer à coups de dents. Je ne les aurais pas tués, non ç'aurait été une trop belle mort pour eux. Je les aurais liquidés sans armes, sans fusil…

Juste avant de battre en retraite, en 1943, les nazis ont fusillé ma mère… Mais maman, vous savez, était une femme remarquable, elle nous avait elle-même donné sa bénédiction :

« Partez, les enfants, vous devez vivre. Au lieu de se laisser faire, mieux vaut ne pas mourir bêtement. »

Maman ne faisait pas de grandes phrases, elle savait trouver de simples mots de femme. Son vœu était de nous voir vivre et faire de bonnes études. Ce dernier point lui importait beaucoup.

Les femmes qui partageaient sa cellule m'ont raconté que chaque fois qu'on venait la chercher, elle demandait :

« Oh! mes amies, une seule chose me désespère : si je meurs, venez en aide à mes enfants! »

Lorsque je suis revenue, après la guerre, une de ces femmes m'a hébergée chez elle, dans sa famille, alors qu'elle avait déjà à charge deux enfants en bas âge. Les nazis avaient brûlé notre maison, mon frère cadet avait péri dans la résistance, maman avait été fusillée, mon père avait fait toute la guerre au front. Il est rentré au village, mutilé et malade. Il n'a pas vécu longtemps, il est mort bientôt après. Je me suis retrouvée ainsi seule survivante de toute notre famille. Cette femme était très pauvre elle-même, et elle avait deux bouches à nourrir. J'ai décidé de faire mon paquet, de m'en aller n'importe où. Mais elle, elle pleurait et refusait de me laisser partir...

Lorsque j'ai appris que ma mère avait été fusillée, j'ai failli perdre la raison. J'étais comme une âme en peine... Il fallait que je... je me devais de la retrouver... Mais les nazis avaient fusillé leurs prisonniers et avaient damé, avec des camions, le grand fossé antichar où les corps étaient tombés. On m'a montré approximativement à quel endroit elle se trouvait au moment de l'exécution et je m'y suis précipitée : j'ai creusé, j'ai retourné des cadavres. J'ai reconnu maman à la bague qu'elle portait au doigt... Quand je l'ai vue, j'ai hurlé, et c'est tout ce dont je me souviens... Tout s'est effacé de ma mémoire... Des femmes du village l'ont tirée du tas, l'ont lavée avec de l'eau qu'elles puisaient dans une boîte de conserve, puis l'ont inhumée. Cette boîte de conserve, je l'ai toujours. Elle est rangée avec mes décorations de résistante...

Parfois, la nuit, je suis là, étendue dans mon lit et je pense... je me dis que ma mère est morte à cause de moi. Mais non, c'est faux... Si par peur d'exposer mes proches, je n'étais pas allée me battre, un deuxième, un troisième, un quatrième auraient agi de même. Et alors, nous ne connaîtrions pas la vie que nous avons maintenant. Mais se dire que... Oublier... Ma mère qui marche devant... L'ordre qui retentit... Et moi qui tire dans sa direction... Son fichu blanc... Vous ne saurez jamais à quel point c'est dur de vivre avec ça. Plus le temps passe, et plus c'est difficile. Parfois, la nuit, j'entends des jeunes rire ou parler derrière mes fenêtres, et je tressaille, j'ai subitement l'impression qu'il s'agit d'un pleur d'enfant, d'un cri d'enfant. Ou encore, je me réveille en sursaut et je sens que je ne peux plus respirer. Une odeur de brûlé me suffoque... Vous ne savez pas quelle odeur dégage un corps humain qui brûle, surtout en été. Une odeur à fois suave et inquiétante. Aujourd'hui encore... C'est mon travail au comité exécutif du district qui veut ça : s'il y a quelque part un incendie, je dois me rendre sur place et établir un constat. Mais si l'on me dit que c'est une ferme qui a brûlé, que des animaux ont péri dans les flammes, je n'y vais jamais, je ne peux pas, ça me rappelle trop... Comme pendant la guerre... Les gens brûlés vifs... Il m'arrive de me réveiller en pleine nuit et de courir chercher du parfum, mais il me semble alors que même le parfum recèle cette odeur-là. Je n'arrive pas à la chasser... À la chasser de ma mémoire...

Pendant longtemps, j'ai eu peur de me marier. J'avais peur d'avoir des enfants. Si jamais la guerre éclatait à nouveau et que je doive partir au front ? Que deviendraient mes enfants ? Parfois je me dis que j'aimerais bien savoir si je retrouverai maman dans l'autre monde. Que demandera-t-elle ? Que lui répondrai-je ?"

Antonina Alexeïevna Kondrachova,
agent de renseignement
de la brigade de partisans de Bytoch.

"Ma première impression... C'est quand j'ai vu un Allemand... C'était comme si on m'avait frappée, tout mon corps me faisait mal, chaque cellule de mon corps... Comment se faisait-il qu'ils soient ici ? En l'espace de deux, trois jours, je n'étais plus celle que j'étais avant la guerre. J'étais devenue une autre personne. La haine nous submergeait, elle était plus forte que la peur que nous éprouvions pour nos proches, pour ceux que nous aimions, plus forte que la peur de mourir. Bien sûr, nous pensions à nos parents et à nos amis... Mais nous n'avions pas le choix. Les nazis ne devaient pas rester sur notre terre...

Quand j'ai appris qu'on devait m'arrêter, j'ai pris le maquis. Je suis partie en laissant toute seule chez nous ma mère âgée de soixante-quinze ans. Nous étions convenues qu'elle ferait semblant d'être sourde et aveugle. Ainsi, on ne la toucherait pas. Bien sûr, je me disais ça pour me consoler.

Le lendemain de mon départ, les Boches ont fait irruption dans la maison. Maman a feint d'être aveugle et dure d'oreille, comme convenu. Ils l'ont battue atrocement pour la forcer à dire où était sa fille. Elle a failli en mourir…"

Iadviga Mikhaïlovna Savitskaïa, résistante.

"Je pensais être une matérialiste, qui plus est, irréductible. Mais en fait, je crois en l'esprit, je crois que l'homme est gouverné par l'esprit. C'est à la guerre que j'ai acquis cette conviction…

Mon amie Katia Simakova était un agent de liaison des partisans. Elle avait deux filles. Toutes deux encore petites… voyons, quel âge pouvaient-elles avoir?… dans les six, sept ans. Elle les prenait par la main et s'en allait parcourir la ville pour repérer quels engins militaires y étaient garés et à quelle place. Si une sentinelle l'interpellait, elle ouvrait la bouche et jouait les idiotes. Elle l'a fait pendant plusieurs années… La mère était prête à sacrifier ses filles…

Il y avait aussi parmi nous une femme nommée Zajarskaïa. Elle avait une fille, Valeria, âgée de sept ans. Nous avions pour mission de faire sauter le réfectoire où mangeaient les Boches. Nous avons décidé de placer une bombe dans le poêle, mais il fallait réussir à la faire passer. Alors, la mère a déclaré que ce serait sa fille qui s'en chargerait. Elle a posé la bombe dans une corbeille et mis par-dessus deux robes d'enfant, une peluche, deux douzaines d'œufs et du beurre. Et c'est ainsi que sa fille a transporté la bombe au réfectoire. On dit : l'instinct maternel est plus fort que tout. Mais non, l'idéal est plus fort. Et la foi est plus forte. Nous avons gagné parce que nous avions la foi. La patrie et nous, c'était la même chose. Je resterai de cet avis jusqu'à la fin de mes jours…"

Alexandra Ivanovna Khromova,
secrétaire d'un comité clandestin
du Parti dans le district d'Antopol.

"Dans notre détachement, il y avait les frères Tchimouk… Ils sont tombés dans une embuscade au village, ils se sont retranchés dans une grange qui a été incendiée. Ils se sont défendus jusqu'au bout, puis, grièvement brûlés, ils ont fini par sortir. On les a promenés sur un chariot à travers tout le village, on les montrait aux gens dans l'espoir que quelqu'un les reconnaisse et trahisse leurs noms…

Tout le village était présent. Leur père et leur mère étaient là, mais aucun son n'est sorti de leur bouche. Quel cœur avait cette mère pour ne pas crier?… Pour ne pas réagir?… Mais elle savait que si elle éclatait en sanglots, tout le village serait brûlé. Et tous ses habitants massacrés. On aurait brûlé ce village comme repaire de partisans. Il y a des décorations pour tout, mais aucune ne suffirait ; même la plus prestigieuse, l'Étoile du Héros, serait encore trop peu pour honorer cette mère… Pour la récompenser de son silence…"

Polina Kasperovitch, partisane.

"Nous sommes arrivées à deux chez les partisans… Nous les avons rejoints ensemble, ma mère et moi. Elle lavait le linge de tout le monde, faisait la cuisine. Si c'était nécessaire, elle montait aussi la garde. Une fois, je suis partie en mission, et l'on a transmis à ma mère que j'avais été pendue. Lorsque je suis rentrée, quelques jours plus tard, et que maman m'a vue, elle s'est trouvée paralysée, elle a perdu durant quelques heures l'usage de la parole. Et il fallait pourtant survivre à tout cela…

Un jour, nous avons ramassé une femme sur la route, elle était inconsciente. Elle ne pouvait pas marcher, elle rampait et se croyait déjà morte. Elle sentait bien du sang couler sur son corps, cependant elle pensait n'être plus de ce monde, mais dans l'au-delà. Nous l'avons un peu secouée, elle a repris plus ou moins connaissance, et nous avons su… Elle nous a raconté comment ils avaient tous été tués… Qu'on les avait emmenés, elle et ses cinq enfants, pour être fusillés… Pendant qu'on les conduisait à une grange, les Boches avaient tué les enfants. Ils tiraient et s'amusaient… Comme à la chasse… N'en est resté plus qu'un, un nourrisson. Le nazi lui fait signe : lance-le en l'air, je vais tirer. La mère a lancé l'enfant, mais de manière à le tuer elle-même. Elle a tué son bébé. Pour que l'Allemand n'ait pas le temps de tirer… Elle disait qu'elle ne voulait plus vivre… Qu'après tout cela elle ne pouvait plus vivre dans ce monde, mais seulement dans l'au-delà…

Je ne voulais pas tuer, je ne suis pas née pour tuer. Je voulais devenir institutrice. Mais j'ai vu incendier un village… Je ne pouvais pas crier, je ne pouvais pas pleurer tout haut : nous avions été envoyés en reconnaissance et venions juste de nous approcher du village. Je ne pouvais que me ronger les mains, j'en ai encore des cicatrices. Je me rappelle les hurlements des gens. Le meuglement des vaches, les cris des poules. Il me semblait que tout hurlait d'une voix humaine. Tout ce qui était vivant. Tout brûlait et hurlait…

Ce n'est pas moi qui parle : c'est mon chagrin… Ce sentiment pour tout ce qui m'est cher…"

Valentina Mikhaïlovna Ilkevitch,
agent de liaison des partisans.

"Nous devions vaincre…

Plus tard, les gens ont pensé que mon père avait été laissé sur place par le comité de district du Parti, avec une mission à accomplir. En réalité, personne ne nous a laissés, nous n'avions aucune mission. Nous avons décidé tout seuls de nous battre. Je ne me rappelle pas que notre famille ait connu un sentiment de panique. Un immense chagrin, ça, oui, mais pas de panique. Nous étions tous convaincus que la victoire serait à nous. Le premier jour où les Allemands sont entrés dans notre village, mon père a joué *L'Internationale* au violon. Il avait envie de faire un geste. De protester d'une manière ou d'une autre…"

Valentina Pavlovna Kojemiakina,
partisane.

"Comment oublier… Les blessés qui mangeaient du sel à la cuillère… On fait s'aligner les hommes, on appelle un nom, un combattant sort du rang et s'écroule, le fusil à la main. De faiblesse. D'inanition.

Le peuple nous aidait. S'il ne nous avait pas aidés, le maquis n'aurait pu exister. Le peuple combattait à nos côtés. Ça n'allait pas toujours sans pleurs, mais nous étions tout de même ravitaillés :

« Mes enfants, nous allons souffrir ensemble. Et attendre la victoire. »

On nous donnait jusqu'à la dernière minuscule pomme de terre, on nous donnait du pain. On préparait des sacs pour la forêt. L'un disait : « Je donnerai tant », un autre : « Et moi, tant. » « Et toi, Ivan ? », « Et toi, Maria ? » , « Je ferai comme tout le monde, mais j'ai des enfants à nourrir. »

Qu'étions-nous sans la population ? Nous avions beau être toute une armée dans les bois, sans eux, nous étions perdus, car ce sont eux qui pendant toute la guerre ont semé, labouré, entretenu et habillé et leurs enfants, et nous. Ils labouraient les champs la nuit, quand les tirs avaient cessé. Je me souviens d'être arrivée dans un village où l'on enterrait un vieux. Il avait été tué la nuit précédente. Il semait du seigle. Et il avait serré si fort les grains dans sa main qu'on n'avait pu lui déplier les doigts. On l'a mis en terre comme ça, avec les grains dans son poing…

Nous, nous avions des armes, nous pouvions nous défendre. Mais eux? Pour avoir donné du pain à un partisan – peloton d'exécution. Moi, je pouvais bien m'arrêter dans une maison pour y passer la nuit, mais si quelqu'un venait à dénoncer ceux qui m'avaient hébergée, c'est toute la maisonnée qui était passée par les armes. Ailleurs, nous débarquons chez une femme seule, sans mari, qui vit là avec trois petits enfants. Eh bien! elle ne nous chasse pas quand elle nous voit arriver, elle allume le poêle, elle nous lave nos vêtements… Elle nous donne tout ce qui lui reste : « Mangez, mes gars. » Or, les patates au printemps sont minuscules, minuscules, pas plus grosses que des pois. Nous mangeons, et ses gosses, eux, perchés dans la soupente, pleurent. Car ces pois-là sont les derniers… "

Alexandra Nikiforovna Zakharova,
commissaire du 225e régiment de partisans de la région de Gomel.

"Première mission… On m'a apporté des tracts. Je les ai cousus dans un oreiller. Maman, en changeant les draps, a senti quelque chose sous ses doigts. Elle a décousu l'oreiller et découvert les tracts. Elle s'est mise à pleurer. « Tu vas causer ta perte, et la mienne. » Mais ensuite, elle m'a aidée.

Des agents de liaison des partisans s'arrêtaient souvent chez nous. Ils dételaient leurs chevaux et entraient. Qu'est-ce que vous croyez? Que les voisins ne voyaient rien? Ils voyaient et ils devinaient. Je racontais que c'étaient des amis de mon frère qui vivait à la campagne. Mais tout le monde savait bien que je n'avais aucun frère à la campagne. Je leur suis reconnaissante, je dois m'incliner devant tous les gens de notre rue. Il aurait suffi d'un seul mot pour nous perdre tous, toute notre famille. Il aurait suffi de pointer le doigt de notre côté. Mais personne… Pas un seul… Pendant la guerre, je me suis prise d'une telle affection pour ces gens que je ne pourrai plus jamais cesser de les aimer…

Après la libération... Je marche dans la rue et je me retourne sans cesse pour regarder derrière moi : je n'arrivais pas à ne plus avoir peur, à marcher tranquillement dans la rue. Je marchais et je comptais les voitures ; à la gare, je comptais les trains... Je ne parvenais pas à sortir de la résistance..."

Vera Grigorievna Sedova, résistante.

"Je pleure déjà... Il me vient des larmes au lieu de mots...

Nous sommes entrés dans une chaumière, et là, il n'y avait rien à part deux bancs de bois brut, grossièrement rabotés, et une table. Je crois qu'il n'y avait même pas une tasse pour boire de l'eau. On avait tout confisqué à ces gens. Il ne restait qu'une icône dans un angle de la pièce, avec une serviette brodée posée dessus[1].

Un vieux et sa vieille étaient assis là. Un de nos hommes a ôté ses bottes. Ses portiankis étaient à ce point en lambeaux qu'il ne pouvait plus les enrouler autour de ses pieds. Or, il pleuvait, on pataugeait partout dans la boue, et ses bottes étaient trouées. Et voici que la vieille s'approche de l'icône, ôte la serviette brodée et la lui tend :

« Mon fils, comment vas-tu marcher ? »

Il n'y avait rien d'autre dans cette maison..."

Vera Safronovna Davydova,
partisane.

"Chacun vivait sa guerre... Sa guerre à lui...

Les premiers jours, j'ai ramassé deux soldats blessés à l'orée du village. L'un avait été touché à la tête, l'autre traînait un éclat d'obus dans la jambe. Je le lui ai extrait moi-même, puis j'ai versé du pétrole sur la plaie, car je n'avais rien d'autre sous la main. J'avais lu ça je ne sais plus où... Au sujet du pétrole...

Je les ai tirés d'affaire, je les ai remis sur pied. L'un est parti pour la forêt, puis le tour de l'autre est venu. Celui-ci, au moment de partir, est tombé à genoux devant moi. Il voulait me baiser les pieds :

« Ma sœur ! Tu m'as sauvé la vie. »

Il n'y avait eu ni prénoms, ni rien. Juste « frère » et « sœur ».

Les femmes se rassemblaient le soir chez moi, à la maison :

---

1. C'est un usage répandu dans les campagnes russes, ukrainiennes et biélorusses.

« On raconte que les Allemands ont pris Moscou.

— Impossible ! »

Avec ces mêmes femmes, nous avons relancé le kolkhoze après la libération, on m'y a collée présidente. Nous avions encore chez nous quatre vieillards et cinq adolescents de treize ans. C'étaient mes laboureurs. Nous avions vingt chevaux couverts d'escarres, qu'il fallait soigner. C'était là tout notre équipement. Nous n'avions ni chariots, ni colliers pour les bêtes. Les femmes retournaient la terre à la bêche. On attelait la herse à des vaches. Les gamins hersaient toute la journée, le soir seulement ils dénouaient leurs baluchons. Ils avaient tous la même chose à manger : des prasnakis. Vous ne savez même pas ce que c'est. Des graines d'oseille, d'héliotrope... Vous ne connaissez pas ? C'est une sorte d'herbe. Puis, on ramassait du trèfle. On pilait tout ça dans un mortier. On y ajoutait des glands. Et on faisait cuire les prasnakis. Une manière de pain...

À l'automne, un ordre nous arrive : abattre cinq cent quatre-vingts stères de bois. Avec qui ? J'ai pris avec moi mon gars de douze ans et ma fille de dix. Les autres femmes ont fait de même. Et nous avons fourni ce bois à l'État... »

Vera Mitrofanovna Tolkatcheva,
partisane, agent de liaison.

Pendant la guerre, Iossif Gueorguievitch Iassioukevitch et sa fille Maria ont servi d'agents de liaison au détachement de partisans Petrakov, affilié à la brigade Rokossovski. Voici ce qu'ils racontent :

Iossif Gueorguievitch :

"J'ai tout donné pour la victoire... Ce que j'avais de plus cher. Mes fils ont combattu au front. Mes deux neveux ont été fusillés pour avoir entretenu des contacts avec les partisans. Ma sœur, leur mère, a été brûlée vive par les Boches... Dans sa propre maison... Les gens m'ont raconté qu'avant que la fumée ne recouvre tout, elle se tenait toute droite, comme un cierge, une icône dans les mains. Depuis que la guerre est finie, quand le soleil se couche, j'ai toujours l'impression que quelque chose brûle..."

Maria :

— J'étais une gosse, j'avais treize ans. Je savais que mon père aidait les partisans. Je le comprenais. Des gens venaient chez nous la nuit. Ils laissaient une chose, en remportaient une autre. Souvent, mon père m'emmenait avec lui, il m'installait sur le chariot : "Reste assise là et ne bouge pas." Quand nous étions arrivés à destination, il déchargeait du chariot des armes ou des tracts.

Ensuite, il a commencé à m'envoyer à la station de chemin de fer. Il m'avait appris ce qu'il fallait que je retienne. Je me faufilais, ni vu ni connu, vers les buissons et j'y restais jusqu'à la nuit à compter combien de convois passaient. Je mémorisais ce qu'ils transportaient, par exemple, des armes, et ce qui défilait sous mes yeux : des chars ou bien des troupes. Deux ou trois fois par jour, les Allemands tiraient sur les buissons.

— Et vous n'aviez pas peur ?

— J'étais petite, j'arrivais toujours à me faufiler de telle manière que personne ne me remarquait. Et puis un jour… Je me rappelle bien… Mon père avait essayé, à deux reprises, de s'éloigner de la ferme isolée où nous habitions. Les partisans l'attendaient de l'autre côté de la forêt. Deux fois il s'était mis en route, et deux fois des patrouilles l'avaient obligé à rebrousser chemin. Le soir tombait. Il m'a appelée : "Maria…" Mais maman, hurlant tout ce qu'elle pouvait : "Je ne laisserai pas partir ma gosse !" Elle m'a arrachée des mains de mon père…

Et cependant j'ai couru à travers la forêt, comme il me l'avait demandé. J'en connaissais tous les sentiers par cœur, même si, c'est vrai, l'obscurité m'effrayait. J'ai trouvé les partisans qui attendaient, je leur ai transmis tout ce que mon père m'avait dit. Mais quand j'ai pris le chemin du retour, le jour commençait déjà à se lever. Comment éviter les patrouilles allemandes ? J'ai tourné en rond dans la forêt, je suis passée à travers la glace qui couvrait le lac : la veste de mon père, mes bottes, tout a coulé au fond. J'ai réussi à me sortir de l'eau… J'ai couru pieds nus dans la neige… Je suis tombée malade et, une fois couchée, je ne me suis plus relevée de mon lit. J'ai perdu l'usage de mes jambes. Il n'y avait à l'époque ni médecins, ni médicaments. Maman me soignait avec des tisanes. Elle m'appliquait de l'argile sur les jambes…

Après la guerre, on m'a conduite chez des médecins. J'ai subi dix opérations… Mais il était trop tard. Trop de temps avait passé… Je suis restée alitée… Je peux tenir assise, mais pas très longtemps… Je passe le plus clair de mon temps allongée, à regarder par la fenêtre… Je me rappelle la guerre…

Iossif Gueorguievitch :

"Je la porte dans mes bras… Depuis quarante ans. Comme un petit enfant… Ma femme est morte il y a deux ans. Elle m'a dit qu'elle me pardonnait tout. Mes péchés de jeunesse. Tout. Mais elle ne m'a pas pardonné Maria. Je l'ai lu dans ses yeux… Et j'ai peur de mourir à présent. Maria se retrouvera alors toute seule. Qui prendra soin d'elle ? Qui la bénira avant de dormir ? Qui priera Dieu ?…"

DES MAMANS ET DES PAPAS

Village de Ratyntsy, district de Volojine, dans la région de Minsk. Une heure de trajet depuis la capitale. C'est un village biélorusse typique : maisons en bois, palissades peintes de diverses couleurs, rues peuplées de coqs et d'oies. Des enfants jouant dans le sable. De vieilles femmes assises sur des bancs. Je viens voir l'une d'elles, mais c'est toute la rue que je trouve rassemblée. On se met à parler. À pousser des lamentations.

Chacune parle de son expérience à elle, mais toutes ensemble, elles racontent la même histoire. Comment elles labouraient, semaient, cuisaient du pain pour les partisans, veillaient sur leurs enfants, consultaient des diseuses de bonne aventure et autres sorcières, cherchaient à interpréter leurs rêves et suppliaient Dieu de les protéger… Attendaient le retour de leurs maris partis à la guerre…

Je note leurs noms : Elena Adamovna Velitchko, Ioustina Loukianovna Grigorovitch, Maria Fiodorovna Mazouro…

"Ah, ma fille ! Ma chérie, je n'aime pas le Jour de la Victoire. Je pleure ! Oh ! je pleure ! Dès que j'y repense, tout me revient. Le bonheur est derrière les montagnes, mais le malheur est sur notre dos…

Les Allemands ont brûlé notre village, ils ont tout pillé. Il ne nous restait plus que la roche grise. Quand nous sommes revenus de la forêt, il n'y avait plus rien. À part quelques chats. Ce que nous mangions? L'été, j'allais cueillir des baies, des champignons. J'avais une pleine maison de gosses à nourrir.

La guerre terminée, on a travaillé au kolkhoze. Je moissonnais, fauchais, battais le grain. On s'attelait à la charrue, à la place des chevaux. Il n'y avait plus de chevaux, ils avaient été tués. Les Allemands avaient même abattu nos chiens. Ma mère disait : « Après ma mort, je ne sais pas ce qui arrivera à mon âme, mais au moins, mes bras se reposeront. » Ma fille avait dix ans, elle moissonnait avec moi. Le chef d'équipe est venu voir comment une si petite fille pouvait trimer ainsi jusqu'au soir pour s'acquitter de la norme journalière. Et nous, nous moissonnions, moissonnions, sans relâche, le soleil sombrait derrière la forêt, quand nous aurions voulu, nous, qu'il remonte dans le ciel. La journée ne nous suffisait pas. Nous abattions l'équivalent de deux normes journalières. Or, on ne nous payait rien, on se contentait de cocher le nombre de journées-travail[1] fournies. Quand nous avions travaillé tout l'été dans les champs, nous n'avions même pas droit à un sac de farine en automne. Nous avons élevé nos enfants uniquement avec des patates…"

"Le fléau de la guerre… Chez moi, il ne restait que des enfants. Ils ont usé leurs vêtements jusqu'à la corde. Ma fillette n'a pu aller à l'école que lorsque je lui ai acheté ses premières bottines. Elle dormait avec, elle ne voulait pas s'en séparer. Voilà quelle était notre vie! Mon existence touche à sa fin, et je n'ai aucun souvenir à évoquer. À part la guerre…"

"La rumeur s'était répandue que les Allemands avaient amené au bourg une colonne de prisonniers, et que celles qui reconnaîtraient un des leurs parmi eux pourraient le reprendre. Nos femmes se

---

1. Unité fixée dans chaque kolkhoze pour mesurer la quantité de travail fournie par chaque kolkhozien. C'est le nombre de ces unités qui servait de base pour la distribution des denrées alimentaires par la direction du kolkhoze après la récolte. Esclaves de l'époque soviétique, les kolkhoziens ne touchaient pas de salaire (jusqu'en 1966) et n'avaient pas de passeports intérieurs qui leur auraient permis de partir en ville.

sont levées aussitôt et s'y sont précipitées! Dans la soirée, certaines ont ramené chez elles, l'une un parent, l'autre un parfait étranger. Elles racontaient des choses si incroyables qu'on n'avait pas la force d'y croire : que les hommes étaient couverts de plaies purulentes, qu'ils mouraient de faim, qu'ils avaient dévoré toutes les feuilles des arbres... qu'ils mangeaient de l'herbe... déterraient des racines... Le lendemain, j'ai couru là-bas, je n'y ai trouvé personne de ma famille, mais j'ai décidé d'au moins sauver le fils d'une autre. Un garçon tout noiraud a attiré mon regard, il s'appelait Sachko, comme mon petit-fils aujourd'hui. Il avait dans les dix-huit ans... J'ai donné à un Allemand du lard, des œufs, j'ai juré par Dieu qu'il s'agissait de mon frère. J'ai même fait le signe de croix. Nous sommes arrivés à la maison... Il n'aurait pas pu avaler un œuf, tant il était faible. Tous ces gars n'étaient pas chez nous depuis un mois, qu'il s'est trouvé un salaud pour nous dénoncer. Un type comme tout le monde, marié, deux enfants... Il est allé à la kommandantur et a déclaré que nous avions pris des étrangers chez nous. Le lendemain, des Boches sont arrivés sur des motos. Nous les avons suppliés, nous nous sommes traînées à genoux, mais ils nous ont fait croire qu'ils allaient seulement les conduire plus près de leur vrai lieu de résidence. J'ai donné à Sachko le costume de mon grand-père... Je pensais qu'il vivrait...

En fait, ils les ont menés en dehors du village... Et les ont mitraillés... Tous. Jusqu'au dernier... De si braves gars, et si jeunes, si jeunes! Nous étions neuf à les avoir hébergés, et tous les neuf, nous avons décidé de leur donner une sépulture. Cinq d'entre nous se sont occupées de les tirer du trou, tandis que les quatre autres faisaient le guet pour éviter que les Allemands nous tombent sur le dos. Impossible de s'y prendre à main nue, car il faisait une chaleur de tous les diables, et les corps attendaient là-bas depuis quatre jours... Et nous avions peur de les amocher avec les pelles... Alors nous les avons placés chacun sur un nastolnik[1] que nous avons traîné derrière nous. On avait aussi emporté de l'eau, et on s'était noué un foulard sur le nez. Pour ne pas s'évanouir... Nous avons creusé une tombe dans la forêt, où nous les avons couchés l'un à côté de l'autre... Avec des draps, nous avons recouvert leurs têtes... Leurs jambes...

Pendant une année, nous sommes restées inconsolables, nous les pleurions sans cesse. Et chacune pensait : où est mon mari, où

---

1. Nappe décorative brodée.

est mon fils ? Sont-ils encore en vie ? Parce qu'on peut revenir de la guerre, mais de la tombe, jamais… "

"Mon mari était un bon et brave homme. Nous n'avons vécu ensemble qu'un an et demi à peine. Quand il est parti, je portais notre enfant dans mon sein. Il n'a pas vu notre fille, j'ai accouché d'elle alors qu'il n'était plus là. Il est parti en été, et j'ai accouché en automne.

Je la nourrissais encore au sein, elle n'avait pas un an. J'étais assise sur mon lit, en train de lui donner sa tétée… On frappe à ma fenêtre : « Lena, on a apporté un papier… Il s'agit de ton gars… » (C'étaient les femmes qui avaient barré la route au postier, pour venir me porter elles-mêmes la nouvelle.) Moi, je tenais la petite contre moi, et quand j'ai entendu ça, un jet de lait m'a jailli du sein, qui a tout éclaboussé par terre. La petite s'est mise à hurler, elle était terrorisée. Elle n'a plus jamais voulu prendre le sein. C'était juste la veille du dimanche des Rameaux. En avril, il y avait déjà un joli soleil. J'ai lu sur la feuille que mon Ivan était mort en Pologne. Sa tombe se trouvait près de Gdansk… Le 17 mars 1945… Un mince feuillet de papier… Nous attendions déjà la victoire, nos hommes allaient bientôt revenir… Les vergers étaient en fleurs…

Après ce choc, ma fille est restée longtemps souffrante, jusqu'à ce qu'elle aille à l'école. Que la porte claque un peu fort ou que quelqu'un se mette à crier, elle tombait malade. Elle pleurait des nuits durant. J'ai eu beaucoup de soucis avec elle ; pendant sept ans, je n'ai pas vu le soleil, il ne brillait pas pour moi. Il faisait noir dans mes yeux.

On nous a dit : c'est la victoire ! Les hommes ont commencé à rentrer chez eux. Mais il en est revenu bien moins que nous en avions envoyé. Moins de la moitié. Mon frère Youzik est arrivé le premier. Mutilé, il est vrai. Il avait une fille du même âge que la mienne. Quatre ans, puis cinq… Ma fille allait jouer chez eux, mais une fois elle revient en courant, tout en larmes :

« Je n'irai plus chez eux !

— Mais pourquoi pleures-tu donc ?

— Son papa prend Oletchka (c'était le prénom de ma nièce) sur ses genoux, il la console. Et moi, je n'ai pas de papa. Je n'ai qu'une maman. »

Nous nous sommes embrassées…

Ça a duré deux ou trois ans. Elle rentrait à la maison en courant et demandait : « Est-ce que je peux me promener à la maison plutôt ? Autrement, si jamais papa arrive et que je suis dans la rue, avec les autres enfants, il ne me reconnaîtra pas, puisqu'il ne m'a jamais vue. » Je n'arrivais pas à la faire sortir de la maison pour qu'elle aille rejoindre les autres gosses dans la rue. Elle passait des journées entières enfermée. Elle attendait papa. Mais son papa n'est jamais revenu…"

"Lorsqu'il est parti à la guerre, le mien a beaucoup pleuré de laisser des enfants si jeunes. Il avait une peine immense. Les enfants étaient si petits qu'ils n'avaient même pas encore conscience d'avoir un papa. Surtout, c'étaient tous des petits gars. Le dernier, je le portais encore dans mes bras. Brusquement, il a pris le bébé et l'a serré très fort contre lui. J'ai couru derrière lui, on criait déjà : « Tout le monde en rang ! » Mais il ne pouvait pas lâcher l'enfant. Il s'est mis dans la colonne avec lui… Le responsable militaire lui criait dessus, mais lui, il continuait d'inonder le gosse de ses larmes. Au point de tremper tous ses langes. Nous l'avons accompagné, les enfants et moi, loin après la sortie du village. Nous avons bien couru encore cinq kilomètres. D'autres femmes étaient avec nous. Mes enfants tombaient déjà de fatigue, et moi, c'est à peine si j'arrivais encore à porter le plus petit. Volodia, c'était le nom de mon homme, se retournait, et moi, je courais, je courais… J'ai été la dernière à suivre la colonne… J'avais laissé les enfants quelque part sur la route… Et je courais juste avec le petit…

Un an plus tard, une lettre est arrivée : votre mari Vladimir Grigorovitch a été tué en Allemagne, près de Berlin. Je n'ai même jamais vu sa tombe. Un voisin est rentré, en bonne santé, puis un autre, avec une jambe en moins. Et j'ai été prise d'une telle peine : pourquoi le mien n'était-il pas revenu, même cul-de-jatte, mais vivant ? Je me serais occupée de lui…"

"Je me suis retrouvée seule avec mes trois fils… Je coltinais des gerbes de blé, des fagots de bois coupé dans la forêt, des sacs de pommes de terre, des bottes de foin. Tout ça toute seule… Je tirais moi-même la herse et la charrue. Eh ! que faire ? Chez nous, dans une maison sur deux ou trois, il y a une veuve, veuve de soldat. Nous sommes restées sans hommes. Sans chevaux. Car les chevaux avaient été pris eux aussi pour la guerre. Et pour vous parler franchement, la femme après la guerre a remplacé aussi bien l'homme que la bête : elle portait tout sur son dos. Moi, en plus, j'ai reçu le titre de kolkhozienne modèle. On m'a décerné deux diplômes d'honneur, et une fois même, donné dix mètres d'indienne. Pour sûr, j'étais heureuse ! J'ai pu faire des chemises à mes gars, aux trois."

"Après la guerre… Les fils de ceux qui avaient péri devenaient adolescents. Ils grandissaient. À treize, quatorze ans, ces gamins pensaient déjà être adultes. Ils voulaient se marier. Il n'y avait pas d'hommes, et les femmes étaient encore toutes jeunes…

Si on m'avait dit, par exemple : « Donne ta vache, et il n'y aura pas la guerre », je l'aurais donnée ! Pour que mes enfants ne connaissent pas ce que j'ai connu. Je passe mes jours et mes nuits à éprouver mon malheur…"

"Je regarde par la fenêtre, je crois le voir assis dehors… Il m'arrive, le soir, d'avoir de ces visions… Je suis déjà vieille, mais lui, je le vois toujours jeune. Tel qu'il était le jour de son départ. S'il m'apparaît dans un rêve, c'est toujours sous ses traits de jeune homme. Et je suis jeune, moi aussi…

Toutes les femmes chez nous ont reçu un avis de décès, mais moi, tout ce qu'on m'a adressé, c'est un papier avec, écrit dessus : « porté disparu ». Inscrit à l'encre bleue. Les dix premières années, je l'ai attendu chaque jour. Je l'attends encore. Tant qu'on vit, on peut tout espérer…"

"Et comment une femme peut-elle vivre seule ? Un type vient à la maison : qu'il m'aide ou qu'il ne fasse rien pour moi, ce n'est que du malheur. Chacun y va de son mot… Les gens jasent, les chiens aboient… Mais si seulement mon Ivan pouvait voir ses cinq petits-enfants. Parfois, je me plante devant son portrait, je lui montre des photos des petits. Je lui cause…"

"J'ai fait un rêve tout de suite après la guerre : je sors dans la cour, et mon homme est là, qui fait les cent pas… En tenue militaire… Et il m'appelle, m'appelle. J'ai bondi de sous ma couverture, j'ai ouvert la fenêtre… Tout était silencieux. On n'entendait même pas un oiseau. Ils dormaient. Le vent caressait le feuillage… On aurait dit qu'il sifflotait…

Le matin, j'ai pris une douzaine d'œufs et je suis allée trouver une Tsigane. « Il n'est plus, m'a-t-elle dit après avoir tiré les cartes. Ne l'attends pas, c'est inutile. C'est son âme qui rôde autour de ta maison. » Or, lui et moi, voyez-vous, nous nous étions mariés par amour. Un grand amour…"

"Une diseuse de bonne aventure m'a enseigné quoi faire : « Quand tout le monde sera endormi, enveloppe-toi d'un châle noir et assieds-toi devant un grand miroir. C'est par là qu'il apparaîtra… Tu ne devras pas le toucher, ni même effleurer ses vêtements. Contente-toi de lui parler… » J'ai passé toute la nuit sur ma chaise… Il est venu juste avant l'aube… Il ne disait rien, il restait muet et des larmes ruisselaient sur ses joues. Il est apparu ainsi trois fois. Je l'appelais, il venait. Il pleurait. Alors j'ai cessé de l'appeler. J'ai eu pitié de lui…"

"Moi aussi, j'attends de revoir mon homme… Jour et nuit, je lui parlerai. Je n'ai besoin de rien de sa part, juste qu'il m'écoute. Il a sûrement bien vieilli là-bas, lui aussi. Comme moi."

"Mon sol, ma terre… J'arrache des patates, des betteraves… Il est quelque part là au fond et je le rejoindrai bientôt… Ma sœur me dit : « C'est le ciel que tu dois regarder, pas la terre. Tout là-haut. C'est là qu'ils sont. » Tiens, voilà ma maison… Juste à côté… Reste avec nous. Quand tu auras passé une nuit ici, tu en sauras davantage. Le sang, ce n'est point de l'eau, ça fait peine de le verser, et pourtant, il coule. Je regarde la télévision… Il coule à flots…

Tu peux bien ne rien écrire… Mais rappelle-toi. Toi et moi, nous avons parlé ensemble. Nous avons un peu pleuré. Alors, quand tu nous auras fait tes adieux, retourne-toi pour nous regarder, nous et nos bicoques. Retourne-toi, pas une fois seulement, comme une étrangère, mais deux. Comme quelqu'un de la famille. Il n'est besoin de rien de plus. Retourne-toi, c'est tout…"

PETITE VIE ET GRANDE IDÉE

"J'ai toujours eu la foi... Je croyais en Staline... Je faisais confiance aux communistes. J'étais moi-même communiste. Je croyais au communisme... Je vivais pour ça, j'ai survécu pour ça. Après le rapport de Khrouchtchev au XXᵉ Congrès, quand il a dénoncé les erreurs de Staline, je suis tombée malade, j'ai dû m'aliter. Je ne pouvais pas croire que c'était la vérité. Une vérité aussi effroyable... Moi-même, j'avais crié pendant la guerre : « Pour la patrie! Pour Staline! » Personne ne m'y obligeait... J'avais la foi... Telle est ma vie...

La voici...

Pendant deux ans, j'ai combattu chez les partisans... Lors du dernier combat, j'ai été blessée aux jambes, j'ai perdu connaissance, or il gelait ce jour-là à pierre fendre, et quand je suis revenue à moi, j'ai senti que mes mains étaient gelées. Aujourd'hui, j'ai de bonnes mains, bien vivantes, mais à ce moment-là elles étaient toutes noires... Mes jambes, naturellement, étaient gelées elles aussi. S'il n'y avait pas eu le gel, peut-être aurait-on pu les sauver, mais elles étaient couvertes de sang, et j'étais restée longtemps étendue, immobile. Quand on m'a trouvée, on m'a mise avec d'autres blessés, on nous a rassemblés dans un même endroit, nous étions nombreux, mais là, les Allemands ont cherché de nouveau à nous encercler. Le détachement est parti... Pour tenter de se dégager... On nous a balancés sur des traîneaux, comme des bûches. On n'avait pas le temps de prendre des précautions, de nous ménager, on nous a tous transportés plus loin dans la forêt. On nous a cachés. On nous a trimballés ainsi d'un endroit à l'autre, puis on a informé Moscou de ma blessure. Car, savez-vous, j'étais députée du Soviet suprême. J'étais une personnalité, on était fier de moi. Je suis d'origine très humble, une simple paysanne. Issue d'une famille de paysans. J'ai adhéré très tôt au Parti...

J'ai perdu mes jambes... On m'a amputée... On m'a sauvée là-bas, dans la forêt... L'opération s'est déroulée dans les conditions les plus primitives. On m'a allongée sur une table pour m'opérer, il n'y avait même pas d'iode, et on m'a scié les jambes, les deux jambes, avec une simple scie... On m'a allongée sur la table, et pas d'iode! On est allé dans un autre détachement, à six kilomètres de là, chercher de l'iode, et pendant ce temps-là, moi, je suis restée étendue sur la table. Sans anesthésie. Sans… Il n'y avait rien, à part une scie ordinaire… Une scie de menuisier…

On a contacté Moscou pour qu'ils envoient un avion. L'avion s'est approché à trois reprises, il décrivait des cercles et des cercles, sans pouvoir atterrir. Tous les alentours étaient pilonnés sans relâche. À la quatrième tentative, il s'est posé, mais j'étais déjà amputée des deux jambes. Puis, à Ivanovo, à Tachkent, on m'a réamputée quatre fois, et quatre fois la gangrène s'est déclarée. Chaque fois, on m'en ôtait un bout supplémentaire et finalement, je me suis retrouvée amputée très haut. Les premiers temps, je pleurais… Je sanglotais… J'imaginais que j'allais devoir ramper par terre, que je ne pourrais plus marcher, mais seulement ramper. Je ne sais pas moi-même ce qui m'a soutenue, m'a empêchée de nourrir des idées noires. Comment j'ai réussi à me persuader moi-même. Bien sûr, j'ai rencontré de bonnes gens. Un tas de gens bien. Nous avions un chirurgien qui marchait lui-même avec des prothèses. Il disait de moi – ce sont d'autres médecins qui me l'ont rapporté : « Je m'incline devant elle. J'ai opéré bien des hommes, mais je n'en ai jamais vu qu'on puisse lui comparer. Elle n'a pas poussé un cri. » Je tenais bon…

Puis, je suis rentrée à Disna. Dans ma petite ville. Je suis rentrée avec des béquilles.

Maintenant, je marche mal, parce que je suis vieille, mais à l'époque, je galopais dans la ville et ses alentours à pied. Je gambadais sur mes prothèses. J'allais même inspecter les kolkhozes. On m'avait nommée vice-présidente du comité exécutif de district. C'était un poste important. Je ne restais pas assise dans un bureau. J'étais toujours en expédition dans les champs, dans les villages. J'étais même vexée si je sentais la moindre indulgence à mon égard. En ce temps-là, il y avait peu de présidents de kolkhoze très compétents, et si on lançait une campagne importante, on envoyait sur place des représentants du district. Tous les lundis, nous étions convoqués au comité de district du Parti, et chacun se voyait confier une mission pour tel ou tel endroit. Un matin, je regarde par la fenêtre : des gens affluaient vers le comité, mais moi, on ne m'avait toujours pas appelée. Je me suis sentie mal tout à coup, j'avais envie d'être comme tout le monde.

Finalement, le téléphone sonne. C'est le premier secrétaire : « Fiokla Fiodorovna, passez nous voir. » Comme je me suis sentie heureuse alors, même si c'était affreusement difficile pour moi de parcourir les villages. On m'envoyait à des vingt, trente kilomètres de distance, parfois je trouvais une voiture pour m'y amener, mais souvent, il fallait terminer le chemin à pied. Je suis là à marcher dans la forêt, je tombe, et je ne peux pas me relever. Je pose mon sac pour m'appuyer dessus ou bien je m'agrippe à un arbre, je me remets debout et je poursuis ma route. Or, je touchais une pension, j'aurais pu vivre pour moi, pour moi seule. Mais je voulais vivre pour les autres. Je suis une communiste...

Je ne possède rien en propre. Juste des décorations : ordres, médailles, diplômes d'honneur. C'est l'État qui a construit ma maison. Si elle paraît si grande, c'est parce qu'il n'y a pas d'enfants dedans, c'est la seule raison... Et puis les plafonds sont hauts... Nous sommes deux à vivre là : ma sœur et moi. Elle est à la fois ma sœur, ma mère, ma nounou. Je suis vieille à présent... Le matin, je ne peux plus me lever toute seule...

Nous vivons ensemble, toutes les deux, nous vivons du passé. Nous avons un beau passé... Notre vie a été dure, mais belle et honnête, et je ne regrette pas mon sort. Je ne regrette pas ma vie..."

Fiokla Fiodorovna Strouï, partisane.

"C'est l'époque qui nous avait faites telles que nous étions. Nous avons montré ce dont nous étions capables. On ne connaîtra plus d'époque semblable. Notre idéal alors était jeune, et nous-mêmes étions jeunes. Lénine était mort peu de temps auparavant. Staline était vivant... Avec quelle fierté j'ai porté la cravate de pionnier! Puis l'insigne du Komsomol...

Et puis – la guerre. Et nous qui étions comme nous étions... Bien entendu, chez nous, à Jitomir, la résistance s'est vite organisée. J'y ai adhéré tout de suite, on ne se posait même pas la question de savoir si on y allait ou pas, si on avait peur ou non. On ne se posait même pas la question...

Quelques mois plus tard, la Gestapo est tombée sur la piste de plusieurs membres du réseau. J'ai été arrêtée... Bien sûr, c'était atroce. Pour moi, c'était plus atroce que la mort. J'avais peur de la torture... Peur de ne pas pouvoir tenir... Chacun de nous avait cette angoisse... Moi, par exemple, depuis l'enfance, j'étais très douillette. Mais nous ne nous connaissions pas encore, nous ne savions pas à quel point nous étions forts...

Après mon dernier interrogatoire, j'ai été portée sur la liste des prisonniers à fusiller – et ce, pour la troisième fois, d'après le compte de l'enquêteur qui m'interrogeait et qui prétendait être historien de formation. Or, pendant cet interrogatoire, il s'est passé ceci… Ce nazi voulait comprendre pourquoi nous étions ainsi, pourquoi nous étions aussi attachés à défendre nos idéaux. « La vie est au-dessus de n'importe quelle idée », disait-il. Bien sûr, je n'étais pas d'accord avec lui, alors il hurlait, me frappait. « Qu'est-ce qui vous pousse à être comme ça ? À accepter tranquillement la mort ? Pourquoi les communistes croient-ils que le communisme doit vaincre dans le monde entier ? » me demandait-il. Il parlait parfaitement le russe. Alors j'ai décidé de tout lui dire. Je savais que j'allais être tuée de toute manière, aussi mieux valait-il que ce ne soit pas pour rien, qu'il sache combien nous étions forts. Il m'a interrogée durant quatre heures, et je lui ai répondu comme j'ai pu, selon ce que j'avais eu le temps d'apprendre du marxisme-léninisme à l'école et à l'université. Oh ! il était dans un état ! Il se prenait la tête à deux mains, arpentait la pièce à grands pas, pour s'arrêter soudain devant moi, comme atterré, et me dévisager longuement, mais pour la première fois, il ne me frappait plus…

J'étais là, debout, devant lui… La moitié des cheveux arrachés ; or, avant ça, je portais deux grosses tresses… Affamée… Au début de ma détention, je rêvais d'un quignon de pain, même minuscule, puis je me serais contentée d'une simple croûte, enfin même de quelques miettes… Je me tenais ainsi devant lui… Le regard ardent… Il m'a longuement écoutée. Il m'a écoutée et ne m'a pas frappée… Non, il n'avait pas déjà peur, on n'était encore qu'en 1943. Mais il avait senti quelque chose… un danger. Il a voulu savoir lequel. Je lui ai répondu. Mais lorsque j'ai quitté la pièce, il m'a portée sur la liste des prisonniers à fusiller…

Dans la nuit précédant l'exécution, je me suis remémoré ma vie, ma courte vie…

Le jour le plus heureux de mon existence, c'était quand mon père et ma mère, après avoir parcouru plusieurs dizaines de kilomètres sous les bombardements, avaient décidé de rentrer. De ne pas partir. De rester à la maison. Je savais que nous, nous allions nous battre. Il nous semblait que de cette manière, la victoire viendrait vite. C'était obligé ! La première chose que nous avons faite, c'était de chercher et sauver des blessés. Il y en avait dans les champs, dans les prés, dans les fossés, ils se traînaient jusqu'aux étables dans l'espoir d'y trouver secours. Un matin, je sors pour ramasser quelques pommes de terre, et j'en découvre un au milieu de notre potager. Il était mourant... Un jeune officier qui n'avait même plus la force de me dire son nom. Je crois n'avoir jamais été aussi heureuse que durant ces jours-là... J'avais soudain comme de nouveaux parents. Jusque-là, j'avais pensé que mon père ne portait aucun intérêt à la politique, alors que sans être inscrit au Parti, il était bolchevik. Ma mère était une paysanne peu instruite, elle croyait en Dieu. Pendant toute la guerre, elle a prié. Mais vous savez comment? Elle tombait à genoux devant l'icône : « Sauve le peuple! Sauve Staline! Sauve le parti communiste de ce monstre de Hitler! » Chaque jour à la Gestapo, lors des interrogatoires, je m'attendais à voir la porte s'ouvrir et mes parents entrer. Mon papa et ma maman... Je savais où j'étais tombée, et je suis aujourd'hui heureuse de n'avoir livré personne. Plus que de mourir, nous avions peur de trahir. Quand on m'a arrêtée, j'ai compris que le temps des souffrances était arrivé. Je savais que mon esprit était fort, mais mon corps – mystère!

Je ne me rappelle pas mon premier interrogatoire. Je n'en garde qu'un très vague souvenir. Je n'ai pas perdu connaissance... Une fois seulement, ma conscience s'est dérobée, quand on m'a tordu les bras avec une sorte de roue. Je ne crois pas avoir crié, bien qu'on m'ait montré, au préalable, comment d'autres criaient. Lors des interrogatoires suivants, je perdais toute sensation de douleur, mon corps devenait comme de bois. Un corps de contreplaqué. C'est seulement quand tout était terminé et qu'on m'avait ramenée en cellule que je commençais à sentir la douleur, que je devenais blessure. Que tout mon corps se changeait en une seule plaie... Mais il fallait tenir. Tenir! Pour que maman sache que j'étais morte en être humain, sans avoir trahi personne. Maman!

On me battait, on m'attachait, les pieds dans le vide. Toujours entièrement nue. On me photographiait. Quand on me photographiait, je ressentais une douleur. C'est bizarre, mais je ressentais une douleur physique. Alors qu'avant ça, j'étais comme de bois. Avec les mains, on ne peut jamais que se couvrir la poitrine... J'ai vu des gens perdre la raison... J'ai vu le petit Kolenka, qui n'avait pas un an, et à qui nous cherchions à faire dire ses premiers mots, comprendre soudain, de manière surnaturelle, au moment où on l'arrachait à sa mère, qu'il la perdait pour toujours, et crier pour la première fois de sa vie : « Maman ! » Ce n'était pas un mot ou pas seulement un mot… Je voudrais vous raconter… Tout vous raconter… Oh ! quels gens j'ai rencontrés là-bas ! Ils mouraient dans les caves de la Gestapo, et seuls les murs étaient témoins de leur courage. Et aujourd'hui, quarante ans plus tard, je tombe à genoux en pensée devant eux. « Mourir, c'est ce qu'il y a de plus simple », disaient-ils. Mais vivre… On avait une telle envie de vivre ! Nous étions sûrs que la victoire viendrait, la seule chose dont nous n'étions pas certains, c'était d'être encore en vie quand on fêterait ce grand jour.

Dans notre cellule, il y avait une petite lucarne, ou plutôt non, pas une lucarne, un simple trou : il fallait que quelqu'un vous fasse la courte échelle pour entrevoir, même pas un morceau de ciel, mais un morceau de toit. Seulement, nous étions toutes si faibles que nous étions incapables de soulever qui que ce soit. Mais il y avait parmi nous une fille, Ania, une parachutiste. Elle avait été capturée au moment où elle touchait terre, son groupe était tombé dans une embuscade. Et la voilà qui, tout ensanglantée, couverte d'ecchymoses, nous demande soudain : « Portez-moi, je veux jeter un coup d'œil à l'air libre. Je veux monter là-haut ! »

« Je veux », point à la ligne. Nous l'avons soulevée, toutes ensemble, et elle s'est exclamée : « Les filles, il y a une petite fleur, là… » Alors, chacune s'est mise à réclamer : « Moi aussi… Moi aussi… » Et nous avons trouvé, je ne sais comment, les forces pour s'aider l'une l'autre. C'était un pissenlit, je ne saurais dire comment il avait atterri sur ce toit, comment il y avait survécu. Chacune a fait un vœu en regardant cette fleur. Je suis sûre aujourd'hui que nous avons toutes fait le même : celui de sortir vivante de cet enfer.

J'aimais tant le printemps. J'aimais les cerisiers en fleur et le parfum qui enveloppait les buissons de lilas… Ne soyez pas étonnée par mon style, j'écrivais des poèmes à l'époque. Mais à présent, je ne l'aime plus. La guerre s'est interposée entre nous, entre moi et la nature. Quand les cerisiers étaient en fleur, je voyais les nazis dans ma ville natale de Jitomir…

Je ne suis restée en vie que par miracle… J'ai été sauvée par des gens qui voulaient remercier mon père. Mon père était médecin, et en ce temps-là, c'était infiniment précieux. On m'a tirée hors de la colonne… On m'a tirée hors des rangs et poussée dans l'obscurité, pendant qu'on nous conduisait vers le lieu d'exécution. Et moi, je ne me suis rendu compte de rien à cause de la douleur, je marchais comme dans un rêve… On m'a amenée à la maison, j'étais tout entière couverte de blessures, j'ai fait sur-le-champ une poussée d'eczéma nerveux. Je ne supportais même plus d'entendre une voix humaine. Dès que j'entendais une voix, la douleur se réveillait. Maman et papa se parlaient en chuchotant. Je passais mon temps à crier, je ne m'apaisais qu'une fois dans un bain chaud. Je ne laissais pas ma mère s'éloigner une seconde de moi. Elle me disait : « Ma petite fille, j'ai un plat au four. Je dois aller au potager… » Je me cramponnais à elle… Sitôt que je relâchais sa main, tout me revenait d'un coup. Tout ce que j'avais subi. Pour me distraire un peu, on m'apportait des fleurs. Maman cueillait pour moi des campanules, mes fleurs préférées… Elle avait gardé dans ses affaires la robe que je portais quand j'avais été arrêtée par la Gestapo. Quelques jours avant de mourir, elle avait encore cette robe sous son oreiller. Elle l'a gardée ainsi jusqu'à sa mort…

Je me suis levée pour la première fois lorsque j'ai aperçu nos soldats. Moi qui étais alitée depuis plus d'un an, j'ai brusquement rassemblé mes forces et je suis sortie en courant dans la rue : « Mes chéris! Mes adorés… Vous êtes de retour… » Les soldats m'ont ramenée, dans leurs bras, à la maison. Dans mon enthousiasme, j'ai couru le lendemain puis le surlendemain au bureau de recrutement : « Donnez-moi du travail! » On en a informé papa, qui est venu me chercher : « Mon enfant, comment es-tu arrivée jusqu'ici? Qui t'a aidée? » Cet élan n'a duré que quelques jours… Les douleurs ont repris… Un calvaire… Je hurlais des journées entières. Les gens qui passaient près de notre maison prononçaient une prière : « Seigneur, accueille son âme en Ton royaume, ou bien fais qu'elle ne souffre plus. »

Ce sont les bains de boue de Tskhaltoubo qui m'ont sauvée. Ainsi que mon désir de vivre. Vivre, vivre – et rien de plus. J'ai encore eu une vie. J'ai vécu comme tout le monde… Pendant quatorze ans, j'ai travaillé dans une bibliothèque. Ce furent des années heureuses. Les meilleures. Mais, à présent, ma vie s'est transformée en un combat sans fin contre les maladies. Quoi qu'on en dise, la vieillesse est une saleté. Sans compter les maladies. Sans compter la solitude. Ces longues nuits sans sommeil… Des années ont passé, mais je suis toujours hantée par mon plus affreux cauchemar, je me réveille en sueur et glacée. Je ne me rappelle pas le nom de famille d'Ania… Je ne me rappelle pas si elle était de la région de Briansk ou de Smolensk. Je me souviens comme elle refusait de mourir! Elle croisait ses mains blanches et potelées sur sa nuque et criait par la fenêtre, à travers les barreaux : « Je veux vivre! » Je ne sais pas à qui raconter cela... Comment retrouver ses proches...

Vous pleurez... Je n'ai retrouvé personne de sa famille... Je parle d'elle à tous ceux qui pleurent..."

Sofia Mironovna Verechtchak, résistante.

"Après la guerre, nous avons appris l'existence d'Auschwitz, de Dachau... J'étais effarée devant le degré de monstruosité que les hommes pouvaient atteindre... Comment vivre après cela? Or je devais bientôt accoucher...

Vers la même époque, on m'envoie dans un village pour inciter ses habitants à souscrire à l'emprunt d'État. Le gouvernement avait besoin d'argent pour reconstruire les usines, les ateliers.

J'arrive : il n'y avait plus de village, les gens vivaient à demi enterrés... Dans des huttes de terre battue... Une femme se montre, je ne vous dis pas ce qu'elle portait comme vêtements, ça faisait peur à voir. Je me suis risquée dans sa tanière où j'ai trouvé trois gosses assis là, tous les trois affamés. Elle leur pilait je ne sais quoi dans un mortier, une espèce d'herbe.

Elle me demande :

« Tu viens pour la souscription à l'emprunt? »

Je réponds oui.

Elle alors :

« Je n'ai pas d'argent, mais j'ai une poule. Je vais demander à ma voisine, hier elle la voulait. Si elle m'achète la poule, je te remettrai l'argent. »

Je raconte ça aujourd'hui, et j'ai une boule dans la gorge. Son mari avait été tué au front, elle avait trois enfants à charge et ne possédait rien, à part cette poule, et elle allait pourtant la vendre pour me donner l'argent. Nous collections alors uniquement des espèces. Elle était prête à tout donner pourvu seulement qu'il y ait la paix, et que ses enfants demeurent en vie. Je me rappelle son visage. Et ceux de tous ses enfants...

J'ai de nouveau aimé les gens. De nouveau, j'ai eu foi en eux..."

Klara Vassilievna Gontcharova,
servant d'une pièce de DCA.

"MAMAN, QU'EST-CE QUE C'EST, PAPA?"

Elles ont parlé de la guerre en tant que soldats. Elles ont parlé en tant que femmes. Elles parleront à présent en tant que mères...

DU BAIN D'UN ENFANT
ET D'UNE MAMAN QUI RESSEMBLE À UN PAPA

"Je cours... Nous sommes quelques-uns à courir. À nous enfuir... Nous sommes poursuivis. Des coups de feu éclatent. Là-bas, ma mère est déjà sous le tir des mitraillettes. Mais elle nous voit courir... Et j'entends sa voix : elle crie. Des gens m'ont rapporté plus tard ce qu'elle criait. Elle criait : « Tu as bien fait de mettre ta robe blanche et tes chaussures blanches. Il n'y aura plus jamais personne pour t'habiller. » Elle était certaine que je serais tuée et elle éprouvait une certaine joie à l'idée que je serais enterrée toute vêtue de blanc...

Il régnait tout à coup un tel silence... On avait cessé de tirer, je ne sais pourquoi. On n'entendait plus que les cris de ma mère. Mais peut-être la fusillade continuait-elle, après tout? Je ne me souviens pas... Je ne me souviens que de la voix de maman...

Toute ma famille a péri pendant la guerre. La guerre a pris fin, et je n'avais plus à attendre le retour de personne..."

Lioubov Igorevna Roudkovskaïa,
partisane.

"Le bombardement de Minsk a commencé…

Je me suis précipitée au jardin d'enfants pour récupérer mon fils. Ma fille, elle, se trouvait en dehors de la ville. Elle venait juste d'avoir deux ans, elle était à la crèche, et la crèche avait déménagé à la campagne. J'ai décidé de récupérer mon fils et de le ramener à la maison, et ensuite d'aller chercher ma fille. J'avais envie qu'on soit rapidement tous ensemble.

Je m'approche du jardin d'enfants, des avions survolent la ville, larguant des bombes au passage. J'entends la voix de mon fils derrière la palissade – il n'avait pas encore quatre ans :

« N'ayez pas peur, maman a dit qu'on allait vite battre les Allemands. »

Je regarde par la porte : les gosses sont là, nombreux, et c'est lui qui rassure les autres. Mais lorsqu'il m'a vue, il s'est mis à trembler et à pleurer. En fait, il était terriblement effrayé.

Je l'ai ramené à la maison, j'ai demandé à ma belle-mère de veiller sur lui et je suis partie chercher ma fille. J'ai couru! À l'endroit où était censée être la crèche, je n'ai trouvé personne. Des femmes du village m'ont indiqué qu'on avait emmené les enfants. Où ça? Qui? Elles m'ont répondu qu'ils avaient probablement été ramenés en ville. Il y avait deux éducatrices avec eux, et comme le bus n'arrivait pas, ils étaient partis à pied. La ville était à dix kilomètres… Mais c'étaient de tout petits enfants, âgés d'un ou deux ans seulement. Ma chérie, je les ai cherchés pendant deux semaines… Dans un tas de villages différents… Quand je suis entrée finalement dans une maison et qu'on m'a dit que c'était bien là la crèche que je cherchais et les enfants, je n'y ai pas cru. Ils étaient couchés, pardonnez-moi le mot, dans leurs excréments, avec de la fièvre. On aurait dit qu'ils étaient morts… La directrice de la crèche était une très jeune femme, mais ses cheveux avaient blanchi. Elle m'a appris qu'ils avaient effectué tout le trajet jusqu'à la ville à pied, que quelques gosses s'étaient perdus en route et que quelques-uns étaient morts.

Je passe au milieu d'eux et je ne vois pas ma fille. La directrice me rassure :

« Ne désespérez pas. Cherchez bien. Elle doit être ici. Je suis sûre qu'elle y est. »

J'ai trouvé ma petite Ella grâce à l'unique bottine qu'elle avait encore au pied… Autrement, je ne l'aurais jamais reconnue…

Ensuite, notre maison a brûlé… Nous nous sommes retrouvés à la rue, avec pour seules affaires celles que nous portions sur nous. Des unités allemandes étaient déjà entrées en ville. Nous n'avions nulle part où aller. J'ai erré dans la rue pendant plusieurs jours avec mes enfants. Puis, j'ai rencontré Tamara Serguéïevna Sinitsa, une fille que je connaissais vaguement avant la guerre. Elle m'a écoutée puis m'a dit :

« Venez vous installer chez moi.

— Mes enfants ont la coqueluche. Comment puis-je venir chez vous ? »

Elle avait elle aussi des enfants en bas âge, ils risquaient d'attraper la maladie. Or, c'était une période épouvantable… Pas de médicaments, pas d'hôpitaux. Rien.

« Ça ne fait rien, venez. »

Ma chérie, est-ce qu'on peut oublier ça ? Ils ont partagé avec nous les quelques pelures de pommes de terre qu'ils avaient à manger. Dans ma vieille jupe, j'ai taillé un petit pantalon à mon fils pour avoir un cadeau à lui offrir le jour de son anniversaire.

Mais nous rêvions de nous battre… L'inaction me rendait folle… Quel bonheur ça a été, quand s'est présentée l'occasion de se joindre à la lutte clandestine, au lieu de rester là, les bras croisés. Au lieu de penser qu'il faut se résigner et attendre. Juste attendre. Pour parer à toute éventualité, j'ai casé mon fils, l'aîné, chez ma belle-mère. Elle m'a posé une condition : « Je prends mon petit-fils, mais tu ne te montres plus désormais chez moi. Tu nous ferais tous tuer. » Pendant trois ans, je n'ai pas revu mon fils, j'avais peur de m'approcher de leur maison. Quant à ma fille, lorsque je me suis vue surveillée, que j'ai compris que les Boches étaient tombés sur ma piste, je l'ai prise avec moi et j'ai rallié un groupe de partisans. J'ai parcouru cinquante kilomètres à pied avec elle dans mes bras. Dans mes bras…

Durant plus d'un an, elle est restée là-bas avec moi… Je me demande comment nous avons survécu. Si vous me posiez la question, je ne saurais pas vous l'expliquer. Parce que, ma chérie, pareille chose est en réalité impossible à endurer. Quand j'entends les mots « encerclement des partisans », j'ai encore les dents qui claquent.

Mai 1943… On m'a envoyée porter une machine à écrire dans la zone de partisans voisine. La zone de Borissov. Ils en avaient déjà une, mais à caractères cyrilliques, or ils avaient besoin de caractères allemands. Notre détachement était le seul à posséder une machine de ce type. Sur ordre du comité de résistance, j'avais réussi à la sortir de Minsk à la barbe de l'occupant. Quelques jours après mon arrivée là-bas, dans la région du lac Palik, le blocus a commencé. Dans quel pétrin n'étais-je pas tombée !...

Or, je n'y étais pas allée toute seule, mais avec ma fille. Quand je partais en opération pour un jour ou deux, je trouvais toujours quelqu'un pour la garder, mais je n'avais pas d'endroit où la laisser pour une longue période. Alors, bien entendu, je l'avais emmenée avec moi. Et nous nous sommes retrouvées ainsi, elle et moi, prisonnières du blocus... Les Allemands avaient encerclé la zone contrôlée par les partisans... Du ciel pleuvaient les bombes, du sol fusaient les tirs de mitrailleuses... Si les hommes, quand ils marchaient, n'avaient que leur fusil à porter, moi, j'avais mon fusil, la machine à écrire et ma petite Ella. Nous avançons, je trébuche, et la voilà qui tombe par-dessus moi pour atterrir dans le marais. Nous continuons – nouveau vol plané... et comme ça pendant deux mois ! Je me suis juré que si je m'en tirais, je ne m'approcherais plus à moins de mille kilomètres du marécage. Je ne pouvais plus le voir.

« Je sais pourquoi tu ne te couches pas quand on tire. Tu veux qu'on soit tuées ensemble. » C'est ma gosse qui me disait ça, une fillette de quatre ans. Mais en réalité, je n'avais pas la force de m'étendre à terre. Si je me couchais, je ne me relevais plus.

Parfois, les partisans me prenaient en pitié :

« Ça suffit. On va porter ta fille. »

Mais je n'avais confiance en personne. Et si soudain on était pris sous le feu, si elle était tuée sans que je sois là, sans que je la voie ?... Et si elle se perdait ?...

Lopatine, le commandant de la brigade, m'a accueillie avec ces mots :

« Quelle femme ! » Il était bouleversé. « Dans une situation pareille, elle a porté l'enfant et ne s'est pas délestée de la machine. Bien des hommes n'en auraient pas été capables. »

Il a pris mon Ella dans ses bras, l'a embrassée, l'a couverte de baisers. Il a retourné toutes ses poches et lui a donné les miettes de pain qu'elles contenaient encore. Elle les a mangées puis arrosées avec l'eau du marécage. Suivant l'exemple du commandant, les autres partisans ont également vidé leurs poches et lui ont donné leurs dernières miettes.

Quand nous sommes sortis de l'encerclement, j'étais complètement malade. J'étais couverte de furoncles, ma peau partait en lambeaux. Et j'avais toujours l'enfant dans les bras… Nous attendions
un avion de la zone libre, on nous avait avertis que s'il arrivait jusqu'à
nous, il embarquerait les blessés les plus graves et, éventuellement,
ma petite Ella. Je me souviens de l'instant où je l'ai fait monter à
bord. Les blessés lui tendaient les bras : « Ellotchka[1], avec moi… »,
« Viens par ici, il y a de la place… » Ils la connaissaient tous, à l'hôpital de campagne, elle leur chantait : « Ah! si l'on pouvait vivre
jusqu'au mariage… »

Le pilote demande :

« Avec qui es-tu, fillette ?

— Avec maman. Elle est restée en bas de l'avion…

— Appelle-la, qu'elle prenne le vol avec toi.

— Non, maman n'a pas le droit de partir. Elle doit battre les nazis. »

C'est comme ça qu'ils étaient, nos gosses. Et moi, je regarde son
petit visage et j'ai des crampes au ventre en me demandant si je la
reverrai un jour.

Je vais vous raconter également comment mon fils et moi nous
nous sommes retrouvés… C'était après la libération. Je marche vers
la maison où habitait ma belle-mère, et j'ai les jambes en coton.
Les femmes de mon détachement, qui étaient plus âgées que moi,
m'avaient prévenue :

« Quand tu le verras, ne lui révèle en aucun cas tout de suite
que tu es sa mère. Tu imagines tout ce qu'il a vécu en ton absence ? »

La fille d'une voisine accourt :

« Oh! La mère de Lionia! Lionia est en vie, tu sais!… »

Mes jambes ne m'obéissent plus : mon fils est en vie. La fillette
me raconte que ma belle-mère est morte du typhus et qu'une voisine a pris Lionia chez elle.

J'entre dans leur cour. Comment suis-je vêtue ? J'ai une vareuse
de l'armée allemande, une jupe noire rapiécée et de vieilles bottes.
La voisine m'a reconnue aussitôt, mais elle se tait. Et mon fils est
là, assis dehors, pieds nus, déguenillé.

« Comment t'appelles-tu, mon garçon ? lui demandé-je.

1. Diminutif d'Ella.

— Lionia…

— Et avec qui vis-tu ?

— Avant, je vivais avec ma grand-mère. Lorsqu'elle est morte, je l'ai enterrée. J'allais la voir tous les jours et je lui demandais qu'elle me prenne avec elle dans sa tombe. J'avais peur de dormir tout seul…

— Et où sont ton papa et ta maman ?

— Mon papa est vivant, il est au front. Et maman a été tuée par les nazis. C'est grand-mère qui me l'a dit… »

J'étais en compagnie de deux anciens partisans, ils venaient pour l'enterrement de leurs camarades. Ils entendent ce que mon fils me répond et ils pleurent.

À ce moment, je n'ai pas pu me retenir :

« Pourquoi ne reconnais-tu pas ta maman ? »

Il s'est précipité vers moi :

« Papa ! »

Je portais des habits d'homme, n'est-ce pas, une chapka. Puis il m'a serrée dans ses bras en criant :

« Maman ! »

C'était un tel cri. Une telle hystérie… Pendant un mois, il ne m'a pas lâchée d'une semelle, même quand j'allais au travail. Je l'emmenais avec moi. Il ne lui suffisait pas de me voir, d'être auprès de moi, il avait besoin de me toucher. On s'asseyait à table, il s'agrippait à moi d'une main et mangeait de l'autre. Il m'appelait uniquement « ma petite maman ». Aujourd'hui encore, il ne m'appelle que comme ça, « petite maman » ou « mamounette »…

Lorsque nous nous sommes retrouvés, mon mari et moi, nous n'avons pas eu trop d'une semaine pour tout nous raconter. Je lui parlais jour et nuit…"

Raïssa Grigorievna Khossenevitch,
partisane.

"Nous enterrions… Nous avions souvent à enterrer des partisans. Tantôt c'était un groupe qui tombait dans une embuscade, tantôt des hommes qui mouraient au combat. Je vais vous raconter un de ces enterrements…

Nous avions livré un combat très dur. Nous y avions perdu beaucoup de monde, et j'avais moi-même été blessée. Après le combat, il y a eu les funérailles. Généralement, on prononçait de brefs discours devant la tombe. D'abord parlaient les chefs, puis les amis. Mais cette fois-ci, il y avait parmi les morts un jeune gars du coin, et sa mère était venue l'enterrer. Elle a commencé à se lamenter, en biélorusse : « Ah! mon fils chéri! Et nous qui t'avions bâti une maison! Et toi qui nous promettais de nous ramener une jeunette! Te voilà maintenant à épouser la terre… »

Dans les rangs, personne ne bouge, on garde le silence, on ne l'interrompt pas. Puis, elle relève la tête et s'aperçoit que son fils n'est pas la seule victime. Bien d'autres jeunes gens sont étendus par terre. Alors elle se met à pleurer ceux-là, eux-mêmes fils de parents qu'elle ne connaissait pas : « Ah! mes fils chéris! Et vos mamans qui ne sont pas là pour vous voir, elles ne savent pas qu'on va vous mettre en terre! Et la terre qui est si froide. Et le gel féroce qui est partout. Eh bien! je vous pleurerai à leur place, je vous pleurerai tous. Mes chéris… Mes adorés… »

Quand elle a dit : « Je vous pleurerai tous » et « Mes adorés », tous les hommes, dans les rangs, se sont mis à sangloter tout haut. Personne ne pouvait se retenir, n'en avait même la force. Alors, le chef a crié : « Une salve! » Et la salve a couvert les pleurs.

Et je me suis sentie bouleversée, vous voyez – j'y pense encore aujourd'hui –, par cette grandeur du cœur maternel. Dans son immense chagrin, alors même qu'on enterrait son fils, elle avait assez de cœur pour pleurer d'autres fils, comme s'ils étaient les siens…"

Larissa Leontievna Korotkaïa,
partisane.

"Je suis retournée à mon village…

Des enfants jouaient devant notre maison. Je les regarde et je pense : « Laquelle est la mienne? » Ils sont tous pareils. Et tous tondus, comme on tondait autrefois les moutons, à la chaîne. Je n'ai pas reconnu ma fille, j'ai demandé qui d'entre eux était Lioussia. Je vois alors un des gamins, vêtu d'une longue chemise, s'élancer en courant vers la maison. Il était difficile de distinguer dans le lot qui était un garçon et qui était une fille, car ils étaient tous habillés pareil. Je demande à nouveau :

« Alors, qui parmi vous est Lioussia? »

Ils tendent le doigt vers la maison. Et j'ai compris que le gamin qui venait de se sauver était ma fille.

Quelques instants plus tard, une grand-mère la fait sortir en la tenant par la main – c'est ma grand-mère, la mère de ma mère. Elle la conduit vers moi :

« Allez, allez. On va gronder cette maman de nous avoir abandonnées. »

J'étais à cheval, je portais le calot et la tenue militaires. Ma fille imaginait, bien sûr, sa maman pareille à sa grand-mère et aux autres femmes. Et là, elle voyait devant elle un soldat. Elle a mis longtemps à accepter de venir dans mes bras, je lui faisais peur. Et je n'avais pas à me fâcher, ce n'était pas moi, après tout, qui l'avais élevée, elle avait grandi avec ses grands-mères.

En guise de cadeau, j'avais apporté un savon. À l'époque, c'était un cadeau de luxe, et quand j'ai commencé à laver ma fille, elle y a mordu à pleines dents. Elle avait envie de le goûter, de le manger. C'est ainsi qu'ils avaient vécu. Je me rappelais ma mère comme une jeune femme, mais c'est une vieille qui m'a accueillie. On lui a dit que sa fille était là, elle s'est précipitée hors du potager. Elle m'a aperçue dans la rue, a ouvert grands ses bras et a couru vers moi. Moi aussi, je l'avais reconnue et je me suis élancée à sa rencontre. Elle n'a pas pu franchir les derniers pas qui nous séparaient, elle est tombée, à bout de forces. Je suis tombée, à côté d'elle. J'embrasse ma mère. J'embrasse la terre. Et j'ai un tel amour dans le cœur, et une telle haine.

Je me souviens d'un Allemand blessé étendu par terre qui s'agrippe au sol, car il souffre. Un de nos soldats s'approche de lui : « Touche pas, c'est ma terre ! La tienne est là-bas, d'où tu es venu… »"

Maria Vassilievna Pavlovets,
médecin chez les partisans.

"Je suis partie à la guerre après mon mari…

J'avais laissé ma fille chez ma belle-mère, mais elle fut bientôt décédée. Mon mari avait une sœur, et c'est elle qui l'a recueillie. Et après la guerre, quand j'ai été démobilisée, elle ne voulait pas me rendre mon enfant. Elle me disait comme ça que je ne pouvais pas ravoir ma fille, dès lors que je l'avais abandonnée toute petite pour aller faire la guerre. Comment une mère pouvait-elle abandonner son enfant, surtout quand il était encore si fragile et sans défense ? Quand je suis revenue de la guerre, ma fille avait déjà sept ans, je l'avais laissée, elle en avait trois. C'est une fillette adulte que j'ai retrouvée. Elle était toute chétive, elle ne mangeait pas à sa faim, ne dormait pas suffisamment ; il y avait un hôpital à proximité où elle allait régulièrement, elle faisait des numéros, elle dansait, on lui donnait du pain. Elle m'a raconté tout ça plus tard... Au début, elle avait attendu son papa et sa maman, puis sa maman seulement. Son papa était mort... Elle comprenait...

Je pensais souvent à ma fille au front, je ne l'oubliais pas un instant, je la voyais dans mes rêves. Elle me manquait énormément. Mais je ne me suis pas fâchée contre ma belle-sœur. J'essayais de la comprendre : elle aimait beaucoup son frère, il était fort, beau, il était impossible qu'un garçon pareil pût être tué. Il est mort au cours des premiers mois de la guerre. Et elle ne voulait pas rendre ce qui lui restait de son frère. Elle était de ces femmes pour qui la famille, les enfants, c'est ce qui compte le plus dans la vie. Bombardement, pilonnage d'artillerie, mais elle n'a qu'une idée en tête : comment ça, on n'a pas donné le bain à l'enfant aujourd'hui ! Je ne peux pas la blâmer...

Elle me disait que j'étais un être cruel... Que je n'avais pas un cœur de femme... Or, nous avons beaucoup souffert à la guerre... Sans famille, sans foyer, sans nos enfants... Beaucoup de femmes avaient laissé des enfants chez elles, je n'étais pas la seule. On est là, assis sous une toile de parachute, dans l'attente d'une mission. Les hommes jouent aux dominos, et nous, jusqu'à ce que s'élève le signal d'envol, nous brodons des mouchoirs. Nous restions des femmes. Vous savez, ma navigatrice, par exemple, elle voulait envoyer une photo chez elle ; eh bien ! l'une de nous a dégoté un châle dans ses affaires, on lui a noué ce châle sur les épaules pour dissimuler les épaulettes et on l'a drapée d'une couverture de manière à recouvrir sa vareuse. Et c'était comme si elle portait une robe... C'est ainsi qu'on l'a photographiée. C'était sa photo préférée...

Quant à ma fille, nous sommes devenues amies... Et nous le sommes restées à vie... »

Antonina Grigorievna Bondareva,
lieutenant de la garde, chef-pilote.

DU PETIT CHAPERON ROUGE ET DE LA JOIE
DE RENCONTRER UN CHAT À LA GUERRE

"J'ai mis longtemps à m'habituer à la guerre...

Nous sommes passés à l'offensive. Quand un blessé s'est mis à perdre du sang artériel – je n'avais encore jamais vu ça, le sang jaillissait comme une fontaine –, mon premier mouvement a été de courir chercher un médecin. Mais le blessé lui-même s'est mis à crier : « Où vas-tu ? Mais où vas-tu ? Pose-moi un garrot ! » C'est alors seulement que j'ai repris mes esprits...

Le plus terrible... C'est un gamin de sept ans qui avait perdu sa maman. Sa maman avait été tuée. C'était terrible quand des soldats mouraient, mais quand des mères mouraient... Le garçon était assis sur la route à côté du cadavre de sa mère. Il ne comprenait pas qu'elle n'était plus, il attendait qu'elle se réveille et lui réclamait à manger...

Notre chef n'a pas laissé ce garçon partir, il l'a pris avec lui : « Tu n'as plus de maman, fiston, mais t'auras beaucoup de papas. » C'est ainsi qu'il a grandi chez nous. Il était comme le fils du régiment. Il avait sept ans.

Quand vous serez partie, mon mari va m'enguirlander. Il n'aime pas ce genre de conversations. Il n'a pas fait la guerre, il est jeune, plus jeune que moi. Nous n'avons pas d'enfants. Je me souviens tout le temps de ce gamin. Il aurait pu être mon fils...

Après la guerre, j'avais pitié de tous les êtres vivants. Je ne pouvais voir saigner un coq... un sanglier... J'avais pitié des chiens boiteux, des chats. Je les ramassais tous... Bizarrement, je suis incapable de supporter la douleur d'autrui. J'ai travaillé à l'hôpital, et les malades m'aimaient beaucoup, de me trouver aussi bonne. Nous avons un grand jardin. Je n'ai jamais vendu une seule pomme, une seule baie. Je les distribue, je les distribue aux gens... J'ai envie d'aimer tout le monde... Ça m'est resté de la guerre..."

Lioubov Zakharovna Novik, infirmière.

"Je n'avais pas peur de la mort... Je m'étais dit : quand elle viendra, je ne serai plus... Mais j'avais peur de la torture... Si des camarades étaient arrêtés, nous passions plusieurs jours dans une attente atroce : allaient-ils supporter la torture ou pas ? S'ils craquaient, il y aurait de nouvelles arrestations. Quelque temps plus tard, on apprenait qu'ils allaient être exécutés. On me donnait pour mission d'aller voir qui aujourd'hui serait pendu. Je passais dans la rue, je voyais qu'on préparait déjà la corde... Il ne fallait pas pleurer, ni s'attarder une seconde de trop, car il y avait partout des mouchards. Et combien il fallait de courage (ce n'est peut-être pas le bon mot), combien de force morale, pour se taire. Ne pas crier. Ne pas pleurer...

À cette époque, je ne pleurais pas...

Je savais quel risque je prenais en m'engageant dans la résistance, mais je l'ai vraiment compris et ressenti lorsque la SD[1] m'a arrêtée. J'ai été battue à coups de botte, à coups de cravache. J'ai appris ce qu'était la « manucure » nazie. On vous fixe les mains sur une table, et une espèce de machine vous enfonce des aiguilles en dessous des ongles... Sous chaque ongle en même temps. C'est une douleur infernale. On perd tout de suite connaissance. Je n'ai pas vraiment de souvenirs, je sais que c'est une douleur atroce, mais ce qui vient ensuite, je ne m'en souviens pas. J'ai été écartelée sur des poutres. Peut-être n'est-ce pas exact, peut-être est-ce mal formulé. Mais je me rappelle ceci : il y avait ici une poutre, et là une autre poutre, et on m'a placée entre les deux... Et puis une sorte de machine. Vous entendez vos os craquer et se déboîter. Est-ce que cela dure longtemps ? Je ne m'en souviens pas non plus... J'ai aussi subi la torture de la chaise électrique... C'est quand j'ai craché à la figure d'un de mes bourreaux... Je ne me rappelle pas s'il était jeune ou vieux. Ils m'avaient entièrement déshabillée, et celui-là s'est approché de moi et m'a empoignée par la poitrine... J'étais impuissante... Je ne pouvais que cracher... Alors je lui ai craché à la figure. Et ils m'ont fait asseoir sur la chaise électrique...

Depuis, je supporte mal l'électricité. Je me rappelle les convulsions que cela produit... Aujourd'hui encore, je ne peux même pas repasser le linge... Ça m'est resté à vie. À peine ai-je posé la main sur le fer, je ressens le courant dans tout mon corps. Je ne peux rien faire qui soit lié à l'électricité. Peut-être aurais-je eu besoin d'une

---

1. Abréviation allemande pour *Sicherheitsdienst* (service de sécurité) : organe répressif de l'administration d'occupation allemande qui regroupait des services de renseignement, de contre-espionnage et de police politique, en dehors de la ligne de front.

psychothérapie après la guerre ? Je ne sais pas. Mais j'ai déjà vécu ma vie comme ça...

Je ne sais pas pourquoi je pleure aujourd'hui. À l'époque, je ne pleurais pas...

On m'a condamnée à la peine de mort par pendaison. On m'a transférée dans la cellule des condamnées à mort. Il y avait là deux autres femmes. Vous savez, nous ne pleurions pas, nous ne nous abandonnions pas à la panique : nous savions, en nous engageant dans la Résistance, ce qui nous attendait, et c'est pourquoi nous nous tenions tranquilles. Nous parlions de poésie, nous nous remémorions nos opéras préférés... Nous parlions beaucoup d'*Anna Karénine*... De l'amour... Nous n'évoquions même pas nos enfants, nous avions trop peur de ces souvenirs-là. Nous parvenions même à sourire, à nous réconforter l'une l'autre. Nous avons passé ainsi deux jours et demi. Au troisième jour, dans la matinée, j'ai été convoquée. Nous nous sommes fait nos adieux, nous nous sommes embrassées sans verser de larmes. Je n'avais pas peur : j'étais sans doute tellement habituée à l'idée de mourir que je n'avais plus peur. Je n'avais pas de larmes non plus. C'était comme un vide. Je ne pensais plus à personne...

Nous avons roulé longtemps, je ne me rappelle même pas combien de temps exactement... Je faisais mes adieux à la vie, n'est-ce pas ? Mais le camion a fini par s'arrêter. Nous étions une vingtaine, et aucun ne parvenait à descendre tant nous étions amochés. On nous a jetés à terre, comme des chiens morts, puis le commandant nous a ordonné de ramper vers un baraquement. Il nous forçait à avancer à coups de cravache... Près d'une baraque il y avait une femme qui donnait le sein à son enfant. Eh bien ! vous savez... Les chiens, les gardes, tous sont restés cloués sur place, ils étaient là immobiles, aucun ne songeait à la toucher. Le commandant, quand il a vu ce tableau... Il a fait un bond. Il a arraché l'enfant des bras de sa mère... Et, vous savez, il y avait là une borne-fontaine, une pompe pour tirer de l'eau, et il s'est mis à cogner ce petit bébé contre la borne de fer. La cervelle a coulé... Comme du lait... Et je vois la mère qui s'effondre, je la vois, et je comprends... car je suis médecin, n'est-ce pas... Je comprends que son cœur n'a pas supporté...

... On nous mène au travail. On nous fait traverser la ville, par des rues qui me sont familières. On vient juste de s'engager sur une pente – à un endroit où il y avait une descente assez raide –, quand j'entends soudain une voix : « Maman, ma maman ! » Et je vois alors ma tante Dacha, immobile sur le trottoir, de l'autre côté de la rue, et ma fille qui court vers moi. Elles passaient par hasard par là et m'avaient aperçue. Courant à toutes jambes, ma fille s'est jetée à mon cou. Or vous imaginez : il y avait là des chiens spécialement dressés pour attaquer les gens, et cependant aucun d'eux n'a bougé. Normalement, si quelqu'un s'approchait, ces chiens le mettaient en pièces, ils étaient dressés pour ça, mais là, pas un n'a esquissé un mouvement. Ma fille s'était précipitée dans mes bras, je ne pleurais pas, je disais seulement : « Ma petite fille ! Ma Natacha ! Ne pleure pas. Je serai bientôt rentrée à la maison. » Et les gardes se tenaient là, eux aussi sans bouger, comme les chiens. Personne ne l'a touchée…

À ce moment non plus, je ne pleurais pas…

À cinq ans, ma fille récitait des prières, et non des poèmes. Tante Dacha lui avait appris comment il fallait prier. Elle priait pour son papa et sa maman, pour que nous restions en vie.

Le 13 février 1944, j'ai été déportée dans un bagne nazi, au camp de concentration de Croisette, sur la Manche. Le 18 mars, jour de la Commune de Paris, des Français ont organisé notre évasion, et j'ai rejoint le maquis. J'ai été décorée de la croix de guerre française…

Après la guerre, je suis rentrée chez nous… Je me souviens… Le premier arrêt sur notre terre… Nous avions tous sauté des wagons, nous embrassions notre terre, nous la caressions… Je me souviens : je portais une blouse blanche, je tombe à genoux, j'embrasse la terre, et j'en verse de pleines poignées sur mon sein. Je pense : « Est-il possible que je sois encore un jour séparée d'elle, séparée de cette terre si chère ?… »

Je suis arrivée à Minsk, mais mon mari n'était pas à la maison. Ma fille était chez la tante Dacha. Mon mari avait été arrêté par le NKVD. Je me rends là-bas… Et qu'est-ce que j'entends… On me dit : « Votre mari est un traître. » Or, mon mari et moi avions travaillé ensemble dans la Résistance. Mon mari était un homme honnête et courageux. Je comprends qu'il est l'objet d'une dénonciation… D'une calomnie… « Non, ai-je répliqué, mon mari ne peut pas être un traître. Je crois en lui. C'est un vrai communiste. » L'officier en charge de son dossier se met alors à hurler : « Ferme-la, espèce de putain française ! Tais-toi ! » Il y avait une méfiance à l'égard de tous ceux qui avaient été faits prisonniers par l'ennemi, de tous ceux qui avaient vécu sous l'occupation. On ne prenait même pas en considération notre engagement dans la lutte. Le peuple avait gagné la guerre, mais Staline n'avait pas pour autant confiance en lui. C'est ainsi que la patrie nous a remerciés... De l'amour qu'on lui portait, du sang versé pour elle...

J'ai fait des démarches... J'ai écrit à toutes les instances. Mon mari a été libéré six mois plus tard. On lui avait cassé une côte et éclaté un rein... Les nazis, quand il était tombé entre leurs mains, lui avaient déjà fracturé le crâne et cassé un bras, ses cheveux avaient blanchi, mais, en 1945, le NKVD a définitivement achevé de faire de lui un invalide. Je l'ai soigné durant des années, je l'ai arraché plusieurs fois à la maladie. Mais je ne pouvais rien dire contre, il ne voulait pas m'écouter... « C'était une erreur », disait-il. Le plus important, pour lui, c'était d'avoir gagné la guerre. Point. Et je le croyais...

Je ne pleurais pas. À cette époque, je ne pleurais pas... "

Lioudmila Mikhaïlovna Kachetchkina,
résistante.

"Comment expliquer à un enfant? Comment lui expliquer la mort...

Je marche avec mon fils dans la rue, et celle-ci est jonchée de cadavres. Je lui raconte l'histoire du Petit Chaperon rouge, et il y a des morts partout autour de nous. C'est quand nous étions revenus d'exode. Nous nous installons chez ma mère, et je vois très vite qu'il y a quelque chose qui cloche chez mon garçon : il se glisse sous le lit et reste là blotti des journées entières. Il avait cinq ans à l'époque, et impossible de le faire aller dehors...

Je me suis tourmentée durant un an à son sujet. Je n'arrivais pas à savoir de quoi il retournait. Or, nous logions au sous-sol : lorsque quelqu'un passait dans la rue, on ne voyait que ses souliers. Une fois, mon fils se décide à sortir de sous le lit et aperçoit une paire de bottes plantées devant la fenêtre. Il a poussé un hurlement... Je me suis rappelé alors qu'un nazi un jour l'avait frappé d'un coup de botte...

Bon, cela a fini, malgré tout, par lui passer. Un autre jour, il joue dans la cour avec d'autres enfants, il rentre le soir et me demande :

« Maman, qu'est-ce que c'est, papa? »

Je lui explique :

« Il est beau, il est très beau, la peau très blanche, il combat dans l'armée. »

Or, quand Minsk a été libéré, ce sont les chars qui sont entrés les premiers dans la ville. Et voici que mon fils accourt à la maison en pleurs :

« Mon papa n'y est pas ! Il n'y a que des hommes noirs là-bas, il n'y a pas de Blancs... »

On était au mois de juillet, les tankistes étaient tous jeunes, tous bronzés.

Mon mari est revenu de la guerre invalide. Ce n'était plus un jeune homme, mais un vieux, et c'était un malheur pour moi : mon fils s'était habitué à imaginer son père comme un bel homme à la peau toute blanche, et c'était un vieillard malade qui était arrivé. Aussi a-t-il mis longtemps à le reconnaître pour son père. Du coup, il ne savait pas comment l'appeler. J'ai dû leur apprendre à s'apprécier l'un l'autre.

Mon mari rentre tard du travail, je lui dis en lui ouvrant la porte :

« Pourquoi rentres-tu si tard ? Dima était inquiet, il se demandait où était son papa. »

Lui aussi, voyez-vous, en six années de guerre (il avait également combattu les Japonais[1]), il s'était déshabitué de son fils. De sa maison.

Alors moi, quand j'achetais quelque chose pour mon fils, je lui disais :

« C'est papa qui t'a acheté ça, il pense à toi... »

Et petit à petit, ils ont fini par se rapprocher... "

Nadejda Vikentievna Khattchenko,
résistante.

"Ma biographie...

J'ai travaillé dans les chemins de fer à partir de 1929. J'étais aide-mécanicien. À l'époque, il n'y avait pas une seule femme machiniste en Union soviétique. Or moi, je rêvais de l'être. Le chef du dépôt s'exclamait, découragé : « Ah ! cette fille ! Il n'y a que les métiers d'homme qui l'intéressent ! » Mais moi, je continuais d'insister. En 1931, je suis devenue la première... la première conductrice de locomotive. Vous ne me croirez pas, mais lorsque je passais à bord

---

1. Dès 1939, le Japon déclenchait un certain nombre d'opérations contre l'URSS en Extrême-Orient.

de ma machine, les gens se rassemblaient sur les quais des gares :
« C'est une fille qui conduit la locomotive ! »

Un jour, notre locomotive était au dépôt, en révision. Mon mari et moi partions bosser à tour de rôle, parce que nous avions déjà un bébé. Nous nous étions arrangés comme ça : s'il était de service, c'était moi qui gardais l'enfant, et si c'était à moi de partir, c'était lui qui restait à la maison. Justement ce jour-là, mon mari venait de rentrer, et c'était mon tour de partir. Le matin, je me réveille et j'entends un chahut anormal dans la rue. J'allume la radio : « C'est la guerre ! »

Je dis à mon mari :

« Lionia, lève-toi, c'est la guerre ! Lève-toi, c'est la guerre ! »

Il a couru au dépôt et est rentré en larmes :

« C'est la guerre ! C'est la guerre ! Tu sais ce que c'est, la guerre ? » Comment faire ? Que faire de l'enfant ?

Nous avons été évacués, mon fils et moi, à Oulianovsk, à l'intérieur du pays. On nous a logés dans un deux-pièces, un bel appartement, comme je n'en ai pas aujourd'hui. On a inscrit mon fils au jardin d'enfants. Tout allait bien. Tout le monde m'aimait. Et comment ! Une femme machiniste, et qui plus est, la première... Vous ne me croirez pas, j'ai vécu là-bas peu de temps, pas même six mois. Et pourtant, je n'en pouvais plus : comment, tout le monde défend la patrie, et moi, je reste à la maison le cul sur une chaise !

Mon mari est arrivé :

« Alors, Maroussia, vas-tu rester à l'arrière ?

— Non, lui ai-je répondu, on repart ensemble. »

À cette époque, un convoi de réserve spécial destiné à desservir le front était en train d'être organisé. Mon mari et moi avons demandé une affectation sur ce convoi. Mon mari était chef-mécanicien, et moi, mécanicien. Nous avons passé quatre ans sur les rails, dans un wagon de marchandises aménagé, et notre fils avec nous. Au bout de quatre ans de guerre, il n'avait même jamais vu de chat. Quand il a fini par en attraper un, aux abords de Kiev, notre train essuyait un bombardement terrible, cinq avions nous avaient attaqués, et lui, il entourait la bestiole de ses bras : « Mon minou, qu'est-ce que je suis content de te voir. Je ne vois jamais personne, reste avec moi. Laisse-moi t'embrasser. » Un gosse. Et un gosse, ça doit avoir son monde de gosse. Il s'endormait en disant : « Maman chérie, nous avons un chat. Maintenant, nous avons une vraie maison. » Vous ne me croirez pas...

Nous étions constamment bombardés, mitraillés. Et les tirs étaient en premier lieu dirigés sur la locomotive : l'important pour les Boches était de tuer le mécanicien, de détruire la locomotive. Les avions descendaient très bas et mitraillaient la locomotive ainsi que le wagon attelé derrière, or dans ce wagon se trouvait mon fils. Vous ne me croirez pas, mais quand nous étions bombardés, j'allais le chercher pour le prendre avec moi. Je le prenais dans mes bras et le serrais sur mon cœur : « Puissions-nous être tués par le même éclat d'obus. » Mais est-ce qu'on peut être tué comme ça ? C'est peut-être ce qui a fait que nous sommes restés en vie.

La locomotive, c'est ma vie, ma jeunesse, c'est la plus belle chose qui me soit arrivée dans l'existence. J'aimerais encore conduire des trains, mais on ne me le permet pas : je suis trop vieille...

Que c'est affreux de n'avoir qu'un seul enfant. Que c'est bête... Actuellement, nous habitons... Moi, je vis avec la famille de mon fils. Il est médecin, chef de service. Nous avons un petit appartement. Mais je ne pars jamais en vacances, je n'accepte aucun bon de voyage[1]... Vous ne me croirez pas, mais je ne veux pas me séparer de mon fils, de mes petits-enfants. J'ai peur de me séparer d'eux, même pour un jour. Et mon fils ne part jamais, lui non plus. Cela fait vingt-cinq ans qu'il travaille, et jamais il n'a utilisé un bon de voyage. À son boulot, tout le monde est très étonné qu'il n'ait jamais voulu en profiter. « Maman chérie, il vaut mieux que je reste avec toi », voilà ce qu'il dit. Et ma belle-fille est comme lui. Vous ne me croirez pas, mais nous n'avons pas de datcha, uniquement parce que nous ne pouvons nous séparer même pour quelques jours. Je ne peux pas vivre une minute sans eux.

Si vous aviez été à la guerre, vous comprendriez ce que c'est que de se séparer de quelqu'un, même pour un jour. Pour un jour seulement... »

Maria Alexandrovna Arestova,
conductrice de locomotive.

---

1. À l'époque soviétique, c'étaient les entreprises ou les services sociaux qui distribuaient aux travailleurs ou aux retraités des "bons de voyage" pour des cures ou des vacances en groupe.

DU CRI ET DU CHUCHOTEMENT

"Aujourd'hui encore, je n'en parle qu'en chuchotant. Quarante ans après... En chuchotant...

J'étends le linge sur le balcon. J'entends ma voisine qui m'appelle... Elle crie d'une voix bizarre : « Valia! Valia! » Je descends en courant : Ivan est dans la cour... Mon mari... Il est revenu du front! Vivant! Je l'embrasse, je le touche. Je le caresse. Je le serre dans mes bras. Et lui... Il est comme changé en carton... Je le sens, il est comme à moitié mort, complètement glacé. La peur me prend : à coup sûr, il a été commotionné. Bon, tant pis, me dis-je. Je saurai le soigner. L'important, c'est qu'il soit rentré... Tout cela m'a traversé la tête en l'espace d'une seconde. D'une seule seconde...

Les voisins s'étaient assemblés. Tout le monde était content, mais lui, il restait de pierre.

Je lui dis :

« Vania, que se passe-t-il? Que t'arrive-t-il?

— Allons à la maison. »

On entre. On s'assoit.

« Tu comprends... » Et il ne peut ajouter un mot de plus... Ensuite, il fond en larmes.

Nous avons eu une nuit... Juste une nuit...

Tôt le matin, on est venu le chercher. On l'a emmené, comme un criminel. Il savait qu'on allait l'arrêter. Il avait déjà subi un interrogatoire dans un service spécial de l'armée. On lui avait ôté ses épaulettes. Vous avez deviné, bien sûr? Il avait été fait prisonnier, blessé, il s'était laissé capturer par l'ennemi, alors que son devoir aurait été de se tuer. Un officier soviétique ne se rendait pas... C'est ce qu'avait dit le camarade Staline... et ce que lui avaient répété les officiers chargés d'instruire son affaire. Il aurait dû se tirer une balle dans la tête, seulement il n'avait pas pu le faire, étant blessé... Il n'avait pas pu... Je sais pourtant qu'il en avait l'intention...

Il s'était évadé et avait trouvé refuge dans la forêt. Avec les partisans. Il avait combattu avec eux pendant deux ans. Mais ça ne comptait pas, ce n'était pas retenu en sa faveur.

Nous avons eu une nuit... Juste une seule nuit après notre victoire...

Le matin, on l'a emmené... Je me suis assise à la table dans notre cuisine et j'ai attendu le réveil de notre fils, il avait neuf ans à l'époque. Je savais qu'à son réveil il me demanderait : « Où est papa ? » Que lui dire ? Et les voisins...

Mon mari n'est rentré que sept ans plus tard. Nous l'avions attendu, mon fils et moi, les quatre ans qu'avait duré la guerre, et après la Victoire, nous avons attendu encore sept ans son retour des camps. Nous l'avons attendu onze années en tout. Mon fils était déjà grand...

J'ai appris à parler en chuchotant. À penser en chuchotant. « Où est votre mari ? Où est ton père ? »

Aujourd'hui, on peut le crier. Il faut le crier. Moi, je veux... Et cependant, j'ai toujours peur... "

Valentina Evdokimovna Mikhaltsova,
agent de liaison chez les partisans.

"ET ELLE POSE LA MAIN LÀ OÙ BAT SON CŒUR…"

Et enfin : la Victoire…

Si, auparavant, le monde s'était partagé, pour elles, entre paix et guerre, une nouvelle frontière désormais s'établissait entre guerre et victoire. De nouveau, c'étaient deux mondes différents, deux vies différentes. D'emblée, il apparut évident qu'il serait aussi difficile de réapprendre à vivre après la victoire, sinon même plus difficile, qu'après la défaite. Il n'était pas moins d'épreuves inédites et imprévues à surmonter, bien au contraire.

Mais le but était toujours le même : rester un être humain…

"Nous étions heureux…

Nous avions franchi la frontière : notre patrie était libérée. Je ne reconnaissais pas les soldats, c'étaient d'autres hommes. Ils souriaient tous. Ils avaient passé des chemises propres. Cueilli, je ne sais où, des fleurs qu'ils tenaient à la main. Je n'ai plus jamais vu d'hommes aussi heureux. Je croyais que lorsque nous serions entrés en Allemagne, je n'aurais de pitié pour personne. Je sentais tant de haine accumulée en moi! Pourquoi épargnerais-je l'enfant de l'ennemi s'il avait tué le mien ? Pourquoi ferais-je grâce à sa mère s'il avait pendu la mienne ? Pourquoi laisserais-je sa maison intacte, s'il avait brûlé la mienne ? Pourquoi ? Pourquoi, je vous le demande ? J'avais envie de voir leurs femmes, de voir les mères qui avaient engendré de tels fils. Comment feraient-elles pour nous regarder dans les yeux ?

Tout ce que j'avais vécu me revenait en mémoire et je me demandais comment j'allais me comporter. Et comment allaient se comporter nos soldats. Car nous nous rappelions tout… Mais voici qu'on entre dans un village, des enfants courent dans la rue, affamés et malheureux. Et moi, qui avais juré de les haïr tous, je collecte chez nos gars tout ce qui leur reste de leur ration du jour, le moindre morceau de sucre, et je donne le tout à ces petits Allemands. Bien sûr, je n'avais rien oublié, tout était bien présent à mon esprit, mais je ne pouvais regarder tranquillement ces yeux d'enfants affamés.

Le lendemain, dès l'aube, les gosses faisaient la queue devant nos cuisines où l'on distribuait soupe et plat principal. Chaque enfant portait un sac à bandoulière pour le pain, un bidon accroché à la ceinture pour la soupe, et un récipient quelconque pour le plat : kacha ou pois. Nous n'avions pas de haine pour la population. Je vous le dis : nous donnions à manger aux enfants, nous leur donnions des soins. Et même des caresses..."

Sofia Adamovna Kountsevitch,
brancardière.

"Je suis allée jusqu'en l'Allemagne...

J'étais feldscher en chef dans un régiment de blindés. Nous avions des T-34, qui brûlaient très facilement. C'était horrible. Avant mon arrivée au front, je n'avais jamais entendu même un coup de fusil. Durant mon voyage vers le front, il y avait eu, une fois, un bombardement, quelque part au loin, très loin, et il m'avait semblé que la terre entière tremblait. J'avais dix-sept ans, je venais juste d'achever mes études dans un centre de formation pour personnel médical[1]. Et le destin a voulu qu'à peine arrivée je parte aussitôt au combat.

Je m'extirpe du char... Un incendie... Le ciel brûle... La terre brûle... Le fer brûle... Ici il y a des morts, là-bas des hommes qui crient : « Au secours ! À l'aide ! » Je me suis sentie saisie d'horreur ! Je ne sais pas comment je n'ai pas pris la fuite. Comment je n'ai pas détalé du champ de bataille ! C'était si effrayant que les mots me manquent, il faut l'avoir vécu. Autrefois, j'en étais incapable, mais à présent j'arrive à regarder des films qui parlent de la guerre, cependant je pleure toujours autant.

---

1. Sorte de lycée technique avec orientation médicale qui délivrait des diplômes d'infirmières. Normalement, il fallait faire des études supérieures (plus courtes cependant que celles d'un docteur en médecine) pour obtenir le diplôme de feldscher. Mais pendant la guerre, on pouvait bénéficier d'une formation accélérée pour accéder à un certain nombre de professions médicales, dont celle de feldscher.

Je suis allée jusqu'en Allemagne... Je me rappelle tout... La première chose que j'ai vue en territoire allemand, c'est une pancarte manuscrite en bordure de route : « La voici, la maudite Allemagne! »

Nous sommes entrés dans un village où il ne restait plus qu'une seule vieille femme. Les Allemands abandonnaient tout et s'enfuyaient à notre approche... On les avait persuadés que lorsque les Russes seraient là, ils sabreraient, éventreraient, égorgeraient tout le monde...

Je lui dis, à cette vieille :

« Nous avons gagné. »

Elle se met à pleurer :

« J'ai deux fils qui sont morts en Russie.

— Et qui en est responsable? Combien des nôtres sont morts?! »

Elle me répond :

« Hitler...

— Hitler n'était pas tout seul à décider. Ce sont vos enfants, vos époux... »

Cette fois-ci, elle reste muette. Ma mère était morte de faim pendant la guerre, ils n'avaient plus rien, même pas de sel. Mon frère était à l'hôpital, grièvement blessé. Seule ma sœur m'attendait à la maison. Elle m'avait écrit que lorsque nos troupes étaient entrées dans Orel, elle attrapait par leur manteau toutes les jeunes femmes militaires. Il lui semblait que je devais forcément être là. De notre famille, il ne restait plus que des femmes... "

Nina Petrovna Sakova, lieutenant, feldscher.

"Les routes de la victoire...

Vous ne pouvez imaginer ce qu'étaient les routes de la victoire! Des Polonais, des Français, des Tchèques, des Bulgares... Tous ces prisonniers libérés, avec charrettes à bras, baluchons, drapeaux nationaux... Tous mélangés, chacun rentrant chez soi. Tous nous embrassaient...

Nous avons rencontré des jeunes femmes russes. J'ai engagé la conversation avec elles, et elles m'ont raconté... Sur le chemin du retour, l'une d'elles avait compris qu'elle était enceinte, elle avait été violée par le patron chez lequel elle travaillait. Elle marchait et pleurait, et se frappait sur le ventre : « Je ne vais tout de même pas ramener un Fritz à la maison! Je ne le porterai pas! » Et elle s'était pendue.

Voilà quand il fallait écouter – écouter et noter... Pourquoi personne ne l'a fait alors ?

Une fois, une amie et moi roulions à vélo. Une Allemande marchait, elle avait trois enfants, je crois, deux assis dans un landau, l'autre qui la suivait à pied, cramponné à sa jupe. Elle semblait totalement épuisée. Et, vous comprenez, lorsque nous l'avons croisée, elle s'est mise à genoux et nous a saluées. Comme ça... Son front touchant le sol... Nous n'avons d'abord pas compris ce qu'elle disait. Alors elle a posé une main là où battait son cœur, puis désigné ses enfants. Cette fois-ci, nous avons compris : elle pleurait, s'inclinait devant nous et nous remerciait parce que ses enfants étaient encore en vie...

C'était pourtant une épouse. Son mari avait probablement combattu sur le front de l'Est... En Russie..."

> *Anastasia Vassilievna Voropaïeva, caporal,*
> *responsable de projecteur dans une unité de DCA.*

"J'ai vu de tout... Chez nous, un officier est tombé amoureux d'une jeune Allemande. Il a été dégradé et renvoyé à l'arrière.

Je me souviens d'une Allemande qui avait été violée. Elle gisait par terre, toute nue... Une grenade entre les cuisses...

Peut-être vaut-il mieux ne pas en parler..."

> *Ratkina, téléphoniste.*

"Notre terre natale était libérée... L'idée de mourir était devenue totalement intolérable, comme celle de devoir encore enterrer des hommes. On mourait désormais pour une terre étrangère, et l'on enterrait en terre étrangère. On nous expliquait qu'il fallait achever l'ennemi. Que l'ennemi était encore dangereux... Tout le monde comprenait bien... Mais c'était si triste de mourir... Quand même...

Je me rappelle plusieurs pancartes le long des routes, elles ressemblaient à des croix : « La voici, la maudite Allemagne ! » Tout le monde se souvient de cette pancarte-là...

Et tous, nous avions attendu cet instant... Nous allions enfin comprendre... Enfin voir... D'où sortaient-ils ? Comment était leur terre, comment étaient leurs maisons ? Étaient-ce des gens ordinaires vivant une existence ordinaire ? Au front, je n'imaginais pas pouvoir jamais relire des poèmes de Heine. Ou de mon cher Goethe… D'être un jour capable d'écouter à nouveau du Wagner… Avant la guerre, moi qui avais grandi dans une famille de musiciens, j'adorais la musique allemande : Bach, Beethoven. J'avais rayé tout cela de mon univers. Par la suite, nous avons vu… on nous a montré les fours crématoires… Auschwitz… Les montagnes de vêtements de femmes, de bottines d'enfants… La cendre grise… La cendre humaine… Tout ce qui restait des gens… Elle était transportée et épandue dans les champs, pour servir d'engrais aux choux. Aux salades…

Or voilà : nous étions sur leur terre… La première chose qui nous a étonnés, c'est la qualité des routes. Puis la taille impressionnante des fermes. Le tulle, les voilages blancs… Les pots de fleurs qui ornaient même des remises, les beaux rideaux. Les nappes blanches… la vaisselle de luxe… Nous n'arrivions pas à comprendre : pourquoi avaient-ils besoin de faire la guerre, s'ils vivaient aussi bien ? Chez nous, les gens vivaient dans des huttes de terre battue, quand eux, ils mangeaient sur des nappes blanches… Buvaient le café dans des tasses de porcelaine… J'ai oublié de vous raconter un autre choc que nous avions connu, qui s'était produit bien avant. Lorsque nous étions passés à l'offensive… dans les premières tranchées allemandes dont nous nous étions emparés… Quand nous y pénétrions, si c'était le matin, nous trouvions du café encore brûlant dans des thermos. Des galettes. Des draps blancs… Nous n'avions rien de tout cela. Nous dormions sur de la paille, sur des branchages. Parfois, nous passions deux ou trois jours sans rien manger ni boire de chaud. Eh bien ! nos soldats mitraillaient ces thermos… Ce café…

Dans des maisons allemandes, j'ai vu mitrailler des services à café. Des pots de fleurs. Des oreillers…

Il était difficile pour nous de comprendre d'où leur venait leur haine. La nôtre, elle était compréhensible, mais la leur ?

On nous avait autorisés à expédier des colis à la maison. Du savon, du sucre. Certains envoyaient des souliers, car les Allemands avaient de la chaussure solide, des montres, des articles de maroquinerie. Moi, j'en étais incapable. Je ne voulais rien leur prendre, même si je savais que ma mère et mes sœurs cadettes étaient hébergées chez des gens. Notre maison avait brûlé. Lorsque je suis rentrée à la maison, j'ai raconté ça à maman, elle m'a embrassée : « Je n'aurais pu, moi non plus, leur prendre quoi que ce soit. Ils ont tué votre papa. »

Je n'ai repris un volume de Heine entre mes mains que vingt ans après la guerre…"

Aglaïa Borissovna Nesterouk,
sergent, radio.

"Je regrette… Il y a une promesse que je n'ai pas tenue…

On avait amené à notre hôpital un blessé allemand. Je crois que c'était un pilote. Il avait été blessé à la cuisse, et la gangrène s'était déclarée. J'ai été prise d'une sorte de pitié. Il était là, allongé, silencieux.

Je savais un peu d'allemand. Je lui demande :

« Voulez-vous boire?

— Non. »

Les autres blessés savaient qu'il y avait un Allemand dans la salle. Son lit était un peu à l'écart. J'y vais, ils s'indignent :

« Ainsi vous portez de l'eau à un ennemi?

— Il est mourant… Je dois le soulager… »

Sa jambe était déjà entièrement bleue, on ne pouvait plus rien pour lui. L'infection vous dévore un homme en très peu de temps, en vingt-quatre heures il est emporté.

Je lui donne de l'eau, et lui me regarde et s'exclame soudain :

« *Hitler kaputt!* »

Or, nous étions en 1942. Nous nous trouvions près de Kharkov, encerclés.

Je demande :

« Pourquoi?

— *Hitler kaputt!* »

Je lui réponds alors :

« Tu penses et tu parles ainsi parce que tu es ici. Mais là-bas, vous tuez… »

Lui :

« Je n'ai jamais tiré, je n'ai pas tué. On m'a forcé. Mais je n'ai jamais tiré…

— C'est ce que tout le monde dit pour se justifier quand il est fait prisonnier. »

Et puis soudain, il me demande :

« Je vous en prie… vous en supplie… *Frau*… » Et il me donne un paquet de photographies. Il me montre sa mère, lui-même, ses frères, ses sœurs… De belles photos. Et sur le dos de l'une d'elles, il note une adresse : « Vous serez là-bas bientôt. Vous verrez! » C'était un Allemand qui me disait ça, en 1942 près de Kharkov. « Alors, jetez ça, s'il vous plaît, dans une boîte aux lettres. »

Il avait écrit son adresse sur une photo, mais il y en avait toute une liasse. Et ces photos, je les ai longtemps gardées sur moi. J'ai été très ennuyée quand je les ai perdues lors d'un violent bombardement. J'ai égaré l'enveloppe, alors que nous étions déjà entrés en Allemagne…"

Lilia Mikhaïlovna Boutko,
infirmière chirurgicale.

"Je me souviens d'un combat…

Lors de ce combat, nous avions fait beaucoup de prisonniers. Il y avait parmi eux des blessés que nous étions occupés à panser. Il faisait une chaleur torride. Nous avons dégoté une bouilloire et leur avons donné à boire. On était sur un découvert, exposés aux tirs. Nous avons reçu l'ordre de nous enterrer au plus vite, de nous dissimuler.

Nous avons commencé à creuser des tranchées. Les Allemands nous regardent. Nous leur expliquons : aidez-nous à creuser, mettez-vous au travail. Lorsqu'ils ont compris ce que nous voulions d'eux, ils nous ont considérés avec terreur. Ils étaient certains que lorsque les trous seraient creusés, nous les ferions s'aligner devant pour les fusiller. Ils se préparaient à subir de notre part le même traitement qu'ils infligeaient à nos prisonniers. Il fallait voir avec quelle angoisse ils creusaient… Quels visages ils affichaient…

Mais lorsqu'ils ont vu qu'après les avoir pansés et abreuvés d'eau fraîche nous leur donnions ordre de s'abriter dans les tranchées qu'ils venaient de creuser, ils n'en revenaient pas, ils étaient désarçonnés… Pour la première fois, je leur voyais des yeux d'être humain…"

Nina Vassilievna Iliinskaïa,
infirmière.

"La guerre touchait à sa fin… Il fallait réapprendre à avoir pitié… Mais où pouvions-nous puiser de la pitié?

Le commissaire politique me convoque :

« Vera Iossifovna, vous aurez à soigner des blessés allemands. »

À cette époque, mes deux frères avaient déjà été tués.

« Je refuse.

— Mais, comprenez-vous, il le faut.

— J'en suis incapable : mes deux frères ont péri, je ne peux pas les voir, je suis prête à les égorger, pas à les soigner. Comprenez-moi donc...

— C'est un ordre.

— Si c'est un ordre, alors je m'y soumets. Je suis une militaire. »

J'ai soigné ces blessés, j'ai fait tout ce qu'il fallait, mais ça m'a été difficile. Difficile de les toucher, de soulager leurs souffrances. C'est à ce moment que j'ai découvert mes premiers cheveux gris. À ce moment précis. Je leur faisais tout : je les opérais, les alimentais, les anesthésiais – tout dans les règles de l'art. Il y avait une seule chose que je ne pouvais faire, c'était la visite du soir. Le matin, on panse le blessé, on prend son pouls, bref, on fait son boulot de médecin, mais lors de la visite du soir, il faut parler aux malades, demander comment ils se sentent. Et ça, c'était au-dessus de mes forces. J'ai été capable de les soigner, de les opérer, mais pas de leur parler. J'avais d'emblée averti le commissaire politique :

« Je ne ferai pas de visite du soir... »"

Vera Iossifovna Khoreva,
chirurgien militaire.

"En Allemagne... Il y avait beaucoup de blessés allemands dans nos hôpitaux...

Je me souviens de mon premier. Il avait été atteint de la gangrène, et on l'avait amputé d'une jambe... Il se trouvait dans la salle dont je m'occupais...

Un soir, on me dit :

« Katia, viens voir ton Allemand. »

J'y suis allée, me disant qu'il avait peut-être une hémorragie.

Il était réveillé, couché dans son lit. Il n'avait pas de fièvre, rien.

Il me regarde, me regarde, puis sort un minuscule pistolet, comme ça :

« Tiens... »

Il parlait en allemand, je ne me souvenais pas de grand-chose, mais ce que j'avais retenu de l'école me suffisait à comprendre.

« Tiens... me dit-il, je voulais vous tuer, maintenant, tue-moi. »

Il voulait dire par là, j'imagine, qu'on l'avait sauvé. Et moi, je ne pouvais lui dire la vérité, lui avouer qu'il était en train de mourir...

Je suis sortie de la salle et me suis aperçue que j'avais les larmes aux yeux…"

Ekaterina Petrovna Chalyguina,
infirmière.

"J'avais peur de cette rencontre…

Lorsque j'étais à l'école, des écoliers allemands étaient venus en visite chez nous. À Moscou. Nous étions allés ensemble au théâtre, nous avions chanté ensemble. J'ai gardé le souvenir d'un garçon allemand. Il chantait merveilleusement. Nous nous étions liés d'amitié, j'étais même tombée amoureuse de lui. Et durant toute la guerre, je me suis demandé : et si je le croise et que je le reconnaisse ? Est-il, lui aussi, parmi ceux-là ? Je suis très émotive, depuis mon enfance, je suis terriblement sensible. Terriblement!

Un jour, je passe dans un champ juste après un combat, et il me semble le voir, gisant parmi les tués. C'était un jeune gars qui lui ressemblait beaucoup… Sur la terre labourée… Je suis restée un long moment debout, immobile auprès de lui…"

Maria Anatolievna Flerovskaïa,
instructrice politique.

"De nouveaux mots avaient fait leur apparition : « pitié », « pardon »… Mais comment pardonner ? Comment oublier… Pardonner les larmes de nos proches. Pardonner leur perte…

Un de nos soldats… Comment vous expliquer ça ? Il avait reçu une lettre de sa femme, où elle lui écrivait que tous les siens avaient été tués. Tous ses frères. Ses parents. Il a empoigné une mitraillette et s'est rué dans une maison allemande, la première qu'il a vue, celle qui se trouvait le plus près de notre unité. Nous avons entendu des cris… Des cris affreux… Personne n'a eu le temps de l'arrêter… D'autres soldats ont couru après lui, mais il était trop tard. On lui a pris la mitraillette… On lui a attaché les mains… Il marchait et pleurait. Il proférait des jurons et sanglotait : « Laissez-moi me tirer une balle dans la tête. »

Il a été arrêté…"

S-va, servant d'une pièce de DCA.

"Je venais d'avoir mes dix-huit ans... On m'a apporté une lettre de convocation : je devais me présenter au comité exécutif de district avec des provisions pour trois jours, deux changes de linge de corps, un quart et une cuillère. Ça s'intitulait : mobilisation sur le front du travail.

On nous a conduits à Novotroïtsk, dans la région d'Orenbourg. Nous avons commencé à travailler à l'usine. Le froid était si intense que mon manteau gelait dans ma chambre. Je le décrochais : il était lourd comme une bûche. Nous avons travaillé pendant quatre ans, sans congés ni jours de repos.

Nous attendions avec impatience que la guerre se termine. Une nuit, à trois heures du matin, du bruit dans le foyer : le directeur de l'usine venait d'arriver avec toute la hiérarchie : « C'est la victoire! » Et moi, je n'arrive pas à me lever de mon lit, on me met debout, je m'écroule. La joie m'avait causé une sorte de choc. Lorsque, le lendemain matin, je suis enfin sortie dans la rue, j'avais envie d'embrasser tout le monde..."

Ksenia Klimentievna Belko,
combattante du front du travail.

"Quel joli mot : la victoire...

La victoire... Des amies me demandent : « Que vas-tu faire? » Or, pendant la guerre, nous avions terriblement souffert de la faim. Nous rêvions de manger ne fût-ce qu'une fois à notre faim. J'avais un rêve : dès que j'aurais touché mon premier salaire après la guerre, je m'offrirais une caisse entière de biscuits. Ce que je ferais après la guerre? Cuisinière, bien sûr. Et aujourd'hui encore, je travaille dans l'alimentation collective...

Deuxième question : « Quand te marieras-tu? » Le plus rapidement possible... Je rêvais d'embrasser. J'avais une envie folle d'embrasser... S'il vous plaît, ne riez pas... J'avais envie aussi de chanter. De chanter! Tenez, vous voyez... Vous souriez... Mais j'aime chanter..."

Elena Pavlovna Chalova,
responsable komsomol d'un bataillon d'infanterie.

"J'ai appris à tirer...

Mais en trois ans... En trois ans de guerre, j'ai oublié toutes les règles de la grammaire. Tout le programme scolaire. J'étais capable de démonter une mitraillette les yeux fermés, mais au concours d'entrée à la fac, j'ai rédigé une composition bourrée de fautes puériles, et pratiquement sans virgules. Ce sont mes décorations militaires qui m'ont sauvé la mise.

À la fac, j'ai réappris ce qu'était la bonté humaine. La nuit, j'avais des cauchemars : SS, aboiements de chiens, derniers cris d'agonisants. Un homme qu'on emmène pour être exécuté... Ses yeux emplis de terreur, terreur de vivre ses derniers instants... Et d'un tel désespoir ! Cela me pourchassait... Cela me tuait ! Les médecins m'ont interdit de poursuivre mes études. Mais mes voisines de chambre, au foyer, m'ont dit d'oublier les médecins. Ces filles m'ont prise, tacitement, sous leur tutelle. Chaque soir, à tour de rôle, elles m'emmenaient au cinéma, voir une comédie. « Tu dois rire le plus possible », me répétaient-elles. Que je le veuille ou non, elles me traînaient au cinéma. Les comédies étaient peu nombreuses, alors je voyais chacune au moins une centaine de fois. Les premiers temps, mes rires ressemblaient à mes pleurs...

Mais les cauchemars ont reculé. J'ai pu faire mes études... »

Tamara Oustinovna Vorobeïkova,
résistante.

"Lorsque je commence à parler de la guerre... mon cœur défaille...

Des jeunes gars mouraient... mouraient au printemps... J'ai gardé le souvenir que c'était le plus dur, d'enterrer les gens au printemps, surtout lorsque les vergers étaient en fleurs. Je ne me souviens pas de prés fleuris, mais je me rappelle les vergers tout blancs. À la guerre, la blancheur était rare... Même si on vous l'a déjà dit, notez-le tout de même. C'est un souvenir très présent...

Pendant deux ans et demi, je n'ai pas quitté le front. Mes mains ont fait des milliers de pansements, ont nettoyé des milliers de blessures... Je pansais et pansais, sans relâche... Une fois, je vais changer de fichu, je m'adosse au chambranle d'une fenêtre et j'ai comme une absence. Je reprends mes esprits, et me sens tout à coup bien reposée. Le médecin me croise et se met à m'enguirlander. Je n'y comprends rien... Il finit par s'éloigner, non sans m'avoir collé au préalable trois corvées supplémentaires. Ma coéquipière m'explique ce qui s'est passé : j'ai été absente plus d'une heure. En fait, je me suis assoupie.

Ce n'est pas un hasard si j'ai à présent une petite santé, et de mauvais nerfs. Et quand on me demande quelles décorations j'ai reçues, je suis gênée de devoir avouer que je n'en ai pas, que mon tour n'était pas venu. Peut-être n'est-il pas venu parce que nous étions très nombreux à la guerre et que chacun accomplissait scrupuleusement la tâche qui lui avait été confiée. Comment aurait-on pu récompenser tout le monde? Mais nous avons tous été gratifiés de la plus haute des récompenses : le 9-Mai. Le Jour de la Victoire! Une amie à moi est décédée le Jour de la Victoire, quarante ans après la fin de la guerre. Son cœur a lâché juste ce jour-là... Notre jour...

Mais voici ce dont je me souviens... Il est arrivé une étrange histoire dans notre unité. Un capitaine de chez nous est mort le jour même où nous avons posé pour la première fois le pied en territoire allemand. Toute sa famille avait péri. C'était un homme de courage, il avait tant attendu... tant attendu ce jour... où il verrait leur terre, leur malheur, leur chagrin. Leurs larmes. Leurs ruines... Il est mort simplement comme ça, sans avoir été blessé ni rien. Il est arrivé jusque-là, il a vu et il est mort... Je pense quelquefois à lui : pourquoi est-il mort?"

Tamara Ivanovna Kouraïeva,
infirmière.

"J'ai demandé à aller en premier ligne dès que je suis descendue du train. Une unité passait par là, je l'ai rejointe. À cette époque, j'avais l'idée que si, au lieu de rester à l'arrière, j'allais en première ligne, je mettrais moins de temps à rentrer chez moi, même si je n'y gagnais qu'une journée. J'avais laissé maman seule à la maison. Nos filles s'en souviennent encore : « Elle ne voulait pas rester au poste de secours. » C'est vrai, j'arrivais là, je me lavais, je changeais de linge, et je repartais aussitôt pour ma tranchée. En première ligne. Je ne pensais pas à moi. Je rampais, je courais... Il y avait seulement l'odeur du sang... Je n'ai jamais pu m'habituer à cette odeur...

Après la guerre, j'ai travaillé un temps comme sage-femme dans une maternité, mais j'ai très vite laissé tomber. J'étais allergique à l'odeur du sang, c'est simple : mon organisme ne pouvait pas la tolérer. J'avais vu tant de sang à la guerre que je n'étais plus capable de le supporter... J'ai quitté la maternité pour les urgences. Je souffrais d'urticaire, de sensations d'étouffement.

Et le jour où je me suis confectionné un corsage taillé dans un tissu rouge, le lendemain, j'avais les bras couverts de taches. De cloques. Mon organisme ne tolérait plus ni le sang, ni la cotonnade rouge, ni les fleurs rouges, que ce soient des roses ou des œillets... Rien de rouge..."

Maria Iakovlevna Iejova, lieutenant de la garde,
chef d'une section d'infirmiers.

"La guerre s'est terminée... Pendant longtemps, j'ai entretenu des relations étranges avec la mort...

On inaugurait à Minsk la première ligne de tramway. J'étais à bord de ce premier tram, quand la voiture stoppe brutalement. Tout le monde crie, des femmes pleurent : « Un homme a été tué ! Un homme a été tué ! » Et moi, je reste toute seule dans le wagon sans parvenir à comprendre pourquoi on est si affecté autour de moi. Je n'avais pas le sentiment d'un événement tragique. Au front, j'avais vu tant de morts... C'était encore si récent... C'est pour cette raison que je n'ai pas réagi. J'avais l'habitude de vivre au milieu d'eux... On était toujours entouré de morts...

Et puis, ce sentiment m'est revenu, j'ai recommencé à éprouver de l'effroi à la vue d'un cadavre. Ce sentiment m'est revenu quelques années plus tard. Je suis redevenue normale... J'étais à nouveau comme les autres..."

Bella Isaakovna Epstein,
sergent, tireur d'élite.

"J'AI SOUDAIN ÉPROUVÉ
UNE TERRIBLE ENVIE DE VIVRE…"

Je leur posais des questions sur la mort, et elles me parlaient de la vie. Et mon livre, ainsi que je m'en rends compte à présent, est un livre sur la vie, et non sur la guerre. Un livre sur le désir de vivre…

J'avais une amie : Tamara Stepanovna Oumniaguina. Nous nous fréquentions depuis de longues années. Mais nous n'avions jamais parlé de la guerre, elle refusait d'aborder le sujet : "Interroge-moi sur ce que tu veux, ma très précieuse (c'est le petit nom qu'elle aimait me donner), mais pas sur cette époque-là. Pas sur la guerre…" Et puis un jour, je reçois un coup de fil : "Viens, j'ai peur de mourir bientôt. Mon cœur me joue des tours. Et je crains de ne pas avoir le temps."

C'est ce qui est arrivé. Quelques jours après notre conversation. Dans la nuit, il a fallu appeler une ambulance. Hémorragie cérébrale. Ses dernières paroles, rapportées par les médecins à sa fille : "Je n'ai pas eu le temps…"

De quoi n'avait-elle pas eu le temps ? Quelles paroles avait-elle omis de prononcer ? Quelles affaires laissait-elle en plan ? On ne le saura jamais. C'est pourquoi je n'ai pas retranché un mot de son récit. J'ai tout conservé. D'autant plus que – comme toutes ces femmes – elle disait rarement "je", et plus souvent "nous". Chacune parlait d'elle-même et de toutes en général.

Mais elles ne se répétaient jamais, tout comme celui qui chante dans une chorale ne répète pas ce que chantent les autres…

Tamara Stepanovna Oumniaguina,
sergent de la garde, brancardière :

"Ah! ma très précieuse…

Bien, je vais commencer… J'ai passé toute la nuit à creuser ma mémoire, à rassembler mes souvenirs…

J'ai couru au bureau de recrutement : je portais une jupette en grosse toile et des tennis avec fermeture à boucle, comme des escarpins, à la toute dernière mode. Et me voilà donc, en jupette et tennis, à réclamer d'être envoyée au front. Satisfaction qu'on m'a accordée. J'ai grimpé dans le premier camion. Je suis parvenue jusqu'à mon unité – une division d'infanterie cantonnée près de Minsk. Là-bas, on me dit qu'on n'a pas besoin de moi, que ce serait une honte pour les hommes si des gamines de dix-sept ans s'en allaient faire la guerre. Et, dans le même esprit, que de toute façon l'ennemi serait bientôt écrasé, et donc que la mouflette que j'étais n'avait plus qu'à retourner auprès de sa mère. Bien sûr, je me suis sentie toute désemparée qu'on ne veuille pas de moi pour se battre. Alors qu'ai-je fait? Je suis allée trouver le chef de l'état-major. Or justement, le colonel qui venait de m'opposer un refus était là lui aussi. J'ai dit alors : « Camarade chef supérieur, permettez-moi de ne pas obéir au camarade colonel. De toute manière, je ne pourrai pas rentrer chez moi, je devrai battre en retraite avec vous. Où irais-je, alors que les Allemands sont déjà à deux pas? » Après ça, tout le monde ne m'appelait plus que : « camarade chef supérieur ». On en était au septième jour de guerre. Nous avions déjà commencé à reculer…

Bientôt, nous nous sommes retrouvés à patauger dans le sang. Il y avait énormément de blessés, mais ils étaient tous si calmes, si patients, ils avaient un tel désir de vivre… Tout le monde voulait tenir jusqu'à la victoire. On l'attendait, c'était une question de jours… Je me souviens que toutes mes affaires étaient imprégnées de sang… épouvantable… Mes tennis étaient en loques, je marchais pratiquement pieds nus… De quoi ai-je été témoin? Dans la région de Moguilev, j'ai vu une gare bombardée. Un convoi transportant des enfants était à quai. On s'est mis à sortir les gosses par les fenêtres : des petits enfants, âgés de trois, quatre ans. Il y avait un bois tout près, et les voilà qui courent s'y réfugier. À cet instant, des chars allemands ont surgi, ils ont foncé droit sur eux. Il n'est rien resté de ces mioches… Même aujourd'hui, pareille scène aurait de quoi ébranler la raison de n'importe qui. Mais pendant la guerre, les gens tenaient bon… Beaucoup n'ont sombré dans la folie qu'une fois la guerre terminée…

Puis, notre unité s'est trouvée encerclée par les Allemands. J'avais beaucoup de blessés, mais aucune voiture ne voulait s'arrêter pour les prendre. Or, les Allemands étaient sur nos talons, ils étaient à deux doigts de refermer leur étau. Un lieutenant blessé me donne alors son pistolet : « Tu sais tirer ? » Mais comment aurais-je su ? J'avais seulement vu comment faisaient les autres. J'ai pris néanmoins le pistolet et je me suis avancée sur la chaussée pour arrêter des camions. C'est là que j'ai lancé mes premiers jurons. Bien virils. Une belle kyrielle d'obscénités choisies… Les voitures passaient en trombe… La première fois, j'ai tiré en l'air… Je savais que nous ne pourrions transporter les blessés sur des brancards. Que nous ne pourrions les emmener. Ils nous suppliaient : « Les gars, achevez-nous, ne nous abandonnez pas comme ça. » Deuxième coup de feu… La balle va perforer l'arrière d'un camion… « Espèce de cruche ! Apprends d'abord au moins à tirer ! » Mais le camion avait freiné… On nous a aidés à charger nos blessés à bord…

Mais le plus atroce était encore devant nous, le plus atroce, ce fut Stalingrad… Quel champ de bataille était-ce là ? Une ville entière : des rues, des maisons, des caves. Vas-y pour dégager de là un blessé ! Tout mon corps n'était qu'un seul immense hématome. Et mon pantalon était entièrement trempé de sang. L'adjudant-chef nous enguirlandait : « Les filles, je n'ai plus de pantalons en stock, alors ne venez pas m'en demander. » Une fois secs, nos pantalons tenaient debout tout seuls, mieux que si on les avait trempés dans de l'amidon : on aurait pu se blesser avec. Nous n'avions plus sur nous un millimètre carré d'étoffe propre, au printemps, nous n'avions rien à remettre à l'intendance. Tout brûlait : sur la Volga, par exemple, même l'eau était en flammes. Même en hiver, le fleuve ne gelait pas, mais brûlait… À Stalingrad, il n'y avait pas un pouce de terre qui ne fût imbibé de sang humain. Russe et allemand.

Des renforts arrivent. De beaux jeunes gars. Et deux à trois jours plus tard, ils ont tous péri, il n'en reste plus un. J'ai commencé à avoir peur des nouveaux. Peur de garder leur souvenir, de retenir leurs visages, leurs conversations. Parce que, à peine arrivés, ils étaient déjà morts. Deux à trois jours… On était en 1942 – le moment le plus dur, le plus pénible de la guerre. Une fois, sur trois cents que nous étions, nous n'étions plus que dix à la fin du jour. Et quand les tirs ont cessé, et que nous nous sommes comptés, nous nous sommes embrassés en pleurant, tant nous étions bouleversés d'être encore en vie. Nous formions comme une famille.

Un homme meurt sous tes yeux... Et tu sais, tu vois que tu ne peux pas l'aider, qu'il ne lui reste que quelques instants à vivre. Tu l'embrasses, tu le caresses, tu lui dis des mots doux. Tu lui fais tes adieux. Mais c'est là tout le secours que tu peux lui apporter... Ces visages, je les ai encore tous en mémoire. Je les revois, tous ces gars, tous. Des années ont passé, mais si seulement je pouvais en oublier un seul, effacer un visage. Je n'en ai oublié aucun, je me les rappelle tous, je les revois tous... Nous aurions voulu leur creuser des tombes de nos propres mains, mais ce n'était pas toujours possible. Nous partions, et ils restaient. Quelquefois, tu étais occupée à bander entièrement la tête d'un blessé, et il mourait entre tes mains. On l'enterrait alors comme ça, le crâne bandé. Un autre, s'il était tombé sur le champ de bataille, pouvait au moins contempler le ciel. Ou bien, au moment de mourir, il te demandait : « Ferme-moi les yeux, sœurette, mais tout doucement. » La ville en ruine, les maisons détruites, c'est horrible bien sûr, mais quand des gens sont là, gisant, des hommes jeunes... Tu ne peux pas reprendre haleine, tu cours... Il te semble être à bout de forces, ne plus guère en avoir que pour cinq minutes, sentir déjà tes jambes se dérober... Mais tu cours... C'est le mois de mars, on commence à patauger dans la flotte... Impossible de porter des valenkis, et cependant j'en enfile une paire et j'y vais. J'ai passé une journée entière à ramper avec ces bottes aux pieds. À la tombée du soir, elles étaient tellement imprégnées d'eau que je ne pouvais plus les ôter. J'ai dû les découper. Et je ne suis pas tombée malade... Me croiras-tu, ma très précieuse ?

Lorsque la bataille de Stalingrad a été terminée, on nous a confié pour mission de transporter les blessés les plus graves, par bateau, par péniche, jusqu'à Kazan et Gorki. On était déjà au printemps, au mois de mars, avril. Mais on trouvait toujours autant de blessés : ils étaient enfouis dans les ruines, dans les tranchées, les abris enterrés, les caves – il y en avait tant que je ne peux pas le décrire. C'était l'horreur ! On pensait toujours, lorsqu'on ramenait des blessés du champ de bataille, que c'étaient les derniers, qu'on les avait tous évacués, qu'à Stalingrad même il n'en restait plus, mais quand tout était fini, on en découvrait encore un tel nombre, que c'était à n'y pas

croire… À bord du vapeur sur lequel j'avais embarqué, on avait rassemblé les amputés des deux bras, des deux jambes, et des centaines
de tuberculeux. Nous devions les soigner, les réconforter d'un mot
amical, les apaiser d'un sourire. Quand on nous avait confié cette
mission, on nous avait assuré que ce serait pour nous comme des
vacances après les combats, qu'on nous faisait même cette faveur en
manière de gratitude, d'encouragement. Or l'épreuve se révélait plus
terrible encore que l'enfer de Stalingrad. Là-bas, quand j'avais tiré un
homme du champ de bataille, je lui donnais les premiers soins, je le
confiais à d'autres, et j'avais la certitude qu'à présent tout allait bien,
puisqu'on l'avait évacué. Et je repartais chercher le suivant. Mais à
bord du bateau, je les avais constamment sous les yeux… Là-bas, ils
voulaient, ils n'aspiraient qu'à vivre : « Plus vite, frangine ! Dépêche-
toi, ma jolie ! » Alors qu'ici ils refusaient de manger et désiraient la
mort. Certains se jetaient à l'eau. Nous devions les surveiller. Les
protéger. J'ai passé même des nuits entières auprès d'un capitaine :
il avait perdu les deux bras, il voulait en finir. Et puis une fois, j'ai
oublié de prévenir une autre infirmière, je me suis absentée pour
quelques minutes, et il en a profité pour sauter par-dessus bord…

On les a conduits à Oussolié, près de Perm. Il y avait là des mai-
sonnettes toutes neuves, toutes propres, aménagées spécialement
pour eux. Comme un camp de pionniers… On les transporte sur
des civières, et eux, ils grincent des dents. J'avais le sentiment que
j'aurais pu épouser n'importe lequel d'entre eux. Le prendre entièrement en charge. Nous sommes revenues par le même bateau, complètement vidées. Nous aurions pu alors nous reposer, mais nous ne
dormions pas. Les filles restaient prostrées pendant des heures, puis
soudain se mettaient à hurler. Nous restions enfermées, et chaque
jour nous leur écrivions des lettres. Nous nous étions réparti les des-
tinataires. Trois à quatre lettres par jour…

Et tiens, un détail. Après cette expédition, j'ai commencé à protéger mes jambes et mon visage durant les combats. J'avais de belles
jambes, j'avais très peur qu'on ne me les abîme. Ainsi que d'être défigurée… C'était juste un détail…

Après la guerre, j'ai mis plusieurs années à me débarrasser de
l'odeur du sang. Elle me poursuivait partout. Je lavais le linge, je sentais cette odeur, je préparais le repas, elle était encore là… Quelqu'un
m'avait offert un chemisier rouge, c'était une rareté à cette époque
où le tissu manquait. Mais je n'ai jamais pu le porter à cause de sa

couleur qui me flanquait la nausée. Je ne pouvais plus aller dans les magasins faire des courses. Au rayon boucherie. Surtout l'été… Et voir la viande de volaille… Tu comprends… Elle ressemble beaucoup… Elle est aussi blanche que la chair humaine… C'était mon mari qui s'en chargeait… L'été, j'étais totalement incapable de rester en ville, je faisais tout mon possible pour partir, n'importe où. Dès que l'été arrivait, j'avais l'impression que la guerre allait éclater. Quand tout chauffait au soleil : les arbres, les immeubles, l'asphalte, tout ça dégageait une odeur, tout ça pour moi sentait le sang. Je pouvais bien manger ou boire n'importe quoi, impossible de me défaire de cette odeur! Même les draps propres, quand je refaisais le lit, même ces draps pour moi sentaient le sang…

… Les journées de mai 1945… Je me souviens qu'on se photographiait beaucoup. Nous étions très heureux… Le 9 mai, tout le monde criait : « Victoire! Victoire! » On avait du mal à y croire. Et qu'allions-nous faire à présent?

On tirait en l'air… Tous ceux qui avaient une arme tiraient en l'air…

« Arrêtez ça, immédiatement! ordonne le commandant.

— Mais il nous restera des cartouches sur les bras, de toute manière. À quoi pourront-elles servir? »

Nous ne comprenions pas.

Quoi que chacun dise, je n'entendais qu'un seul mot : victoire! Brusquement nous étions pris d'un tel désir de vivre! Ah! quelle belle vie nous allions tous entamer à présent! J'ai épinglé toutes mes décorations et j'ai demandé qu'on me prenne en photo. J'avais envie, je ne sais pourquoi, que ce soit au milieu des fleurs. J'ai été photographiée au milieu d'un parterre.

Le 7 juin, ce fut mon jour de bonheur, le jour de mon mariage. L'unité a organisé une grande fête en notre honneur. Je connaissais mon mari depuis longtemps : il était capitaine, commandant d'une compagnie. Nous nous étions juré que si nous restions en vie, nous nous marierions après la guerre. On nous a accordé un mois de congé…

Nous sommes allés à Kinechma, dans la région d'Ivanovo, chez ses parents. J'y allais en héroïne, je n'aurais jamais pensé qu'on pouvait accueillir de cette manière une jeune femme revenant du front. Nous avions traversé de telles épreuves, nous avions sauvé et rendu tant d'enfants à leurs mères, tant de maris à leurs femmes.

Et brusquement… J'ai connu l'affront, l'insulte, les mots blessants. Jusque-là, je n'avais rien entendu d'autre que « chère frangine », « chère sœurette ». Et je n'étais pas n'importe quelle fille, j'étais très jolie… On m'avait donné un uniforme tout neuf…

Le soir, on s'assoit pour prendre le thé. La mère entraîne son fils dans la cuisine et lui dit entre deux sanglots : « Avec qui t'es-tu marié ? Une fille soldat… Tu as deux sœurs cadettes. Qui voudra les épouser maintenant ? » Aujourd'hui encore, quand je me rappelle cette scène, j'ai envie de pleurer. Imaginez : j'avais apporté un disque que j'aimais beaucoup. Il y avait là des paroles comme : « Il te revient de droit de porter les souliers les plus chics… » Une chanson où il était question d'une jeune fille partie faire la guerre. J'avais mis ce disque à jouer, la sœur aînée de mon mari s'est approchée et l'a brisé sous mes yeux : manière de me dire que non, je n'avais aucun droit. Ils ont détruit également toutes mes photos de guerre… Ah ! ma très précieuse, les mots me manquent pour ça… Je n'ai pas de mots…

Pour se procurer de quoi manger, les militaires, à cette époque, avaient des bons, des sortes de cartes d'alimentation. Un jour, munis de nos cartes, mon mari et moi partons nous faire délivrer ce à quoi nous avions droit. Nous arrivons, il s'agit d'un entrepôt spécial, il y a déjà la queue, nous nous rangeons au bout et nous attendons. Je vois mon tour approcher, quand soudain l'homme qui se tenait derrière le comptoir enjambe celui-ci et se précipite sur moi. Il m'embrasse, me serre dans ses bras et crie : « Les gars ! Les gars ! Je l'ai retrouvée. Elle est là sous mes yeux. J'avais tellement envie de la revoir, tellement envie ! Les gars ! C'est elle qui m'a sauvé ! » Et mon mari qui est là, à côté de moi. C'était un blessé que j'étais allée chercher sous le feu. Sous les tirs de l'ennemi. Il ne m'avait pas oubliée, mais moi ? Pouvais-je me souvenir de tous, il y en avait eu tellement ! Une autre fois, à la gare, un invalide me croise : « Infirmière ! » Il m'avait reconnue. Et il fond en larmes : « Je m'étais dit, si jamais je la revois, je tomberai à genoux… » Or il avait perdu une jambe…

Nous, les filles du front, avons connu notre part d'épreuves. Dont un bon nombre après la guerre, car nous avons dû alors affronter une autre guerre. Elle aussi atroce. Les hommes nous ont lâchées. Ne nous ont pas protégées. Au front, c'était différent. Tu es là à ramper… un éclat vole, ou bien une balle… Les gars veillent : « Couche-toi, frangine ! » Quelqu'un crie ça et dans le même temps tombe sur toi, te recouvre de son corps. Et la balle est pour lui... Il est mort ou blessé. J'ai été sauvée ainsi trois fois.

... Après Kinechma, nous avons regagné notre unité. À notre retour, nous avons appris que celle-ci n'allait pas être dissoute : nous allions déminer les champs. Il fallait rendre la terre aux kolkhozes. Pour tous, la guerre était terminée, mais pour les sapeurs, elle continuait. Or, les mères savaient déjà que c'était la victoire... Les herbes étaient très hautes, tout avait poussé pendant la guerre, on avait du mal à se frayer un chemin, alors qu'il y avait des mines et des bombes partout autour de nous. Mais les gens avaient besoin de la terre, et nous nous dépêchions. Chaque jour, des camarades mouraient. Chaque jour, il fallait enterrer quelqu'un... Nous avons perdu tant de monde là-bas, dans ces champs... Tant de monde... Nous rendons la terre au kolkhoze, un tracteur passe, une mine est encore planquée quelque part, il peut s'agir d'une mine antichar, et le tracteur explose, et le conducteur du tracteur est tué. Or, des tracteurs, il n'y en a pas tant que ça. Et des hommes, il n'en reste pas tant que ça non plus. Et voir ces larmes-là dans un village après la guerre... Les femmes qui pleurent... Les enfants qui pleurent... Je me souviens d'un soldat... Près de Staraïa Roussa, j'ai oublié le nom du village... il était originaire de là... il est allé déminer son kolkhoze, ses champs, et il y a laissé la vie. Il avait combattu pendant quatre ans, traversé toute la guerre, pour être tué après la victoire, dans sa patrie, sur sa terre natale...

Dès que je commence à raconter, je deviens malade. Je parle, et je n'ai plus que de la gelée à l'intérieur de moi, tout tremble. Je revois tout et j'imagine : les corps gisant, la bouche ouverte, ils criaient et n'ont pas achevé leur cri, leurs tripes qui s'échappent de leur ventre... J'ai vu dans ma vie moins de bois coupé que de cadavres... Et quelle épouvante ! Quelle épouvante lors des combats au corps à corps, quand les hommes s'affrontent à la baïonnette... La baïonnette au clair. On se met à bégayer, pendant plusieurs jours on ne parvient plus à prononcer un mot correctement. On perd l'usage de la parole. Qui pourrait comprendre ça s'il ne l'a pas connu lui-même ? Et comment le raconter ? Avec quels mots ? Quel visage ? Certains y arrivent plus ou moins... Ils en sont capables... Mais moi, non. Je pleure. Or, il faut, il faut que ça reste. Il faut transmettre tout ça. Que quelque part dans le monde on puisse encore entendre nos cris... Nos hurlements... Notre souffle...

J'attends toujours avec impatience notre fête. Le Jour de la Victoire… Je l'attends et je le redoute. Pendant plusieurs semaines, j'accumule exprès le linge sale, pour qu'il y en ait beaucoup, et toute la journée, je fais la lessive. Ce jour-là, je dois être occupée, je dois distraire mon attention. Et lorsque nous nous retrouvons, nous n'avons jamais assez de mouchoirs. Voilà ce que sont nos réunions de vétérans : des fleuves de larmes… Les magasins pour enfants qui vendent des jouets guerriers… Des avions, des chars… Qui a eu pareille idée ? Ça me retourne l'âme… Je n'ai jamais acheté, jamais offert de jouets guerriers à des enfants. Ni aux miens, ni à ceux des autres. Une fois, quelqu'un a apporté chez nous un petit avion de chasse et une mitraillette en plastique… Je les ai immédiatement balancés à la poubelle… Parce que la vie humaine, c'est un tel présent… Un don sublime…

Vous savez quelle idée nous avions tous pendant toute la guerre ? Nous rêvions : « Ah ! les gars, pourvu qu'on vive jusque-là… Comme les gens seront heureux après la guerre ! Comme la vie qu'ils connaîtront sera heureuse et belle ! Les hommes, après avoir tant souffert, auront pitié les uns des autres. Ils s'aimeront. L'humanité sera transformée. »

Et cependant, rien n'a changé. Rien. On continue à se haïr et à s'entre-tuer. Pour moi, ma très précieuse, c'est la chose la plus incompréhensible…

À Stalingrad. Durant les combats les plus violents. Je traîne deux blessés. Je traîne l'un sur quelques mètres, je le laisse, je retourne chercher l'autre. Je les déplace ainsi à tour de rôle, parce qu'ils sont tous les deux très grièvement blessés, on ne peut pas les laisser, tous les deux… comment expliquer ça sans termes techniques ?… tous les deux ont été touchés aux jambes, très haut, et ils sont en train de se vider de leur sang. En pareil cas, chaque minute est précieuse, chaque minute. Et puis tout à coup, comme je me suis déjà un peu éloignée du lieu des combats, la fumée se fait moins dense, et je découvre que l'un est un tankiste russe, mais que l'autre est un Allemand… Je suis horrifiée : nos hommes meurent là-bas et je suis en train de sauver un Boche. La panique me prend… Là-bas, au milieu de la fumée, je n'avais pas fait de différence… J'avais vu un homme près de mourir, un homme qui hurlait de douleur… Tous les deux étaient brûlés, noircis… Leurs vêtements en loques… Pareils, tous les deux… Et là, en regardant mieux, je me rends compte qu'il porte un médaillon étranger, une montre étrangère, que tout sur lui est étranger. Que faire ? Je traîne notre blessé et je pense : « Est-ce que je retourne chercher l'Allemand ou non ? » Or il restait très peu de distance à franchir. Je savais que si je l'abandonnais, il mourrait au bout de quelques heures. D'hémorragie… Alors j'ai rampé pour aller le récupérer. J'ai continué à les traîner tous les deux. À tenter de sauver leurs vies.

On était pourtant à Stalingrad… Aux heures les plus effroyables de la guerre. Et malgré tout, je ne pouvais pas tuer… abandonner un mourant… Ma très précieuse… On ne peut pas avoir un cœur pour la haine et un autre pour l'amour. L'homme n'a qu'un seul cœur, et j'ai toujours pensé à préserver le mien.

Après la guerre, pendant longtemps j'ai eu peur du ciel, peur même de lever la tête en l'air. J'avais peur de n'y voir qu'un champ labouré… Or, déjà les freux le traversaient d'un vol paisible… Les oiseaux ont vite oublié la guerre… »

DERNIERS TÉMOINS

traduit du russe
par Anne Coldefy-Faucard

Titre original :
Posledinie svideteli

Durant la Grande Guerre patriotique (les années 1941-1945), des millions d'enfants soviétiques ont trouvé la mort… Russes, Biélorusses, Ukrainiens, Juifs, Tatars, Lettons, Tsiganes, Kazakhs, Ouzbeks, Arméniens, Tadjiks…

Revue *Droujba Narodov*, n° 5, 1985.

Jadis, le grand Dostoïevski posait cette question : "Comment pourrons-nous jamais justifier la paix, notre bonheur et même l'harmonie éternelle si, en leur nom, pour la solidité du fondement sur lequel ils reposeront, il aura fallu verser ne fût-ce qu'une larme d'enfant?" Et il répondait aussitôt : "Cette seule larme ne saurait justifier aucun progrès, aucune révolution. Aucune guerre. Elle aura toujours plus de poids."

Rien qu'une toute petite larme…

"IL AVAIT PEUR DE SE RETOURNER…"

Genia Belkevitch, six ans.
Aujourd'hui : ouvrière.

Je me souviens… J'étais toute petite, mais je me souviens de tout… Juin 41…

Mon dernier souvenir du temps de paix, c'est une histoire que maman me lisait avant que je m'endorme. C'était mon histoire préférée : le conte du Petit Poisson d'or. Moi, je demandais toujours quelque chose au Poisson : "Poisson d'or, gentil Poisson d'or…" Ma petite sœur aussi. Mais elle le demandait différemment : "Abracadabri, abracadabra! Par la volonté du brochet et conformément à mon souhait…" Notre souhait le plus cher était de passer l'été chez grand-mère et que papa vienne avec nous. Il était si amusant…

Ce matin-là, c'est la peur qui m'a réveillée… La peur de bruits inconnus…

Papa et maman pensaient qu'on dormait, mais j'étais couchée à côté de ma sœur et je faisais juste semblant. J'ai tout vu : papa n'arrêtait pas d'embrasser maman, son visage, ses mains. Moi, ça m'étonnait parce que je ne l'avais jamais vu l'embrasser comme ça. Ils sont allés dehors en se tenant par la main ; moi, j'ai bondi à la fenêtre : maman était pendue au cou de papa, elle ne voulait pas le laisser partir. Il l'a forcée à le lâcher, il s'est mis à courir mais elle l'a rattrapé, et que je te recommence à s'accrocher à lui, en criant quelque chose! Alors, j'ai crié moi aussi : "Papa! Papa!"

Ma sœur et mon petit frère Vassia se sont réveillés. Ma sœur a vu que je pleurais et elle a hurlé : "Papa!" On a couru tous les trois sur le perron : "Papa!" Mon père nous a aperçus et, je le revois comme si c'était hier, il s'est caché le visage dans les mains, puis il est parti, s'est enfui. Il avait peur de se retourner...

J'avais le soleil en pleine figure. Il faisait tellement bon... À présent encore, j'ai du mal à croire que, ce fameux matin, mon père partait à la guerre. J'étais toute petite et, pourtant, je crois que j'avais conscience de le voir pour la dernière fois. Je savais que je ne le reverrais jamais. Alors que j'étais si petite...

Pour moi, c'est resté lié : la guerre, c'est quand papa n'est pas là...

Après, ce dont je me souviens : un ciel noir et un avion noir. Maman est couchée au bord de la grand-route, les bras écartés. Nous, on veut qu'elle se lève, mais ça ne marche pas. Pas moyen de la faire bouger. Des soldats l'enveloppent dans une bâche et l'enterrent dans le sable, là, sur place. Nous, on crie, on les supplie : "Ne mettez pas notre maman dans un trou. Elle va se réveiller et on s'en ira." De gros scarabées rampaient sur le sable... Je me demandais comment maman pourrait vivre avec eux sous la terre. Comment on la retrouverait, comment on ferait pour être à nouveau réunis... Et qui allait écrire à notre papa?

Un soldat m'a interrogée : "Comment tu t'appelles, petite?" J'avais oublié... "Fillette, c'est quoi ton nom? Et le nom de ta maman?" Je ne me rappelais plus... On est restés près de la petite butte de maman jusqu'à la nuit, jusqu'à ce qu'on nous récupère et qu'on nous fasse monter dans une charrette. Une charrette pleine d'enfants. Un vieil homme la conduisait. Il ramassait tout le monde sur la route. On est arrivés à un village qu'on ne connaissait pas et des gens, qu'on ne connaissait pas non plus, nous ont distribués dans les fermes.

Longtemps, je n'ai pas pu parler. Je ne faisais que regarder...

Ensuite, je me souviens : c'est l'été. Un été magnifique. Une femme que je ne connais pas me caresse les cheveux. Je me mets à pleurer. Et à parler... Je raconte maman et papa. Que papa nous a quittés en courant, qu'il ne s'est même pas retourné... Que maman était couchée par terre... Que les scarabées rampaient sur le sable...

La femme me caresse les cheveux. Tout à coup, je comprends : elle ressemble à maman...

"MA PREMIÈRE ET DERNIÈRE CIGARETTE..."

Guena Iouchkevitch, douze ans.
Journaliste.

Du soleil... Et un calme inhabituel. Un silence incompréhensible. Le premier matin de la guerre.

Notre voisine, femme de militaire, sort dans la cour, en larmes. Elle murmure quelque chose à ma mère mais lui indique du geste de ne rien dire à personne. Tous ont peur de nommer à voix haute ce qui est en train d'arriver, même quand tout le monde est au courant : des informations ont filtré. Les gens ne veulent pas se faire traiter de provocateurs. De semeurs de panique. Ça, c'est plus effrayant que la guerre. Cette peur des gens... C'est du moins l'impression qu'il m'en reste aujourd'hui... Et puis, personne n'y croyait, bien sûr! Allons donc! Nos armées étaient aux frontières, nos guides au Kremlin. La défense du pays était assurée, l'ennemi ne mettrait pas le pied chez nous! Je le pensais vraiment, à l'époque. Je faisais partie des pionniers...

On est rivés à la radio. On attend le discours de Staline. On a besoin d'entendre sa voix. Mais Staline reste muet. Plus tard, c'est Molotov qui parle... Tout le monde écoute. Molotov dit : "C'est la guerre." N'empêche que les gens n'y croient pas. Où est Staline?

Raid aérien sur la ville... Des dizaines d'avions inconnus. Avec des croix dessinées dessus. Ils nous bouchent le ciel, nous cachent le soleil. Affreux! Les bombes pleuvent. Des explosions tout le temps. Ça pète de partout. On se dit que c'est un cauchemar... que ça n'est pas vrai... À l'époque, je n'étais pas si petit, je me rappelle bien ce que je ressentais. La peur qui s'insinue dans tout le corps... dans tous les mots... toutes les pensées. On sort en courant de la maison, on fonce au hasard dans les rues... J'ai l'impression qu'il n'y a plus de ville, rien que des ruines. De la fumée. Des flammes. Quelqu'un dit qu'il faut filer au cimetière, qu'ils ne le bombarderont pas. À quoi ça leur servirait de balancer des bombes sur les morts? Il y a dans notre quartier un grand cimetière juif, avec de vieux arbres. Les gens s'y précipitent, des milliers de personnes. Serrées, tassées contre les pierres funéraires, planquées derrière les tombes...

On est restés là, ma mère et moi, jusqu'à la nuit. Autour de nous, personne ne prononçait le mot "guerre", on n'entendait que : "provocation". Celui-là, tous le répétaient. On disait encore que nos troupes allaient aussitôt passer à l'offensive. Ordre de Staline. Et on y croyait…

Seulement, la nuit durant, les sirènes hurlent dans les usines des faubourgs de Minsk…

Les premiers morts…

La première victime que je vois… c'est un cheval. Juste après, une femme… Ça m'étonne. Je me figurais qu'à la guerre on ne tuait que des hommes…

Je me réveille, un matin, je veux sauter de mon lit, puis il me revient que c'est la guerre et je referme les yeux. Je refuse d'y croire…

Ça ne canarde plus. Tout est calme, plusieurs jours durant. Soudain, ça s'anime. On voit passer, par exemple, un homme tout blanc des pieds à la tête. Couvert de farine. Portant sur son dos un sac blanc. Un autre court et, de ses poches, tombent des boîtes de conserve. Il a les bras chargés : bonbons, paquets de tabac… Un troisième tient précautionneusement devant lui un bonnet de fourrure empli de sucre… Ou une casserole pleine de sucre… Indescriptible ! L'un traîne une pièce de tissu, un autre est tout enveloppé d'indienne bleue. Ou rouge… C'est comique à voir, mais personne ne rit. On a simplement bombardé les entrepôts de vivres. Un grand magasin, aussi, à côté de chez nous. Les gens se sont précipités sur tout ce qui restait. À l'usine de sucre, plusieurs se sont noyés dans les cuves de mélasse. Affreux ! La ville entière grignote des graines de tournesol. On a dû en trouver un stock. Sous mes yeux, une femme fonce au magasin. Elle n'a rien, ni sac ni filet à provisions. Alors, elle retire sa combinaison… ses culottes… et les remplit de gruau de sarrasin. Qu'elle traîne ensuite péniblement… Le tout, sans une parole. En ces instants, les gens ne sont guère enclins à faire la conversation…

Le temps que j'appelle ma mère, il ne restait que de la moutarde. Des pots jaunes. "Ne touche à rien", m'a-t-elle imploré. Plus tard, elle m'a avoué qu'elle avait honte parce que, toute sa vie, elle m'avait éduqué autrement. Par la suite, quand nous crevions de faim et évoquions ces jours, nous n'avions pas de regrets. Elle était comme ça, ma mère!

À travers la ville, dans toutes nos rues, des soldats allemands déambulent tranquillement. Ils filment tout... Rient... Avant la guerre, à l'école, on s'amusait à dessiner des Boches. On leur faisait de grandes dents. Des crocs. Mais ceux-là sont jeunes, séduisants. Avec de belles grenades dans la tige de leurs bottes solides. Ils jouent de l'harmonica. Rigolent avec les jolies filles de chez nous...

Un Allemand, déjà âgé, traîne une caisse. Elle est lourde. Il m'appelle et, du geste, me demande de l'aider. La caisse est munie de poignées que nous saisissons tous les deux. Le travail achevé, l'Allemand me tape sur l'épaule et tire de sa poche un paquet de cigarettes. Tiens, pour ta peine!

Je rentre chez moi, impatient, m'installe à la cuisine, allume une cigarette. Je n'entends pas claquer la porte ni entrer ma mère :

"Tu fumes?

— Hu-um...

— D'où tu sors ces cigarettes?

— C'est les Allemands...

— Tu fumes, et en plus des cigarettes ennemies! C'est de la trahison."

Ce fut ma première et dernière cigarette...

Un soir, maman est venue s'asseoir à côté de moi :

"Je ne supporte pas de les voir ici, tu comprends?"

Dès les premiers jours, elle voulait se battre. On a décidé de chercher un réseau de résistants, on était sûrs qu'il y en avait. Absolument sûrs!

"Je t'aime plus que n'importe qui au monde, a dit maman. Mais, tu me comprends? Et, s'il nous arrive malheur, tu me pardonneras?"

Là, je suis littéralement tombé amoureux de ma mère. À compter de ce jour, je lui ai obéi sans faillir. Et ça m'est resté pour la vie...

"GRAND-MÈRE PRIAIT...
ELLE DEMANDAIT QUE MON ÂME REVIENNE..."

Natacha Golik, cinq ans.
Correctrice.

J'ai appris à prier... J'y repense souvent : c'est pendant la guerre que j'ai appris à prier.

On nous avait annoncé : c'est la guerre. Moi, à cinq ans, ça ne me disait rien, bien sûr. Cette peur-là, je ne savais pas ce que c'était. C'est pourtant à cause d'elle, la peur, que je me suis endormie pour de bon. Deux jours que ça a duré ! Deux jours, étendue, inerte comme une poupée. Tout le monde me croyait morte. Ma mère pleurait, ma grand-mère, elle, priait. Elle a prié deux jours et deux nuits d'affilée.

J'ai ouvert les yeux, et la première chose dont je me souviens, c'est la lumière. Une lumière très, très forte, incroyable ! Qui faisait mal. Ensuite, j'entends une voix. Je la reconnais : c'est celle de ma grand-mère. Elle est devant l'icône et prie. Je l'appelle : "Grand-mère... Grand-mère..." Elle ne bronche pas. Elle ne peut pas croire que c'est moi qui l'appelle. Pourtant, je suis bien réveillée... Yeux grands ouverts.

Par la suite, je lui ai demandé :

"Tu disais quoi dans tes prières, grand-mère, quand j'étais en train de mourir ?

— Je demandais que ton âme revienne."

Un an plus tard, grand-mère est morte. Entre-temps, j'avais appris à prier. J'ai demandé dans mes prières que son âme revienne.

Mais elle n'est pas revenue...

"ILS GISAIENT, TOUT ROSES, PARMI LES CENDRES..."

Katia Korotaïeva, treize ans.
Ingénieur hydraulique.

Je parlerai de l'odeur... L'odeur de la guerre.

Avant la guerre, j'avais fait six ans d'école. À l'époque, le système voulait qu'on passe tous des examens à partir de la quatrième année. Voici donc les examens terminés. C'est le mois de juin qui, tout comme le mois de mai, est froid en cette année 41. Alors que, d'habitude, les lilas fleurissent en mai, là, il nous faut attendre la mi-juin. C'est ainsi que, pour moi, le début de la guerre est encore associé au parfum des lilas. Du merisier, aussi... Deux arbres qui, dans la perception que j'en ai, sentent toujours la guerre.

Nous vivions à Minsk. C'est là que je suis née. Mon père dirigeait la musique militaire. J'allais avec lui aux défilés. J'avais deux grands frères. Étant la petite dernière, une fille par-dessus le marché, j'étais chouchoutée et gâtée par toute la famille.

Nous avions devant nous l'été, la perspective des vacances. Tout ça était très excitant. J'étais sportive, je faisais de la natation à la maison de l'Armée. Tout le monde m'enviait pour ça. Même les garçons de ma classe. Moi, j'étais drôlement fière de bien savoir nager. Le 22 juin, un dimanche, devait avoir lieu l'inauguration du lac des Jeunesses communistes. Son aménagement avait pris un temps fou... jusqu'à notre école qui avait participé pour ça à des samedis communistes[1]. J'étais fermement décidée à être dans les premières à m'y baigner. Normal, non?

Le matin, nous achetions toujours des petits pains chauds. C'est moi qui en étais chargée. En chemin, ce jour-là, j'ai croisé une amie qui m'a annoncé que la guerre avait éclaté. Il y avait plein de jardins dans notre rue, les maisons étaient noyées de fleurs. Je me suis dit : "Quelle guerre? Qu'est-ce qu'elle a été inventer?"

Chez nous, papa était en train d'allumer le samovar. Je n'ai pas eu le temps de lui raconter quoi que ce soit, que déjà les voisins accouraient. Un mot était sur toutes les lèvres : "La guerre! La guerre!" Le lendemain, à sept heures, l'ordre de mobilisation de mon frère aîné est arrivé. Dans la journée, il a fait un saut à son travail, il a réglé ses affaires et demandé son compte. Il a apporté sa paie à la maison et a dit à maman : "Je pars au front. Là-bas, je n'aurai besoin de rien. Tiens, tu offriras un manteau neuf à Katia." Moi, j'allais entrer dans les grandes classes et je rêvais d'un manteau bleu, avec un col d'astrakan gris. Mon frère le savait bien...

1. Samedis durant lesquels la population était appelée à prendre part bénévolement à des travaux d'intérêt général.

Je n'ai jamais oublié qu'en partant pour le front, il avait voulu me payer un manteau. Nous vivions modestement, le budget familial était serré. Mais ma mère me l'aurait acheté, ce manteau, puisque mon frère le lui avait demandé. Elle n'en a pas eu le temps...

À Minsk, les bombardements ont commencé. On a déménagé, avec maman, dans la cave des voisins. J'avais une petite chatte que j'adorais, très peureuse : elle ne quittait jamais notre cour. N'empêche qu'aux premiers bombardements, quand j'ai couru chez les voisins, elle m'a suivie. Je voulais qu'elle retourne chez nous. Rien à faire, elle ne me lâchait pas ! Sans doute qu'elle avait peur de rester seule, elle aussi... Les bombes allemandes tombaient avec un bruit particulier. J'étais une enfant assez musicienne et ces sons me faisaient un effet terrible. Tellement même que j'en avais les mains moites. Il y avait avec nous dans la cave un petit garçon du voisinage, âgé de quatre ans. Il ne pleurait pas pendant les bombardements. Simplement, ses yeux devenaient très, très grands.

D'abord, des maisons isolées ont brûlé. Puis, la ville entière a pris feu. Regarder un feu de bois, on aime tous ça, mais quand une maison est en flammes, ça fait peur. Là, l'incendie était partout, la fumée emplissait le ciel et les rues. Et, par endroits, cette lumière insoutenable... le feu... Je revois trois fenêtres ouvertes d'une maison en bois, avec, sur le rebord, de somptueux cactus. La maison avait été désertée par ses occupants mais les cactus fleurissaient. On avait l'impression que c'étaient des flammes vives, et non des fleurs rouges. Oui, les fleurs brûlaient...

Ç'a été le sauve-qui-peut.

Sur les routes, les villageois nous donnaient du pain et du lait, ils n'avaient rien d'autre. Et nous n'avions pas d'argent. J'avais quitté la maison avec un châle léger, maman, elle, Dieu sait pourquoi, était en manteau chaud, chaussée d'escarpins à hauts talons. On nous donnait à manger comme ça, pour rien, personne ne parlait jamais d'argent. Il y avait des flots de réfugiés.

Ensuite, quelqu'un a prévenu que la route était coupée par les motocyclistes allemands. On a donc repris notre fuite en sens inverse, repassant par les mêmes villages, retrouvant les mêmes braves paysannes et leurs mêmes cruches de lait. On a fini par arriver dans notre rue... Quelques jours plus tôt, tout était vert et fleuri, à présent tout était calciné. Il ne restait même plus rien des tilleuls séculaires. Tout avait été réduit en une sorte de sable jaune. La terre noire et fertile où tout poussait avait disparu, ne laissant que ce sable jaune, jaune... Rien que du sable. On se serait cru au bord d'une tombe fraîchement creusée.

Il y avait aussi les hauts-fourneaux des usines, à présent chauffés à blanc par la fournaise. Plus rien de familier... La rue était en cendres. Des grands-mères et des grands-pères avaient été la proie des flammes, ainsi que de nombreux petits-enfants qui n'étaient pas partis avec les autres : on pensait que l'ennemi n'oserait pas s'attaquer à eux. Le feu n'avait épargné personne. On faisait quelques pas et on voyait un cadavre noirci : donc, c'était un vieillard calciné. Et si, de loin, on apercevait une petite chose rose, c'était un enfant : ils gisaient, tout roses, parmi les cendres...

Maman a ôté son foulard et m'en a couvert les yeux. On est allés comme ça jusqu'à l'endroit où se trouvait notre maison. Il n'y avait plus de maison. On a été accueillis par notre chatte, miraculeusement rescapée. Elle s'est serrée contre moi, rien d'autre. Personne ne pouvait prononcer un mot. La chatte ne miaulait pas, elle est restée muette plusieurs jours. Muets, on l'était tous.

Puis j'ai vu les premiers nazis ou, plutôt, je les ai entendus : ils portaient tous des bottes ferrées qui résonnaient très fort. Elles claquaient sur le pavé de nos rues. Et moi, il me semblait que, lorsque ces hommes marchaient, la terre elle-même avait mal.

Les lilas, pourtant, étaient si beaux, cette année-là. Les merisiers aussi...

"JE VEUX TOUJOURS MA MAMAN..."

Zina Kossiak, huit ans.
Coiffeuse.

L'année 41...

Je venais de terminer ma première année d'école et mes parents m'avaient envoyée pour l'été au camp de pionniers de Gorodichtche, près de Minsk. Je suis arrivée, je me suis baignée une fois et, deux jours plus tard, c'était la guerre. On a entrepris de nous évacuer du camp. On nous a mis dans un train et on est partis. Des avions allemands nous survolaient et nous, on criait : "Hourra!" On ne pouvait pas imaginer que ce n'étaient pas les nôtres. Jusqu'au moment où ils ont lâché des bombes... Alors, toutes les couleurs, toutes les teintes ont disparu. Un mot nouveau est apparu : "mort", un mot incompréhensible, que tous répétaient. Et papa et maman qui n'étaient pas là!

Au moment de quitter le camp, chacun de nous avait reçu un petit quelque chose dans une taie d'oreiller : du gruau, du sucre... Les plus petits n'avaient pas été oubliés, personne n'était parti les mains vides. On avait voulu emporter le plus de ravitaillement possible, et on prenait grand soin de ce qu'on avait. Seulement, dans le train, on a vu des soldats blessés. Ils gémissaient tellement ils avaient mal, et on avait envie de tout leur donner. On appelait ça : "nourrir les papas". Car tout homme en uniforme était pour nous un "papa".

On nous a dit qu'il y avait eu le feu à Minsk, que toute la ville avait brûlé, que les Allemands s'y trouvaient déjà et qu'on se dirigeait vers l'arrière, là où il n'y avait pas de guerre.

Le voyage a duré plus d'un mois. On nous envoyait vers une ville mais, quand on y arrivait, on ne pouvait pas y rester parce que les Allemands étaient déjà tout proches. C'est comme ça qu'on est allés jusqu'en Mordovie.

C'était un très bel endroit, avec plein d'églises. Les maisons étaient basses et les églises hautes. On ne savait pas où dormir, alors on s'est couchés dans la paille. Et quand ç'a été l'hiver, on n'avait qu'une paire de souliers pour quatre. Ensuite, on n'a plus eu rien à manger. On n'était pas les seuls à avoir faim, nous autres de la maison d'enfants, tout le monde était dans le même cas parce qu'on donnait tout pour le front. Un jour, on a sonné la cloche du déjeuner mais on n'avait vraiment plus rien à se mettre sous la dent. Les monitrices et le directeur étaient là, à la cantine, à nous regarder, et ils avaient les yeux pleins de larmes. On avait un cheval, Maïka. Il était vieux et tellement gentil, on l'utilisait pour aller chercher l'eau. Le lendemain, on a abattu Maïka. Et on a distribué à chacun d'entre nous de l'eau et un tout petit bout de Maïka... Sans nous dire ce que c'était : on n'aurait pas pu l'avaler. Et puis quoi encore? C'était l'unique cheval de notre maison d'enfants. Il y avait aussi deux chats faméliques. De vrais squelettes ambulants! Une fameuse chance, on a pensé par la suite, quand on a été au courant pour Maïka : maigres comme ils étaient, ces pauvres chats, on n'aurait pas à les manger.

On avait tous des ventres énormes. Moi, je pouvais avaler un seau entier de soupe sans être rassasiée, parce que ça n'était que de l'eau. On m'en versait, en veux-tu en voilà, je n'en avais jamais assez. C'est la nature qui nous sauvait, on était des genres de ruminants. Au printemps, dans un rayon de plusieurs kilomètres autour de la maison d'enfants, il n'y avait pas un seul arbre en fleur : on avait liquidé tous les bourgeons, arraché la jeune écorce. On mangeait de l'herbe, tout ce qui poussait jusqu'au moindre brin. On nous avait donné des sortes de cabans dans lesquels on avait aménagé des poches. On les remplissait d'herbe, on en avait toujours sur nous, à mâchonner. L'été, on s'en sortait à peu près, mais l'hiver, ça devenait très difficile. Les petits – on était une quarantaine – étaient à part des autres. Chaque nuit, c'étaient des pleurs, des hurlements. On appelait nos parents. Les moniteurs et les instits évitaient de prononcer devant nous le mot "maman". Ils nous racontaient des histoires, choisissant des livres où ce mot ne figurait pas. Il suffisait que quelqu'un le laisse échapper pour que ce soient aussitôt des hurlements. On ne pouvait plus nous calmer.

J'ai repris l'école en première année. Ça s'était fait comme ça : j'avais fini ma première année à Minsk, avec les félicitations. Mais quand, à la maison d'enfants, on nous avait demandé qui devait repasser les examens, j'avais dit : "Moi!" parce que je pensais que j'aurais de nouveau des félicitations. En troisième année, je me suis enfuie de la maison d'enfants pour aller chercher ma mère. C'est pépé Bolchakov qui m'a trouvée, affamée et sans forces, dans la forêt. Je lui ai raconté que je venais de la maison d'enfants et il m'a gardée chez lui. Il vivait seul avec sa femme. Auprès d'eux, j'ai repris des forces et j'ai bientôt pu les aider : je ramassais l'herbe, je sarclais les pommes de terre, je faisais tout. On avait du pain à manger, mais fabriqué de telle sorte qu'on avait l'impression que ce n'était pas vraiment du pain. Il avait un goût amer. On mélangeait à la farine tout ce qui pouvait se moudre : de l'arroche, des fleurs de noisetier, des patates. Aujourd'hui encore, je ne peux rester indifférente à une bonne herbe grasse et je me bourre de pain. Je n'en suis jamais rassasiée… Des dizaines d'années après…

C'est bizarre, tous ces souvenirs… J'en ai encore des tas…

Je me rappelle une petite fille devenue folle qui avait réussi à se faufiler dans un potager. Elle avait repéré un petit terrier et y guettait une souris. Elle aussi avait faim. Je revois son visage et même son sarafane[1]. Une fois, je suis allée lui parler et elle m'a raconté pour la souris... Alors, je suis restée avec elle, à guetter...

J'ai passé la guerre à attendre et à répéter que quand ce serait terminé, on attellerait le cheval, avec Pépé, et on irait chercher maman. Des évacués passaient parfois. Je demandais à tout le monde : "Vous n'avez pas vu ma maman ?" Ils étaient nombreux, si nombreux même que, dans chaque maison, il y avait en permanence une marmite de soupe d'orties toute chaude. Si des gens débarquaient, ils pouvaient au moins avaler quelque chose. On n'avait rien d'autre à offrir. Mais la marmite de soupe était toujours là, dans toutes les maisons. Ça, je m'en souviens. C'est moi qui cueillais les orties.

La guerre a pris fin... J'attends un jour, deux, personne ne vient me chercher. Maman ne se montre pas. Pour papa c'est différent, je sais qu'il est à l'armée. Je patiente encore deux semaines, je n'en peux plus. Je me faufile dans un train, me planque sous une banquette, et en route ! Vers quelle destination ? Je n'en avais pas la moindre idée. Je pensais – je raisonnais encore comme une enfant – que tous les trains allaient à Minsk. Et j'étais sûre que maman m'y attendait ! Papa nous rejoindrait ensuite... en héros ! Avec plein de médailles et de décorations.

Ils avaient été tués dans les bombardements... Plus tard, les voisins m'ont raconté : ils étaient partis tous deux me chercher. Ils s'étaient précipités à la gare...

J'ai aujourd'hui cinquante et un ans, je suis mère de famille. Il n'empêche que je veux toujours ma maman...

"DE SI BEAUX JOUETS ALLEMANDS..."

Thaïs Nasvetnikova, sept ans.
Institutrice.

À la veille de la guerre...

Comment je me revois ?... C'était bien : le jardin d'enfants, les matinées enfantines, notre cour d'immeuble. Les copains, les petites

---

1. Petite robe dont la taille n'est pas marquée.

amies. Je lisais beaucoup, j'avais peur des vers de terre et j'aimais les chiens. Nous habitions Vitebsk, mon père travaillait à la Direction du bâtiment. Mon meilleur souvenir d'enfance ? Quand mon père m'a appris à nager dans la Dvina.

Ensuite, il y a eu l'école dont je garde ces images : un très grand escalier, un mur transparent, en verre, et beaucoup, beaucoup de soleil et de joie. Le sentiment que la vie est une fête...

Dès les premiers jours de la guerre, papa est parti pour le front. Je revois nos adieux à la gare. Il voulait à toute force convaincre maman qu'à eux tous, ils auraient tôt fait de repousser les Allemands, mais que nous devions quand même être évacuées. Maman ne comprenait pas pourquoi. Si nous restions chez nous, il nous retrouverait plus vite. Tout de suite, en fait... Moi, je répétais sans arrêt : "Mon petit papa, tu reviendras bientôt, hein ? Mon petit papa..."

Papa est parti, et nous aussi, quelques jours plus tard. Tout le temps du voyage, notre train a été bombardé : c'était facile, les convois pour l'arrière se suivaient, à cinq cents mètres de distance. On n'avait que le strict minimum : maman une robe légère de satin à pois blancs, moi un sarafane d'indienne rouge, à fleurs. Les adultes disaient que le rouge se voyait très bien d'en haut et, au moindre raid, tout le monde plongeait dans les buissons ; quant à moi, on me recouvrait avec ce qu'on avait sous la main pour que mon sarafane n'attire pas trop l'œil. Sans ça, j'étais comme une lanterne...

On buvait l'eau des mares et des fossés. Les gens commençaient à avoir de sérieux troubles intestinaux. J'ai été malade, moi aussi... Trois jours et trois nuits sans reprendre conscience... Plus tard, maman m'a raconté comment j'avais été sauvée. Alors que nous étions arrêtés à Briansk, un convoi militaire est arrivé sur la voie d'à côté. Ma mère avait vingt-six ans, elle était très jolie. Nous avons été immobilisés longtemps. Maman est sortie du wagon et un officier du train voisin lui a fait un compliment. Elle lui a répondu : "Laissez-moi tranquille, je ne supporte pas vos sourires, ma fille est en train de mourir." C'était un médecin militaire. Il a bondi dans notre wagon, m'a examinée, a appelé un de ses camarades : "Apporte du thé en vitesse, des biscuits et de la belladone !" Et voilà, ce sont ces biscuits de l'armée, un litre de thé fort et quelques comprimés de belladone qui m'ont sauvé la vie...

Tandis que nous faisions route vers Aktioubinsk, tout notre train est tombé malade. Nous, les gosses, on nous interdisait d'aller là où on mettait les morts, les tués, on nous épargnait ce spectacle. Ça ne nous empêchait pas d'entendre des choses : à tel endroit, on en avait mis tant à la fosse, et tant à tel autre... Maman arrivait, toute pâle, elle avait les mains qui tremblaient. Moi, je n'arrêtais pas de demander : "Ils sont où, tous ces gens ?"

Je ne me rappelle aucun paysage ; ça m'étonne, parce que j'aimais la nature. Je ne revois que les buissons où nous nous cachions. Des combes, aussi. On aurait dit qu'il n'y avait pas de forêt, rien que de la plaine, un désert. Une fois, j'ai eu la peur de ma vie. Après ça, je ne craignais plus aucun bombardement. Personne ne nous avait dit que le train allait s'arrêter dix minutes, un quart d'heure. Une courte halte. Tout à coup, il est reparti et... je me suis retrouvée seule. Je ne sais plus qui m'a attrapée. On m'a littéralement jetée dans un wagon, mais ce n'était pas le nôtre... C'était l'avant-dernier, je crois. Là, pour la première fois, j'ai eu vraiment peur de rester toute seule, peur que maman s'en aille sans moi. Tant qu'elle était près de moi, je n'avais peur de rien. Là, j'étais muette de terreur. Et, jusqu'à ce que maman arrive en courant, jusqu'à ce qu'elle me prenne dans ses bras, je n'ai pas ouvert la bouche, personne n'a pu tirer un mot de moi. Maman était tout mon monde. Mon univers. Au point que, quand j'avais mal quelque part, il suffisait qu'elle me prenne par la main pour que j'aille mieux. La nuit, je dormais tout contre elle, plus je me serrais, moins j'avais peur. Avec maman à proximité, j'avais l'impression que tout était comme avant, à la maison ; il suffisait alors de fermer les yeux, et il n'y avait plus de guerre. Maman, toutefois, n'aimait pas parler de la mort. Et moi, je n'arrêtais pas de poser des questions...

D'Aktioubinsk, on est allées à Magnitogorsk où vivait le frère de papa. Avant la guerre, il avait une grande famille, avec plein d'hommes. Quand nous sommes arrivées, il n'y avait plus que des femmes. Les hommes étaient tous à la guerre. À la fin de 41, on a reçu deux avis de décès : les fils de mon oncle...

De cet hiver-là, je me rappelle aussi l'épidémie de varicelle qui a frappé mon école. Et je revois mon pantalon rouge... Avec ses tickets de rationnement, maman avait pu dénicher un coupon de bayette bordeaux dont elle m'avait fait un pantalon. À l'école, tout le monde se moquait de moi : "Cul rouge, cul rouge !" Ça me vexait terriblement. Juste après, on a eu des tickets pour des caoutchoucs. Je les ficelais comme je pouvais et je me baladais comme ça. Ça frottait, j'avais des ampoules et il fallait que je mette un genre de semelle pour que ça aille mieux. L'hiver était si froid cette année-là que j'avais toujours les mains et les pieds gelés. À l'école, le chauffage tombait souvent en panne, dans les classes il y avait de la glace par terre et on faisait des glissades entre les pupitres. On ne quittait pas nos manteaux ni nos moufles, on prévoyait juste un trou pour tenir le porte-plume. Je me souviens que tout le monde lisait… Énormément… Je n'ai jamais vu ça… On a épuisé la bibliothèque pour enfants et adolescents. Alors, on nous a autorisés à lire des livres pour les grands. Les autres filles avaient la frousse, même les garçons n'aimaient pas trop : ils sautaient les pages où il était question de morts. Moi, je les lisais…

La neige s'est mise à tomber, à tomber… Les enfants se sont précipités au-dehors pour faire un bonhomme de neige. Moi, je me demandais comment il était possible de faire des bonhommes de neige, alors que c'était la guerre.

Les grands écoutaient tout le temps la radio, ils ne pouvaient pas s'en passer. Pareil pour nous. On fêtait le moindre coup de feu à Moscou, on "vivait" littéralement toutes les informations : où en était le front ? La résistance ? Les partisans ? Des films passaient sur la bataille de Stalingrad ou de Moscou. On les voyait quinze, vingt fois. Il arrivait qu'il y ait trois projections de suite : on n'en manquait aucune. Ça avait lieu à l'école, il n'y avait pas de salle de cinéma spéciale. La séance se déroulait dans le couloir, nous, on était assis par terre. On restait comme ça deux, trois heures. J'étais fascinée par la mort. Ma mère me grondait pour ça. Elle allait voir des médecins, leur demandait pourquoi j'étais ainsi… pourquoi je m'intéressais à des trucs qui n'étaient pas de mon âge. Et comment faire pour que je change…

Je me suis remise à lire des contes… Des contes pour enfants. Mais, là encore, qu'est-ce qui se passait ? Ça se massacrait… Le sang coulait… Pour moi, c'était une découverte…

Fin 44… Je vois les premiers prisonniers allemands. Ils marchent, formant une large colonne. Ce qui me frappe le plus, c'est que les gens s'approchent pour leur donner du pain. Je suis si effarée que je file trouver ma mère à son travail : "Pourquoi il y a des gens qui donnent du pain aux Allemands ?" Ma mère ne répond rien, elle se met juste à pleurer.

C'est là aussi que j'ai vu mon premier mort, en uniforme allemand. Il avait marché, marché dans la colonne et, tout à coup, il est tombé. La colonne s'est arrêtée un instant, puis elle est repartie. On a posté à côté de lui un de nos soldats. Moi, j'ai foncé : je voulais regarder la mort de près... On était tellement contents, chaque fois que la radio parlait des pertes allemandes!... Mais tout ce que j'ai vu, c'est quelqu'un qui avait l'air de dormir... Il n'était même pas couché, juste assis, ratatiné, la tête inclinée vers l'épaule. Je ne savais pas si je devais le haïr ou le plaindre. C'était l'ennemi. Notre ennemi! Je ne me rappelle plus s'il était jeune ou vieux, il avait l'air si fatigué. C'est pour ça que j'avais du mal à le détester. Ça aussi, j'en ai parlé à maman. Et elle s'est remise à pleurer.

Le 9 mai, on a été réveillés par quelqu'un qui hurlait. Il était très tôt. Maman est allée aux nouvelles, elle est revenue en courant, complètement retournée : "La victoire! Est-ce possible?" C'était tellement extravagant : la guerre était finie, une si longue guerre. Les uns pleuraient, d'autres riaient, d'autres encore criaient. Ceux qui avaient perdu des proches pleuraient, mais ils se réjouissaient quand même parce que c'était la victoire. On s'est tous réunis dans un appartement, apportant, qui une poignée de sarrasin, qui quelques pommes de terre, qui des betteraves. Jamais je n'oublierai ce jour. Ou plutôt ce matin... Dans la soirée, ce n'était déjà plus pareil...

Pendant la guerre, bizarrement, tout le monde parlait doucement, j'avais toujours l'impression qu'on chuchotait. Là, brusquement, on donnait de la voix. Nous, les enfants, on était tout le temps avec les grands, qui nous gâtaient, nous dorlotaient, puis nous mettaient dehors : "Allez faire un tour, c'est la fête!", avant de nous rappeler auprès d'eux. Jamais nous n'avons été autant embrassés, cajolés que ce jour-là.

N'empêche, j'ai de la chance, parce que mon père est rentré vivant de la guerre. Il me rapportait de beaux jouets. Des jouets allemands. Je n'arrivais pas à comprendre comment il pouvait exister de si beaux jouets allemands...

Avec mon père aussi, j'ai essayé de parler de la mort. Des bombardements, quand nous avions été évacuées, avec maman. De comment, de part et d'autre de la voie, il y avait des soldats à nous, morts. Le visage masqué par des branches. Et des mouches qui bourdonnaient tout autour... Des nuées de mouches. Je lui ai parlé de l'Allemand mort... Et du père d'une de mes amies qui était rentré de la guerre et mort quelques jours après. D'une maladie de cœur.

C'était inconcevable : mourir à la fin de la guerre, alors que tout le monde était si content !

"UNE POIGNÉE DE SEL, VOILÀ TOUT CE QUI RESTAIT DE NOTRE MAISON..."

Micha Mayorov, cinq ans.
Docteur en agronomie.

Pendant la guerre, j'aimais les rêves que je faisais, la nuit... J'aimais rêver de la paix, de la vie que nous menions avant-guerre.

Mon premier rêve...

Grand-mère a fini son ménage... Moi, je n'attendais que ça. La voici qui rapproche la table de la fenêtre, elle y étend du tissu, le recouvre d'ouate, pose par-dessus un autre morceau de tissu et entreprend de piquer une nouvelle couverture. J'ai aussi ma part de travail : grand-mère fixe un des côtés de la couverture avec des petits clous auxquels elle attache des cordons qu'elle a d'abord frottés à la craie. Moi, je tire à l'autre bout : "Vas-y, Michenka, plus fort !" m'encourage-t-elle. Alors, je tire. Elle lâche, et paf ! on a une rayure à la craie sur le satin rouge ou bleu foncé. Les raies s'entrecroisent, ça fait des petits losanges le long desquels courent des piqûres de fil noir. Opération suivante : grand-mère dispose des bouts de papiers découpés (aujourd'hui, on appelle ça des pochoirs) et un dessin apparaît sur le bâti de la couverture. C'est drôlement joli et intéressant. Grand-mère a des doigts de fée, pour les chemises elle n'a pas sa pareille, surtout les cols. Sa machine à coudre Singer continue de fonctionner même quand je dors. Et quand mon grand-père dort aussi.

Deuxième rêve...

Grand-père fait le cordonnier. Là aussi, j'ai ma part de travail : je dois affûter les chevilles de bois. À présent, toutes les semelles sont fixées par des clous métalliques, mais ça rouille et la semelle ne tient pas longtemps. Peut-être qu'à l'époque, aussi, c'étaient des clous métalliques, mais moi, je revois du bois. Dans une vieille bille de bouleau bien lisse, il fallait découper des cercles à la scie, les mettre à sécher sous l'auvent, puis les débiter en petits morceaux d'environ trois centimètres d'épaisseur et d'une dizaine de centimètres de longueur, qu'on faisait sécher eux aussi. À partir de ces petits bouts de bois, il était aisé de fabriquer des têtes de chevilles de deux ou trois millimètres d'épaisseur. Le ciseau du cordonnier est drôlement affûté et il n'est pas bien compliqué de tailler ces petits disques : on prend appui sur l'établi et, tchic d'un côté, tchac de l'autre, ça devient une cheville. Ensuite, à l'aide de son allène de cordonnier, grand-père perce un trou dans la semelle de la botte, il enfonce une cheville... Un coup de son petit marteau, et hop! la cheville est en place. On en met sur deux rangées, de ces chevilles, c'est plus joli et, bien sûr, autrement plus résistant : tout secs, les petits clous de bouleau gonflent sous l'effet de l'humidité et tiennent encore plus solidement la semelle, qui ne risque pas de se détacher avant d'être complètement usée.

Grand-père recousait aussi les bottes de feutre ou, plutôt, il en doublait la semelle et on pouvait les porter telles quelles, sans caoutchoucs. Ou encore, il renforçait de cuir l'arrière de la botte de feutre, pour que ça ne frotte pas trop dans les caoutchoucs. Moi, mon travail c'était de tordre le fil de lin, de l'enduire de poix, de passer le ligneul à la cire et de l'enfiler dans l'aiguille. Seulement, une aiguille de cordonnier, c'était précieux, c'est pour ça que grand-père utilisait le plus souvent une soie, une soie ordinaire de sanglier. Le sanglier, ça n'était pas obligatoire, mais les autres poils étaient moins durs. Des soies, grand-père en avait tout un bouquet. On pouvait s'en servir pour coudre les semelles ou pour fixer une petite pièce à un endroit malcommode : la soie était souple et se glissait partout.

Troisième rêve...

Des grands montent un théâtre dans une grange voisine. Dans la pièce, il est question de gardes-frontières et d'espions. Le billet est à dix kopecks mais je n'ai pas le sou et on me refuse l'entrée. Je me mets à hurler : je veux, moi aussi, "voir la guerre". En douce, je risque un coup d'œil dans la grange : les "gardes-frontières" ont de vrais uniformes. Le spectacle est époustouflant...

Ensuite, mes rêves s'interrompent...

Je ne tarde pas à voir de vrais uniformes chez nous... Grand-mère donne à manger à des soldats fatigués et couverts de poussière, qui disent : "Les Boches arrivent!" Je ne lâche plus ma grand-mère : "Ils sont comment, les Boches?"

On charge des balluchons dans une télègue et on m'installe par-dessus... Nous partons je ne sais où... Puis nous rentrons... Les Allemands sont chez nous! Ils ressemblent à nos soldats, simplement, leur uniforme est différent et ils rigolent tout le temps. À présent, avec maman et grand-mère, on vit derrière le poêle ; grand-père, lui, est à la grange. Grand mère ne pique plus de couvertures, grand-père ne fait plus le cordonnier. Un jour, j'écarte le rideau : dans le coin près de la fenêtre, un Allemand, avec des écouteurs, tripote les boutons d'une radio. On entend de la musique, puis, très nettement, du russe... Pendant ce temps, un autre Allemand se fait une tartine de beurre. Il m'aperçoit, me brandit son couteau sous le nez. Je lâche aussitôt le rideau et ne sors plus de derrière le poêle.

Devant notre maison passe un homme que l'on emmène, vêtu d'une vareuse brûlée ; il va, pieds nus, les mains attachées par du fil de fer barbelé. Il est tout noir... Je le revois un peu plus tard, pendu près du soviet rural. Il paraît que c'était un de nos aviateurs. La nuit, je rêve de lui. Dans mon rêve, il est pendu dans notre cour...

Souvenir de ce temps... tout m'apparaît en noir : les tanks, les motos, les soldats allemands dans leurs uniformes. Je ne suis pas certain que ce soit la réalité mais c'est comme ça que je me le rappelle. Comme ça que c'est resté gravé dans ma mémoire... Un film en noir et blanc... À l'époque, je n'allais pas encore à l'école, mais je savais lire et compter. Je comptais les tanks, il y en avait beaucoup, tellement même que la neige devenait noire.

... On m'emmitoufle dans un truc noir, lui aussi, et nous partons nous cacher dans les marais. Tout un jour et toute une nuit. La nuit est froide. Des oiseaux inconnus poussent des cris terribles. La lune semble éclairer très fort. Ça fait peur! Si les bergers allemands nous voyaient ou nous entendaient? Leurs aboiements rauques résonnent parfois. Au matin, on reprend le chemin de la maison. J'ai hâte de rentrer. Tout le monde veut rentrer au chaud. Mais il n'y a plus de maison, rien qu'un amas de tisons fumants. Tout est calciné... Près de ce gigantesque foyer, nous trouvons au milieu des cendres une boule de sel : on la gardait près du four. Nous récupérons soigneusement le sel, puis de la terre mêlée de sel, et nous versons le tout dans un pot. C'est tout ce qui reste de notre maison.

Grand-mère ne dit rien sur le moment, puis, la nuit, elle se met à hurler : "Ma maison! Ma jolie maison! Maison de mon père...

Maison de mes noces… Maison où mes petits ont vu le jour…" Elle erre comme une âme en peine dans notre cour toute noire.

Au matin, j'ouvre les yeux : on a dormi à même le sol. Dans notre potager…

"J'AI EMBRASSÉ TOUS LES PORTRAITS DE MON MANUEL…"

Zina Chimanskaïa, onze ans.
Caissière.

Songer au passé me fait sourire… Un sourire d'étonnement : comment croire que tout cela me soit arrivé, à moi ?

Le jour où la guerre a éclaté, on était allés au cirque. La famille au complet. En matinée. On ne se doutait de rien. Vraiment… Tous étaient déjà au courant, sauf nous. On a applaudi. On a ri. Il y avait un gros éléphant. Énorme ! Des singes dansaient… Et pendant ce temps-là… La foule des spectateurs est ressortie, toute joyeuse, mais, dans les rues, les gens étaient en larmes. "C'est la guerre", qu'ils disaient. Nous, les gosses : "Hourra !" On était tout content. On allait montrer de quoi on était capables, on donnerait un coup de main à nos vaillants combattants. On deviendrait des héros. Je raffolais des récits de guerre. Les batailles, les exploits… Je faisais un tas de rêves… Je me voyais, me penchant sur un combattant blessé, le tirant de la fumée… des flammes… Chez moi, j'avais tapissé tout le mur, au-dessus de mon petit bureau, de photos de guerre découpées dans les journaux. Il y avait Vorochilov, Boudionny…

Ma meilleure amie et moi, on avait même voulu partir en douce pour se battre contre la Finlande ; nos copains, eux, c'était la guerre d'Espagne. En tout cas, la guerre, on la voyait comme l'événement le plus palpitant d'une vie. La plus grande aventure. On en rêvait, on était des gosses de notre temps. De braves gosses ! Ma meilleure amie se baladait toujours avec une vieille boudionovka[1] sur la tête.

---

1. Bonnet à bout pointu porté pendant la guerre civile par les soldats de l'Armée rouge. Ainsi nommé par référence à Boudionny, commandant de la Ire Armée de cavalerie pendant la guerre civile et la guerre russo-polonaise.

Je ne sais plus où elle l'avait prise, mais c'était son bonnet préféré. Comment on était allées à la guerre ? Je vais vous le dire... D'abord, elle avait passé la nuit chez moi. Exprès, bien sûr... Et le matin, à l'aube, on avait filé sans faire de bruit. Sur la pointe des pieds... Chut !... On avait pris des vivres. Mon grand frère qui, apparemment, nous surveillait depuis quelques jours, avait remarqué nos conciliabules et s'était aperçu que nous préparions discrètement des sacs. Il nous a rattrapées dans la cour et obligées à revenir. On a eu droit à un sacré savon, il a menacé de jeter tous les récits de guerre de ma bibliothèque. J'ai pleuré toute la journée. Voilà le genre de gamines qu'on était !

Mais là, c'était la vraie guerre...

Une semaine plus tard, les Allemands entraient dans Minsk. Eux, je ne me les rappelle pas tout de suite. Je revois leur matériel. De gros véhicules, de grosses motos. Des comme ça, on n'en avait pas, on n'en avait même jamais vu... Les gens étaient brusquement sourds et muets. Ils avaient les yeux écarquillés de peur... Sur les palissades et les poteaux sont apparus des affiches et des tracts étrangers. Des instructions étrangères. Un "nouvel ordre" s'instaurait. Après quelque temps, les écoles ont rouvert. Ma mère a décrété que, bon, c'était pas parce qu'il y avait la guerre qu'il fallait arrêter de s'instruire. Et voilà qu'au premier cours, la prof de géo, celle qu'on avait avant la guerre, commence à parler contre le pouvoir soviétique. Contre Lénine. Du coup, je me dis qu'il est hors de question que je reste dans cette école. Non et non !... Je refuse !... En rentrant à la maison, j'embrasse tous les portraits de mon manuel... Tous ces portraits adorés...

Les Allemands faisaient irruption dans les appartements, ils cherchaient tout le temps des gens. Des Juifs, des partisans... Maman m'a dit : "Cache ton foulard de pionnier." Dans la journée, j'obéissais mais, la nuit, au moment de me coucher, je le mettais. Maman avait peur : et si les Allemands venaient cogner à la porte en pleine nuit ? Elle voulait à toute force m'en empêcher. Moi, je pleurais. J'attendais qu'elle s'endorme, que tout soit calme à la maison et dans la rue. Et je sortais mon foulard rouge de l'armoire, ainsi que mes livres soviétiques. Ma copine faisait pareil. Elle avait gardé sa boudionovka.

Aujourd'hui, j'en suis la première étonnée : est-ce que c'était vraiment moi ?

"JE L'AI RAMASSÉE DE MES PROPRES MAINS...
ELLE ÉTAIT BLANCHE, TOUTE BLANCHE..."

Genia Selenia, cinq ans.
Journaliste.

Ce dimanche-là... 22 juin...
On est allés aux champignons, avec mon frère. C'était la saison des gros cèpes. On avait un petit bois tout près, on en connaissait le moindre fourré, la moindre clairière, on savait quels champignons y poussaient, quelles baies et quelles fleurs. On savait où trouver l'épilobe ou le millepertuis jaune. La bruyère bleue...
On rentrait chez nous, quand on a entendu un bruit de tonnerre. Ça venait du ciel... On a levé la tête : au-dessus de nous, douze ou quinze avions... Ils volaient haut, très haut, et je me suis dit qu'avant, nos avions ne volaient pas aussi haut. On entendait un vrombissement : *rrrr...*
À ce moment-là, on a vu maman qui courait vers nous : elle pleurait, elle avait l'air toute perdue, sa voix était saccadée. C'est l'impression qui me reste du premier jour de la guerre : maman ne nous appelle pas gentiment, comme d'habitude, elle crie : "Mes petits ! mes petits enfants !" Elle a de grands yeux qui lui mangent tout le visage...
Deux jours plus tard ou à peu près, un groupe de soldats de l'Armée rouge arrive dans notre ferme. Ils sont couverts de poussière, en sueur, les lèvres sèches et ils se précipitent sur l'eau de notre puits... On aurait dit qu'ils revivaient brusquement. Et comme leurs visages se sont éclairés quand ils ont vu dans le ciel quatre de nos avions ! On a tous remarqué qu'ils portaient des étoiles rouges. Des étoiles bien visibles... On a crié avec les soldats : "C'est nos avions ! Nos avions !" Et c'est là qu'on a vu débouler des petits avions noirs qui se sont mis à tourner autour des nôtres, avec des craquements, des grondements... Comme si quelqu'un déchirait une toile cirée ou un tissu... en plus fort. Je ne savais pas encore que, de loin ou d'en haut, les rafales de mitrailleuses produisaient ce son-là. En tombant, nos avions laissaient des bandes rouges de feu et de fumée. Badaboum ! Nos soldats étaient figés, ils pleuraient, sans honte. C'était la première fois... la première fois que je voyais pleurer des soldats

de l'Armée rouge. Dans les films de guerre qui passaient dans notre village, ils ne pleuraient jamais.

Ensuite… quelques jours plus tard… la sœur de ma mère, tante Katia, est arrivée du village des Kabaki. Toute noire, affreuse à voir. Elle a raconté que les Allemands étaient venus par chez eux, qu'ils avaient réuni les activistes, les avaient menés hors du village et mitraillés. Parmi eux, le frère de maman, député au soviet rural. Un vieux communiste.

J'entends encore les paroles de tante Katia :

"Ils lui ont démoli la tête. J'ai ramassé sa cervelle de mes propres mains… Elle était blanche, toute blanche…"

Elle a passé deux jours chez nous. À raconter… à répéter sans arrêt la même chose… Durant ces deux jours, ses cheveux sont devenus tout blancs. Et tandis que maman était assise à côté d'elle et la tenait dans ses bras en pleurant, je lui caressais la tête. J'avais peur.

… Peur que maman devienne toute blanche, elle aussi…

"JE VEUX VIVRE ! VIVRE !…"

Vassia Kharevski, quatre ans.
Architecte.

Toutes ces images, toutes ces flammes… C'est ma richesse… C'est inouï d'avoir vécu ça…

Personne ne me croit… Ma mère n'y croyait pas non plus… Quand on en reparlait, après-guerre, elle s'étonnait : "Tu ne peux pas te le rappeler, tu étais trop petit. On te l'aura raconté…"

Mais non, je me souviens de tout…

Des bombes explosent, moi, je m'agrippe à mon grand frère : "Je veux vivre ! Vivre !" J'ai peur de mourir. Pourtant, qu'est-ce que je peux savoir de la mort, hein ?

Je me souviens de tout…

Maman nous donne, à mon frère et à moi, les deux dernières pommes de terre. Elle, elle se contente de nous regarder manger. Tous deux, on sait que ce sont les dernières. Je veux lui en laisser…

un petit bout. Mais je ne peux pas. Mon frère non plus… Et on a honte. Affreusement honte.

Oui, je me souviens…

L'arrivée du premier de nos soldats… Un tankiste, je crois… là, je ne suis pas sûr. Je me précipite vers lui : "Papa !" Il me soulève jusqu'au ciel : "Fiston !"

Tout… Je me souviens de tout.

Je me rappelle que les grands disaient : "Il est trop petit. Il ne comprend pas." Moi, ça m'étonnait : "Ils sont bizarres, ces grands ! Qu'est-ce qui leur fait penser que je ne comprends rien ? Je comprends tout, au contraire !" J'avais même l'impression que j'en savais plus qu'eux. Et que c'était pour ça que je ne pleurais pas.

La guerre, c'est mon manuel d'histoire. Ma solitude… J'ai manqué le temps de l'enfance… elle ne fait pas partie de ma vie. Je suis un homme sans enfance. À la place, j'ai eu la guerre.

Après, il n'y a eu que l'amour pour me marquer à ce point. Le jour où je suis tombé amoureux… Où j'ai connu l'amour…

"PAR LA BOUTONNIÈRE…"

Inna Levkevitch, dix ans.
Ingénieur du bâtiment.

Les premiers jours… Dès le matin…

… Des bombes nous dégringolaient dessus… Des poteaux, des fils électriques étaient par terre. Des gens effrayés… Tout le monde s'enfuyait des maisons. Tous se précipitaient dans la rue, mais tous se lançaient des avertissements : "Attention, un fil électrique ! Attention, un fil électrique !", pour que personne ne se prenne les pieds dedans, que personne ne tombe.

Dès le matin du 26 juin, maman avait versé les salaires, elle était comptable dans une usine. Au soir, nous étions déjà des réfugiés. En quittant Minsk, nous avons vu brûler notre école. Des flammes dansaient à toutes les fenêtres… Tellement vives… Le feu était tellement fort, il montait jusqu'au ciel… Nous, ça nous faisait pleurer, que notre école brûle. On était quatre enfants ; trois allaient à pied, la plus petite était "transportée" dans les bras de maman... maman qui s'inquiétait parce qu'elle avait pris la clé de l'appartement mais qu'elle avait oublié de fermer la porte. Elle essayait d'arrêter des voitures, en criant, en suppliant : "Prenez nos enfants! Nous, on ira défendre la ville." Elle ne voulait pas croire que les Allemands s'y trouvaient déjà. La ville avait capitulé.

Tout ce qui se passait sous nos yeux était terrible et incompréhensible. Tout ce qui nous arrivait. Surtout la mort... Près des corps de ceux qui avaient été tués, traînaient des bouilloires, des casseroles. Leur nombre était effarant. Tout brûlait... On avait l'impression de courir sur des braises... Je m'étais toujours bien entendue avec les garçons. J'étais un vrai garçon manqué. Ça m'intéressait de voir les bombes qui tombaient en sifflant. Je me plaquais contre le sol, me couvrais de mon manteau et regardais par ma boutonnière... Des gens couraient en tous sens... Quelque chose pendait à un arbre... Quand j'ai compris que le quelque chose était quelqu'un, j'ai été sidérée. J'ai fermé les yeux...

Ma sœur Irma avait sept ans, elle portait un réchaud et les escarpins de maman. Elle avait une peur bleue de les perdre, ces escarpins. Ils étaient tout neufs, rose pâle, avec un talon joliment ouvragé. Maman les avait emportés presque par réflexe, parce que c'était la plus belle chose qu'elle possédait.

Avec la clé de la maison et les fameux escarpins, on n'a pas tardé à revenir en ville où tout avait brûlé. La faim s'est bientôt fait sentir. On ramassait de l'arroche, on la mangeait. On mangeait aussi des genres de fleurs. Bientôt, on n'a plus eu de bois de chauffage. Les Allemands avaient incendié le grand parc du kolkhoze : ils redoutaient les partisans. Alors, on y allait et on coupait des souches, ça nous faisait un peu de bois. De quoi allumer le poêle. On fabriquait du "foie" avec de la levure : on la grillait à la poêle, et ça avait un petit goût de foie. Un jour, maman m'a donné de l'argent pour que j'achète du pain au marché. Là, j'ai vu une femme qui vendait des chevreaux et je me suis figurée que si j'en achetais un, je sauverais toute la famille. Le chevreau grandirait et on aurait plein de lait. Je l'ai acheté, tout mon argent y est passé. Je ne me souviens plus que maman m'ait grondée, tout ce que je sais, c'est qu'on est restés plusieurs jours sans manger : on n'avait plus d'argent. On faisait cuire une espèce de bouillie pour nourrir le chevreau. La nuit, je le prenais avec moi dans mon lit, pour qu'il ait chaud. Mais il était gelé et il n'a pas tardé à mourir. Une vraie tragédie!... On a beaucoup pleuré, on voulait, malgré tout, le garder à la maison. J'étais celle qui pleurait le plus, je me sentais coupable. Maman l'a emporté en douce, une nuit ; ensuite, elle nous a raconté que les souris l'avaient mangé.

N'empêche que, pendant l'occupation, on fêtait tous les 1er Mai et les 7 Novembre[1]. C'étaient nos fêtes! À nous! Fallait nous entendre chanter! On chantait beaucoup dans notre famille... Des fois, c'étaient juste des pommes de terre en robe des champs, ou bien un petit bout de sucre pour tout le monde : en tout cas, ces jours-là, on essayait d'améliorer un peu l'ordinaire. Peut-être qu'on n'aurait rien le lendemain mais, en attendant, c'était la fête. On chantait en chuchotant la chanson préférée de maman : *L'aube, tendrement, colore l'antique muraille du Kremlin...* Ça, c'était obligatoire!

Une voisine avait préparé des petits pâtés à vendre et elle nous a proposé : "Achetez-les-moi tous au prix de gros et vendez-les au détail. Vous êtes jeunes, vous avez de bonnes jambes." J'ai décidé de m'y mettre, sachant que maman avait du mal à nous nourrir seule. La voisine apporte donc ses pâtés. Nous, on est là avec Irma qu'on les regarde :

"Tu ne crois pas, Irma, que ce pâté-là est plus gros que l'autre?

— Si..."

Vous ne pouvez pas imaginer ce qu'on avait envie d'y goûter!

"On n'a qu'à en couper un tout petit bout, après on ira les vendre."

Deux heures plus tard, on n'avait plus rien à porter au marché. Ensuite, la voisine s'est mise à faire des "coussinets". C'étaient des genres de bonbons. Je ne sais pas pourquoi, y a longtemps qu'on n'en trouve plus en magasin. Elle nous les a donnés à vendre. Cette fois encore, on est là avec Irma :

"Y en a un qu'est plus gros que les autres, Irma. Si on le léchait juste un peu...

— D'accord..."

On avait un manteau pour trois et une seule paire de bottes de feutre. Le plus souvent, on restait à la maison. On essayait d'inventer des histoires... On avait des bouquins... mais c'était pas intéressant. Nous, ce qui nous plaisait, c'était de nous raconter que la guerre était finie et d'imaginer notre vie, après. Après, on ne mangerait que des petits pâtés et des bonbons.

---

1. Anniversaire de la révolution d'Octobre.

À la fin de la guerre, maman a mis son corsage en crêpe de Chine. Comment elle avait réussi à le garder, ça, je ne sais plus. Ce qu'on avait de mieux, on l'avait échangé contre de la nourriture. Ce corsage avait des manchettes noires. Maman les a coupées pour qu'il n'ait plus rien de sombre, elle ne voulait que du clair...

On est tout de suite retournés à l'école et, dès les premiers jours, on a appris des chansons pour le défilé...

"JE N'AI ENTENDU QUE LE CRI DE MAMAN..."

Lida Pogorjelskaïa, huit ans.
Docteur en biologie.

Jamais je n'oublierai ce jour... Le premier sans papa...

J'avais sommeil. Maman nous a réveillés de bon matin, en disant : "C'est la guerre!" Il était bien question de dormir! On s'est préparés à partir. La peur, on ne la ressentait pas encore. On regardait tous papa. Mais il avait l'air tranquille. Comme toujours. C'était un professionnel du Parti. Chacun, a dit maman, doit prendre quelque chose. Moi, je ne voyais pas quoi ; ma petite sœur a emporté sa poupée. Maman a pris dans ses bras notre petit frère. Papa nous a rejoints, alors que nous étions déjà en route...

J'ai oublié de préciser que nous vivions dans la ville de Kobrine. Pas loin de Brest[1]. C'est pour ça que la guerre est arrivée chez nous dès le premier jour. On n'a pas eu le temps de se retourner. Les grands étaient pratiquement muets ; à pied ou en charrettes, ils avançaient sans un mot. C'est là qu'on a commencé à avoir peur. Tous ces gens qui partaient – il y en avait des tas – et qui ne disaient rien...

Quand papa nous a rattrapés, ça nous a un peu rassurés. Papa, c'était le chef, parce que maman était très jeune, elle s'était mariée à seize ans. Elle ne savait même pas préparer à manger. Papa, lui, était orphelin. Il savait tout faire. Je me rappelle comme on aimait

1. Brest-Litovsk.

qu'il nous cuisine un bon petit plat, quand il avait le temps. Une vraie fête! Aujourd'hui encore, j'ai l'impression qu'il n'y a rien de meilleur que la semoule qu'il nous mitonnait. Avec quelle impatience on attendait qu'il nous rejoigne! En pleine guerre, sans papa? Ça n'était pas pensable. Notre famille était comme ça.

On formait un gros convoi… qui progressait lentement. Parfois, tout le monde s'arrêtait pour regarder le ciel. On cherchait des yeux nos avions. On avait tort de les chercher…

Vers le milieu de la journée, on a aperçu une colonne de l'armée. Les hommes étaient à cheval et ils portaient des uniformes flambant neufs de l'Armée rouge. Les chevaux avaient l'air bien nourris. Solides. Personne n'a pensé une seconde que c'était de la diversion. On était sûrs que c'étaient les nôtres. Et on était drôlement contents! Papa a marché à leur rencontre… Moi, je n'ai entendu que le cri de maman. Le coup de feu, je ne l'ai pas entendu… Juste le cri de maman : "A-a-ah! Hé-é-é-é!…" Est-ce que c'était bien sa voix? Oui! Il me revient que ces militaires ne sont même pas descendus de cheval. Quand maman s'est mise à crier, je me suis sauvée. Tout le monde s'est sauvé… On courait sans un mot. Tout ce que j'entendais, c'était maman qui criait… J'ai couru jusqu'à ce que je bute et tombe dans l'herbe haute…

Nos chevaux sont restés là jusqu'au soir. À attendre. Et on est tous revenus quand il a commencé à faire sombre. Maman était toute seule. À attendre. Quelqu'un a dit : "Regardez! Ses cheveux sont blancs." Je revois les grands creuser un trou… Puis, nous pousser, ma sœur et moi : "Allez dire adieu à votre père." J'ai fait deux pas, mais je n'ai pas pu continuer. Je me suis assise par terre. Ma petite sœur à côté de moi. Mon frère dormait ; il était tout petit, il ne comprenait rien. Notre maman était couchée dans une télègue, sans connaissance. Les gens nous empêchaient de l'approcher.

C'est comme ça qu'aucun de nous n'a vu papa, mort. Je ne me le rappelle que vivant. Chaque fois que je pense à lui, je le revois, bizarrement, en tunique blanche. Jeune et beau. Même aujourd'hui, où je suis plus vieille que lui.

Dans la région de Stalingrad où on a été évacué, maman travaillait dans un kolkhoze. Notre maman qui ne savait rien faire, qui ne savait pas sarcler, qui confondait l'avoine et le blé, est devenue une travailleuse de choc. Nous, on n'avait plus de papa, mais on n'était pas les seuls. D'autres n'avaient plus de maman. Ou de frère. De sœur. De grand-père. Pourtant, on ne se sentait pas orphelin. Tout le monde nous plaignait et prenait soin de nous. Je revois une femme, Tania Morozova. Elle avait perdu ses deux enfants et vivait seule. Elle se privait de tout pour nous, exactement comme notre maman. Pour elle, on était de complets étrangers, n'empêche que, pendant la guerre, c'est devenu quelqu'un de la famille. En grandissant, mon frère avait pris l'habitude de dire : on n'a pas de papa mais on a deux mamans, la vraie et tata Tania. C'est comme ça qu'on a grandi : avec deux, trois mamans...

Je me souviens aussi qu'on a été bombardés plusieurs fois, pendant qu'on partait en évacuation. Chaque fois, on fonçait se cacher. On ne courait pas vers notre mère pour qu'elle nous protège, non, on filait toujours vers des soldats. Dès la fin du bombardement, maman nous grondait pour ça. Nous, on s'en fichait : quand ça recommençait, on refonçait vers les soldats.

Après la libération de Minsk, on a décidé de rentrer chez nous. En Biélorussie. Notre maman était native de là-bas. Seulement, quand on est arrivés à la gare de Minsk, elle ne savait plus où aller. C'était devenu une autre ville. Un champ de ruines... Un tas de cendres et de pierres.

À l'époque, j'étais déjà à l'académie agricole de Gorki... Je logeais dans un foyer d'étudiants, on était huit par chambre. Que des orphelines !... Ça s'était fait par hasard, personne ne nous avait spécialement mises ensemble, non, il y avait tellement d'orphelins !... Y avait plein de chambrées comme ça. Je me rappelle que, la nuit, tout le monde criait. Moi, je pouvais bondir de mon lit et me mettre à donner des coups de poing dans la porte... Comme si je voulais m'enfuir... Les autres filles essayaient de me retenir. Alors, je fondais en larmes. Et les autres faisaient pareil. Toute la chambrée braillait. Seulement, le lendemain matin, il fallait aller aux cours, aux conférences.

Une fois, dans la rue, je croise un homme qui ressemble à papa. Pareil... Je l'ai suivi un bon moment. Après tout, je n'avais jamais vu mon père mort...

"ON JOUAIT ET LES SOLDATS PLEURAIENT..."

Volodia Tchistokletov, dix ans.
Musicien.

C'était une belle matinée...

La mer, le matin. Calme et bleue. Je n'étais que depuis quelques jours au sanatorium de Soviet-Kvadjé, sur les bords de la mer Noire. Et soudain, le vrombissement des avions... J'ai plongé sous l'eau mais, même là, on l'entendait encore. Nous, les gosses, on n'a pas eu peur. Au contraire, on s'est mis à jouer "à la guerre", sans imaginer, une seconde, qu'elle avait déjà commencé : pas un jeu, pas des manœuvres d'entraînement, la vraie guerre !

Quelques jours plus tard, on nous renvoyait chez nous. Moi, à Rostov. Les premières bombes pleuvaient déjà sur la ville. Tous se préparaient à des combats de rue : on creusait des tranchées, on montait des barricades. On apprenait à tirer. Nous, les gosses, on était préposés à la surveillance des caisses de cocktails Molotov, on faisait des réserves de sable et d'eau, en cas d'incendie.

Toutes les écoles avaient été transformées en hôpitaux de campagne. La nôtre, l'école 70, était prévue pour les blessés légers. C'est là qu'on a envoyé maman. On l'a autorisée à me prendre avec elle pour que je ne sois pas tout seul à la maison. Et au moment de la retraite, nous avons suivi l'hôpital.

Je revois, suite à un énième bombardement, un tas de livres au milieu des ruines. J'en saisis un : *La Vie des animaux.* C'est un grand livre, avec de belles images... J'ai passé la nuit à le lire, je ne pouvais pas m'arrêter... Je me souviens que je n'avais pas pris de récits de guerre : l'envie m'en était passée. Les bêtes, les oiseaux, c'était différent...

Novembre 42... Le responsable de l'hôpital exige qu'on me donne un uniforme. Celui qu'on me propose est à retailler d'urgence. Un mois durant, on est dans l'incapacité de me trouver une paire de bottes. C'est comme ça que je deviens élève de l'hôpital. Élève soldat... Ce que je faisais ? Y avait de quoi devenir fou, rien qu'avec les bandes. Il n'y en avait jamais assez. On n'arrêtait pas de les laver, de les mettre à sécher, de les enrouler. Essayez, pour voir, d'en enrouler un millier par jour ! Moi, je me débrouillais pour être plus rapide que les adultes. Et j'ai été aussi habile à rouler ma première cigarette... Pour mes douze ans, l'adjudant-chef m'a refilé, en rigolant, un paquet de gros gris. Comme à un vrai soldat, quoi!... Je fumais de temps en temps... En douce de maman... Je faisais le malin... J'avais la frousse, aussi... J'ai eu du mal à m'habituer au sang. Et j'avais la trouille des brûlés. Ils avaient le visage tout noir...

Lorsque nos wagons ont été pilonnés au sel et à la paraffine, ça nous a sacrément rendu service. Dans les deux cas... Le sel, c'était pour les cuisiniers ; la paraffine, on me l'a refilée. Il a fallu que j'apprenne une nouvelle spécialité, non prévue par le règlement de l'armée : la fabrication des bougies. C'était autrement plus casse-pieds que les bandes! Je devais faire en sorte qu'elles durent longtemps, vu qu'on s'en servait quand on n'avait pas de courant. Pendant les bombardements, par exemple... Les médecins continuaient d'opérer. Quand ça tirait partout, aussi. La nuit, on se contentait de fermer les fenêtres. De les masquer avec des draps, des couvertures.

Ma mère pleurait mais moi, je rêvais de me tailler au front. J'arrivais pas à croire que je risquais d'être tué. Un jour, on nous envoie chercher du pain... On a à peine démarré, que des tirs d'artillerie éclatent. Ça canarde au mortier. Mon sergent est tué, le conducteur aussi, et moi je suis contusionné. J'arrive plus à parler. Quand j'ai recouvré la parole au bout d'un certain temps, j'ai malgré tout gardé un bégaiement. Que j'ai toujours... Tout le monde était sidéré de me voir, vivant. Moi, je me figurais les choses autrement : comme si on pouvait me tuer! En quel honneur?... Avec l'hôpital, on a parcouru toute la Biélorussie. La Pologne... J'ai appris des mots polonais.

Varsovie... Parmi les blessés, un Tchèque, tromboniste à l'opéra de Prague! Le responsable de l'hôpital, ça lui a plu. Quand l'autre a été mieux, il lui a demandé de faire le tour des salles et de chercher des musiciens. Ça a donné un orchestre sensas! J'ai appris à jouer de l'alto ; la guitare, je savais déjà, j'avais appris tout seul. On jouait et les soldats pleuraient... Pourtant, on leur jouait des airs gais...

C'est comme ça qu'on est arrivés en Allemagne...

Dans une cité allemande en ruines, je vois brusquement un vélo de gamin qui traîne. Content que j'étais! Je suis monté dessus, et en avant! Il roulait drôlement bien. De toute la guerre, je n'avais pas vu un truc de gosse. J'avais même oublié que ça existait... Les jouets, tout ça...

J'avais oublié... Parce que j'avais grandi à la guerre...

"AU CIMETIÈRE, LES MORTS SONT REMONTÉS À LA SURFACE... ILS GISENT, COMME S'ILS AVAIENT ÉTÉ TUÉS UNE SECONDE FOIS..."

Vania Titov, cinq ans.
Spécialiste de l'amendement des sols.

Un ciel noir...

De gros avions noirs... Ils vrombissent assez bas au-dessus de nous. Presque en rase-mottes. C'est la guerre... telle que je la revois... Par flashs.

Les bombardements. On s'est cachés dans le jardin, derrière de vieux pommiers. Tous les cinq. J'ai quatre frères, l'aîné a dix ans. Il sait ce qu'il faut faire pour échapper aux avions : se cacher derrière les grands pommiers, ceux qui ont le plus de feuilles. Maman nous récupère et nous emmène à la cave. Là, on a peur. Il y a des rats, avec de petits yeux qui vrillent et qui brillent dans le noir. Ils brillent d'un éclat anormal. La nuit, les rats se mettent à piailler. Ils jouent.

Notre village est incendié. Les bombes pleuvent sur le cimetière. Les gens s'y précipitent : les morts sont remontés à la surface... Ils gisent, comme s'ils avaient été tués une seconde fois. Il y a là notre grand-père, mort peu auparavant. On les réenterre tous...

Pendant la guerre, après la guerre, on joue "à la guerre". Quand on en a assez de jouer "aux blancs et aux rouges", "à Tchapaïev", on joue "aux Russes et aux Allemands". On livre bataille. On fait des prisonniers. On fusille. On s'affuble de casques de soldats, soviétiques ou allemands, on n'a que l'embarras du choix, il en traîne partout, dans les champs, la forêt... Personne ne veut faire les Allemands, on en vient même aux mains pour ça. On joue dans de vraies tranchées, de vrais abris. On se bat à coups de bâton, au corps-à-corps. Nos mères secouent la tête, désolées : ça ne leur plaît pas. Elles pleurent.

Nous, ça nous étonne, parce qu'avant... avant la guerre, elles ne nous grondaient pas pour ça...

"JE COMPRENDS QUE C'EST BIEN MON PÈRE...
ET J'AI LES GENOUX QUI TREMBLENT..."

Lionia Khossenevitch, cinq ans.
Employé dans un bureau d'études.

Je me souviens de couleurs...

J'avais cinq ans mais je me rappelle très bien... La maison de mon grand-père est jaune, en bois ; sur l'herbe, un tas de bûches à l'abri d'une barrière en planches. Le sable blanc dans lequel on jouait. Blanc, tout blanc, comme délavé. Je revois aussi maman qui nous emmène à la ville, ma sœur et moi, pour nous faire photographier. Ellotchka pleure, moi je la console. Cette photo, on l'a toujours, c'est la seule qu'on ait d'avant-guerre... Je ne sais pas pourquoi, je la revois verte.

Ensuite, tous mes souvenirs sont en noir... Si les autres, ceux d'avant, sont plutôt dans des tons clairs – une herbe toute verte, une véritable aquarelle, un sable tout blanc, une barrière en planches toute jaune –, après, tout est de couleur sombre : on m'emporte je ne sais où, suffoquant à cause de la fumée ; nos affaires sont dans la rue : des balluchons et, Dieu sait pourquoi, une chaise... Des gens sont debout à côté, qui pleurent. Avec maman, on marche longtemps à travers la ville, je me tiens à sa jupe. À tous ceux qu'elle croise, elle répète la même phrase : "Notre maison a brûlé."

On passe la nuit dans une entrée d'immeuble. J'ai froid. Je me réchauffe les mains dans la poche du gilet de maman. Mes doigts rencontrent quelque chose de froid : la clé de notre maison...

Et soudain, maman n'est plus là. Maman disparaît, ne restent que grand-mère et grand-père. J'ai un copain, de deux ans mon aîné, Genia Savotchkine. Il a sept ans, j'en ai cinq. On m'apprend à lire avec les contes de Grimm. Grand-mère a sa méthode et les taloches pleuvent, vexantes : "Bougre d'âne!" Genia m'apprend aussi. En lisant le livre, il me montre les lettres. Mais je préfère qu'on me raconte les histoires, surtout grand-mère. Elle a la même voix que maman. Un soir, une jolie femme arrive et m'apporte quelque chose de bon à manger. Je comprends à ce qu'elle dit que maman est vivante, que, comme papa, elle se bat. Tout heureux, je crie : "Maman reviendra bientôt!" Je veux filer dans la cour et annoncer la nouvelle à mon copain. Grand-mère me fait tâter du ceinturon. Grand-père prend ma défense. Lorsque tous deux sont endormis, je récupère toutes les ceintures de la maison et les balance derrière l'armoire.

J'ai tout le temps faim. Avec Genia, on va dans les seigles, il y en a juste derrière les maisons. On égrène les épis et on mange les grains. Seulement, le champ est allemand, à présent, le seigle aussi… On repère une automobile et on se taille… Quasiment à la barrière de notre maison, un officier en uniforme vert, aux épaulettes étincelantes, m'empoigne et se met à me cogner avec son stick ou son ceinturon. Je suis paralysé de peur, je ne sens même pas les coups. Je vois soudain ma grand-mère : "Mon petit monsieur, s'il vous plaît, rendez-moi mon petit-fils. Je vous en supplie, par Dieu, rendez-le-moi !" Elle est à genoux devant l'officier. L'Allemand s'en va, je suis couché dans le sable. Grand-mère me prend dans ses bras et m'emporte à la maison. Je remue péniblement les lèvres. Après, je suis longtemps malade…

Je revois aussi des chariots dans la rue. Beaucoup. Grand-père et grand-mère ouvrent le portail. Et des réfugiés s'installent chez nous. Au bout de quelque temps, ils ont le typhus. On les transporte à l'hôpital, du moins c'est ce qu'on me dit. Encore un peu de temps, et grand-père tombe malade à son tour. Je dors avec lui. Grand-mère maigrit et se traîne péniblement dans la pièce. Un après-midi, je vais jouer avec mes copains. Je rentre le soir : plus de grand-père ni de grand-mère. Les voisins disent qu'ils ont aussi été transportés à l'hôpital. J'ai peur : je suis tout seul. Je devine que c'est le genre d'hôpital dont on ne revient jamais. J'ai peur de rester seul dans la maison. La nuit, elle paraît très grande, étrangère. Même dans la journée, j'ai peur. Le frère de grand-père me prend chez lui. J'ai un nouveau grand-père.

Minsk est bombardée. On se cache à la cave. Quand je retrouve la lumière du jour, le soleil m'aveugle et je suis assourdi par un bruit de moteurs. Des tanks passent dans la rue. Je me cache derrière un poteau. Tout à coup, je vois… une étoile rouge sur une tourelle. Ce sont les nôtres ! Je fonce jusqu'à notre maison : si les nôtres sont là, c'est que maman est revenue ! J'arrive : près du perron, des femmes avec des fusils. Elles me prennent dans leurs bras et commencent à me poser plein de questions. Y en a une que je crois reconnaître. Elle me rappelle quelqu'un… Elle s'approche encore, m'embrasse très fort. Les autres se mettent à pleurer. Moi, j'ai le temps de brailler : "Maman !" Ensuite, je ne sais plus ce qui m'arrive...

Bientôt, maman ramène de la maison d'enfants ma sœur, qui ne me reconnaît pas : elle m'a complètement oublié. Moi, je suis drôlement content d'avoir de nouveau une sœur.

Je rentre de l'école et découvre mon père, de retour de la guerre, endormi sur le divan. Pendant qu'il dort, je prends ses papiers dans sa sacoche et les lis. Je comprends que c'est bien mon père. Je reste assis à le regarder jusqu'à ce qu'il se réveille.

Et j'ai les genoux qui tremblent...

"FERME LES YEUX, FISTON, NE REGARDE PAS..."

Volodia Parabkovitch, douze ans.
Pensionné.

J'ai grandi sans mère...

Je n'ai aucun souvenir de moi, petit. Ma mère est morte quand j'avais sept ans. Je vivais chez ma tante. Je gardais les vaches, je préparais le bois, je rentrais les chevaux pour la nuit. Y avait aussi pas mal de travail au potager. Mais l'hiver, je faisais de la luge, je patinais avec des patins bricolés, en bois comme la luge, et puis j'avais des skis : des planches et des douves de vieux tonneaux. Je fabriquais tout moi-même...

Je me revois encore essayant mes premiers souliers, achetés par mon père. Et mon chagrin, quand je les ai éraflés à une branche dans la forêt ! Ça me faisait tellement dépit que je me disais : il aurait mieux valu que je me coupe un pied, ça aurait cicatrisé ! J'avais ces mêmes souliers lorsque j'ai quitté Orcha avec mon père, au moment où les avions nazis ont bombardé la ville.

Ils nous mitraillaient à bout portant. Les gens tombaient... dans le sable, dans l'herbe. "Ferme les yeux, fiston, ne regarde pas..." disait mon père. J'avais tout aussi peur de regarder en l'air : le ciel était noir d'avions et, en bas, y avait des morts partout. Un avion est passé juste au-dessus de nous... Mon père est tombé à son tour et ne s'est pas relevé. J'étais penché sur lui : "Papa, ouvre les yeux !... Papa, ouvre les yeux!…" Des gens criaient : "Les Allemands!" et voulaient m'entraîner avec eux. Moi, j'arrivais pas à me mettre dans le crâne que mon père ne se relèverait pas, qu'il fallait que je l'abandonne, là, sur la route, dans la poussière. Je ne voyais pas de sang couler, il était simplement couché, muet. On a fini par m'entraîner de force. N'empêche que, pendant des jours, j'ai avancé en regardant tout le temps derrière moi, sûr que mon père me rattraperait. Je me réveillais la nuit… Je me réveillais parce que j'entendais sa voix… Je ne pouvais pas croire que je n'avais plus de père. C'est comme ça que je me suis retrouvé tout seul, avec juste un costume de drap.

Ah, j'ai vagabondé!… En train, à pied… On a fini par me placer dans une maison d'enfants à Melekess, région de Kouïbychev. Plusieurs fois, j'ai essayé de me tailler au front, mais ça a capoté. Chaque fois, on m'a rattrapé et ramené à la maison d'enfants. Bah, comme on dit, à quelque chose malheur est bon! Un jour que je coupais du bois dans la forêt, ma hache a rebondi sur un tronc et je me la suis prise sur un doigt de la main droite. La monitrice m'a fait un pansement avec son foulard et m'a expédié à la polyclinique de la ville.

En revenant à la maison d'enfants, avec Sacha Liapine qui m'accompagnait, on a vu, près du comité municipal des Jeunesses communistes, un matelot, coiffé d'un béret à ruban. Il était en train de placarder une annonce sur un panneau. On s'est approchés et on s'est aperçus que c'étaient les conditions d'entrée à l'École des cadets de la Marine des îles Solovki. Une école où y avait que des volontaires. Avec priorité pour les fils de marins et les gosses des maisons d'enfants. J'entends encore la voix de ce matelot :

"Ça vous dirait?"

Nous :

"On est de la maison d'enfants.

— Eh ben, entrez, faites une demande!"

Notre enthousiasme à ce moment-là, c'est pas racontable! C'était le meilleur moyen de se retrouver au front! Je me disais déjà que j'allais venger mon père! J'aurais encore le temps, avant que la guerre finisse.

On est donc entrés et on a fait une demande. Quelques jours après, on passait la visite médicale. Un des membres du conseil de révision m'a regardé :

"Il est vraiment petit et maigrichon."

Un autre, en uniforme d'officier, a répondu, en soupirant :

"Bah, il va grandir!"

On nous a donné des vêtements. Ça n'a pas été simple d'en dénicher à notre taille. Ce que j'étais heureux de me voir dans la glace, en uniforme de matelot, avec le béret. Vingt-quatre heures après, on voguait déjà vers les îles Solovki.

Tout est nouveau pour nous… On n'est pas habitués. La nuit noire… On est sur le pont… Les matelots veulent nous expédier au lit :

"Feriez mieux, les petits gars, d'aller au poste d'équipage. Vous y seriez au chaud."

Tôt, le matin, on a aperçu le monastère qui brillait au soleil et la forêt toute dorée. C'étaient les îles Solovki où s'ouvrait la première École des cadets de la Marine du pays. Seulement, avant de commencer l'instruction, il a fallu construire l'école ou, plutôt, des gourbis. Le sol des Solovki, c'est que de la pierre. On manquait de scies, de haches, de pelles. On a appris à tout faire à la main : creuser le sol dur, abattre des arbres centenaires, arracher les souches, jouer les charpentiers… Après le travail, on se reposait sous des tentes pas chauffées. Nos lits, c'étaient un matelas et des oreillers remplis d'herbe, avec, dessous, des branches de sapin. On se couvrait de nos manteaux. Notre lessive, on la faisait nous-mêmes, à l'eau glacée, on avait tellement mal aux mains qu'on en pleurait.

En 42… on a prêté serment. On nous a donné des bérets portant l'inscription : *École des cadets de la Marine*. On était dépités, parce qu'ils n'avaient pas de longs rubans tombant sur les épaules, juste un petit nœud du côté droit. On nous a remis des fusils. Début 43, j'ai commencé mon service sur un contre-torpilleur de la garde, le *Futé* . Pour moi, c'était une première : les crêtes des vagues dans lesquelles plongeait notre navire, la sente phosphorescente tracée par les hélices qui labouraient consciencieusement l'eau salée… À vous couper le souffle…

"T'as peur, fiston?" m'a demandé le commandant.

Je n'ai pas eu une seconde d'hésitation :

"Non. C'est beau!

— Ce serait beau sans la guerre", a répondu le commandant et, bizarrement, il a regardé ailleurs.

J'avais quatorze ans, à l'époque…

"MON PETIT FRÈRE PLEURE PARCE QU'IL N'ÉTAIT PAS LÀ QUAND ON AVAIT UN PAPA…"

Larissa Lissovskaïa, six ans. Bibliothécaire.

Je parlerai de mon papa… et de mon petit frère.

Mon père était dans les partisans. Il a été pris par les nazis qui l'ont fusillé. Des femmes ont fait savoir en douce à maman où ils avaient été exécutés… Papa et plusieurs autres hommes. Elle y a filé tout droit… Toute sa vie, elle a répété qu'il faisait très froid, qu'il y avait une croûte de glace sur les flaques. Et eux qui étaient en chaussettes…

Maman était enceinte. Elle attendait mon petit frère.

Il a fallu qu'on se cache. Les familles des partisans étaient toujours arrêtées. Elles étaient embarquées avec les enfants… Dans des camions bâchés…

On est restées longtemps dans la cave des voisins. Le printemps arrivait… On dormait sur un tas de pommes de terre… qui germaient. On s'endormait et, pendant la nuit, une petite pousse pointait, qui vous chatouillait le nez. Comme un scarabée… Des scarabées, j'en avais qui vivaient dans mes poches. Dans mes chaussettes… Ils ne me faisaient pas peur, ni le jour ni la nuit.

On est enfin sorties de la cave et maman a eu mon petit frère. Il a grandi, a commencé à parler. Nous, on lui racontait papa :

"Il était grand, papa…

— Et fort… Comment qu'il me jetait en l'air !"

On bavarde avec ma sœur. Et mon petit frère demande :

"J'étais où, moi, à ce moment-là ?

— T'existais pas encore…"

Et de se mettre à pleurer parce qu'il n'était pas là quand on avait un papa…

"MA VOISINE DE TABLE ÉTAIT AUX PREMIÈRES LOGES…"

Nina Iarochevitch, neuf ans.
Professeur d'éducation physique.

Un événement dans la famille!...

Un soir, le fiancé de ma grande sœur vient la demander en mariage. Jusqu'à la nuit, on discute de la date, de l'endroit où ça se passera et de qui on invitera. Or, le lendemain matin, on convoque mon père au bureau de recrutement. Le bruit court dans le village que c'est... la guerre! Maman est perdue : comment faire? Moi, je me dis : vivement que cette journée soit passée! Personne ne m'a expliqué que la guerre, ce n'était pas un jour ou deux, que ça pouvait durer très longtemps.

C'est l'été. Une chaude journée. J'ai envie d'aller à la rivière mais maman prépare le départ. J'ai aussi un frère, qui rentre de l'hôpital. On l'a opéré d'une jambe et il marche avec des béquilles. Maman décrète pourtant : "Tout le monde doit partir." Où ça? On n'en a pas la moindre idée. On marche sur à peu près cinq kilomètres. Mon frère boite et pleure. Où est-ce qu'on peut aller, avec lui? On rebrousse chemin. À la maison, on retrouve papa. Tous les hommes convoqués le matin au bureau de recrutement sont rentrés ; les Allemands occupent déjà Sloutsk, notre chef-lieu de district.

Les premières bombes pleuvent : je reste plantée à les regarder jusqu'à ce qu'elles touchent le sol. Quelqu'un me souffle d'ouvrir la bouche pour ne pas être assourdie. Alors, j'ouvre la bouche et je me bouche les oreilles pour ne pas entendre le hurlement des bombes. Mais c'est tellement horrible que j'ai la peau qui se tend sur le visage et tout le corps... On avait un seau suspendu dans la cour. Quand tout s'est calmé, on l'a décroché et on a compté cinquante-huit impacts. Le seau était blanc. Vu du ciel, ils avaient dû croire que c'était quelqu'un avec un fichu blanc et ils avaient mitraillé...

Les Allemands entrent dans le village, dans de grands camions couverts de branches de bouleaux. Exactement comme chez nous, pour les mariages : on en coupait des quantités... On les observe à travers les claies ; à l'époque, on n'avait pas encore de palissade, juste des claies d'osier. On regarde... De loin, ils ont l'air de gens normaux... Mais je veux voir leur tête. Je ne sais pas pourquoi, j'imagine qu'ils n'ont pas figure humaine... Déjà, le bruit court qu'ils tuent. Qu'ils mettent le feu... Pourtant, là, ils passent simplement, en riant. Joyeux et bronzés.

Au matin, ils font de la gymnastique dans la cour de l'école. Ils s'aspergent d'eau froide, retroussent leurs manches, montent sur leurs motos et se mettent à pétarader. Joyeux et bronzés...

Quelques jours plus tard, en dehors du village, près de la fabrique de lait, ils creusent une grande fosse et, tous les jours, à cinq ou six heures du matin, on entend des tirs de ce côté. Quand ça commence à crépiter, même les coqs cessent de chanter et se cachent. Un soir, on va avec mon père vers la rivière : on a un cheval pas très loin de la fosse. "Je vais jeter un coup d'œil", dit mon père. Sa cousine a été fusillée là-bas. Il part, donc, moi sur ses talons.

Tout d'un coup, mon père se retourne, me masquant la fosse : "Rentre à la maison. Je t'interdis d'aller plus loin." Tout ce que j'ai vu en franchissant la rivière, c'est que l'eau était rouge… Et les corbeaux qui s'envolaient. Il y en avait tant que j'ai hurlé. Après ça, pendant plusieurs jours, mon père n'a rien pu avaler. Dès qu'il apercevait un corbeau, il rentrait en courant dans la maison, tout tremblant… Comme s'il avait la fièvre…

Dans le parc de Sloutsk, on a pendu deux familles de partisans. Il faisait un froid terrible, les pendus étaient tellement gelés que, quand le vent les balançait, ils tintaient. Exactement comme des arbres pris par le gel dans la forêt… Le même bruit…

Quand on a été libérés, mon père est parti au front. Avec l'armée. Il n'était déjà plus là lorsqu'on m'a fait ma première robe de la guerre. C'est maman qui l'a cousue, à l'aide de bandes molletières blanches qu'elle a teintes avec de l'encre. Il n'en restait plus assez pour une des manches. Moi, je voulais montrer ma nouvelle robe à mes copines. Alors, je me suis postée de biais près de notre portillon, en montrant la bonne manche et en cachant l'autre. Je me sentais tellement jolie, tellement bien habillée!

À l'école, j'avais comme voisine une certaine Ania. Elle avait perdu son père et sa mère, et vivait chez sa grand-mère. C'étaient des réfugiés des environs de Smolensk. L'école lui avait payé un manteau, des bottes de feutre et des caoutchoucs bien brillants. La maîtresse avait apporté le tout et l'avait posé sur le pupitre. Dans la classe, personne ne bronchait : aucun de nous n'avait d'aussi belles bottes ni un aussi beau manteau. On était jaloux. Un garçon a flanqué un coup de coude à Ania, en disant : "T'as de la veine!" Elle s'est effondrée sur la table. Elle a sangloté sans arrêt pendant les quatre heures d'école.

Quand mon père est rentré du front, tout le monde est venu le voir. Nous voir, aussi, parce que papa était revenu.

Et ma voisine de table était aux premières loges…

"C'EST MOI, TA MAMAN…"

Tamara Parkhimovitch, sept ans.
Secrétaire, dactylo.

Toute la guerre, j'ai songé à maman. Je l'avais perdue dès les premiers jours…

On était là à dormir, et voilà que notre camp de pionniers est bombardé. On sort en vitesse des tentes, on part au galop, en criant : "Maman! maman!" La monitrice me secoue par les épaules pour m'obliger à me calmer mais moi, je crie : "Maman! Où est ma maman?" Et comme ça, jusqu'à ce qu'elle me serre contre elle, en disant : "C'est moi, ta maman."

J'avais, suspendus à mon lit, une jupe, un chemisier blanc et un foulard rouge. Je les ai mis et on est allés à pied jusqu'à Minsk. En chemin, plein d'enfants ont retrouvé leurs parents, mais y avait pas ma maman. Brusquement, on entend : "Les Allemands ont pris la ville…" Alors, on est repartis dans l'autre sens. Quelqu'un m'a dit qu'il avait vu ma maman : tuée.

Là, j'ai un blanc…

Comment on est arrivés à Penza, je ne me le rappelle pas, ni comment je me suis retrouvée à la maison d'enfants… Des pages blanches dans ma mémoire… Je sais seulement qu'on était beaucoup, on dormait à deux par lit. Si une se mettait à pleurer, l'autre braillait immanquablement : "Maman! Où est ma maman?" J'étais toute petite, une des infirmières voulait m'adopter. Moi, je ne pensais qu'à ma maman…

Je sors de la cantine, et tous les enfants me crient : "Ta maman est là!" Ça me résonne aux oreilles : "Ta ma-man-an!… Ta ma-man-an!" Ma maman, j'en rêve toutes les nuits. De ma vraie maman. Cette fois, je suis bien réveillée mais j'ai l'impression que tout se passe en rêve. Parce que je vois… maman! Et je n'y crois pas. Plusieurs jours qu'il a fallu pour m'en convaincre. J'avais peur de m'approcher d'elle. Si c'était un rêve? Rien qu'un rêve! Maman pleurait, et moi je criais : "Va-t'en! Ma maman, on l'a tuée." J'avais peur… Peur de croire à ma chance…

C'est pareil aujourd'hui… Je pleure toujours aux instants les plus heureux de ma vie. Je fonds en larmes. Toujours… Mon mari…

Y a longtemps qu'on est ensemble et on s'aime. Quand il m'a fait sa
demande : "Je t'aime. Marions-nous…", je me suis mise à sangloter…
Il a eu peur : "J'ai dit quelque chose qui t'a pas plu ? – Non, non ! Je
suis si heureuse !" Seulement, je ne peux jamais être complètement
heureuse. Jamais ! Le bonheur, ça ne marche pas avec moi. Il me fait
peur. J'ai toujours l'impression que ça va s'arrêter, là, tout d'un coup.
Ce "tout d'un coup", je l'ai, enraciné en moi ! Une terreur d'enfant…

"ON DEMANDAIT : ON PEUT LÉCHER ?…"

Vera Tachkina, dix ans.
Manœuvre.

Avant la guerre, je pleurais beaucoup…
Mon père était mort. Maman avait sept enfants sur les bras. On
était pauvres. La vie était dure. Seulement, ensuite, pendant la guerre,
cette vie du temps de paix, elle paraissait drôlement heureuse…
Les grands pleuraient : c'était la guerre. Nous, on n'avait pas peur.
On jouait souvent "à la guerre", ce mot, on le connaissait bien. Ça
m'étonnait d'entendre maman sangloter des nuits entières. De la
voir tout le temps les yeux rouges. Je n'ai compris que plus tard…
On mangeait… de l'eau. Au moment du repas, maman posait
sur la table une casserole d'eau chaude. Qu'on répartissait dans les
assiettes. Le soir, au dîner : nouvelle casserole d'eau chaude. De l'eau
complètement transparente, rien pour la colorer un peu. Il n'y avait
même pas d'herbe.
Mon frère a fini par manger un coin du poêle, tellement il avait
faim. Il l'a grignoté, grignoté un peu tous les jours. Quand on s'en
est aperçu, y avait un trou. Plusieurs fois, maman a pris le peu d'affaires qui lui restait et l'a porté au marché pour le troquer contre
des pommes de terre, du maïs. Ces jours-là, elle faisait un genre de
polenta qu'elle nous partageait. Nous, on guignait la casserole et on
demandait : on peut lécher ? On y avait droit à tour de rôle. Et après,
venait le chat, aussi affamé que nous. Je ne vois pas ce qu'il pouvait
récupérer. On ne laissait pas une miette. Y avait même plus l'odeur
de la nourriture. L'odeur, on la léchait avec le reste.

On attendait les nôtres…

Et quand notre aviation a commencé à bombarder, je ne me suis pas abritée, j'ai foncé admirer nos bombes. J'ai trouvé un éclat d'obus…

"Où t'es allée traîner? m'a demandé ma mère, morte de peur. Qu'est-ce que tu caches là?

— Je ne cache rien. J'ai rapporté un éclat d'obus.

— Le jour où tu te feras tuer avec ça, tu comprendras peut-être…

— Voyons, maman! C'est un bout de nos bombes à nous! Comment ça pourrait me tuer?"

Je l'ai gardé longtemps…

"UNE DEMI-CUILLERÉE SUPPLÉMENTAIRE DE SUCRE…"

Emma Levina, treize ans.
Ouvrière typographe.

Ce jour-là, j'étais à un mois exactement de mes quatorze ans…

"Non, nous ne partirons pas! La guerre, tu parles! On n'aura pas le temps de quitter la ville, qu'elle sera terminée. Nous n'irons nulle part! Nu-ulle part!"

Ainsi en avait décidé mon père, membre du Parti depuis 1905. Il avait connu plus d'une fois les prisons tsaristes, avait fait la révolution d'Octobre.

Pourtant, il a bien fallu partir. On a soigneusement arrosé les fleurs aux fenêtres – on en avait des quantités –, on a fermé portes et fenêtres, ne laissant ouvert que le vasistas pour que le chat puisse sortir. On n'a pris que le strict nécessaire. Papa nous avait tous convaincus : on reviendrait dans quelques jours. Minsk, cependant, brûlait…

Seule, ma deuxième grande sœur n'est pas partie avec nous. Elle avait trois ans de plus que moi. Longtemps, on a été sans nouvelles. On se faisait du souci. C'était déjà l'époque où on était en évacuation… En Ukraine… Et puis, on a reçu une lettre d'elle. Et une autre… et encore… Plus tard sont arrivées des félicitations du commandement de l'unité où elle servait comme instructeur sanitaire. Ces félicitations, à qui maman ne les a-t-elle pas montrées!

Ce qu'elle était fière! Pour la circonstance, le président du kolkhoze nous a attribué un kilo de farine de fourrage. Et maman a régalé tout le monde avec des galettes.

On faisait toutes sortes de travaux des champs, pourtant on était vraiment de la ville. N'empêche qu'on travaillait bien. Ma grande sœur, qui était juge avant la guerre, a appris à conduire les tracteurs. Bientôt, Kharkov a été bombardée et on a dû repartir.

En route, on a appris qu'on nous conduisait au Kazakhstan. Une dizaine de familles voyageaient dans notre wagon. Dans l'une, la fille était enceinte. Le train a été bombardé. Les avions ont piqué droit sur nous, personne n'a eu le temps de sauter du wagon. Tout d'un coup, on entend un cri : la femme enceinte a une jambe arrachée. Cette horreur-là, jamais je n'ai pu me la sortir de la tête. Les couches ont commencé. C'est son père qui a joué les sages-femmes. Devant tout le monde. Un boucan du tonnerre. Le sang. La saleté. Et un enfant qui naît...

On avait quitté Kharkov en été et, quand on est arrivés à destination, c'était presque l'hiver. On était dans la steppe kazakhe. J'ai mis du temps à m'habituer à ce qu'on ne soit plus ni bombardés ni mitraillés. Mais il nous restait un ennemi : les poux! Il y en avait des petits, des moyens, et d'autres, énormes! Noirs, gris. De toutes sortes. Et tous aussi épouvantables. Ils ne nous laissaient en répit ni le jour ni la nuit. Je vous jure que je n'invente rien! Tant que le train roulait, ils n'étaient pas trop agressifs, ils se tenaient plus ou moins tranquilles. Mais dès qu'on entrait dans une maison... Mon Dieu, il fallait voir ça! Seigneur! J'avais le dos et les bras complètement bouffés, pleins d'abcès. Quand je retirais ma chemise, ça allait mieux, seulement je n'avais rien d'autre à me mettre. J'ai malgré tout dû me résoudre à la brûler, cette chemise, tellement j'étais pouilleuse. Alors, je me suis couverte de journaux. Je me baladais comme ça, habillée de papier journal. Pour la chemise, en tout cas. Notre logeuse nous lavait avec de l'eau tellement chaude que, si je faisais ça aujourd'hui, sûr que ma peau partirait en morceaux! Mais à l'époque... Se laver à l'eau chaude! Brûlante! Un vrai bonheur!

Notre maman était une parfaite maîtresse de maison et une très bonne cuisinière. Il n'y avait qu'elle pour préparer des rôtis de petits blaireaux et que ce soit mangeable ; pourtant, on dit, en général, que leur viande n'est pas tellement comestible. J'en revois un sur la table... Il pue à un kilomètre. Une odeur épouvantable, j'ai rarement

vu pire. Seulement, on n'a pas d'autre viande. On n'a rien du tout.
Alors, on mange…

Il y avait près de chez nous une très brave femme. Elle voyait
comme on était malheureux et, un jour, elle a dit à ma mère : "Votre
fille n'a qu'à venir m'aider." J'étais toute chétive, à l'époque. La femme
est allée aux champs et m'a laissée avec son petit fils. Elle m'a montré où étaient les choses pour que je lui donne à manger et que je
mange, moi aussi. Je m'approche de la table, je regarde la nourriture
et j'ai peur d'y toucher. J'ai l'impression que si je prends quelque
chose, tout va disparaître d'un coup, que je suis en train de rêver…
Non seulement je n'ai rien mangé, mais je n'ai même pas osé toucher une miette. Je voulais à tout prix que ça continue d'exister. Et
je me suis dit que j'allais me contenter de regarder cette nourriture,
de la regarder longtemps. Sous toutes les coutures. J'avais peur de
fermer les yeux. C'est comme ça que je n'ai rien avalé de la journée.
Or, cette femme avait une vache, des moutons, des poules. Et elle
m'avait laissé du beurre, des œufs…

Quand elle est revenue, le soir, elle m'a demandé :
"T'as mangé ?"
Moi :
"Oui.
— Eh bien, rentre chez toi. Et porte ça à ta mère." Elle m'a donné
du pain. "Reviens demain."

J'arrive chez moi et, immédiatement après, la femme débarque.
J'ai pris peur : des fois que quelque chose aurait disparu de chez
elle ? Mais elle, elle m'embrasse en pleurant :
"Pourquoi donc que t'as rien mangé, petite sotte ? Pourquoi que
t'as touché à rien ?"

Et de me caresser sans fin la tête.

Les hivers étaient rudes au Kazakhstan. On n'avait pas de quoi
chauffer le poêle. Heureusement, les bouses de vache nous sauvaient.
On se levait au petit matin et on attendait que les vaches sortent.
On prenait un seau et on courait de vache en vache. J'étais pas la
seule, tous les évacués faisaient pareil. On en récupérait un plein
seau, on le vidait près de la maison et on repartait en vitesse. Après,
on mélangeait à de la paille, on mettait à sécher et ça donnait des
galettes noires. Du fumier séché. C'est avec ça qu'on se chauffait.

Papa est mort… Sûrement que son cœur n'a pas tenu, tellement
il avait pitié de nous. Y avait longtemps qu'il avait le cœur malade…

J'ai été acceptée au lycée professionnel. On m'a donné un uniforme : un manteau, des chaussures… Et une carte de rationnement pour le pain. Avant, j'avais les cheveux tout courts, mais ils avaient repoussé et je me faisais des petites tresses. On m'a remis ma carte des Jeunesses communistes. Y a eu ma photo dans le journal. Ma carte, je l'avais à la main, pas dans ma poche. Un bien aussi précieux… J'avais peur de la mettre dans ma poche : des fois que je la perdrais ?… J'avais le cœur qui battait : toc, toc, toc. Ah, si papa m'avait vue comme ça, sûr qu'il aurait été content !

Aujourd'hui, je me dis : c'était une époque terrible, mais ce que les gens étaient chics ! Ça m'épate de voir comment on était, à ce moment-là ! On y croyait ! J'ai pas envie d'oublier ça… Y a beau temps que je ne crois plus à Staline ni aux idées communistes. Cette partie-là de ma vie, je voudrais l'oublier mais je garde dans mon cœur ces sentiments. Cet élan… Ces émotions, je veux me les rappeler… C'est des trésors…

Ce soir-là, à la maison, maman a préparé du vrai thé. Tu parles, une fête pareille ! Et comme c'était en mon honneur, j'ai eu droit, en plus, à une demi-cuillerée supplémentaire de sucre…

"NE BRÛLE PAS, MAISON CHÉRIE, NE BRÛLE PAS !…"

Nina Ratchitskaïa, sept ans.
Ouvrière.

J'ai des bribes qui me reviennent… Très nettes, des fois…

L'arrivée des Allemands à moto. Et nous, on se cachait… J'avais deux petits frères, quatre et deux ans. On se cachait sous le lit et on y passait la journée. Jusqu'à ce que ça arrête de pétarader…

Ça m'étonnait que le jeune officier nazi qui s'était installé chez nous porte des lunettes. Je me figurais qu'il n'y avait que les maîtres d'école qui en avaient. Il logeait avec son ordonnance dans une moitié de la maison, et nous dans l'autre. Mon frère, le plus petit, a pris froid. Il toussait très fort. Un matin, l'officier se pointe dans notre moitié et dit à maman que si son *Kinder* pleure encore et l'empêche de dormir la nuit, "pan, pan !". Et il montre son pistolet. Alors,

chaque nuit, dès que mon frère se met à tousser ou à pleurer, ma
mère l'enveloppe dans une couverture et fonce dans la rue, où elle
reste à le bercer jusqu'à ce qu'il s'endorme ou se calme. Pan, pan!…

On nous avait tout pris, on crevait de faim. On n'avait pas accès
à la cuisine : c'était rien que pour eux. Un jour, mon petit frère a
senti l'odeur et s'est laissé guider par elle, à quatre pattes, jusqu'à la
cuisine. Tous les jours, ils se faisaient de la soupe aux pois. La soupe
aux pois, ça sent très fort. Cinq minutes plus tard, on entend mon
frère crier, un hurlement épouvantable. Ils l'avaient ébouillanté à
la cuisine, juste parce qu'il demandait à manger. Lui, il avait tellement faim qu'il venait trouver maman : "Si on faisait cuire mon
petit canard ?" Ce petit canard, c'était son jouet préféré. Il ne le prêtait à personne, dormait avec.

Nos conversations d'enfants…

On s'asseyait et on réfléchissait : si on attrapait une souris (pendant la guerre, y en avait plein, dehors comme dans la maison), est-
ce qu'on pourrait la manger ? Et les mésanges, ça se mange ? Et les
pies ? Pourquoi est-ce que maman ne fait pas de la soupe avec des
scarabées bien gras ?

On ne laissait pas les pommes de terre pousser tranquillement,
on creusait la terre à mains nues, on vérifiait : grosse ou petite ? Tout
paraissait pousser si lentement, le maïs, les tournesols…

Le dernier jour… Juste avant de faire retraite, les Allemands
ont incendié notre maison. Maman ne bougeait pas, elle regardait
le feu et elle avait des larmes qui lui coulaient sur la figure. Nous
autres, on courait partout, tous les trois, en criant : "Ne brûle pas,
maison chérie, ne brûle pas !" On n'a eu le temps de rien emporter, j'ai juste réussi à prendre mon abécédaire. Je l'avais soigneusement gardé toute la guerre. Je dormais avec, il était toujours sous
mon oreiller. J'avais tellement envie d'apprendre ! Plus tard, en 44,
quand je me suis retrouvée en première année de primaire, c'était
le seul livre pour treize élèves. Toute la classe…

Je me rappelle la première fête d'après-guerre, à l'école. Ce qu'on
a pu chanter, danser !… Moi, je n'arrêtais pas de taper dans mes
mains… J'applaudissais, j'applaudissais sans fin… J'étais toute
joyeuse jusqu'au moment où un garçon est monté sur la scène pour
réciter un poème. Il récitait d'une voix forte. C'était un long poème,
mais je n'ai entendu qu'un mot : "guerre". Je regarde autour de moi :
tout le monde est tranquille. Et moi, la peur me prend : comment

ça? La guerre vient à peine de finir qu'elle recommence? Ce mot, je ne le supportais pas. J'ai laissé tomber la fête pour filer chez moi. J'arrive en courant, maman est en train de préparer quelque chose à la cuisine : c'est donc qu'il n'y a pas de guerre. Alors, je suis retournée à l'école, à la fête. Et j'ai recommencé à taper dans mes mains.

Notre papa n'est pas revenu de la guerre. Maman a reçu un papier comme quoi il était porté disparu. Quand maman partait au travail, on se mettait tous les trois ensemble et on pleurait parce qu'on n'avait plus de papa. On a mis la maison sens dessus dessous, en cherchant le papier qui parlait de papa. On se disait : ils n'écrivent pas qu'il est mort, juste qu'il est porté disparu. Ce papier, on va le déchirer et il en arrivera un autre qui expliquera où le trouver. Seulement, ce papier, on n'a pas réussi à le dénicher. Quand maman est rentrée, elle n'a pas compris pourquoi il y avait un tel bazar dans la maison. Elle m'a demandé ce qu'on avait fabriqué. Mon petit frère a répondu à ma place : "On a cherché papa…"

Avant la guerre, j'aimais quand papa nous racontait des histoires. Il en connaissait plein et il racontait bien. Après la guerre, j'ai cessé d'en lire. Plus envie…

"ELLE AVAIT UNE BLOUSE BLANCHE, COMME MAMAN…"

Sacha Souïetine, quatre ans.
Ajusteur.

Je revois ma maman… Des images sans lien…
Première image :
Maman est toujours en blouse blanche… Mon père est officier, maman travaille à l'hôpital militaire. C'est mon frère aîné qui me l'a raconté, plus tard. Moi, je me rappelle seulement la blouse blanche de maman… Même son visage, je ne le revois plus, juste cette blouse blanche… Son petit bonnet blanc, aussi : il était tout le temps posé bien droit sur une table… oui, droit, raide, tellement il était amidonné.
Deuxième image :
Maman n'est pas rentrée… Que papa ne rentre pas, j'avais l'habitude mais, jusqu'à présent, maman revenait toujours à la maison.

On reste plusieurs jours, avec mon frère, seuls dans l'appartement ;
on ne met pas le nez dehors : des fois que maman arriverait ? Et puis,
des gens qu'on ne connaît pas frappent à la porte, ils nous habillent
et nous emmènent. Je pleure :

"Maman! Où est ma maman?

— Pleure pas, elle nous trouvera bien", me console mon frère qui
a trois ans de plus que moi.

On arrive dans un bâtiment tout en longueur : une maison? une
grange? Avec des châlits. On a tout le temps faim. Je suce les boutons de ma chemise : on dirait les bonbons que papa rapportait de
mission. J'attends maman.

Troisième image :

Un homme nous tasse, mon frère et moi, dans un coin du châlit, il nous jette une couverture sur la tête, nous cache sous un tas de
chiffons. Je commence à pleurer, d'abord tout doucement, ensuite
fort. Quelqu'un retire les chiffons qui nous dissimulaient et enlève
la couverture. J'ouvre les yeux. Près de nous se tient une femme en
blouse blanche :

"Maman!"

Je me traîne vers elle.

Comme maman, elle me caresse. D'abord la tête... Puis la main...
Ensuite, elle sort quelque chose d'une boîte métallique. Je n'y prête
pas attention, je ne vois que la blouse et le petit bonnet blancs.

Tout à coup, j'ai très mal à mon bras. On a enfoncé une aiguille
sous ma peau. J'ai à peine le temps de hurler que je perds connaissance. Quand je reviens à moi, il n'y a plus, à mes côtés, que l'homme
qui nous a cachés. Et puis mon frère est couché près de moi.

"N'aie pas peur, dit l'homme. Il n'est pas mort, il dort.

— C'était pas ma maman?

— Non...

— Elle avait une blouse blanche, comme maman..."

Je n'arrête pas de le répéter.

"Je t'ai fabriqué un joujou."

L'homme me tend une balle de chiffon.

Je prends le jouet et cesse de pleurer.

Ensuite, je ne me rappelle plus rien : je ne sais plus qui nous a
sauvés, ni comment, au camp de concentration. On y prenait du
sang aux enfants pour les soldats allemands blessés... Tous les gosses
mouraient... Comment on s'est retrouvés à la maison d'enfants,

avec mon frère ? Comment on a appris, à la fin de la guerre, que nos parents étaient morts ? Je ne sais plus rien. J'ai un gros problème de mémoire. Je ne me rappelle ni les visages ni les paroles...

"S'IL TE PLAÎT, PRENDS-MOI SUR TES GENOUX..."

Marina Karianova, quatre ans.
Travaille dans le cinéma.

Oh, que je n'aime pas me souvenir !... Que je n'aime pas ça !... Non, vraiment...

Si on demandait à tout le monde ce que c'est que l'enfance, chacun aurait une réponse différente. Pour moi, l'enfance, c'est maman, papa et des bonbons. Toute mon enfance, j'ai voulu ça : maman, papa et des bonbons. De toute la guerre, non seulement je n'ai pas mangé un bonbon mais je n'en ai même pas vu. Mon premier bonbon, j'y ai eu droit plusieurs années après la guerre... Trois ou quatre ans après... J'étais déjà grande : dix ans.

Je n'ai jamais compris comment on pouvait ne pas avoir envie de bonbons au chocolat. Allons donc ! Ça n'est pas possible !

Quant à maman et papa, je ne les ai pas trouvés. Je ne connais même pas mon vrai nom. On m'a ramassée à Moscou, à la gare Severny[1].

"Comment tu t'appelles ?"

On m'a posé la question à la maison d'enfants.

Moi :

"Marinotchka.

— Marinotchka comment ?

— Je sais plus..."

On m'a inscrite comme : Marina Severnaïa.

J'avais tout le temps faim. Mais j'avais surtout envie qu'on me prenne dans ses bras, qu'on me fasse des câlins. Seulement, de la tendresse, on n'en avait pas beaucoup, on était en pleine guerre,

---

1. La gare du Nord.

c'était dur pour tout le monde. Je marche dans une rue... Devant moi, une maman promène ses enfants. Elle en prend un dans ses bras, le porte un peu, le repose, en prend un autre. Ils s'asseyent sur un banc et elle assied le plus petit sur ses genoux. Je reste là, sans bouger. À regarder de tous mes yeux. Je m'approche : "S'il te plaît, prends-moi sur tes genoux..." Elle s'étonne...

J'insiste : "S'il te plaît! Allez..."

"ELLE LA BERÇAIT COMME UNE POUPÉE..."

Dima Soufrankov, cinq ans.
Ingénieur mécanicien.

Avant, je n'avais peur que des souris. Et là, tout d'un coup, un tas de peurs... Des centaines et des centaines...

Le mot "guerre" a sans doute moins marqué ma conscience d'enfant que le mot "avion". "Les avions!" Aussitôt, maman nous fait descendre du poêle[1]. Nous, on a peur de le quitter et de sortir de la maison. Alors, pendant qu'elle en descend un, l'autre y regrimpe. On est cinq. Plus le chat, qu'on adore.

Les avions nous mitraillent...

Mes petits frères... maman les attache à elle avec du fil de chanvre. Les plus grands courent tout seuls. Quand on est gosse, on vit dans un autre monde... on ne voit pas les choses de haut, on vit au ras du sol. Alors, les avions font encore plus peur ; les bombes, aussi. Je me souviens que j'étais jaloux des scarabées : ils étaient tellement petits qu'ils pouvaient toujours se cacher n'importe où, sous la terre... Je me disais que, quand je mourrais, je deviendrais un animal et m'enfuirais dans la forêt.

Les avions nous mitraillent...

Ma cousine – elle a dix ans – porte mon cousin de trois ans. Elle court, court comme une folle, mais ses forces la trahissent et elle

---

1. Le poêle russe traditionnel est un véritable "monument" ; il chauffe l'isba, permet de faire la cuisine, est doté d'un four mais aussi d'une couchette sur laquelle, d'ordinaire, dorment les vieillards et les petits enfants.

tombe. Ils passent une nuit entière dans la neige. Le petit est mort de froid, elle a survécu. On creuse une fosse pour enterrer l'enfant. Elle ne veut pas le lâcher : "Ne meurs pas, Michenka ! Pourquoi est-ce que tu meurs ?"

On a fui les Allemands dans les marais... Et on s'y est installés. Sur des îles... On s'est construit des maisons et on a vécu là. Les maisons en question, c'étaient des rondins nus, avec un trou en haut... pour la fumée. En bas, de la terre battue. Et l'eau, partout. On y vivait, hiver comme été. On couchait sur des branches de pin. Une fois, on est revenus au village, avec maman. On voulait prendre quelque chose chez nous. Mais les Allemands y étaient. Ils ont traîné à l'école tous ceux qu'ils ont attrapés. Ils nous ont mis à genoux et ont pointé sur nous leurs mitrailleuses. Nous, les gosses, on n'était pas plus grand qu'elles.

Tout à coup, on entend que ça tire dans la forêt. Les Allemands : "Les partisans ! Les partisans !" Ils sautent dans leurs véhicules et disparaissent. Nous, on file dans la forêt.

Après la guerre, j'avais peur de tout ce qui était en fer. Je repère un éclat d'obus, et j'ai peur qu'il explose une fois encore. La petite de la voisine : trois ans et deux mois... ça, je m'en souviens... devant son cercueil, sa mère n'arrêtait pas de répéter : "Trois ans et deux mois... Trois ans et deux mois..." Elle avait trouvé une grenade... et s'était mise à la bercer comme une poupée. Elle l'avait enveloppée dans des chiffons et la berçait. Elle était petite comme un jouet, cette grenade, mais lourde. La mère est arrivée trop tard...

Après la guerre, dans notre village de Staryïé Golov-tchitsy, district de Petrikovo, deux ans de suite, encore, on a enterré des gosses. Elles traînaient partout, ces ferrailles de l'armée. Des tanks noirs, démolis, des camions blindés. Des morceaux de mines, de bombes... Et nous, on n'avait pas de jouets... Plus tard, on a ramassé tout ça, on l'a récupéré pour les usines. Maman m'a expliqué que c'était pour fabriquer des tracteurs, des machines... à coudre, par exemple. Moi, quand je voyais un tracteur neuf, je refusais de m'en approcher, j'étais sûr qu'il allait exploser. Qu'on le retrouverait tout noir, comme les tanks.

C'est que je savais de quel métal il était fait...

ON M'AVAIT DÉJÀ ACHETÉ UN ABÉCÉDAIRE..."

Lilia Melnikova, sept ans.
Institutrice.

Je devais entrer à l'école...

On m'avait déjà acheté un abécédaire et un cartable. J'étais l'aînée de la famille. Ma sœur Raïa avait cinq ans, et notre petite Tomotchka trois. On vivait aux Rossony, mon père était directeur d'un kolkhoze forestier mais il est mort un an avant la guerre. On était donc avec maman.

Le jour où la guerre est arrivée jusqu'à nous, on était toutes les trois au jardin d'enfants, même la petite dernière. Les parents sont venus chercher leurs enfants mais nous, on est restées. On s'inquiétait. Maman est accourue la dernière. Elle travaillait au kolkhoze, ils avaient brûlé des papiers, enterré des trucs, ça l'avait retardée.

Maman a dit qu'on allait être évacuées, qu'on nous avait trouvé un chariot. On ne devait prendre que le strict minimum. Je me souviens qu'il y avait une corbeille dans le couloir. On l'a mise dans la télègue. Ma petite sœur a pris sa poupée. Maman a voulu la lui faire laisser... La poupée était encombrante... Mais ma sœur a pleuré : "Je la laisserai pas !" On est sorties des Rossony et notre télègue a versé. La corbeille s'est ouverte et des chaussures en sont tombées. On a compris qu'on n'avait rien : ni à manger ni pour se changer. Dans l'affolement, maman s'était trompée de corbeille, elle avait pris celle où elle mettait les chaussures à porter au cordonnier.

On n'a pas eu le temps de ramasser ces fameuses chaussures que des avions sont arrivés et se sont mis à bombarder, à mitrailler. La poupée s'est retrouvée pleine de trous mais ma petite sœur n'a rien eu, pas même une égratignure. Elle a dit en pleurant : "De toute façon, je la laisserai pas !"

On est revenues chez nous et la vie a repris, sous l'occupation allemande, cette fois. Maman vendait les affaires de mon père. Je me rappelle que, la première fois, elle a troqué un costume contre des pois. Un mois durant, on a mangé de la soupe aux pois. Et puis, il n'y en a plus eu. On avait une grande couverture ancienne, ouatinée. Maman en a fait des pèlerines à vendre. Les gens la payaient comme ils pouvaient. Des fois, on avait une espèce de bouillie, des fois un œuf pour toute la famille… Et, souvent, rien du tout. Là, maman se contentait de nous serrer dans ses bras, de nous caresser…

Maman nous avait caché qu'elle aidait les partisans, mais je le devinais. Elle disparaissait souvent, sans dire où. Quand elle allait troquer quelque chose, on le savait. Mais, là, elle partait, c'est tout. J'étais fière de ma maman et je répétais à mes sœurs : "Les nôtres viendront bientôt. Avec tonton Vania." C'était le frère de papa, il était dans les partisans.

Ce jour-là, maman a empli une bouteille de lait, elle nous a embrassées et elle est partie, en fermant la porte à clé. On s'est mises, toutes les trois, sous la table, elle était recouverte d'une longue nappe, on était bien au chaud, et on a commencé à jouer à la maman. Tout à coup, on a entendu des motos, puis un bruit effrayant à la porte, puis une voix d'homme qui disait le nom de maman, en le déformant. Il le disait mal. J'ai eu un mauvais pressentiment. Sous une fenêtre, du côté du potager, y avait une échelle. On est descendues sans faire de bruit. En vitesse. J'ai pris une de mes sœurs par la main, l'autre sur mes épaules – on appelait ça "faire à dada" – et on est sorties dans la rue.

Il y avait plein de monde. Des enfants. Ceux qui étaient venus chercher maman ne nous connaissaient pas. Ils ne nous ont pas repérées. Ils voulaient enfoncer la porte… Et moi, j'ai vu arriver maman, toute petite, toute menue. Les Allemands, aussi, l'ont vue, ils ont grimpé à toute vitesse sur la colline, l'ont attrapée, lui ont tordu les bras, ont commencé à la frapper. Nous, on courait toutes les trois en hurlant, on criait de toutes nos forces : "Maman! maman!" Ils l'ont poussée dans un side-car. Elle a juste lancé à notre voisine : "Fenia, je t'en prie, veille sur mes enfants!" Les voisins nous ont écartées de la route, mais, tous, ils avaient peur de nous prendre chez eux : des fois qu'on viendrait nous chercher… Alors, on est allées pleurer dans le fossé. On ne pouvait pas rentrer à la maison, on nous avait raconté que, dans le village d'à côté, on avait embarqué les parents et brûlé les enfants. On les avait enfermés dans la maison et on avait mis le feu. On avait peur de retourner chez nous… Ç'a été trois jours comme ça, je crois. Tantôt on restait dans le poulailler, tantôt on se rapprochait du potager. On avait faim, mais on n'osait rien prendre dans le jardin, parce que maman n'arrêtait pas de nous gronder, qu'on arrachait les carottes trop tôt, qu'elles étaient trop jeunes et qu'on cassait les pois. Alors, on n'y a pas touché. On se disait que maman devait se faire du souci, elle devait avoir peur que, sans elle, on abîme tout le potager. Sûr, qu'elle devait penser ça ! Elle ne savait pas qu'on se tenait bien, qu'on lui obéissait. Les voisins nous faisaient passer des choses que leurs enfants nous apportaient : qui un rutabaga, qui des pommes de terre, qui une betterave...

Ensuite, tata Arina nous a prises chez elle. Il lui restait un garçon, elle en avait perdu deux quand elle était partie avec les réfugiés. Nous, on n'arrêtait pas de parler de maman, et tata Arina nous a amenées chez le commandant de la prison pour demander qu'on puisse la voir. Il a répondu qu'on n'avait pas le droit de lui parler, la seule chose qu'on pouvait faire, c'était de passer devant sa fenêtre.

C'est ce qu'on a fait, et j'ai aperçu maman... On est passées tellement vite que j'ai été la seule à la voir, mes sœurs n'ont pas eu le temps. Le visage de maman était tout rouge. J'ai compris qu'on l'avait beaucoup battue. Elle aussi nous a aperçues. Elle a juste crié : "Mes enfants ! Mes petites !" Ensuite, elle a arrêté de regarder par la fenêtre. Plus tard, on nous a fait savoir que, dès qu'elle nous avait vues, elle avait perdu connaissance...

Quelques jours après, on a appris que maman avait été fusillée. Avec ma sœur Raïa, on comprenait qu'elle était morte, mais la plus petite, Tomotchka, n'arrêtait pas de répéter que, quand elle reviendrait, elle lui raconterait tout : qu'on l'embêtait, qu'on ne voulait pas la porter... Quand on nous donnait à manger, je lui laissais toujours le meilleur morceau. Je me rappelais que maman faisait comme ça...

Quand maman a été fusillée... une voiture est arrivée devant notre maison... Des gens ont commencé à prendre nos affaires... Les voisins nous ont appelées : "Allez demander vos bottes de feutre, vos manteaux chauds. L'hiver sera bientôt là et vous n'avez que des habits d'été." On arrive donc, toutes les trois, la petite Tomotchka sur mes épaules. Je dis : "Tonton[1], rendez-lui ses bottes..." Un Polizei[2] les a justement à la main. Je n'ai pas le temps de finir ma phrase qu'il me flanque un coup de pied. Ma sœur tombe... et sa tête heurte une pierre...

Le lendemain matin, elle avait une grosse bosse, qui a continué à grossir. Tata Arina avait un foulard épais. Elle lui a enveloppé la

---

1. C'est ainsi que, le plus souvent, les enfants russes ou biélorusses s'adressent aux adultes.
2. Police locale, qui collaborait avec les troupes d'occupation.

tête, n'empêche qu'on voyait toujours la bosse. La nuit, je serrais ma petite sœur dans mes bras. Sa tête n'arrêtait pas d'enfler. Et moi, j'avais peur : je me disais qu'elle allait mourir.

Les partisans ont été mis au courant et ils nous ont prises avec eux. Dans leur détachement, on nous consolait comme on pouvait, on était très gentil avec nous. À un moment, on a même oublié qu'on n'avait plus ni père ni mère. Si un des partisans abîmait sa chemise et ne pouvait plus la porter, il retournait une manche, dessinait dessus des yeux, un nez… et ça faisait des poupées pour nous. On nous a appris à lire. Quelqu'un a même inventé un poème sur moi, parce que je n'aimais pas me laver à l'eau froide. C'est que, dans la forêt, fallait voir les conditions!… L'hiver, on se lavait avec de la neige…

Dans son bain, petite Lilia,
Hurle, crie à faire pitié :
"Ouille! Aïe! Gla-gla-gla!
Ce que l'eau peut être mouillée!"

Quand c'est devenu dangereux, on nous a ramenées chez tata Arina. Le commandant – c'était le légendaire Piotr Mironovitch Macherov – a demandé : "De quoi avez-vous besoin? Qu'est-ce qui vous ferait plaisir?" On avait besoin d'un tas de choses. De vareuses, par exemple. Alors, on nous a fait des robes dans du tissu de vareuses. Des robes vertes, avec des petites poches plaquées. On nous a bricolé des bottes de feutre à toutes les trois, cousu des petites pelisses et tricoté des moufles. Je me rappelle qu'on nous a transportées chez tata Arina dans une charrette, avec des sacs où il y avait de la farine, de la semoule. Et même des bouts de cuir pour qu'elle puisse nous faire des chaussures.

Quand on a perquisitionné chez tata Arina, elle a dit qu'on était ses enfants. Ils l'ont longtemps interrogée : et pourquoi on était toutes blondes, et son fils tout noiraud? Ils devaient se douter de quelque chose… Ils nous ont chargés dans un véhicule, avec tata Arina et son garçon, et nous ont conduits au camp de concentration d'Igritskoïé. C'était l'hiver. Tout le monde dormait à même le sol, qui était fait de planches avec de la paille dessus. On se couchait comme ça : moi, Tomotchka, à côté d'elle Raïa, et après, tata Arina et son garçon. Moi, j'étais au bord et, près de moi, les gens changeaient souvent. Si, pendant la nuit, je sentais une main froide, je comprenais que la personne était morte. Au matin, je regardais : la personne avait l'air vivant mais elle était froide. Un jour, j'ai eu une peur bleue : j'ai vu des rats ronger les lèvres et les joues d'un mort. Ils étaient gras, ces rats, et ils avaient tous les culots… Eux, ils me faisaient vraiment peur… Chez les partisans, la bosse de ma petite sœur avait disparu. Au camp de concentration, elle est revenue. Tata Arina passait son temps à essayer de la cacher. Elle le savait : si on s'apercevait que la petite était malade, on la tuerait. Elle lui enveloppait la tête dans de gros foulards. Une nuit, je l'ai entendue prier : "Seigneur, tu as repris leur mère, préserve les enfants !" Moi aussi, je priais… Je demandais que Tomotchka, au moins, reste en vie. Elle était trop petite pour mourir.

Ensuite, on nous a emmenées hors du camp… Dans des wagons à bestiaux. Sur le sol, il y avait des bouses de vache séchées. Je me rappelle qu'on est arrivées en Lettonie et que, là, des gens du coin nous ont prises chez eux. La première à partir a été Tomotchka. Tata Arina a tendu la petite à un vieux Letton, elle s'est mise à genoux en disant : "Je vous en prie, sauvez-la ! C'est tout ce que je vous demande." Il a répondu : "Si j'arrive à la porter jusque chez moi, elle vivra. Seulement, j'ai deux kilomètres à faire. Je dois traverser la rivière, puis le cimetière…" On s'est tous retrouvées chez des gens différents. On a aussi été séparées de tata Arina…

Et puis, y a eu des bruits… On nous a dit : "La victoire !" Je suis allée trouver les gens qui avaient pris ma sœur Raïa :

"On n'a plus de maman… Viens, on va aller récupérer Toma. Et puis, il faut savoir où est tata Arina."

Voilà ce qu'on s'est dit et on est parties à la recherche de tata Arina. On l'a trouvée, et ça, c'est un miracle. On l'a trouvée uniquement parce qu'elle était bonne couturière. On est entrées dans une maison pour demander de l'eau. On nous a interrogées : où on allait ? On a répondu qu'on cherchait tata Arina. La gamine de la famille a aussitôt réagi : "Venez, je vais vous montrer où elle habite." Tata Arina a été épatée de nous voir. On était maigres comme des coucous. C'était la fin juin, la période la plus pénible : les récoltes de l'année passée sont épuisées, et c'est trop tôt pour les nouvelles. On mangeait des épis encore verts : on les égrenait et on les avalait, on ne prenait même pas le temps de les mâcher, tellement on avait faim.

Pas très loin de l'endroit où on était se trouvait la ville de Kraslav. Tata Arina a dit qu'il fallait qu'on y aille, à la maison d'enfants. Elle était déjà très malade et elle a demandé qu'on nous y transporte en voiture. On nous y a conduites tôt, un matin, les portes étaient encore fermées. On nous a débarquées sous les fenêtres de la maison et on nous a laissées là. Le soleil s'est levé… Des gamins sont sortis en courant des bâtiments, tous avec des petites chaussures rouges, en shorts, sans maillots, une serviette à la main. Ils ont filé au ruisseau, en s'amusant. Nous, on regardait… On croyait pas qu'une vie pareille, ça puisse exister. Les enfants nous ont repérées : on était là, loqueteuses, sales. Ils ont crié : "Il y a des nouvelles!" Ils ont appelé les monitrices. Personne ne nous a demandé aucun papier. On nous a tout de suite apporté un morceau de pain et des conserves. Nous, on n'osait pas manger : on se disait que tout ça allait disparaître. C'était trop beau… On nous a rassurées : "Restez là, les petites. Pendant ce temps, on va chauffer l'étuve. On vous lavera et on vous montrera où vous installer."

Le soir, la directrice est venue. Elle nous a vues et elle a dit qu'il fallait nous conduire au refuge d'enfants de Minsk, que, là, on nous enverrait dans une autre maison parce que, chez eux, tout était archiplein. Nous, quand on a entendu qu'il fallait repartir, on s'est mises à pleurer et à la supplier de nous garder. La directrice a répondu : "Ne pleurez pas, petites. Je ne peux plus supporter vos larmes." Elle a téléphoné je ne sais où et on nous a gardées dans cette maison d'enfants. C'était une maison magnifique, fantastique, il y avait des monitrices extraordinaires, sans doute qu'il n'en existe plus des comme ça. Elles avaient tellement de cœur! Comment c'était possible, après la guerre?

On nous aimait beaucoup. On nous apprenait à nous conduire en société. Par exemple, on nous expliquait que si on offrait des bonbons à quelqu'un, il ne fallait pas en sortir un du paquet, mais laisser l'autre choisir. Quant à celui à qui on en offrait, il ne devait pas prendre tout. Juste un bonbon. Quand on nous a expliqué ça, un garçon était absent. La sœur d'une gamine arrive et lui apporte une boîte de bonbons. La petite – une pensionnaire de la maison – présente la boîte à ce garçon qui la prend. Nous, on rigole. Lui, il est tout perdu et il demande : "Qu'est-ce que je dois faire?" On lui répond qu'il ne faut prendre qu'un bonbon. Alors, il pige : "Je comprends, qu'il dit, il faut toujours partager. Sinon, ce serait bien pour moi mais pas pour les autres." C'était exactement ça : on nous apprenait à faire en sorte que ce soit bien pour tout le monde. C'était d'ailleurs pas difficile de nous apprendre : on en avait tellement vu! Pour ça, on était vraiment grands…

Les aînées des filles cousaient des cartables pour tout le monde, elles en fabriquaient même dans de vieilles jupes. Les jours de fête, la directrice préparait une gigantesque pâte, grande comme un drap. Ensuite, chacun s'en coupait un morceau et se faisait des gâteaux à sa guise : grands, petits, ronds, en triangle…

Quand on était ensemble, on pensait moins à nos papas et nos mamans ; mais, si on était malades, en quarantaine, à ne rien faire, on ne parlait que d'eux, on se rappelait comment on s'était retrouvés à la maison d'enfants. Un garçon m'a raconté qu'on avait brûlé toute sa famille. Lui, à ce moment-là, il était parti à cheval au village d'à côté. Il disait qu'il avait de la peine pour sa maman, pour son papa, et encore plus pour sa petite sœur Nadia. Elle était dans son berceau, dans ses langes tout blancs, et on l'avait brûlée. Ou bien, quand on se réunissait dans la clairière, on formait un rond bien serré et on se parlait de nos maisons. De comment on vivait avant la guerre…

Un jour, on amène une petite fille. On lui demande :

"Comment tu t'appelles ?

— Maria Ivanovna[1].

— C'est quoi, ton nom de famille ?

— Maria Ivanovna.

— Et ta maman, elle s'appelait comment ?

— Maria Ivanovna."

On ne pouvait rien en tirer que ce "Maria Ivanovna". Notre institutrice s'appelait comme ça, et la gamine aussi…

Pour le Nouvel An, elle a récité une poésie de Marchak : "J'avais une jolie petite poulette…" Alors, les enfants l'ont surnommée "Poulette". On n'était que des gosses, après tout, et on en avait marre de l'appeler Maria Ivanovna. Ensuite, un garçon de chez nous est allé voir un copain au collège professionnel dont on dépendait. Ils se sont disputés et le gars de chez nous a traité l'autre de "poulette". Le copain s'est vexé : "Pourquoi que tu m'appelles comme ça ? J'ai rien à voir avec une poule !" Le garçon lui a expliqué qu'il y avait, dans notre maison d'enfants, une fille qui lui ressemblait : le même nez, les mêmes yeux, et qu'on l'appelait "Poulette". Il lui a raconté pourquoi.

---

1. L'emploi du prénom et du patronyme est une manière respectueuse de s'adresser à des adultes que l'on fréquente régulièrement. C'est ainsi, par exemple, que les élèves s'adressent aux enseignants.

Et c'est comme ça qu'on a su que c'était la sœur de l'autre. Lorsqu'ils se sont retrouvés, ils se sont rappelés qu'ils avaient voyagé en télègue... Que leur grand-mère leur faisait réchauffer à manger dans une boîte de conserve... Puis qu'elle avait été tuée dans un bombardement... Que leur vieille voisine, une amie de leur grand-mère, l'appelait, alors qu'elle était déjà morte : "Maria Ivanovna, relevez-vous, vous avez deux petits-enfants à charge... Comment pouvez-vous mourir, Maria Ivanovna? Pourquoi êtes-vous morte, Maria Ivanovna?" La petite avait donc enregistré tout ça, sans être vraiment sûre de l'avoir vécu. Seuls, deux mots continuaient de résonner à son oreille : "Maria Ivanovna".

On était tous drôlement contents qu'elle ait trouvé un frère, parce qu'on avait tous quelqu'un, sauf elle. Moi, par exemple, j'avais deux sœurs, d'autres avaient un frère ou des cousins, des cousines. Et ceux qui n'avaient personne s'inventaient des familles : "T'as qu'à être mon frère...", "On dirait que tu serais ma sœur..." Et, quand c'était décidé, ils prenaient soin les uns des autres, se défendaient mutuellement. On avait onze Tamara dans notre maison d'enfants. Avec, pour noms de famille : Tamara Inconnue, Tamara Non-Identifiée, Tamara Sans-Nom, Tamara la Grande, Tamara la Petite...

Ce que je me rappelle d'autre? Qu'on ne nous grondait pas beaucoup à la maison d'enfants, et même pas du tout. L'hiver, on faisait de la luge avec des enfants qui avaient leurs parents, et j'ai vu, un jour, une mère qui grondait son garçon et, même, le tapait, parce qu'il avait mis ses bottes de feutre sans chaussettes. Nous, quand on était pieds nus, personne ne nous disait rien. Je mettais exprès mes bottes sans chaussettes pour qu'on me gronde. J'en avais tellement envie...

J'étais bonne élève et on m'a demandé d'aider un garçon. Un garçon du village. Parce qu'on était à l'école ensemble, ceux de la maison d'enfants et ceux du village. Je devais aller chez lui. Dans sa maison. Et j'avais peur. Je me demandais : qu'est-ce qu'il y a, là-bas, comme affaires? Comment c'est disposé? Comment je dois me comporter? La maison, c'était pour nous le rêve le plus cher, le plus inaccessible.

En frappant à la porte, j'ai cru que mon cœur allait s'arrêter de battre...

"PAS L'ÂGE DE COMBATTANTS, ET PAS L'ÂGE DE GALANTS..."

Vera Novikova, treize ans.
Dispatcher dans un dépôt de tramways.

C'est tellement loin, tout ça... N'empêche que ça fait peur...
Je me souviens de plein de soleil, et du vent qui souffle dans une toile d'araignée. Notre village est en flammes, notre maison brûle. Nous quittons l'abri de la forêt. Les petits enfants crient : "Un feu ! Un feu ! C'est beau !" Tous les autres pleurent. Maman aussi. Elle se signe.

La maison a été anéantie... On a fouillé les cendres, mais on n'a rien trouvé. Juste des fourchettes à moitié brûlées. Le poêle, lui, était entier, avec ce qui cuisait dessus : des crêpes, atroces ! Des pommes de terre, atroces ! Maman a retiré elle-même la poêle : "Mangez, les enfants." Les crêpes étaient immangeables, elles sentaient la fumée. N'empêche qu'on les a dévorées parce qu'à part de l'herbe, on n'avait rien d'autre. C'est tout ce qui restait : de la terre et de l'herbe.

C'est tellement loin tout ça... N'empêche que ça fait peur...
J'ai eu une cousine pendue. Son mari commandait un détachement de partisans. Elle était enceinte. Quelqu'un l'a dénoncée aux Allemands, qui ont débarqué. Ils ont obligé tout le monde à venir sur la place. Ils ont interdit de pleurer. Près du soviet rural, il y avait un grand arbre. Ils ont amené un cheval. Ma cousine était debout dans un traîneau... Elle avait une longue tresse... Ils lui ont passé la corde au cou, elle a sorti sa tresse du nœud. Ils ont tiré, d'un coup, le cheval et le traîneau... et elle s'est retrouvée à se balancer au bout de sa corde... Les femmes ont commencé à crier... À crier sans larmes, d'une même voix. On n'avait pas le droit de pleurer... Crier, on pouvait tant qu'on voulait. Mais pas pleurer... Fallait pas montrer de pitié. Ils tuaient tout de suite ceux qui pleuraient. Des gamins de seize, dix-sept ans, qu'ils ont fusillés... parce qu'ils pleuraient. Si jeunes encore... Pas l'âge de combattants, et pas l'âge de galants...

Pourquoi je vous raconte ça ? Ça me fait même encore plus peur qu'à l'époque. C'est pour ça que je ne veux pas me souvenir...

"SI AU MOINS IL POUVAIT ME RESTER UN FILS…"

Sacha Kavrous, dix ans.
Docteur en philologie.

J'allais à l'école…

On était dans la cour, on avait commencé à jouer, comme d'habitude, et c'est à ce moment-là que les avions nazis sont arrivés et ont lâché des bombes sur notre village. Nous, on avait déjà entendu parler de la guerre d'Espagne et du sort des enfants espagnols. Mais là, c'était sur nous que les bombes dégringolaient. Les vieilles femmes se laissaient tomber sur le sol et priaient. Voilà…

Je n'oublierai jamais la voix de Levitan[1] annonçant le début de la guerre. Je ne me rappelle pas le discours de Staline. Les gens restaient plantés des journées entières devant le haut-parleur du kolkhoze à attendre Dieu savait quoi. Moi, je ne quittais pas mon père… Voilà…

Les premiers à faire irruption dans notre village des Broussy, district de Miadela, ont été les hommes d'un détachement punitif. Ils ont ouvert le feu, mitraillé tous les chiens et les chats, puis cherché à savoir où se trouvaient les activistes. Avant la guerre, le soviet rural était chez nous, mais personne n'a dénoncé mon père. Voilà… Personne ne l'a trahi… La nuit suivante, j'ai fait un rêve : on m'avait fusillé, j'étais étendu et je me demandais pourquoi je ne mourais pas…

Une scène m'est restée en mémoire : comment les Allemands faisaient la chasse aux poules. Quand ils en attrapaient une, ils la soulevaient du sol et lui tordaient le cou jusqu'à ce que la tête leur reste dans la main. Et ils rigolaient comme des fous. Moi, j'avais l'impression que nos poules criaient… On aurait dit des gens… des voix humaines… Et les chats, les chiens, quand ils mitraillaient!… Jusque-là, je ne savais pas ce que c'était que la mort. Je n'avais vu mourir personne, aucun animal. Si, une fois, des oiseaux morts dans la forêt! Rien d'autre. Voilà…

Notre village a brûlé en 43… Ce jour-là, on ramassait les pommes de terre. Vassili, notre voisin – il avait fait la Première Guerre mondiale et savait un peu d'allemand –, a dit : "Je vais aller leur demander

---

1. Speaker le plus connu de l'époque stalinienne.

de ne pas incendier le village. Y a des enfants, ici." Il y est allé et ils l'ont brûlé vif. Ils ont brûlé l'école. Tous les livres. Incendié nos potagers. Nos jardins. Voilà...

Où on pouvait aller? Mon père a voulu nous conduire chez les partisans dans la forêt des Kozinki. En chemin, on rencontre des gens d'un autre village, incendié lui aussi. Ils nous disent que, devant, il y a les Allemands, c'est pour ça qu'ils viennent chez nous. On s'est cachés dans une sorte de fosse : moi, mon frère Volodia, maman avec ma petite sœur et mon père. Papa avait pris une grenade et on a décidé que, si les Allemands nous repéraient, il la dégoupillerait. On a commencé à se dire adieu. Avec mon frère, on a ôté nos ceintures, on a fait un nœud coulant pour nous pendre et on se les est passées au cou. Maman nous a tous embrassés. Je l'ai entendue dire à mon père : "Si au moins il pouvait me rester un fils..." Alors, papa a décidé : "Ils n'ont qu'à filer, ils sont jeunes, peut-être qu'ils s'en tireront." Mais je plaignais tellement maman que je suis resté. Voilà... J'ai refusé de partir.

On a entendu des chiens ; on a entendu des ordres dans une langue étrangère ; on a entendu des tirs. Seulement, la forêt, chez nous, c'est rien que du chablis, des sapins renversés, on ne voit rien à dix mètres. Tantôt, ils étaient à deux pas, tantôt leurs voix s'éloignaient. Quand le calme est revenu, maman n'a pas pu se relever. Ses jambes ne la portaient plus. Papa l'a hissée sur son dos. Voilà...

Quelques jours plus tard, on a trouvé les partisans. Ils connaissaient mon père. On n'arrivait pratiquement plus à avancer, on était affamés. On n'avait plus de jambes mais on marchait quand même. Et voilà qu'un partisan me demande : "Qu'est-ce que tu rêverais de trouver au pied d'un sapin? Des bonbons? Des gâteaux? Un morceau de pain?" Je réponds : "Une poignée de cartouches." Ça, les partisans s'en sont longtemps souvenus. Je détestais tellement les Allemands. Pour tout... Pour maman, aussi...

On a traversé des villages incendiés. Les seigles n'étaient pas moissonnés, les pommes de terre poussaient. Il y avait des pommes par terre. Des poires... Mais pas de gens. Des chats, des chiens couraient. Seuls. Voilà... Pas de gens. Pas âme qui vive. Rien que des chats affamés...

Je me souviens qu'après la guerre, il ne restait dans notre village qu'un abécédaire. Et le premier livre que j'ai trouvé, c'était un recueil de problèmes d'arithmétique.

Je les lisais, ces problèmes, comme j'aurais lu des poésies... Voilà...

"DE SA MANCHE, IL SÈCHE SES LARMES…"

Oleg Boldyrev, huit ans.
Contremaître.

Parlez d'une question!… Qu'est-ce qui vaut mieux : se souvenir ou
oublier? Ou bien se taire? Des années durant, j'ai essayé d'oublier…
    On a mis un mois à arriver à Tachkent. Un mois! C'était le fin
fond de l'arrière. Mon père y était envoyé en tant que spécialiste. On
y transférait les usines. Les fabriques. Tout le pays se déplaçait à l'arrière. Dans la province profonde. Par chance, le territoire est grand…
    C'est là que j'ai appris la mort de mon frère aîné à Stalingrad. Il
voulait à toute force aller au front. Moi, on m'avait refusé même
à l'usine, j'étais trop petit : "Tu n'auras dix ans que dans un an et
demi, répétait ma mère, navrée. Sors-toi de la tête ces idées infan-
tiles." Mon père se renfrognait, lui aussi : "L'usine, c'est pas le jardin
d'enfants, faudra que tu trimes comme tout le monde, des douze
heures par jour. Et à quel boulot!"
    L'usine en question fabriquait des mines, des obus, des bombes
aériennes. On y embauchait les adolescents pour le polissage. Toutes
les pièces en métal étaient polies à la main… Le procédé était simple :
un tuyau sous forte pression envoyait un jet de sable chauffé à cent
cinquante degrés. Le sable rebondissait sur le métal, il vous brûlait
les poumons, vous fouettait le visage, vous tombait dans les yeux.
Rares étaient ceux qui tenaient plus d'une semaine. Il fallait être
sacrément résistant.
    Mais, en 43… j'ai eu mes dix ans et mon père a fini par me
prendre avec lui. Il m'a amené dans son atelier, le numéro trois. Là
où on fabriquait des détonateurs pour les bombes.
    On bossait à trois : Oleg, Vaniouchka – ils avaient seulement deux
ans de plus – et moi. On montait les détonateurs et Iakov Mironovitch Sapojnikov (son nom m'est resté en mémoire), un as dans sa
partie, soudait les pièces. Ensuite, il fallait grimper sur une caisse
pour pouvoir atteindre l'étau, fixer la gaine du détonateur et, d'un
tour de taraud, en calibrer le filetage. On se débrouillait sacrément
bien… Et vite… Le reste, c'était de la rigolade : on fixait le bouchon
et… dans la caisse! Quand elle était pleine, on la mettait à charger.
D'accord, c'était un peu lourd, dans les cinquante kilos, mais à deux,

on y arrivait. On évitait de déranger Iakov Mironovitch : il avait le boulot le plus délicat, le plus responsable : la soudure!

Ce qui était vraiment pénible, c'était la flamme du chalumeau. On avait beau essayer de ne pas regarder les étincelles bleues, en douze heures de travail, on en chopait, des rayons! Du coup, on avait l'impression d'avoir du sable plein les yeux. On les frottait, les frottait, mais c'était peine perdue. À cause de ça, peut-être, ou bien à cause du bruit monotone de la dynamo qui fournissait le courant pour les soudures, ou encore à force de fatigue, on avait parfois affreusement envie de dormir. Aux heures de nuit, surtout. Ah, dormir, dormir!

Chaque fois que Iakov Mironovitch entrevoyait la moindre possibilité de nous accorder un répit, il ordonnait :

"Direction la pièce aux électrodes!"

On ne se faisait pas prier : il n'y avait pas, dans toute l'usine, de coin plus confortable et douillet que l'endroit où on séchait les électrodes à l'air chaud. On grimpait sur une sorte d'étagère en bois et on s'endormait aussitôt. Un quart d'heure plus tard environ, Iakov Mironovitch nous réveillait.

Une fois, je me réveille tout seul, avant qu'il ne m'appelle. Et qu'est-ce que je vois? Tonton Iakov est là, qui nous regarde… Il nous donne une petite rallonge… Et, de sa manche, il sèche ses larmes…

"IL ÉTAIT PENDU À SA CORDE, COMME UN ENFANT…"

Liouba Alexandrovitch, onze ans.
Ouvrière.

Je ne veux pas… Je ne veux même pas redire ce mot : "guerre"…

La guerre est arrivée très vite chez nous. Le 9 juillet, soit au bout de quelques semaines à peine, on se battait déjà pour notre chef-lieu de district, Senno. On a vu affluer un tas de réfugiés, tellement que les gens ne savaient pas où se mettre, on manquait de maisons. Nous, par exemple, on hébergeait cinq ou six familles, avec des enfants. Et c'était partout pareil.

D'abord, les gens sont passés. Puis, a commencé l'évacuation des bêtes. Ça, je m'en souviens parfaitement, parce que c'était terrible.

Des images effroyables. La gare la plus proche de chez nous était celle de Bogdan – elle le reste aujourd'hui – entre Orcha et Lepel. Là, dans cette direction, on évacuait le bétail, et pas seulement de notre soviet rural mais de toute la région de Vitebsk. L'été était très chaud, on emmenait les bêtes par gros troupeaux : vaches, moutons, cochons, veaux. Les chevaux étaient à part. Ceux qui convoyaient le bétail étaient si fatigués qu'ils se moquaient bien de savoir combien il y avait de têtes. Les vaches n'étaient pas traites. Elles entraient dans notre cour et demeuraient près de notre perron jusqu'à ce qu'on vienne les traire. On leur vidait le pis directement sur la route, par terre... Les cochons étaient les plus malheureux, ils ne supportent pas la chaleur ni une trop longue marche. Ils finissaient par s'écrouler. La chaleur augmentait encore le nombre de cadavres, et c'était si terrible que, le soir, j'avais peur de sortir de chez nous. Partout, des chevaux, des moutons, des vaches... morts. On n'avait pas le temps de les mettre en terre. Et la chaleur en tuait de nouveaux, chaque jour... Il y en avait de plus en plus... Ils enflaient... La nuit, je me réveillais en hurlant de peur...

Les paysans savent ce que c'est que de s'occuper ne serait-ce que d'une vache, le travail que ça représente. La patience. Le temps qu'il y faut. Ils pleuraient de voir ainsi périr le bétail. Et puis, ça n'était pas des arbres qui tombaient en silence. Tout ça criait, hennissait, bêlait... gémissait...

Je me rappelle les paroles de mon grand-père : "Et ceux-là, ces innocents, pourquoi ils meurent ? Eux autres, ils ne peuvent rien dire !" Mon grand-père aimait les livres. Il passait ses soirées à lire...

... Avant la guerre, ma grande sœur travaillait au comité de district du Parti et on l'y avait gardée en clandestine. Elle avait rapporté plein de livres de la bibliothèque du comité, des portraits, des drapeaux rouges. On les a enterrés dans le jardin, sous les pommiers. Avec sa carte du Parti. On a fait ça, la nuit. Moi, j'avais l'impression que le rouge... la couleur rouge... était visible même de dessous la terre. Que toute la terre du jardin était rouge...

L'arrivée des Allemands, c'est drôle, je ne la revois pas... Ils étaient déjà là, et depuis un moment, quand ils nous ont tous rassemblés, tout le village. Ils ont pointé sur nous des mitrailleuses et ordonné qu'on leur dise où étaient les partisans et qui les aidait chez nous. Personne n'a bronché. Alors, ils en ont pris un sur trois pour les fusiller. Ils ont tué six personnes : deux hommes, deux femmes et deux adolescents. Et puis ils sont partis.

Dans la nuit, une neige toute fraîche est tombée... Le Nouvel An... Et sous cette neige toute neuve gisaient ceux qu'on avait tués. Il n'y avait personne pour les enterrer, personne pour fabriquer des cercueils. Les hommes étaient cachés dans la forêt. Les vieilles femmes ont brûlé des bûches pour réchauffer un peu la terre et qu'on puisse creuser des tombes. Longtemps, leurs pelles ont cogné contre le sol gelé...

Les Allemands n'ont pas tardé à revenir... Ils ont rassemblé tous les gosses, on était treize, les ont placés en tête de leur colonne : ils avaient peur que les partisans aient posé des mines. On marchait donc devant, et eux suivaient. Si, par exemple, il fallait s'arrêter et prendre de l'eau à un puits, ils nous y envoyaient en premier. On a marché, comme ça, une quinzaine de kilomètres. Les gamins n'avaient pas trop peur, mais les filles pleuraient. Et eux, derrière nous, dans leurs véhicules... Pas moyen de s'échapper... Je me souviens qu'on était pieds nus, alors que le printemps commençait à peine. Ce n'étaient que les premiers beaux jours...

Je veux oublier...

Les Allemands faisaient le tour des fermes... Ils embarquaient les mères dont les enfants avaient rejoint les partisans... Et ils les décapitaient sur la place du village... Ils nous ordonnaient de regarder. Dans une ferme, ils n'ont trouvé que le chat. Alors, ils l'ont attrapé et pendu. Il était là, qui se balançait au bout de sa corde, comme un enfant...

Je veux tout oublier...

"À PRÉSENT, VOUS SEREZ MES ENFANTS..."

Nina Chounto, six ans.
Cuisinière.

Ah là là! J'ai tout de suite un pincement au cœur...

Avant la guerre, on n'avait que notre père... Maman était morte. Quand papa est parti au front, on est restés avec ma tante. Elle vivait au village des Zadory, district de Lepel. Un mois après que papa nous a conduits chez elle, elle s'est cognée à une branche et crevé un œil. Ensuite, ça s'est infecté, et elle est morte. Notre unique tante. Alors, on est restés tout seuls, avec mon frère. Il était petit. On est partis, tous deux, à la recherche des partisans. Je ne sais pas pourquoi on avait décrété que papa était avec eux. On couchait où on pouvait. Je me rappelle que, quand il y avait de l'orage, on dormait dans une meule de foin. On faisait un trou à l'intérieur et on s'y cachait. Des gosses comme nous, y en avait des tas. Qui, tous, cherchaient leurs parents, même quand on leur avait annoncé qu'ils étaient morts. Ça ne fait rien, qu'ils nous disaient, on continue à chercher papa et maman. Ou de la famille…

On a marché, marché…

Dans un village… la fenêtre d'une maison est ouverte. De l'extérieur, on voit qu'on vient d'y faire cuire des tourtes aux pommes de terre. On s'approche et, en sentant l'odeur de ces tourtes, mon frère perd connaissance. Je suis entrée demander un petit morceau pour mon frère. Je savais que, sans ça, il ne se relèverait pas. Et moi, je n'aurais pas pu le porter, je n'avais pas la force. Dans la maison, je n'ai vu personne. Je n'ai pas pu m'en empêcher : j'ai pris un petit bout de tourte. On est donc là, avec mon frère, on attend les gens. Qu'ils n'aillent pas penser qu'on est des voleurs… Une femme arrive. Elle vit seule. Elle refuse de nous laisser repartir et dit : "À présent, vous serez mes enfants…" Elle a à peine fini sa phrase qu'avec mon frère, on s'endort à table. Tellement on est bien, tout d'un coup! On a trouvé une maison…

Peu après, le village a été incendié. Les gens sont morts dans les flammes. Notre nouvelle tata, aussi. Nous, on est restés en vie parce que, le matin, de bonne heure, on était allés cueillir des baies… Nous voilà donc, sur une colline, à regarder les flammes… On avait tout compris. Ce qu'on ne savait pas, c'était où aller. Ni comment dénicher une autre tata. Parce que, celle-là, on l'aimait bien. On se disait même, entre nous, qu'on l'appellerait maman. Elle était si gentille! Et elle nous embrassait toujours, le soir, avant qu'on s'endorme.

Des partisans nous ont récupérés. Qui nous ont expédiés en avion hors de la zone du front…

Ce qui me reste de la guerre? Je ne sais pas ce que c'est que des "étrangers" parce que mon frère et moi, on a grandi au milieu d'étrangers. Des étrangers nous ont sauvés. Alors, en quoi ils me

sont étrangers ? Ce sont des proches, comme tous les hommes. Je
vis avec ce sentiment-là…

"NOUS, ON LEUR BAISAIT LES MAINS…"

David Goldberg, quatorze ans.
Musicien.

On préparait la fête…
Ce jour-là devait avoir lieu l'inauguration des "Talki", notre camp
de pionniers. On avait invité des gardes-frontières et, le matin, on
était allés en forêt… cueillir des fleurs. On avait réalisé un journal mural spécial et joliment décoré l'arche du portail. C'était un
endroit extraordinaire, il faisait un temps magnifique. Et on était en
vacances ! On n'a même pas été alertés par le bruit des avions qu'on
a entendu toute la matinée, tellement on était joyeux et contents !
Tout à coup, on nous fait mettre en ligne et on nous annonce que,
ce matin-là, pendant qu'on dormait, Hitler a attaqué notre pays.
Dans mon esprit, la guerre, ça se passait en Chine, c'était quelque
chose de très lointain et qui ne pouvait pas durer longtemps. Et puis,
on ne doutait pas un instant d'avoir une armée invincible et indes-
tructible, les meilleurs chars et avions. Tout ça, on nous l'avait dit
à l'école. Et répété à la maison. Les garçons avaient un air assuré,
mais beaucoup de filles pleuraient à chaudes larmes, elles avaient
peur. On a demandé aux plus grands de faire le tour des équipes et
de les réconforter, surtout les plus jeunes. Le soir, on a donné aux
garçons de quatorze ou quinze ans des fusils de petit calibre. C'était
drôlement bien ! On se sentait sacrément fiers ! Et responsables ! Il
y avait quatre fusils pour tout le camp, on montait la garde à trois.
Tout ça me plaisait assez. J'ai fait un tour dans la forêt avec un des
fusils pour me tester : savoir si j'avais peur ou non. Je ne voulais pas
être un poltron.
Plusieurs jours, on a attendu qu'on vienne nous chercher. Mais
personne ne s'est montré et on est allés nous-mêmes à la gare des
Poukhovitchi. Là, on a dû patienter longtemps. Le chef de gare a dit
qu'il n'y aurait plus de train en provenance de Minsk, que le trafic

était interrompu. Soudain, un des gosses est arrivé en courant et en criant qu'un gros, gros convoi approchait. On s'est postés sur les rails… On a commencé par faire de grands signes, puis on a retiré nos foulards de pionniers… et on s'est mis à les agiter pour stopper le train. Le machiniste nous a vus et, au désespoir, il nous a expliqué par gestes qu'il ne s'arrêterait pas parce que la locomotive ne repartirait pas. "Si vous pouvez, jetez les gosses sur les plates-formes!" criait-il. Sur les plates-formes, il y avait des gens qui criaient eux aussi : "Sauvez les enfants! Sauvez les enfants!"

On a entrepris de leur lancer les petits. Le train a à peine ralenti. Des wagons se sont ouverts, des bras blessés se sont tendus pour attraper les enfants. Finalement, on a tous réussi à se caser. C'était le dernier convoi en provenance de Minsk…

On a roulé longtemps… Le train n'allait pas vite. On voyait bien le paysage… Sur le remblai, des morts étaient étendus, soigneusement alignés, comme des traverses de chemin de fer. Ça m'est resté… Et le fait qu'on était bombardés, qu'on hurlait autant que les obus. Que dans les gares, des femmes nous donnaient à manger : je ne sais pas comment elles avaient appris qu'un train circulait, avec des enfants. Nous, on leur baisait les mains. On s'est retrouvés avec un bébé, sa mère était morte, mitraillée. À une gare, une femme l'a vu et elle a retiré son foulard, elle l'a donné pour faire des langes.

Assez! J'arrête! Ça me fait des émotions, tout ça! Et des émotions, m'en faut pas. J'ai le cœur malade. En plus, je vais vous dire, au cas où vous ne le sauriez pas : ceux qui ont connu la guerre, enfants, meurent souvent avant leurs pères qui ont été au front. Avant ceux qu'ont été soldats. Avant, oui…

J'en ai déjà enterré combien, de mes copains …

"JE LES VOYAIS AVEC MES YEUX DE PETITE FILLE…"

Zina Gourskaïa, sept ans.
Polisseuse.

Je les voyais avec mes yeux de petite fille… Une petite fille de la campagne. Aux yeux écarquillés…

Mon premier Allemand, je l'ai vu de près. Il était grand, aux yeux bleus. Ça m'a époustouflée : "Tellement beau, et il tue !" C'est vrai qu'ils étaient beaux...

C'est sans doute ce qui m'a le plus frappée. Ma première impression de la guerre...

On était : moi, maman, mes deux sœurs, mon frère et une poule. Il ne nous en restait plus qu'une, de poule, elle vivait dans la maison, dormait avec nous. Tous ensemble, on essayait de se protéger des bombes. Elle était habituée et nous suivait comme un petit chien. On avait drôlement faim, n'empêche que la poule, on l'a jamais tuée. On avait même tellement faim qu'en hiver, maman a fait cuire une vieille veste en cuir et tous les fouets de la maison. Pour nous, ça avait un goût de viande. Mon frère était encore au sein. On mettait un œuf à durcir, et l'eau qui restait, on la lui donnait en guise de lait. Alors, il arrêtait de pleurer... et de mourir.

Autour, ça tuait tout le temps. Ça n'arrêtait pas... Les gens, les chevaux, les chiens... Pendant la guerre, tous les chevaux du village y sont passés. Et tous les chiens. Les chats, eux, en ont réchappé.

Dans la journée, les Allemands se pointaient : "La mère, donne-nous des œufs. La mère, donne-nous du lard." Ils avaient le tir facile. La nuit, c'étaient les partisans... Fallait bien qu'ils survivent dans la forêt, surtout l'hiver ! La nuit, ils frappaient à la fenêtre. Des fois, ça se passait gentiment, d'autres fois, ils prenaient des trucs de force. Un jour, ils nous ont emmené une vache... Maman pleurait. Les partisans aussi. C'est pas racontable, tout ça ! Pas racontable, ma pauvre ! Oh non !

Les labours, maman et grand-mère les faisaient comme ça : maman se mettait le collier de cheval autour du cou et grand-mère tenait la charrue. Ensuite, elles changeaient, c'est l'autre qui était le cheval. Moi, j'étais impatiente de grandir... J'avais tellement de peine de les voir...

Après la guerre, il ne restait qu'un chien pour tout le village (un qu'était pas de chez nous et qui s'était installé) et notre poule. Des œufs, on n'en mangeait pas. On les ramassait pour avoir des poussins.

Je suis allée à l'école... J'ai arraché du mur un bout des vieux papiers peints : ça m'a fait un cahier. En guise de gomme, un bouchon de bouteille. À l'automne, on a eu plein de betteraves. Ce qu'on était contents ! On n'avait qu'à les râper, et ça faisait de l'encre : on laissait reposer un jour ou deux, et elle devenait toute noire. Au moins, on avait de quoi écrire.

Je me rappelle aussi qu'on aimait bien, avec maman, broder au plumetis. Toujours des petites fleurs pimpantes ! Le fil noir, je voulais pas le voir.

À présent encore, j'aime pas trop le noir…

"MAMAN N'AVAIT JAMAIS SOURI…"

Kima Mourzitch, douze ans.
Technicienne de radio.

Notre famille…

On était trois sœurs, Rema, Maïa et Kima. Rema, c'était l'abréviation d'Électrification et de Paix, Maïa, de Premier Mai, Kima, d'Internationale communiste[1]. Ces prénoms, c'est mon père qui les avait choisis. C'était un communiste, entré tout jeune au Parti. Et il nous éduquait dans cet esprit. On avait plein de livres chez nous, des portraits de Lénine et de Staline. Le premier jour de la guerre, on les a enterrés dans la grange. Je n'ai gardé que *Les Enfants du capitaine Grant*, de Jules Verne. Mon livre préféré. J'ai passé la guerre à le lire et le relire.

Maman faisait le tour des villages des environs de Minsk, elle troquait des foulards contre de la nourriture. Elle avait une belle paire de chaussures. Elle a même échangé son unique robe en crêpe de Chine. Nous, on restait à la maison avec Maïa, à attendre maman, en se demandant si elle reviendrait. On essayait de se distraire mutuellement de ce genre de pensée, on se racontait comment c'était avant la guerre : qu'on allait au lac, qu'on se baignait, qu'on se dorait au soleil, qu'on dansait au club de l'école ; qu'il y avait une longue, longue allée qui menait à l'école ; et aussi l'odeur de la confiture de cerises que maman faisait cuire sur des pierres, dans la cour… Tout ça paraissait si loin, tout ça était si bien ! On parlait de Rema,

---

1. Après la révolution de 1917, la mode est aux prénoms nouveaux, à connotation idéologique.

ma grande sœur. Toute la guerre, on a cru qu'elle était morte. Elle était allée travailler à l'usine, le 23 juin, et n'était jamais revenue...

La guerre terminée, maman a écrit partout, elle cherchait Rema. Il y avait un bureau où c'était toujours la foule, tout le monde cherchait quelqu'un. J'arrêtais pas d'y porter des lettres de maman. Mais on n'avait jamais de réponse. Les jours où maman ne travaillait pas, elle s'asseyait à la fenêtre et attendait la factrice. Qui passait toujours sans s'arrêter...

Un jour, maman rentre du travail et la voisine débarque chez nous. Elle dit à maman : "Vous allez sauter de joie!" Elle cache quelque chose dans son dos. Maman a deviné que c'était une lettre. Elle n'a pas sauté de joie. Elle s'est assise sur le banc, elle ne pouvait plus se relever. Et elle ne disait pas un mot.

C'est comme ça qu'on a retrouvé ma sœur. Elle avait été évacuée. Et maman a souri. De toute la guerre, jusqu'à ce qu'on retrouve ma sœur, maman n'avait jamais souri...

"JE NE POUVAIS PAS ME FAIRE À MON NOM..."

Lena Kravtchenko, sept ans.
Comptable.

Je ne savais rien de la mort, bien sûr... Mais personne n'a eu besoin de m'expliquer, j'ai tout de suite compris.

Quand des mitrailleuses tirent d'un avion, vous avez l'impression que toutes les balles volent vers vous. Dans votre direction. J'ai supplié : "Maman, couche-toi sur moi..." Je me disais qu'alors, je ne verrais ni n'entendrais plus rien.

Le plus terrible, c'était de perdre sa maman... J'ai vu une jeune femme tuée, que son enfant tétait encore. Apparemment, elle venait tout juste de mourir. Le bébé ne pleurait même pas. Moi, j'étais assise à côté.

Surtout, ne pas perdre maman... Elle me tenait tout le temps par la main, me caressait la tête : "Tout ira bien. Ne t'en fais pas..."

On est dans un véhicule. On a mis à tous les enfants un seau sur la tête. Je n'entends pas maman...

Ensuite, je me rappelle : on nous pousse dans une colonne. Et, là, on me prend ma maman... Je m'accroche à ses bras, m'agrippe à sa robe en voile de coton – elle n'était pas habillée pour la guerre, c'était sa robe de fête, la plus belle. Moi, je ne la lâche pas... Je pleure... Un nazi me repousse, d'abord avec sa mitraillette, puis, quand je suis tombée, d'un coup de botte. Une femme me récupère. Ensuite, je me retrouve avec cette femme dans un wagon. On roule. Vers où ? Elle m'appelle "Anietchka"... Moi, je me dis que j'ai un autre nom. Je me rappelle que j'en ai un autre, mais lequel ? Je ne sais plus. La peur me l'a fait oublier... La peur qu'on me prenne ma maman... Et où est-ce qu'on va ? Je crois que j'ai compris, à travers les conversations des grands, qu'on nous transportait en Allemagne. Je me souviens de ce que je pensais : les Allemands n'ont pas besoin de moi, je suis trop petite. Qu'est-ce que je vais faire chez eux ? Quand il a commencé à faire sombre, des femmes m'ont appelée près de la porte et m'ont carrément poussée hors du wagon : "Cours ! Peut-être que tu en réchapperas."

Je suis dégringolée dans un genre de caniveau où je me suis endormie. Il faisait froid et j'ai rêvé que maman m'emmitouflait dans quelque chose de chaud, qu'elle me disait des mots tendres. Ce rêve, je l'ai fait toute ma vie...

Vingt-cinq ans après la guerre, j'ai retrouvé une parente, une seule : une tante. Elle m'a appelée par mon vrai nom mais, pendant longtemps, je n'ai pas pu m'y faire...

Je ne réagissais pas...

"SA VAREUSE ÉTAIT MOUILLÉE..."

Valia Matiouchkova, cinq ans.
Ingénieur.

Ça va vous étonner, mais je voudrais me rappeler un truc drôle. Gai. J'aime rire, je ne veux pas pleurer. O-o-oh... Je pleure déjà...

Papa m'emmène voir maman à la maternité et me dit qu'on va bientôt acheter un petit frère. J'essaie d'imaginer de quoi il aura l'air. Je demande à papa : "Un petit frère comment ?" Lui : "Un bébé."

Et, tout d'un coup, avec papa, on est très haut, de la fumée s'envole par la fenêtre. Papa me porte dans ses bras. Moi, je veux qu'on retourne chercher mon petit sac. Je fais un caprice. Papa ne dit rien, il me serre fort contre lui, si fort que j'ai du mal à respirer. Bientôt, papa n'est plus là, je marche dans la rue avec une femme. On longe des barbelés, derrière lesquels il y a des prisonniers de guerre. Il fait chaud, ils demandent à boire. Moi, je n'ai que deux bonbons dans ma poche. Je les jette de l'autre côté des barbelés. D'où ils me viennent, ces bonbons ? Ça, je ne me le rappelle pas. Quelqu'un leur lance du pain... Des concombres... Un gardien tire, tout le monde s'enfuit...

C'est drôle que je me souvienne de tout ça... De ces détails...

Ensuite, je me revois dans un refuge d'enfants, entouré de barbelés. On est gardés par des soldats allemands et des chiens. Il y a des enfants qui ne marchent pas encore : ils se traînent à quatre pattes. Quand ils ont faim, ils lèchent le sol... Mangent de la boue... Ils ne tardent pas à mourir. On est mal nourris, on nous donne une sorte de pain qui nous fait tellement enfler la langue qu'on n'arrive plus à parler. Manger ! On ne pense qu'à ça. Dès le petit-déjeuner, on se dit : qu'est-ce qu'on aura au déjeuner ? Et, à peine on a déjeuné qu'on se demande ce qu'il y aura pour le dîner. On se faufile sous les barbelés et on va faire un tour en ville. Avec un seul objectif : les poubelles. Quel bonheur extraordinaire de trouver des peaux de harengs ou des épluchures de pommes de terre, qu'on mange crues.

Je me souviens de m'être fait surprendre par un homme, en train de fouiller les poubelles. J'ai eu très peur :

"Je recommencerai plus !"

Lui :

"À qui es-tu ?

— À personne. Je suis du refuge d'enfants."

Il m'a amenée chez lui et m'a donné à manger. Il n'avait que des pommes de terre. On les a fait cuire et j'en ai dévoré une pleine casserole.

Du refuge, on m'a transférée dans une maison d'enfants, en face de l'institut de médecine où se trouvait un hôpital militaire allemand. Je revois les fenêtres basses, les lourds volets qu'on fermait pour la nuit.

On était bien nourris et je me suis remplumée. Il y avait une femme de service qui m'aimait bien. Elle nous plaignait tous, moi surtout. Quand on venait nous prendre du sang, tous les enfants se cachaient : "V'là les médecins!" La femme me fourrait en vitesse dans un coin. Et elle répétait tout le temps que je ressemblais à sa fille. Les autres se planquaient sous les lits, mais ils se faisaient prendre. On les appâtait : tantôt avec un bout de pain, tantôt avec un jouet. Je me rappelle une balle rouge...

Les "médecins" partis, je revenais dans la pièce... Je revois un petit garçon, un bras pendant de son lit, et le sang qui coulait. Les autres gosses pleuraient... Toutes les deux ou trois semaines, les enfants changeaient. On en emportait certains, tout faibles, tout pâles, et on en apportait d'autres. Qu'on se mettait à bien nourrir...

Les médecins allemands pensaient que le sang des enfants de moins de cinq ans favorisait un prompt rétablissement des blessés. Qu'il avait un effet rajeunissant. Je le sais, maintenant...

Mais à l'époque... je voulais, moi aussi, avoir un joli jouet. Une balle rouge...

Quand les Allemands ont commencé à ficher le camp de Minsk... à battre en retraite... la femme, qui avait tout fait pour me sauver, nous a conduits à la porte de la maison d'enfants : "Ceux qui ont de la famille, cherchez-la. Ceux qui n'en ont pas, allez dans n'importe quel village, les gens vous aideront."

Alors, je suis partie. J'ai vécu chez une grand-mère... Je ne me rappelle ni son nom ni celui de son village. Je sais qu'on avait arrêté sa fille et qu'on n'était que toutes les deux, la vieille et la petiote. On avait un bout de pain pour la semaine.

J'ai été la dernière au courant que les nôtres étaient là. J'étais malade, à ce moment-là. Quand j'en ai entendu parler, je me suis levée de mon lit et j'ai foncé à l'école. J'ai sauté au cou du premier soldat que j'ai vu. Je me souviens que sa vareuse était mouillée...

... Tellement on l'étreignait, on l'embrassait, tellement on pleurait...

"À CROIRE QU'ELLE LUI AVAIT SAUVÉ SA FILLE..."

Guenia Zavoïner, sept ans.
Technicienne de radio.

Quel souvenir je garde, surtout, de ces jours noirs?

Comment ils ont pris mon père… Il était en survêtement. Son visage, je ne le revois pas, il s'est complètement effacé de ma mémoire. Je me rappelle ses mains… Ils les lui ont attachées avec des cordes. Les mains de papa… J'ai beau faire un effort… je ne revois pas non plus ceux qui sont venus le chercher…

Maman n'a pas pleuré. Elle est restée, toute la journée, debout à la fenêtre.

Ils ont emmené papa et ils nous ont envoyées au ghetto. On a donc commencé à vivre derrière les barbelés. La maison où on était se trouvait près de la route. Tous les jours, des bâtons volaient dans notre cour. J'ai vu un nazi près de notre portillon. On emmenait un groupe de personnes pour les fusiller, et lui, frappait les gens avec ces bâtons. Les bâtons se cassaient et il les balançait derrière lui, sans regarder. Dans notre cour. Je voulais l'observer plus en détail, ne pas voir seulement son dos. Et un jour, je l'ai vu : il était petit, un peu chauve. Il soufflait, râlait. C'est ce qui a le plus frappé mon imagination d'enfant : qu'il soit aussi ordinaire…

On a trouvé notre grand-mère morte dans l'appartement. Elle avait été tuée… On l'a nous-mêmes enterrée. Notre grand-mère, si sage et si gaie, qui aimait tant la musique allemande… La littérature allemande…

Maman était allée troquer des objets contre de la nourriture, quand un pogrome a commencé dans le ghetto. En général, on se cachait à la cave mais, cette fois, on a grimpé au grenier. Tout un pan en était démoli, et c'est ce qui nous a sauvés. Les Allemands sont entrés dans la maison. Ils ont donné des coups de baïonnettes dans le plafond, mais ils ne sont pas montés au grenier, justement parce qu'il était démoli. Dans la cave, ils ont balancé des grenades.

Le pogrome a duré trois jours. Trois jours qu'on a passés au grenier. Et maman qui n'était pas avec nous ! On n'arrêtait pas de penser à elle. Le pogrome terminé, on s'est postés à la porte et on a attendu : savoir si elle était vivante ? Brusquement, notre ancien voisin est apparu au tournant. Il a longé notre maison sans s'arrêter, mais on a entendu : "Votre maman est vivante." Quand elle est revenue, on est restés tous trois debout, à la regarder. Personne n'a pleuré, on n'avait plus de larmes. On avait une sorte de résignation tranquille. On ne sentait même plus la faim.

Un jour, on est, avec maman, près des barbelés. Une jolie femme vient à passer. Elle s'arrête devant nous, en face, et dit à maman :

"Comme j'ai pitié de vous!" maman lui répond : "Si vous avez pitié, prenez ma fille chez vous. – Bon", lance la femme, après un instant de réflexion. Et elles règlent les détails dans un murmure.

Le lendemain, maman me conduit aux portes du ghetto.

"Guenia, ma chérie. Tu prendras ton landau de poupée et tu iras trouver tata Maroussia." (C'était notre voisine.)

Je me rappelle comment elle était habillée : un corsage bleu, un pull léger avec des pompons blancs. Une tenue de fête. Ce qu'elle avait de mieux.

Maman veut me pousser hors du ghetto. Moi, je me serre contre elle. Elle me pousse mais elle est en larmes.

Je revois le moment où je suis partie… Je me rappelle l'endroit où étaient les portes, le poste de garde…

J'ai donc poussé mon petit landau dans la direction où maman me l'avait commandé. Là, on m'a mis une petite veste en cuir et fait monter dans une charrette. J'ai pleuré tout le long du chemin. Je pleurais et répétais : "Je suis toujours avec toi, maman. Je suis toujours avec toi…"

On est arrivés dans une ferme. On m'a fait asseoir sur un banc très long. La famille où je me retrouvais avait quatre enfants. N'empêche qu'ils m'ont prise en plus. Je veux que tout le monde connaisse le nom de la femme qui m'a sauvée : Olympia Pojaritskaïa, du village des Guenevitchi, district de Volojino. La famille a vécu dans la peur tout le temps de mon séjour. On pouvait les fusiller n'importe quand… La famille au complet. Avec les quatre enfants… Parce qu'ils cachaient une gamine juive. Je représentais leur mort… Quel cœur il faut avoir! Une humanité surhumaine… Dès que les Allemands se montraient, on me mettait à l'abri. La forêt était toute proche, elle nous sauvait. La femme me plaignait beaucoup, elle me plaignait autant que ses propres enfants. Quand elle donnait quelque chose, personne n'était oublié ; quand elle distribuait les baisers, il y en avait pour tout le monde. Même chose pour les caresses. Je l'appelais "Mamoussia". Quelque part, au loin, j'avais ma maman, et ici, Mamoussia…

Quand des tanks sont arrivés à la ferme, je gardais les vaches. Je les ai vus et je me suis cachée. Je ne pouvais pas croire que c'étaient les nôtres. Mais quand j'ai remarqué qu'ils avaient des étoiles rouges, je suis allée sur la route. Un militaire a sauté du premier tank, il m'a prise dans ses bras et m'a soulevée très, très haut. À ce moment-là, la fermière est arrivée, si heureuse, si jolie! Elle voulait tellement avoir quelque chose de bien à partager avec eux, leur dire que sa famille, aussi, avait œuvré pour la victoire. Et elle leur a raconté comment ils m'avaient sauvée. Moi, la petite Juive… Le militaire m'a serrée contre lui. J'étais toute menue et je me suis lovée sous son bras. Alors, il a pris la femme dans ses bras. Il fallait voir son visage, au militaire! À croire qu'elle lui avait sauvé sa fille! Il a dit que tous les siens avaient péri. Que la guerre allait se terminer et qu'il m'emmènerait à Moscou. Moi, je n'étais pas du tout d'accord. Pourtant, je ne savais pas si maman était vivante…

D'autres gens sont accourus, qui m'ont aussi serrée dans leurs bras. Tous disaient qu'ils avaient une petite idée de qui on cachait à la ferme…

Ensuite, maman est venue me chercher. Elle est entrée dans la cour et elle s'est mise à genoux devant cette femme et ses enfants…

"ON M'A PORTÉ JUSQU'AU DÉTACHEMENT… J'ÉTAIS EN MIETTES, DE LA TÊTE AUX PIEDS…"

Volodia Ampilogov, dix ans.
Ajusteur.

J'avais dix ans, dix ans exactement… Et cette guerre… Cette saloperie de guerre!…

On jouait à "tape-bâton" dans la cour, avec des copains. Un gros camion est arrivé, des soldats allemands ont sauté à terre et se sont mis à nous donner la chasse, à nous jeter dans la benne, sous une bâche. Ils nous ont emmenés à la gare, le camion a reculé jusqu'à un wagon et on nous y a balancés comme des sacs. Sur de la paille.

Le wagon était tellement plein que, dans un premier temps, on ne pouvait que rester debout. Il n'y avait aucun adulte, rien que des petits et des ados. On a roulé deux jours et deux nuits, toutes portes fermées, sans rien voir. On n'entendait que le martèlement des roues. Dans la journée, encore, de la lumière filtrait par les fentes ; mais, la nuit, on avait tellement peur que tout le monde pleurait. On se disait qu'on nous emportait au loin, que nos parents ne savaient pas où on était. Le troisième jour, la porte s'est ouverte et un soldat a lancé dans le wagon quelques miches de pain. Les plus proches les ont attrapées. En une seconde, ils les avaient dévorées. Moi, j'étais à l'opposé de la porte. Le pain, j'en ai rien vu. Il m'a juste semblé que j'en avais senti l'odeur, quand j'avais entendu ce cri : "Du pain !" Juste l'odeur…

Je ne sais plus depuis combien de temps on roulait… Tout ce que je sais, c'est que c'était irrespirable parce qu'on faisait nos besoins dans le wagon. La petite et la grosse commissions… À un moment, notre convoi a été bombardé… Le toit de notre wagon a été arraché. Je n'étais pas tout seul, j'étais avec mon copain Grichka. Il avait dix ans, comme moi, avant la guerre on était dans la même classe. Dès que le bombardement a commencé, on s'est accrochés l'un à l'autre pour ne pas se perdre. Quand le toit a été arraché, on a décidé de passer par le trou et de filer ! De nous enfuir ! À ce moment-là, on avait compris qu'on nous emmenait vers l'Ouest. En Allemagne…

Il faisait sombre dans la forêt. On a regardé derrière nous : notre convoi brûlait, une vraie torche. Une grande, grande flamme. On a marché toute la nuit. Au matin, on a réussi à se traîner jusqu'à un village. En fait, il n'y avait pas de village. À la place des maisons… c'était la première fois que je voyais ça… il y avait que des poêles, tout noirs. Des espèces de monuments noirs. Le brouillard était tombé… On marchait comme dans un cimetière… On cherchait quelque chose à manger mais les poêles étaient vides et froids. On a poussé plus loin. Vers le soir, on est tombés sur un autre village en cendres, sur d'autres poêles vides… On a marché, marché… Tout d'un coup, Grichka est tombé et il est mort. Son cœur ne battait plus. Je l'ai veillé toute la nuit, attendant le matin. Quand le jour est venu, j'ai creusé une petite fosse dans le sable avec mes mains et j'y ai enterré Grichka. Je voulais me rappeler l'endroit, mais comment tu veux te rappeler, quand, autour, tout t'est inconnu ?

Je marche. J'ai tellement faim que la tête me tourne. Brusquement, j'entends : "Ne bouge plus ! Où tu vas, comme ça, petit ?" J'ai demandé : "Vous êtes qui ?" Eux : "Des amis. Des partisans." C'est par eux que j'ai appris que j'étais dans la région de Vitebsk. Je me suis retrouvé dans la brigade des partisans d'Alexeïev…

Une fois que j'ai été un peu retapé, j'ai demandé à me battre. On s'est payé ma tête et on m'a envoyé aider à la cuisine. Seulement, il y a eu une occasion… Une fameuse occasion… Trois fois de suite, on avait envoyé des éclaireurs à la gare, et aucun n'était revenu. Après ça, le commandant du détachement a réuni tout le monde : "Je ne peux pas prendre la responsabilité de faire une quatrième tentative. Il faut des volontaires..."

J'étais dans la deuxième rangée. J'ai entendu :

"Qui est volontaire ?"

Moi, comme à l'école, je lève la main. Seulement, je porte un maillot trop long. Les manches traînent par terre. Je lève la main mais personne ne le voit. Mes manches pendouillent, je ne peux pas m'en dépêtrer.

Le commandant a lancé :

"Les volontaires, un pas en avant!"

J'ai fait un pas en avant.

"Mon petit, mon petit..." a dit le commandant.

On m'a donné une musette, une vieille chapka à oreillettes. Il lui manquait une oreille.

Dès que j'ai atteint la grand-route... j'ai eu l'impression qu'on m'épiait. Je regarde tout autour de moi : personne. Et puis, je remarque trois pins touffus. Je regarde attentivement et je repère trois tireurs d'élite allemands. Ils font un carton sur tous ceux qui sortent de la forêt. Les tireurs d'élite, pas moyen de leur échapper. Mais là, ils ont vu un gamin à la lisière, avec, en plus, une musette... Ils m'ont laissé tranquille.

J'ai rejoint le détachement et rapporté au commandant qu'il y avait des tireurs allemands, planqués dans les pins. Dans la nuit, on les a capturés sans un coup de feu et ramenés vivants. C'était ma première mission...

Fin 43... Au village des Staryïé Tchelnychki, district des Bechenkovitchi, je me suis fait pincer par des SS... Ils m'ont cogné avec leurs baguettes de fusil. M'ont flanqué des coups de pied, avec leurs bottes ferrées. Des bottes, t'aurais dit qu'elles étaient en pierre!... Finalement, ils m'ont traîné dehors et m'ont aspergé d'eau. C'était l'hiver : je me suis couvert d'une couche de glace sanglante. Et puis, j'ai entendu des coups de marteau au-dessus de moi. Je n'avais pas idée de ce que c'était. Ils montaient une potence. Je l'ai vue quand ils m'ont relevé et hissé sur un billot. Mon dernier souvenir ? L'odeur du bois frais... Une odeur vivante...

La corde me serrait déjà le cou... mais on l'a décrochée à temps. Des partisans se tenaient en embuscade. Quand j'ai repris conscience, j'ai reconnu notre médecin. "Deux secondes plus tard, m'a-t-il dit, et je ne pouvais plus rien pour toi. T'as de la veine d'être en vie, fiston."

On m'a porté jusqu'au détachement, j'étais en miettes de la tête aux pieds. J'avais tellement mal que je me demandais si je pourrais jamais grandir...

"ET POURQUOI, MOI, JE SUIS TOUT PETIT?..."

Sacha Streltsov, quatre ans.
Aviateur.

Mon père ne m'a même pas vu.

Je suis né sans lui. Il a fait deux guerres : il rentrait à peine de celle contre la Finlande, que la Seconde Guerre mondiale commençait. Il est donc reparti.

De maman, je me rappelle qu'on allait ensemble en forêt et qu'elle m'apprenait des choses : "Ne te presse pas... Écoute tomber les feuilles... Écoute le bruit de la forêt..." Et puis, on s'asseyait sur le chemin et, avec une petite branche, elle me dessinait des oiseaux sur le sable.

Je me souviens aussi que je voulais être grand et que je demandais à maman :

"Il est grand, papa?"

Elle :

"Très grand et très beau. Mais il ne fait pas le fier pour autant.

— Et pourquoi, moi, je suis tout petit?"

Je commençais seulement à grandir... On n'avait plus une seule photographie de mon père. Or, moi, j'avais besoin de m'assurer que je lui ressemblais.

"Tu lui ressembles. Tu lui ressembles beaucoup", me tranquillisait ma mère.

En 45, on a appris que mon père était mort. Maman l'aimait tellement qu'elle est devenue folle... Elle ne reconnaissait plus personne, même pas moi. Ensuite, autant que je me souvienne, je me revois seul, avec grand-mère. Les gens l'appelaient Choura, pour pas qu'on ne nous confonde[1]. Mais, tous les deux, on s'était mis d'accord : j'étais Chourik, et elle mémé Sacha.

Mémé Sacha ne me racontait jamais d'histoires, elle n'avait pas le temps : depuis le matin jusque tard dans la nuit, elle faisait la lessive et la cuisine, blanchissait, labourait. Elle menait paître la vache. Les jours de fête, elle aimait se rappeler ma naissance. Voyez, là, je vous raconte, mais c'est la voix de ma grand-mère qui résonne dans mes oreilles : "Il faisait chaud. Une vache de grand-père Ignat avait eu un petit veau. Et puis, des voleurs étaient entrés dans le jardin du vieux Iakimchtchouk. C'est à ce moment-là que t'es venu au monde…"

Des avions passaient sans arrêt au-dessus de notre ferme… Des avions à nous. J'étais en deuxième année d'école, et bien décidé à devenir aviateur.

Grand-mère est allée au bureau de recrutement. On lui a demandé mes papiers. Elle ne les avait pas mais elle avait pris avec elle l'avis de décès de mon père. Elle est rentrée en me disant : "On récolte les pommes de terre et, après, tu pars à Minsk, au collège Souvorov."

Juste avant mon départ, elle a emprunté de la farine à quelqu'un et fait cuire un tas de petits pâtés. Je suis monté dans la voiture du chef du bureau de recrutement, qui m'a déclaré : "C'est en hommage à ton père que tu as droit à ça."

C'était la première fois que je montais dans une voiture.

Quelques mois plus tard, grand-mère est venue au collège. Elle m'apportait une gâterie : une pomme. Elle m'a supplié : "Mange."

Moi, je ne voulais pas me séparer tout de suite de son cadeau…

"ILS ÉTAIENT ATTIRÉS PAR L'ODEUR DE LA CHAIR HUMAINE…"

Nadia Savitskaïa, douze ans.
Ouvrière.

On attendait que mon frère rentre de l'armée. Il avait écrit qu'il reviendrait en juin.

---

1. Sacha, de même que Choura, est un diminutif des prénoms Alexandre et Alexandra. Chourik est aussi un diminutif d'Alexandre.

On se disait : voilà, quand il sera de retour, on lui fera une maison. Mon père transportait déjà des rondins dans sa voiture à cheval et, le soir, on s'asseyait dessus pour passer un moment. Je me souviens même que maman expliquait à mon père qu'il faudrait faire une grande maison. Parce qu'ils auraient beaucoup de petits-enfants.

La guerre a éclaté et, bien sûr, mon frère n'est pas rentré. On était cinq sœurs et un frère, lui, c'était le plus grand. Toute la guerre, maman a pleuré ; toute la guerre, on a attendu mon frère. C'est l'impression qui me reste : on l'attendait tous les jours.

Dès qu'on entendait dire que des soldats à nous, faits prisonniers, passaient, on fonçait voir. Maman préparait une dizaine de petits pains, on les nouait dans un torchon et on filait. Une fois, on n'avait rien à emporter mais, dans un champ, il y avait du seigle mûr. On a coupé plein d'épis, on a écrasé les grains dans nos mains. Et on est tombé sur les Allemands, une patrouille qui surveillait les champs. Ils ont jeté nos grains par terre et nous ont indiqué de nous ranger en ligne, pour nous fusiller. Nous, on se met à pleurer. Maman leur embrasse les bottes. Ils sont à cheval, très hauts, elle s'accroche à leurs pieds, qu'elle embrasse en suppliant : "Mes bons messieurs, ayez pitié de nous !... Mes bons messieurs, ce sont mes enfants. Vous voyez, il n'y a que des petites filles." Ils ont renoncé à nous fusiller et sont partis.

Après leur départ, je me mets brusquement à rire. Je ris à n'en plus finir. Dix minutes passent, je ris toujours. Vingt minutes... Je suis écroulée de rire. Maman me gronde, en vain. Maman me supplie, toujours en vain. J'ai ri tout le long du chemin. On arrive à la maison, je ris encore. Je plonge le nez dans mon oreiller, je n'arrive pas à me calmer, je ris. Et, comme ça, toute la journée. Tout le monde croyait que je... vous comprenez... tout le monde avait peur... que j'aie perdu l'esprit. Que je sois devenue simplette...

Le pire, c'est que ça m'est resté : quand la frayeur me prend, je me mets à rire. À hurler de rire.

L'année 44... On nous libère. C'est alors qu'on reçoit une lettre, comme quoi mon frère est mort. Maman pleure, pleure. Finalement, elle est devenue aveugle. On logeait en dehors du village, dans des abris allemands, parce que tout le village avait brûlé, tout : notre vieille maison, les rondins pour la nouvelle... On n'avait plus rien. On a trouvé des casques de soldats dans la forêt et on s'en est servi de casseroles. Les casques allemands étaient grands comme des marmites. On se procurait à manger dans la forêt. On avait peur d'aller y chercher des champignons et des baies. Il restait un tas de bergers allemands qui se jetaient sur les gens et dévoraient les petits enfants. Ils étaient habitués à la chair et au sang humains, ils avaient été dressés pour ça. Habitués à l'odeur de chair fraîche… Alors, quand on allait en forêt, on partait toujours par grands groupes. Une vingtaine de personnes… Nos mères nous apprenaient qu'il fallait crier, en se déplaçant dans la forêt, que ça ferait peur aux chiens. Le temps de remplir un panier de baies, on hurlait tellement qu'on n'avait plus de voix. Aphones, qu'on était. On avait la gorge qui enflait. C'étaient des chiens gros comme des loups.

Ils étaient attirés par l'odeur de la chair humaine…

"POURQUOI ILS LUI ONT TIRÉ DANS LA FIGURE ? MA MAMAN ÉTAIT SI JOLIE…"

Volodia Korchouk, sept ans.
Professeur, docteur en histoire.

On vivait à Brest… Juste à la frontière…

Dans la soirée, on avait été au cinéma tous les trois : maman, papa et moi. C'était tellement rare qu'on aille ensemble quelque part, mon père était tout le temps pris. Il était directeur régional de l'Instruction publique, sans arrêt parti en mission.

Le dernier soir sans guerre… La dernière nuit…

Quand maman m'a secoué, au matin, tout grondait, cognait, vrombissait. Il était très tôt, je me souviens que, dehors, il faisait encore sombre. Mes parents s'agitaient, ils préparaient une valise et, bizarrement, ne trouvaient pas ce qu'ils voulaient.

On avait une maison à nous, un grand jardin. Mon père est parti je ne sais où et, avec maman, on a regardé par la fenêtre : dans le jardin, il y avait des militaires qui parlaient un russe bizarre ; leur uniforme était différent du nôtre. Maman a dit que c'était une manœuvre de diversion, des espions étrangers. Moi, je n'arrivais pas à me le fourrer dans le crâne : dans notre jardin où, sur une petite table, se trouvait encore le samovar de la veille, brusquement, des espions étrangers ?! Que faisaient nos gardes-frontières ?

On a quitté la ville à pied. Un immeuble de pierre s'est littéralement volatilisé sous mes yeux, un téléphone a volé par la fenêtre. Au milieu de la rue, un lit, avec une fillette tuée, sous une couverture. Exactement comme si on avait sorti ce lit et qu'on l'ait posé là exprès, tellement tout était intact : la couverture était juste un peu brûlée. À la sortie de la ville, il y avait des champs de seigle. Les avions nous mitraillaient. Alors, tout le monde a délaissé la route et pris par ces champs.

Une fois dans la forêt, on avait moins peur. À l'abri des arbres, j'ai vu sur la route de gros véhicules. Les Allemands arrivaient, ils étaient tout joyeux, ils riaient fort. On les entendait parler dans une langue inconnue. Une langue dans laquelle il y avait plein de *r-r-r*...

Mes parents n'arrêtaient pas de se demander où étaient les nôtres. Où était notre armée ? Moi, je m'imaginais que Boudionny allait venir au galop, sur son cheval de bataille... Que les Allemands s'en iraient... Notre cavalerie était sans égale, mon père m'en avait convaincu depuis longtemps.

On a marché, marché... La nuit, on allait dans des fermes où on nous donnait à manger, où on se réchauffait. Plein de gens connaissaient mon père. Lui aussi en connaissait plein. Une fois, on est arrivés, comme ça, et je me souviens encore du nom du maître d'école qui habitait là : Paouk[1]. Il avait deux maisons, une vieille et une neuve. Il nous a proposé de nous en laisser une et qu'on reste chez lui. Mais mon père a refusé. Alors, le maître d'école nous a conduits jusqu'à la grand-route et, quand maman a voulu lui donner de l'argent, il a secoué la tête en disant que l'amitié, aux instants difficiles, ça ne se payait pas. Ça, je l'ai retenu !

C'est comme ça qu'on est arrivés dans la ville d'Ouzda, d'où mon père était natif. On s'est installés chez mon grand-père, au village des Mrotchki...

Mon premier partisan, je l'ai vu chez nous, en hiver. Depuis, je me les suis toujours représentés en tenue de camouflage blanche. Mon père n'a pas tardé à les rejoindre dans la forêt. On est restés, avec grand-père et maman.

1. "L'Araignée".

Maman faisait de la couture… Non… Elle était assise à la grande table et elle brodait sur un métier. Moi, j'étais sur le poêle. Les Allemands sont entrés avec le staroste[1], qui a désigné maman : "C'est elle." On a ordonné à maman de se préparer. Là, j'ai eu vraiment peur. Ils l'ont emmenée dans la cour, elle m'a appelé pour me dire adieu. Moi, je m'étais caché sous un banc et il n'y a pas eu moyen de m'en sortir…

Maman a été emmenée avec deux autres femmes, dont les maris étaient aussi partisans. Personne ne savait où. De quel côté ? Le lendemain, on les a retrouvées toutes les trois, étendues dans la neige, pas très loin du village… Il avait neigé toute la nuit… Ce dont je me souviens, quand on a ramené maman, c'est qu'on lui avait tiré en pleine figure. Elle avait des petits trous sur la joue, à cause des balles. Je n'arrêtais pas de demander à grand-père : "Pourquoi ils lui ont tiré dans la figure ? Ma maman était si jolie…" On l'a enterrée. On était trois derrière le cercueil : grand-père, grand-mère et moi. Les gens avaient peur. Ils venaient nous voir la nuit… La nuit, ça n'arrêtait pas mais, dans la journée, on était seuls. Je n'arrivais pas à comprendre pourquoi ils avaient tué ma maman, puisqu'elle n'avait rien fait de mal… Elle était là, tranquille, à broder…

Une nuit, mon père est venu et il a dit qu'il me prenait avec lui. J'étais drôlement content ! Les premiers temps, ma vie chez les partisans ne se distinguait guère de celle que je menais chez mon grand-père. Mon père partait en opération, en me laissant chez quelqu'un, dans un village. Je revois une femme à laquelle il m'avait confié, une fois. On lui avait ramené son mari, tué, en traîneau. Elle se tapait la tête contre la table où se trouvait le cercueil, et n'arrêtait pas de répéter : "Les monstres !"

Mon père était absent depuis longtemps. Je l'attendais et me disais : "Je n'ai plus de maman, grand-père et grand-mère sont loin, qu'est-ce que je vais faire, tout petit, tout seul, si on me ramène papa, mort, en traîneau ?" Quand il est revenu, j'ai eu l'impression de ne pas l'avoir vu d'une éternité. En l'attendant, je m'étais juré que, s'il rentrait, je ne lui dirais plus que "vous". Une façon de lui montrer à quel point je l'aimais, à quel point il me manquait et que je n'avais que lui. Visiblement, mon père n'a pas remarqué, au début. Ensuite, il m'a demandé : "Pourquoi tu me vouvoies ?" Je lui ai avoué mon

1. Responsable d'un village.

serment et ce qui l'avait motivé. Et il m'a expliqué : "Moi aussi, je n'ai que toi. C'est bien pour ça qu'on doit se tutoyer. On est les plus proches du monde." Je lui ai encore demandé qu'on reste toujours ensemble. Mais lui n'arrêtait pas de me répéter : "Tu es déjà grand. Tu es un homme."

Je me rappelle comme il était gentil avec moi. On a été mitraillés... On était là, couchés sur la terre froide d'avril, il n'y avait pas encore d'herbe... Mon père a trouvé un trou assez profond et il m'a dit : "Couche-toi au fond. Moi, je serai au-dessus. Si je suis tué, tu survivras." Tous les partisans me plaignaient. Je me rappelle que l'un d'eux, un homme déjà âgé, s'est approché, une fois, il m'a ôté mon bonnet et m'a longuement caressé les cheveux, en disant à mon père qu'il en avait un comme ça, de garnement, qui se baladait Dieu savait où. Un jour qu'on traversait un marécage, dans l'eau jusqu'à la ceinture, mon père a voulu me porter mais il s'est vite fatigué. Alors, les partisans m'ont porté à tour de rôle. Ça, je ne l'oublierai jamais. Comme je n'oublierai pas la fois où ils avaient trouvé quelques feuilles d'oseille et me les avaient toutes données. Eux, s'étaient couchés l'estomac vide.

... À la maison d'enfants de Gomel, où j'ai été transféré en avion avec d'autres enfants de partisans, dès que la ville a été libérée, quelqu'un m'a remis de l'argent de la part de mon père, un gros billet rouge. On est allés au marché, avec les copains, et on a tout dépensé en bonbons. Ça en faisait un tas! Y en avait pour tout le monde. La monitrice m'a demandé : "Qu'est-ce que tu as fait de l'argent de ton père?" J'ai avoué que j'avais acheté des bonbons. "C'est tout?" a-t-elle dit, étonnée.

Minsk a été libérée... Un homme est venu me chercher pour me ramener à mon père. On a eu du mal à monter dans le train. L'homme a réussi à s'y glisser, moi, on m'a fait passer par la fenêtre.

J'ai retrouvé mon père et je lui ai à nouveau demandé qu'on ne se quitte plus jamais, parce que, sinon, c'était pas bien. Je me souviens qu'il n'était pas tout seul pour m'accueillir : il y avait une nouvelle maman. Elle a serré ma tête contre elle. Moi, ça me manquait tellement, les caresses maternelles, et son contact m'était si agréable que je me suis tout de suite endormi dans la voiture. Sur son épaule.

À dix ans, je suis entré à l'école. J'étais déjà grand, je savais lire et, au bout de six mois, on m'a mis en deuxième année. Je savais lire, mais pas écrire. On me fait venir au tableau et on me demande d'écrire un mot avec le son "ou". Moi, je reste planté, horrifié à l'idée que je ne sais pas comment ça s'écrit, "ou". En revanche, je savais tirer. Et bien !...

Un jour, je m'aperçois que le pistolet de mon père n'est plus dans l'armoire. Je retourne tout : pas de pistolet.

"Ben alors ? Qu'est-ce que tu vas faire, à présent ?" j'ai demandé à mon père, quand il est rentré du travail.

Il m'a répondu :

"Je vais instruire les enfants."

Ça m'a désorienté... Pour moi, le travail, c'était forcément la guerre...

"TU ME DEMANDES DE T'ACHEVER..."

Vassia Boïkatchev, douze ans.
Enseignant du technique.

L'hiver 41... J'y ai repensé longtemps... Les derniers jours de mon enfance...

Pendant les vacances d'hiver, toute notre école avait joué à la guerre. Avant, on avait eu une préparation militaire, on avait fabriqué des fusils en bois, cousu des tenues de camouflage, des tenues de brancardiers. Des responsables de l'armée étaient venus dans de petits coucous. On était aux anges !

Seulement, en juin, c'étaient des avions allemands qui nous survolaient et nous envoyaient des espions. Des hommes de vingt-deux, vingt-six ans, en vestes grises à carreaux et à casquettes. Avec les adultes, on en a capturé plusieurs, qu'on a livrés au soviet rural. On était drôlement fiers d'avoir pris part à une opération militaire. Ça nous rappelait nos jeux de l'hiver précédent. Ensuite, on en a vu arriver d'autres... Ils ne portaient plus de vestes à carreaux, ils n'avaient pas les mêmes casquettes, ils étaient en uniformes verts, manches retroussées, et chaussés de bottes à large tige et aux talons ferrés ; sur le dos, des havresacs en veau, au côté de longues boîtes avec des masques à gaz, et des pistolets-mitrailleurs en bandoulière. Lourds, repus. Ils chantaient et braillaient : *"Zwei Monat, Moskwa kaput!*" Mon père m'a expliqué : *Zwei Monat,* ça veut dire "deux mois"... Deux mois ? Seulement ? Cette guerre, décidément, ne ressemblait pas à celle de nos jeux, qui me plaisait tant.

Dans un premier temps, les Allemands n'ont fait que passer dans notre village des Malevitchi. Ils ont poussé plus loin, vers la gare de Jlobine. Mon père y travaillait, mais il n'y allait plus, il attendait le retour de nos troupes qui repousseraient les Allemands de l'autre côté de la frontière. On était sûrs qu'elles seraient là d'un jour à l'autre... Seulement voilà... Nos soldats... On les voyait étendus, raides, un peu partout : sur les routes, dans la forêt, dans les fossés, les champs, les potagers... Dans les tourbières... Morts. Ils gisaient avec leurs fusils, leurs grenades. C'était la canicule et on aurait dit que la chaleur les faisait grossir. Il semblait y en avoir de plus en plus, chaque jour. Toute une armée. Personne ne se souciait de les enterrer...

Mon père a attelé le cheval et on est allés dans les champs. On a entrepris de ramasser les morts. On a creusé des fosses. On les a mis par rangées de dix, douze hommes. Mon cartable s'est rempli de papiers d'identité. Je me souviens des adresses : c'étaient des gens natifs de la région de Kouïbychev, de la ville d'Oulianovsk.

Quelques jours plus tard, j'ai trouvé mon père mort, en dehors du village, ainsi que mon meilleur copain, Vassia Chevtsov, qui avait quatorze ans. Vassia avait été transpercé de trois coups de baïonnette. Ce jour-là, on est allé ramasser les morts sans moi...

Après, avec grand-père, on s'est rendus sur les lieux... Mais ils ont commencé à bombarder et on n'a pas pu enterrer mon père. Et, après le bombardement, on n'a plus rien retrouvé de lui. Rien de rien. Alors, on a mis une croix au cimetière. C'est tout. Une simple croix. Avec, au-dessous, dans la terre, son costume de fête...

Une semaine plus tard, on ne pouvait plus ramasser les soldats... Impossible de les soulever... Il y avait de l'eau, sous leurs vareuses, qui faisait un bruit de ventouse... On a récupéré leurs fusils. Et leurs livrets militaires.

Grand-père a été tué dans un bombardement...

Qu'est-ce que j'allais faire, à présent ? Sans mon père ? Sans mon grand-père ? Ma mère n'arrêtait pas de pleurer. Et les armes qu'on avait récupérées et enterrées en lieu sûr, à qui les donner ? Je n'avais personne à qui demander conseil. Et maman qui pleurait tout le temps...

Au cours de l'hiver, j'ai pu contacter des résistants. Mon cadeau leur a fait sacrément plaisir. On a réussi à faire passer les armes aux partisans...

Au bout d'un certain temps... je ne sais plus vraiment... trois ou quatre mois, peut-être, un jour, je me souviens, je ramasse des pommes de terre gelées de l'année précédente... Je rentre, trempé et affamé, à la maison, mais j'en rapporte un plein seau. J'ai à peine le temps de me déchausser, de retirer mes laptis[1] mouillés, que des coups retentissent à la trappe de la cave où on habitait. Quelqu'un demande : "Boïkatchev est là ?" Et lorsque je me montre, on m'ordonne de sortir. Dans ma précipitation, je prends ma boudionovka au lieu de ma chapka, ce qui me vaut aussitôt de tâter du fouet.

À côté de la cave, il y a trois chevaux, montés par des Allemands et des Polizei. Un Polizei met pied à terre, il me passe autour du cou une lanière qu'il attache à sa selle. Maman les implore : "Laissez-moi au moins lui donner à manger !" Elle redescend dans la cave chercher des galettes qu'elle a faites avec des pommes de terre gelées. Pendant ce temps-là, ils fouettent leurs chevaux qui partent aussitôt au trot. Et ils me traînent comme ça sur environ cinq kilomètres, jusqu'au bourg de Vessioloïé.

Au premier interrogatoire, l'officier nazi me pose des questions simples : nom, prénom, date de naissance... Qui sont ton père et ta mère ? C'est un jeune Polizei qui traduit. À la fin, il me dit : "Tu vas nettoyer la salle de tortures. Regarde bien le banc..." On me donne un seau d'eau, un balai, un chiffon, et on m'y conduit.

Là, je découvre un tableau terrifiant : au milieu de la pièce se trouve un large banc auquel sont fixées des courroies. Il y en a trois : une pour le cou, l'autre pour la taille, la troisième pour les pieds. Dans un coin, de gros gourdins de bouleau et un seau avec de l'eau. Une eau toute rouge. Sur le sol, des flaques de sang... d'urine... d'excréments.

J'en ai versé des seaux d'eau ! Il n'empêche que mon chiffon était tout rouge...

Au matin, l'officier me fait appeler :

"Où sont les armes ? Tes liens avec la résistance ? Quelles missions ?" Une question n'attend pas l'autre.

---

1. Chaussons de tille que portaient traditionnellement les paysans.

Moi, je fais celui qui ne sait rien : je suis trop jeune. Et, dans les champs, c'est des pommes de terre gelées que je ramassais, pas des armes...

"Mettez-le-moi à la cave", a enjoint l'officier à un soldat.

On m'a descendu dans la cave d'eau froide. Juste avant, on m'a montré un partisan qu'on venait d'en sortir. Il n'avait pas supporté ce supplice et... s'était noyé. Son corps, à présent, traînait dehors.

Je suis dans l'eau jusqu'au cou. Je sens mon cœur battre, les pulsations de mon sang dans mes veines. J'ai l'impression que mon sang réchauffe l'eau autour de mon corps. Je n'ai qu'une obsession : ne pas perdre connaissance. Ne pas boire la tasse. Ne pas me noyer...

Interrogatoire suivant : on me colle le canon d'un pistolet sur l'oreille. On tire : une latte de parquet est fendue. Ils ont tiré dans le plancher! Un coup de bâton sur les cervicales. Je tombe... Au-dessus de moi, un gros type, massif, qui pue le saucisson et le tord-boyaux. J'ai la nausée mais je n'ai rien à vomir. J'entends : "Je vais te faire lécher ce que tu as lâché par terre... Te le faire lécher, tu piges?... Tu piges, merdaillon rouge?!"

Dans la cellule, je ne dors pas, je perds simplement connaissance, à force de douleur. Tantôt, je me crois en rangs, à l'école, et notre maîtresse, Lioubov Ivanovna Lachkevitch, dit : "À l'automne, vous entrerez en cinquième année mais, en attendant, les enfants, je vous dis au revoir. Vous allez grandir au cours de l'été et Vassia Boïka-tchev, qui est actuellement le plus petit, vous dépassera tous." Et Lioubov Ivanovna sourit...

Tantôt, on est dans les champs avec mon père, à ramasser nos soldats tués. Mon père marche devant, et moi, je trouve, sous un pin, un homme... Ça m'était effectivement arrivé. Enfin, pas un homme, plutôt ce qui en restait... C'était dans les tout premiers jours. Il m'avait imploré : "Petit, je n'ai plus de bras, plus de jambes, achève-moi..." Les autres avaient eu le temps de le panser mais pas de l'emporter... Épouvanté, j'étais parti en courant, appelant mon père...

Le vieil homme qui partage ma cellule me réveille :

"Arrête de crier, petit.

— Qu'est-ce que je crie?

— Tu me demandes de t'achever..."

Des dizaines d'années ont passé et je m'étonne toujours d'être en vie. Ce sentiment ne me lâche pas...

"JE N'AVAIS MÊME PAS UN FICHU..."

Nadia Gorbatcheva, sept ans.
Travaille à la télévision.

Ce qui me fascine dans la guerre, c'est ce qui ne s'explique pas...
J'y pense encore beaucoup...
   Je ne me rappelle pas le départ de mon père pour le front...
   On ne nous l'a pas dit. On a voulu nous épargner. Il nous a
conduites le matin, ma sœur et moi, au jardin d'enfants. Tout
était comme d'habitude. Le soir, bien sûr, on a demandé où il
était mais maman nous a rassurées : "Il va bientôt revenir. Dans
quelques jours."
   Je me rappelle la route... Des véhicules roulaient, dans les bennes
des camions des vaches meuglaient, des cochons piaulaient. Je
revois un garçon qui tenait un cactus. Les cahots le projetaient de
part et d'autre de la benne. Ma sœur et moi, ça nous faisait rire de
le voir s'agiter comme ça. Nous les gosses, tout ce qu'on voyait,
c'étaient les champs, les papillons... Ça nous plaisait, cette balade...
Et puis, maman était là pour nous défendre, on était "sous son
aile". Je sentais plus ou moins qu'un malheur était arrivé mais on
était avec maman et là où on allait, ce serait forcément bien. Elle
nous protégeait des bombes, des propos affolés des grands, de tout
ce qui pouvait nous faire du mal. Sûr que, si on avait été capable
de lire sur son visage, on aurait tout compris ! Seulement, son
visage, je ne m'en souviens pas ! Je me souviens d'une grosse sauterelle posée sur l'épaule de ma sœur. Je me souviens d'avoir crié :
"Un avion !", et tous les grands, bizarrement, ont sauté des chariots et levé le nez.
   On est arrivés chez grand-père au village de Gorodets, district
de Senno. Il avait une grande famille, alors on s'est installés dans la
cuisine d'été. Tout le monde s'est mis à nous appeler "les estivants"
et ça nous est resté jusqu'à la fin de la guerre. Je ne nous revois pas
en train de jouer ; en tout cas, on n'avait pas de jeux d'été, ça c'est
certain ! Mon frère était tout petit et on devait s'en occuper parce
que maman bêchait, plantait, cousait. Quand on se retrouvait sans
elle, on avait à laver les cuillers, les assiettes, le plancher, à finir de
chauffer le poêle, à ramasser du petit bois pour le lendemain, à faire

des réserves d'eau : on n'arrivait pas à en porter un plein seau, on transportait des demi-seaux. Chaque soir, maman donnait ses instructions : toi, tu t'occupes de la cuisine, et toi de ton frère. Chacune était responsable.

Il y a eu des moments où on avait drôlement faim. Faut dire, aussi, qu'on avait un chat et un chien. Ils faisaient partie de la famille, on partageait tout avec eux. Et si on n'avait pas assez pour le chat et le chien, chacune s'arrangeait, en douce, pour leur garder un petit morceau. Le jour où le chat a été tué par un éclat d'obus, ç'a été une perte... on a cru qu'on ne s'en remettrait jamais! On a pleuré pendant deux jours. On lui a organisé un véritable enterrement, avec une procession, des larmes. On a mis une petite croix, planté des fleurs qu'on arrosait régulièrement.

Aujourd'hui encore, quand je revois comme on a pleuré, comme on était malheureuses, je ne peux pas envisager de prendre un chat. Quand ma fille était petite, elle voulait un chien. Je n'ai jamais pu m'y résoudre.

Ensuite, il s'est passé un truc... On a cessé d'avoir peur de la mort...

On a vu arriver plein de gros camions allemands. Ils ont fait sortir tout le monde des fermes. Ils nous ont alignés et ont commencé à compter : "*Ein, zwei, drei...*" Maman était la neuvième, ils en fusillaient un sur dix. En l'occurrence, notre voisin... Maman portait mon petit frère. Ça lui a fait un tel choc, qu'elle l'a laissé tomber...

Je me rappelle les odeurs. Aujourd'hui, quand je vois des nazis au cinéma, je retrouve tout de suite l'odeur... du cuir, du drap de bonne qualité, de la sueur...

La mort, on n'en parlait pas. Dans notre famille, on essayait de l'évoquer le moins possible. Un genre d'accord qu'on avait entre nous. Parce que la mort était partout...

Ce jour-là, ma sœur s'occupait de mon frère ; moi, je sarclais le potager. J'étais au milieu des pommes de terre, sûre qu'on ne pouvait pas me voir. Vous savez, quand on est petit, tout paraît très grand, très haut. L'avion, je ne l'ai remarqué que lorsqu'il s'est mis à tourner au-dessus de ma tête et que j'ai vu très nettement le visage du pilote. Un visage jeune. Une courte rafale : tacatacatac! L'avion s'éloigne, puis revient... Il ne voulait pas spécialement me tuer, il s'amusait. J'avais beau être gamine, je le comprenais. Moi, je n'avais même pas un fichu, rien pour me protéger la tête…

Vous vous rendez compte? Comment vous expliquez ça? Je me demande si cet aviateur est toujours vivant. Quels souvenirs il a et comment il les raconte? Avec quels mots?

Je vous le disais… Ce qui m'intéresse dans la guerre, c'est ce qui ne peut pas s'expliquer… Je n'arrête pas d'y penser.

L'instant où on ne savait pas si on allait être tué ou mourir de peur, cédait la place à sorte de "période neutre" : on avait échappé à un malheur et, le suivant, on ne le connaissait pas encore. Parce que, faut pas croire, on riait beaucoup, aussi!… On se moquait les uns des autres, on s'imitait en train de courir se cacher, de fuir ; on montrait les balles qui volaient et… rataient leur but. Ça, je m'en souviens bien! Même nous, les gosses, on se retrouvait ensemble pour se taquiner : t'as eu peur, t'as eu peur, et pas lui! On riait et on pleurait en même temps.

Je repense à la guerre pour essayer de comprendre. Sinon, à quoi ça sert?

On avait deux poules. Quand on leur commandait : "Chut, les Allemands!", elles ne faisaient plus de bruit. Elles restaient avec nous, tapies sous le lit, pas une ne pipait. Après, de toutes les poules dressées que j'ai vues dans les cirques, aucune ne m'a épatée. Quoi qu'il arrive, les nôtres pondaient régulièrement leurs deux œufs dans une caisse sous le lit. On se sentait drôlement riches!

Pour le Nouvel An, on réussissait malgré tout à faire un sapin. Maman n'oubliait jamais qu'on était des enfants. On découpait dans des livres des images avec plein de couleurs, on fabriquait des boules en papier : une blanche, une noire, et des guirlandes avec de vieux bouts de fils. Ces jours-là, tout le monde se faisait un tas de sourires. En guise de cadeaux (on n'en avait pas), on se laissait des billets au pied du sapin.

Par exemple, j'écrivais à maman : "Mamounette, je t'aime très fort. Très, très fort!" On s'offrait des mots doux…

Les années ont passé… J'ai lu tant de livres!… Et je n'en sais pas beaucoup plus sur la guerre que quand j'étais enfant. C'est de ça que je voulais parler…

"IL N'Y A PERSONNE POUR JOUER DEHORS..."

Valia Nikitenko, quatre ans.
Ingénieur.

Tout se fixe dans une mémoire d'enfant, comme dans un album photos. Par clichés isolés...
Maman me supplie :
"Allez, on court, on court!... On avance, vite!"
Elle a les mains prises. Moi, je fais un caprice :
"J'ai mal aux pieds."
Mon petit frère de trois ans me pousse :
"On cou't." (Il n'arrive pas à prononcer les "r"). "Sinon les Allemands vont nous att'aper."
Alors, on "cou't", tous ensemble, sans rien dire.
Je protège ma tête des bombes... et ma poupée. Une poupée qui n'a plus ni bras ni jambes. Je pleure pour que maman les lui remette...
Quelqu'un apporte un tract à maman... Je sais déjà ce que c'est... Des nouvelles de Moscou, de bonnes nouvelles. Maman parle avec grand-mère et je comprends que notre tonton a rejoint les partisans. Comme voisins, on a une famille de Polizei. Vous savez comment sont les gosses : on est dehors, et chacun se vante de son papa. Leur fils dit :
"Mon papa, il a une mitraillette..."
Je ne veux pas être en reste :
"Eh ben, nous, tonton nous a envoyé un tract..."
La mère du Polizei l'entend et elle vient prévenir maman : si jamais son fils surprend mes paroles ou si un des enfants les lui répète, notre famille est en danger de mort.
Maman me fait rentrer et dit :
"Ma petite fille, tu ne le raconteras plus à personne, hein?
— Si, je le raconterai!
— Il ne faut pas.
— Alors, lui, il peut, et moi non?"
Elle prend un des osiers du balai mais ça lui fait mal de me corriger. Elle se contente de me mettre au coin :
"Tu ne le feras plus? Sinon, on tuera maman.

— Bah, tonton arrivera de la forêt en avion et il te défendra!"

C'est comme ça que j'ai fini par m'endormir, au coin…

Notre maison brûle. On m'emporte, tout ensommeillée. Mon manteau et mes chaussures sont en cendres. Je porte la veste de maman, qui me descend jusqu'aux pieds.

On vit dans un gourbi. Je m'en extrais et je sens l'odeur de la bouillie de seigle au lard. Aujourd'hui encore, je ne connais rien de meilleur. Quelqu'un crie : "Les nôtres sont là!" Dans le potager de tata Vassilissa – comme l'appelle maman, les enfants, eux, disent tous : "mémé Vassia" – est installée une cuisine de campagne. Des soldats prennent de la bouillie dans des marmites et nous en distribuent. Je me rappelle parfaitement que c'était dans des marmites. Mais je ne sais plus comment on a mangé : on n'avait pas de cuillers…

Quelqu'un me tend un quart de lait. Moi, le temps de la guerre, j'en ai oublié l'existence. D'abord, on me le verse dans une tasse mais je la fais tomber et elle se casse. Je pleure. Tout le monde croit que c'est à cause de la tasse, pas du tout, c'est à cause du lait renversé. Il est si bon! J'ai peur qu'on ne m'en redonne plus.

Après la guerre, les maladies ont commencé. Tout le monde était malade, tous les enfants. Plus que pendant la guerre. Bizarre, non?

Épidémie de diphtérie… Des enfants meurent. Je suis enfermée à clé à la maison, mais je me sauve pour aller à l'enterrement de deux jumeaux du voisinage, avec lesquels je m'entendais bien. Maman me ramène sans ménagement. Elle est persuadée, et grand-mère avec elle, que j'ai été contaminée. Non, je tousse simplement.

Au village, il n'y a plus du tout d'enfants. Il n'y a personne pour jouer dehors…

"ELLE A OUVERT LA FENÊTRE…
ET LÂCHÉ LES FEUILLES AU VENT…"

Zoïa Majarova, douze ans.
Employée des postes.

Toute la guerre, j'ai vu un ange… Il ne s'est pas montré tout de suite…

La première fois... il m'est apparu en rêve, quand on nous emmenait en Allemagne. Dans le wagon, pourtant... on n'apercevait pas une étoile ni le moindre bout de ciel. N'empêche qu'il m'a visitée. Mon ange...

Vous n'avez pas peur de moi? De ce que je vous dis? Parce que... tantôt j'entends des voix... tantôt je vois des anges... Quand je me mets à raconter, y a des gens qui n'ont pas envie d'écouter. Je leur fais peur. Pour les fêtes, on ne m'invite pas souvent. Même mes voisins. C'est que... je raconte à n'en plus finir... C'est peut-être la vieillesse? Quand je me lance, je ne peux plus m'arrêter...

Pendant la guerre... Mais, commençons par le commencement... La première année, je l'ai passée avec papa et maman. Je labourais et moissonnais. Je fauchais et battais. On donnait tout aux Allemands : le grain, les pommes de terre, les pois. À l'automne, ils arrivaient en charrettes, ils faisaient la tournée des fermes et collectaient... comment ça s'appelle, déjà?... la redevance. Nos Polizei les accompagnaient. On les connaissait tous. Ils venaient du village d'à côté. On vivait comme ça. On s'y était habitué, pour ainsi dire. Hitler, à ce qu'on racontait, était déjà à Moscou. À Stalingrad...

La nuit, on voyait arriver les partisans. Eux, présentaient les choses autrement : Staline ne lâcherait jamais Moscou. Ni Stalingrad...

On vivait, malgré tout... On labourait et moissonnait. Les soirs de fête ou quand on ne travaillait pas, on dansait. Dans la rue. Au son de l'accordéon.

Je me rappelle ce fameux dimanche des Rameaux. On avait coupé plein de branches, on était allés à l'église. On était tous dans la rue, à attendre l'accordéoniste. C'est là qu'un tas d'Allemands sont arrivés. Dans de grands camions bâchés. Avec des chiens tout noirs, hargneux. Ils nous ont encerclés, et les voilà qui nous commandent : "Montez!" Ils nous poussent avec leurs crosses de fusil. Ça pleure, ça crie... Le temps que nos parents accourent, on est déjà dans les camions. Sous les bâches. On avait, pas très loin, une gare de chemin de fer. C'est là qu'on nous a emmenés. Y avait déjà, tout prêts, des wagons qui nous attendaient... Un Polizei me tire vers le convoi, moi, je résiste. Il enroule ma tresse autour de son poing :

"Arrête de crier, idiote! Le Führer veut vous libérer de Staline.

— Qu'est-ce qu'on irait faire par chez vous?"

Avant, déjà, on nous avait fait de la propagande pour nous envoyer en Allemagne. On nous promettait la belle vie...

"Vous aiderez le peuple allemand à vaincre le bolchevisme.

— Moi, je veux retourner chez ma mère.

— T'habiteras dans une maison avec un toit de tuiles et tu mangeras plein de chocolats.

— Je veux voir ma mère…"

Oh, je vous le dis, si les gens savaient ce qui les attend, ils ne vivraient pas un jour de plus !

On nous a donc chargés, et le train est parti. Le voyage a été long. Combien de temps ? Je ne sais pas. Dans mon wagon, il n'y avait que des gens de la région de Vitebsk. De différents villages. Des jeunes et quelques petits, comme moi. On me demande :

"Comment tu t'es retrouvée ici ?

— J'étais allée danser."

La faim et la peur m'ont fait perdre connaissance. Je suis étendue. Je ferme les yeux. Et c'est là que… pour la première fois… je vois l'ange. Un ange minuscule, avec de petites ailes. Je comprends qu'il veut me sauver. "Comment il va s'y prendre ? je me dis, il est tellement petit !" Je ne l'avais jamais vu avant…

La soif… Elle nous tourmentait tous, on ne pensait qu'à ça : boire. On était tout desséchés à l'intérieur, à tel point que la langue nous sortait et qu'on ne pouvait plus la rentrer. Dans la journée, on était tous comme ça, à tirer la langue. La bouche ouverte. La nuit, ça allait un peu mieux.

Toute ma vie, je m'en souviendrai… Jamais je n'oublierai ça…

Dans un coin, on avait un seau pour les petits besoins, le temps du voyage. Et une gamine… a fini par ramper jusque-là, elle a saisi le seau, s'est penchée au-dessus et s'est mise à boire. À grandes goulées… Ensuite, elle a vomi… Dès qu'elle a eu fini, elle est repartie vers le seau… Et elle s'est remise à vomir.

Oh, je vous le dis, si les gens savaient ce qui les attend !…

Je me rappelle la ville de Magdeburg… On nous y a rasé la tête et enduit le corps d'un truc blanc. Contre les maladies… Ça brûlait, ce machin, on avait le corps en feu… La peau qui tirait… Mon Dieu… Je ne voulais plus vivre… Je n'avais plus de peine pour personne : ni pour papa et maman ni pour moi. Dès qu'on levait les yeux, on les voyait partout. Avec leurs chiens. Les chiens avaient des yeux effrayants. Un chien, ça ne regarde jamais un homme droit dans les yeux, ça détourne le regard. Ceux-là vous fixaient bien en face… Je ne voulais plus vivre… Il y avait avec nous, dans le train, une fillette que je connaissais. Je ne sais pas ce qui s'était passé mais on l'avait embarquée avec sa mère. Peut-être que la mère avait grimpé à sa suite dans le camion... Je ne peux pas dire...

Toute ma vie, je m'en souviendrai... Jamais je n'oublierai ça...

Et voilà la gamine qui pleure parce qu'au moment où on nous a traités pour les maladies, elle a perdu sa mère. Elle était jeune, sa mère... Et jolie. Faut dire, aussi, qu'on avait été tout le temps dans l'obscurité : personne n'ouvrait jamais les portes des wagons, c'étaient des wagons de marchandises, sans fenêtre. En fait, elle n'avait pas vu sa mère de tout le voyage. De tout un mois. Elle est donc là, qui pleure, et y a une vieille femme, complètement rasée, qui lui tend les bras, qui veut la caresser. Elle, elle la fuit, jusqu'au moment où l'autre dit : "Ma petite fille..." C'est là seulement, à la voix, qu'elle l'a reconnue.

Oh, je vous le dis, si les gens savaient ce qui les attend!...

On était tout le temps affamés. Je n'arrivais pas à retenir les endroits où on passait. Où on nous emmenait... Les noms de lieux, de gens... La faim, ça faisait de nous des somnambules.

Je me souviens d'avoir traîné des caisses dans une usine qui fabriquait des cartouches et de la poudre. Ça sentait les allumettes... la fumée. Il n'y avait pas de fumée, mais ça sentait...

Je me souviens d'avoir trait les vaches chez un *Bauer*. D'avoir coupé du bois... Des douze heures par jour...

On nous donnait à manger des épluchures de pommes de terre, du turnep, et on nous distribuait du thé avec de la saccharine. Le thé, je me le faisais piquer par la fille avec qui j'étais. Elle était ukrainienne. Plus grande que moi. Plus forte. Elle me disait : "Je dois survivre. Ma mère est seule à la maison."

Quand on était aux champs, elle chantait de jolies chansons ukrainiennes. De très jolies chansons.

Moi... une fois... Mais je ne peux pas tout raconter en une soirée. Je n'aurai pas le temps. Et puis, je ne tiendrai pas...

Où c'était donc? Je ne me souviens pas... En tout cas, on était déjà au camp... C'est ça, je crois que j'étais à Buchenwald...

On y déchargeait des camions de morts qu'on empilait, par couches : une couche de morts, une de traverses goudronnées. Une couche, une autre... Et comme ça, du matin au soir! On préparait de grands feux. Des feux de... Enfin, vous voyez bien... De cadavres... Des fois, au milieu, on trouvait des vivants qui voulaient nous dire quelque chose. Deux ou trois mots… Seulement, on n'avait pas le droit de s'arrêter à côté, ne serait-ce que le temps d'écouter…

Oh, je vous le dis, la vie humaine…! Je ne sais pas si celle des arbres est plus facile, ou celle des êtres vivants que l'homme a domestiqués : le bétail, la volaille… Mais pour les gens, je sais…

Je voulais mourir, j'avais de regrets pour personne… Seulement, chaque fois que je m'y apprêtais, que je cherchais un couteau, mon ange arrivait à tire d'aile. Je ne me rappelle plus ce qu'il disait pour me consoler, mais c'étaient des mots gentils. Il en passait, un temps, à essayer de me dissuader!… Quand je parlais de lui aux autres, elles croyaient toutes que j'avais perdu la boule. Je ne reconnaissais personne autour, je ne voyais que des étrangères. Des inconnues. Personne, d'ailleurs, ne voulait connaître personne. On savait que, demain, une telle ou une telle mourrait. Alors, à quoi ça servait? Une fois, pourtant, je me suis prise d'affection pour une petite fille… Machenka… Elle était toute blonde, douce. On a été amies, un mois. Au camp, un mois, c'est une vie entière, une éternité. C'est elle qui était venue me trouver :

"T'aurais pas un crayon?

— Non.

— Et une feuille de papier?

— Non plus. Pourquoi t'en as besoin?

— Je sais que je vais bientôt mourir et je veux écrire une lettre à maman."

Au camp, c'était interdit, les crayons, le papier… N'empêche qu'on lui en a trouvé. Cette petite, tout le monde l'aimait, blonde, comme ça, et douce. Avec une voix toute douce, aussi.

"Comment tu l'enverras, ta lettre? je lui ai demandé.

— La nuit, j'ouvrirai la fenêtre… et je la lâcherai au vent."

Je ne sais pas… Elle devait avoir huit ans, dix, peut-être. Pas facile à voir, sur des os! Y avait pas de gens, là-bas, rien que des squelettes… Elle n'a pas tardé à tomber malade. Elle ne pouvait plus se lever ni aller au travail. Je la suppliais… Le premier jour, je l'ai même traînée jusqu'aux portes mais elle y est restée cramponnée, incapable de faire un pas. Deux jours, qu'elle a été couchée. Et, le troisième, on l'a emportée sur une civière. Il n'y avait qu'une façon de sortir du camp : par la cheminée… On le savait tous. Direct au ciel!…

Toute ma vie, je m'en souviendrai… Jamais je n'oublierai ça…

Quand elle est tombée malade… on s'est mises à parler, la nuit.

"Est-ce que t'as un ange qui te visite?"

Je voulais lui raconter mon ange.

"Non. Moi, c'est ma maman qui vient. Elle a toujours un corsage blanc. Je m'en souviens, de ce corsage, avec des bleuets brodés."

À l'automne… Parce que j'ai survécu jusqu'à l'automne… Par quel miracle? Je ne sais pas… Un matin, on nous a envoyées travailler aux champs. Ramasser les carottes, les choux. J'aimais faire ça. Y avait un moment que je n'étais pas allée aux champs, que je n'avais pas vu de vert. Au camp, on ne voyait pas le ciel. Ni la terre. À cause de la fumée. La cheminée était haute, noire. Jour et nuit, elle crachait de la fumée… Aux champs, j'ai aperçu une petite fleur jaune. J'avais oublié comment ça poussait, les fleurs. Celle-là, je l'ai caressée… Les autres femmes ont fait comme moi. On savait qu'on répandait là les cendres du crématoire, et chacune avait ses morts. Une, c'était sa sœur, l'autre sa mère… Moi, c'était Machenka.

Si j'avais su que je survivrais, je lui aurais demandé l'adresse de sa mère… Mais je n'aurais pas pu penser…

Comment j'ai survécu, alors que j'ai été, cent fois, à deux doigts de mourir? Je ne sais pas… C'est mon ange qui m'a sauvée. Qui m'a persuadée de tenir… Il m'apparaît aujourd'hui encore, il aime les nuits où la lune brille fort à la fenêtre. D'une lumière blanche…

Je ne vous fais pas peur? Vous n'avez pas peur de m'entendre?…

Oh, je vous le dis…!

"CREUSEZ LÀ!…"

Volodia Barsouk, douze ans.
Président du comité national de la société sportive Spartak.

On a tout de suite rejoint les partisans…

Toute la famille: papa, maman, mon frère et moi. Mon frère était plus grand. On lui a donné un fusil. J'étais jaloux. Alors, il m'a appris à tirer.

Un jour, mon frère n'est pas rentré d'opération… Longtemps, maman a refusé de croire qu'il était mort. Des gens ont informé notre détachement qu'un groupe de partisans avait été encerclé par les Allemands et avait préféré se faire sauter avec une mine antichar plutôt que d'être pris vivant. Maman soupçonnait notre Alexandre d'avoir été de ceux là. En principe, il n'était pas dans ce groupe, mais il avait pu le rejoindre. Elle est donc allée trouver le commandant du détachement :

"Je sens que mon fils est là-bas, avec eux. Permettez-moi de me rendre sur place."

Quelques combattants ont été mis à sa disposition, et on est partis. Ce que c'est qu'un cœur de mère! Les gens du coin avaient déjà inhumé les morts.

Les combattants commencent à creuser à un endroit, mais maman leur en indique un autre : "Creusez là!…" Ils obtempèrent et trouvent mon frère. Méconnaissable : il était devenu tout noir. Maman l'a identifié à la cicatrice de son opération de l'appendicite et à son peigne de poche.

Je pense souvent à maman…

Je me rappelle la première fois que j'ai fumé. Elle s'en est aperçue, a appelé mon père :

"Regarde ce que fabrique notre Vovka[1]!

— Quoi donc?

— Il fume."

Mon père est venu vers moi, il m'a regardé :

"Bah, laisse-le! On réglera ça après la guerre."

Pendant la guerre, je n'arrêtais pas d'évoquer notre vie, avant. On était tous ensemble, plusieurs familles de la parentèle, dans une grande maison. La vie était gaie, amicale. Les jours de paie, tante Lena achetait toujours plein de gâteaux et de fromages, elle rassemblait tous les enfants et les régalait. Elle est morte, de même que son mari et son fils. J'ai perdu tous mes oncles…

La guerre a pris fin… Je revois cette fois où nous étions dans la rue, avec maman. Elle portait des pommes de terre, on lui en avait donné un peu, à l'usine où elle travaillait. D'un chantier en ruines, un prisonnier allemand s'est avancé vers nous :

"*Mutter, bitte, Kartoffel…*"

---

1. Vovka, Volodia sont deux diminutifs du prénom Vladimir.

Maman a répondu :

"Je ne t'en donnerai pas. C'est peut-être toi qui as tué mon fils."

Sidéré, l'Allemand n'a rien ajouté. Maman s'est éloignée… puis elle est revenue sur ses pas, elle a pris quelques pommes de terre et les lui a tendues :

"Tiens, mange…"

Cette fois, c'est moi qui ai été sidéré… Comment ça? Au cours de l'hiver on avait, à plusieurs reprises, fait de la luge sur des cadavres d'Allemands, on en a retrouvé longtemps aux environs de la ville. On s'en servait exactement comme de luges. On pouvait leur donner des coups de pied… On sautait à pieds joints dessus… On continuait de les haïr.

Et voilà que maman m'enseignait l'amour. Ç'a été ma première leçon d'amour de l'après-guerre…

"ON A ENTERRÉ GRAND-PÈRE SOUS LA FENÊTRE…"

Varia Vyrko, six ans.
Tisseuse.

Je me rappelle un hiver, un hiver froid… L'hiver où on a tué mon grand-père…

On l'a tué dans la cour de notre maison. Près du portail.

Et nous, on l'a enterré sous la fenêtre…

On ne nous a pas permis de le mettre au cimetière, parce qu'il avait frappé un Allemand. Les Polizei montaient la garde près de notre portillon et ne laissaient personne entrer chez nous. Ni parents ni voisins. Maman et grand-mère ont elles-mêmes fabriqué un cercueil avec des caisses. Elles ont fait la toilette de grand-père, alors que, normalement, les proches ne doivent pas s'en charger. Ça doit toujours être des étrangers. C'est la coutume, chez nous. Je me rappelle qu'on en parlait à la maison… Elles ont porté le cercueil… jusqu'au portail… On leur a crié : "Demi-tour! Sinon, on canarde toute la famille. Enterrez-le comme un chien, dans son potager!"

Ça a duré trois jours… Dès qu'elles arrivaient au portail, on les rembarrait…

Le troisième jour, grand-mère a entrepris de creuser une fosse sous la fenêtre... Il faisait moins quarante, ça, grand-mère l'a répété toute sa vie : "Moins quarante, qu'il faisait !" Enterrer quelqu'un par un froid pareil, c'est pas facile. Je devais avoir sept ans, à l'époque. Je voulais aider. Maman m'arrachait à cette fosse en pleurant. En hurlant...

Là... à l'endroit où grand père est enterré, il y a maintenant un pommier. En guise de croix. Un pommier déjà vieux...

"ILS TAPOTAIENT PAR-DESSUS, AVEC LEURS PELLES,
POUR QUE CE SOIT PLUS JOLI."

Leonid Chakino, douze ans.
Artiste peintre.

Comment on nous a mitraillés...

On nous a rassemblés à la ferme du chef d'équipe... Tout le village... Il faisait bon, ce jour-là, l'herbe était chaude. Les uns sont restés debout, les autres se sont assis. Les femmes avaient des fichus blancs, les enfants étaient pieds nus. C'était l'endroit où on se réunissait pour les fêtes. On y chantait des chansons. Pour les moissons... Là encore, il y en avait qui restaient debout, d'autres qui préféraient s'asseoir. On y organisait aussi des meetings.

Mais, cette fois... Personne ne pleurait... ne parlait. Je me souviens que, même à l'époque, ça m'avait frappé. J'ai lu qu'en général, les gens pleurent, crient quand ils pressentent la mort. Là, je ne me rappelle pas qu'on ait versé une larme. Un soupçon de larme... Aujourd'hui, quand j'y repense, je me dis : peut-être qu'à ce moment-là, j'étais devenu sourd et que je n'ai rien entendu ? Pourquoi il n'y avait pas de larmes ?

Les enfants faisaient bande à part ; pourtant, personne ne nous avait séparés des adultes. Bizarrement, les mères ne nous avaient pas gardés auprès d'elles. Pourquoi ? Je ne le sais toujours pas. D'habitude, nous, les garçons, on ne se liait pas trop avec les filles. C'était comme ça : une fille, on l'embêtait forcément, on lui tirait les nattes. Là, on s'est tous serrés les uns contre les autres. Vous comprenez, même les chiens se taisaient dans les cours.

Ils ont installé une mitrailleuse à quelques pas de nous. Deux SS se sont postés derrière. Ils bavardaient tranquillement, blaguaient. À un moment, ils ont même éclaté de rire.

C'est des détails de ce genre qui me sont restés...

Un jeune officier s'est approché. Et l'interprète a traduit : "Monsieur l'officier vous ordonne de donner les noms de ceux qui sont en contact avec les partisans. Si vous refusez, vous serez tous mitraillés."

Les gens n'ont pas bougé : ils sont demeurés assis ou debout.

"Dans trois minutes, on mitraille", a dit l'interprète, en dressant trois doigts.

À partir de ce moment-là, je n'ai pas arrêté de regarder sa main.

"Deux minutes..."

On s'est serrés plus fort les uns contre les autres, certains se sont dit des choses, mais pas avec des mots, non, avec des gestes, avec les yeux... Moi, je me rendais parfaitement compte qu'ils allaient tirer et qu'on n'existerait plus.

"Une minute... et vous êtes *kaput*..."

J'ai vu le soldat ôter la culasse, enfiler un ruban et s'apprêter à mitrailler. Il était à deux mètres des uns, à une dizaine des autres.

Ils ont pris quatorze personnes des premiers rangs. Ils leur ont donné des pelles et ordonné de creuser une fosse. Nous, ils nous ont fait avancer pour qu'on regarde... Ils travaillaient vite, vite... De la poussière volait... Je me souviens que le trou était grand, profond, un homme aurait pu s'y tenir debout. Le genre de trou qu'on creuse sous une maison, pour les fondations.

Ils les ont liquidés trois par trois. Ils les plaçaient au bord de la fosse et tiraient à bout portant. Les autres regardaient... Je n'ai pas souvenir que les parents aient dit adieu à leurs enfants, ni les enfants à leurs parents. Une mère a relevé le pan de sa robe pour en voiler les yeux de sa fille. Mais, même les petits ne pleuraient pas...

Ils ont donc mitraillé les quatorze premiers et entrepris de refermer la fosse. Nous revoilà à les regarder remettre de la terre et la tasser à coups de bottes. Ils tapotaient par-dessus, avec leurs pelles, pour que ce soit plus joli. Du boulot soigné. Vous imaginez : ils aplatissaient tout ce qui dépassait, ils faisaient tout bien proprement. Un Allemand, déjà plus très jeune, s'épongeait le front, exactement comme s'il était aux champs. Un petit chien s'est précipité vers lui... Personne n'a compris d'où il sortait. Il l'a caressé...

Trois semaines plus tard, ils nous ont autorisés à déterrer les morts. Pour que les familles les reprennent et les inhument comme il faut. Là, les pleureuses, on les a entendues ! Tout le village s'y est mis. On en a eu, des lamentations !

Plein de fois, j'ai préparé des toiles… Je voulais peindre ça… Et le résultat était tout autre : des arbres, de l'herbe…

"JE M'ACHÈTERAIS UNE ROBE AVEC UN NŒUD…"

Polia Pachkevitch, quatre ans.
Couturière.

À quatre ans… je n'avais jamais vraiment pensé à la guerre…

Mais je me la représentais comme ça : une grande forêt sombre et, dedans, un truc qui s'appelle la guerre. Pourquoi la forêt ? Parce que dans les contes, les choses les plus terribles se passent toujours dans la forêt.

Des troupes n'arrêtaient pas de défiler dans notre village des Belynitchi. Je ne comprenais pas alors que c'était la retraite. Qu'on nous laissait tomber… Je me rappelle qu'à la maison, il y avait plein de militaires. Ils me prenaient dans leurs bras. Me plaignaient. Voulaient me gâter, mais ils n'avaient rien. Au matin, quand ils repartaient, sur l'appui des fenêtres, partout, traînaient quantité de cartouches. Des insignes rouges arrachés. Des décorations. Nous, on s'amusait avec… On ne comprenait pas ce que c'était… Des joujoux…

Ça, c'est ma tante qui me l'a raconté : quand les Allemands sont entrés dans notre ville, ils avaient une liste de communistes. Et, sur cette liste, il y avait notre père et notre maître d'école, qui vivait en face de chez nous. Il avait un fils avec lequel j'étais amie et qu'on appelait "Joujou". En réalité, il devait s'appeler Igor[1], c'est ce que je me dis aujourd'hui. En tout cas, je me le rappelle, que ça ait été son vrai nom ou un surnom pour le faire enrager… Nos pères ont été emmenés ensemble.

---

1. Les sonorités des deux mots sont assez proches, en russe : Igor et *igrouchka* ("le jouet").

Sous mes yeux… on a fusillé maman dans la rue. Quand elle est tombée, son manteau s'est ouvert tout grand et est devenu rouge. La neige aussi, autour d'elle, était rouge…

Ensuite, on nous a gardés longtemps dans une grange. Ça faisait vraiment peur, on pleurait, on criait. J'avais une sœur et un frère, de deux ans et demi et un an. Moi, j'en avais quatre, j'étais l'aînée. On avait beau être petits, on savait, quand il y avait des tirs d'obus, que ce n'était pas un avion qui pilonnait mais l'artillerie. On reconnaissait, au son, si c'était un de nos avions, si la bombe allait tomber loin. Ça faisait peur, très peur. Pourtant, de se cacher la tête suffisait et on était moins effrayés. L'essentiel, c'était de ne pas voir.

Et puis, on nous a emmenés, tous les trois, en traîneau. Dans un village, des femmes nous ont répartis dans les fermes, au petit bonheur. Pendant un bon moment, personne n'a voulu de mon frère. Lui, il pleurait : "Et moi ?" Avec ma sœur, ça nous terrorisait d'être séparées, de ne plus être ensemble. Ça ne nous était jamais arrivé.

Un jour, j'ai failli être dévorée par un berger allemand. J'étais assise à la fenêtre. Des Allemands circulaient dans la rue, avec deux gros chiens. L'un d'eux a foncé dans la fenêtre, en cassant le carreau. On a tout juste eu le temps de m'écarter. Seulement, j'ai eu tellement peur que, depuis ce temps-là, je bégaie. Aujourd'hui encore, j'ai peur des gros chiens.

Après la guerre, on nous a confiés à une maison d'enfants qui ne se trouvait pas très loin de la grand-route. Il y avait beaucoup de prisonniers allemands. Il en passait tout le temps, sur cette route, jour et nuit. On leur jetait des pierres, de la terre. Les soldats d'escorte nous donnaient la chasse et nous criaient après. Ça nous laissait perplexes…

À la maison d'enfants, on attendait tous nos parents. On attendait qu'ils viennent nous chercher. Dès qu'arrivait un homme ou une femme qu'on ne connaissait pas, on accourait, en criant :

"Mon papa… Ma maman !…

— Non, c'est le mien !

— Ils sont venus me chercher !

— Non, moi !"

On enviait beaucoup ceux qui retrouvaient leurs parents. Ils ne nous laissaient pas approcher leurs mamans et leurs papas : "La touche pas, c'est ma maman !" "Le touche pas, c'est mon papa !"

Ils ne les lâchaient pas d'une semelle, ils avaient peur qu'on les leur prenne. Ou bien qu'ils s'en aillent à nouveau.

On était à la même école, ceux de la maison d'enfants et les autres. À l'époque, la vie était dure pour tout le monde mais ceux qui vivaient avec leurs parents avaient toujours, dans un sac de toile, tantôt un bout de pain, tantôt une pomme de terre, tandis que nous, on n'avait rien. On était tous habillés pareil. Tant qu'on était petits, on s'en moquait. Après, ça nous embêtait. À douze, treize ans, on avait envie d'une jolie robe, de souliers. Filles et garçons, on avait tous des godillots. On rêvait d'un beau ruban pour les tresses, de crayons de couleur… D'un cartable. De bonbons. Des bonbons, on n'en avait qu'au Nouvel An, des berlingots. Du pain noir, on en avait tant qu'on voulait. On le suçait comme des bonbons, tellement on le trouvait bon.

Parmi les maîtresses d'école, il n'y en avait qu'une jeune, alors on l'aimait tous beaucoup. On l'adorait. Pas question de commencer quoi que ce soit, tant qu'elle n'était pas arrivée. On l'attendait à la fenêtre : "La voilà!" Elle entrait dans la classe et on voulait tous la toucher. Chacun pensait : "Ma maman, elle est comme ça…"

Je rêvais que, quand je serais grande, je travaillerais et m'achèterais plein de robes : une rouge, une verte, une à pois, une avec un nœud. Avec un nœud, sans faute! Quand j'ai été en septième année, on m'a demandé ce que je voulais faire. Il y a longtemps que j'avais décidé : couturière.

Et aujourd'hui, je couds des robes…

"COMMENT ÇA, MORT?
Y A PAS EU DE COUPS DE FEU, AUJOURD'HUI…"

Édouard Vorochilov, onze ans.
Travaille à la télévision.

La guerre, j'en ai parlé qu'à maman… À ma maman… Ça ne peut être qu'à quelqu'un de proche…

Au village où se trouvait notre détachement de partisans, un vieux était mort. Justement celui chez qui je logeais. On s'occupait de l'enterrement, quand un gamin de six, sept ans s'est pointé et a demandé :

"Pourquoi il est couché sur la table, grand-père ?"

On lui a répondu :

"Ton grand-père est mort…"

Le garçon était sidéré :

"Comment ça, mort ? Y a pas eu de coups de feu, aujourd'hui !"

Il était tout jeune mais ça faisait déjà deux ans qu'il entendait dire qu'on mourait quand il y avait des coups de feu.

Ça m'est resté…

J'ai commencé mon récit par le détachement de partisans. En fait, je ne m'y suis pas retrouvé tout de suite. Seulement à la fin de la deuxième année. J'ai sauté notre arrivée à Minsk, à maman et à moi, une semaine avant la guerre, et comment elle m'a accompagné dans un camp de pionniers des environs…

Au camp de pionniers, on chantait des chansons du genre : *Si, demain, la guerre…*, *Les Trois Tankistes*, *Par monts et par vaux…* La troisième, c'était la préférée de mon père… Il la fredonnait souvent… Le film *Les Enfants du capitaine Grant* venait de sortir et j'aimais beaucoup une des chansons : *Joyeux vent, chante-nous un air…* Je la chantais en faisant ma gymnastique.

Ce jour-là, on n'a pas eu gymnastique. Des avions hurlaient au-dessus de nos têtes. J'ai levé les yeux et j'ai vu des petits points noirs qui se détachaient de l'un d'eux. Les bombes, on ne connaissait pas encore. Près du camp de pionniers, il y avait une voie ferrée que j'ai suivie, à pied, pour gagner Minsk. Mon plan était simple : non loin de l'institut de médecine où travaillait à présent maman, il y avait la gare. Donc, si je suivais les rails, j'arriverais forcément jusqu'à elle. J'avais entraîné avec moi un garçon qui habitait près de la gare. Il était beaucoup plus petit et n'arrêtait pas de pleurer. Il avançait lentement, alors que j'étais bon marcheur : avec mon père, on avait sillonné les environs de Leningrad, ma ville natale. N'empêche qu'on a fini par arriver à la gare de Minsk, puis jusqu'au pont de l'Ouest. Ensuite, il y a eu un nouveau bombardement, et je l'ai perdu.

Maman n'était pas à l'institut de médecine. Le professeur Goloub, avec lequel elle travaillait, habitait à proximité. J'ai trouvé son appartement… Il était vide… Des années après, j'ai su ce qui s'était passé : dès que les bombardements avaient commencé, maman était montée dans la première voiture qu'elle avait trouvée et était allée me chercher à Ratomka, par la grand-route. Elle y était arrivée et avait trouvé le camp en ruines...

Tous fuyaient la ville. J'ai décidé que Leningrad était plus loin que Moscou. À Leningrad, j'avais mon père mais il était au front, et à Moscou, j'avais mes tantes. Elles, au moins, n'auraient pas bougé pour la bonne raison qu'elles vivaient à Moscou... Dans la capitale... En cours de route, je me suis lié avec une femme et sa petite fille. La femme, je ne la connaissais pas, mais elle a compris que j'étais seul, que je n'avais rien, que j'étais affamé. Elle m'a fait signe : "Viens un peu ici, on va manger ensemble."

Je me souviens que c'était la première fois que je mangeais du lard et de l'oignon. Au début, j'ai fait la grimace, et j'ai fini par l'avaler. Dès qu'un bombardement commençait, je regardais où étaient la femme et sa fille. Le soir, on a trouvé un fossé et on s'y est installés pour se reposer. On nous bombardait sans arrêt. À un moment, la femme a jeté un coup d'œil alentour et poussé un cri... Je me suis vaguement relevé, moi aussi, et j'ai regardé dans la même direction. J'ai vu un avion qui volait en rase-mottes, avec des petits feux qui scintillaient près du moteur. Et, dans la direction de ces feux, des jets de poussière s'élevaient le long de la route. Ça a été pur réflexe : je me suis aplati au fond du fossé. Une rafale de mitraillette a résonné au-dessus de ma tête, et l'avion est parti. Je me suis redressé : la femme était étendue sur le remblai, une flaque de sang à la place du visage. Là, j'ai vraiment eu peur : j'ai bondi hors du fossé et pris mes jambes à mon cou. Depuis, je n'arrête pas de me poser la question : qu'est-ce qu'elle est devenue, la petite ? Je ne l'ai jamais revue...

Je suis arrivé à un village... Dans la rue, sous des arbres, il y avait des blessés allemands. C'étaient les premiers Allemands que je voyais...

On faisait sortir les gens des maisons, on les obligeait à apporter de l'eau que les infirmiers allemands chauffaient dans de grands seaux, sur des feux. Au matin, ils ont chargé les blessés dans des camions et, dans chacun, ils ont mis un ou deux gamins. Ils nous ont donné des gourdes d'eau et indiqué ce qu'on devait faire pour les soulager : leur mouiller un mouchoir et le leur mettre sur le front, leur humecter les lèvres. Si un blessé demandait : "*Wasser... Wasser...*", on approchait la gourde de sa bouche et... on était pris de tremblements. Aujourd'hui encore, je ne peux pas dire ce que j'éprouvais, à l'époque. Du mépris? Non. De la haine? Non plus. Les deux, sans doute. De la pitié, aussi... La haine, après tout, ça s'apprend. On ne l'a pas naturellement. Et, à l'école, c'est le bien qu'on nous enseignait, l'amour. En brûlant les étapes, je dirai que, la première fois qu'un Allemand m'a frappé, ce n'est pas de la douleur que j'ai ressenti, c'est autre chose... Comment ça, il m'avait cogné? De quel droit? J'étais en état de choc.

Je suis revenu à Minsk...

Et je me suis lié d'amitié avec Kim. On s'est rencontrés dans la rue. À ma question :

"Tu vis avec qui ?"

il a répondu :

"Personne."

J'ai appris que, lui aussi, s'était perdu, et je lui ai proposé :

"On n'a qu'à rester ensemble.

— D'accord."

Il était drôlement content parce qu'il ne savait pas où aller.

Moi, j'occupais l'appartement désert du professeur Goloub.

Un jour, on a remarqué dans la rue, avec Kim, un gars plus âgé que nous, qui trimballait une boîte de cireur de chaussures. Il nous a tout expliqué : quel genre de boîte il fallait, comment fabriquer du cirage. C'était pas compliqué : y avait juste à trouver de la suie. Dans la ville, c'était pas ce qui manquait, on n'avait que l'embarras du choix. Ensuite, on la mélangeait à de l'huile. Bref, on faisait une sorte de bouillie puante. N'empêche qu'elle était noire. Et, si on l'étalait soigneusement, on arrivait à faire briller.

Une fois, un Allemand s'approche de moi, il pose un pied sur ma caisse. Il avait des bottes toutes crottées. Et depuis un moment! La boue était toute collée. Des chaussures dans cet état, on en avait déjà eu. J'avais même un grattoir spécial. On enlevait d'abord la boue, ensuite on mettait la crème. J'ai donc sorti mon grattoir, je l'ai passé deux fois, et ça ne lui a pas plu. Il a tapé du pied sur ma boîte et je me suis pris un coup de botte dans la figure...

Jamais on ne m'avait frappé, à part dans des bagarres de gosses. Dans les écoles de Leningrad, j'en avais eu mon content mais ça ne comptait pas, ça avait un autre sens. Jamais, en tout cas, un adulte n'avait levé la main sur moi.

Kim a vu ma tête et hurlé :

"Le regarde pas comme ça! T'es fou!... Il va te tuer..."

À la même époque, on a remarqué que des gens, dans les rues, portaient des trucs jaunes, cousus sur leurs manteaux, leurs vestons. On a entendu parler du ghetto... Ce mot-là, on ne le prononçait qu'en chuchotant... Kim était juif mais il s'était rasé le crâne et on a décidé de le faire passer pour un Tatar. Seulement, quand ses cheveux ont repoussé, noirs et bouclés, c'était impossible à croire. Je me faisais du souci pour lui. Je me réveillais la nuit, je voyais sa tête frisée et je n'arrivais plus à me rendormir. Il fallait inventer quelque chose pour qu'il ne se retrouve pas au ghetto.

On a dégotté une tondeuse et je l'ai rasé à nouveau. Les gelées commençaient, ça n'avait plus de sens de cirer les chaussures. On a imaginé un nouveau plan. Le commandement allemand avait prévu un hôtel pour les officiers de passage. Ils débarquaient, avec leurs gros sacs à dos, leurs valises, et l'hôtel n'était pas tout près. Par je ne sais quel miracle, on a déniché un grand traîneau et on s'est mis à attendre les trains à la gare. Dès qu'il en arrivait un, on chargeait les affaires de deux ou trois personnes et on tirait le traîneau à travers toute la ville. On nous donnait des cigarettes ou du pain. Les cigarettes, on pouvait les troquer contre n'importe quoi, au marché, n'importe quelle nourriture.

Le jour où Kim s'est fait prendre, le train était arrivé dans la nuit, avec beaucoup de retard. On était frigorifiés mais on ne pouvait pas quitter la gare, c'était le couvre-feu. On a fini par être chassés du bâtiment et on a attendu dans la rue. Enfin, le train est arrivé, on a chargé le traîneau, et nous voilà partis! On tire, on tire, les courroies nous scient les épaules, et eux, ils n'arrêtent pas de nous presser : *"Schnell! Schnell!"* Comme on n'allait pas assez vite à leur goût, ils ont commencé à nous frapper.

On a déposé leurs affaires à l'hôtel et attendu qu'ils nous donnent quelque chose. Un d'eux a lancé : "Fichez-moi le camp!" Il a poussé Kim et fait tomber sa chapka. Alors, ils se sont mis à brailler : *"Jude!"* Et ils l'ont embarqué...

Quelques jours plus tard, j'ai appris que Kim était au ghetto. J'y suis allé... Des journées entières, j'ai traîné autour... Je l'ai aperçu plusieurs fois derrière les barbelés. J'ai apporté du pain, des pommes de terre, des carottes. Dès que la sentinelle tournait le dos et passait le coin, je balançais une patate. Kim se pointait, la ramassait...

Je vivais à quelques kilomètres de là mais, chaque nuit, les gens du ghetto criaient tellement qu'on les entendait à travers toute la ville. Au réveil, je me demandais si Kim était toujours vivant. Et comment je pourrais le tirer de là. Après un énième pogrome, je suis venu à l'endroit habituel et on m'a fait comprendre, par gestes, que Kim n'était pas là...

J'étais malheureux... Mais j'espérais encore...

Un matin, on frappe chez moi. Je bondis sur mes pieds... La première idée qui me vient : Kim! Non. C'est un gamin de l'étage au-dessous. Il me dit : "Descends dans la rue avec moi, il y a des tués. On va chercher mon père." On est sortis. Le couvre-feu était levé, pourtant les passants étaient rares. La rue était couverte d'une neige fine qui saupoudrait les corps de prisonniers de guerre soviétiques. Il y en avait tous les quinze, vingt pas. On leur avait donné la chasse toute la nuit, à travers la ville, et ceux qui n'arrivaient plus à courir avaient été tués d'une balle dans la nuque. Ils gisaient tous, face contre terre.

Le gamin ne pouvait pas les toucher, il avait peur que l'un d'eux ne soit son père. Là, je me suis surpris à penser que, bizarrement, la mort ne m'effrayait pas. Je m'y étais fait. J'ai donc entrepris de les retourner, en dévisageant chacun d'eux. On a parcouru toute la rue...

Depuis... je n'ai plus de larmes... Jamais. Même pas quand il faudrait, sans doute. Je ne peux pas pleurer. De toute la guerre, je n'ai pleuré qu'une fois. À la mort de Natacha, l'infirmière de notre détachement de partisans. Elle aimait la poésie. Moi aussi. Elle aimait les roses. Moi aussi. L'été, je lui apportais des bouquets d'églantines.

Une fois, elle m'a demandé :

"T'avais combien d'années d'école, au début de la guerre ?

— Quatre...

— Quand ce sera terminé, tu iras au collège Souvorov ?"

Avant la guerre, j'aimais bien l'uniforme de mon père. Je rêvais de porter les armes. Pourtant, je lui ai répondu que non, je ne serais pas militaire.

Morte, elle reposait sur des branches de sapin près d'une tente. Moi, je la veillais et je pleurais. C'était la première fois que je pleurais un mort.

... J'ai retrouvé maman... Quand on s'est revus, elle s'est contentée de me regarder, sans même un geste tendre, et de répéter :

"C'est toi ? C'est vraiment toi ?"

Et il s'est passé beaucoup de temps avant qu'on se raconte notre guerre...

"PARCE QU'ON EST DES FILLES, ET LUI UN GARÇON…"

Rimma Pozniakova (Kaminskaïa), six ans.
Ouvrière.

Je suis au jardin d'enfants. Je joue à la poupée…
On m'appelle : "Ton papa est venu te chercher. C'est la guerre!"
Moi, je ne veux pas partir. Je veux jouer. Je pleure.
C'est quoi, d'abord, la guerre? Comment ça, on va me tuer? Comment ça, on va tuer papa? Et puis, il y a cet autre mot inconnu : "réfugiés". Maman nous accroche au cou de petites bourses, avec notre acte de naissance et notre adresse. Pour que, si elle venait à être tuée, les gens sachent qui on est.

On marche, on marche. On perd papa. C'est l'affolement. Maman explique qu'il a été emmené au camp de concentration mais qu'on ira le voir. C'est quoi, un camp de concentration? On prend des provisions. Vous voulez savoir quoi? Des pommes cuites! Notre maison a brûlé, le jardin aussi, sur les pommiers il y a des pommes cuites… On les cueille et on les mange.

Le camp de concentration se trouve aux Drozdy, près du lac des Jeunesses communistes. Aujourd'hui, tout ça c'est Minsk mais, à l'époque, c'était la campagne. Je revois les barbelés noirs ; les gens aussi sont noirs et ils ont tous la même tête. On ne reconnaît pas papa, c'est lui qui nous aperçoit. Il veut me faire une caresse ; moi, j'ai peur de m'approcher des barbelés, je tire maman pour qu'on rentre chez nous.

Je ne sais plus quand papa est revenu à la maison. Je sais qu'il travaillait dans un moulin et que maman nous envoyait, avec ma petite sœur Toma, lui porter son déjeuner. Toma était un bout de chou, j'étais un peu plus grande, j'avais même un petit soutien-gorge, on en trouvait pour les petites filles, avant la guerre. Maman nous donnait de la nourriture enveloppée dans un torchon et elle mettait des tracts dans mon soutien-gorge. Ils étaient courts, ces tracts, une page de cahier d'écolier, écrits à la main. Maman nous conduisait jusqu'aux portes, en pleurant et en nous rappelant les consignes : "Ne parlez qu'à votre père!" Ensuite, elle attendait qu'on revienne, jusqu'à ce qu'elle soit sûre qu'on était vivantes.

Je ne me souviens pas d'avoir eu peur... Puisque maman le demandait, on y allait. Ma crainte, c'était de lui désobéir, de ne pas faire ce qu'elle voulait. On l'aimait tellement ! On n'imaginait pas de ne pas l'écouter...

... Les jours de grand froid, on grimpe tous sur le poêle. On a une grosse pelisse, on se met tous dessous. Pour chauffer le poêle, on file à la gare voler du charbon. À quatre pattes, afin que la sentinelle ne s'aperçoive de rien, on rampe, en s'aidant des coudes. On rapporte un plein seau de charbon, on ressemble à des ramoneurs : les genoux, les coudes, le nez, le front, tout est noir.

La nuit, on dort ensemble, personne ne veut rester seul. On est quatre enfants : moi, mes deux petites sœurs et Boris. Il a quatre ans et maman l'a adopté. Plus tard, on a appris que c'était le fils d'une résistante, Lelia Revinskaïa, une amie de maman. À l'époque, maman s'était contentée de nous dire qu'il y avait un petit garçon qui était souvent seul chez lui et qui avait peur. Et puis, il n'avait rien à manger. Elle voulait qu'on l'accepte, qu'on s'attache à lui. Elle comprenait bien que ce n'était pas si simple. Que ça pouvait ne pas marcher entre nous. C'était malin de sa part de ne pas nous l'amener, de nous envoyer à sa place : "Allez le chercher. Ensuite, vous deviendrez amis." Alors, on l'a ramené.

Boris avait plein de livres avec de jolies images. Il a voulu les prendre tous et on l'a aidé à les porter. Après, on s'installait sur le poêle et il nous racontait des histoires. Nous, il nous a tellement plu qu'il est devenu pour nous presque plus qu'un frère. Faut dire qu'il en connaissait des histoires ! Dans la cour, on répétait à tout le monde : "L'embêtez pas, ou vous aurez affaire à nous !"

On était toutes blondes, Boris était brun. Sa maman avait une grosse tresse brune. Un jour qu'elle est venue nous voir, elle m'a offert un petit miroir. Je l'ai caché et j'ai décidé de me regarder dedans tous les matins : peut-être qu'ensuite, j'aurais une tresse comme la sienne...

On s'amuse dans la cour. Les autres enfants crient très fort :
"Il est à qui, Boris ?
— À nous.
— Pourquoi vous êtes toutes blondes, et lui tout brun ?
— Parce qu'on est des filles, et lui un garçon."
C'est maman qui nous a dit de répondre ça.

D'ailleurs, Boris était vraiment à nous, parce que son père et sa mère ont été tués et qu'il a failli se retrouver au ghetto. Bizarrement, ce mot-là, on le connaissait. Maman avait très peur que ça s'apprenne et qu'on nous enlève Boris. Partout où on allait, nous, on appelait notre mère "maman", mais lui disait "tata". Elle le suppliait :

"Dis-moi maman", en lui tendant un morceau de pain.

Il le prenait, s'éloignait un peu :

"Merci, tata."

Il s'installait à l'écart. Et les larmes coulaient, coulaient sur son visage…

"T'ES PLUS MON FRÈRE, PUISQUE TU JOUES AVEC LES PETITS ALLEMANDS…"

Vassia Sigalev-Kniazev, six ans.
Entraîneur sportif.

C'était au point du jour…

Des tirs ont éclaté, mon père a bondi de son lit, il a couru à la porte, a ouvert et poussé un cri. On a pensé qu'il avait eu peur de quelque chose. En fait, il était tombé, fauché par une balle explosive.

Maman a trouvé des bouts de tissu. Elle n'a pas allumé la lumière parce que ça tirait encore. Mon père gémissait, avait des soubresauts. Une faible lueur pénétrait par la fenêtre, éclairant son visage…

"Couchez-vous par terre", a dit maman.

Tout d'un coup, elle s'est mise à hurler, à pleurer. On s'est précipités en criant, j'ai glissé dans le sang de mon père et je suis tombé. J'ai senti l'odeur du sang, et autre chose encore, une odeur lourde : l'intestin de mon père avait lâché…

Je revois un grand et long cercueil. Pourtant, mon père n'était pas grand. J'ai cherché une explication. Et je me suis dit que c'était pour qu'il soit plus à l'aise dedans. Mon père avait été grièvement blessé. Comme ça, il aurait moins mal. C'est ce que j'ai raconté au fils des voisins.

Quelque temps après, de bonne heure là aussi, des Allemands nous ont embarqués, avec maman. Ils nous ont postés sur la place devant l'usine, celle où mon père travaillait avant la guerre (c'était au bourg de Smolovka, dans la région de Vitebsk). Y avait nous et deux autres familles de partisans, avec plus d'enfants que d'adultes. Tout le monde savait que maman avait une grande parentèle : cinq frères et cinq sœurs, tous dans les partisans.

Ils ont commencé à cogner maman. Tout le bourg regardait, comme nous. Une femme n'arrêtait pas de vouloir me faire courber la tête : "Baisse les yeux ! Baisse les yeux !" Moi, je me débattais. Et je regardais…

À la sortie du bourg, il y avait une colline boisée. Ils y ont emmené les adultes, en laissant les enfants sur la place. Je m'agrippais à maman. Elle me repoussait en criant : "Adieu, les enfants !" Je revois le vent soulever sa robe, quand elle a volé dans la tranchée…

… Les nôtres sont arrivés, j'ai vu des officiers à épaulettes. Ça m'a drôlement plu. Je m'en suis fabriqué des pareilles avec de l'écorce de bouleau, en dessinant les insignes au charbon. Je les ai accrochées à l'armiak[1] que m'avait cousu ma tante et, mes laptis aux pieds, je suis allé informer le capitaine Ivankine (je savais son nom par ma tante) que le dénommé Vassia Sigalev voulait combattre les Allemands avec eux autres. Les militaires ont d'abord rigolé, puis ils ont demandé à ma tante où étaient mes parents. Quand ils ont su que j'étais orphelin, ils m'ont fait une paire de bottes en une nuit, avec de la toile de tente, ils ont raccourci une capote, retaillé une chapka et des épaulettes. Quelqu'un m'a même bricolé un baudrier. C'est comme ça que je suis devenu la mascotte du 230e détachement de déminage. On m'a nommé agent de liaison. Je faisais de mon mieux, seulement je ne savais ni lire ni écrire. À l'époque où j'avais encore ma mère, mon oncle m'avait demandé : "Va au pont de chemin de fer et compte combien y a d'Allemands !" Comment je pouvais faire pour compter ? Mon oncle m'a fourré dans la poche des épis de seigle et j'ai commencé à les faire passer, grain par grain, de ma poche droite dans ma poche gauche. Ensuite, mon oncle a compté les grains.

"Guerre ou pas, tu dois apprendre à lire et à écrire !" a décrété le secrétaire du Parti Chapochnikov.

Les soldats lui ont dégoté du papier et il m'a fabriqué un petit cahier où il m'a noté l'alphabet et la table de multiplication.

---

1. Manteau de bure des paysans.

J'apprenais et il m'interrogeait. Il apportait une caisse d'obus vide, y traçait des lignes et me disait : "Écris."

Après, en Allemagne, on était trois gamins dans le détachement : Volodia Potchivadlov, Vitia Barinov et moi. Volodia avait quatorze ans, Vitia sept et moi neuf, à ce moment-là. On s'entendait drôlement bien, on était comme des frères, vu qu'on n'avait personne d'autre.

Seulement, quand j'ai vu Vitia Barinov jouer "à la guerre" avec des petits Allemands, quand je l'ai vu donner à l'un d'eux son calot avec une étoile rouge, j'ai braillé qu'il n'était plus mon frère. Qu'il ne le serait plus jamais! J'ai pris mon pistolet – un trophée de guerre – et je lui ai ordonné de me suivre. Je l'ai moi-même mis aux arrêts dans une sorte de réduit. Il n'était que simple soldat, j'étais sergent, j'étais donc son supérieur.

Quelqu'un l'a raconté au capitaine Ivankine qui m'a convoqué : "Où est le soldat Vitia Barinov?

— Le soldat Vitia Barinov est aux arrêts", ai-je rapporté.

Le capitaine m'a longuement expliqué que les enfants étaient partout les mêmes, qu'ils n'étaient coupables de rien, que la guerre s'achevait et que, maintenant, les enfants russes et allemands seraient amis.

À la fin de la guerre, j'ai eu trois médailles : celles de "La prise de Königsberg", de "La prise de Berlin", de "La victoire sur l'Allemagne". Notre unité est rentrée aux Jitkovitchi où on a déminé les champs. J'ai appris par hasard que mon frère aîné vivait à Vileïka.

Quand j'ai été envoyé au collège Souvorov, j'ai fait un détour par Vileïka. J'y ai effectivement trouvé mon frère, et ma sœur n'a pas tardé à nous rejoindre. C'était déjà une famille. Comme logement, on a déniché un grenier. Pour la nourriture, c'était dur. Jusqu'au jour où j'ai mis mon uniforme, mes trois médailles et suis allé au comité exécutif municipal.

J'arrive. Je tombe sur une porte, marquée : "Président". Je frappe. J'entre et je débite, en y mettant toutes les formes :

"Sergent Sigalev. Je suis venu demander une aide publique."

Le président a souri et s'est levé pour m'accueillir.

"Où habites-tu? a-t-il demandé.

— Dans un grenier."

Je lui ai indiqué l'adresse.

Le soir même, on nous livrait un sac de choux et, le lendemain, un sac de pommes de terre.

Une fois, je rencontre le président dans la rue. Il me donne une adresse :

"Va y faire un tour dès ce soir. Tu seras bien reçu."

J'ai été accueilli par une femme, la sienne. Elle s'appelait Nina Maximovna. Lui, c'était Alexis Mikhaïlovitch. Ils m'ont nourri et j'ai pu me laver. Comme mes habits de soldat commençaient à être trop petits, ils m'ont offert deux chemises.

Je me suis mis à les fréquenter. Pas souvent, au début, plus par la suite et, pour finir, pratiquement tous les jours. Quand je tombais sur une patrouille, on me demandait :

"Dis donc, gamin, tes médailles, tu les as prises à qui ? Où est ton père ?

— J'en ai pas…"

Il a fallu que j'aie toujours sur moi une attestation.

Quand Alexeï Mikhaïlovitch m'a demandé :

"Veux-tu devenir notre fils ?",

j'ai répondu :

"Oui… Je le veux vraiment."

Alors, ils m'ont adopté. Ils m'ont donné leur nom : Kniazev.

Longtemps, j'ai été incapable de les appeler "papa" et "maman". Nina Maximovna s'est tout de suite prise d'affection pour moi, elle me plaignait. Chaque fois qu'elle trouvait des sucreries, c'était pour moi. Elle voulait tellement me dorloter, me cajoler ! Moi, j'aimais pas le sucré parce que j'en avais jamais mangé. Avant la guerre, on n'était pas riches et, à l'armée, j'étais habitué à l'ordinaire du soldat. En plus, comme gosse, j'étais pas tendre. Faut dire que de la tendresse, y a beau temps que j'en avais pas eu, je vivais dans un milieu d'hommes. Je ne connaissais même pas de mots gentils.

Une nuit, je me réveille et j'entends Nina Maximovna pleurer dans la pièce à côté. Sans doute que ce n'était pas la première fois mais elle s'était arrangée pour que je ne m'en aperçoive pas. Elle pleurait et se lamentait, comme quoi je ne serais jamais à eux parce que je n'oublierais jamais mes parents… mes origines… Je n'oublierais jamais ce que j'avais vu à la guerre… Elle disait que je n'avais pas grand-chose d'un enfant et que je n'étais pas très gentil. Je suis entré tout doucement, je l'ai prise par le cou : "Ne pleurez pas, maman." Ça l'a tout de suite arrêtée et j'ai vu ses yeux briller. C'était la première fois que je l'appelais "maman". Au bout de quelque temps encore, j'ai pu dire "papa". La seule chose qui m'est restée : je les ai toujours vouvoyés.

Ils n'ont pas fait de moi un enfant gâté, ce dont je leur suis reconnaissant. J'avais des tâches précises : balayer la maison, secouer les tapis, rapporter du bois du hangar, allumer la cuisinière en rentrant de l'école. Sans eux, jamais je n'aurais fait d'études supérieures ! C'est eux qui m'ont mis dans la tête que je devais m'instruire et, après la guerre, être bon élève. Bien travailler !

Dans l'armée, déjà, quand notre unité était aux Jitkovitchi, le commandant nous avait ordonné, Volodia Potchivadlov, Vitia Barinov et moi, de nous instruire. On s'était retrouvés tous les trois sur les mêmes bancs d'école, en deuxième année. On avait nos armes avec nous et on ne reconnaissait aucune autorité. On refusait d'obéir aux professeurs civils : de quel droit ils nous auraient donné des ordres, ils n'avaient même pas d'uniforme ? La seule autorité, pour nous, c'étaient les commandants. Le prof entrait, toute la classe se levait, nous, on restait assis.

"Pourquoi ne vous levez-vous pas ?

— On n'a pas à vous répondre. On n'obéit qu'au commandant."

À la récré, on mettait les élèves en ligne et on les faisait marcher au pas, on leur apprenait des chants militaires.

Le directeur de l'école est venu dans notre unité et s'est plaint de notre conduite à l'instructeur politique. On nous a mis aux arrêts et rétrogradés : Volodia Potchivadlov, qui était sergent-chef, s'est retrouvé sergent, et moi qui étais sergent, je n'ai plus été que caporal-chef. De caporal-chef, Vitka Barinov est devenu caporal. Le commandant s'est longuement entretenu avec chacun de nous, essayant de nous persuader qu'il était plus important, à présent, d'avoir des quatre ou des cinq[1] en arithmétique que des médailles. Que notre mission, notre combat était désormais d'apprendre. Nous, on voulait faire le coup de feu, et eux, ils nous racontaient qu'on devait s'instruire...

N'empêche qu'on a continué d'aller à l'école avec nos médailles ! J'ai encore une photo : je suis à mon pupitre et je dessine pour le journal des pionniers.

Le jour où j'ai rapporté un "cinq" de l'école, j'ai crié depuis le seuil :

---

1. Dans les écoles russes ou biélorusses, la note maximale est "cinq".

"Maman, j'ai un cinq!"

Là, il m'a été si facile de dire "maman"…

"ON AVAIT OUBLIÉ JUSQU'AU MOT…"

Ania Gourevitch, deux ans.
Monteuse de postes de radio.

Je ne sais pas si je m'en souviens ou si maman me l'a raconté plus tard…

On marche sur une route. C'est pénible : maman est malade, ma sœur et moi, on est petites : ma sœur à trois ans, moi deux. Comment on va s'en sortir ?

Maman a écrit un petit mot, avec mon nom, mon prénom, ma date de naissance, elle l'a mis dans ma poche et m'a dit : "Va!", en m'indiquant une maison… où des enfants gambadaient. Elle désirait que je sois évacuée, que je parte avec la maison d'enfants ; elle craignait pour notre vie à tous, voulait que quelqu'un, au moins, s'en sorte. Je devais y aller seule : si maman m'avait accompagnée, on nous aurait renvoyées toutes les deux. Ils ne prenaient que les enfants sans parents ; moi, j'avais maman. Toute ma vie s'est jouée sur le fait que je ne me suis pas retournée. Sans ça, je ne l'aurais jamais quittée ; comme n'importe quelle gosse, je me serais pendue à son cou, en larmes, et personne au monde ne m'aurait obligée à demeurer dans une maison étrangère. Toute ma vie…

Maman m'a dit : "Tu y vas et tu ouvres la porte, là-bas…" C'est ce que j'ai fait. Mais on n'a pas eu le temps d'évacuer la maison d'enfants…

Je revois une grande salle… Et mon petit lit près du mur. Et plein, plein d'autres lits, pareils. Nos lits, on les faisait nous-mêmes, le matin, bien proprement, bien soigneusement. L'oreiller devait toujours être à la même place, sinon les monitrices nous grondaient, surtout quand on avait la visite de tontons en costumes noirs. Est-ce que c'étaient des policiers ? Des Allemands ? Je ne sais pas. Tout ce que j'ai retenu, c'est leurs costumes noirs. Je ne me rappelle pas qu'on nous ait battus mais notre peur des coups était bien réelle.

Et je ne revois aucun de nos jeux… Ni qu'on ait fait les fous… On s'activait beaucoup : il y avait le ménage, le nettoyage, mais c'était du travail. Je n'ai pas souvenir de quoi que ce soit d'enfantin : des rires… des caprices…

Personne n'était tendre avec nous et, pourtant, je ne pleurais pas d'avoir perdu ma maman. Autour de moi, aucun n'avait de maman. On avait oublié jusqu'au mot. Oublié!…

On était nourris de la façon suivante : pour la journée, un bol de bouillie et un bout de pain. Je n'aimais pas la bouillie. Je la donnais à une fille qui, en échange, me donnait son bout de pain. Pour ça, on était amies. Personne n'y prêtait attention, tout était parfait, jusqu'au jour où une monitrice a remarqué nos petits trafics. On m'a mise au coin, à genoux… J'y suis restée longtemps, seule… dans une grande salle vide. Depuis, chaque fois que j'entends le mot "bouillie", j'ai tout de suite envie de pleurer. Ça me déclenche des vomissements. Une fois adulte, je me suis demandé d'où ça me venait, pourquoi ce mot déclenchait une telle répulsion. J'avais oublié la maison d'enfants…

J'avais seize ans… non, dix-sept, sans doute… quand j'ai rencontré par hasard une des monitrices. Il y avait une femme dans le bus… Je la regarde et je me sens attirée vers elle comme par un aimant, tellement même que je rate mon arrêt. Cette femme, je ne la connais pas, je ne me rappelle pas l'avoir jamais vue, mais elle m'attire. Finalement, je craque, j'éclate en sanglots et je m'en veux : qu'est-ce qui me prend ? Je la regarde comme une image que j'aurais vue autrefois, puis oubliée, et que j'ai envie de revoir. Et je sens quelque chose de très proche, un peu comme une maman, plus même!… Mais qui est-elle ? Je l'ignore. Et, par-dessus le marché, cette colère et ces larmes qui me suffoquent!…. Je me détourne, je vais vers l'avant, vers la sortie, et j'attends debout, en pleurant.

La femme a tout vu. Elle me rejoint et dit :

"Ne pleure pas, Anietchka."

Moi, d'entendre ça, ça me fait pleurer encore plus.

"Mais je ne vous connais pas!

— Regarde-moi mieux!

— Je vous jure que je ne vous connais pas!"

Et je pleure toutes les larmes de mon corps.

Elle m'a aidée à descendre de l'autobus :

"Regarde-moi bien, ça te reviendra. Je suis Stepanida Ivanovna…"

Moi, je n'en démords pas :

"Je ne vous connais pas. Je ne vous ai jamais vue.

— Tu te rappelles la maison d'enfants?

— Quelle maison d'enfants? Vous devez confondre...

— Non, la maison d'enfants... Je suis ta monitrice.

— Je n'ai plus de père mais j'ai une mère. Quelle maison d'enfants?"

Cette maison, je l'avais oubliée parce que j'étais de nouveau avec ma mère. Chez nous. La femme m'a caressé doucement la tête, ce qui ne m'a pas empêché de continuer à sangloter. Et elle m'a dit :

"Voilà mon téléphone... Appelle-moi, si tu as envie de savoir des choses sur toi. Moi, je me souviens bien de toi... Tu étais la plus petite."

Elle est partie. J'étais comme paralysée. J'aurais dû, bien sûr, lui courir après, lui poser plein de questions. Je ne l'ai pas fait.

Pourquoi? J'étais une sauvageonne, une vraie sauvageonne. Les gens, pour moi, étaient des étrangers, dangereux, j'étais incapable d'un contact avec qui que ce soit. Je passais des heures toute seule, je parlais toute seule. J'avais peur de tout.

Maman ne m'avait retrouvée qu'en 46... J'avais huit ans. Elle avait été envoyée en Allemagne, avec ma sœur. Elles avaient survécu et, dès leur retour, maman avait fait le tour des maisons d'enfants de Biélorussie. Elle désespérait de me revoir jamais. Pourtant, j'étais tout à côté... À Minsk. Visiblement, le papier qu'elle m'avait donné s'était perdu et on m'avait inscrite sous un autre nom. Maman a passé en revue toutes les fillettes prénommées Ania dans les maisons d'enfants de Minsk. Elle a deviné que j'étais sa fille, à mes yeux et à ma grande taille. Une semaine durant, elle est venue, m'a observée : savoir si j'étais ou non son Anietchka? Mon vrai prénom m'était resté. Quand je la voyais, j'éprouvais des sentiments incompréhensibles et me mettais à pleurer sans raison. Ce n'était pas le souvenir de quelque chose de familier, non... c'était différent. Autour de moi, tout le monde disait : "Ta maman! C'est ta maman!" Et je voyais se dessiner tout un univers devant moi : une maman! Une porte mystérieuse s'ouvrait en grand... Parce que je ne savais rien de ces gens qu'on appelait "maman", "papa". J'avais peur, mais les autres étaient tout contents. Tout le monde me souriait...

Maman a fait venir notre voisine d'avant-guerre :

"Trouve-moi mon Anietchka!"

La voisine m'a aussitôt désignée :

"La voilà, ton Anietchka! Prends-la, t'as pas à hésiter. C'est ta figure, tes yeux..."

Le soir, une monitrice est venue me voir :

"On t'emmène demain. Tu pars."

J'avais la frousse…

Le lendemain matin, on m'a lavée, habillée. Tout le monde me choyait. Jusqu'à notre vieille nounou râleuse qui me souriait. J'ai compris que c'était mon dernier jour ici, que les gens me disaient adieu. Brusquement, je n'ai plus eu envie de partir. On m'a habillée avec tout ce que maman avait apporté : les petits souliers de maman, la robe de maman… Rien que ça, ça me distinguait de mes copines de la maison d'enfants… J'étais au milieu d'elles, comme étrangère. Et elles me regardaient comme si elles me voyaient pour la première fois.

Chez nous, j'ai surtout été impressionnée par la radio. Les postes n'existaient pas encore. Dans un coin, il y avait une espèce d'assiette noire et des sons en sortaient. Je n'arrêtais pas de la regarder… en mangeant, avant de me coucher… C'est ça qui me tracassait le plus : d'où venaient les gens qui se trouvaient là-dedans ? Comment ils arrivaient à y tenir ? Y avait personne pour me répondre, j'étais si peu sociable ! À la maison d'enfants, j'étais amie avec Tomotchka, je l'aimais bien, elle était gaie, souriait souvent ; moi, personne ne m'aimait parce que je ne souriais jamais. Je n'ai commencé qu'à quinze ou seize ans. À l'école, je me cachais pour sourire, je ne voulais pas qu'on me voie, j'avais honte. J'étais même incapable de m'entendre avec des filles de mon âge. Aux récréations, elles parlaient de tout et de rien, moi, il ne me sortait pas un mot. Je restais là, muette.

Maman m'a donc retirée de la maison d'enfants et, deux ou trois jours plus tard, elle m'a emmenée au marché. Là, j'ai aperçu un milicien et j'ai fait une crise d'hystérie. Je me suis mise à hurler :

"Maman, les Allemands !"

J'ai pris mes jambes à mon cou. Maman m'a rattrapée, des gens m'ont entourée mais, moi, je ne me contrôlais plus :

"Les Allemands !"

Après ça, je n'ai pas mis le nez dehors pendant deux jours. Maman m'a expliqué que c'était un milicien, qu'il nous protégeait, qu'il maintenait l'ordre dans les rues, tu parles ! Je n'en croyais pas un mot… À la maison d'enfants, on voyait des Allemands en manteaux noirs… Quand ils nous prenaient du sang, ils nous emmenaient, c'est vrai, dans une pièce à part et ils étaient en blouses blanches. Mais ça, je ne me le rappelais pas, je ne revoyais que l'uniforme…

Chez nous, je n'arrivais pas à m'habituer à ma sœur. Une sœur, ça devait être quelque chose de proche. Elle, je la voyais pour la première fois de ma vie et, soi-disant, c'était ma sœur! Maman disparaissait des journées entières au travail. Le matin, quand on se réveillait, elle était déjà partie. Dans le four, il y avait deux pots de semoule. On se servait nous-mêmes. Je passais ma vie à l'attendre, comme quelque chose d'extraordinaire, un bonheur particulier. Seulement, elle rentrait tard. On dormait déjà.

J'ai trouvé une poupée ou, plutôt, une tête de poupée. Et je m'y suis attachée. Elle faisait toute ma joie, je la trimbalais du matin au soir. Mon unique jouet. Je rêvais d'une balle. Dans la cour, tous les gosses en avaient, ils les transportaient dans des filets spéciaux, on les vendait comme ça. Des fois, je leur demandais de me les laisser tenir...

Je me suis acheté une balle à dix-huit ans, avec ma première paye à l'usine d'horlogerie. J'avais réalisé mon rêve. Je l'ai rapportée chez moi et l'ai accrochée à une étagère, dans son petit filet. J'aurais eu honte d'aller jouer dans la cour, j'étais trop grande ; alors, je restais à la maison et je la regardais.

Des années plus tard, j'ai voulu revoir Stepanida Ivanovna. Toute seule, je ne m'y serais jamais résolue, mais mon mari a insisté :

"On n'a qu'à y aller ensemble. T'as pas envie d'apprendre des choses sur toi?

— Bien sûr que si!... Seulement, j'ai peur..."

J'ai composé son numéro de téléphone et entendu en réponse :

"Stepanida Ivanovna Dedioulia est décédée..."

Je ne peux pas me le pardonner...

"VOTRE PLACE EST AU FRONT,
ET VOUS TOMBEZ AMOUREUX DE MA MAMAN..."

Iania Tchernina, douze ans.
Institutrice.

Un jour ordinaire... Une journée qui commence comme toutes les autres...

Mais, dans le tramway, les gens disent déjà : "Quelle horreur! Quelle horreur!" Moi, je ne comprends pas ce qui se passe. Je me précipite à la maison, je vois maman en train de pétrir de la pâte, des larmes jaillissent de ses yeux. Je demande : "Qu'est-ce qu'il y a ?" La première chose qu'elle me répond : "La guerre! Ils ont bombardé Minsk…" Nous, on en revient justement, on était chez ma tante, on n'est de retour à Rostov que depuis quelques jours.

Le 1er septembre, on fait malgré tout la rentrée des classes ; le 10, l'école est fermée. On commence à évacuer Rostov. Maman dit qu'on doit se préparer à partir. Je ne suis pas d'accord : "Quelle évacuation ?" Je vais au comité de district des Jeunesses communistes et demande à être admise avant l'âge. J'essuie un refus : il faut avoir quatorze ans, je n'en ai que douze. Moi qui pensais qu'en entrant dans les Jeunesses communistes, je pourrais aussitôt participer à tout, que je deviendrais tout de suite grande… Que je pourrais aller au front…

On est montées dans un train, avec maman. On avait juste une valise. À l'intérieur : deux poupées, une grande et une petite. Maman ne s'était même pas opposée à ce que je les prenne. Je vous raconterai plus tard comment elles nous ont sauvées…

On est arrivées jusqu'à la gare de Kavkazskaïa, et le train a été bombardé. On a grimpé sur une espèce de plate-forme à ciel ouvert. On n'avait pas la moindre idée d'où on allait. On ne savait qu'une chose : on s'éloignait de la ligne du front, des combats. Il pleuvait à verse, maman m'abritait de son corps. À la gare de Baladjary, près de Bakou, on est descendues, trempées et noires, à cause de la fumée de la locomotive. Affamées, aussi. Avant la guerre, on vivait modestement, très même, on n'avait pas de belles choses qu'on aurait pu porter au marché, vendre ou troquer. Maman n'avait sur elle que son passeport. On est donc à la gare et on ne sait pas quoi faire. Ni où aller. Un soldat vient à passer, enfin, pas vraiment un soldat, un pioupiou, tout petit, noiraud, une musette à l'épaule, avec une gamelle. Visiblement, on vient de le mobiliser et il s'en va au front. Il s'arrête à côté de nous, je me colle contre maman. Il demande :

"Où tu vas, femme ?"

Maman répond ·

"Je ne sais pas. On a été évacuées."

Il parle russe mais avec un fort accent :

"T'as pas à avoir peur. Va à l'aoul[1], voir ma mère. On nous a tous mobilisés : mon père, moi, mes deux frères. Elle est seule, à présent. Tu l'aideras, vous vivrez ensemble. Et moi, quand je reviendrai, je marierai ta fille."

Il nous a donné l'adresse, on n'avait rien pour la noter, on l'a apprise par cœur : gare d'Evlakh, district de Kakh, bourg de Koum, Moussa Moussaïev. Cette adresse, je l'ai retenue pour la vie, bien qu'on n'y soit, finalement, jamais allées. On a été hébergées par une femme seule. Elle logeait dans une cabane en contreplaqué, il y avait juste la place d'un lit et d'une petite table de nuit. On dormait comme ça : la tête dans le passage, les pieds sous le lit.

On a eu de la chance, on est tombées sur des gens bien...

Je n'oublierai jamais ce militaire qui s'est approché de maman. Ils se sont mis à bavarder et il a raconté qu'il avait perdu tous les siens, à Krasnodar, et qu'il allait au front. Ses camarades l'appelaient, lui criaient de monter dans le train mais il ne bougeait pas, il n'arrivait pas à partir.

Brusquement, il a dit :

"Je vois bien que vous êtes malheureuses. Acceptez que je vous offre mon attestation de solde, je n'ai plus personne."

Maman a pleuré. Moi, j'ai tout compris de travers, et voilà que je hurle :

"C'est la guerre... Toute votre famille a disparu, vous devez aller au front et vous venger des nazis, or vous tombez amoureux de ma maman ! Comment n'avez-vous pas honte ?"

Ils sont là, figés tous les deux, des larmes dans les yeux. Moi, je ne comprends pas que ma gentille maman discute avec un aussi mauvais homme : il ne veut pas aller au front, c'est clair ! Il lui parle d'amour, mais l'amour ça n'est possible qu'en temps de paix ! Pourquoi ai-je décrété qu'il lui parlait d'amour ? Après tout, il n'était question que de son attestation de solde...

Je veux aussi dire un mot de Tachkent... Tachkent, c'est ma guerre. On logeait au foyer de l'usine où travaillait maman. Elle était au centre de la ville, on avait transformé l'ancien club en foyer. Dans le hall et la salle de spectacles étaient installées les familles, sur la scène les "célibataires". On les appelait comme ça, en fait c'étaient

1. "Village", dans le Caucase.

des ouvriers dont les familles étaient en évacuation. Notre place, à maman et à moi, était dans un coin de la salle de spectacles.

On nous a donné des tickets de rationnement pour un poud[1] de pommes de terre. Comme maman travaillait du matin au soir à l'usine, j'ai été chargée de les récupérer. J'ai fait la queue une demi-journée, puis j'ai dû traîner ce sac sur quatre ou cinq pâtés de maisons, je ne pouvais pas le soulever. On n'autorisait pas les enfants à emprunter les transports en commun : il y avait un début d'épidémie de grippe, c'était la quarantaine. Juste à ce moment-là!... J'ai eu beau supplier, on a refusé de me prendre dans le bus. Quand je n'ai plus eu qu'à traverser la route devant notre foyer, mes forces m'ont lâchée, je me suis laissée tomber sur mon sac et j'ai éclaté en sanglots. Des gens que je ne connaissais pas m'ont aidée : ils m'ont portée, moi et mon sac, jusqu'au foyer. Aujourd'hui encore, je sens ce poids... Tous ces pâtés de maisons... Je ne pouvais pas abandonner ces pommes de terre, c'était notre salut! Plutôt mourir! Maman rentrait du travail, affamée, toute bleue...

J'étais hantée par l'idée que je devais me rendre utile : on crevait de faim, maman, à présent, était aussi maigre que moi. Quand on n'a vraiment plus rien eu à manger, j'ai décidé de vendre notre unique couverture en bayette et d'acheter du pain. Les enfants n'avaient pas le droit de faire du commerce. C'est comme ça que je me suis retrouvée à la section infantile de la milice. J'ai rongé mon frein jusqu'à ce qu'on prévienne maman à l'usine. Elle est venue après le travail, elle m'a récupérée. Moi, je pleurais de honte, et aussi parce que maman avait faim, alors qu'à la maison on n'avait pas un bout de pain. Maman souffrait d'asthme bronchique, la nuit, c'était affreux ce qu'elle toussait! Elle suffoquait. Il lui suffisait alors d'avaler une miette de quelque chose, et ça allait mieux. Moi, je cachais toujours un petit morceau de pain pour elle sous mon oreiller. J'avais beau dormir, je savais que le pain était là et j'avais une envie folle de le dévorer.

En douce de maman, j'ai essayé de me faire embaucher à l'usine. J'étais tellement malingre – la gosse dystrophique type – qu'on ne m'a pas prise. Me voilà plantée, en train de pleurer! Quelqu'un a eu pitié de moi et on m'a acceptée à la comptabilité pour remplir les tableaux de service des ouvriers, regarder les tarifs et multiplier

---

1. Ancienne mesure de poids, équivalant à 16,38 kg.

par le nombre de pièces fabriquées, calculer les paies. Je travaillais sur une machine, une sorte de prototype des actuelles calculatrices. Aujourd'hui, elles sont silencieuses, mais celle-là était un tracteur. Par-dessus le marché, elle ne marchait que couplée avec une lampe. Douze heures de rang, j'avais l'impression d'avoir la tête en plein soleil et, à la fin de la journée, je n'entendais plus rien.

Et puis, il m'est arrivé un truc horrible : j'ai compté à un ouvrier quatre-vingts roubles au lieu de deux cent quatre-vingts. Il avait six enfants. Personne ne s'est aperçu de mon erreur jusqu'au jour de la paie. Soudain, j'entends quelqu'un qui déboule dans le couloir, en hurlant : "Je vais la tuer ! Je vais la tuer ! Avec quoi je vais nourrir mes gosses ?" On me dit :

"Cache-toi, c'est sûrement pour toi."

La porte s'est ouverte, je me suis tassée contre ma machine, je n'avais pas où me cacher. Un homme massif a fait irruption, il tenait quelque chose de lourd :

"Où elle est ?"

On m'a désignée :

"C'est elle…"

Il a dû s'adosser au mur :

"Pouah ! Y a même rien à tuer ! Des comme ça, j'en ai suffisamment chez moi !"

Il a tourné les talons et il est reparti.

Moi, je me suis effondrée sur ma machine. Et que je te pleure, que je te pleure !…

Maman travaillait au contrôle technique de la même usine. On fabriquait des obus pour des katiouchas, il y en avait de deux calibres : seize et huit. On vérifiait la solidité par pression. Il fallait soulever chaque obus, le fixer et envoyer une certaine quantité d'atmosphères. Si l'obus était de bonne qualité, l'échelle l'indiquait, on retirait la pièce et on la mettait en caisse. Dans le cas contraire, si le filetage ne tenait pas, l'obus partait dans un hurlement, il volait jusque sous le dôme et retombait n'importe où. Ce hurlement, et la peur que ça faisait, quand les obus volaient !… Tout le monde se planquait sous les machines.

Maman sursautait et criait, la nuit. Je la serrais dans mes bras et elle se calmait.

L'année 43 tirait à sa fin… Il y avait un moment que notre armée était passée à l'offensive… Moi, je me disais qu'il fallait que je m'instruise. Je suis allée trouver le directeur de l'usine. Il avait un bureau très haut dans son cabinet, je disparaissais pratiquement derrière. J'ai sorti le discours que j'avais préparé :

"Je veux donner ma démission. Faut que je m'instruise."

Le directeur s'est mis en pétard :

"On n'accepte aucune démission. On est en temps de guerre.

— Je me trompe dans les feuilles de paie parce que je suis ignare. Il y a peu, j'ai volé quelqu'un...

— Bah, tu t'y feras! Je manque de personnel.

— Après la guerre, on aura besoin de gens instruits, pas d'ignorants."

Le directeur s'est levé :

"Voyez-moi cette espèce de sauterelle qui sait tout!"

Je suis entrée en sixième année. Aux cours de littérature et d'histoire, les profs racontaient, et nous, on tricotait des chaussettes, des moufles, des blagues à tabac pour les soldats. On tricotait en apprenant des poèmes. On récitait Pouchkine en chœur.

On attendait la fin de la guerre. Ça paraissait un tel rêve qu'avec maman, on n'osait même pas en parler. Un jour que maman était à l'usine, des délégués sont venus et ont demandé à tout le monde : "Qu'est-ce que vous pouvez donner pour le Fonds de la défense?" Ils m'ont demandé à moi aussi. Qu'est-ce qu'on avait? Rien, à part quelques obligations que maman gardait soigneusement. Tout le monde versait quelque chose. Et nous, alors? J'ai donné toutes les obligations.

Je me souviens qu'en rentrant, maman ne m'a pas grondée, elle a simplement dit : "C'est tout ce qu'on avait, excepté tes poupées."

Mes poupées, j'ai d'ailleurs dû m'en séparer... Une fois, maman a perdu ses tickets de pain du mois. On était fichues! C'est comme ça que j'ai eu une idée de génie. J'ai décidé de troquer mes deux poupées, la grande et la petite. On les a portées au marché. Un vieil Ouzbek s'est approché : "Combien?" On a dit qu'il fallait qu'on tienne un mois, qu'on n'avait pas de tickets. Le vieil Ouzbek nous a donné un poud de riz. Et on n'est pas mortes de faim. Maman me l'a promis-juré : "Dès qu'on rentre à la maison, je t'achète deux belles poupées!"

Seulement, quand on est revenues à Rostov, elle n'a pas pu me les payer : on était à nouveau dans le besoin. Elle l'a fait quand j'ai passé mon diplôme d'études supérieures. Deux poupées : une grande et une petite…

"À L'INSTANT ULTIME, ILS ONT CRIÉ LEUR NOM…"

Arthur Kouzeïev, dix ans.
Administrateur hôtelier.

Quelqu'un sonnait la cloche… À toute volée…
L'église était fermée depuis longtemps, je ne me rappelle même plus depuis quand, elle avait toujours servi de silo pour le kolkhoze. On y engrangeait le grain. D'entendre cette cloche qu'on croyait définitivement morte, le village s'est figé : "Un malheur est arrivé!" maman… tout le monde s'est précipité dans la rue…
C'est comme ça que la guerre a commencé…
Il suffit que je ferme les yeux… et je vois…
On mène dans la rue trois soldats de l'Armée rouge. Ils ont les mains liées dans le dos avec du fil de fer barbelé. Ils sont en sous-vêtements. Deux jeunes, un plus âgé. Ils marchent, tête basse.
On les fusille près de l'école. Sur la route. Les derniers moments…
À l'instant ultime, ils se sont mis à crier leur prénom et leur nom, dans l'espoir que quelqu'un les entendrait et les retiendrait. Qu'on préviendrait leurs proches…
Moi, je regardais par un trou de la palissade… Et j'ai retenu…
L'un était Vanietchka Ballaï, l'autre Roman Nikonov. Le plus vieux a crié aussi : "Vive le camarade Staline!"
Aussitôt, des camions se sont ébranlés sur cette même route. Eux, étaient étendus, raides… Les camions, transportant des soldats et une cuisine de campagne fumante, leur ont roulé dessus. Ensuite, il y a eu les cyclistes. La cavalerie. Les Allemands n'arrêtaient pas de défiler. Jour et nuit. Pendant des jours…
Moi, je me répétais… je me répétais pour ne pas oublier : Vanietchka Ballaï, Roman Nikonov… Le troisième, je ne le sais plus…
Des fois, ça me réveille la nuit : je voudrais tant m'en souvenir…

"ON S'EST ATTELÉES, TOUTES LES QUATRE, À CETTE LUGE…"

Zina Prikhodko, quatre ans.
Ouvrière.

Ça bombarde… La terre tremble, notre maison aussi…

Notre maison n'est pas très grande, elle a un jardin. On est cachées à l'intérieur, volets fermés. Toutes les quatre : mes deux sœurs, moi et maman. Maman dit qu'avec les volets fermés, on n'a pas de raison d'avoir peur. Nous, on répond que non, bien sûr ! En fait, on a la frousse mais on ne veut pas lui faire de peine.

… On marche derrière une charrette, puis nous, les petites, on nous fait asseoir sur des ballots. Je ne sais pas pourquoi j'ai l'impression que, si je m'endors, on va me tuer. Alors, je m'efforce, autant que je peux, de garder les yeux ouverts, mais ils se ferment tout seuls. Et on s'entend avec l'aînée de mes sœurs : je vais d'abord fermer les yeux, dormir un peu, et elle va veiller pour qu'on ne nous tue pas. Ensuite, c'est elle qui dormira et moi qui veillerai. Seulement, on s'est endormies toutes les deux. C'est maman qui nous a réveillées, en criant : "N'ayez pas peur ! N'ayez pas peur !" Devant, ça tirait… Des gens hurlaient… Maman nous a obligées à baisser la tête… Nous, on voulait regarder…

Les tirs se sont arrêtés et on a continué. J'ai vu des gens couchés dans le fossé le long de la route et j'ai demandé à maman :

"Ils font quoi, les gens ?

— Ils dorment.

— Pourquoi ils dorment dans le fossé ?

— Parce que c'est la guerre."

J'ai commencé à faire un caprice :

"Alors, nous aussi, on va dormir dans le fossé ? Je ne veux pas !"

Je me suis calmée en voyant que maman avait les larmes aux yeux. Où on allait, où on nous emmenait, je ne savais pas. Je ne comprenais pas. Je n'ai retenu qu'un mot : "Azaritchi". Je revois aussi les barbelés dont maman nous interdisait de nous approcher. C'est après la guerre que j'ai su qu'on s'était retrouvées au camp de concentration d'Azaritchi. J'y suis même retournée depuis. Mais qu'est-ce qu'on voit, à présent ? De l'herbe, de la terre… Tout est normal. S'il est resté quelque chose, c'est uniquement dans nos mémoires…

Quand je raconte ça, je me mords les mains jusqu'au sang pour ne pas pleurer…

Voilà qu'on rapporte maman et qu'on la pose par terre. Nous, on se précipite vers elle, à quatre pattes : je me souviens que c'était à quatre pattes. On l'appelle : "Maman ! maman !" Je la supplie : "Ne dors pas, maman !" Déjà, on est couvertes de sang, parce que maman est en sang. Je me dis aujourd'hui qu'on ne savait pas que c'était du sang. Le sang, on ne connaissait pas, mais on avait dans l'idée que c'était terrible.

Tous les jours, des camions arrivaient. Des gens y montaient et s'en allaient. Nous, on suppliait maman : "Pourquoi on monte pas le camion ? Peut-être qu'il va du côté de chez grand-mère ?" Pourquoi on pensait à grand-mère ? Parce que maman répétait que notre grand-mère vivait tout près et qu'elle ne savait même pas où on était. Elle nous croyait à Gomel. Mais maman ne voulait jamais monter, elle nous écartait chaque fois du camion. Nous, on pleurait, on la suppliait, on essayait de la convaincre. Un matin, elle a fini par accepter… L'hiver était là, on gelait…

Je me mords les mains pour ne pas pleurer. Je ne peux pas m'en empêcher…

On a roulé longtemps et quelqu'un a dit à maman – ou c'est elle qui l'a deviné – qu'on allait nous fusiller. Quand le camion s'est arrêté, on nous a ordonné de descendre. Il y avait une ferme. Maman a demandé à l'escorte : "Est-ce qu'on peut avoir un peu d'eau ? Les enfants ont soif." Le soldat nous a permis d'entrer dans la maison. Là, la fermière a rempli une grande chope d'eau. Maman est là, qui boit à petites gorgées, lentement, et moi, je me dis : "J'ai tellement faim… C'est drôle que maman ait soif…"

Maman a vidé la chope et en a réclamé une autre. La fermière la lui a remplie et tendue, en disant que, tous les matins, on emmenait plein de gens dans la forêt et qu'on ne les revoyait jamais.

"Vous avez une autre sortie ?" a demandé maman.

Du geste, la femme lui a montré que oui. Une porte donnait sur la rue, l'autre sur la cour. On est sorties d'un bond, ensuite on s'est mises à ramper. J'ai l'impression aujourd'hui qu'on a rampé jusque chez grand-mère. Comment on a fait ? Combien de temps ça a duré ? Je ne sais plus.

Grand-mère nous a couchées sur le poêle, et maman dans un lit. Au matin, maman était mourante. Nous, on était épouvantées, on ne comprenait pas : comment maman pouvait-elle mourir, nous laisser, alors qu'on n'avait pas de papa ? Je me souviens que maman nous a appelées, elle a souri :

"Ne vous disputez jamais, les enfants."

Pourquoi on se serait disputées ? À cause de quoi ? On n'avait pas de jouets ! Une pierre nous servait de poupée. On n'avait pas de bonbons. Pas de maman, non plus, à qui se plaindre…

Le lendemain matin, grand-mère a enveloppé maman dans un grand drap blanc et l'a mise sur une luge. Et on s'est attelées, toutes les quatre, à cette luge…

Ne m'en veuillez pas… Je n'en peux plus… Je pleure…

"CES DEUX GAMINS NE PESAIENT PAS PLUS LOURD QUE DES MOINEAUX…"

Raïa Ilinkovskaïa, quatorze ans.
Professeur de logique.

Je n'oublierai jamais le parfum des tilleuls à Elsk, ma ville natale…

Pendant la guerre, tout ce qu'on avait connu avant nous paraissait la plus belle chose du monde. Et ça m'est resté, aujourd'hui…

On a été évacués d'Elsk, maman, mon petit frère et moi. On s'est arrêtés au bourg de Gribanovka, du côté de Voronej, on pensait y rester jusqu'à la fin de la guerre. Seulement, quelques jours plus tard, les Allemands étaient aux portes de Voronej. Ils nous talonnaient.

On est montés dans un train de marchandises. On nous a dit qu'on allait nous emmener très loin, à l'Est. Maman nous consolait comme elle pouvait : "Il y aura plein de fruits !" Le voyage a été long, parce qu'on était souvent en rade sur des voies de garage. On ne savait jamais combien de temps on serait bloqués ni où. C'est pour ça qu'au risque de notre vie, on descendait dans les gares prendre de l'eau. On avait un poêle de fortune où on faisait cuire de la semoule de blé pour tout le wagon. Tout le trajet, on en a mangé.

Le train s'est arrêté à la gare de Kourgan-Tioubé… Du côté d'Andijan… J'ai été frappée par le paysage, complètement nouveau pour moi. Tellement frappée, même, qu'un moment, j'ai oublié la guerre. Tout était en fleur, tout flamboyait, il y avait tellement de soleil! J'ai retrouvé ma joie de vivre. Je suis redevenue comme avant.

On nous a conduits au kolkhoze Kyzyl Ioul. C'est vieux, tout ça, mais je me rappelle tous les noms. Ça m'étonne de ne pas avoir oublié. Je me souviens que j'apprenais, que je répétais les mots que je ne connaissais pas. On nous a installés dans le gymnase de l'école, à huit familles. Les gens du coin nous ont apporté des couvertures et des coussins. Les couvertures ouzbeks sont faites de bouts de tissus de toutes les couleurs et les coussins sont bourrés de coton. J'ai très vite su cueillir de grosses brassées de tiges de coton sèches : on s'en servait pour se chauffer.

On ne s'est pas aperçus tout de suite que la guerre était là aussi. On nous a donné un peu de farine, mais pas assez, ça ne nous a pas fait longtemps. On a commencé à souffrir de la faim. Les Ouzbeks n'étaient pas mieux lotis. Avec les gamins ouzbeks, on courait derrière les télègues. Quel bonheur, quand quelque chose en tombait! Notre plus grande joie, c'étaient les cossons de lin ; ceux de coton étaient jaunes, très durs, on aurait dit des cosses de pois.

Mon frère Vadik avait six ans. On le laissait à la maison et on allait travailler au kolkhoze, avec maman. On buttait le riz, on récoltait le coton. Mes mains me faisaient mal, par manque d'habitude. La nuit, ça m'empêchait de dormir.

Un soir, on rentre chez nous et Vadik vient à notre rencontre : à son épaule, sur une ficelle, sont accrochés trois moineaux. Il tient un lance-pierres. Il a déjà nettoyé ses trophées de chasse à la rivière et attend maman pour faire une soupe. Fier, faut voir comme! On mange la soupe avec maman, et on le complimente tout plein. Pourtant, ses moineaux sont si maigrichons qu'il n'y a pas trace de graisse dans la casserole. Il y a juste, au-dessus de la gamelle, les yeux de mon frère qui brillent de contentement.

Il s'était lié d'amitié avec un petit Ouzbek. Un jour, son copain est venu nous voir, accompagné de sa grand-mère. Elle regarde les deux garçons, hoche la tête et dit quelque chose à maman qui ne comprend pas. À ce moment-là, arrive le chef d'équipe qui connaît le russe. Il nous traduit : "Elle discute avec son Dieu, avec Allah. Elle se plaint à lui : la guerre, c'est une affaire d'hommes, de combattants. Pourquoi que les enfants doivent souffrir? Comment il peut permettre que ces deux gamins ne pèsent pas plus lourd que les moineaux qu'ils tuent au lance-pierres?" La grand-mère jette sur la table une poignée d'abricots secs, tout dorés. Ils sont durs, sucrés! On dirait presque du sucre. On peut les sucer longtemps, en grignoter des petits morceaux, puis casser le noyau et manger la graine craquante à l'intérieur.

Son petit-fils regarde ces abricots, avec des yeux affamés. Des yeux brûlants! Maman est désemparée. La grand-mère lui caresse la main, la tranquillise, puis elle serre contre elle son petit-fils. "Il a toujours un bol de katek, parce qu'il vit dans sa vraie maison, avec sa grand-mère", traduit le chef d'équipe. Le katek, c'est du lait de chèvre aigre. Tout le temps qu'on a été en évacuation, mon frère et moi, pour nous y avait rien de meilleur au monde!

Ils s'en repartent, la grand-mère et le gosse. Nous, on est attablés, tous les trois. Personne n'ose, le premier, tendre la main vers les abricots dorés…

"CE QUI M'EMBÊTAIT LE PLUS, C'EST QUE J'AVAIS DES CHAUSSURES DE FILLE…"

Marlen Robeïtchikov, onze ans.
Responsable de secteur au comité exécutif municipal.

La guerre, je l'ai vue d'un arbre.

Les adultes nous interdisaient d'y grimper, mais ça ne nous empêchait pas de suivre les combats aériens du haut de grands sapins. On pleurait quand nos avions brûlaient, mais on n'avait pas peur : c'était comme au cinéma. Le deuxième ou le troisième jour, on nous a mis en ligne et le directeur nous a annoncé que notre camp de pionniers allait être évacué. On savait déjà que Minsk, bombardée, était en flammes et qu'on ne nous ramènerait pas chez nous, qu'on nous conduirait ailleurs, loin de la guerre.

Je veux raconter… comment nous avons préparé notre départ. On nous a ordonné de prendre nos valises et de n'y mettre que les choses les plus indispensables : maillots, chemises, chaussettes, mouchoirs. On a tout bien rangé et, par-dessus, on a placé nos foulards de pionniers. Nos imaginations d'enfants nous dessinaient la scène : on tombe sur des Allemands qui ouvrent nos valises et, là, ils trouvent nos foulards rouges… Ça nous vengerait de tout!

Notre convoi allait plus vite que la guerre. Il a réussi à la devancer. Dans les gares où on s'arrêtait, les gens n'en savaient rien encore, ils ne l'avaient pas vue. Nous, les gosses, on la racontait aux adultes : l'incendie de Minsk, le bombardement de notre camp de pionniers, nos avions qui brûlaient. Mais, plus on s'éloignait de la maison, plus on était impatients que les parents viennent nous chercher. Que nombre d'entre nous n'aient déjà plus de parents, ça ne nous effleurait pas! C'était inconcevable. On avait beau parler de la guerre, on était des gosses du temps de paix.

Du train, on nous a fait passer sur le vapeur *Commune de Paris* et on a navigué sur la Volga. On en était à quinze jours de voyage et on ne s'était pas encore changés. Pour la première fois, sur le vapeur, j'ai retiré mes sandales, on nous y a autorisés. Elles étaient caoutchoutées, avec des lacets. Quand je les ai enlevées, fallait voir l'odeur! Je les ai lavées à grande eau, et j'ai fini par les jeter. Je suis arrivé, pieds nus, à Khvalynsk.

On était tellement nombreux qu'il a fallu ouvrir tout de suite deux maisons d'enfants biélorusses. Dans la première les scolaires, dans la seconde les préscolaires. Comment je le sais? Parce que ceux qui devaient se séparer de leur frère ou de leur sœur pleuraient comme des veaux. Les petits, surtout, ça leur faisait peur de perdre les grands. Quand on s'était retrouvés au camp de pionniers sans les parents, c'était drôlement intéressant, un genre de jeu. Mais là, tous, on avait la frousse. On était habitués à avoir une maison, des parents, à être choyés. C'était ma mère qui me réveillait le matin, elle qui m'embrassait, le soir, avant que je m'endorme. À côté, il y avait une maison d'enfants, avec de "vrais" orphelins. On était vraiment différents. Ils étaient habitués à vivre sans parents, nous, on ne s'y faisait pas.

Je me rappelle la nourriture de l'année 43 : pour la journée, une petite cuillerée de lait cuit au four, un petit bout de pain, une betterave ; l'été, de la soupe d'écorces de pastèques. On nous montrait le film *Mars-avril* où on racontait comment nos éclaireurs faisaient de la bouillie à base d'écorces de bouleaux. Les filles de notre maison avaient aussi appris à en faire.

À l'automne, on s'occupait nous-mêmes des réserves de bois, la norme individuelle était d'un mètre cube. La forêt se trouvait dans les montagnes. Il fallait d'abord abattre les arbres, les dégrossir, puis les scier en bûches d'un mètre, qu'on empilait. C'étaient des normes d'adultes. Or, on avait des filles dans notre équipe, avec la même norme. Du coup, nous les garçons, on trimait plus que tout le monde. Chez nous, on n'avait pas appris à scier, on était tous de la ville. Et fallait voir les rondins qu'on avait!...

Jour et nuit, on avait faim, au boulot et quand on dormait, tout le temps. Surtout l'hiver. On faisait le mur de la maison d'enfants pour rejoindre les soldats qui nous refilaient parfois un quart de soupe. Seulement, on était nombreux et les militaires ne pouvaient pas nourrir tout le monde. Les premiers arrivés touchaient éventuellement quelque chose ; les retardataires s'en retournaient, Gros Jean comme devant. J'avais un copain, Michka Tcherkassov. Un jour, il se pointe chez les soldats pour demander à manger. On lui répond qu'il reste un peu de soupe, fonce, gars, va chercher ta gamelle! Il repart et s'aperçoit que les gosses de la maison d'enfants voisine déboulent. Le temps qu'il aille prendre sa gamelle, il n'y aura plus rien.

Il rebrousse aussitôt chemin et dit aux soldats : "Versez!" En place de gamelle, il leur tend son bonnet de fourrure. Il a l'air tellement assuré qu'un soldat y verse tout un quart de soupe. Alors, Michka passe en héros devant les orphelins qui font ceinture, et fonce à la maison. Il s'est gelé les oreilles mais, cette soupe, il nous l'a rapportée. Enfin, c'était plus de la soupe, c'était une pleine chapka de glace. On l'a renversée dans une assiette, on n'a même pas attendu qu'elle se réchauffe, on l'a mangée telle quelle. Les filles ont frictionné les oreilles de Michka. Il était sacrément content d'en avoir rapporté pour tout le monde. Du coup, il n'a même pas voulu être le premier à manger!

Ce qu'on préférait, c'étaient les cossons. On les classait en plusieurs sortes, selon le goût. Y en avait qui faisaient penser à du halva. On montait des opérations "Chasse au cosson". Plusieurs d'entre nous grimpaient en marche dans un camion, ils en balançaient plein par-dessus bord, que d'autres récupéraient. On rentrait à la maison d'enfants, couverts de bleus mais rassasiés. Et puis, y avait les marchés d'été et d'automne! Ça, c'était quelque chose! On goûtait de tout ; une fermière nous refilait un quartier de pomme, une autre un bout de tomate. En plus, c'était pas honteux de piquer des trucs au marché ; au contraire, on le voyait comme de l'héroïsme! On se fichait de ce qu'on ramenait. L'essentiel, c'était d'avoir à manger. Quoi? Ça n'était pas important...

On avait dans notre classe le fils du directeur de la fabrique d'huile. Les gosses restent des gosses. On est là, au cours, on joue à la bataille navale. Et, dans notre dos, l'autre bouffe du pain à l'huile de tournesol. On le sent dans toute la classe.

On chuchote entre nous, on lui montre le poing : attends un peu que le cours finisse!...

Tout d'un coup, on regarde : la prof a disparu. On regarde mieux : elle est raide par terre. Elle aussi était affamée ; elle aussi a senti l'odeur... Et elle est tombée dans les pommes. Les filles la raccompagnent chez elle. Elle vit avec sa mère. Ce soir-là, on décide que, tous les jours, chacun mettra de côté un petit bout de pain et qu'on le donnera à la prof. Elle, bien sûr, elle refusera. Alors, on le portera en douce à sa mère, en lui demandant de ne pas dire que ça vient de nous.

On avait notre jardin et notre potager. Dans le jardin, il y avait des pommes, et dans le potager des choux, des carottes, des betteraves. On les surveillait drôlement, on faisait des tours de garde à plusieurs. Au moment de la relève, on recomptait tout : la moindre tête de chou, la moindre carotte. Pendant la nuit, on se disait : si seulement il pouvait pousser une carotte de plus! Elle ne serait pas dans le compte et on pourrait la manger!" Parce que, celles qu'étaient comptées, pas question qu'elles disparaissent, c'était la honte!

On est donc dans le potager, avec plein de nourriture autour, mais on tient bon. Seulement, qu'est-ce qu'on a faim! Une fois, j'étais de garde avec un gars plus âgé. Et il a eu une idée :

"Tu vois la vache en train de paître, là-bas?...

— Et alors?

— Idiot! Tu ne sais pas, peut-être, que quand une vache individuelle broute dans les prés d'État, on la confisque ou on flanque une amende au propriétaire?

— Elle est dans son pré...

— Et puis? Elle est pas attachée..."

Et il m'explique son plan : on prend la vache, on la tire dans le jardin où on l'attache. Ensuite, on cherche la fermière. C'est ce qu'on a fait. Mon comparse a couru au village, il a déniché la fermière : voilà, y a vot' vache qui est dans un jardin d'État. Vous connaissez la loi...

Je ne pense pas… ou, du moins, aujourd'hui j'ai des doutes, que la fermière nous ait cru et qu'elle ait pris peur. Elle a eu pitié de nous, elle a vu qu'on crevait de faim. On s'est mis d'accord : on mènerait paître sa vache et, en échange, elle nous refilerait quelques pommes de terre.

Il y a une fille qu'est tombée malade. Il fallait lui faire une transfusion. Eh bien, figurez-vous qu'il n'y avait personne, dans toute la maison d'enfants, en état de donner son sang.

Notre rêve, c'était d'aller au front. On s'est réunis avec quelques copains, les plus têtes brûlées, et on a décidé de se tailler. Heureusement pour nous, le capitaine Gordeïev, qui dirigeait la musique militaire, est venu chez nous. Il a pris quatre gamins musiciens, dont moi. C'est comme ça que je me suis retrouvé à la guerre.

Toute la maison d'enfants a assisté à notre départ. Je n'avais rien à me mettre et une fille m'a refilé son costume de marin ; une autre avait deux paires de souliers et elle m'en a offert une.

C'est comme ça que je suis allé au front. Ce qui m'embêtait le plus, c'est que j'avais des chaussures de fille…

"JE CRIE, CRIE… JE NE PEUX PLUS M'ARRÊTER…"

Liouda Andreïeva, cinq ans.
Contrôleuse.

Pour moi, la guerre, c'est comme un grand feu… Ça brûlait tout le temps. Sans fin…

On se retrouvait, nous les gosses, et vous savez ce qu'on se racontait? Qu'avant la guerre on aimait les petits pains et le thé sucré, mais qu'il n'y en aurait plus jamais.

On savait déjà quand on devait pleurer, parce qu'on l'avait vu faire par nos mères et nos grands-mères. Elles pleuraient souvent… Tous les jours.

Je savais aussi que j'avais une maman jeune et jolie. Celles des autres étaient plus âgées. N'empêche qu'à cinq ans, je comprenais que ce n'était pas bien pour nous que maman soit jeune et jolie. C'était dangereux. À cinq ans, je m'en rendais compte… Je sentais même que c'était plutôt une chance que je sois petite. Pourtant, qu'est-ce qu'une gosse de mon âge pouvait saisir ? Surtout que personne ne m'expliquait rien…

Des années ont passé… J'ai peur… peur de toucher à ce recoin de ma mémoire…

Un camion allemand est arrêté devant notre maison. Il ne l'a pas fait exprès, il est tombé en panne. Les soldats entrent chez nous, nous expédient, grand-mère et moi, dans la chambre et obligent maman à les aider. Ils font chauffer de l'eau, préparent leur dîner. Ils parlent tellement fort que je n'ai pas l'impression qu'ils discutent entre eux et rient, je me dis qu'ils crient après maman.

Le soir tombe. Puis, c'est la nuit. Tout à coup, maman arrive en courant dans la chambre, elle me prend dans ses bras et fonce dans la rue. On n'a pas de jardin, notre cour est vide, on court, on ne sait pas où se cacher. On finit par se glisser sous une voiture. Eux, ils sortent de la maison et nous cherchent, en s'éclairant avec des torches. Maman est couchée sur moi. J'entends qu'elle claque des dents, elle est toute froide. Glacée.

Au matin, les Allemands s'en vont et on rentre chez nous… Grand-mère est couchée sur le lit… attachée avec des cordes… nue ! grand-mère… Ma grand-mère ! D'horreur… de terreur, je me mets à crier. Maman me pousse dehors… Je crie, crie… Je ne peux plus m'arrêter…

Longtemps, j'ai eu peur des tous les véhicules à moteur. Rien que le bruit me faisait trembler. Comme si j'avais la fièvre…

La guerre s'est terminée, on est retournés à l'école… Un jour, je vois arriver un tramway et, impossible de me calmer : je claque des dents. Je tremble… Dans ma classe, on était trois à avoir connu l'occupation. Un garçon ne supportait pas le bruit des avions. Au printemps, la maîtresse ouvrait les fenêtres… Un bruit d'avion… Un véhicule qui approche… Nos yeux à tous deux s'écarquillent, nos pupilles deviennent immenses, c'est l'affolement. Et nos camarades de classe qui ont été évacués se moquent de nous.

Le premier feu d'artifice… Les gens se précipitent dans la rue. Maman et moi, on se cache dans une fosse. On y reste jusqu'à ce que les voisins viennent nous dire : "Sortez de là, c'est pas la guerre, c'est la fête de la Victoire !"

Ce que je pouvais avoir envie de vrais jouets ! Envie d'enfance !… On prenait un morceau de brique et on se racontait que c'était une poupée. Ou bien le plus petit d'entre nous faisait la poupée. Aujourd'hui encore, quand je vois dans le sable des éclats de verre colorés, j'ai envie de les ramasser. Je les trouve toujours beaux.

J'ai grandi… et quelqu'un m'a dit : "Tu es aussi jolie que ta maman." Ça ne m'a pas fait plaisir, ça m'a effrayée. Je n'ai jamais aimé qu'on me dise ces mots-là…

"TOUS LES ENFANTS SE SONT PRIS PAR LA MAIN…"

Andreï Tolstik, sept ans.
Docteur en sciences économiques.

J'étais petit garçon…

Je me rappelle ma maman… Elle cuisait le meilleur pain du village, elle avait le plus beau potager. On avait, au jardin et dans la cour, les plus gros dahlias. Elle nous avait brodé, à tous, de jolies chemises : à mon père, à mes deux grands frères et à moi. C'est le col qui était brodé… rouge, bleu, vert, au point de croix…

Je ne sais pas qui m'a annoncé que maman avait été fusillée. Une voisine, je crois. J'ai couru à la maison. On m'a dit : "C'est pas ici que ça s'est passé, mais en dehors du village." Mon père n'était pas là, il avait rejoint les partisans, pareil pour mes grands frères, et mon cousin. Je suis allé trouver le voisin, pépé Karp :

"Ils ont tué maman. Faut la ramener."

On a attelé la vache (on n'avait pas de cheval), et nous voilà partis. À proximité de la forêt, pépé Karp m'a laissé en plan :

"Attends-moi ici. Je suis vieux, peuvent bien me tuer, ça me fait pas peur. Mais toi, t'es qu'un gamin."

J'attends. J'ai plein de trucs qui me tournent dans la tête : qu'est-ce que je vais dire à papa ? Comment je lui annoncerai que maman a été tuée ? Et puis, des trucs de môme : que, si je la vois morte, ça veut dire qu'elle ne sera plus jamais vivante. Alors que, si je ne la vois pas, quand je rentrerai, elle sera à la maison.

Maman avait reçu une rafale de mitraillette dans la poitrine. Ça faisait une rayure sur son corsage… Et elle avait un petit trou noir à la tempe… J'avais envie qu'on lui mette tout de suite un foulard blanc, pour ne plus voir ce trou noir. J'avais l'impression qu'elle avait encore mal.

Je ne suis pas monté dans la charrette. J'ai marché à côté...

Au village, tous les jours on enterrait quelqu'un... Je me rappelle l'enterrement de quatre partisans. Trois hommes et une jeune fille. Des partisans, on en mettait souvent en terre mais c'était la première fois que je voyais une femme. On lui avait creusé une petite tombe à part... Elle gisait dans l'herbe, sous un vieux poirier... Des vieilles femmes étaient assises à côté. Elles lui ont longuement caressé les mains...

J'ai demandé :

"Pourquoi on la met à part ?

— Elle est jeune", ont répondu les grands-mères.

Resté seul, sans proches ni parents, j'ai eu peur. Qu'est-ce que j'allais devenir ? On m'a emmené au village de Zalessié, chez tata Marfa. Elle n'avait pas d'enfant et son mari était au front. On se cachait à la cave. Elle serrait ma tête contre la sienne : "Mon petit gars..."

Tata Marfa a eu le typhus. Et moi après elle. Alors, mémé Zenka m'a récupéré. Elle avait deux fils au front. Quand je me réveillais, la nuit, elle somnolait sur le lit, près de moi : "Mon petit gars..." Tout le monde fuyait les Allemands dans la forêt, mémé Zenka, elle, restait avec moi. Jamais elle ne m'a laissé : "On mourra ensemble, mon petit gars."

Après le typhus, j'ai été longtemps sans marcher. Sur une route plate, ça passait encore, mais la moindre pente me fauchait les jambes. On attendait les nôtres. Des femmes étaient allées dans la forêt cueillir des fraises des bois. C'étaient toutes nos friandises.

Nos soldats étaient fatigués. Mémé Zenka leur distribuait des fraises des bois dans leurs casques. Ils m'en donnaient tous. Moi, j'étais assis par terre, je ne pouvais pas me lever.

Mon père est rentré de chez les partisans. Il savait que j'étais malade et il me rapportait un morceau de pain et un bout de lard, d'un doigt d'épaisseur. Le lard et le pain sentaient le gros gris. Tout sentait mon père.

La victoire ! Quand on a entendu le mot, on ramassait de l'oseille dans le pré. Alors tous les enfants se sont pris par la main et ont couru, comme ça, vers le village...

"ON NE SAVAIT MÊME PAS À QUOI RESSEMBLAIT UN ENTERREMENT... MAIS LÀ, ON A TROUVÉ..."

Mikhaïl Chinkarev, treize ans.
Cheminot.

La petite fille de nos voisins était sourde...

Tout le monde criait : "La guerre! La guerre!", et elle, elle arrivait en courant voir ma sœur, avec sa poupée, en chantonnant. À ce moment-là, même les gosses ne riaient plus. "C'est plutôt bien, je me suis dit, qu'elle soit pas au courant, pour la guerre."

Avec mes copains, on a enveloppé nos insignes rouges d'octobristes[1] et nos foulards dans de la toile de bâche, et on a enterré le tout dans des buissons, près de la rivière. Dans le sable. On faisait de beaux conspirateurs : on y venait tous les jours...

Les Allemands, tout le monde en avait peur, même les enfants et les chiens. Maman posait des œufs sur le banc près de la maison. Dehors. Comme ça, ils n'entraient pas chez nous, ils ne demandaient pas : "*Jude?*" Ma sœur et moi, on avait des cheveux noirs, frisés.

Un jour qu'on se baignait dans la rivière... on a vu remonter du fond un truc noir. Ce moment-là, je le revois!... On a pensé que c'était un bout de bois. Seulement, le courant a poussé le truc vers la berge, et on a repéré des bras, une tête... On a compris que c'était quelqu'un... Je crois bien que personne n'a eu peur. Ni crié. On s'est souvenu de ce que racontaient les grands : qu'un de nos mitrailleurs était mort par là et qu'il était tombé dans l'eau, avec son engin.

À peine quelques mois de guerre et, déjà, la vue de la mort ne nous effrayait plus. On a tiré le mitrailleur sur la berge et on l'a enterré. Quelqu'un a couru chercher une pelle et on a creusé un trou. On a recouvert. On est restés un petit moment sans rien dire. Une fille a même fait le signe de croix. Sa grand-mère, dans le temps, s'occupait de l'église et elle connaissait des prières.

---

1. Organisation communiste pour les très jeunes enfants, encore trop petits pour devenirs pionniers.

On s'est occupés de tout nous-mêmes. Sans les parents. Avant la guerre, on ne savait même pas à quoi ressemblait un enterrement… Mais là, on a trouvé.

Pendant deux jours, on a plongé pour essayer de récupérer la mitrailleuse…

"IL LES AVAIT MIS DANS UN PANIER…"

Leonid Sivakov, six ans.
Ajusteur-outilleur.

Le soleil était levé…

Les bergers gardaient les vaches. Les hommes du détachement punitif ont attendu que le troupeau soit passé de l'autre côté de la rivière Grioza et ils ont commencé la tournée des fermes. Ils avaient une liste et ils fusillaient en la respectant à la lettre. Ils lisaient : la mère, le grand-père, les enfants untel et untel, tel âge… Ils vérifiaient d'après leur liste. Si quelqu'un manquait à l'appel, ils le cherchaient. Ils trouvaient un gosse sous le lit, sous le poêle…

Quand ils les tenaient tous, ils mitraillaient…

Six personnes étaient réunies dans notre ferme : grand-mère, maman, ma grande sœur, mes deux petits frères et moi. Six personnes… On les a vus, par la fenêtre, aller chez les voisins, on a couru dans l'entrée, avec mon plus jeune frère, on a mis le crochet. On s'est assis sur le coffre, à côté de maman.

Le crochet n'était pas solide, l'Allemand l'a tout de suite fait sauter. Il a franchi le seuil et lâché une rafale. Je n'ai pas eu le temps de voir s'il était vieux ou jeune. On a tous été touchés. Moi, je me suis effondré derrière le coffre…

La première fois, j'ai repris mes esprits en entendant quelque chose goutter sur moi… Ça gouttait sans arrêt, comme de l'eau. J'ai levé la tête : c'était le sang de maman ; elle était étendue, morte. J'ai rampé sous le lit, tout baignait dans le sang… J'y pataugeais comme dans de l'eau… Trempé…

Et puis, j'en entends deux qui arrivent. Ils recomptent le nombre de tués. L'un dit : "Il en manque un. Il faut le trouver." Ils se mettent à chercher, regardent sous le lit où maman avait caché un sac de seigle. Moi, je suis planqué derrière... Ils ont sorti le sac et s'en sont repartis, contents. Oubliant qu'il en manquait un de la liste. Ils sont partis, et j'ai reperdu conscience...

La deuxième fois, j'ai repris mes esprits quand notre maison brûlait...

J'ai senti une chaleur insupportable et des nausées effroyables. Je vois que je baigne dans le sang mais je ne comprends pas que je suis blessé, je n'ai pas mal. La maison est pleine de fumée... J'ai réussi, je ne sais comment, à ramper jusqu'au potager, puis dans le jardin du voisin. C'est là, seulement, que j'ai compris que j'étais touché à la jambe et que j'avais un bras cassé. Là, j'ai eu mal ! Ensuite, y a de nouveau tout un moment où je ne me rappelle plus rien...

La troisième fois, je suis revenu à moi en entendant une voix de femme. Quelque chose d'effrayant...

Des veaux meuglaient, des cochons criaient, des poules blessées brûlaient... Pas de voix humaines, sauf ce hurlement... J'ai rampé dans sa direction...

Le cri semblait suspendu dans les airs. Quelqu'un hurlait et j'avais l'impression que ça ne s'arrêtait jamais. J'ai rampé vers ce cri, comme guidé par un fil, et je suis arrivé au garage du kolkhoze. Je n'ai rien vu... Le cri paraissait venir de sous la terre... Alors, j'ai deviné qu'il y avait quelqu'un dans la fosse de visite... Tout au fond...

Je ne pouvais pas me lever. J'ai rampé jusqu'à la fosse, je me suis penché... Elle était pleine de gens... Des réfugiés de Smolensk, qu'on logeait dans notre école. Une vingtaine de familles. Ils étaient tous là et, tout en haut, une fillette blessée ne cessait de se relever et de retomber. En hurlant. J'ai jeté un coup d'œil derrière moi : où est-ce que je pouvais ramper ? Le village était en flammes... Il n'y avait pas âme qui vive... Juste cette gamine... Je me suis laissé dégringoler près d'elle... Combien de temps je suis resté là ? Je ne sais pas...

Et puis, j'ai entendu : la petite était morte. Je l'ai poussée, appelée : pas de réaction. J'étais le seul survivant, tous les autres étaient morts. Le soleil chauffait un peu et de la vapeur montait du sang encore chaud. J'ai eu un vertige...

Je suis resté là longtemps, tantôt perdant conscience, tantôt reprenant mes esprits. Ils avaient mitraillé un vendredi. Le samedi, mon grand-père et une sœur de maman sont venus d'un autre village. Ils m'ont trouvé dans la fosse, m'ont chargé sur une brouette. Il y avait des cahots, j'avais mal, je voulais crier mais je n'avais plus de voix. Je ne pouvais que pleurer... Longtemps, je n'ai pas pu dire un mot. Longtemps... Sept ans... Je chuchotais vaguement des trucs : personne ne comprenait rien. Au bout de sept ans, j'ai pu prononcer, à peu près correctement, un mot, un autre... Ça m'étonnait de m'entendre...

À l'emplacement de notre maison, grand-père avait trouvé des os qu'il avait mis dans un panier. Il n'avait même pas réussi à le remplir...

Voilà, je vous ai raconté... Et, c'est tout ? Tout ce qui reste de cette horreur ? Quelques dizaines de mots... Des sons... Ça me perturbe toujours... J'ai lu, je ne sais où, que le philosophe grec Cratippe avait été tellement déçu par les mots que, vers le milieu de sa vie, il ne s'était plus exprimé que par gestes. Il parlait par gestes. Sans prononcer une parole...

Je le comprends...

"ILS ONT SORTI LES PETITS CHATS..."

Tonia Roudakova, cinq ans.
Directrice d'un jardin d'enfants.

La première année de la guerre... Je ne me rappelle pas grand-chose...

Les Allemands sont arrivés un matin, il faisait à peine jour. Ils ont aligné tout le monde dans un pré et ont fait sortir du rang ceux qui avaient le crâne rasé. C'étaient des prisonniers de guerre que les gens abritaient chez eux. Ils les ont menés dans la forêt et les ont fusillés.

Avant, on sortait souvent du village. On jouait du côté de la forêt. À présent, on avait la frousse.

Je revois ma mère cuire du pain. Plein de pain : il y en a sur la table, sur les bancs, par terre sur des serviettes, dans le cellier. Je m'étonne :

"Pourquoi tant de pain ? Les tontons ont été tués. À qui tu vas le donner ?"

Elle m'expédie dans la rue :

"Va jouer avec tes petits amis..."

J'avais peur qu'on tue ma maman, je ne la lâchais pas d'une semelle.

Dans la nuit, des partisans sont venus chercher les pains. Je n'en ai jamais revu une telle quantité. Les Allemands avaient tout pris dans les fermes, on était affamés et je ne comprenais pas. Je disais à maman :

"Chauffe le four et cuis du pain. Plein, plein…"

C'est tout ce qui m'est resté de la première année de guerre…

Ensuite, je devais être plus grande parce que j'ai plus de souvenirs. Je me rappelle quand ils ont brûlé le village. D'abord, ils nous ont mitraillés, et puis ils ont mis le feu… Moi, je reviens de loin…

Ils ne massacraient pas les gens dans la rue. Ils faisaient le tour des fermes. On était tous aux fenêtres :

"Ils s'en vont mitrailler l'Anisska…

— Ça y est ! Ils ont fini, chez elle. C'est le tour de l'Anfissa…"

On est là à attendre qu'ils viennent nous massacrer. Personne ne pleure ni ne crie. On ne bouge pas. On a chez nous une voisine, avec ses garçons. Elle dit :

"Sortons. Dehors, ils ne mitraillent pas."

À ce moment-là, ils arrivent dans notre cour : d'abord un soldat, puis un officier. L'officier est grand, il a de grandes bottes, une grande casquette. Je le revois comme si c'était hier…

Ils veulent nous faire rentrer dans la maison. La voisine se laisse tomber dans l'herbe, elle baise les bottes de l'officier :

"On n'ira pas. Vous allez mitrailler, on le sait."

Eux : "*Zurück ! Zurück !*" Ça veut dire : "Demi-tour !" À l'intérieur, maman est assise sur le banc devant la table. Je me souviens : elle a pris un petit quart de lait et commencé à le donner au petit. Le silence est tel qu'on l'entend téter.

Je me suis accroupie dans un coin en plaçant un balai devant moi. La table était recouverte d'une longue nappe un des garçons de la voisine s'est caché dessous. Mon frère s'est glissé sous le lit. La voisine est à genoux près de la porte, elle les implore pour tout le monde :

"Mon petit monsieur, on a des enfants. Mon petit monsieur, c'est que des bouts de chou…"

Je la revois le supplier. Longtemps…

L'officier s'est avancé vers la table, il a soulevé la nappe et tiré. Un cri a retenti. Il a encore fait feu. Le garçon de la voisine criait toujours… Cinq fois, l'autre a tiré…

Il me regarde... J'ai beau essayer de me cacher derrière mon balai, ça ne marche pas. Il a des yeux magnifiques, bruns... C'est incroyable de se rappeler ça... J'ai tellement peur que je demande : "Tonton, vous allez me tuer?" Lui, bien sûr, ne répond pas... À ce moment-là, le soldat sort de l'autre pièce. Enfin, il sort... il arrache le grand rideau qui sépare les pièces et appelle son officier. Dans l'autre pièce, sur le lit, il y a des petits chats. La chatte n'est pas là, juste les chatons. Ils les prennent dans leurs bras, sourient, jouent avec eux. Quand ils se sont bien amusés, l'officier les tend au soldat pour qu'il les porte dehors. Ils ont sorti les petits chats...

Je revois maman morte et ses cheveux qui brûlent... Le tout petit est près d'elle, dans ses langes... Avec mon frère aîné, on est passés par-dessus, à quatre pattes. Je m'accrochais à son pantalon. On a rampé dans la cour, puis dans le potager. On est restés, jusqu'au soir, au milieu des pieds de pommes de terre. Après, on s'est cachés dans les buissons. Là, j'ai fondu en larmes...

Comment on a survécu? Je ne sais plus... Mais on a survécu, mon frère, moi et les quatre petits chats. Notre grand-mère est arrivée, elle vivait de l'autre côté de la rivière. Et elle a emmené tout le monde...

"RETIENS BIEN : MARIOUPOL, 6, RUE DU PARC..."

Sacha Solianine, quatorze ans.
Invalide de guerre, première catégorie.

C'est qu'on n'avait vraiment pas envie de mourir... On n'a jamais aussi peu envie de mourir qu'au lever du jour...

Or, voilà qu'on nous emmène pour nous fusiller. Et on nous mène bon train! Les Allemands sont pressés, ça, je l'ai compris dans ce qu'ils se disaient entre eux. Avant la guerre, j'aimais bien les cours d'allemand. J'avais même, de mon propre chef, appris par cœur quelques poésies de Heine. On est trois : deux prisonniers de guerre, des lieutenants, et moi, un gamin. Je me suis fait prendre dans la forêt, en récupérant des armes. J'avais réussi à m'en sortir plusieurs fois, mais là, ils m'avaient eu.

Ça fait peur de mourir...

On me chuchote :

"Sauve-toi! On va se jeter sur l'escorte, toi, saute dans les buissons!

— Non…

— Pourquoi ça?

— Je reste avec vous."

Je veux mourir avec eux. En soldat.

"C'est un ordre : cours! Tu dois vivre!"

L'un d'eux, Danila Grigorievitch Iordanov, était de Marioupol, l'autre, Alexandre Ivanovitch Ilinski, de Briansk.

"Retiens bien : Marioupol, 6, rue du Parc… Tu te rappelleras?

— Briansk, rue… Tu te souviendras?"

Ça a commencé à tirer…

J'ai bondi… Couru… Et dans mon crâne, ça martelait : Machin-machin, il faut que je me rappelle… Machin-machin, il faut que je me souvienne… Et la peur m'a fait oublier.

J'ai oublié le numéro et le nom de la rue, à Briansk…

"J'AI SENTI SON CŒUR S'ARRÊTER…"

Lena Aronova, douze ans.
Juriste.

Notre ville s'est brusquement militarisée… Notre paisible et verte Gomel…

Mes parents ont décidé de m'envoyer à Moscou : mon frère y était étudiant, à l'académie militaire. Tous étaient persuadés que Moscou ne tomberait jamais, que c'était une forteresse imprenable. Je ne voulais pas partir mais mes parents ont insisté parce que, quand on nous bombardait, je ne mangeais rien pendant des jours, on était obligé de me nourrir de force. J'avais beaucoup maigri. Maman a décrété qu'à Moscou c'était bien, tranquille. Que je m'y retaperais. Et quand la guerre serait finie, ils viendraient me chercher, avec papa. Très vite…

Le train n'est pas arrivé à Moscou, on nous a fait descendre à Maloïaroslavlets. La gare avait l'interurbain, je me suis démenée pour appeler mon frère et savoir ce que je devais faire. J'ai réussi à le joindre. Il m'a dit : "Ne bouge pas, attends que je vienne te chercher." J'ai passé la nuit dans l'angoisse. Il y avait un monde fou. On a brusquement annoncé qu'une demi-heure plus tard, un train partirait pour Moscou et qu'il fallait prendre ses places. J'ai rassemblé mes affaires et foncé dans un wagon. J'ai grimpé sur une couchette supérieure et me suis endormie. Au réveil, le train était arrêté près d'une petite rivière, des femmes faisaient la lessive. J'étais étonnée : "Où est Moscou ?" On m'a répondu qu'on se dirigeait vers l'Est…

Je suis descendue du wagon et j'ai éclaté en sanglots, de dépit, de désespoir. C'est là que… Dina m'a vue ! C'était une de mes amies, on avait quitté Gomel ensemble, nos mères nous avaient accompagnées, mais on s'était perdues à Maloïaroslavets. À présent qu'on était à nouveau toutes les deux, j'avais moins peur. Dans les gares, on nous apportait à manger dans le train : des sandwichs, du lait dans des bidons sur des charrettes, une fois on nous a même donné de la soupe.

Dans la région de Koustanaï, à la gare de Djarkoul, on nous a fait descendre. Pour la première fois de notre vie, Dina et moi, on a voyagé en charrette. On se rassurait mutuellement : on se disait qu'on arriverait bien quelque part et qu'on écrirait aussitôt à nos parents. Je répliquais : "Si la maison n'est pas bombardée, ils recevront nos lettres mais, dans le cas contraire, où est-ce qu'on va les envoyer ?" Ma mère était médecin chef dans un hôpital pour enfants, mon père directeur d'un collège professionnel. C'était un homme paisible, il avait tout du professeur. La première fois qu'il était rentré du travail avec un pistolet (on leur en avait distribué), il l'avait mis, dans son étui, sur son veston civil, et moi, j'avais eu peur. Je crois que, lui aussi, en avait peur : il l'enlevait précautionneusement le soir, le posait sur la table. On habitait une grande maison où il n'y avait pas de militaires et, jusqu'alors, je n'avais jamais vu d'armes. J'avais toujours l'impression que le pistolet allait se déclencher tout seul et que la guerre était entrée chez nous ; que si papa s'en débarrassait, la guerre s'arrêterait !…

On était, Dina et moi, des filles de la ville. On ne savait rien faire. On est arrivées et, dès le lendemain, on nous a envoyées travailler dans les champs, toute la journée debout, courbées. J'ai été prise de vertiges, je suis tombée. Dina pleurait mais ne savait comment m'aider. On avait honte : les filles du coin, elles, remplissaient la norme. Quand nous, on arrivait à la moitié du champ, elles étaient déjà loin devant. Le plus horrible, c'est quand on m'a envoyée traire la vache. On m'a donné un seau mais je n'avais jamais fait ça, j'avais peur d'approcher de la vache.

Une fois, quelqu'un est venu de la gare en apportant les journaux. On a appris que Gomel était tombée. On a beaucoup pleuré, avec Dina : nos parents devaient être morts et on allait nous envoyer dans une maison d'enfants. Je ne voulais pas en entendre parler, je me disais que j'essaierais de voir mon frère. Mais les parents de Dina sont venus, ils nous ont retrouvées par je ne sais quel miracle. Son père était médecin chef à Saraktach, région de Tchkalov. Dans l'enceinte de l'hôpital, il y avait une petite maison et c'est là qu'on logeait. On dormait sur des châlits, recouverts de paillasses. J'avais plein de problèmes avec mes tresses, elles étaient longues, elles me descendaient au-dessous des genoux. Et je ne pouvais pas les couper sans la permission de maman. Elle les aimait tant! Elle me gronderait, si j'y touchais…

Un jour… À l'aube… Ces choses-là, ça n'arrive que dans les contes! Vous imaginez, en pleine guerre? On frappe à la fenêtre… Je me lève : c'est maman! Je tombe sans connaissance… La première chose que ma mère a faite, ç'a été de couper mes tresses et de me frotter la tête avec un produit contre les poux.

Maman savait déjà que le collège de papa avait été évacué à Novossibirsk. On est allées le rejoindre. Là, j'ai repris l'école. On avait classe le matin et, l'après-midi, on aidait à l'hôpital militaire. La ville accueillait de nombreux blessés, on les envoyait du front vers l'arrière. On nous prenait comme infirmières. Moi, je me suis retrouvée en chirurgie, le plus pénible. On nous donnait de vieux draps dont on faisait des bandes qu'on enroulait, avant de les mettre à stériliser. On lavait les vieilles bandes mais, parfois, il nous en arrivait du front dans un état tel qu'on les enterrait, par corbeilles entières, dans la cour. Elles étaient pleines de sang, de pus…

J'avais grandi auprès d'une mère médecin et, avant la guerre, je rêvais de le devenir à mon tour. Alors, quand on m'a mise en chirurgie, je n'ai pas bronché. Les autres filles avaient peur, moi, ça m'était égal, du moment que je pouvais aider, me sentir utile… À peine la classe terminée, on fonçait à l'hôpital, on ne voulait pas être en retard. Je me souviens d'être plusieurs fois tombée dans les pommes. On découvrait de ces plaies… toutes collées… Les blessés hurlaient. On les transportait dans la salle d'opération sur des brancards et on les ramenait de même. Des fois, j'avais des nausées à force de sentir les bandes : une odeur forte, pas de médicament, non… quelque chose de… d'inconnu, de suffocant… La mort… Je connaissais l'odeur de la mort… On entrait dans une chambre, le blessé vivait encore que, déjà, on reniflait l'odeur. Beaucoup de filles partaient, elles ne le supportaient pas. Elles cousaient des gants pour le front et, celles qui savaient, tricotaient. Moi, je ne pouvais pas quitter l'hôpital. Comment ç'aurait été possible, alors que tout le monde savait que ma mère était médecin ?

N'empêche que je pleurais beaucoup quand les blessés mouraient. À l'agonie, ils appelaient : "Docteur ! Docteur ! Vite !" Le docteur accourait mais il ne pouvait plus rien, en chirurgie on avait des blessés graves. Je me souviens d'un lieutenant… Il m'avait demandé une bouillotte. Je la lui ai mise, il a saisi ma main… Je ne pouvais pas la retirer… Il la serrait contre lui. Il s'accrochait à moi, de toutes ses forces. J'ai senti sous ma main son cœur s'arrêter. Il battait, battait, et puis plus rien…

J'en ai appris, des choses, à la guerre… Plus que dans toute ma vie…

"J'AI FILÉ AU FRONT, REJOINDRE MA SŒUR,
LE SERGENT-CHEF VERA REDKINA…"

Nikolaï Redkine, onze ans.
Mécanicien.

La maison était plus calme… La famille réduite…

Mes grands frères avaient tout de suite été mobilisés. Ma sœur Vera avait harcelé le bureau de recrutement et, en mars 42, elle avait également rejoint le front. Ne restaient à la maison que ma petite sœur et moi.

Évacués, on avait trouvé refuge chez des parents, dans la région d'Orel. Je travaillais dans un kolkhoze, on manquait d'hommes, tous les travaux qui leur étaient réservés reposaient sur des gens comme moi. Des adolescents. À leur place, il y avait nous, qui avions entre neuf et quatorze ans…

Pour la première fois de ma vie, je fais les labours. Les femmes se postent près de leurs chevaux, et en avant! Moi, je reste planté, j'attends qu'on vienne m'expliquer. Elles, elles ont déjà tracé un sillon et entament le suivant. Je suis là, tout seul. Débrouille-toi, mon vieux! Bien ou mal, j'ai fini par m'y mettre… Dès le matin, je suis aux champs et, la nuit, avec les copains, on va aux pâtures. Garder les chevaux. Une journée passe comme ça, une autre… Le troisième jour, je laboure à tout va, et je m'effondre…

En 44, ma sœur Vera est passée nous voir une journée. Elle sortait de l'hôpital militaire, elle avait été blessée. Le lendemain matin, on l'a conduite en télègue à la gare. Moi, j'ai foncé derrière, à pied. À la gare, un soldat a refusé de me laisser entrer dans le wagon : "T'es avec qui, petit?" Je ne me suis pas démonté : "Avec le sergent-chef Vera Redkina."

C'est comme ça que j'ai pu aller à la guerre…

"DU CÔTÉ OÙ LE SOLEIL SE LÈVE…"

Valia Kojanovskaïa, dix ans.
Ouvrière.

Une mémoire d'enfant… ça ne retient que la peur et les bonnes choses.

Nous habitions près de l'hôpital militaire. Quand il a été bombardé, j'ai vu, par nos fenêtres, tomber des blessés avec des béquilles. Le feu s'est propagé à notre maison. Maman a sauté dans les flammes : "Je veux prendre des vêtements pour les petites."

Notre maison brûlait… Notre maman aussi… On s'est précipitées derrière elle, des gens nous ont rattrapées et empêchées de la suivre : "Petites, vous ne pouvez plus rien pour elle." Ensuite, on est parties avec tout le monde… Il y avait des morts… Des blessés gémissaient, appelaient. Qui aurait pu les secourir? J'avais onze ans, ma sœur neuf. Et on s'est perdues, toutes les deux.

On s'est retrouvées à la maison d'enfants d'Ostrochitski Gorodok, aux environs de Minsk que les Allemands avaient prise. Un an avant la guerre, notre père nous y avait déjà amenées, au camp de pionniers. Un bel endroit. Mais les Allemands avaient transformé le camp en maison d'enfants. Tout nous y était familier... et étranger. Pendant plusieurs jours, on a pleuré toutes les larmes de notre corps, parce qu'on n'avait plus de parents, que notre maison avait brûlé. Les monitrices étaient vieilles et tout fonctionnait à l'allemande. Au bout d'un an... je crois que c'est à peu près ça... ils ont commencé à choisir ceux qui seraient déportés en Allemagne. Le critère de sélection n'était pas l'âge, mais la taille. Malheureusement pour moi, j'étais grande comme mon père, à la différence de ma sœur qui ressemblait à ma mère. Des camions sont arrivés, avec un tas d'Allemands armés de mitraillettes, on m'a poussée dans l'un d'eux. Ma sœur criait, ils l'ont chassée, en lui tirant presque dans les jambes. Ils ne voulaient pas qu'elle vienne avec moi. C'est comme ça qu'on a été séparées pour de bon...

Le wagon est plein à craquer... d'enfants. Aucun n'a plus de treize ans. On fait une première halte à Varsovie. On ne nous donne rien à manger ni à boire, y a juste un petit vieux qui monte, les poches emplies de minuscules rouleaux de papier, avec, écrit en russe, une prière : le *Notre Père*. Il nous en a distribué à tous.

Après Varsovie, on a encore roulé deux jours. On est arrivés dans un genre de centre médical. Ils nous ont obligés à nous déshabiller entièrement, filles et garçons ensemble, j'en pleurais de honte. Les filles voulaient se mettre à part, mais ils nous ont regroupés et nous ont arrosés au jet. Une eau froide... avec une odeur bizarre, que je n'ai jamais retrouvée. Je ne sais pas ce qu'ils employaient comme désinfectant. Que ça nous tombe dans les yeux, la bouche ou les oreilles, ça ne les gênait pas, ce qui comptait pour eux, c'était le traitement sanitaire! Ensuite, ils nous ont distribué des vestes et des pantalons rayés, genre pyjamas, et, comme chaussures, des sandales en bois. Sur la poitrine, ils nous ont mis des plaques de fer, avec : *Ost.*

On nous a fait sortir et rangés en ligne. Je pensais qu'ils allaient nous emmener dans une sorte de camp mais, derrière moi, on murmurait : "Ils vont nous vendre." Un vieil Allemand est arrivé, il m'a choisie, avec trois autres filles, il a donné de l'argent et nous a indiqué une charrette pleine de paille : "Montez!"

On s'est retrouvées dans une propriété... Y avait une grande maison, haute, et autour, un vieux parc. On nous a installées dans une grange : une moitié était occupée par douze chiens, l'autre par nous. On nous a tout de suite envoyées au travail, ramasser des pierres dans les champs, pour empêcher que les charrues et les semoirs se cassent. Les pierres, on devait les déposer bien soigneusement à un endroit. Avec nos sandales de bois, on a eu vite les pieds pleins d'ampoules. On nous donnait à manger du mauvais pain et du lait écrémé.

Une des filles n'a pas tenu, elle est morte. Ils l'ont transportée en charrette dans la forêt et l'ont enterrée comme ça, sans rien. Ils ont rapporté au domaine son pyjama rayé et ses sandales de bois. Je me souviens qu'elle s'appelait Olia.

Il y avait un très, très vieil Allemand, chargé de nourrir les chiens. Il parlait mal le russe mais il le parlait et s'efforçait de nous remonter le moral : *"Kinder, Hitler kaput. Russki kom."* Des fois, il allait au poulailler, prenait des œufs dans son bonnet et les cachait dans sa boîte à outils (il était aussi le menuisier du domaine). Il saisissait sa hache et faisait semblant de travailler. En réalité, il posait sa boîte près de nous, regardait de tous côtés et, du geste, nous pressait de manger. Nous, on gobait les œufs et on enterrait les coquilles.

Un jour, deux garçons serbes qui travaillaient aussi au domaine, nous ont fait signe. Des esclaves, comme nous. Et ils nous ont dit leur secret… nous ont confié leur plan : "Faut qu'on s'évade, sinon on va tous y passer, après Olia. Ils nous enterreront dans la forêt et rapporteront nos affaires." On avait peur mais ils ont réussi à nous convaincre. Et voilà ce qu'on a fait : derrière la propriété, il y avait un marécage. On s'y est faufilés un matin, ensuite on s'est mis à courir… du côté où le soleil se lève. À l'est.

Le soir, on s'est effondrés dans les buissons et on s'est endormis. On n'en pouvait plus. Au matin, tout était calme, on n'entendait que les crapauds. On s'est levés, lavés avec la rosée et on a continué. On n'a pas marché bien longtemps : devant nous, on a vu une grande route qu'on devait traverser. De l'autre côté, y avait une forêt profonde, belle. Là, on serait sauvés! Un des garçons a rampé jusqu'à la route, il a regardé partout et nous a appelés : "Vite!" On a foncé sur la route, et c'est alors qu'un camion allemand, avec des mitrailleuses, est sorti de la forêt, juste en face. On a vite été cernés, ils se sont mis à cogner les garçons, à les piétiner.

Ils les ont jetés, morts, dans le camion, et nous ont fait monter à côté. En disant que nos copains étaient tranquilles, à présent, et que nous, cochonnes de Russes, on allait rigoler! Ils savaient, à nos plaques, qu'on venait de l'Est. On avait tellement peur qu'on ne pleurait même pas.

Ils nous ont emmenées dans un camp de concentration. La première chose qu'on a vue, c'étaient des enfants sur de la paille, couverts de poux. La paille, elle venait des champs qui commençaient aussitôt après les barbelés électrifiés.

Chaque matin, on entendait s'ouvrir les verrous métalliques. Un officier et une jolie femme entraient, en riant. Elle nous disait, en russe :

"Ceux qui veulent de la semoule, mettez-vous vite en rangs par deux. On va vous emmener manger…"

Les enfants trébuchaient, se bousculaient : tous voulaient de la semoule.

La femme se mettait à compter :

"On n'en prend pas plus de vingt-cinq. Inutile de vous disputer, les autres attendront demain."

Au début, j'y croyais, je me lançais dans la bousculade mais, ensuite, la peur m'a prise : pourquoi on ne revoyait jamais ceux qu'on emmenait manger ? Après, je restais assise tout près de la porte métallique et, même quand on n'a plus été très nombreux, la femme ne m'a pas remarquée. Elle me tournait toujours le dos, quand elle comptait. Combien de temps ça a duré ? Je ne saurais le dire. Je crois que là… j'ai perdu la mémoire…

Au camp, je n'ai pas vu un oiseau ni même un scarabée. Je rêvais de trouver ne serait-ce qu'un ver de terre. Mais ils n'y survivaient pas…

Un jour, on entend du bruit, des cris, des tirs. Le verrou métallique s'ouvre et des soldats à nous font irruption dans le baraquement, en hurlant : "Pauvres petits !" Ils nous prennent sur leurs épaules, dans leurs bras, plusieurs à la fois. C'est vrai qu'on ne pèse pas grand-chose, légers comme l'air, qu'on est ! Ils nous serrent, nous embrassent en pleurant. Ils nous portent dehors…

Et nous découvrons la cheminée noire du crématoire…

Pendant plusieurs semaines, on nous a soignés, nourris. On me demandait : "T'as quel âge ?" Moi : "Treize ans… – Ah ? Je t'en donnais huit." Quand on a été un peu retapés, on nous a emmenés du côté où le soleil se lève.

Chez nous…

"UNE CHEMISE BLANCHE DANS LE NOIR,
ÇA SE VOIT DE LOIN…"

Efim Friedland, neuf ans.
Directeur adjoint d'un combinat de transformation de silicates.

Mon enfance a pris fin… avec les premiers tirs. Un gosse a continué à vivre en moi mais, pour ainsi dire, à part…

Avant la guerre, j'avais peur de rester seul à la maison. Ça m'est vite passé. Après, je ne croyais plus aux esprits cachés derrière le poêle, dont me parlait maman. D'ailleurs, elle-même n'en parlait plus. On a quitté Khotimsk en charrette. Maman a acheté un panier de pommes qu'elle a posé à côté de ma sœur et moi. On les mangeait. Puis, il y a eu un bombardement…

Ma sœur a une grosse pomme dans chaque main et on se dispute parce qu'elle ne veut pas m'en donner. Maman nous gronde : "Cachez-vous !" Mais nous, on s'occupe de nos pommes. On se bagarre jusqu'à ce que je dise à ma sœur : "Donne-m'en une, sinon on va se faire tuer et je ne pourrai pas y goûter." Elle m'en tend une, la plus belle. Et, juste à ce moment-là, le bombardement cesse. Cette pomme qui m'a porté bonheur, je ne l'ai pas mangée…

On voyageait en charrette et, devant nous, il y avait le troupeau. Je savais par mon père (avant la guerre, il dirigeait la vente de bétail à Khotimsk) que ce n'étaient pas des vaches ordinaires mais un troupeau pour la reproduction qu'on avait acheté bien cher, à l'étranger. Je me rappelle que mon père n'avait pas réussi à m'expliquer ce que c'était exactement, "bien cher", jusqu'à ce qu'il me dise, à titre d'exemple, que chaque bête coûtait autant qu'un tracteur… qu'un tank. Si c'était le prix d'un tank, ça faisait beaucoup d'argent. Alors, on en prenait soin, de ces vaches !

Ayant un père dans la partie, j'aimais les animaux. Et lorsque, après un énième bombardement, on s'est retrouvées sans télègue, j'ai pris la tête du troupeau, en m'attachant au taureau, Vasska. Il avait un anneau dans le nez, auquel était fixée une corde, et je m'attachais à l'autre bout. Les vaches ont eu du mal à s'habituer aux bombardements. Elles étaient lourdes, pas faites pour de longs trajets, leurs sabots se fendillaient, elles fatiguaient atrocement. Après les mitraillages, on avait de la peine à les rassembler. Seulement, dès que le taureau arrivait sur la route, elles le suivaient. Et le taureau n'obéissait qu'à moi.

La nuit, ma mère trouvait toujours le moyen de laver ma chemise blanche… À l'aube, le lieutenant Tourtchine, qui dirigeait le convoi, sonnait le réveil des troupes. J'enfilais ma chemise, récupérais mon taureau et on reprenait la route. J'étais tout le temps en chemise blanche, ça, je m'en souviens. Dans le noir, c'était lumineux, ça se voyait de loin. Je dormais à côté du taureau, entre ses pattes de devant, j'avais plus chaud. Vasska ne se levait jamais le premier, il attendait que je bouge. Il sentait que je n'étais qu'un gosse et qu'il pouvait me faire du mal. Je me couchais près de lui et je ne m'inquiétais jamais.

On a marché comme ça jusqu'à Toula. Plus de mille kilomètres. Trois mois, ça a duré. À la fin, on était pieds nus, en lambeaux. Il nous restait peu de bergers. Les vaches avaient le pis gonflé, on n'avait pas le temps de les traire. Ça les faisait souffrir. Elles se postaient devant nous et nous regardaient. Moi, je ne sentais plus mes mains, à force d'en traire, des quinze, des vingt par jour! Je le revois, comme si c'était hier : une vache est couchée sur la route, une patte arrière fracassée. Du lait goutte de son pis bleu. Elle regarde les hommes… Elle attend… Des soldats s'arrêtent et saisissent leurs fusils : pour l'achever, histoire qu'elle ne souffre pas. Je leur demande d'attendre un peu…

Je m'approche d'elle et la trais. Le lait coule par terre. La vache, reconnaissante, me lèche l'épaule. "Bon", dis-je en me relevant. "Allez-y…" Et je m'enfuis pour ne pas voir…

À Toula, on a appris que tout notre beau troupeau reproducteur irait à l'abattoir, on ne savait pas quoi en faire. Les Allemands arrivaient. J'ai mis ma chemise blanche et suis allé dire adieu à Vasska. Le taureau me soufflait lourdement au visage…

… En mai 45, on est rentrées à la maison. Je me revois à Orcha, debout à la fenêtre. Je sens maman dans mon dos. J'ouvre la fenêtre. Maman dit : "Tu reconnais l'odeur de nos marais?" Je ne pleurais pas souvent mais, là, j'ai fondu en larmes. Tout le temps de l'évacuation, j'avais rêvé, la nuit, que je faisais les foins dans les marais : on fauchait, on mettait en meules et, dès que ça séchait un peu, ça sentait! Le parfum inimitable des foins de nos marais! Il me semble qu'il n'y a que chez nous, en Biélorussie, que le foin des marais sente aussi fort. Cette odeur me suivait partout. Je la percevais même en rêve.

Le jour de la victoire, notre voisin, tonton Kolia, est sorti dans la rue et s'est mis à tirer en l'air. Des gamins ont fait cercle autour de lui :

"Tonton Kolia, je veux essayer !

— Non, moi !"

Il nous y a tous autorisés, à tour de rôle. C'est comme ça que j'ai tiré pour la première fois de ma vie…

"SUR LE PLANCHER TOUT PROPRE,
QUE JE VENAIS DE LAVER…"

Macha Ivanova, huit ans.
Institutrice.

On était une famille unie. On s'aimait tous…

Mon père avait fait la guerre civile. Depuis, il marchait avec des béquilles. Ça ne l'empêchait pas de diriger le kolkhoze, une exploitation modèle. Quand j'avais appris à lire, il m'avait montré des coupures de la *Pravda* où on parlait de notre kolkhoze. En tant que meilleur président, mon père avait été envoyé, juste avant la guerre, au Congrès des travailleurs de choc et à l'Exposition agricole de Moscou. Il m'avait rapporté de jolis livres pour enfants et une boîte en fer, avec des chocolats.

Maman et moi, on aimait papa. Moi, je l'adorais, et lui, nous adorait toutes les deux. Peut-être que j'enjolive mon enfance ? En tout cas, tous mes souvenirs d'avant-guerre sont heureux, radieux. Parce que… c'était l'enfance… Une véritable enfance…

Je me souviens de chansons. Les femmes les chantaient en rentrant des champs. Le soleil disparaissait à l'horizon et, derrière la colline, on entendait, sur un rythme lent :

> *Viens-t'en, il faut rentrer, c'est l'heure*
> *Où s'avance le crépuscule…*

Moi, je me laissais guider par la chanson. J'allais au-devant de maman, je repérais sa voix. Elle me prenait dans ses bras, je me pendais à son cou, puis, je redescendais d'un bond et courais en avant. La chanson me suivait, emplissant le monde alentour. C'était tellement joyeux, tellement bien!

Et, après une si belle enfance, soudain... d'un coup... la guerre!

Mon père est parti dès les premiers jours... Il a continué à travailler, mais en clandestin. Il ne vivait pas chez nous, parce que tout le monde le connaissait. Il ne venait que la nuit.

Une fois, je l'entends qui parle avec maman :

"On a fait sauter un camion allemand sur la grand-route, près de..."

J'étais couchée sur le poêle, j'ai toussé. Mes parents ont pris peur : "Tu ne dois le dire à personne, petite", m'ont-ils prévenue.

J'ai commencé à redouter la nuit. Si mon père venait, que les nazis soient au courant et qu'ils le prennent? Mon papa que j'aimais tant!

Je passais mon temps à l'attendre. Je me serrais dans un petit coin de notre énorme poêle, j'entourais grand-mère de mes bras mais j'avais peur de m'endormir et je me réveillais souvent. La tempête de neige hurlait dans la cheminée, la clef du poêle tremblotait et tintait. Je n'avais qu'une idée en tête : ne pas manquer la venue de papa!...

Brusquement, j'ai l'impression que ce n'est pas la tempête qui hurle... C'est maman qui pleure. J'ai la fièvre. Le typhus...

Mon père est arrivé tard dans la nuit. Je l'ai entendu la première et j'ai appelé grand-mère. Il était tout froid, alors que je brûlais de fièvre. Il était assis à côté de moi et ne pouvait se résoudre à partir. Las, vieilli, mais si proche, si cher! Au bout de quelques heures, on a frappé à la porte. Très fort. Mon père n'a pas eu le temps de mettre sa veste de cuir : des Polizei ont fait irruption dans la maison. Ils l'ont poussé dehors. J'ai foncé derrière lui. Il m'a tendu les bras mais ils les lui ont cognés avec leur mitraillette. Ils l'ont frappé à la tête. Pieds nus dans la neige, j'ai couru derrière lui jusqu'à la rivière, en criant : "Papa! Mon petit papa!..." Chez nous, grand-mère se lamentait : "Il est où, le Bon Dieu? Où qu'il se cache donc?"

Ils ont tué mon père...

Ce chagrin-là, grand-mère ne l'a pas supporté. Elle a pleuré de plus en plus doucement et, quinze jours plus tard, elle est morte, une nuit, sur le poêle. Moi, je dormais à côté et l'entourais de mes bras, morte. Il n'y avait plus personne à la maison : maman et mon frère se cachaient chez des voisins.

Après la mort de papa, maman a complètement changé. Elle ne sortait plus, ne parlait que de mon père, se fatiguait vite, alors qu'avant la guerre, c'était une stakhanoviste, toujours première ! Elle ne me voyait pas. Je passais mon temps à faire en sorte qu'elle me remarque, je voulais la rendre heureuse. Mais elle ne s'animait que lorsqu'on parlait de papa.

... Je me rappelle que des femmes sont accourues, toutes contentes :

"Un gamin vient d'arriver à cheval du village d'à côté : la guerre est finie. Nos hommes ne vont pas tarder à rentrer."

Maman est tombée sur le plancher tout propre, que je venais de laver...

"EST-CE QUE DIEU VOYAIT TOUT ÇA ?
ET QU'EST-CE QU'IL EN PENSAIT ?..."

Ioura Karpovitch, huit ans.
Chauffeur.

J'ai vu ce qu'on ne doit pas voir... Ce qu'un homme ne doit pas voir. Et moi, j'étais petit...

J'ai vu un soldat courir et... comme trébucher. Tomber. Gratter longtemps la terre, la serrer dans ses bras...

J'ai vu nos soldats prisonniers, emmenés à travers le village. En longues colonnes. Leurs capotes déchirées, brûlées. Là où ils faisaient halte pour la nuit, l'écorce des arbres était rongée. Pour toute nourriture, on leur jetait du cheval crevé... Ils se l'arrachaient...

J'ai vu, une nuit que j'étais allé sur le remblai, un convoi allemand brûler. Au matin, on a couché sur les rails tous ceux qui travaillaient aux chemins de fer et une locomotive leur a roulé dessus...

J'ai vu atteler des hommes à des voitures à cheval. Ils portaient des étoiles jaunes sur le dos... On les faisait avancer à coups de fouet. Ceux qui étaient dans les voitures s'amusaient bien...

J'ai vu arracher des enfants à leurs mères à coups de baïonnette. Pour les jeter dans le feu. Dans le puits... Par chance, on y a échappé, maman et moi...

J'ai vu pleurer le chien du voisin. Il était sur le tas de cendres qui avait été leur maison. Seul... Il avait les yeux d'un vieil homme...

Et moi, j'étais petit...

J'ai grandi avec ça... J'ai grandi, sombre et méfiant, j'avais mauvais caractère. Quand quelqu'un pleure, je n'ai pas pitié, au contraire je me sens mieux parce que, moi, je ne sais pas pleurer. Je me suis marié deux fois, et deux fois ma femme m'a quitté, personne ne me supporte longtemps. C'est difficile de m'aimer. Je sais...

C'était il y a longtemps... Et maintenant, je voudrais savoir : est-ce que Dieu voyait tout ça ? Et qu'est-ce qu'il en pensait ?...

"CE MONDE SI BEAU QU'ON NE S'EN LASSE PAS..."

Ludmila Nikanorova, douze ans.
Ingénieur.

J'essaie de me rappeler : est-ce qu'avant-guerre, on parlait de la guerre ?

À la radio, on entendait des chansons : *Si, demain, la guerre...* et *Nos blindés sont solides et nos tanks rapides...* Les enfants pouvaient s'endormir tranquilles.

Notre famille vivait à Voronej. C'est la ville de mon enfance... On trouvait, dans les écoles, de nombreux professeurs de la vieille intelligentsia. Une culture musicale de haut niveau. La chorale de notre école, dont je faisais partie, était très populaire dans la ville. Il me semble, aussi, que tous aimaient le théâtre.

Notre immeuble abritait des familles de militaires. Il y avait trois étages, un dédale de couloirs, et la cour, l'été, sentait bon l'acacia. On jouait beaucoup dans le petit square en face de la maison, il y avait plein de cachettes. J'avais de bons parents. Mon père était militaire de carrière. Toute mon enfance, j'ai vu des uniformes. Maman était douce. Elle avait des doigts de fée. J'étais fille unique et, comme il se doit, entêtée, capricieuse et timide à la fois. Je faisais de la musique et de la danse à la maison de l'Armée rouge. Le dimanche, papa aimait se promener avec nous dans la ville ; c'était son seul jour de liberté. Maman et moi, on marchait toujours du côté gauche, parce qu'il devait saluer les militaires qu'il croisait.

Il aimait aussi réciter des vers avec moi. Surtout Pouchkine : "Apprends, mon fils! Car la science, souvent, remplace L'expérience de notre éphémère existence..."

En ce jour de juin... Vêtue d'une jolie petite robe, je vais, avec une amie, au jardin de la maison de l'Armée rouge, à un spectacle qui doit commencer à midi. En arrivant, on s'aperçoit que tout le monde écoute un haut-parleur, fixé à une colonne. Les gens ont l'air désemparé.

"Tu entends, c'est la guerre!" dit mon amie.

Je fonce chez moi. J'ouvre brutalement la porte. À la maison, tout est calme. Maman n'est pas là, papa se rase consciencieusement devant la glace, il a une joue pleine de savon.

"Papa, c'est la guerre!"

Il se tourne vers moi et continue à se raser. J'entrevois dans ses yeux une expression que je ne connais pas. Je me souviens que le haut-parleur, au mur, est débranché. C'est tout ce qu'il a pu faire pour retarder l'instant où nous apprendrions, maman et moi, la terrible nouvelle...

En un clin d'œil, tout a changé... Durant tous ces jours-là, je ne me rappelle pas papa à la maison. Le quotidien était chamboulé. On avait des assemblées d'immeuble où on expliquait comment éteindre un incendie, comment camoufler les fenêtres pour la nuit : la ville devait être plongée dans une obscurité totale. Les produits d'alimentation avaient disparu des rayons, remplacés par des tickets de rationnement.

Et puis, le dernier soir est venu. Il ne ressemblait vraiment pas à ce que je vois maintenant, au cinéma : des larmes, des embrassades, on saute du train en marche... Rien de cela chez nous. On a fait comme si papa partait en manœuvres. Maman a préparé ses affaires, cousu son col, ses insignes de campagne, vérifié ses boutons, ses chaussettes, ses mouchoirs. Papa a roulé sa capote, je crois que je l'ai aidé.

On est sortis, tous les trois, dans le couloir. Il était tard, toutes les portes de l'immeuble étaient fermées, sauf la grande et, pour atteindre la cour, on a dû monter du rez-de-chaussée au premier, emprunter un long couloir et redescendre. La rue était plongée dans l'obscurité et papa, toujours attentionné, a dit :

"Ce n'est pas la peine que vous alliez plus loin."

Il nous a serrées dans ses bras :

"Tout ira bien. Ne vous tracassez pas."

Et il est parti.

Il nous a envoyé plusieurs lettres du front : "La victoire est proche. Après, la vie sera différente. Comment se conduit notre petite Ludmila?" Je ne me rappelle pas à quoi j'ai occupé mon temps jusqu'au 1er septembre. Bien sûr, je faisais de la peine à maman parce que j'allais chez des amies sans demander la permission et que j'y restais trop longtemps. C'est triste à dire, mais les alertes aériennes étaient devenues monnaie courante. Tout le monde s'y était très vite habitué : on descendait aux abris ou on attendait tranquillement chez soi. Le nombre de fois où j'ai été surprise dans une rue du centre! J'entrais en vitesse dans un magasin ou un passage, et voilà tout!

Il y avait beaucoup de rumeurs, mais ma mémoire d'enfant ne les a pas retenues… Maman était de garde à l'hôpital. Chaque jour, on voyait arriver des trains de blessés.

Plus étonnant, les magasins étaient de nouveau bien achalandés et les gens achetaient. Pendant quelques jours, on s'est demandé, avec maman, si on n'allait pas se doter d'un nouveau piano. On a fini par décider d'attendre papa. C'était quand même une grosse dépense…

Aussi inconcevable que cela paraisse, la rentrée des classes a eu lieu, comme toujours, le 1er septembre. De tout le mois d'août, on n'avait pas eu la moindre nouvelle de papa. On attendait, confiantes, et pourtant des mots tels que "encerclement" ou "partisans" nous étaient déjà familiers. À la fin du mois de septembre, on nous a prévenues qu'on devait être prêtes à évacuer n'importe quand. Je crois qu'on a su la date vingt-quatre heures à l'avance. Les mères de famille en voyaient de toutes les couleurs. En même temps, on pensait vraiment ne partir que pour une couple de mois. On se disait qu'on resterait un peu à Saratov, par exemple, et qu'on reviendrait. Un ballot avec ce qu'il fallait pour dormir, un autre avec de la vaisselle et une valise de vêtements. Voilà, on était parées!

Du voyage, je me rappelle la scène suivante : notre convoi s'ébranle sans un coup de sifflet, on attrape en vitesse nos casseroles sur le feu, qu'on n'a pas le temps d'éteindre. Du train, on voit, le long du remblai, toute une série de feux de bois. On est arrivées à Alma-Ata, puis revenues à Tchimkent. Et comme ça, plusieurs fois, aller et retour. Enfin, au ralenti, dans une charrette attelée à des bœufs, on s'est retrouvées dans un aoul. C'est là que, pour la première fois, j'ai vu une kibitka[1]... Tout était comme dans un conte des *Mille et Une Nuits*. Il y avait plein de couleurs, c'était inhabituel. Ça m'intéressait drôlement!

Seulement, quand j'ai remarqué le premier cheveu blanc de maman, j'ai été sidérée et je me suis mise à grandir à toute vitesse. Les mains de maman! Elles savaient tout faire, je crois. Comment ma mère avait-elle eu assez de jugeote pour, au dernier moment, prendre sa machine à coudre (sans sa mallette, dans un coussin) et la mettre dans la voiture qui nous conduisait au train? Cette machine qui nous a nourries! Maman se débrouillait pour coudre, la nuit. Je me demande si elle dormait...

À l'horizon, les contreforts enneigés du Tian-Chan. Au printemps, la steppe, rouge de tulipes ; à l'automne, des grappes de raisin et des melons (mais avec quoi les acheter?). Et... la guerre! On cherchait toujours papa. En trois ans, on a écrit une trentaine de demandes : à l'état-major des Armées, à la poste militaire n° 160, au ministère de la Défense, à la Direction des cadres de l'Armée rouge à Bougourslan... Partout, on nous faisait la même réponse : "Ne figure pas au nombre des tués ou des blessés..." Puisqu'il n'y figurait pas, il y avait de l'espoir et on continuait à attendre.

La radio a commencé à diffuser des nouvelles réjouissantes. Nos troupes libéraient ville sur ville. Orcha l'était déjà, patrie de maman, où se trouvaient toujours grand-mère et mes tantes. Voronej... Mais, sans papa, Voronej nous était étrangère. On a rempli les formalités et on est parties chez grand-mère. Partout, il n'y avait de place que dans les tambours : se faufiler dans les wagons était tout un art! Cinq jours et cinq nuits, on a passé dans le tambour...

Ma place préférée, chez grand-mère, c'est derrière le chaud poêle russe. À l'école, on reste en manteau, plein de filles en portent, taillés dans des capotes de soldats, et les garçons ont tout bêtement des manteaux militaires. Tôt, un matin, j'entends le haut-parleur : c'est la victoire! J'ai quinze ans... Je mets le dernier cadeau d'avant-guerre de papa, un pull de laine filée, je chausse des escarpins tout neufs, à talons, et je vais à l'école. Ces choses-là, on avait réussi à les garder, elles étaient prévues pour quand je serais grande. Eh bien voilà, j'avais grandi!

---

1. Sorte de cabriolet.

Le soir, on est à table, avec, devant nous, la photo de papa et un volume de Pouchkine, dont les pages, jaunies sur les bords, se défont. Son cadeau à sa fiancée, maman. Je me souviens que nous récitions des vers, papa et moi, et que, quand quelque chose lui plaisait particulièrement, il aimait dire : "Ce monde si beau qu'on ne s'en lasse pas…" Il le répétait toujours, dans les bons moments.

Mon cher papa que je ne peux m'imaginer sans vie…

"ELLE M'APPORTAIT DES BONBONS TOUT EN LONGUEUR… ON AURAIT DIT DES CRAYONS…"

Leonida Bielaïa, trois ans.
Repasseuse.

Est-ce qu'une enfant de trois ans se souvient de quelque chose? Je vais vous dire…

J'ai trois ou quatre images que je revois très nettement.

… Dans le pré derrière notre ferme, des tontons font de la gymnastique, ils se baignent dans la rivière. Ils s'éclaboussent, crient, rient, se poursuivent, comme les gamins du village. La différence, c'est que maman me laisse aller avec les garçons de chez nous, tandis que là, elle hurle de peur et m'interdit de sortir. Quand je demande : "C'est qui, les tontons?", elle répond, terrifiée : "Des Allemands." Les autres enfants courent à la rivière et reviennent avec des bonbons tout en longueur… Ils m'en donnent…

Dans la journée, les mêmes tontons marchaient au pas dans notre rue. Ils avaient mitraillé tous les chiens, parce qu'ils aboyaient sur eux.

Après ça, maman m'avait interdit de mettre le nez dehors, même dans la journée. Je restais tout le temps à la maison, avec le chat.

… On court. Je ne sais pas où on va… La rosée est froide. La jupe de grand-mère est mouillée jusqu'à la ceinture. Ma robe aussi, ma tête… On se cache dans la forêt. Je sèche, enveloppée dans la veste de grand-mère, le temps que ma robe sèche aussi.

Un voisin grimpe à un arbre. J'entends : "Le feu… le feu… le feu…" Rien que ce mot…

… On rentre au village. À la place de nos fermes, des tas de cendres noires. Là où vivaient nos voisins, on trouve un peigne. Je le reconnais : c'est celui de leur petite fille, elle s'appelait Ania, elle me coiffait avec. Maman ne peut pas me dire où elle est, ni où est sa maman. Pourquoi est-ce qu'elles ne rentrent pas ? Maman se tient le cœur. Moi, je me souviens que la petite Ania m'apportait, de la part des tontons qui se baignaient gaiement dans la rivière, ces bonbons tout en longueur… On aurait dit des crayons… Ils étaient très bons, des comme ça, nous, on n'en avait pas… Ania était mignonne et ils lui en donnaient toujours plein. C'est elle qui en avait le plus.

La nuit, on fourre nos pieds dans la cendre pour nous réchauffer et dormir. La cendre est chaude, douce…

"LA MALLETTE ÉTAIT JUSTE À SA TAILLE…"

Dounia Goloubieva, onze ans.
Trayeuse.

La guerre… N'empêche qu'il faut faire les labours…

Maman, ma sœur et mon frère sont aux champs. Pour semer le lin. Ils sont partis depuis une heure, pas plus, et voilà que des femmes accourent :

"Les tiens ont été mitraillés, Dounia. Ils sont étendus dans le champ…"

Maman est couchée sur un sac d'où s'échappent des graines, tellement les balles ont fait de trous…

Je me retrouve seule, avec mon petit-neveu. Ma sœur l'a eu, peu auparavant. Son mari a rejoint les partisans. Me voilà donc avec ce bébé…

Je ne sais pas traire la vache. Elle est là qui braille dans l'étable, elle sent bien que sa maîtresse n'est pas là. Le chien hurle toute la nuit. Comme la vache…

Le petit s'accroche à moi… Il veut téter… Du lait… Je revois ma sœur lui donner le sein… Je lui fourre un de mes tétons dans la bouche, il tète, tète et s'endort. Je n'ai pas de lait, bien sûr, mais il finit par se calmer, se fatiguer, et s'endort. Où est-ce qu'il a pris froid? Comment il est tombé malade? Je n'avais pas ma tête à moi, je ne comprenais rien à rien. Il n'arrêtait pas de tousser. Il n'y avait rien à manger. La vache, les Polizei l'avaient prise.

Et le petit est mort. Il a gémi, gémi et il est mort. Tout d'un coup, j'ai entendu : le silence. J'ai soulevé ses petits draps, il était là, tout noir. Il n'y avait que son visage qui était blanc, pur. Un petit visage blanc, tout le reste était noir.

Il fait nuit. Dehors, c'est noir. Où je peux aller? Je vais attendre le matin, je demanderai de l'aide. Je suis là, je pleure parce qu'il n'y a personne avec moi dans la maison, pas même ce bébé.

Le jour est venu. J'ai mis le petit dans une mallette... On l'avait héritée de grand-père. Il y rangeait ses outils. Une petite mallette, comme pour un cadeau. J'avais peur que des chats ou des rats s'attaquent à lui. Il était là, si petit, encore plus petit que quand il était vivant. Je l'ai enveloppé dans une serviette propre. En lin. Et je l'ai embrassé.

La mallette était juste à sa taille...

"CE RÊVE, J'EN AVAIS PEUR..."

Lena Starovoïtova, cinq ans.
Peintre en bâtiment.

Il me reste un rêve... Un seul...

Maman met son manteau vert, ses bottes, elle enveloppe ma petite sœur de six mois dans une couverture chaude. Et elle s'en va. Moi, je reste et je l'attends à la fenêtre. Soudain, je vois : on emmène plusieurs personnes sur la route et, parmi elles, maman avec ma petite sœur. Près de notre maison, maman tourne la tête et regarde vers la fenêtre. Je ne sais pas si elle m'a aperçue. Un nazi lui donne un coup de crosse. Si fort qu'elle se plie en deux...

Le soir, ma tante arrive, la sœur de maman... Elle pleure beaucoup, elle s'arrache les cheveux et m'appelle sa "petite orpheline", sa "pauvre petite orpheline". C'est la première fois que j'entends ce mot-là.

Dans la nuit, je fais un rêve : maman chauffe le poêle, le feu est vif, ma petite sœur pleure. Maman m'appelle... Moi, je suis loin et je n'entends pas. Je me réveille, terrorisée : maman m'appelle et je ne réponds pas. Maman pleurait dans mon rêve... Elle pleurait et je ne pouvais pas me le pardonner. Longtemps, je l'ai fait, ce rêve... Toujours le même. À la fois, j'avais envie... et peur de le refaire... Je n'ai même pas une photographie de maman. Rien que ce rêve... Je ne peux plus voir maman nulle part...

"JE VOULAIS ÊTRE LA SEULE POUR MAMAN, ET QU'ELLE ME GÂTE..."

Maria Pouzan, sept ans.
Ouvrière.

Ne m'en veuillez pas mais, quand je resonge à tout ça... Je ne peux pas... Je peux pas regarder les gens dans les yeux...

Ils ont sorti de l'étable les vaches du kolkhoze et ils y ont poussé les gens. Notre maman aussi. Mon frère et moi, on s'était cachés dans les buissons. Il avait deux ans. Il n'a pas pleuré. Et il y avait notre chien avec nous.

Au matin, on est rentrés à la maison. La maison était toujours là, mais pas maman. Il n'y avait personne. On n'était plus que nous. Je suis allée chercher de l'eau. Ensuite, je devais allumer le poêle. Mon petit frère réclamait à manger. J'ai trouvé nos voisins, pendus à la grue du puits. Je suis allée à l'autre bout du village. Il y avait un puits en brique, c'était la meilleure eau du coin. Celle qui avait le meilleur goût. Mais, là aussi, des gens étaient pendus. Je suis rentrée avec mes seaux vides. Mon frère pleurait parce qu'il avait faim : "Donne-moi du pain. Donne-moi une croûte !" À un moment, je l'ai mordu pour qu'il arrête.

On a passé plusieurs jours comme ça. Seuls dans le village. Les gens étaient étendus ou pendus. Les morts ne nous faisaient pas peur, on les connaissait tous. Ensuite, on a rencontré une femme qu'on n'avait jamais vue. On s'est mis à pleurer : "On veut aller vivre avec vous. Tout seuls, on a trop peur !" Elle nous a installés sur une luge et conduits dans son village. Elle avait deux garçons. Plus nous deux. On a vécu comme ça, jusqu'à l'arrivée de nos soldats.

... À la maison d'enfants, on m'a donné une robe orange, avec des petites poches. Je l'aimais tellement que je disais à tout le monde : "Si je meurs, enterrez-moi dedans." maman était morte, papa était mort, et moi, j'allais bientôt mourir. Longtemps, longtemps, je me suis attendue à mourir. Le mot "maman" me faisait toujours pleurer. Un jour, on m'a grondée et mise au coin. Alors, j'ai fugué. Plusieurs fois, je me suis sauvée pour chercher maman.

Je ne me rappelais pas la date de mon anniversaire... On m'a proposé d'en choisir une, celle que je voudrais. Celle que je préférais. Moi, j'aimais les fêtes de mai. Je me suis dit que personne ne me croirait si je prétendais que j'étais née le 1er mai. Ni le 2. Le 3, ça ferait plus vrai. On réunissait, chaque trimestre, ceux dont c'était l'anniversaire, on leur préparait une table de fête, avec des bonbons et du thé, ils avaient des cadeaux : les filles une fanfreluche, les garçons une chemise. Une fois, un grand-père qu'on ne connaissait pas est venu à la maison d'enfants apporter un tas d'œufs bouillis. Il en a distribué à tout le monde. Drôlement content, qu'il était, de nous faire plaisir ! Ça tombait justement le jour de mon anniversaire...

J'étais déjà grande mais je regrettais de ne pas avoir de jouets. Quand je me couchais et que tous étaient endormis, je tirais des petites plumes de mon oreiller et je les admirais. C'était mon jeu préféré. Quand j'étais malade, je restais au lit et rêvais d'une maman. Je voulais être la seule pour elle, et qu'elle me gâte.

J'ai mis longtemps à grandir... On se développait mal dans la maison d'enfants. Sans doute parce qu'on était tristes. Sans doute parce qu'on ne nous disait pas de mots tendres. Sans mamans, on n'arrivait pas à grandir...

"ILS NE COULAIENT PAS, ON AURAIT DIT DES BALLONS..."

Valia Iourkevitch, sept ans.
Retraitée.

Maman attendait un garçon. C'était aussi le souhait de papa. Et ils ont eu une fille...

Ils désiraient tellement un fils! Alors, ils m'ont élevée plutôt en garçon. Ils m'habillaient en garçon, me coiffaient en garçon. Les jeux qui me plaisaient étaient des jeux de garçon : je jouais aux Cosaques et aux voleurs, à la guerre, au couteau. J'aimais surtout jouer à la guerre. Je me trouvais brave.

... Près de Smolensk, notre wagon d'évacués a été complètement détruit par les bombes. On s'en est sortis par miracle, on nous a dégagés des décombres. On est allés jusqu'à un village mais les gens s'y battaient déjà. On s'est réfugiés dans une cave : la maison s'est effondrée, on a été ensevelis. Quand les combats se sont calmés, on a réussi à s'extraire du sous-sol et, la première chose que je revois, c'est des voitures. Elles transportaient des hommes souriants, en imperméables noirs, brillants. Je ne peux pas exprimer ce que j'ai ressenti, alors : un mélange de peur et de curiosité malsaine. Les voitures ont traversé le bourg et poursuivi leur route. Nous, les gosses, on est allés regarder ce qui se passait aux abords du village. Quand on s'est retrouvés dans les champs, c'était affreux. Tout un champ de seigle était semé de morts. Je ne devais pas avoir un caractère de fille : je n'avais pas peur de voir ça, même si c'était la première fois. Ils étaient étendus, couverts de suie noire, et si nombreux qu'on avait peine à croire que c'étaient des gens. C'est ma première impression de la guerre... Nos soldats, tout noirs...

On est rentrées, avec maman, chez nous à Vitebsk. Notre maison était détruite mais grand-mère nous attendait... On a été hébergées par des Juifs, un couple âgé, malade et très gentil. On se faisait sans arrêt du souci pour eux : partout, dans la ville, des affiches étaient placardées, comme quoi les Juifs devaient rejoindre le ghetto. On les suppliait de ne pas mettre le nez dehors. Et, un jour qu'on n'était pas là – je jouais, je ne sais où, avec ma sœur, maman était partie... Grand-mère aussi... –, quand on est rentrées, on a trouvé un petit mot : nos logeurs s'étaient rendus au ghetto : ils avaient eu peur pour nous, on avait la vie devant nous, eux étaient vieux... Dans toute la ville, des affiches exigeaient que les Russes dénoncent les Juifs, s'ils savaient où ils se terraient. Faute de quoi, on les fusillerait, eux aussi.

On a lu le billet de nos logeurs et, avec ma sœur, on a foncé à la Dvina : il n'y avait pas de pont à cet endroit, les gens étaient transportés au ghetto en barque. Les Allemands occupaient la berge. Sous nos yeux, ils ont chargé les barques de vieillards et d'enfants, les ont tirées avec une vedette jusqu'au milieu du fleuve et renversées. On a cherché : nos petits vieux n'y étaient pas. On a vu une famille monter dans une barque : le mari, la femme et deux enfants ; quand la barque s'est retournée, les adultes sont tout de suite allés par le fond mais les enfants n'arrêtaient pas de remonter. En riant, les nazis leur tapaient dessus à coups de rames. Ils les frappaient d'un côté, eux remontaient de l'autre, alors ils les rattrapaient et recommençaient. Les enfants ne coulaient pas, on aurait dit des ballons...

Il régnait un silence incroyable. Mais peut-être que j'avais les oreilles bouchées et que j'avais juste l'impression que tout se taisait. Alors, au milieu de ce silence, un rire a retenti... Un rire jeune... du fond du cœur... Tout près se tenaient de jeunes Allemands qui observaient la scène et riaient. Je ne me rappelle plus comment on est rentrées, avec ma sœur, comment j'ai réussi à la traîner jusque chez nous. Visiblement, à l'époque, les enfants mûrissaient vite : elle n'avait que trois ans mais elle comprenait tout, elle ne soufflait mot et ne pleurait pas.

J'avais peur de marcher dans la rue. Bizarrement, je me sentais plus tranquille au milieu des ruines. Une nuit, des Allemands ont fait irruption dans la maison. Ils nous ont réveillées et obligées à nous lever. Je dormais avec ma sœur, et maman avec grand-mère. Ils ont mis tout le monde dehors, on n'a pas eu le droit d'emporter quoi que ce soit ; on était pourtant au début de l'hiver. Ils nous ont chargées dans des camions et conduites au train.

Alitus, c'était le nom de la ville lituanienne où on s'est retrouvées, quelques semaines plus tard. À la gare, ils nous ont mis en rangs et on a commencé à marcher. En chemin, on a croisé des Lituaniens. Ils savaient, sans doute, où les Allemands nous conduisaient. Une femme s'est approchée de ma mère et lui a dit : "On vous emmène au camp de la mort. Donnez-moi votre petite fille, je la sauverai. Et si vous en sortez vivante, vous la retrouverez." Ma sœur était jolie comme un cœur, tout le monde la plaignait. Mais quelle mère donnerait son enfant ?

Au camp, ils ont tout de suite embarqué notre grand-mère, en prétendant que les vieux étaient transférés dans un autre baraquement. On a attendu que grand-mère nous fasse signe mais elle avait disparu. Plus tard, on a appris je ne sais comment que, dès les premiers jours, les vieux avaient tous été envoyés à la chambre à gaz. Après grand-mère, un matin, ils sont venus chercher ma sœur. Auparavant, quelques Allemands avaient arpenté notre baraquement, repérant les enfants : ils choisissaient les plus jolis, obligatoirement blonds. Ma sœur avait des boucles blondes et des yeux bleus. Ils ne retenaient pas tout le monde, rien que ceux-là. Moi, ils ne m'ont pas prise, j'étais noiraude. Les Allemands caressaient les cheveux de ma sœur, elle leur plaisait beaucoup.

Ils l'emmenaient le matin et la ramenaient le soir. Elle fondait un peu plus, chaque jour. Maman la pressait de questions mais elle ne racontait rien. Soit ils leur faisaient peur, soit ils leur donnaient des drogues. En tout cas, elle ne se rappelait rien. Plus tard, on a appris qu'on lui prenait du sang. En quantité, visiblement, parce qu'elle est morte en quelques mois. Elle s'est éteinte, un matin. Quand ils sont venus chercher les enfants, elle n'était déjà plus.

J'aimais beaucoup grand-mère parce que je restais toujours avec elle, quand papa et maman partaient travailler. Mais nous ne l'avions pas vue mourir et j'espérais encore qu'elle était en vie. La mort de ma sœur, elle, s'était passée devant nos yeux... Elle était là, étendue, comme vivante... Toujours aussi jolie...

Dans le baraquement voisin, il y avait des femmes d'Orel. Elles portaient de grosses pelisses assez informes et elles avaient un tas d'enfants. Ils les faisaient sortir de la baraque et les obligeaient à marcher avec les petits. Les gosses s'agrippaient à elles. Ils leur mettaient de la musique, et si l'une d'elles ne marchait pas en rythme, ils la fouettaient. Elle continuait à marcher sous les coups, elle le savait : si elle tombait, ils la fusilleraient, ses enfants aussi. J'avais une boule dans la poitrine quand je les voyais se mettre à marcher, encombrées de leurs lourdes pelisses...

Les adultes travaillaient : ils repêchaient des troncs d'arbres dans le Niémen et les tiraient sur la rive. Beaucoup mouraient dans l'eau. Une fois, le commandant m'est tombé dessus et m'a incluse dans le groupe qui devait aller au travail. Alors, un vieillard s'est précipité, il m'a poussée pour prendre ma place. Le soir, quand on a voulu le remercier, avec maman, on ne l'a pas trouvé. On nous a dit qu'il était mort dans le fleuve.

Ma mère était institutrice. Elle ne cessait de répéter qu'il fallait "garder figure humaine" Jusque dans cet enfer, elle essayait de conserver certains usages de chez nous. J'ignore où et quand elle faisait la lessive mais j'avais toujours des vêtements propres. L'hiver, elle lavait avec de la neige. Elle me déshabillait complètement, me laissait sur mon châlit, sous ma couverture, et elle lavait. On n'avait que ce qu'on portait sur nous.

Malgré tout, on célébrait nos fêtes... Pour ces jours-là, on mettait de côté quelque chose à manger. Un petit bout de betterave cuite. Une carotte. Ces jours-là, maman s'efforçait de sourire. Elle croyait fermement que les nôtres viendraient. C'est cette foi qui nous a sauvées.

Après la guerre, je suis entrée tout de suite, non pas en première mais en cinquième année. J'étais adulte. J'étais aussi repliée sur moi-même. Longtemps, j'ai fui les gens. Toute ma vie, j'ai préféré la solitude. Les gens me pesaient, il m'était pénible de les voir. Je gardais, enfoui en moi, quelque chose que je ne pouvais pas partager.

Maman remarquait, bien sûr, combien j'avais changé. Elle essayait de me distraire, inventait des fêtes, n'oubliait jamais le jour de mon saint patron. On avait tout le temps des invités, des amis à elle. Elle invitait aussi des filles de mon âge. J'avais du mal à comprendre. Elle, les gens l'attiraient. Et je ne soupçonnais pas à quel point elle m'aimait.

Une fois de plus, c'est son amour qui me sauvait...

"JE ME SOUVIENS D'UN CIEL BLEU, TOUT BLEU.
ET DE NOS AVIONS DANS CE CIEL..."

Piotr Kalinovski, douze ans.
Ingénieur du bâtiment.

Avant-guerre...

Je me souviens qu'on nous apprenait la guerre. On nous apprenait à tirer, à lancer des grenades. Même les filles. Tous voulaient décrocher l'insigne de "Tireur de Vorochilov", on en mourait d'envie. On chantait une chanson : *Grenade*. Une belle chanson où il était question d'un héros qui partait au combat, "pour donner la terre de Grenade aux paysans" et poursuivre l'œuvre de la révolution. La révolution mondiale, c'était nous! C'était ce à quoi nous rêvions.

Enfant, j'inventais des histoires. J'avais appris, très tôt, à lire et à écrire. J'étais un gamin assez doué. Je crois que maman voulait faire de moi un artiste ; mon rêve à moi, c'était d'endosser l'uniforme d'aviateur. Ça aussi, c'était bien de notre temps! Avant la guerre, par exemple, je ne connaissais pas un gamin qui n'avait pas envie de devenir aviateur ou marin. Il nous fallait le ciel ou la mer. Le Globe terrestre!

Imaginez, à présent, ce que j'ai ressenti... ce que tous ont ressenti... ce que nous avons ressenti en voyant les Allemands occuper notre ville... nos rues... Je pleurais... La nuit venue, les gens fermaient leurs volets, ils se cachaient pour pleurer...

Mon père a rejoint les partisans... Les voisins d'en face ont mis des chemises blanches, brodées, et accueilli les Allemands avec le pain et le sel. Ils ont été filmés...

Quand j'ai vu les premiers pendus, j'ai couru à la maison : "Maman, des gens de chez nous sont accrochés dans le ciel." Pour la première fois de ma vie, j'avais peur du ciel et, à partir de là, je ne l'ai plus considéré de la même façon : je me méfiais. Je me rappelle que ces gens étaient suspendus très haut. Mais peut-être que la peur me donnait cette impression. Après tout, je voyais aussi des gens morts, par terre. Bizarrement, ça m'effrayait moins.

Bientôt, papa est revenu nous chercher... Cette fois, on est partis, tous ensemble...

Un poste de partisans... Un autre... Et soudain, on entend : dans toute la forêt retentissent des chants russes. Je reconnais la voix de Rouslanova. Le détachement avait un phono et quelques disques usés jusqu'à la corde. J'étais effaré, je n'arrivais pas à croire que j'étais chez les partisans et que, chez eux, on chantait. J'avais passé deux ans dans une ville occupée par les Allemands, j'avais oublié ce que c'était de chanter. Je voyais des gens mourir... Je voyais des gens terrifiés...

En 44, j'ai pris part, à Minsk, au défilé des partisans. J'étais à l'extrême droite du rang. On m'avait placé là pour que je puisse voir la tribune. "T'es encore trop petit", avaient dit les partisans. "Tu vas te perdre au milieu de nous et tu ne verras rien. Or, tu dois graver ce jour dans ta mémoire." On n'avait pas de photographe avec nous. Dommage. Je ne peux pas me représenter de quoi j'avais l'air, à l'époque. Pourtant, j'aimerais... voir mon visage...

Je ne me rappelle pas la tribune. Je me souviens d'un ciel bleu, tout bleu. Et de nos avions dans ce ciel. On les avait tant attendus!... Toute la guerre...

"ON AURAIT DIT DES CITROUILLES MÛRES…"

Iakov Kolodinski, sept ans.
Instituteur.

Les premiers bombardements…

Dès que ça commence à pilonner… on traîne, sous les cerisiers du jardin, des coussins, des vêtements. Ce sont de gros coussins derrière lesquels on disparaît complètement, il n'y a que les pieds qui dépassent. Quand les avions s'en vont, on retraîne tout à la maison. Et ça, plusieurs fois par jour… Au bout d'un moment, on a laissé tomber ; il n'y avait que nous, les enfants, que ma mère voulait protéger. Le reste, on a abandonné…

Ce jour-là… Je crois que j'ai ajouté des choses que m'a racontées mon père, mais je me souviens de plein de trucs… C'est le matin. Le potager est dans la brume. On a déjà sorti les vaches. Maman me réveille, elle me donne une chope de lait tiède. On ne va pas tarder à aller aux champs. Mon père apprête sa faux.

"Volodia !" C'est notre voisin qui tape au carreau ; il appelle mon père qui sort aussitôt.

"Il faut ficher le camp… Les Allemands font le tour du village. Ils ont des listes. Quelqu'un leur a donné le nom de tous les communistes. Ils ont arrêté l'institutrice…"

Tous deux rampent jusqu'à la forêt, à travers les potagers. Quelques instants plus tard, on voit arriver deux Allemands et un Polizei.

"Où est le patron ?

— Aux foins", répond ma mère.

Ils font le tour de la maison, furètent, puis s'en repartent sans rien nous faire.

Le bleu du matin se voile encore d'un filet de brume. On est à la grille, avec maman, on regarde : ils poussent un de nos voisins dans la rue, lui attachent les mains. Ils emmènent l'institutrice. Leurs prisonniers ont les mains liées dans le dos et vont par deux. Je n'ai jamais vu de gens ligotés. Je suis pris de tremblements. Ma mère m'enjoint : "Rentre et mets ton veston !" Je suis en maillot, je frissonne, et cependant je ne retourne pas dans la maison.

Notre ferme se trouvait justement au milieu du village. Là où ils les rassemblaient tous. Tout était très rapide. Les prisonniers attendaient, tête basse. Ils ont vérifié sur leur liste et les ont menés hors du village. Il y avait beaucoup d'hommes du village et l'institutrice.

Les femmes et les enfants ont couru derrière. Tout ça allait bon train... On a vite été devancés... Le temps d'arriver à la dernière grange, on entendait que ça mitraillait. Les gens ont commencé à tomber. Certains arrivaient à se relever...

En un tournemain, ils ont canardé tout le monde. Ils se préparent à reprendre leurs véhicules. Un Allemand motocycliste fait le tour de ces malheureux. Il tient quelque chose de lourd... une matraque ou la manivelle de sa moto, je ne sais plus... Et, sans mettre pied à terre, roulant au pas, il leur fend à tous le crâne... Un autre veut les achever d'un coup de pistolet mais le premier lui indique, en secouant la tête, que ce n'est pas la peine. Tous les Allemands repartent, sauf lui... qui achève consciencieusement son ouvrage. Je n'avais jamais entendu des os humains craquer... On aurait dit des citrouilles mûres, quand mon père les fendait à la hache et que je récupérais les graines.

J'ai été saisi d'une si effroyable terreur que j'ai laissé maman, tout le monde, et que je suis parti en courant. Seul. Bizarrement, je ne me suis pas caché dans la maison mais dans la grange, et maman m'a longtemps cherché. Pendant deux jours, je n'ai pas pu prononcer une parole. Je n'ai pas pu émettre un son.

J'avais peur de sortir. J'ai tout vu par la fenêtre : quelqu'un portait une planche, un autre une hache, un troisième courait avec un seau. On taillait des planches et l'odeur du bois fraîchement raboté emplissait chaque cour, parce que, dans chaque cour, il y avait un cercueil. Aujourd'hui encore, cette odeur me serre la gorge. Aujourd'hui encore...

Dans les cercueils reposaient des gens que je connaissais... Aucun n'avait de tête... À la place, il y avait quelque chose, enveloppé d'un foulard blanc... Ce qu'on avait pu récupérer...

... Mon père est revenu avec deux partisans. La soirée était calme, on a rentré les vaches. C'était l'heure de dormir mais maman préparait notre départ. On nous a mis nos petits costumes. J'avais deux frères, un de quatre ans, l'autre de neuf mois. J'étais l'aîné. On est allés à pied jusqu'à la forge. Là, on s'est arrêtés et mon père a jeté un coup d'œil en arrière. Je l'ai imité. Notre village ne se ressemblait plus, on aurait dit une forêt inconnue, sombre.

Maman portait le plus petit, papa avait les balluchons et mon cadet. Moi, j'avais du mal à suivre. Un jeune partisan a dit : "Donnez, je vais vous le trimballer."

Bientôt il a, d'un côté, sa mitraillette, de l'autre, moi...

"LE PARC, ON L'A MANGÉ..."

Ania Groubina, douze ans.
Artiste peintre.

Je deviens aphone, quand je parle de ça... Ma voix s'éteint...

On est arrivés à Minsk après la guerre. Mais je suis native de Leningrad. J'y ai vécu le blocus... Le fameux blocus de Leningrad... L'époque où toute la ville, une belle ville, ma ville bien-aimée, mourait de faim. Mon père est mort... C'est maman qui nous a sauvés. Avant la guerre, c'était un feu follet, maman. En 41, mon frère Slavik est né. Ça lui faisait quel âge, quand le blocus a commencé? Six mois, oui, c'est ça, six mois... Ce petit bout de chou, elle a aussi réussi à le sauver. Elle nous a sauvés, tous les trois... Mais on a perdu papa. À Leningrad, tous les papas mouraient. Ils mouraient assez vite, et les mamans restaient. Sans doute qu'elles n'avaient pas le droit de mourir. Qui se serait occupé de nous?

Quand le blocus a été forcé, on nous a transportés dans l'Oural, par la "route de la vie", dans la ville de Karpinsk. On s'est d'abord occupé des enfants. Toute notre école a été évacuée. Pendant le voyage, tout le monde ne parlait que de nourriture ; de nourriture et des parents. À Karpinsk, on s'est tout de suite précipités dans le parc, et pas pour s'y promener! Le parc, on l'a mangé! Ce qu'on préférait, c'était le mélèze, ses aiguilles duveteuses... Un délice! On a dévoré les jeunes pousses des petits pins. On broutait l'herbe. Depuis le blocus, je connais toutes les herbes qui peuvent se manger. Dans notre ville, les gens liquidaient la verdure. Dès le printemps, il ne restait plus une feuille dans les parcs et au jardin botanique. Dans le parc de Karpinsk, il y avait beaucoup d'oseille sauvage, du "chou de lapin", comme on disait. En 42, l'Oural, aussi, avait faim mais ce n'était pas aussi terrible qu'à Leningrad.

La maison d'enfants où je me suis retrouvée n'abritait que des gosses de Leningrad. On était insatiables. On l'est restés longtemps. Pendant la classe, on mâchouillait du papier. Ceux qui s'occupaient de nous faisaient attention à ce qu'ils nous donnaient... Une fois, j'étais à la table du petit-déjeuner. Et, brusquement, j'ai vu un chat... J'ai bondi : "Un chat! Un chat!" Tous les autres l'ont vu et on s'est mis à le courser. "Un chat! Un chat!" Les monitrices locales nous regardaient comme des dingues. À Leningrad, il ne restait pas le moindre chat... Un chat bien vivant, on en rêvait! C'était à manger pour un mois... On le racontait mais personne n'y croyait. Je me souviens qu'on nous dorlotait beaucoup, qu'on nous embrassait. Personne n'a haussé le ton tant que nos cheveux n'ont pas repoussé. Juste avant de partir, on nous avait mis "la boule à zéro", garçons et filles, et certains n'avaient plus de cheveux du tout, à cause de la famine. On ne faisait pas de tapage, on ne courait pas, on restait tranquilles, à regarder. Et on mangeait tout ce qui nous tombait sous la main...

Je ne sais plus qui, à la maison d'enfants, nous a parlé des prisonniers allemands... Quand j'ai vu mon premier Allemand, je savais que c'était un prisonnier : ils travaillaient tous en dehors de la ville, dans les mines de charbon. Je me demande toujours pourquoi ils se sont précipités justement vers notre maison, celle des enfants de Leningrad.

Quand je l'ai vu, cet Allemand... il n'a rien dit. Rien demandé. On venait de déjeuner, sans doute que je sentais encore la nourriture, parce qu'il s'est posté à côté de moi, à renifler l'air. Malgré lui, sa mâchoire bougeait, comme s'il mâchonnait quelque chose, et, du geste, il essayait de l'arrêter. De la bloquer. Mais elle bougeait tant et plus. Je ne supportais pas de voir quelqu'un qui avait faim. Je ne le supportais pas! C'est une maladie qu'on avait tous... J'ai couru appeler mes copines. L'une d'elles avait gardé un bout de pain, on le lui a donné.

Il n'en finissait pas de nous remercier :

"Danke schön... Danke schön."

Le lendemain, il est revenu avec un camarade. Et ça a continué... Ils arrivaient, chaussés de lourds godillots de bois : "Toc, toc, toc..." Dès que j'entendais ce bruit, je me précipitais.

On savait maintenant à quels moments ils se montraient, on les attendait même. On courait leur apporter ce qu'on avait. Quand j'étais de service aux cuisines, je leur laissais ma ration de pain de la journée et, le soir, je raclais les gamelles. Toutes les filles leur gardaient quelque chose. Les garçons, je ne me souviens pas. Eux, ils étaient toujours affamés, ils n'avaient jamais assez à manger. Les monitrices nous sermonnaient parce que des filles s'évanouissaient, parfois, de faim. Ça ne nous empêchait pas, en douce, de mettre de la nourriture de côté pour les prisonniers.

En 43, on ne les a plus vus, la vie était devenue plus facile. L'Oural avait moins faim. À la maison d'enfants, on avait du vrai pain et de la semoule à volonté. Mais, aujourd'hui encore, je ne supporte pas de voir quelqu'un qui a faim. Sa façon de regarder… Jamais, il ne vous regardera en face, ses yeux seront toujours fuyants. Récemment, j'ai vu des réfugiés à la télévision… Encore une guerre, je ne sais où. Ça mitraille. Des gens affamés font la queue avec des gamelles vides. Les yeux vides… Je les revois, ces yeux… J'ai couru dans la pièce voisine et j'ai piqué une crise…

Durant la première année d'évacuation, on ne remarquait pas la nature. Tout ce qui y avait trait suscitait en nous un unique désir : goûter, pour voir si c'est mangeable. Il m'a fallu un an pour m'apercevoir que les paysages de l'Oural étaient superbes. J'ai commencé à dessiner. On n'avait pas de couleurs, je dessinais au crayon. Des cartes postales qu'on envoyait à nos parents, à Leningrad. J'aimais par-dessus tout dessiner des merisiers. Toute la ville de Karpinsk sentait le merisier.

Ça fait des années que je meurs d'envie d'y faire un tour. Je voudrais tellement savoir si notre maison d'enfants est toujours là. Elle était en bois : a-t-elle résisté à la vie nouvelle ? À quoi ressemble, aujourd'hui, le parc municipal ? J'aimerais y aller au printemps, quand tout refleurit. Je n'arrive plus à imaginer qu'on puisse manger des baies de merisier par poignées. N'empêche qu'on les mangeait. Même quand elles étaient encore vertes… amères.

Après le blocus… j'ai fait l'expérience : je sais que l'homme peut manger n'importe quoi. Les gens mangeaient même de la terre… Sur les marchés, on vendait de la terre des entrepôts Badaïev qui avaient été incendiés et étaient en ruine. La plus prisée était celle où avait coulé de l'huile de tournesol ou celle imprégnée de confiture brûlée. L'une et l'autre se vendaient cher. Ma mère ne pouvait se permettre que la terre la moins coûteuse, celle où avaient été entreposés des tonneaux de harengs. Celle-là sentait le sel mais elle en contenait bien peu. Quant au hareng, on n'en avait que l'odeur.

Les parcs de Leningrad, eux, étaient gratuits et on a eu tôt fait de les dévorer. Prendre du plaisir à regarder des fleurs... à simplement les regarder... je n'ai appris que récemment...

Des dizaines d'années après la guerre...

"SI VOUS PLEUREZ, ON TIRE..."

Vera Jdan, quatorze ans.
Trayeuse.

J'ai peur des hommes... Ça me vient de la guerre...

Sous la menace de mitrailleuses, ils nous ont emmenés... dans la forêt. On est arrivés dans une clairière. "Non", a fait un Allemand de la tête. "Pas ici..." On a continué. Les Polizei disaient : "Ce serait trop beau de vous zigouiller ici, fumiers de partisans ! C'est trop joli. On vous liquidera dans la crotte."

Ils ont choisi l'endroit le plus bas, là où l'eau stagnait. Ils ont donné des pelles à mon père et mon frère pour creuser un trou. Maman et moi, on nous a postées sous un arbre pour regarder. Alors on les a regardés creuser le trou. Mon frère a fini par lâcher sa pelle : "Ah, Vera !" Il avait seize ans... Seize... Tout juste...

Maman et moi, on les a regardés se faire fusiller. On n'avait pas le droit de se détourner ou de fermer les yeux. Les Polizei y veillaient... Mon frère n'est pas tombé dans le trou. La balle l'a fait pivoter sur lui-même, il a avancé d'un pas et s'est retrouvé assis à côté du trou. On l'a tiré dans la fosse par les bottes, dans la boue. Le plus affreux, c'était même pas qu'on les fusille mais qu'on les flanque, comme ça, dans cette boue visqueuse. Dans l'eau. On ne nous a pas laissées pleurer, on nous a ramenées au village. Sans même refermer le trou.

Deux jours durant, on a pleuré, avec maman. Tout doucement, chez nous. Le troisième jour, le même Allemand est revenu, avec deux Polizei : "Venez enterrer vos bandits." On s'est retrouvées sur les lieux. Dans la fosse, ils flottaient, ça faisait comme un puits, pas comme une tombe. On avait emporté nos pelles. On creusait en pleurant. Ils nous ont dit : "Si vous pleurez, on tire. Souriez…" Ils nous ont obligées à sourire… Si je baissais la tête, l'Allemand s'approchait pour voir si je pleurais ou souriais…

… Ils sont là, plantés… Tous jeunes, beaux… Ils sourient… Une terreur animale me serre le cœur. Ce n'est plus des morts que j'ai peur, mais des vivants. Depuis, j'ai peur des hommes jeunes. J'ai passé ma vie, seule…

Je ne me suis pas mariée… Je ne sais pas ce que c'est que l'amour… J'ai toujours eu peur : des fois que j'accoucherais d'un garçon ?

"MAMAN, PAPA… DES MOTS EN OR…"

Ira Mazour, cinq ans.
Employée du bâtiment.

Sans doute que je dois parler de ma solitude ? De comment j'ai appris à être seule…

Une fille… Lenotchka, elle s'appelait… avait une couverture rouge ; la mienne était marron. Quand les avions allemands nous survolaient, on se couchait par terre et on se cachait sous nos couvertures. D'abord la rouge, et par-dessus la mienne, marron. Je disais aux autres filles que, d'en haut, l'aviateur penserait que c'était une pierre…

De maman, je me rappelle seulement comme j'avais peur de la perdre. Je connaissais une fille dont la mère était morte dans un bombardement, elle n'avait plus personne. Elle pleurait tout le temps. Ma mère la prenait dans ses bras et essayait de la consoler. Et puis… Avec une femme que je ne connaissais pas, j'ai enterré ma mère au village… On l'a lavée, elle était maigre, on aurait dit une petite fille. Je n'avais pas peur, je n'arrêtais pas de la caresser. Ses cheveux, ses mains sentaient comme d'habitude et je n'ai pas vu où elle était blessée. Je ne sais pas pourquoi, je me suis dit que ça devait être une petite balle, j'en avais trouvé une, une fois, sur la route. Ça m'étonnait : je me demandais comment ces petites balles de rien du tout pouvaient tuer une grande personne. Même moi, j'étais mille fois, un million de fois plus grosse ! Bizarrement, j'avais retenu ce mot :

"million". Ça me paraissait énorme, tellement, même, qu'il était impossible de compter jusque-là.

Maman n'était pas morte sur le coup. Elle était restée longtemps couchée dans l'herbe, elle avait ouvert les yeux :

"Ira, il faut que je te parle…

— Je ne veux pas, maman…"

Il me semblait que si elle me disait ce qu'elle voulait, elle mourrait.

Après la toilette, maman était couchée, avec sa grosse tresse, un foulard sur la tête : une vraie petite fille… En tout cas, c'est comme ça que je la vois aujourd'hui. J'ai déjà le double de son âge, elle avait vingt-cinq ans. J'ai moi-même une fille de cet âge-là ; elle lui ressemble, d'ailleurs.

Ce qui me reste de la maison d'enfants ? Un caractère péremptoire, je ne sais pas être douce ni prudente dans mes propos. Je ne sais pas pardonner. Ma famille se plaint que je ne suis pas très affectueuse. Est-ce qu'on peut l'être, sans mère ?

À la maison d'enfants, je voulais avoir ma tasse à moi, personnelle, qui ne servirait à personne d'autre. J'ai toujours envié les gens qui gardaient des objets du temps où ils étaient enfants. Moi, je n'en ai aucun, je ne peux jamais dire : "Ça me vient de quand j'étais petite." Pourtant ce n'est pas l'envie qui m'en manque, je suis même tentée d'en inventer…

Les autres filles s'attachaient aux monitrices. Moi, c'était aux nounous. Elles ressemblaient plus aux mamans telles qu'on se les imaginait. Les monitrices étaient sévères, soignées, les nounous continuellement échevelées, elles râlaient tout le temps, comme à la maison, elles pouvaient même nous donner une taloche ici ou là, mais ça ne faisait pas mal du tout. Comme des mères… Elles nous lavaient, nous frottaient à l'étuve, et on avait le droit de s'asseoir sur leurs genoux. Elles avaient un contact avec nos corps nus. Or, ça, c'est réservé aux mamans. Je le comprenais bien. Elles nous donnaient à manger, soignaient nos rhumes à leur façon, séchaient nos larmes. Quand on se retrouvait avec elles, ce n'était plus la maison d'enfants mais la maison, tout simplement.

J'entends souvent : "Mon père", "ma mère"… Je ne comprends pas. Ça veut dire quoi ? À croire que c'est des étrangers. Pour moi, il n'y a que "maman" et "papa". Si je les avais encore, je ne les appellerais pas autrement : "mon petit papa", "ma petite maman"…

Des mots en or…

"ILS L'AVAIENT RAPPORTÉE EN MORCEAUX…"

Valia Zmitrovitch, onze ans.
Ouvrière.

Je ne veux pas me rappeler… Je ne veux pas, jamais…

On était sept enfants. Avant la guerre, maman riait : "S'il y a un tant soit peu de soleil, les gosses pousseront tout seuls !" Il a suffi que la guerre commence pour qu'elle pleure sans arrêt : "Les temps sont durs, comment que j'vais élever ma marmaille ?" Iouzik avait dix-sept ans, moi onze, Ivan neuf, Nina quatre, Galia trois et Sacha cinq mois. Elle était encore au sein. Elle tétait et pleurait.

À l'époque, je ne savais pas – des gens nous l'ont raconté après la guerre – que nos parents étaient en contact avec des partisans et des prisonniers de guerre à nous, qui travaillaient à la fabrique de produits laitiers. La sœur de maman y travaillait aussi. Je ne me souviens que d'une chose : une nuit, il y avait des hommes chez nous et, sans doute que la lumière filtrait bien qu'on ait masqué la fenêtre avec une grosse couverture, parce qu'il y a eu un coup de feu, directement dans la vitre. Maman a aussitôt saisi la lampe et l'a cachée sous la table.

… Maman nous mitonnait des trucs, à base de pommes de terre. Avec des patates, elle pouvait tout faire, cent recettes, comme on dit aujourd'hui. On préparait je ne sais quelle fête. Je me souviens que ça sentait bon dans la maison. Mon père fauchait le trèfle près de la forêt. C'est là que les Allemands ont encerclé la maison et ont ordonné : "Sortez !" On est sortis, maman et nous, trois des enfants. Ils ont commencé à frapper maman. Elle criait :

"Rentrez à la maison, petits !"

Ils l'ont collée contre le mur devant la fenêtre. Nous, on était au carreau.

"Il est où, ton aîné ?

— Il ramasse de la tourbe, a répondu maman.

— Allons-y !"

Ils l'ont poussée dans une voiture et sont montés, eux aussi.

Galia a foncé dehors, en braillant qu'elle voulait maman. Ils l'ont jetée dans la voiture. Maman criait :

"Rentrez à la maison, petits !"

Notre père est arrivé en vitesse, visiblement des gens l'avaient prévenu. Il a pris je ne sais quels papiers et a foncé rejoindre maman. En nous criant, lui aussi : "Rentrez à la maison, petits !" Comme si la maison pouvait nous sauver, comme si maman s'y trouvait ! On a attendu dans la cour... Vers le soir, on a grimpé, qui au portail, qui aux pommiers, voir si papa et maman, notre sœur et notre frère n'arrivaient pas. Ce qu'on a vu, c'est des gens qui accouraient de l'autre bout du village : "Les enfants, quittez la maison, sauvez-vous ! Les vôtres sont morts. Et il y a une voiture qui vient vous chercher..."

On a rampé à travers le champ de patates jusqu'aux marais. On y a passé la nuit. Le soleil s'est levé : qu'est-ce qu'on allait faire ? Je me suis rappelée qu'on avait oublié la petite dans son berceau. On est retournés au village la récupérer. Elle était vivante, mais toute bleue, à force d'avoir crié. Mon frère Ivan m'a dit : "Faut que tu lui donnes à manger." Avec quoi ? J'avais même pas de poitrine. Lui, il avait la frousse qu'elle meure, il me suppliait : "Essaie quand même..."

Une voisine est passée :

"Ils vont vous chercher, petits. Allez chez votre tante..."

Notre tante habitait un autre village. On a répondu :

"On ira, mais dites-nous d'abord où sont papa et maman, notre frère et notre sœur."

Elle nous a raconté qu'ils avaient été fusillés... Ils les avaient laissés dans la forêt...

"Faut pas que vous alliez là-bas, petits.

— En quittant le village, on fera un détour pour leur dire adieu.

— Faut pas, petits..."

Elle nous a accompagnés jusqu'à la sortie du bourg, sans nous laisser aller à l'endroit où étaient les nôtres.

Des années après, j'ai su que maman avait eu les yeux crevés, les cheveux arrachés, les seins coupés. Comme la petite Galia s'était cachée sous un sapin et qu'elle ne répondait pas, ils avaient lâché les chiens qui l'avaient rapportée en morceaux. Maman était encore vivante, elle comprenait tout. Ils avaient fait ça devant elle...

Après la guerre, on n'était plus que nous deux, ma sœur Nina et moi. Je l'avais retrouvée chez des gens et prise avec moi. On est allées au comité exécutif de district : "Donnez-nous une pièce. On y vivra ensemble." Ils nous ont donné un couloir dans un foyer d'ouvriers. Je travaillais dans une fabrique, Nina allait à l'école. Jamais je ne l'ai appelée par son prénom. C'est toujours : "Petite sœur". Je n'ai plus qu'elle. Plus qu'elle...

Je ne veux pas me rappeler. Pourtant, faudrait raconter son malheur. C'est dur de pleurer seule...

"ON VENAIT D'AVOIR DES POUSSINS... J'AVAIS PEUR QU'ILS LES TUENT..."

Aliocha Krivocheï, quatre ans.
Employé des chemins de fer.

Mon souvenir... Le seul...

On venait d'avoir des poussins. Ils se promenaient dans la maison, tout jaunes, ils venaient dans mes bras. Pendant les bombardements, grand-mère les mettait dans un tamis :

"Tout de même!... La guerre... et des poussins!"

J'avais peur qu'ils les tuent. Je me rappelle que j'en avais tellement peur que ça me faisait pleurer. Ils bombardaient... Tout le monde allait se cacher à la cave. Moi, impossible de me faire quitter la maison! Je serrais les poussins dans mes bras... Si grand-mère prenait le tamis avec nous, alors je suivais. Je suivais et comptais : un poussin, deux, trois... Il y en avait cinq...

Je comptais les bombes. Une, deux... sept...

C'est comme ça que j'ai appris à compter...

"ROI DE TRÈFLE... ROI DE CARREAU..."

Galina Matousseïeva, sept ans.
Retraitée.

Quand un enfant naît...

... Deux anges se tiennent près de lui et lui donnent un destin. Ils décident de combien d'années il vivra, et si son chemin sera long ou court. Dieu les regarde d'en haut. C'est Lui qui les envoie accueillir cette nouvelle âme. Pour montrer qu'Il est là.

Chérie… Si les gens sont chanceux ou pas, je le lis dans leurs yeux. J'irais pas arrêter n'importe qui dans la rue : "Mon tout beau, viens que je te fasse les lignes de la main…" Les gens, ils demanderaient que ça. Moi, je choisis. J'en prends un sur toute une foule, comme si je le reconnaissais. Parce que je sens un écho dans ma poitrine, ça me fait chaud au cœur… alors, les mots me viennent. Une frénésie de paroles. Je me mets à raconter… À dire la bonne aventure… J'étale les cartes. Il y a tout dans les cartes : le passé, l'avenir, comment l'âme peut trouver la paix et ce qu'elle emportera en partant. En retournant d'où elle est venue : au ciel. Tout est écrit, mais chacun le lit à sa façon…

Nous autres, Tsiganes, on est libres… On a nos lois à nous. Notre pays, c'est là où on vit. Là où notre cœur se réjouit, là est notre patrie. Partout, sous le soleil. Ça, je le tiens de mon père, de ma mère… La roulotte cahote doucement, maman me récite nos prières. Elle fredonne. La couleur grise… Couleur du voyage, couleur de poussière… La couleur de mon enfance… Chérie… as-tu jamais vu des tentes tsiganes ? Rondes et hautes comme le ciel. Je suis née sous la tente. Dans la forêt. Sous les étoiles. Depuis le berceau, je ne crains ni les bêtes ni les oiseaux nocturnes. J'ai appris à danser et chanter près d'un feu. La vie sans chansons, c'est pas possible pour les Tsiganes. Chez nous, tout le monde sait chanter et danser. C'est comme de parler. Elles sont tendres, les paroles de nos chansons. Elles ensorcellent… Quand j'étais petite, je ne les comprenais pas mais je pleurais quand même. Des paroles pareilles… Elles vous entrent doucement dans le cœur, elles se jouent de vous. Vous bercent. Vous font miroiter le voyage. La liberté. Un grand amour… C'est pas pour rien qu'on dit que les Russes meurent deux fois : la première pour la patrie, la seconde en écoutant chanter les Tsiganes.

T'as pas besoin de me poser toutes ces questions, chérie ! Je peux tout te raconter…

Enfant, j'ai connu le bonheur, crois-moi !

L'été, on était tout un campement. Une grande famille. On s'arrêtait toujours au bord d'une rivière. Près d'une forêt. On choisissait un bel endroit. Le matin, les oiseaux chantaient. Maman aussi. Pour me réveiller. L'hiver, on demandait à loger chez quelqu'un. Les gens avaient du cœur, à l'époque. Ils étaient braves. On s'entendait bien avec eux. Et, tout le temps qu'il y avait de la neige, on attendait le printemps. On s'occupait des chevaux. Les chevaux, les Tsiganes les soignent autant que les enfants. En avril, pour Pâques, on saluait bien bas ces gens qu'avaient bon cœur et on reprenait la route. Le soleil, le vent... On vivait au jour le jour. Un jour, t'avais de la chance : un beau gars t'avait aimé toute la nuit, tes enfants mangeaient à leur faim et étaient en bonne santé... T'étais heureuse! Demain était un autre jour. Ça, c'est ma mère qui me le disait... Elle ne m'a pas appris tellement de choses. Le petit qu'est un don du Ciel, il n'y a pas besoin de lui apprendre, il se débrouille tout seul.

C'est comme ça que j'ai grandi... Un bonheur de courte durée. Bonheur tsigane...

Des conversations m'ont réveillée, un matin. Des cris :

"La guerre!

— Quelle guerre?

— Contre Hitler.

— Qu'ils se battent donc! Nous autres, on est libres comme l'air. Comme l'oiseau. On vit dans les bois."

Et c'est là que les avions sont arrivés... Ils ont mitraillé les vaches dans le pré... La fumée montait jusqu'au ciel... Le soir, les cartes que maman a tirées étaient telles qu'elle s'est pris la tête à deux mains et s'est roulée par terre de désespoir.

Notre campement était immobilisé. On ne bougeait plus. Je m'ennuyais. J'aimais le voyage.

Un soir, une vieille Tsigane s'approche de notre feu. Ridée comme une terre desséchée par le soleil. Je ne la connais pas, elle vient d'un autre campement, loin.

Et elle raconte :

"Au matin, ils nous ont encerclés. Ils avaient de bons chevaux, bien nourris. Leur crinière brillait, ils étaient bien ferrés. Des Allemands les montaient, tandis que des Polizei faisaient sortir les Tsiganes des tentes. Ils arrachaient les bagues, les boucles d'oreilles. Les femmes avaient les oreilles en sang, les doigts retournés. Ils crevaient les édredons à coups de baïonnette. Ils cherchaient de l'or... Après, ils ont commencé à tirer...

Une gamine les a suppliés : « Gentils tontons, ne tirez pas! Je vous chanterai une chanson tsigane. » Ils ont ri... Elle a chanté pour eux, dansé, et puis ils ont mitraillé... Tout le campement. Tout le campement y est passé. Ils ont brûlé les tentes. Il n'est resté que les chevaux. Ils les ont emmenés…"

Le feu continue de brûler. Les Tsiganes se taisent. Je suis assise près de maman.

Au matin, on se prépare à partir : ballots, coussins, pots volent dans la roulotte.

"Où on va ?

— À la ville, répond maman.

— Quoi faire ?" Je n'ai pas envie de quitter la rivière. Le soleil.

"Ordre des Allemands…"

À Minsk, on nous a indiqué trois rues où nous installer. C'était notre ghetto à nous. Une fois par semaine, les Allemands venaient avec des listes, pour vérifier : "*Ein Zigeuner… Zwei…*"

Chérie… Comment on vivait ?

On allait dans les villages, avec maman… On mendiait… Certains nous donnaient du blé, du maïs. Tous nous faisaient entrer chez eux : "Viens donc, petite Tsigane, me dire ma fortune. J'ai mon homme au front." La guerre séparait les gens. Ils étaient tous là, dans l'attente. Ils avaient besoin d'espoir.

Maman leur disait la bonne aventure… J'écoutais… Roi de trèfle, roi de carreau… Carte noire : la mort. Un pique. Le sept… Un roi blanc, amour passion. Roi de pique : un militaire. Six de carreau : un voyage proche…

Maman repartait toute gaie de la ferme mais, sur la route, elle pleurait. C'est dur de dire la vérité aux gens : que ton mari a été tué, que ton fils n'est plus de ce monde. Que la terre l'a pris… Que les cartes le montrent…

Une fois, on a passé la nuit dans une ferme. Je n'ai pas fermé l'œil. J'ai vu, à minuit, les femmes dénouer leurs longs cheveux et faire de la divination. Chacune ouvrait la fenêtre, jetait du grain dans la nuit noire et écoutait le vent : s'il soufflait doucement, on était sûr qu'il reviendrait ; mais s'il hurlait, ce n'était pas la peine d'attendre, on ne le reverrait pas. Le vent était déchaîné. Il cognait au carreau…

Jamais les gens ne nous ont autant aimés que pendant la guerre. Aux heures noires. Maman était aussi guérisseuse : elle soulageait bêtes et hommes. Elle guérissait les vaches, les chevaux. Elle connaissait leur langage.

Il y avait des rumeurs : ils avaient massacré tel campement, tel autre… Un troisième avait été emmené en camp de concentration…

La guerre a pris fin. On était si contents de se retrouver! Des embrassades à n'en plus finir! On était si peu, à présent. Les gens n'en continuaient pas moins à vouloir connaître l'avenir, à faire de la divination. Dans une ferme, l'avis de décès est déjà sous l'icône mais la fermière implore : "Tire-moi les cartes, petite Tsigane! Si que mon homme était vivant? Si qu'ils s'étaient trompés dans leurs écritures?"

Maman tirait les cartes. J'écoutais…

La première fois que je les ai tirées moi-même, c'était à une petite, au marché. Elle est bien tombée : amour passion. Et elle m'a donné un rouble. Je lui avais offert du bonheur, ne serait-ce que pour un instant.

À toi aussi, chérie, je souhaite d'être heureuse! Que Dieu t'accompagne! Va, et raconte le lot des Tsiganes. On nous connaît si mal…

Tè avès bakhtalo… Que Dieu t'accompagne!

"UNE GRANDE PHOTO DE FAMILLE…"

Tolia Tcherviakov, cinq ans.
Photographe.

S'il me reste quelque chose de ce temps-là, c'est une sorte de grande photo de famille…

Au premier plan, mon père, avec son fusil et sa casquette d'officier qu'il portait même l'hiver. La casquette et le fusil sont plus nets que le visage de mon père. J'aurais voulu avoir les deux : la casquette et le fusil. Je n'étais qu'un gosse!

À côté de mon père, maman. Je ne me rappelle plus comment elle était à cette époque, je me souviens surtout de ce qu'elle faisait : elle lavait tout le temps un truc blanc et sentait le médicament. Elle était infirmière chez les partisans.

Quelque part encore, il y a mon petit frère et moi. Lui, est tout le temps malade. Je le revois, tout rouge, le corps couvert d'escarres. La nuit, ils pleurent, maman et lui. Lui parce qu'il a mal, elle parce qu'elle a peur de le voir mourir.

Plus loin, des femmes s'approchent de la grande maison paysanne où se trouve l'hôpital de campagne de maman. Elles ont des chopes à la main. Avec du lait. Ce lait, elles le versent dans un seau et maman y baigne mon frère. Pour la première fois, mon frère ne crie pas de la nuit ; il dort. Au matin, maman dit à mon père : "Comment remercier ces gens ?"

Une grande photographie… Une seule grande photographie…

"DONNEZ, QUE J'EMPLISSE AU MOINS VOS POCHES DE PATATES À PLANTER…"

Katia Zaïats, douze ans.
Ouvrière agricole au sovkhoze Klitchevski.

Grand-mère nous empêche de regarder par la fenêtre…

Mais elle, elle le fait et nous raconte :

"Ils ont pris le vieux Todor dans les seigles… Avec des soldats à nous, blessés… Il leur apportait des costumes de ses fils, pour que les Allemands ne s'aperçoivent de rien. Ils ont fusillé les soldats dans les seigles et ordonné à Todor de creuser un trou à la porte de sa maison. Alors, il creuse…"

Le vieux Todor, c'est notre voisin. Par la fenêtre, on le voit creuser son trou. Voilà, il a fini… Les Allemands lui retirent la pelle, ils lui crient quelque chose dans leur langue. Le vieux ne comprend pas ou n'entend pas, parce qu'il y a longtemps qu'il est sourd. Alors, ils le poussent dans le trou et lui montrent qu'il doit se mettre à genoux. Et ils l'enterrent vivant. À genoux…

On est tous terrorisés. C'est qui, ces gens-là ? Des hommes ? Ce sont les premiers jours de la guerre…

Longtemps, on a contourné la maison du vieux Todor. On avait toujours l'impression qu'il criait, sous terre…

… Ils ont si bien incendié notre village qu'il n'est resté que de la terre. Que des pierres dans les cours, et encore, toutes noires. Dans notre potager, il n'y avait même plus d'herbe. Elle avait complètement brûlé. On vivait de la charité. On allait dans d'autres villages, avec ma sœur, et on demandait :

"Donnez-nous quelque chose…"

Maman était malade. Elle ne pouvait pas venir avec nous, elle avait honte.

On arrivait dans une ferme :

"D'où vous venez, petites ?

— De Iadrionaïa Sloboda… On nous a tout brûlé…"

On nous donnait, qui une bolée de seigle, qui un bout de pain, qui un œuf… On pouvait leur dire merci, à ces gens. Ils donnaient le peu qu'ils avaient.

Une fois, on entre dans une maison. Les femmes s'arrachent les cheveux :

"Oh, mes enfants, combien que vous êtes donc ? Il en est déjà passé deux paires, ce matin."

Ou bien :

"Il y en a qui sont repartis, à l'instant. Il ne me reste plus de pain. Donnez, que j'emplisse au moins vos poches de patates à planter !"

Jamais ils ne nous laissaient repartir les mains vides : ce ne serait-y qu'une brassée de lin. En une journée, on en récoltait un petit tas. Maman filait et tissait. Elle teignait en noir, avec de la tourbe des marais.

Mon père est rentré du front. On a entrepris de reconstruire la ferme. Dans tout le village, il ne restait que deux vaches. On s'en servait pour transporter le bois… Ou bien on le portait à dos d'homme… Je ne pouvais pas porter les bûches, plus grandes que moi. Mais celles qui était à ma taille, j'arrivais à les traîner…

La guerre, on n'en a pas vu la fin avant un bon bout de temps… En général, on compte quatre ans. Quatre ans, où ça a massacré… Mais on a mis combien d'années pour oublier ?…

"TO-TO BOIT DU BON LO-LO…"

Fedia Troutko, treize ans.
Responsable du contrôle technique d'une cimenterie.

Parlez d'une histoire…

Deux jours avant la guerre, on avait hospitalisé maman. Elle était gravement malade. L'hôpital se trouvait à Brest. On ne l'a pas revue.

Deux jours plus tard, les Allemands avaient pris la ville. Ils avaient mis tous les malades dehors et, ceux qui ne pouvaient pas marcher, ils les avaient embarqués dans des camions. Maman, d'après ce qu'on nous a raconté, était de ceux-là. On les avait fusillés. Mais où? Quand? Comment? Je n'en ai jamais rien su. On n'en a pas trouvé trace.

La guerre nous a surpris, ma sœur, mon père et moi, dans notre maison de Bereza. Mon frère Volodia était à Brest, au collège des Ponts et Chaussées. Mon autre frère, Alexandre, avait fini ses études à l'école de la Marine de Pinsk – aujourd'hui c'est la navigation fluviale – et était mécanicien sur un vapeur.

Mon père, Stepan Alexeïevitch Troutko, était vice-président du comité exécutif du district de Bereza. Il a reçu l'ordre d'évacuer à Smolensk, avec les documents du comité.

Il est arrivé en courant chez nous :

"Fedia, prends ta sœur et filez chez grand-père, aux Ogorodniki…"

Le lendemain matin, on est arrivés à la ferme de grand-père. La nuit suivante, mon frère Volodia tapait au carreau. Il avait mis quarante-huit heures pour venir de Brest à pied. En octobre, Alexandre s'est amené à son tour. Il a raconté que le bateau sur lequel ils allaient à Dniepropetrovsk, avait été bombardé. Ceux qui en avaient réchappé avaient été faits prisonniers. Quelques-uns avaient réussi à s'enfuir, dont Sacha.

Ce qu'on a pu être contents quand des partisans ont débarqué chez grand-père! On allait partir avec eux. On se vengerait!

"T'as combien d'années d'école? m'a demandé le commandant quand on lui a été présentés.

— Cinq."

Le verdict est tombé :

"Maintien dans le cadre familial."

Mes frères ont eu des fusils, et moi un crayon.

J'étais déjà pionnier. C'était mon principal atout. J'ai demandé à être dans un groupe de combat.

"On a moins de crayons que de fusils", a dit, en riant, le commandant.

La guerre était partout mais on s'instruisait. On était dans ce qui s'appelait une "classe verte". On n'avait ni pupitres, ni classes, ni manuels, rien des élèves et des maîtres. Un seul abécédaire pour

tous, un seul livre d'histoire, un seul recueil de problèmes d'arithmétique, un seul manuel de grammaire. Pas de papier, pas de craie,
pas d'encre ni de crayons. On a aménagé une clairière, on y a mis
du sable et ça nous a fait un tableau. On y écrivait avec des bouts
de bois. En guise de cahiers, les partisans nous ont donné des tracts
allemands, des bouts de vieux papiers peints et des journaux. On
a même déniché une cloche. Là, on était vraiment contents! Parce
qu'une école où il n'y a pas de cloche, ça ressemble à quoi? On avait
des foulards rouges.

   "Attaque aérienne!" crie celui qui est de service.

   La clairière se vide.

   Le bombardement terminé, on reprend la leçon. Les élèves de
première année tracent sur le sable, avec des bouts de bois :

   "To-to boit du bon lo-lo…"

   Avec des branches et des souches, on avait fabriqué un boulier à
pieds. On avait bricolé plusieurs alphabets en bois. On avait même
des cours de culture physique. Notre terrain de sport était équipé
d'une poutre, d'une piste de course, d'une perche et de cibles pour
le lancer de grenades. C'est moi qui les lançais le plus loin.

   À la fin de ma sixième année, j'ai déclaré fermement que la septième serait pour après la guerre. On m'a donné un fusil. Plus tard,
je me suis dégotté une carabine belge, toute petite et légère.

   J'ai appris à bien tirer… Mais, les maths, je les ai oubliées…

"IL M'A DONNÉ UNE TOQUE AVEC UN RUBAN ROUGE…"

Zoïa Vassilieva, douze ans.
Ingénieur, spécialisée dans les brevets.

   Ce que je pouvais être gaie, avant la guerre! Heureuse!…

   J'avais été acceptée à l'école de danse de notre théâtre d'opéra et
de ballet. C'était une école expérimentale qui prenait, de partout,
les enfants les plus doués. Moi, j'avais eu une lettre de recommandation du célèbre metteur en scène moscovite Galizovski. En 38, il
y avait eu une parade de gymnastes à Moscou et j'y avais pris part.
Je représentais, avec d'autres, le palais des Pionniers de Minsk. On

avait lancé dans le ciel des ballons rouges et bleus... On avait marché en colonnes... Galizovski était le grand metteur en scène de la parade, et il m'avait remarquée.

Un an plus tard, il était venu à Minsk, m'avait trouvée et avait écrit une lettre à l'intention de Zinaïda Anatolievna Vassilieva, qui avait le titre d'Artiste du peuple... C'était notre étoile biélorusse... Elle venait de monter son école de danse. J'ai pris la fameuse lettre, j'avais très envie de la lire mais je me le suis interdit. Zinaïda Anatolievna logeait à l'hôtel Europe, à proximité du conservatoire. Comme mes parents n'étaient pas au courant, j'ai quitté la maison en vitesse. J'ai couru, pieds nus, dans la rue et n'ai mis mes sandales qu'au dernier moment. Je ne m'étais pas changée : si j'avais enfilé mes beaux habits, maman m'aurait demandé où j'allais. C'est que mes parents ne voulaient pas entendre parler de danse. Ils étaient catégoriquement contre.

J'ai remis la lettre à Zinaïda Anatolievna. Elle l'a lue et m'a dit : "Déshabille-toi, que je voie tes bras, tes jambes." J'étais épouvantée : ôter mes sandales, alors que j'avais les pieds sales ? J'ai dû faire une telle mine qu'elle a tout compris. Elle m'a donné une serviette et a approché une chaise du lavabo...

J'ai été prise à l'école. Sur vingt, cinq seulement avaient été retenus. Une nouvelle vie commençait : classique, rythmique, musique... J'étais ravie ! Zinaïda Anatolievna m'aimait bien. Nous, on l'adorait, c'était notre idole, notre dieu. Il n'en était pas de plus belle au monde. En 41, je dansais déjà dans *Le Rossignol* de Krochner, au second acte, la danse des Cosaques. On avait même réussi à le donner pour la décade de l'art biélorusse à Moscou. Un succès ! J'étais aussi un poussin à la première de notre école, dans le ballet *Les Poussins*. Il y avait une grosse mère poule, et moi, j'étais le plus petit poussin.

Après la décade, à Moscou, on nous avait récompensés par un séjour dans un camp de pionniers aux environs de Bobrouïsk. Là aussi, on avait dansé *Les Poussins*. Pour nous remercier, on nous avait promis un énorme gâteau. On avait prévu de le manger le 22 juin...

En signe de solidarité avec l'Espagne, on portait tous des calots, c'était ma coiffure préférée. Je l'ai mis, dès que j'ai entendu les autres crier : "C'est la guerre !" Et je l'ai perdu pendant qu'on rentrait à Minsk.

Là, maman m'a embrassée sur le pas de la porte et on a filé à la gare. On s'est perdues dans un bombardement. Je n'ai pas retrouvé ma mère ni ma sœur, et je suis partie toute seule. Au matin, le train s'est définitivement arrêté aux Kroupki. Les gens entraient dans les fermes, moi, je n'osais pas parce que j'étais seule, sans ma mère. Le soir, pourtant, je me suis risquée dans une maison, j'ai demandé à boire. On m'a donné du lait. J'ai levé les yeux de ma tasse et, au mur, j'ai vu maman, jeune, dans une robe de mariée. J'ai hurlé : "Maman!" Le vieux fermier et sa femme ont commencé à me poser un tas de questions : "D'où je venais? Qui j'étais?" Des choses comme ça, ça n'arrive que pendant la guerre. Figurez-vous que j'étais tombée chez mon grand-oncle, le frère de mon grand-père paternel, que je n'avais jamais vu. Évidemment, il n'a pas voulu me laisser repartir. Inimaginable!

À Minsk, j'avais dansé *Les Poussins*, maintenant je devais les surveiller pour que les pies ne s'y attaquent pas. Les poussins, ça n'était pas le plus terrible. Il y avait les oies qui me faisaient peur. D'ailleurs, j'avais peur de tout, même du coq. J'ai dû m'armer de courage pour aller garder les oies. Le jars était malin, il sentait que je le craignais, il crachait et cherchait toujours à accrocher mon sarafane par-derrière. J'avais peur de l'orage, aussi. Il a fallu que je ruse devant mes nouveaux copains qui, eux, depuis tout petits, n'avaient jamais eu la frousse ni des oies ni du coq. Si je voyais que le temps était à l'orage, je trouvais un prétexte pour entrer dans la première maison venue. Pour moi, il n'y avait pas de bruit plus effrayant qu'un coup de tonnerre. Pourtant, je connaissais déjà les bombardements…

J'aimais les gens de la campagne, leur gentillesse. Tous m'appelaient "la p'tiote". Je me rappelle que je m'intéressais beaucoup au cheval, ça me plaisait de le conduire. Mon grand-oncle m'y autorisait. Le cheval s'ébrouait, il agitait la queue et, surtout, il m'obéissait : si je tirais de la main droite, il savait que c'était de ce côté-là qu'il fallait tourner. Même chose pour la main gauche.

Je harcelais mon grand-oncle :

"Emmène-moi à cheval voir maman.

— Dès que la guerre sera terminée, on ira."

C'était un homme bougon, sévère.

J'ai fugué par le grenier. Une copine m'a accompagnée jusqu'à la sortie du village.

À la gare, j'ai voulu grimper dans un wagon à bestiaux mais on m'en a chassée. Je suis montée dans un camion, en me tassant dans un coin. Ça me fait peur, rien que d'y repenser : tout à coup, un

Allemand et une Allemande sont montés avec moi. Des Polizei les accompagnaient. Mais ils ne m'ont rien dit. En chemin, ils m'ont posé des questions : "Où j'allais à l'école ? En quelle classe j'étais ?" Quand ils ont su qu'en plus, j'étais à l'école de danse, ils ne l'ont pas cru. Et là, dans la benne, je leur ai dansé mon "poussin".

Est-ce que je connaissais les langues étrangères ? En cinquième année, on avait commencé des cours de français. C'était encore frais dans ma tête. L'Allemande m'a demandé quelque chose en français, je lui ai répondu. Ils étaient sidérés : tomber, comme ça, en pleine campagne, sur une gamine qui avait cinq années d'école derrière elle, qui apprenait la danse et même le français. Vous auriez vu leurs têtes !

Je n'arrive pas à me rappeler ce que je ressentais, alors. Il m'en est resté un sentiment d'offense. À cause de la façon qu'ils avaient de me regarder, de leurs paroles… De leur méfiance et de leur étonnement… C'étaient, je l'avais compris, des médecins, des gens instruits. On leur avait mis dans la tête qu'on était des sauvages… Des sous-hommes…

… Maintenant, ça me fait rire : j'avais peur du coq mais, quand j'ai vu les partisans, avec leurs bonnets d'astrakan, leurs baudriers, leurs étoiles et leurs mitraillettes, j'ai dit : "Tontons, si vous saviez comme je suis courageuse ! Prenez-moi avec vous !" Dans leur détachement, mon rêve a tourné court : je me suis retrouvée à la cuisine, à faire la corvée de peluches. Vous imaginez ma révolte ! J'ai donc été de cuisine pendant une semaine, ensuite je suis allée chez le commandant : "Je veux être un vrai combattant !" Il m'a donné une toque avec un ruban rouge. Moi, je voulais tout de suite un fusil.

Je suis rentrée chez ma mère, avec la médaille des "Partisans de la guerre patriotique". Et un grade. J'ai repris l'école et tout oublié. Je jouais à la paume avec mes copines, je faisais de la bicyclette. Un jour, je me suis payé un vol plané à vélo dans un cratère d'obus et je me suis blessée. J'ai vu du sang et ça m'a rappelé, non pas la guerre mais l'école de danse. Comment je pourrais danser, à présent ? Zinaïda Anatolievna Vassilieva n'allait pas tarder à revenir, et moi, j'avais un genou cassé…

Je n'ai pas eu à reprendre l'école de danse. Je suis allée à l'usine, il fallait aider maman. Moi, j'avais envie d'étudier… Plus tard, ça s'est goupillé comme ça : ma fille était en septième année d'école, et sa maman en dixième. En cours du soir.

La guerre m'a imposé une autre vie… C'est moi et ce n'est pas moi…

"ET JE TIRAIS EN L'AIR…"

Ania Pavlova, neuf ans.
Cuisinière.

Oh, ça va me faire du mal!… Une fois de plus…

Les Allemands m'ont traînée dans la grange… Maman courait derrière, en s'arrachant les cheveux. Elle hurlait : "Faites de moi ce que vous voulez mais laissez mon enfant!" J'avais deux petits frères, qui criaient aussi…

On est natifs du village de Mekhovaïa, région d'Orel. De là, ils nous ont emmenés à pied jusqu'en Biélorussie. On allait de camp de concentration en camp de concentration… Quand ils ont voulu me prendre en Allemagne, maman a fait semblant d'être enceinte et elle m'a mis mon petit frère dans les bras. C'est comme ça que j'ai été sauvée. On m'a rayée de la liste.

Oh! Je vais me sentir patraque toute la journée et toute la nuit. Fallait pas revenir là-dessus. Ça me tourneboule…

Les chiens déchiquetaient les enfants… Des fois, on veillait un gosse à moitié dévoré, on attendait que son cœur s'arrête… Alors, on le recouvrait de neige… Ça lui faisait une tombe jusqu'au printemps.

… En 45… Après la victoire… On a envoyé maman construire un sanatorium aux Jdanovitchi. Je suis partie avec elle. Et j'y suis restée. Ça fait quarante ans que j'y travaille… Je suis là depuis qu'on a posé la première pierre, tout s'est bâti sous mes yeux. On me donnait un fusil et dix prisonniers allemands, et je les menais au travail. La première fois, des femmes nous ont encerclés : et que je te balance des pierres, que je te flanque des coups de pelles ou de balais! Moi, je cavalais autour des prisonniers, mon fusil à la main, en criant : "Mes toutes bonnes, ne les touchez pas!… Mes toutes bonnes, j'ai signé une décharge. Je vais tirer!" Et je tirais en l'air…

Les femmes pleuraient, moi aussi. Les Allemands ne bronchaient pas… Ils ne levaient pas les yeux…

Maman ne m'a jamais amenée au musée de la Guerre. Une fois, elle a vu que je feuilletais un journal, avec des photos de fusillés. Elle me l'a pris et m'a grondée.

Aujourd'hui encore, on n'a pas un seul livre de guerre à la maison… Ça, c'est moi qui l'ai décidé… Il y a longtemps que je n'ai plus ma mère…

"POUR MA PREMIÈRE RENTRÉE DES CLASSES, MAMAN M'A PORTÉE À L'ÉCOLE…"

Inna Starovoïtova, six ans.
Agronome.

Maman nous a embrassés et elle s'en est allée…

On est restés tous les quatre dans la cabane : les petits – mon frère, mon cousin, ma cousine – et moi, l'aînée, j'avais sept ans, à l'époque. Ce n'était pas la première fois qu'on était seuls, on était habitués à ne pas pleurer, à nous tenir tranquilles. On savait que maman était éclaireuse, qu'on l'avait envoyée en opération, et qu'on devait l'attendre. Maman nous avait retirés du village ; à présent, on vivait avec elle dans un camp de partisans où il y avait des familles. On en rêvait depuis longtemps. On était drôlement contents !

On est donc là, on tend l'oreille : les arbres bruissent, des femmes font la lessive non loin de là, elles grondent leurs enfants. Soudain, un cri : "Les Allemands ! Les Allemands !" Tout le monde se précipite hors des cabanes, on appelle les enfants et on se sauve, au plus profond de la forêt. Seulement, nous ? Où est-ce qu'on va courir, sans maman ? Si elle apprenait que les Allemands étaient par ici et qu'elle revienne en vitesse ? Alors, moi, l'aînée, j'ordonne : "Motus ! Il fait sombre, ici, les Allemands ne nous trouveront pas."

On s'est faits tout petits. On ne respirait quasiment plus. Quelqu'un a jeté un coup d'œil dans notre cabane et a dit en russe : "Sortez, qui que vous soyez !"

D'une voix tranquille. Et, bon, on est sortis. J'ai vu un homme grand, en uniforme vert.

"T'as un père ?"

— Oui

— Il est où ?

— Loin, au front."

J'avais la langue trop longue. Je me rappelle que ça a fait rire l'Allemand.

"Et ta mère, elle est où ?

— Partie en reconnaissance avec les partisans."

Un autre Allemand s'est approché. Celui-là était en noir. Ils ont échangé quelques mots et le second, le noir, nous a indiqué du geste où nous devions nous mettre. Il y avait des femmes et des enfants qui n'avaient pas pu s'enfuir. L'Allemand noir a braqué sur nous sa mitraillette et j'ai compris ce qu'il allait faire. Je n'ai pas même eu le temps de crier et d'embrasser les petits...

C'est d'entendre pleurer maman qui m'a réveillée. Parce que j'avais vraiment l'impression d'avoir dormi. Je me soulève un peu et je la vois qui creuse un trou, en pleurant. Elle me tourne le dos. Je n'ai pas la force de l'appeler, juste de la regarder. À un moment, elle se redresse pour souffler, jette un coup d'œil de mon côté et pousse un de ces cris : "Ma petite Inna !" Elle se précipite vers moi, me prend dans ses bras. Puis, tout en me tenant serrée, elle effleure les autres : des fois qu'il y en aurait de vivants ? Mais non, ils sont tous froids...

Quand j'ai été guérie, on a compté, avec maman : j'avais neuf blessures par balles. C'est comme ça que j'ai appris à compter : deux balles à une épaule et deux à l'autre, ça fait quatre. Deux à une jambe et deux à l'autre, ça fait huit. Et un impact au cou. Ça fait neuf.

La guerre s'est terminée... Pour ma première rentrée des classes, maman m'a portée à l'école...

"PETIT CHIEN CHÉRI, M'EN VEUX PAS...
PETIT CHIEN CHÉRI..."

Galina Firsova, dix ans.
Retraitée.

Je ne rêvais que d'une chose : attraper un moineau et le manger...

C'était rare mais, parfois, des oiseaux se montraient dans la ville. Même au printemps, tout le monde les regardait et pensait à la même chose que moi. La même... Personne n'avait le courage de s'obliger à ne plus penser à la nourriture. La faim me donnait constamment une impression de froid, à l'intérieur. Même quand il y avait du soleil. J'avais beau empiler les vêtements, j'avais froid, je n'arrivais pas à me réchauffer.

J'avais une folle envie de vivre…

Je vous parle de Leningrad, où nous vivions alors. Du blocus de Leningrad. On nous faisait mourir de faim. Une longue agonie… Neuf cents jours de blocus… Neuf cents… Alors qu'un seul semblait une éternité ! Vous n'imaginez pas comme c'est interminable, une journée, pour quelqu'un qui a faim. Une heure, une minute… Le déjeuner est long à venir… Puis le dîner… La ration de blocus était de cent vingt-cinq grammes de pain par jour. Du moins pour ceux qui ne travaillaient pas. La ration des "parasites" de la société… Ce pain, il dégoulinait d'eau… Il fallait le couper en trois : petit-déjeuner, déjeuner, dîner. À boire, on n'avait que de l'eau chaude… Sans rien.

Il fait nuit… Dès six heures du matin, je suis dans la queue à la boulangerie (je ne sais pas pourquoi, je me rappelle surtout l'hiver). Des heures debout !… Des heures qui n'en finissent pas… Quand arrive mon tour, la nuit est de nouveau tombée. À la lueur d'une bougie, le vendeur coupe des morceaux de pain. Les gens restent plantés, à le surveiller. À suivre le moindre de ses gestes… Les yeux brûlants… fous… Et tout ça, sans un mot…

Les tramways ne marchaient pas… On n'avait ni eau, ni chauffage, ni électricité. Mais le pire, c'était la faim. J'ai vu un homme manger ses boutons. Les petits, les gros… Les gens, la faim les rendait fous.

Il y a eu un moment où je suis devenue sourde. C'est là qu'on a mangé le chat… J'y reviendrai. Ensuite, je suis devenue aveugle… C'est là, justement, qu'on nous a amené le chien. Ça m'a sauvée.

Je ne me rappelle pas… Je ne sais plus à partir de quand l'idée de manger son chat ou son chien est devenue normale. Ordinaire. Quotidienne. Je n'y ai pas prêté attention… Après les pigeons et les hirondelles, les chats et les chiens ont commencé à disparaître. Nous, on n'avait pas d'animaux : maman trouvait que c'était une grosse responsabilité, surtout de prendre un gros chien. Une amie de maman n'avait pas pu manger elle-même son chat. Elle nous l'a apporté. On l'a mangé. Et je n'ai plus été sourde… Ça s'était fait brusquement : le matin, j'entendais encore, le soir, maman me dit quelque chose et je ne réponds pas…

Le temps a passé… On a recommencé à mourir de faim… L'amie de maman nous a amené son chien. On l'a mangé, lui aussi. Et, sans lui, on n'aurait pas survécu, c'est certain! La faim nous faisait déjà enfler. Le matin, ma sœur refusait de se lever… C'était un gros chien affectueux. Pendant deux jours, maman n'a pas pu… Elle n'y arrivait pas. Le troisième jour, elle l'a attaché au radiateur de la cuisine et nous a envoyées nous promener dehors…

Je me rappelle ces boulettes… Je les revois parfaitement…

On avait très envie de vivre…

On restait souvent toutes les trois à regarder la photographie de papa. Il était au front. Ses lettres ne nous parvenaient que rarement. "Mes petites filles", écrivait-il. On répondait en faisant en sorte de ne pas trop l'inquiéter.

Maman gardait quelques morceaux de sucre. Dans un petit sac en papier. C'était notre trésor de guerre. Une fois… je n'ai pas résisté. Je savais où était le sucre, et j'en ai pris un morceau. Quelques jours plus tard, un autre… Et… au bout de quelque temps, encore un… Bientôt, il n'y a plus rien eu dans le petit sac de maman. Un sachet vide…

Maman est tombée malade… Elle manquait de glucose. De sucre… Elle ne pouvait plus se lever… Le conseil de famille a décidé de puiser dans le précieux petit sac. Maman guérirait forcément. Ma grande sœur a commencé à le chercher. Il n'était nulle part. On a fouillé toute la maison. Je cherchais avec les autres.

Et, le soir, j'ai avoué…

Ma sœur m'a battue. Mordue. Griffée. Moi, je la suppliais : "Tue-moi! Tue-moi! Comment je pourrais vivre, après ça?!" Je voulais mourir…

Là, je ne vous parle que de quelques jours… Mais il y en a eu neuf cents…

Neuf cents jours comme ça…

J'ai vu de mes yeux une fillette voler à une femme un petit pain, au marché. Une petite fille… On l'a attrapée, on l'a jetée par terre et on s'est mis à la frapper… Atrocement… À mort. Elle, elle se dépêchait de manger, d'avaler le petit pain. De le dévorer, avant qu'on la tue…

Neuf cents jours comme ça…

Mon grand-père était si faible qu'une fois, il est tombé dans la rue… Il se voyait déjà mort. Un ouvrier est passé à ce moment-là.

Les ouvriers avaient des rations un peu meilleures, pas beaucoup, mais tout de même. Eh bien, cet homme s'est arrêté et il a versé de l'huile de tournesol dans la bouche de grand-père. Sa ration! Grand-père a pu rentrer à la maison. Il nous a tout raconté, en pleurant : "Dire que je ne connais pas son nom!"

Neuf cents jours...

Les gens étaient comme des ombres, ils se déplaçaient lentement dans la ville. Des somnambules... plongés dans un sommeil profond. On voyait tout mais on avait l'impression que c'était un rêve. Ces mouvements tellement lents... flottants... À croire que les gens se déplaçaient sur l'eau, pas sur la terre...

La faim transformait les voix... Ou bien rendait les gens aphones. On ne pouvait pas décider à la voix si c'était un homme ou une femme. Aux habits non plus, d'ailleurs, tout le monde s'entortillait dans des chiffons. Notre petit-déjeuner... c'était un morceau de papiers peints, de vieux papiers peints, mais il restait de la colle... Une colle de farine... Des papiers peints et de l'eau chaude...

Neuf cents jours...

Je rentre de la boulangerie... J'ai touché la ration du jour. Ces pauvres miettes, ces misérables grammes... Un chien court à ma rencontre. Il arrive à ma hauteur, renifle... et sent l'odeur du pain.

Je me suis dit que c'était notre chance. Notre salut! J'allais le ramener à la maison...

Je lui ai donné un bout de pain et il m'a suivie. Près de chez nous, encore un petit bout et il m'a léché la main. On est entrés... Mais il rechignait à monter l'escalier, il s'arrêtait à chaque palier. Je lui ai donné tout notre pain... Bout par bout... Et, comme ça, on est arrivés au troisième. Nous, on habitait au quatrième. Là, le chien a renâclé, il refusait d'aller plus loin. Il me regardait... Il devait sentir quelque chose. Il comprenait. Je l'ai serré dans mes bras : "Petit chien chéri, m'en veux pas!... Petit chien chéri..." Je l'ai supplié, imploré... Et il est venu...

J'avais très envie de vivre...

Et la nouvelle s'est répandue... On l'a apprise par la radio : "Le blocus est rompu! Le blocus est rompu!" Plus heureux que nous, ça n'existait pas. Ça n'était pas possible. On avait tenu bon! Le blocus avait été forcé...

Nos soldats étaient dans les rues. J'ai couru vers eux... Mais je n'avais pas la force de les serrer dans mes bras...

Il y a beaucoup de monuments à Leningrad. N'empêche qu'il en manque un qui devrait y être. On l'a oublié : le monument au chien du blocus.

Petit chien chéri, m'en veux pas...

"CE N'EST PAS MA FILLE! PAS MA FI-ILLE!..."

Faïna Lioutsko, quinze ans.
Travaille dans le cinéma.

J'y pense tous les jours, mais je vis... Comment je fais ? Vous me l'expliquerez peut-être...

Je me souviens que les détachements punitifs étaient noirs. Tout noirs... Avec des casquettes hautes... Jusqu'à leurs chiens qui étaient noirs. Brillants.

On se serrait contre nos mères... Ils ne voulaient pas tuer tout le monde, pas tout le village. Ils avaient choisi ceux qui se trouvaient à droite. Du côté droit. Et on y était, avec maman... On avait mis les enfants d'un côté, les parents de l'autre. On avait compris qu'ils allaient mitrailler nos parents, et nous laisser tranquilles. Maman était là-bas... Je ne voulais pas vivre sans elle... Je demandais qu'on m'autorise à la rejoindre, je pleurais. À un moment, ils me l'ont permis...

Quand elle s'en est aperçue, elle s'est mise à hurler :

"Ce n'est pas ma fille !

— maman ! Mam...

— Ce n'est pas ma fille ! Pas ma fi-ille !... Pas la mienne...

— Ma-a-man-an !"

Ses yeux n'étaient pas pleins de larmes, mais de sang. Des yeux injectés de sang...

On m'a écartée... Et j'ai vu qu'ils commençaient par mitrailler les enfants. Ils tiraient et observaient les tourments des parents. Ils ont tué deux de mes sœurs et mes deux frères. Après les enfants, le tour des parents est venu. Je n'ai plus vu maman... Elle avait dû tomber...

Il y avait une femme, un nourrisson dans les bras. Il buvait de l'eau au biberon. Ils ont d'abord visé le biberon, puis le bébé. Après seulement, ils ont tué la mère...

Je m'étonne de vivre encore après ça... Que, petite, j'aie survécu, bon... Mais adulte ? Or, il y a longtemps que je suis adulte...

"NOUS, DES ENFANTS ?
ON ÉTAIT DES HOMMES ET DES FEMMES..."

Viktor Lechtchinski, six ans.
Directeur d'un collège technique, spécialisé dans l'énergie.

Ma tante m'avait invité pour l'été...

On habitait Bykhovo, ma tante, elle, était aux environs, au village de Kommuna. Au centre du village se tenait une maison toute en longueur, pour une vingtaine de familles : une maison communautaire. C'est tout ce que j'ai eu le temps d'enregistrer.

On nous a dit : "C'est la guerre." Il fallait que je retourne chez mes parents. Ma tante a refusé :

"Quand la guerre finira, tu partiras.

— Et ça va finir bientôt ?

— Évidemment."

Peu après, mes parents sont arrivés. À pied : "Les Allemands sont à Bykhovo. Les gens fuient dans les campagnes." On est restés chez ma tante.

Durant l'hiver, des partisans sont passés à la ferme... Je leur ai demandé un fusil. C'étaient des neveux de maman, des cousins à moi. Ils ont ri et m'ont fait tenir le leur quelques instants. C'était lourd.

La ferme sentait tout le temps le cuir. La colle chaude. Mon père fabriquait des bottes pour les partisans. Je lui demandais de m'en faire aussi. Il répondait toujours que je devais attendre, qu'il avait beaucoup de travail. Et il entreprenait de me démontrer, je m'en souviens, qu'il me fallait des petites bottes, parce que j'avais de petits pieds. Il promettait...

Mon dernier souvenir de mon père, c'est quand on l'a emmené dans la rue, vers un gros camion... En lui donnant des coups de bâton sur la tête...

... La guerre a pris fin. Je n'avais plus de père ni de maison. J'avais onze ans, j'étais l'aîné de la famille. Les deux autres, mon frère et ma sœur, étaient encore petits. Maman a fait un emprunt. On a acheté une vieille ferme. Le toit était dans un état tel que, quand il pleuvait, on ne trouvait pas à s'abriter. Ça fuyait de partout. À onze ans, j'ai monté tout seul les fenêtres. Recouvert le toit de chaume. Construit une grange...

Comment?

Le premier rondin, je l'ai apporté et posé moi-même, pour le suivant maman m'a aidé. Plus haut, on n'avait pas la force de les soulever. Alors, je faisais comme ça : je préparais un rondin, tout bien, je taillais mes coins et j'attendais que les femmes aillent travailler aux champs. Le matin, elles s'y mettaient à toutes et, d'un coup, me le soulevaient ; je l'arrangeais un peu et le fixais. Avant le soir, j'en avais préparé un autre... En rentrant du travail, elles le soulevaient... Et mon petit mur montait...

Le village comptait soixante-dix feux, et deux hommes seulement étaient revenus du front. Un, avec des béquilles. "Mon petit! Mon tout petit!" se lamentait maman à mon sujet. Le soir, je m'endormais, dès que je me posais.

Nous, des enfants? On était des hommes et des femmes...

"NE DONNE PAS LE COSTUME DE PAPA À QUELQU'UN QU'ON CONNAÎT PAS..."

Valera Nitchiporenko, quatre ans.
Chauffeur d'autobus.

C'était en 44...

Je devais avoir huit ans... Oui, huit... On savait déjà qu'on n'avait plus de père. Certains continuaient à attendre. Ils recevaient les avis de décès mais espéraient quand même. Nous, on avait un signe qui ne trompait pas. Une preuve. Un ami de papa nous avait envoyé sa montre... Pour son fils... Moi... C'est ce qu'avait voulu mon père, avant de mourir. Cette montre, je l'ai toujours. Je la garde soigneusement.

On vivait à trois sur le maigre salaire de maman. On était au pain et à l'eau. Ma sœur est tombée malade. On lui a trouvé une tuberculose avancée. Les médecins ont dit à maman : il lui faut une

nourriture saine, du beurre. Du miel. Du beurre, tous les jours…
Autant dire, de l'or!… Un morceau d'or quotidien… C'était impensable… Au prix du marché, le salaire de maman suffisait tout juste pour trois miches de pain. Du beurre, pour la même somme, on en avait deux cents grammes.

Il nous restait bien le costume de papa. Un beau costume. On l'a porté au marché, avec maman. On a trouvé un acheteur. Rapidement. Parce que c'était un beau costume. Mon père l'avait acheté juste avant la guerre, il n'avait pas eu le temps de le mettre. Le costume était resté dans l'armoire… Tout neuf… L'acheteur évalue l'objet, il marchande un peu, déjà il tend l'argent à maman, et c'est là que je mets à brailler dans tout le marché : "Ne donne pas le costume de papa à quelqu'un qu'on connaît pas!" Y a même un milicien qu'est venu…

Qui peut dire, après ça, que les enfants n'ont pas fait la guerre? Personne…

"LA NUIT, JE PLEURAIS :
OÙ ÉTAIT MA MAMAN SI GAIE?…"

Galia Spannovskaïa, sept ans.
Technicienne dans un bureau d'études.

La mémoire a une couleur…

Tout ce qu'il y a eu avant-guerre, je me le rappelle en mouvement : ça bouge et ça change de couleur. Des couleurs vives, le plus souvent… Avec la guerre et la maison d'enfants, tout s'est comme arrêté. Et a viré au gris.

On nous conduisait à l'arrière. Rien que des enfants. Sans les mamans. Le voyage a duré très, très longtemps. À manger, on nous donnait des gâteaux secs et du beurre de cacao : visiblement, on n'avait pas eu le temps de faire des provisions pour la route. Avant la guerre, j'aimais les gâteaux et le beurre de cacao. C'est très bon mais, en un mois de voyage, je me suis mis à les détester pour le reste de mes jours.

Toute la guerre, j'ai espéré que maman viendrait au plus vite et qu'on rentrerait à Minsk. La nuit, je rêvais de nos rues, du cinéma près de notre maison, j'entendais la sonnette du tramway. J'avais une très bonne maman, très gaie, on était comme deux amies, elle et moi. De papa, je ne me souviens pas, on l'a perdu très tôt.

... Et voilà que maman me retrouve et arrive à la maison d'enfants. C'était tellement inespéré ! J'étais folle de joie !

Je me précipite vers elle... J'ouvre la porte... Et je vois un militaire : avec bottes, pantalon, casquette et vareuse. Je me demande : c'est qui ?

Figurez-vous que c'était maman ! Là, j'étais encore plus folle de joie. Une maman militaire, en plus !

Je ne me rappelle pas quand elle est repartie. J'ai tellement pleuré... C'est pour ça, sans doute, que je ne me rappelle pas.

Je me remets à l'attendre, encore et encore. Trois ans d'affilée. Et elle vient, en robe, cette fois. Avec des escarpins. De bonheur, je ne vois plus rien, il n'y a que maman... et cette joie ! Je ne veux pas la quitter des yeux pour ne pas la perdre, pour éviter qu'elle disparaisse à nouveau. Je la regarde mais sans voir qu'il lui manque un œil. Une chose pareille, je peux pas admettre que ça arrive à maman. Maman, c'est une merveille... Un soleil... maman ! Seulement, maman revient du front, très malade. C'est une autre maman. Elle ne sourit presque jamais, ne chante pas, ne blague pas ; elle pleure beaucoup.

On est rentrées à Minsk où la vie était très dure. On n'a pas retrouvé notre maison qu'elle aimait tant. Ni notre cinéma... Ni nos rues... Partout, à la place, des tas de pierres...

La nuit, je pleurais : où était ma maman si gaie ? Pourquoi était-elle tout le temps triste ? Pourquoi ne plaisantait-elle pas, pourquoi ne bavardait-elle pas ? Elle était tout le temps silencieuse.

Au matin, je m'arrangeais pour que maman ne devine pas que j'avais pleuré. Je souriais...

"IL NE VOULAIT PAS QUE JE M'ENVOLE..."

Vassia Saoultchenko, huit ans.
Sociologue.

Après la guerre, un rêve m'a longtemps tourmenté...

Le rêve du premier Allemand tué… Celui que j'avais tué moi-même, mais sans l'avoir vu mort… Je m'envolais, et lui ne voulait pas. Je prenais de l'altitude, je volais… Il me rattrapait et je dégringolais avec lui… On s'écrasait dans une espèce de fosse. Je voulais me redresser, me relever… Il m'en empêchait… Il ne voulait pas que je décolle…

Le même rêve… Il m'a hanté des dizaines d'années. Il n'y a pas longtemps que je ne le fais plus…

Quand j'ai tué cet Allemand… j'avais déjà vu mon grand-père fusillé dans la rue et ma grand-mère à côté de notre puits… Devant moi, ils avaient frappé ma mère sur la tête à coups de crosses… Tandis qu'elle agonisait, ses cheveux n'étaient plus noirs, mais rouges… Pourtant, quand j'ai tiré sur cet Allemand, je n'ai pas pensé à tout ça. Il était blessé… Je voulais m'emparer de sa mitraillette, c'étaient les instructions. J'avais dix ans, les partisans m'envoyaient déjà en opérations. Je cours jusqu'à lui et je vois un pistolet danser devant mes yeux. L'Allemand s'y agrippe des deux mains et vise ma figure. C'est moi qui ai tiré le premier. Pas lui… Et j'ai dû mettre dans le mille, puisque le pistolet lui est tombé des mains…

Je n'ai pas eu le temps de songer avec terreur que j'avais tué un homme… Et je n'y ai pas repensé de toute la guerre. Des tués, on en voyait partout, ça ne nous faisait pas peur. On vivait au milieu des morts. On avait l'habitude. Une seule fois, j'ai eu la frousse. On est arrivés dans le village qui venait d'être incendié. Ça s'était passé le matin, on est venus dans la soirée. J'ai vu une femme brûlée vive. Elle gisait, toute noire, seules ses mains étaient blanches, des mains de femme, vivantes. Là, pour la première fois, j'ai été épouvanté. Je me suis retenu péniblement de hurler.

Non, je n'avais rien d'un enfant. Je ne me revois pas comme ça. Encore que… Les morts ne m'effrayaient pas mais j'avais peur, la nuit, de traverser un cimetière. Les morts étendus sur le sol, ça ne me tracassait pas. Je redoutais ceux qui étaient dans la terre. Une peur enfantine… Qui m'était restée… Encore que… je pense que les enfants n'ont peur de rien.

On a libéré la Biélorussie… Partout, il y avait des Allemands tués. On récupérait les nôtres, on les enterrait dans des fosses communes, alors que les autres restaient longtemps comme ça, surtout l'hiver. Les enfants couraient dans les champs, regarder les morts… Et, aussitôt après, à deux pas, ils continuaient de jouer à la guerre ou aux Cosaques et aux voleurs.

J'ai été drôlement surpris la première fois que j'ai rêvé de l'Allemand tué… Ça m'a pris de court…

Et ce rêve m'a hanté, des dizaines d'années…

J'ai un fils, adulte. Quand il était petit, la simple idée d'essayer de lui raconter… lui raconter la guerre… me rendait malade. Il me posait un tas de questions. Je louvoyais. J'aimais lui lire des histoires, je voulais qu'il ait une véritable enfance. Il est grand, à présent, et je n'ai toujours pas envie de lui parler de la guerre. Un jour, peut-être, je lui raconterai mon rêve. Peut-être… Je ne suis pas sûr…

Ça détruirait son monde. Un monde sans guerre… Un monde sans sa guerre à lui…

"TOUT LE MONDE VEUT EMBRASSER
LE MOT « VICTOIRE »…"

Ania Korzoun, deux ans.
Zootechnicienne.

Je me rappelle la fin de la guerre… Le 9 mai 45.

Des femmes arrivent en courant au jardin d'enfants :

"Les enfants, c'est la victoire ! La victoi-oi-oire !

Elles rient et pleurent. Pleurent et rient.

Elles se mettent à nous embrasser sans fin. Des femmes qu'on ne connaît même pas… Elles nous embrassent et pleurent… Nous embrassent encore… On branche le haut-parleur. Tout le monde écoute. Nous, les petits, on ne comprend pas les mots. On comprend juste que toute cette joie vient de là, d'en haut, de ce petit rond noir. Les grands en soulèvent certains… D'autres grimpent tout seuls… On se fait la courte échelle… Le troisième ou le quatrième arrive enfin jusqu'au rond noir et l'embrasse. Ensuite, on change… Tout le monde veut embrasser le mot "victoire"…

Dans la soirée, il y a un feu d'artifice. Le ciel resplendit. Maman ouvre la fenêtre et se met à pleurer :

"Petite, n'oublie jamais ça…"

Quand mon père est rentré du front, j'avais peur de lui. S'il me donnait un bonbon et demandait :

"Dis : « Papa... »",
je prenais le bonbon et l'emportais sous la table :
"Tonton..."
De toute la guerre, je n'avais pas eu de père. J'avais grandi avec
maman et grand-mère. Avec ma tante. Je ne voyais pas ce qu'un
papa ferait chez nous...
Surtout qu'il aurait un fusil...

"UNE CHEMISE FAITE DANS LA VAREUSE DE MON PÈRE..."

Nikolaï Berezka, né en 1945.
Chauffeur de taxi.

Je suis né en 45 mais je me souviens de la guerre. Je sais ce que
c'est... Je l'ai vue...
Maman m'enfermait dans une autre pièce... Ou bien elle m'envoyait dehors, jouer avec mes copains... N'empêche que j'entendais mon père crier. Ça durait longtemps. Moi, j'étais collé à la fente
entre les battants de la porte : mon père tenait à deux mains sa jambe
malade, il la secouait. Ou bien, il se roulait par terre en tapant des
poings : "Cette guerre! Cette maudite guerre!"
Quand la douleur passait, il me prenait dans ses bras. Je touchais sa jambe :
"C'est la guerre qui fait mal?...
— Oui, cette maudite guerre", répondait mon père.
Ou bien... Les voisins avaient deux petits garçons... Je m'entendais bien avec eux... Ils ont sauté sur une mine, aux abords du village. Pourtant, on devait bien être en 49...
Leur mère, tata Ania, voulait qu'on l'enterre avec eux... Il a fallu
l'emmener de force...
Je suis allé à l'école, vêtu d'une chemise taillée dans la vareuse de mon père. J'étais content! Tous les gamins dont les pères
étaient revenus de la guerre avaient des chemises taillées dans leurs
vareuses.
Mon père est mort après la guerre... de la guerre... De ses blessures.

Je n'ai pas besoin d'inventer… La guerre, je l'ai vue. J'en rêve la nuit… Dans mon sommeil, je pleure : je crois qu'au matin, on viendra chercher mon père. Je sens dans la maison l'odeur du drap d'uniforme neuf…

Pourtant, je suis grand-père…

"JE L'AI DÉCORÉ D'ŒILLETS ROUGES…"

Mariam Iouzefovskaïa, née en 1941.
Ingénieur.

Je suis née pendant la guerre… J'ai grandi pendant la guerre. Et voilà… Nous attendions le retour de papa…

Maman m'en faisait voir de toutes les couleurs : elle me rasait le crâne, me le frictionnait au pétrole, me l'enduisait d'un baume. Je me détestais affreusement. J'avais honte. Je n'osais même pas sortir. Les poux et les furoncles de la première année d'après-guerre… Ils ne me laissaient pas en repos…

Et là, ce télégramme : mon père est démobilisé. On est allées le chercher à la gare. Maman m'avait mise sur mon trente et un. Avec un nœud rouge au sommet du crâne. Je ne comprends pas comment il tenait. Elle n'arrêtait pas de me secouer : "Arrête de te gratter! Arrête!" Ça me démangeait atrocement. Et ce maudit nœud qui allait se casser la figure! Sans compter cette pensée qui me tournait dans la tête : "Et si je ne plais pas à papa? C'est qu'il ne m'a jamais vue!"

Ç'a été encore pire que ce que j'imaginais. Mon père m'a vue, il s'est élancé vers moi, le premier. Seulement, tout de suite après… Un instant, juste un instant… Mais je l'ai aussitôt senti… Je l'ai senti par toute ma peau, par toutes mes fibres… Il m'a paru avoir un mouvement de recul… Un instant, à peine… Ça m'a vexée! C'était affreusement dur… Tellement que, lorsqu'il m'a prise dans ses bras, je l'ai repoussé de toutes mes forces. Et, tout d'un coup, j'ai eu dans les narines une odeur de pétrole. Elle m'accompagnait partout, en permanence depuis un an, mais je ne la sentais plus. Je m'y étais faite. Brusquement, je la sentais à nouveau. Peut-être parce que mon père sentait si bon, et que c'était nouveau pour moi… Il était magnifique, comparé à ma mère, épuisée, et à moi. Ç'a été un véritable crève-cœur. J'ai arraché mon nœud. Je l'ai jeté par terre et l'ai piétiné.

"Qu'est-ce que tu fais?" a demandé mon père, surpris.

— Elle a ton caractère" a répliqué, en riant, maman qui comprenait tout.

Elle s'agrippait à lui des deux mains. Ils ont marché comme ça jusqu'à la maison.

Pendant la nuit, j'ai appelé maman. Je voulais qu'elle me prenne dans son lit. J'avais toujours dormi avec elle... Toute la guerre... Mais elle n'a pas répondu, elle a fait semblant de dormir. Je n'avais personne à qui raconter mon chagrin.

En m'endormant, j'étais fermement décidée à m'enfuir dans une maison d'enfants...

Le lendemain matin, mon père m'a offert deux poupées. Jusqu'à l'âge de cinq ans, je n'en avais pas eu de vraies. Juste les poupées de chiffons que me fabriquait grand-mère. Les poupées de papa avaient les yeux qui s'ouvraient et se fermaient, les bras et les jambes qui bougeaient, et l'une d'elles piaillait un truc qui ressemblait à : "Maman!" Pour moi, c'était magique. Je tenais énormément à ces poupées, au point de ne pas oser aller jouer dehors avec. Je les montrais à la fenêtre. On était au rez-de-chaussée et toute la cour se rassemblait pour les admirer.

J'étais une enfant chétive, souffreteuse. Je n'avais jamais de chance : je m'esquintais un genou, je me prenais un clou dans le pied... quand je ne tombais pas brusquement dans les pommes. Les autres ne jouaient pas volontiers avec moi. Je faisais des pieds et des mains pour qu'ils m'acceptent. J'en étais à lécher les bottes de Doussia, la fille de la concierge. Doussia était solide, gaie, tout le monde voulait jouer avec elle.

Elle m'a demandé de sortir une poupée et j'ai craqué. Pas tout de suite. J'ai résisté quelque temps.

"Je ne jouerai plus avec toi", a menacé Doussia.

Ça a marché immédiatement.

J'ai apporté la poupée qui "parlait". On ne s'est pas amusées très longtemps avec. On s'est disputées pour je ne sais plus quoi et ça s'est transformé en combat de coqs. Doussia a pris ma poupée par les pieds et l'a balancée dans le mur. La tête de la poupée a sauté et du chanvre est sorti de son ventre.

"T'es folle, Doussia, ont protesté les autres, en pleurant.

— Elle a qu'à pas commander! a-t-elle répliqué en essuyant ses larmes et en se barbouillant la figure. Alors, parce qu'elle a un père, elle peut tout se permettre? Des poupées, un papa, tout ça rien que pour elle?"

Doussia n'avait ni père ni poupées…

Notre premier sapin, on l'a fait sous la table. À ce moment-là, on logeait chez grand-père. On était plutôt à l'étroit. Tellement même que la seule place libre était sous la grande table. C'est là qu'on a installé un petit sapin. Je l'ai décoré d'œillets rouges. Je me souviens bien de l'odeur fraîche et pure du sapin. Rien ne la surpassait. Ni la polenta de grand-mère. Ni la poix de cordonnier de grand-père.

J'avais une perle de verre. Mon trésor. Je n'arrivais pas à lui trouver une place sur le sapin. Je voulais la fixer de telle sorte qu'elle brille de tous les côtés à la fois. Je l'ai finalement posée tout en haut. Mais, le soir, avant de me coucher, je la retirais et la cachais. J'avais peur qu'elle disparaisse…

Je dormais dans une cuve à lessive. Elle était en zinc, avec des reflets bleus et des nervures comme du givre. On avait beau la rincer après usage, la cendre avec laquelle on lavait le linge – le savon était rare – se sentait encore. Moi, ça me plaisait bien. J'aimais coller mon front contre les parois froides de la cuve, surtout quand j'étais malade. J'aimais beaucoup, aussi, la balancer comme un berceau. Mais elle se mettait traîtreusement à faire un bruit de tous les diables, et on me grondait. On y tenait beaucoup. C'était la seule chose qui nous restait d'avant-guerre.

Et, brusquement, on a acheté un lit… Avec des boules toutes brillantes au chevet… Ça m'a plongée dans un ravissement indescriptible! J'y ai aussitôt grimpé mais me suis immédiatement laissée glisser par terre. Allons donc! Je n'arrivais pas à croire qu'on puisse dormir dans un aussi beau lit.

Papa m'a trouvée sur le sol, il m'a relevée et m'a tenue très, très fort dans ses bras. Je me suis serrée contre lui… Je l'ai pris par le cou, comme faisait maman.

Je me souviens de son rire heureux…

"LONGTEMPS, J'AI ATTENDU PAPA... TOUTE MA VIE..."

Arseni Goutine, né en 1941.
Électricien.

J'ai eu quatre ans le jour de la victoire...

Dès le matin, j'ai raconté à tout le monde que j'en avais cinq. Pas que j'entrais dans ma cinquième année, non, que j'avais cinq ans révolus. Je voulais être grand. Papa allait rentrer de la guerre, et moi, je serais grand.

Ce jour-là, le président du kolkhoze a réuni les femmes : "C'est la victoire!" Il les a toutes embrassées. L'une après l'autre. J'étais avec maman... Drôlement content! Mais maman pleurait.

Les gosses se sont rassemblés... À la sortie du village, on a brûlé des pneus de camions allemands. On criait : "Hourra! hour-ra! C'est la victoire!" On tapait sur des casques allemands ; on en avait récupéré un tas dans la forêt. On s'en servait de tambours.

On vivait dans un gourbi... J'ai couru chez moi... Maman pleurait. Je ne comprenais pas pourquoi elle était triste, un jour pareil.

Il s'est mis à pleuvoir. J'ai pris un bout de bois et commencé à mesurer la profondeur des flaques à côté de notre gourbi.

On me demande :

"Qu'est-ce que tu fais?

— Je mesure, pour savoir si le trou est profond. Parce qu'en rentrant, papa pourrait tomber dedans."

Les voisins pleurent, maman pleure. Je ne comprends pas, alors, le sens de l'expression : "porté disparu".

Longtemps, j'ai attendu papa. Toute ma vie...

"AU BOUT DE LA CHAÎNE..."

Valia Brinskaïa, douze ans.
Ingénieur.

Les poupées... Aussi belles qu'elles soient... elles me rappellent toujours la guerre.

Tant que papa et maman étaient en vie, on ne parlait pas de la guerre. À présent qu'ils ne sont plus, je me dis souvent que c'est drôlement bien quand les vieux parents sont là. Tant qu'ils sont vivants, on reste des enfants... Même après la guerre...

Mon père était militaire. On vivait près de Bialystok. Pour nous, la guerre a commencé dès la première heure, dès les premières minutes. Je dors encore, mais j'entends un grondement, comme des coups de tonnerre inhabituels et continus. Je me réveille et cours à la fenêtre : au-dessus des casernes du lieu-dit Graïevo, où on va à l'école, avec ma sœur, le ciel brûle.

"Papa, c'est un orage ?"

Il répond simplement :

"Écarte-toi de la fenêtre. C'est la guerre."

Maman lui prépare son barda. Il est souvent réveillé par des alertes. Rien d'extraordinaire, donc, en apparence... J'ai sommeil... Je me laisse tomber sur mon lit parce que je n'y comprends rien. La veille, on s'est couchées tard, avec ma sœur : on est allées au cinéma. Avant-guerre, "aller au cinéma" n'avait strictement rien à voir avec aujourd'hui. On ne passait de films que les veilles de jours fériés et il n'y en avait pas beaucoup : *Nous, les gars de Cronstadt, Tchapaïev, Si, demain, la guerre...*, *Les Joyeux Garçons*. Les séances avaient lieu à la cantine de la caserne. Les jeunes n'en rataient aucune, on connaissait tous les films par cœur. On soufflait même les répliques aux acteurs sur l'écran, on les devançait, on leur coupait la chique. On n'avait d'électricité ni au bourg ni à la caserne, on actionnait le projecteur à l'aide d'une dynamo. Dès que ça commençait à crachouiller, on laissait tout en plan et on fonçait pour avoir une place pas trop loin. Des fois, on apportait son tabouret.

La séance était longue : quand une partie s'achevait, on attendait patiemment que le projectionniste enroule la bobine suivante. Heureux, encore, quand la copie était neuve ! Sinon, à tous les coups, elle cassait, et il fallait le temps de la recoller et que ça sèche. C'était pire quand le film brûlait. Et carrément fichu quand la dynamo calait. Il arrivait souvent qu'on ne voie pas la fin du film. Un ordre retentissait :

"Première compagnie, préparez-vous à sortir ! Deuxième compagnie, formation en colonne !"

Et s'il y avait une alerte, le projectionniste lui-même disparaissait. Quand les interruptions étaient trop longues, les spectateurs

perdaient patience et commençaient à s'agiter : ça sifflait, ça criait...
Ma sœur grimpait sur une table et annonçait : "Nous vous propo-
sons un récital!" Elle adorait déclamer, comme on disait à l'époque.
Elle ne savait pas toujours très bien son texte mais elle n'avait pas
peur de monter sur la table.

Ça lui venait de l'époque où on allait au jardin d'enfants. On
était alors dans une garnison près de Gomel. Après les poèmes, on
chantait toutes les deux, les gens nous bissaient pour *Nos blindés
sont solides et nos avions rapides.* Les vitres de la cantine tremblaient
quand les militaires reprenaient en chœur le refrain :

> *Crachant le feu, toutes d'acier étincelant,*
> *Nos machines s'ébranleront pour un furieux combat...*

Donc, 21 juin 41... La dernière nuit d'avant-guerre... Pour la
dixième fois peut-être, on avait été voir le film *Si, demain, la guerre...*
Après la séance, les gens étaient restés longtemps encore. Mon père
nous avait ramenées d'autorité à la maison : "Vous avez l'intention
de dormir, ce soir? Demain, on ne travaille pas."

... Je me suis réveillée pour de bon quand il y a eu une explosion
qui a fait voler en éclats les vitres de la cuisine. Maman emmitouflait mon petit frère Tolik, à moitié endormi, dans sa couverture.
Ma sœur était déjà habillée. Papa n'était pas là.

"Vite, les filles! pressait maman. Il y a eu une provocation à la
frontière..."

On a couru vers la forêt. Maman s'essoufflait, elle portait mon
petit frère et refusait de nous le donner. Elle n'arrêtait pas de répéter :
"Les filles, ne traînez pas!... Les filles, attention à vos têtes!"

Bizarrement, je me souviens qu'on avait le soleil en plein dans les
yeux. La journée était radieuse. Les oiseaux chantaient. Et il y avait
le vrombissement assourdissant des avions...

Je tremblais. Après, j'en ai eu honte. Moi qui voulais toujours
imiter les courageux héros du livre d'Arkadi Gaïdar, *Timour et sa
bande,* voilà que je tremblais... J'ai pris mon petit frère dans mes
bras et l'ai bercé, en fredonnant *Et une jolie fille...* C'était une chanson "d'amour" du film *Le Gardien.* Maman la chantait souvent et
elle "collait" parfaitement à mon humeur et à mon état du moment.
Car j'étais... amoureuse! Je ne sais pas ce qu'en disent la science
et les bouquins de psychologie de l'adolescent, mais j'étais tout le

temps amoureuse. Et même, à un moment, de plusieurs garçons à la fois. En l'occurrence, il n'y en avait qu'un, Vitia, de la garnison de Graïevo ; il était en sixième d'année d'école. La sixième et la cinquième – la mienne – étaient dans la même classe. La première rangée était réservée à la cinquième année, la deuxième aux autres. Je ne sais pas comment je ne me suis pas démantibulé le cou, à force de dévorer Vitia des yeux !

Tout me plaisait en lui : sa petite taille (qui correspondait à la mienne), ses yeux tout bleus (comme ceux de mon père), le fait qu'il lisait plein de livres (c'était autre chose qu'Alka Poddoubniak et ses "pinçons" qui faisaient mal, et auquel je plaisais). Il aimait par-dessus tout Jules Verne. Comme moi ! La bibliothèque de la caserne avait les *Œuvres complètes* et j'avais déjà tout lu en troisième année d'école...

Je ne sais plus combien de temps on est restés dans la forêt... Les explosions ont cessé. Le silence s'est fait. Les femmes ont soupiré de soulagement : "Les nôtres les ont repoussés." Et c'est alors... dans ce silence... qu'a retenti un vrombissement d'avions... On a tous bondi sur la route. Les avions volaient en direction de la frontière : "Hourra !" Mais ces avions avaient quelque chose de "différent" : ce n'étaient pas "nos" ailes, leur vrombissement n'était pas le "nôtre". C'étaient des bombardiers allemands, ils volaient à touche-touche, lentement, pesamment. Ils semblaient voiler entièrement le ciel. On a commencé à les compter, on n'y est pas arrivés. Par la suite, dans les documentaires sur la guerre, je les ai revus, ces avions : ça ne m'a pas du tout fait la même impression. Les films étaient tournés au niveau des avions. Quand on regardait d'en bas, à travers la masse des arbres, et avec des yeux d'adolescente, c'était un spectacle terrifiant. J'en ai souvent rêvé, de ces avions. Mais il y avait une "suite" au rêve : tout ce ciel de fer tombait lentement sur moi et m'écrasait, m'écrasait ! Je me réveillais, couverte d'une sueur glacée et me remettais à claquer des dents. Affreux !

On nous a dit que le pont était détruit. Ça nous a effrayés. Et papa ? Il n'allait pas traverser à la nage, il ne savait même pas nager.

Je ne saurais dire exactement... Je crois me rappeler que papa est arrivé en coup de vent : "Il y a un camion pour vous évacuer." Il a tendu à maman un gros album de photographies et une chaude couverture ouatinée : "Tu envelopperas les enfants dedans, qu'ils ne prennent pas froid." On n'a rien pris d'autre, tellement on se dépêchait. Ni papiers, ni passeport, ni le moindre sou. Si, on avait encore une casserole de boulettes de viande que maman avait préparées pour cette journée de repos, et les chaussures de mon frère. Ô miracle! À la dernière minute, ma sœur avait saisi un sac dans lequel on a trouvé ensuite la robe en crêpe de Chine et les escarpins de maman. Le hasard. Peut-être que les parents étaient invités, ce jour-là? Personne ne s'en souvenait plus. Notre paisible vie avait pris fin en un clin d'œil, elle était passée à l'arrière-plan.

C'est comme ça qu'on a été évacués…

On est vite arrivés à la gare où on a attendu longtemps. Tout vibrait et grondait. La lumière s'est éteinte. On a brûlé du papier, des journaux. Trouvé une lanterne. Elle projetait sur les murs et le plafond les énormes silhouettes des gens qui attendaient, tantôt mouvantes, tantôt figées. Mon imagination s'est aussitôt mise à caracoler : voici les Allemands dans la forteresse, les nôtres sont prisonniers… J'ai décidé de tester si je résisterais ou non à la torture. J'ai glissé une main entre deux caisses, en appuyant bien fort. J'ai hurlé de douleur. Maman a pris peur :

"Qu'est-ce qui t'arrive, ma fille?

— Je ne suis pas sûre de tenir, aux interrogatoires, si on me torture…

— Es-tu sotte! Quels interrogatoires? Les nôtres ne laisseront jamais passer les Allemands…"

Elle m'a caressé la tête, embrassé les cheveux.

Notre convoi était sans cesse bombardé. Dès que ça commençait, maman se couchait sur nous : "Si on doit être tués, on le sera tous ensemble! Ou bien moi seule…" Le premier mort que j'ai vu était un petit garçon. Il était étendu par terre et regardait en l'air. Moi, j'essayais de le réveiller… Je le secouais, le secouais… Je n'arrivais pas à comprendre qu'il ne vivait plus. J'avais un morceau de sucre et je le lui tendais, rien que pour le faire lever. Il ne se levait pas…

Pendant un de ces bombardements, ma sœur m'a chuchoté : "Quand ça s'arrêtera, j'obéirai toujours à maman. Toujours!" Et, effectivement, après la guerre Toma[1] était très obéissante. Maman rappelait souvent qu'avant, elle l'appelait son "chenapan". Quant à notre petit Tolik… avant la guerre, il marchait et parlait déjà. Là, il était devenu muet et ne cessait de se prendre la tête dans les mains.

---

1. Un des diminutifs du prénom Tamara.

J'ai vu les cheveux de ma sœur devenir blancs, presque d'un coup. Elle avait de très longs cheveux noirs. Ils ont blanchi en quelques jours… En une nuit…

Le convoi s'ébranle. Où est Tamara? Elle n'est pas dans le wagon. On regarde : Tamara court derrière le train, un bouquet de bleuets à la main. Il y avait un grand champ, avec des blés plus hauts que nous, et des bleuets. Son visage, à ce moment-là… je l'ai toujours devant les yeux. Ses yeux noirs sont écarquillés, elle court sans un mot. Elle ne crie même pas : "Maman!" Elle court, muette.

Maman perd la tête… Elle veut sauter du train en marche… Je porte Tolik. Nous hurlons toutes les deux. C'est là qu'apparaît un soldat… Il écarte maman de la porte, saute, rattrape Toma et, prenant son élan, la lance littéralement dans le wagon. Au matin, on s'est aperçus qu'elle était toute blanche. Pendant quelques jours, on ne lui a rien dit, on cachait notre petite glace. À un moment, elle s'est vue dans une autre et a fondu en larmes :

"Maman, je suis déjà une grand-mère?"

Maman s'est efforcée de la rassurer :

"On te coupera les cheveux et ils repousseront tout noirs."

Après ça, maman a décrété :

"Terminé! On ne sort plus du wagon! Si on est tués, tant pis! Et si on s'en tire, c'est que c'était notre destin!"

Dès lors, quand on entendait ce cri : "Les avions! Quittez tous les wagons!", elle nous fourrait sous les matelas et, à ceux qui voulaient la faire sortir, elle répondait :

"Les enfants sont descendus. Moi, je ne peux pas marcher."

Maman avait souvent recours à ce mot mystérieux : "destin". J'essayais toujours de savoir :

"C'est quoi, le destin? C'est Dieu?

— Non. Je ne crois pas en Dieu. Le destin, c'est la ligne de vie. J'ai toujours cru en votre destin, mes petits."

J'avais peur des bombardements… Affreusement peur. Plus tard, en Sibérie je me suis détestée pour ma lâcheté. Par hasard, j'ai parcouru, du coin de l'œil, une lettre de maman… Elle écrivait à papa. Nous, on écrivait aussi, pour la première fois de notre vie. J'ai décidé de regarder comment faisait maman. Elle racontait justement que Tamara ne disait rien pendant les bombardements, alors que Valia pleurait et avait peur. Je n'avais pas besoin d'en savoir plus. Lorsque, au printemps 44, papa nous a rejoints, je n'osais pas le regarder en

face. J'avais honte. C'était affreux! Mais nous n'en sommes pas là.
Je reviendrai sur le retour de papa...

Je me souviens d'une attaque nocturne... La nuit, en général, il n'y
avait pas de raids et le train roulait vite. Mais là, on y a eu droit... Les
balles tambourinent sur le toit du wagon. Les avions hurlent. Les balles
qui volent... les éclats d'obus dessinent des bandes lumineuses... Juste
à côté de moi, une femme est tuée. Elle ne tombe pas, il n'y a pas la
place. Le wagon est plein à craquer. La femme est debout entre nous
et râle. Son sang me gicle à la figure, chaud et visqueux. Mon maillot, mes culottes en sont trempés. Quand maman hurle, en m'effleurant : "Valia, ils t'ont tuée?", je ne peux rien répondre.

Après ça, il se fait en moi une sorte de cassure. Je sais qu'après...
oui... j'ai cessé de trembler. Tout m'était égal. Je n'avais plus ni peur,
ni mal, ni rien. Une espèce d'abrutissement, d'indifférence.

Je me souviens qu'on n'est pas arrivés tout de suite dans l'Oural.
On s'est arrêtés quelque temps au bourg de Balanda, dans la région
de Saratov. On nous y a amenés un soir, on était endormis.

Le lendemain matin, à six heures, le berger fait claquer son fouet :
toutes les femmes bondissent, saisissent leurs enfants et se précipitent au-dehors, en hurlant : "Un bombardement!..." Et de brailler, jusqu'à ce qu'arrive le président du kolkhoze, qui nous explique
que le berger fait simplement sortir les bêtes. Là, seulement, tout le
monde a repris ses esprits...

Il suffisait que l'élévateur se déclenche pour effrayer Tolik qui se
mettait à trembler. Il ne nous laissait pas nous éloigner d'un pas,
sauf quand il dormait. Là, on pouvait sortir sans lui.

Maman nous emmène au bureau de recrutement pour avoir des
nouvelles de mon père et demander de l'aide. Le responsable lui dit :

"Montrez-moi vos papiers, la preuve que votre mari est commandant dans l'Armée rouge."

Des papiers, on n'en a pas. On a juste une photographie de papa,
en uniforme. Il la prend mais reste sceptique :

"Qui me dit que c'est votre mari? Encore faudrait-il le prouver..."

Tolik a cru qu'il gardait la photographie :

"Rends-nous papa!..."

Le responsable a ri :

"Ça, c'est une preuve incontestable!"

Maman avait rasé ma sœur. Tous les matins, on regardait comment
ses cheveux repoussaient : noirs ou blancs? Mon frère la consolait :

"P'eure pas, Toma, p'eure pas!..." Ses cheveux sont restés blancs. Les garçons se moquaient d'elle. Ils l'embêtaient. Elle ne retirait jamais son foulard, même en classe.

Un jour, on revient de l'école. Tolik n'est pas là.

On est allées trouver maman à son travail :

"Où est Tolik?

— À l'hôpital."

... On porte, avec ma sœur, une couronne de fleurs bleues... Des perce-neige... Et le petit costume marin de mon frère. Maman est avec nous, elle nous a dit que Tolik était mort. Elle s'arrête devant la morgue. Elle ne peut pas aller plus loin. J'y entre seule et je repère tout de suite Tolik : il est couché, tout nu. Je ne verse pas une larme. Je suis de bois.

La lettre de papa nous trouve en Sibérie. Maman pleure toute la nuit : comment lui annoncer que son fils est mort? Au matin, on va toutes les trois à la poste lui envoyer un télégramme : "Les petites sont saines et sauves. Toma a les cheveux tout blancs." Et papa a deviné que Tolik n'était plus...

J'avais une amie qui avait perdu son père. Chaque fois que j'écrivais une lettre au mien, j'ajoutais, à sa demande : "Papa, je te fais un gros bisou et mon amie Lera aussi." Tout le monde voulait avoir un papa.

On a donc bientôt eu des nouvelles de papa. Il nous racontait qu'il avait longtemps été en mission spéciale à l'arrière des lignes ennemies et qu'il était tombé malade. À l'hôpital militaire, on lui avait dit que seule sa famille pourrait le guérir, que dès qu'il la reverrait, il irait mieux.

On l'a attendu pendant plusieurs semaines. Maman a sorti de la valise tous nos trésors : sa robe en crêpe de Chine et ses escarpins. On s'était juré de ne pas les vendre, même si on était dans la pire des situations. Par superstition. On se disait que, si on les vendait, on ne reverrait jamais papa.

J'entends sa voix par la fenêtre et je n'arrive pas à y croire : c'est vraiment lui? Je n'arrive pas à croire qu'il soit là, en chair et en os. On est tellement habituées à l'attendre... Il y a longtemps que, pour moi, un papa c'est quelqu'un qu'il faut attendre, encore et encore. Ce jour-là, il n'y a pas école : tout le monde vient voir notre papa. Il est le premier à rentrer de la guerre. Avec ma sœur, on manque l'école encore deux jours. Les gens n'arrêtent pas de venir, ils nous posent des questions, nous envoient des petits mots : "Il est comment, votre papa ?…" C'est vrai qu'on a un papa spécial : Anton Petrovitch Brinski, chevalier de l'ordre de Lénine, héros de l'Union soviétique…

Comme avant notre Tolik, papa ne veut pas rester seul. Il ne peut pas. Il se sent mal, tout seul. Il me traîne partout avec lui. Un jour, je l'entends raconter à quelqu'un comment des partisans sont arrivés dans un village et ont vu plein de terre fraîchement retournée… Ils s'arrêtent… Restent un peu là… Un petit garçon arrive alors en courant. Il leur crie qu'à cet endroit, on a massacré tout le village et qu'on a enterré… tous les habitants.

Papa se retourne et voit que je tombe. À partir de ce moment-là, jamais il ne parle plus de la guerre devant nous…

D'ailleurs, on en parlait peu. Papa et maman étaient persuadés qu'il n'y en aurait plus jamais d'aussi horrible. Ils y ont longtemps cru. Il y a un truc qui nous est resté de la guerre, avec ma sœur : on n'arrête pas d'acheter des poupées. Je ne sais pas pourquoi. Le manque d'enfance, sans doute… Le manque de joies enfantines… Ma sœur, surtout, en a souffert, elle était plus jeune que moi. J'ai fait des études supérieures. Ma sœur savait que le meilleur cadeau à me faire, c'était une poupée. Quand elle a eu une fille, je suis allée la voir :

"Qu'est-ce qui te ferait plaisir ?

— Une poupée…

— Je te parle d'un cadeau pour toi, pas pour ta fille.

— Et moi, je te réponds : achète-moi une poupée."

Nos enfants ont grandi, on leur a offert plein de poupées. On en offrait à tout le monde, à tous ceux qu'on connaissait.

La première à disparaître a été notre merveilleuse maman. Papa a suivi. On a tout de suite compris, senti qu'on était les dernières. Qu'on était à la limite, au bout de la chaîne… Les derniers témoins. Notre époque s'achève. Nous devons parler.

On s'est dit qu'on serait les dernières à raconter ces choses-là…

1980-2004

LA SUPPLICATION

Tchernobyl, chroniques du monde après l'Apocalypse

traduit du russe
par Galia Ackerman et Pierre Lorrain

Titre original :
Tchernobylskaïa molitva. Kronika buduchevo

© Éditions Jean-Claude Lattès, 1998
pour la traduction française

Nous sommes l'air, pas la terre…

MERAB MAMARDACHVILI

INFORMATION HISTORIQUE

"Il convient tout d'abord de déchirer le voile du secret qui entoure la Biélorussie. Car, pour le monde, nous sommes une *terra incognita* – une terre inconnue, inexplorée. Chacun connaît Tchernobyl, mais seulement en rapport avec l'Ukraine et la Russie. « Russie blanche », telle est la traduction du nom « Biélorussie »."

Narodnaïa Gazeta, 27 avril 1996.

"Il n'y a aucune centrale nucléaire en Biélorussie. Sur le territoire de l'ancienne URSS, les centrales qui se trouvent à proximité des frontières biélorusses sont équipées de réacteurs de type RBMK[1] : au nord, celle d'Ignalina ; à l'est, celle de Smolensk ; au sud, celle de Tchernobyl...

... Le 26 avril 1986, à 1 h 23, une série d'explosions détruisit le réacteur et le bâtiment de la quatrième tranche de la centrale nucléaire de Tchernobyl. Cet accident est devenu la plus grande catastrophe technologique du XXe siècle.

... Pour la petite Biélorussie de dix millions d'habitants, il s'agissait d'un désastre à l'échelle nationale. Pendant la Seconde Guerre mondiale, sur la terre biélorusse, les nazis avaient détruit 619 villages et exterminé leur population. À la suite de Tchernobyl, le pays

---

1. Réacteurs au graphite, à refroidissement par eau bouillante, de conception ancienne, qui constituaient l'essentiel du parc nucléaire civil de l'ex-URSS et pouvaient produire du plutonium militaire.

en perdit 485. Soixante-dix d'entre eux sont enterrés pour toujours. La guerre tua un Biélorusse sur quatre ; aujourd'hui, un sur cinq vit dans une région contaminée. Cela concerne 2,1 millions de personnes, dont sept cent mille enfants. Les radiations constituent la principale source de déficit démographique. Dans les régions de Gomel et de Moguilev (qui ont le plus souffert de la tragédie), la mortalité est supérieure de 20 % à la natalité.

… Au moment de la catastrophe, parmi les 50 millions de radionucléides propulsés dans l'atmosphère, 70 % retombèrent sur le sol de la Biélorussie : en ce qui concerne le césium 137, 23 % de son territoire sont contaminés par une quantité de nucléides radioactifs égale ou supérieure à 37 milliards de becquerels (Bq) par kilomètre carré. À titre de comparaison, 4,8 % du territoire ukrainien et 0,5 % de celui de Russie sont touchés. La superficie des terres agricoles où la contamination égale ou dépasse 37×10^9 Bq/km² est supérieure à 1,8 million d'hectares. Quant aux terres irradiées par une quantité de strontium 90 égale ou supérieure à 11×10^9 Bq/km², elles couvrent un demi-million d'hectares. La superficie totalement interdite à l'agriculture représente 264 000 hectares. La Biélorussie est un pays sylvestre, mais 26 % des forêts et plus de la moitié des prairies situées dans les bassins inondables des cours d'eau Pripiat, Dniepr et Soj se trouvent dans la zone de contamination radioactive…

… À la suite de l'influence permanente de petites doses d'irradiation, le nombre de personnes atteintes, en Biélorussie, de cancers, d'arriération mentale, de maladies nerveuses et psychiques ainsi que de mutations génétiques s'accroît chaque année…"

Tchernobyl, Minsk, Belarouskaïa Entsiklopediia,
1996, p. 7, 24, 49, 101, 149.

"Selon les observations, un haut niveau de radiation fut enregistré le 29 avril 1986 en Pologne, en Allemagne, en Autriche et en Roumanie ; le 30 avril, en Suisse et en Italie du Nord ; les 1er et 2 mai, en France, en Belgique, aux Pays-Bas, en Grande-Bretagne et dans le nord de la Grèce ; le 3 mai, en Israël, au Koweït, en Turquie…

Les substances gazeuses et volatiles projetées à grande altitude connurent une diffusion globale : le 2 mai, elles furent enregistrées au Japon ; le 4, en Chine ; le 5, en Inde ; les 5 et 6 mai, aux États-Unis et au Canada.

En moins d'une semaine, Tchernobyl devint un problème pour le monde entier..."

Posledstviia Tchernobylskoï avarii v Belaroussi,
(Conséquences de l'accident de Tchernobyl en Biélorussie), Minsk,
Haut collège International de radioécologie Sakharov, 1992, p. 82.

"Le quatrième réacteur, nom de code « Abri », conserve toujours dans son ventre gainé de plomb et de béton armé près de vingt tonnes de combustible nucléaire. Ce qu'il advient aujourd'hui de cette matière, nul ne le sait.

Le sarcophage fut bâti à la hâte et il s'agit d'une construction unique dont les ingénieurs de Piter[1] qui l'ont conçue peuvent probablement se montrer fiers. Mais l'on procéda à son montage « à distance » : les dalles furent raccordées à l'aide de robots et d'hélicoptères, d'où des fentes. Aujourd'hui, selon certaines données, la surface totale des interstices et des fissures dépasse deux cents mètres carrés et des aérosols radioactifs continuent à s'en échapper...

Le sarcophage peut-il tomber en ruine ? Personne ne peut, non plus, répondre à cette question car, à ce jour, il est impossible de s'approcher de certains assemblages et constructions pour déterminer combien ils peuvent durer encore. Mais il est clair que la destruction de l'« Abri » aurait des conséquences encore plus horribles que celles de 1986..."

Ogoniok, n° 17, avril 1996.

---

1. Saint-Pétersbourg.

PROLOGUE

UNE VOIX SOLITAIRE

"Je ne sais pas de quoi parler… De la mort ou de l'amour? Ou c'est
égal… De quoi?
 Nous étions jeunes mariés. Dans la rue, nous nous tenions encore
par la main, même si nous allions au magasin… Je lui disais : « Je
t'aime. » Mais je ne savais pas encore à quel point je l'aimais… Je
n'avais pas idée… Nous vivions au foyer de la caserne des sapeurs-
pompiers où il travaillait. Au premier étage. Avec trois autres jeunes
familles. Nous partagions une cuisine commune. Et les véhicules
étaient garés en bas, au rez-de-chaussée. Les véhicules rouges des
pompiers. C'était son travail. Je savais toujours où il était, ce qui
lui arrivait. Au milieu de la nuit, j'ai entendu un bruit. J'ai regardé
par la fenêtre. Il m'a aperçue : « Ferme les lucarnes et recouche-toi.
Il y a un incendie à la centrale. Je serai vite de retour. »
 Je n'ai pas vu l'explosion. Rien que la flamme. Tout semblait
luire… Tout le ciel… Une flamme haute. De la suie. Une horrible
chaleur. Et il ne revenait toujours pas. La suie provenait du bitume
qui brûlait. Le toit de la centrale était recouvert de bitume. Plus tard,
il se souviendrait qu'ils marchaient dessus comme sur de la poix.
Ils étouffaient la flamme. Ils balançaient en bas, avec leurs pieds, le
graphite brûlant… Ils étaient partis comme ils étaient, en chemise,
sans leurs tenues en prélart. Personne ne les avait prévenus. On les
avait appelés comme pour un incendie ordinaire…
 Quatre heures du matin… Cinq… Six… À six heures, nous
avions prévu d'aller chez ses parents. Pour planter des pommes de
terre. Il y a quarante kilomètres de la ville de Pripiat jusqu'au village

de Sperijie où vivait sa famille. Semer, labourer... Ses occupations préférées... Sa mère évoquait souvent comment ni son père ni elle ne voulaient le laisser partir pour la ville. Ils lui ont même bâti une nouvelle maison. Mais il a été incorporé. Il a fait son service à Moscou, dans les sapeurs-pompiers, et quand il est revenu : sapeur-pompier ! Il ne voulait pas entendre parler d'autre chose. *(Elle se tait.)*

Parfois, c'est comme si j'entendais sa voix... Vivante... Même les photos n'agissent pas sur moi autant que sa voix. Mais il ne m'appelle jamais... Et en rêve... C'est moi qui l'appelle...

Sept heures... À sept heures, on m'a fait savoir qu'il était à l'hôpital. J'ai couru, mais la milice avait déjà isolé le bâtiment et n'y laissait entrer personne. Seules les ambulances traversaient le barrage. Les miliciens criaient : près des voitures, la radiation bloque les compteurs au maximum, ne vous approchez pas. Je n'étais pas seule : toutes les femmes avaient accouru, toutes celles dont les maris se trouvaient dans la centrale, cette nuit-là. Je me suis lancée à la recherche d'une amie, médecin dans cet hôpital. Je l'ai saisie par la blouse blanche lorsqu'elle est descendue de voiture :

« Fais-moi passer !

— Je ne peux pas ! Il va mal. Ils vont tous mal. »

Mais je ne la lâchai pas :

« Juste jeter un regard. »

Elle me dit :

« D'accord, allons-y ! Pour un quart d'heure, vingt minutes. »

Je l'ai vu... Tout gonflé, boursouflé... Ses yeux se voyaient à peine...

« Il faut du lait. Beaucoup de lait ! m'a dit mon amie. Qu'ils boivent au moins trois litres !

— Mais il n'en prend pas.

— Désormais, il en prendra. »

Nombre de médecins, d'infirmières et, surtout, d'aides-soignantes de cet hôpital tomberaient malades, plus tard... Mourraient... Mais alors, personne ne le savait...

À dix heures du matin, l'opérateur Chichenok rendit l'âme... Il fut le premier... Le premier jour... Nous avons appris plus tard que le deuxième, Valera Khodemtchouk, était resté sous les décombres. On n'était pas parvenu à le dégager. Son corps a été noyé dans le béton. Mais nous ne savions pas encore qu'ils étaient tous les premiers...

« Vassenka[1], que faire ? lui demandé-je.

— Pars d'ici ! Pars ! Tu vas avoir un enfant. »

En effet, j'étais enceinte. Mais comment pouvais-je le laisser ?
Lui, il me supplie :

« Pars ! Sauve le bébé !

— Je dois d'abord t'apporter du lait. Après on prendra une décision. »

Ma copine, Tania Kibenok, arrive en courant... Son mari est
dans la même chambre... Son père l'accompagne, il a sa voiture.
Nous la prenons pour aller au village le plus proche, acheter du lait.
À environ trois kilomètres de la ville... On achète plusieurs bocaux
de trois litres remplis de lait... Six, pour en avoir assez pour tous...
Mais le lait les faisait horriblement vomir. Ils perdaient sans cesse
connaissance et on les plaçait sous perfusion. Les médecins répétaient
qu'ils étaient empoisonnés aux gaz, personne ne parlait de radiation.
Pendant ce temps, la ville se remplissait de véhicules militaires. Des
barrages étaient dressés sur toutes les routes... Les trains ne marchaient plus, ni dans la région ni sur les grandes lignes... On lavait
les rues avec une poudre blanche... Je m'inquiétais : comment aller
acheter du lait frais au village, le lendemain ? Personne ne parlait de
radiation... Seuls les militaires avaient des masques... Dans la rue,
les citadins portaient le pain qu'ils achetaient dans les magasins, des
paquets ouverts de petits pains... Des gâteaux étaient posés sur les
étalages ouverts...

Le soir, on ne me laissa pas entrer à l'hôpital... Une foule de gens
s'entassait tout autour... Je me plaçai devant sa fenêtre, il s'approcha
et me cria quelque chose. Si désespérément ! Dans la foule, quelqu'un
entendit qu'on allait les emmener à Moscou, dans la nuit. Toutes
les épouses se rassemblèrent. Nous décidâmes de partir avec eux.
Laissez-nous rejoindre nos maris ! Vous n'avez pas le droit ! On se
battait, on se griffait. Les soldats – des soldats, déjà – nous repoussaient. Alors un médecin sortit et confirma le départ pour Moscou
en avion, mais nous devions leur apporter des vêtements : les leurs
avaient brûlé à la centrale. Les autobus ne roulaient plus et nous
nous égaillâmes à travers toute la ville en courant. À notre retour,
chargées de sacs, l'avion était déjà parti... Ils nous avaient trompées
exprès... Pour nous empêcher de crier, de pleurer...

---

1. Diminutif de Vassili.

La radio annonça que la ville allait être évacuée, probablement pour trois à cinq jours : prenez des vêtements chauds, des survêtements de sport, vous allez vivre en forêt. Dans des tentes. Les gens s'en réjouissaient même : une escapade dans la nature ! On y fêterait le Premier Mai. C'était tellement inhabituel ! On préparait des chachlyks pour le voyage... On emportait des guitares, des magnétophones... Seules pleuraient celles dont les maris avaient physiquement souffert.

Je ne me souviens pas de la route... C'est comme si je n'étais revenue à moi qu'en voyant sa mère : « Maman, Vassia[1] est à Moscou ! On l'a emmené dans un avion spécial ! » Nous avons fini les semailles, dans le potager (et, une semaine plus tard, on évacuerait le village !). Qui savait ? Qui pouvait savoir alors ? Dans la soirée, j'ai été prise de vomissements. J'étais enceinte de six mois. Et je me sentais si mal... Dans la nuit, j'ai rêvé qu'il m'appelait. Tant qu'il était en vie, il m'appelait dans mon sommeil : « Lioussia ! Lioussienka[2] ! » Et, après sa mort, il ne l'a plus fait une seule fois. Pas une seule fois... *(Elle pleure.)* Le matin, je me suis levée avec l'idée de me rendre à Moscou. Moi-même... « Où vas-tu aller, dans ton état ? » pleurait sa mère. Nous avons également préparé les affaires de mon beau-père, pour le voyage. Il retira l'argent qu'ils avaient à la caisse d'épargne. Tout leur argent.

Je ne me souviens pas du voyage, non plus... Le chemin est également sorti de ma mémoire... À Moscou, nous avons demandé au premier milicien venu dans quel hôpital se trouvaient les sapeurs-pompiers de Tchernobyl, et il nous l'a dit...

Hôpital numéro six, à Chtchoukinskaïa.

C'était un établissement radiologique spécial et l'on n'y pouvait entrer sans laissez-passer. Je donnai de l'argent à la gardienne et elle me dit : « Vas-y. » Il me fallut encore quémander et supplier d'autres personnes... Finalement, je me retrouvai face au chef du service radiologique, Angelina Vassilievna Gouskova. Je ne connaissais pas encore son nom, je ne retenais rien... Je savais seulement que je devais le voir...

Elle me demanda aussitôt :

« Avez-vous des enfants ? »

1. Autre diminutif de Vassili.
2. Diminutif d'Elena.

Comment pouvais-je lui dire ? Je comprenais déjà combien il était important de taire ma grossesse. Sinon, cette femme ne m'aurait pas laissée le voir ! Heureusement que j'étais maigre et qu'on ne devinait rien.

« Oui, répondis-je.

— Combien ? »

Je me dis : « Je dois lui dire que j'en ai deux. Pour un seul, elle ne m'autorisera quand même pas à entrer. »

« Un garçon et une fille.

— Si tu en as deux, tu n'en auras probablement plus d'autres. Maintenant, écoute : le système nerveux central et la moelle osseuse sont entièrement atteints… »

« Ce n'est rien, pensai-je, il va devenir un peu nerveux. »

« Écoute encore : si tu pleures, je te renvoie tout de suite. Il est interdit de s'embrasser et de se toucher. Ne pas s'approcher. Tu as une demi-heure. »

Mais je savais que je ne partirais plus. Si je partais, ce ne serait qu'avec lui. Je me fis ce serment !

J'entrai… Ils sont assis sur un lit, jouent aux cartes et rient.

« Vassia ! » lui crie-t-on.

Il se retourne

« Je suis perdu, les gars ! Même ici, elle m'a retrouvé ! »

Il est tellement drôle. On lui a donné un pyjama de taille quarante-huit alors qu'il lui faudrait un cinquante-deux. Les manches sont trop courtes. Les jambes du pantalon sont trop courtes. Mais l'œdème sur son visage a déjà disparu… On leur administrait une perfusion pour cela. Je lui demande :

« Et où donc as-tu disparu si soudainement ? »

Il veut m'embrasser.

« Reste assis. *(Le médecin le retient loin de moi.)* On ne s'enlace pas ici. »

Nous avons tourné cela à la blague. Et tout le monde a accouru, y compris des autres chambres. Tous les nôtres. Ceux de Pripiat. Ils étaient vingt-huit à prendre l'avion. Que se passe-t-il là-bas, chez nous, à la ville ? Je réponds que l'évacuation a commencé, que la ville va être évacuée de trois à cinq jours. Les hommes se taisent, mais il y a là deux femmes également. L'une d'elles était de garde au contrôle de la centrale, le jour de l'accident, et elle se met à pleurer :

« Mon Dieu ! Mes enfants sont là-bas. Que deviennent-ils ? »

J'avais envie de rester seule avec lui, même seulement une minute. Les autres le sentirent et chacun inventa une excuse pour sortir dans le couloir. Alors je l'enlaçai et l'embrassai. Il s'écarta :

« Ne t'assieds pas près de moi. Prends une chaise.

— Mais ce n'est rien. Je fis un geste de dérision avec le bras. As-tu vu où s'est produite l'explosion ? Qu'est-ce que c'était ? Vous étiez les premiers à arriver...

— C'est certainement un sabotage. Quelqu'un l'a fait exprès. Tous nos gars sont de cet avis. »

C'est ce que l'on disait alors. Ce qu'on pensait.

Le lendemain, à mon arrivée, ils étaient déjà séparés, chacun dans sa chambre. Il leur était catégoriquement interdit de sortir dans le couloir. D'avoir des contacts entre eux. Ils communiquaient en frappant les murs : point-trait, point-trait... Les médecins avaient expliqué que chaque organisme réagit différemment aux radiations et que ce que l'un pouvait supporter dépassait les possibilités de l'autre. Là où ils étaient couchés, même les murs bloquaient l'aiguille des compteurs. À gauche, à droite et à l'étage en dessous... On avait dégagé tout le monde et il ne restait plus un seul malade... Personne autour d'eux.

Pendant trois jours, je logeai chez des amis, à Moscou. Ils me disaient : Prends la casserole, prends la cuvette, prends tout ce dont tu as besoin... Je faisais du bouillon de dinde, pour six personnes. Nos six gars... Les sapeurs-pompiers de la même équipe... Ils étaient tous de garde cette nuit-là : Vachtchouk, Kibenok, Titenok, Pravik, Tichtchoura. Au magasin, je leur ai acheté du dentifrice, des brosses à dents et du savon. Il n'y avait rien de tout cela à l'hôpital. Je leur ai aussi acheté de petites serviettes de toilette... Je m'étonne maintenant du comportement de mes amis : ils avaient sûrement peur, ils ne pouvaient pas ne pas avoir peur, des rumeurs circulaient déjà. Et pourtant, ils me proposaient quand même : prends tout ce qu'il te faut. Prends ! Comment va-t-il ? Comment vont-ils tous ? Est-ce qu'ils vivront ? Vivre... *(Silence.)* J'ai rencontré alors beaucoup de gens bien, je ne peux pas me souvenir de tous. Le monde s'est rétréci jusqu'à un point... S'est contracté... Lui... Lui seul ! Je garde en mémoire une aide-soignante âgée qui m'expliquait : « Il y a des maladies que l'on ne peut pas traiter. Il faut s'asseoir près du malade et lui caresser les mains. »

Tôt le matin, je fais le marché, près de chez mes amis, puis je cuisine le bouillon. Il faut tout passer au tamis, hacher menu...

Quelqu'un m'a demandé : « Apporte-moi une pomme. » Avec six bocaux d'un demi-litre... Toujours pour six ! À l'hôpital... J'y reste jusqu'au soir. Et le soir, je retourne à l'autre bout de la ville. Combien de temps aurais-je tenu ? Mais, trois jours plus tard, on me proposa de loger dans la résidence des médecins, dans l'enceinte de l'hôpital. Mon Dieu, quel bonheur !

« Mais il n'y a pas de cuisine là-bas. Comment vais-je leur faire à manger ?

— Vous n'avez plus à cuisiner. Leurs estomacs ont cessé d'accepter la nourriture. »

Il changeait : chaque jour, je rencontrais un être différent... Les brûlures remontaient à la surface... Dans la bouche, sur la langue, les joues... D'abord, ce ne furent que de petits chancres, puis ils s'élargirent... La muqueuse se décollait par couches... En pellicules blanches... La couleur du visage... La couleur du corps... Bleu... Rouge... Gris-brun... Et tout cela m'appartient, et tout cela est tellement aimé ! On ne peut pas le raconter ! On ne peut pas l'écrire !

Je l'aimais ! Je ne savais pas encore à quel point je l'aimais ! Nous étions jeunes mariés... Nous sortons dans la rue. Il m'attrape par les mains et me fait tourner. Et il m'embrasse, m'embrasse. Les gens passent et tout le monde sourit...

Le pronostic du mal aigu des rayons est de quatorze jours... L'homme meurt en quatorze jours...

Le premier jour à la résidence, les dosimétristes m'inspectèrent. Mes habits, mon sac, mon portefeuille, les chaussures, tout « brûlait ». On me prit tout aussitôt. Même les sous-vêtements. On me laissa seulement l'argent. En échange, on me donna un peignoir de l'hôpital, taille cinquante-six, et des chaussons du quarante-trois. Peut-être vous rendra-t-on vos habits, et peut-être pas, car il est probable que l'on ne pourra pas les nettoyer, me dit-on. C'est dans cet accoutrement que j'apparus devant lui. Il eut peur : « Mon Dieu, mais qu'est-ce que tu as ? » Je m'évertuais quand même à faire du bouillon : je plongeais une résistance électrique dans un bocal de verre, pour y faire bouillir de l'eau et j'y jetais des morceaux de poulet... De minuscules morceaux... Puis quelqu'un me donna une petite casserole, une femme de ménage ou une réceptionniste de la résidence, je crois. Quelqu'un d'autre me fournit une petite planche sur laquelle je coupais du persil frais. Je ne pouvais pas aller au marché dans les vêtements de l'hôpital, alors quelqu'un m'apportait ces herbes. Mais tout était vain, il ne pouvait même pas boire… Ou gober un œuf cru… Et je voulais tellement lui procurer une gourmandise quelconque! Comme si cela pouvait l'aider! J'ai couru jusqu'au bureau de poste. « Les filles, demandai-je, je dois téléphoner d'urgence à mes parents, à Ivano-Frankovsk. Mon mari est en train de mourir ici. » Elles ont, je ne sais comment, compris aussitôt d'où je venais et qui était mon mari et elles ont établi la liaison en un instant. Le jour même, mon père, ma sœur et mon frère prirent l'avion pour Moscou. Ils m'apportèrent des affaires. De l'argent.

Le 9 mai… Il m'a toujours dit : « Tu ne peux pas t'imaginer comme Moscou est beau! Surtout, le Jour de la Victoire[1], avec les feux d'artifice. Je veux que tu voies cela. » Je me suis assise près de lui. Il a ouvert les yeux :

« Fait-il jour ou nuit?

— Il est neuf heures du soir.

— Ouvre la fenêtre! Les feux d'artifice commencent! »

J'ai ouvert la fenêtre. Au septième étage, la ville entière s'étalait devant nous!

Un bouquet de feu jaillit dans le ciel.

« Ça alors!

— J'ai promis de te montrer Moscou. J'ai promis de toujours t'offrir des fleurs, à toutes les fêtes… »

Je tourne la tête. Il fait surgir trois œillets dissimulés sous son oreiller. Il avait donné de l'argent à une infirmière pour qu'elle les achète.

Je bondis vers lui et lui donne un baiser :

« Mon unique! Mon amour! »

Il me gronde :

« Qu'est-ce que les médecins t'ont dit? Il ne faut pas m'enlacer! Il ne faut pas m'embrasser! »

On ne me le permettait pas… Mais je… Je le relevais et le faisais asseoir… Je changeais ses draps, je lui donnais le thermomètre et le lui reprenais… Je lui apportais le bassin et le lui enlevais… Et pour cela, personne ne me disait rien…

C'était bien que cela se passât dans le couloir et pas dans sa chambre… Ma tête se mit à tourner. J'agrippai le rebord de la fenêtre. Un médecin passait, il me prit la main. Et soudain :

---

1. En URSS, la victoire sur l'Allemagne nazie était fêtée le 9 mai, et non le 8 comme dans les pays occidentaux.

« Vous êtes enceinte ?

— Non, non ! »

J'avais tellement peur que quelqu'un nous entende.

« Ne me mentez pas », soupira-t-il.

J'étais dans un tel désarroi que je n'eus pas le temps de lui demander quoi que ce fût.

Le lendemain, on m'appela chez la responsable.

« Pourquoi m'avez-vous trompée ?

— Je n'avais pas le choix. Si j'avais dit la vérité, vous m'auriez renvoyée chez moi. Un pieux mensonge !

— Vous ne savez pas ce que vous avez fait !

— Mais je suis avec lui… »

Toute ma vie, je serai reconnaissante à Angelina Vassilievna Gouskova. Toute ma vie !

D'autres épouses étaient venues, mais on ne les avait pas laissées entrer. Les mères étaient avec moi… La mère de Volodia Pravik implorait Dieu sans cesse : « Prends-moi à sa place ! »

Un professeur américain, le docteur Gale… Il a procédé à une greffe de moelle osseuse… Il me consolait. Il existe un espoir, petit, mais un espoir quand même. C'est un organisme tellement puissant, un gars tellement fort ! On convoqua tous ses proches. Ses deux sœurs arrivèrent de Biélorussie, son frère de Leningrad où il faisait son service militaire. La cadette, Natacha, avait quatorze ans. Elle pleurait beaucoup et avait peur, mais c'était sa moelle à elle qui convenait le mieux… *(Silence.)* Je peux en parler, maintenant… Avant, je ne le pouvais pas… Pendant dix ans, je me suis tue… Dix ans. *(Silence.)*

Quand il a appris que l'on allait prendre la moelle de sa sœur, il refusa catégoriquement : « Mieux vaut que je meure. Ne la touchez pas, elle est petite. » Sa sœur aînée, Liouda, avait vingt-huit ans. Infirmière elle-même, elle comprenait les risques qu'elle prenait. « Qu'il vive », accepta-t-elle. J'ai vu l'opération. Ils étaient allongés côte à côte sur des tables… Il y a une grande fenêtre dans le bloc. L'intervention a duré deux heures… Quand ce fut fini, Liouda allait plus mal que lui. Elle avait dix-huit ponctions sur la poitrine et sortit difficilement de l'anesthésie. À ce jour, elle est encore malade. Elle a une invalidité… C'était une jolie fille, forte. Elle ne s'est pas mariée… Et moi, je me démenais alors entre leurs deux chambres, de chez lui à chez elle. On ne l'avait pas remis dans une chambre ordinaire, mais dans une pièce pressurisée, derrière une toile transparente, et il était interdit d'y pénétrer. Il y avait des appareils spéciaux pour faire des piqûres où introduire un cathéter sans entrer... Mais tout n'était retenu que par des bandes velcro ou des loquets et j'appris à m'en servir... À les desserrer... Et à me faufiler près de lui... Une petite chaise se trouvait près de son lit... Il allait tellement mal que je ne pouvais plus m'absenter, même pour une minute... Il m'appelait tout le temps : « Lioussia, où es-tu ? Lioussienka ! » Il m'appelait sans cesse... Le service des autres chambres pressurisées où se trouvaient nos gars était assuré par des soldats : les aides-soignants de l'hôpital avaient refusé, ils exigeaient des habits de protection. Les soldats portaient les bassins, lavaient le plancher, changeaient les draps... Ils faisaient tout. D'où venaient-ils ? Je ne le leur demandai même pas... Il n'y avait que lui... Lui... Et chaque jour j'entendais : mort, mort... Tichtchoura est mort. Titenok est mort. Mort... Comme un coup de marteau sur le crâne...

Les selles vingt-cinq à trente fois par jour... Avec du sang et des mucosités... La peau des bras et des jambes se fissurait... Tout le corps se couvrait d'ampoules... Quand il remuait la tête, des touffes de cheveux restaient sur l'oreiller... Je tentais de plaisanter : « C'est pratique : plus besoin de peigne. » Bientôt, on leur rasa le crâne. Je lui coupai les cheveux moi-même. Je voulais faire tout ce qu'il fallait pour lui. Si j'avais pu tenir physiquement, je serais restée vingt-quatre heures sur vingt-quatre près de lui. Je regrettais chaque minute perdue... Je regrettais chaque petite minute... *(Long silence.)* Mon frère est venu. Il avait peur : « Je ne te laisserai pas entrer là ! » Mon beau-père lui a dit : « Mais est-ce qu'on peut empêcher une femme comme elle de faire quelque chose ? Elle passera par la fenêtre ! Elle grimpera par l'escalier de secours ! »

Je me suis absentée... À mon retour, une orange est posée sur sa table de chevet... Une grande orange, pas jaune, mais rose. Il me sourit : « On me l'a offerte. Prends-la ! » À travers la toile plastique, l'infirmière me fait un signe : on ne peut pas la manger. Si elle est restée quelque temps près de lui, non seulement on ne peut pas la manger, mais encore on a peur de la toucher. « S'il te plaît, mange-la, me demande-t-il. Tu aimes tellement les oranges. » Je la prends. Et, entre-temps, il ferme les yeux et s'endort. On lui faisait continuellement des piqûres pour qu'il dorme. Des drogues. L'infirmière me regarde d'un air effaré... Et moi ? Je suis prête à faire n'importe quoi, pourvu qu'il ne pense pas à la mort... Qu'il ne pense pas que sa maladie est horrible, que j'ai peur de lui… Des bribes d'une conversation me reviennent en mémoire… Quelqu'un m'exhorte :

« Vous ne devez pas oublier que ce n'est plus votre mari, l'homme aimé, qui se trouve devant vous, mais un objet radioactif avec un fort coefficient de contamination. Vous n'êtes pas suicidaire. Prenez-vous en main ! »

Et moi, comme une folle :

« Je l'aime ! Je l'aime ! »

Pendant son sommeil, je chuchotais :

« Je t'aime ! »

Je marchais dans la cour de l'hôpital :

« Je t'aime ! »

Je portais le bassin :

« Je t'aime ! »

Je me souvenais de notre vie, avant… Dans notre foyer… Il s'endormait seulement quand il prenait ma main. Il avait cette habitude : me tenir la main la nuit… Toute la nuit…

Et à l'hôpital, je prenais sa main et ne la lâchais pas…

La nuit. Le silence. Nous sommes seuls. Il me regarde très, très attentivement et me dit soudain :

« J'ai tellement envie de voir notre enfant. Comment va-t-il ?

— Comment allons-nous l'appeler ?

— Tu lui trouveras un nom toute seule…

— Pourquoi seule, puisque nous sommes deux ?

— Alors, si c'est un garçon, que ce soit Vassia, et si c'est une fille, Natacha.

— Comment cela, Vassia ? J'ai déjà un Vassia. Toi ! Je n'ai pas besoin d'un autre. »

Je ne savais pas encore combien je l'aimais ! Lui… Rien que lui… Comme une aveugle ! Je ne sentais même pas les coups sous mon cœur… Et pourtant, j'en étais déjà au sixième mois… Je pensais qu'il était à l'intérieur de moi, mon petit, et qu'il était protégé…

Aucun des médecins ne savait que je dormais dans la chambre pressurisée. Ils ne le soupçonnaient même pas… C'étaient les infirmières qui me laissaient entrer. Au début, elles tentaient de me dissuader : « Tu es jeune. À quoi penses-tu ? Ce n'est plus un homme, mais un réacteur. Vous allez vous consumer ensemble. » Je courais derrière elles comme un petit chien… Je restais des heures devant la porte. Je quémandais, suppliais… Finalement, elles me dirent :

« Que le diable t'emporte! Tu es folle! » Le matin, avant huit heures, lorsque commençait la visite médicale, elles me faisaient signe à travers la toile transparente : « Cours! » Je m'enfuyais pour une heure, à la résidence. Et de neuf heures du matin à neuf heures du soir, j'avais un laissez-passer. Mes jambes étaient bleues jusqu'aux genoux, tellement j'étais fatiguée...

Tant que je restais avec lui, rien ne se passait... Mais dès que je m'absentais, on le photographiait... Il n'avait aucun vêtement. Il couchait nu, juste recouvert d'un drap léger que je changeais tous les jours. Le soir, il était tout couvert de sang. Lorsque je le soulevais, des morceaux de peau restaient collés sur mes mains. Je lui dis : « Chéri, aide-moi! Appuie-toi sur le bras, sur le coude autant que tu peux, pour que je puisse bien lisser ton lit, qu'il n'y ait ni couture ni pli. » Car même la plus petite couture lui faisait une plaie. Je me suis coupé les ongles jusqu'au sang pour ne pas l'accrocher. Aucune des infirmières ne pouvait s'approcher de lui, le toucher. S'il leur fallait quelque chose, elles m'appelaient. Et l'on prenait des photos... Ils disaient que c'était pour la science. Mais je les aurais chassés tous! Je les aurais frappés! Comment pouvaient-ils? Tout était à moi... Tout aimé de moi... Si j'avais pu ne pas les laisser entrer! Si seulement j'avais pu...

Je passe de la chambre dans le couloir... Et je me heurte aux murs, au canapé que je ne vois pas. Je dis à l'infirmière de garde : « Il est mourant. » Et elle me répond : « Qu'imaginais-tu? Il a reçu mille six cents röntgens alors que la dose mortelle est de quatre cents. Tu côtoies un réacteur. » Tout à moi... Tout aimé...

Après leur mort à tous, on a fait des travaux à l'hôpital. Les murs ont été raclés, le parquet démoli et jeté... Tout ce qui était en bois.

Après... La fin... Je ne me souviens plus que par bribes... Et puis, la coupure...

Je passe la nuit près de lui, sur la petite chaise... À huit heures, je lui dis : « Vassenka, je m'en vais. Je vais me reposer un peu. » Il ouvre et ferme les yeux : il me laisse partir. Je suis à peine arrivée à la résidence, à ma chambre, et me suis étendue par terre – je ne pouvais pas me coucher sur le lit, le corps me faisait trop mal – qu'une infirmière frappe à ma porte :

« Viens! Cours le voir! Il n'arrête pas de te réclamer! »

Mais ce matin, Tania Kibenok m'a tellement suppliée : « Accompagne-moi au cimetière! Sans toi, je ne pourrai pas. » On enterrait

Vitia Kibenok et Volodia Pravik… Vitia et mon Vassia étaient très
amis… Nos familles étaient amies… La veille de l'explosion, nous
avons pris une photo, ensemble, au foyer. Que nos hommes y sont
beaux! Gais! Le dernier jour de notre vie d'avant… Comme nous
sommes heureux!

De retour du cimetière, j'appelle rapidement l'infirmière :
« Comment va-t-il ?
— Il est mort il y a un quart d'heure. »
Comment ? J'avais passé toute la nuit dans sa chambre. Je ne
m'étais absentée que trois heures! Je suis restée près de la fenêtre, à
hurler… On m'entendait dans toute la résidence… On avait peur
de m'approcher… Puis je suis revenue à moi : le voir au moins une
dernière fois! Le voir! J'ai dévalé l'escalier… Il était encore dans la
chambre pressurisée, on ne l'avait pas encore emporté… Ses dernières
paroles ont été : « Lioussia! Lioussienka! » L'infirmière l'a calmé :
« Elle est juste sortie. Elle revient tout de suite. » Il a soupiré, apaisé…

Je ne me suis plus détachée de lui… Je l'ai accompagné jusqu'au
cercueil… Bien que je ne me souvienne pas d'un cercueil, mais d'un
grand sac en plastique… Ce sac… À la morgue, ils me demandèrent :
« Voulez-vous voir comment nous l'avons habillé ? » Bien sûr, je le
voulais! Il était revêtu de sa grande tenue, la casquette posée sur sa
poitrine. On n'avait pas pu le chausser car personne n'avait pu trouver de chaussures à sa taille : ses pieds étaient trop gonflés… Il avait
fallu également couper l'uniforme, car il était impossible de le lui
enfiler, il n'avait plus de corps solide… Il n'était plus qu'une énorme
plaie… Les deux derniers jours, à l'hôpital… Je lui ai soulevé le bras
et l'os a bougé, car la chair s'en était détachée… Des morceaux de
poumon, de foie lui sortaient par la bouche… Il s'étouffait avec ses
propres organes internes… J'enroulais ma main dans une bande et
la lui mettais dans la bouche pour en extraire ces choses… On ne
peut pas raconter cela! On ne peut pas l'écrire! Et c'était tellement
proche… Tellement aimé… Il était impossible de lui enfiler des
chaussures… On le mit pieds nus dans le cercueil…

Sous mes yeux… Dans son grand uniforme, on l'a glissé dans le
sac en plastique que l'on a noué… Et ce sac, on l'a placé dans un
cercueil en bois… Et ce cercueil, on l'a couvert d'un autre sac en
plastique transparent, mais épais comme une toile cirée… Et l'on a
mis tout cela dans un cercueil en zinc… Seule la casquette est restée dehors…

Tout le monde est venu à l'enterrement... Ses parents, les miens... Nous avons acheté des foulards noirs, à Moscou... Une commission extraordinaire recevait les familles. On disait la même chose à tout le monde : on ne peut pas vous rendre les corps de vos maris, de vos fils, ils sont très radioactifs et vont être enterrés dans un cimetière de Moscou selon un procédé spécial. Dans des cercueils en zinc, scellés, sous des dalles de béton. Et vous devez signer ce papier... Si quelqu'un s'indignait et voulait emmener quand même le cercueil au pays, on le persuadait que les défunts étaient des héros qui n'appartenaient plus à leur famille. Ils appartenaient désormais à l'État.

Nous nous sommes installés dans le corbillard... Les proches et des militaires. Un colonel avec une radio... On lui transmettait : « Attendez nos ordres ! Attendez ! » Nous avons tourné pendant deux ou trois heures dans Moscou, puis sur le périphérique. Puis nous sommes retournés à Moscou... On communique : « L'entrée dans le cimetière n'est pas autorisée. Le cimetière est investi par des journalistes étrangers. Attendez encore. » Les parents se taisent... Ma mère porte un foulard noir... Je sens que je perds connaissance. Je me débats dans une crise d'hystérie : « Pourquoi faut-il cacher mon mari ? Est-il un assassin ? Un criminel ? Un bandit ? Qui enterrons-nous ? » maman : « Du calme, du calme, ma petite fille. » Elle me caresse les cheveux. Le colonel transmet : « Requiers autorisation d'aller au cimetière. La femme a une crise d'hystérie. » Au cimetière, des soldats nous entourent... Nous marchons sous escorte... Et l'on porte le cercueil... On ne laisse passer personne... Nous sommes seuls... La tombe est immédiatement comblée. « Vite ! Vite ! » ordonne l'officier. On ne m'autorise même pas à enlacer le cercueil... Puis tout de suite dans les autobus... Tout en cachette...

En un instant, on nous acheta et apporta les billets de retour... Le lendemain, un homme en civil, mais qui se tenait comme un militaire nous accompagna partout. Il ne nous autorisa pas à quitter la résidence, même pour acheter de la nourriture pour le voyage. Et que Dieu nous préserve d'en parler à quelqu'un. Surtout moi. Comme si j'avais pu parler ! Je ne pouvais même pas pleurer. Au moment du départ, la gardienne a compté toutes les serviettes, tous les draps... Elle les glissait aussitôt dans un sac en plastique. Sans doute les a-t-on brûlés... Nous avons réglé nous-mêmes la note de la résidence... Pour quatorze jours...

Tel est le cycle du mal aigu des rayons : quatorze jours... En quatorze jours, l'homme meurt...

À la maison, je me suis endormie. Je suis rentrée chez moi et je suis tombée sur le lit. J'ai dormi trois jours... On a appelé les secours d'urgence. « Non, a dit le médecin, elle n'est pas morte. Elle va se réveiller. C'est un sommeil terrible. »

J'avais vingt-trois ans...

Je me souviens d'un rêve... Ma défunte grand-mère vient chez moi, vêtue des habits dans lesquels nous l'avions enterrée. Elle décore un sapin.

« Grand-mère, pourquoi ce sapin ? C'est l'été maintenant ! »

— Il le faut. Ton Vassenka viendra bientôt me voir. Et il a grandi au milieu de la forêt.

Encore un autre rêve. Vassia vient, tout habillé de blanc, et appelle Natacha. Notre fille dont je n'ai pas encore accouché. Elle est déjà grande. Elle a vite poussé. Il la lance en l'air, sous le plafond, et ils rient... Et je les regarde en pensant que le bonheur est tellement simple. Je rêve... Nous pataugeons longtemps dans l'eau. Nous marchons longtemps, longtemps... Peut-être voulait-il me demander de ne pas pleurer ? Peut-être me faisait-il un signe ? De là-bas... D'en haut... *(Elle se tait très longuement.)*

Deux mois plus tard, je revins à Moscou. De la gare, droit au cimetière. Chez lui ! Et ce fut là que j'eus les premières douleurs... Dès que je lui parlai... On appela une ambulance... J'accouchai chez cette même Angelina Vassilievna Gouskova. Elle m'avait avertie : « Viens accoucher chez nous ! » J'ai enfanté deux semaines avant terme...

On me la montra... Une petite fille... « Natachenka, lui dis-je. Papa t'a appelée Natacha. » À première vue, c'était un bébé sain. Des bras, des jambes... Mais elle avait une cirrhose... Vingt-huit röntgens dans le foie... Malformation cardiaque congénitale... Quatre heures plus tard, on m'a annoncé que ma fille était morte... Et de nouveau : il est impossible de vous la rendre ! Comment, vous n'allez pas me la rendre ? C'est moi qui ne vous la rendrai pas ! Vous voulez me la prendre pour la science et je hais votre science ! Je la hais ! D'abord, elle me l'a pris, lui, et maintenant elle veut encore... Je ne la donnerai pas ! Je l'enterrerai moi-même. À côté de lui... *(Silence.)*

Ce ne sont pas les vraies paroles... Non, pas les vraies... Après une hémorragie cérébrale, je ne peux pas crier. Ni pleurer. Voilà pourquoi ce ne sont pas les vraies paroles... Mais, je vais vous dire... Personne ne le sait… Lorsque j'ai refusé de leur donner ma fille – notre fille –, ils m'ont apporté une boîte en bois : « Elle est là. » J'ai regardé… On l'avait emmaillotée… Dans des langes… Alors, j'ai pleuré : « Installez-la à ses pieds ! Dites que c'est notre Natachenka. »

Mais là, sur la tombe, il n'est pas marqué « Natacha Ignatenko »… Là, il n'y a que son nom à lui… Elle était encore sans nom, sans rien…

Je vais toujours chez eux avec deux bouquets : l'un pour lui, l'autre, au coin de la stèle, pour elle. J'avance à genoux, près de la tombe… Toujours à genoux…

On m'attribua un appartement à Kiev. Dans un grand immeuble où habitent maintenant tous ceux de la centrale nucléaire. C'était le grand deux pièces dont nous rêvions avec Vassia. Et moi, j'y devenais dingue ! Dans chaque coin, là où je posais le regard, il était là… J'entrepris des travaux pour ne pas rester assise, pour oublier. Et ce fut ainsi pendant deux ans… Un rêve… Nous marchons ensemble, mais il va pieds nus…

« Pourquoi es-tu toujours pieds nus ?

— Mais, parce que je n'ai rien à me mettre. »

Je suis allée à l'église… Le pope m'a donné un conseil : « Il faut acheter des chaussons d'une grande pointure et les placer dans le cercueil de quelqu'un. Avec un mot, qu'ils sont pour lui. » Je l'ai fait… Je suis allée à Moscou, tout droit dans une église. À Moscou, je suis toujours plus près de lui… C'est là qu'il repose, au cimetière Mitinskoïe… Je dis au prêtre que, voilà, j'ai besoin de transmettre des chaussons.

Il me demande :

« Sais-tu comment procéder ? »

Et il m'a expliqué… On amenait justement un vieux grand-père pour l'office des morts. Je m'approche du cercueil, soulève le voile et y place les chaussons.

« As-tu écrit le mot ?

— Oui, mais je n'ai pas indiqué dans quel cimetière il était.

— Là-bas, ils sont tous dans le même monde. On le retrouvera. »

Je n'avais plus aucun désir de vivre. Dans la nuit, je me tenais près de la fenêtre et regardais le ciel : « Vassenka, que puis-je faire ? Je ne veux pas vivre sans toi. » Dans la journée, je passais près d'un jardin d'enfants et m'arrêtais pour regarder. Je pouvais regarder sans cesse les enfants… Cela me rendait folle ! Et j'ai commencé à supplier, la nuit : « Vassenka, je veux un enfant. J'ai peur de rester toute seule. Je ne le supporterai plus. Vassenka ! » Et une autre fois, j'ai dit, comme ça : « Vassenka, je n'ai pas besoin d'un homme. Pour moi, il n'y a pas de meilleur que toi. Je veux un enfant. »

J'avais vingt-cinq ans…

J'ai trouvé un homme… Je lui ai tout raconté. Toute la vérité. Nous nous sommes vus, mais je ne l'ai jamais fait venir chez moi. À la maison, je ne pouvais pas. Là, c'est Vassia…

Je travaillais dans une confiserie… Je sculptais un gâteau et les larmes coulaient… Je ne pleurais pas, les larmes roulaient toutes seules… La seule chose que je demandais aux autres filles : « Ne me prenez pas en pitié. Si vous me plaignez, je quitterai ce travail. » Je voulais être comme tout le monde…

On me remit l'ordre décerné à Vassia… Rouge… Longtemps, il me fut impossible de le regarder… Les larmes roulaient…

Je donnai naissance à un garçon. Maintenant, j'ai quelqu'un pour qui vivre et respirer. Il comprend tout très bien : « Maman, si je pars chez mamie pour deux jours, tu pourras respirer ? » Non, je ne pourrai pas ! J'ai peur de me séparer de lui, même pour une seule journée. Nous marchions dans la rue et je me suis sentie tomber… C'est à ce moment que j'ai eu mon hémorragie cérébrale… Là, dans la rue…

« Maman, je peux t'apporter de l'eau ?

— Non, reste à côté de moi. Ne va nulle part. »

Et j'ai serré fort son bras. Je ne me souviens pas de la suite… J'ai rouvert les yeux à l'hôpital… Mais je le tenais tellement fort que les médecins ont eu du mal à desserrer mon étreinte. Et un bleu est longtemps resté visible sur sa peau. Maintenant, quand nous sortons : « Maman, ne me prends pas par le bras. Je ne te quitterai pas. » Il est malade, lui aussi : deux semaines à l'école, deux semaines à la maison, avec un médecin. Voilà comment nous vivons. Chacun de nous a peur pour l'autre. Et Vassia est dans chaque coin. Ses photos… La nuit, je lui parle, et lui parle…

Les gens de la centrale vivent à côté de moi, les gardiens, comme on les appelle. Ils ont travaillé là toute leur vie. Et, à ce jour, ils continuent à prendre leur poste. Plusieurs d'entre eux ont des maladies terribles, sont invalides, mais ils n'abandonnent pas la centrale. Qui a besoin d'eux, aujourd'hui ? Et où ? Beaucoup meurent. Sur le coup. Un homme était assis sur un banc, et il est tombé. Un autre attendait l'autobus, dehors, et il est tombé. Ils meurent, mais personne ne les a véritablement interrogés sur ce que nous avons vécu… Les gens n'ont pas envie d'entendre parler de la mort. De l'horrible… Mais moi, je vous ai parlé d'amour… De comment j'aimais."

INTERVIEW DE L'AUTEUR PAR ELLE-MÊME
SUR L'HISTOIRE MANQUÉE

"Dix années ont passé… Tchernobyl est devenu une métaphore, un symbole. Et même une histoire. Des dizaines de livres ont été écrits, des milliers de mètres de bande-vidéo tournés. Il nous semble tout connaître sur Tchernobyl : les faits, les noms, les chiffres. Que peut-on y ajouter ? De plus, il est tellement naturel que les gens veuillent oublier en se persuadant que c'est déjà du passé… De quoi parle ce livre ? Pourquoi l'ai-je écrit ?

— Ce livre ne parle pas de Tchernobyl, mais du monde de Tchernobyl. Justement de ce que nous connaissons peu. De ce dont nous ne connaissons presque rien. Une histoire manquée : voilà comment j'aurais pu l'intituler. L'événement en soi – ce qui s'est passé, qui est coupable, combien de tonnes de sable et de béton a-t-il fallu pour ériger le sarcophage au-dessus du trou du diable – ne m'intéressait pas. Je m'intéressais aux sensations, aux sentiments des individus qui ont touché à l'inconnu. Au mystère. Tchernobyl est un mystère qu'il nous faut encore élucider. C'est peut-être une tâche pour le XXIe siècle. Un défi pour ce nouveau siècle. Ce que l'homme a appris, deviné, découvert sur lui-même et dans son attitude envers le monde. Reconstituer les sentiments et non les événements.

Si, dans mes livres précédents, je scrutais les souffrances d'autrui, maintenant, je suis moi-même un témoin, comme chacun d'entre nous. Ma vie fait partie de l'événement. C'est ici que je vis, sur la terre de Tchernobyl. Dans cette petite Biélorussie dont le monde n'avait presque pas entendu parler avant cela. Dans un pays dont on dit maintenant que ce n'est plus une terre, mais un laboratoire. Les Biélorusses constituent le peuple de Tchernobyl. Tchernobyl est devenu notre maison, notre destin national. Comment aurais-je pu ne pas écrire ce livre ?

— Alors, c'est quoi, Tchernobyl ? Un signe ? Ou une gigantesque catastrophe technologique, sans commune mesure avec aucun événement du passé ?

— C'est plus qu'une catastrophe... Justement, tenter de placer Tchernobyl au niveau des catastrophes les plus connues nous empêche d'avoir une vraie réflexion sur le phénomène qu'il représente. Nous semblons aller tout le temps dans une mauvaise direction. Dans ce cas précis, notre vieille expérience est visiblement insuffisante. Après Tchernobyl, nous vivons dans un monde différent, l'ancien monde n'existe plus. Mais l'homme n'a pas envie de penser à cela, car il n'y a jamais réfléchi. Il a été pris de court.

Mes interlocuteurs m'ont souvent tenu des propos similaires : "Je ne peux pas trouver de mots pour dire ce que j'ai vu et vécu... Je n'ai lu rien de tel dans aucun livre et je ne l'ai pas vu au cinéma... Personne ne m'a jamais raconté des choses semblables à celles que j'ai vécues." De tels aveux se répétaient et, volontairement, je n'ai pas retiré ces répétitions de mon livre. En fait, il y a beaucoup de répétitions. Je les ai laissées. Je ne les ai pas enlevées non seulement à cause de leur véracité, de leur "vérité sans artifice", mais encore parce qu'il me semblait qu'elles reflétaient le caractère inhabituel des faits. Chaque chose reçoit son nom lorsqu'elle est nommée pour la première fois. Il s'est produit un événement pour lequel nous n'avons ni système de représentation, ni analogies, ni expérience. Un événement auquel ne sont adaptés ni nos yeux, ni nos oreilles ni même notre vocabulaire. Tous nos instruments intérieurs sont accordés pour voir, entendre ou toucher. Rien de cela n'est possible. Pour comprendre, l'homme doit dépasser ses propres limites. Une nouvelle histoire des sens vient de commencer[1]...

— Mais l'homme et les circonstances ne sont pas toujours en phase. Le plus souvent, ils ne le sont pas...

— J'ai cherché un homme bouleversé. Un homme qui aurait été confronté à cela, face à face, et se serait mis à réfléchir.

Trois années durant, j'ai voyagé et questionné : des travailleurs de la centrale, des anciens fonctionnaires du parti, des médecins,

---

1. Sur le profond désarroi intellectuel et philosophique provoqué par Tchernobyl, voir aussi, dans *La Pensée exposée*, la "Conversation Svetlana Alexievitch – Paul Virilio pour le film de Andrei Ujica *Unknown Quantity*", Babel n° 1096, coédition Actes Sud / Fondation Cartier pour l'art contemporain, 2012, p. 143-156.

des soldats, des émigrants, des personnes qui se sont installées dans la zone interdite... Des hommes et des femmes de professions, destins, générations et tempéraments différents. Des croyants et des athées. Des paysans et des intellectuels. Tchernobyl est le contenu principal de leur monde. Autour d'eux et dans leur for intérieur, il empoisonne tout. Pas seulement la terre et l'eau. Tout leur temps.

Un événement raconté par une seule personne est son destin. Raconté par plusieurs, il devient l'Histoire. Voilà le plus difficile : concilier les deux vérités, la personnelle et la générale. Et l'homme d'aujourd'hui se trouve à la fracture de deux époques...

Deux catastrophes ont coïncidé : l'une sociale – sous nos yeux, un immense continent socialiste a fait naufrage ; l'autre cosmique – Tchernobyl. Deux explosions totales. Mais la première est plus proche, plus compréhensible. Les gens sont préoccupés par le quotidien : où trouver l'argent pour vivre ? Où aller ? Que croire ? Sous quelle bannière se ranger ? Chacun vit cela. Mais tous voudraient oublier Tchernobyl. Au début, on espérait le vaincre, mais, comprenant la vanité de ces tentatives, on se tut. Il est difficile de se protéger de quelque chose que nous ne connaissons pas. Que l'humanité ne connaît pas. Tchernobyl nous a transposés d'une époque dans une autre.

Nous nous trouvons face à une réalité nouvelle.

Mais quel que soit le sujet dont parle l'homme, il se dévoile en même temps. Quel genre de personnes sommes-nous ?

Notre histoire est faite de souffrance. La souffrance est notre abri. Notre culte. Elle nous hypnotise. Mais j'avais envie de poser aussi d'autres questions, sur le sens de la vie humaine, de notre existence sur Terre.

Je voyageais, je parlais, je notais. Ces gens ont été les premiers à voir ce que nous soupçonnons seulement. Ce qui est encore un mystère pour tous. Mais je leur cède la parole...

Plus d'une fois, j'ai eu l'impression de noter le futur."

I

LA TERRE DES MORTS

MONOLOGUE SUR LA NÉCESSITÉ DU SOUVENIR

"Et vous avez décidé d'écrire sur ce sujet? D'écrire sur cela? Pourtant, je ne voudrais pas que l'on sache ce que je ressens… Ce que j'ai éprouvé là-bas… Mais, d'un autre côté, j'ai envie de m'ouvrir, de raconter tout jusqu'à la fin. Et néanmoins, je sens que cela va me mettre à nu et ne le veux pas…

Chez Tolstoï, Pierre Bezoukhov était tellement bouleversé par la guerre qu'il avait le sentiment d'avoir changé à tout jamais, tout comme le monde qui l'entourait. Mais le temps passant, il finit par se dire : « Je vais continuer à tancer mon cocher, comme avant ; je vais ronchonner, comme avant. » Alors, pourquoi les gens se souviennent-ils? Pour rétablir la vérité? La justice? Se libérer et oublier? Parce qu'ils comprennent qu'ils ont participé à un événement hors du commun? Cherchent-ils à se réfugier dans le passé? Mais les souvenirs sont fragiles, éphémères, ils ne forment pas un savoir exact, mais plutôt ce que l'homme devine sur lui-même. Ce ne sont pas encore des connaissances, seulement des émotions.

Mon sentiment… Je me suis tourmenté, j'ai fouillé ma mémoire et me suis souvenu…

Je me suis souvenu de la chose la plus horrible qui me soit arrivée dans mon enfance… La guerre…

Je me souviens d'avoir joué, gamin, au « papa et à la maman » : nous déshabillions les bébés – les premiers enfants nés après la guerre – et nous les couchions les uns sur les autres… Tout le village savait tout sur eux, les mots qu'ils avaient appris, le moment où ils avaient fait leurs premiers pas, parce que les enfants avaient été oubliés pendant la guerre. Nous attendions l'apparition de la vie. Jouer au « papa et à la maman » : nous voulions voir l'apparition de la vie... Et nous n'avions que huit ou dix ans.

J'ai aussi vu une femme se tuer elle-même, dans les buissons, près de la rivière. Elle se fracassait la tête avec une brique. Elle était enceinte d'un supplétif des Allemands, que tout le village haïssait. Lorsque j'étais encore tout gosse, j'ai vu naître des chatons. J'ai aidé ma mère à tirer le veau pendant le vêlage et j'amenais aussi la truie au porc... Je me souviens... Je me souviens de mon père fusillé, qu'on ramenait, il avait un pull tricoté par ma mère. Il avait dû être abattu d'une rafale de mitrailleuse et des morceaux de chair ensanglantée saillaient du tricot. On l'allongea sur l'unique lit de la maison. On ne pouvait le mettre ailleurs. Il fut enterré devant la maison. Et la terre n'était pas tellement légère : c'était celle, argileuse, des plants de betteraves. On se battait dans les alentours. Des cadavres d'hommes et de chevaux gisaient dans les rues...

Ces souvenirs me semblent tellement tabous que je n'en ai jamais parlé à personne...

Je percevais alors la mort de la même manière que la naissance. La délivrance du veau ou des chatons provoquait en moi des sentiments similaires à ceux ressentis lors du suicide de la femme dans les buissons... J'en ignore la raison, mais cela me semblait la même chose... La naissance et la mort.

Depuis mon enfance, je me souviens de l'odeur du cochon que l'on tue. Il s'en faut de peu de chose pour que j'y retourne, que j'y tombe... Dans le cauchemar... Dans l'horreur... J'y vole...

Je me souviens des femmes qui nous emmenaient aux bains, quand nous étions petits. Les parties génitales de toutes ces femmes, y compris de ma mère, tombaient (nous le comprenions déjà) et elles se bandaient le vagin pour les maintenir. J'ai vu cela... Les parties génitales tombaient à cause du travail trop lourd. Il n'y avait pas d'hommes. Les pertes au front avaient été considérables. Et il n'y avait pas de chevaux, non plus. Les femmes étaient contraintes de tirer elles-mêmes les charrues. Elles labouraient leurs potagers et les champs du kolkhoze. Devenu adulte, lorsque j'avais des rapports avec des femmes, je me souvenais de ce que j'avais vu aux bains...

Je voulais oublier. Tout oublier... Je pensais avoir déjà vécu les choses les plus horribles... La guerre...

Et puis j'ai visité la zone de Tchernobyl. Je m'y suis rendu à plusieurs reprises… Et là, j'ai compris que je n'étais pas protégé. Je suis en passe de me détruire. Mon passé ne me protège plus, là-bas…"

Piotr S., psychologue.

MONOLOGUE SUR CE DONT ON PEUT PARLER AVEC LES VIVANTS ET LES MORTS

"Dans la nuit, un loup est entré dans la cour. Je l'ai regardé par la fenêtre : il est là et ses yeux brillent. Comme des phares…

Je me suis faite à tout. Je vis seule depuis sept ans. Cela fait sept ans que les gens sont partis… Dans la nuit, il m'arrive de rester éveillée jusqu'à l'aube. Et de penser, de penser. Cette nuit aussi, je suis restée assise toute la nuit sur mon lit, courbée comme un crochet, et puis je suis sortie pour voir comment allait être le soleil. Que puis-je vous dire d'autre? La chose la plus juste au monde, c'est la mort. Personne ne peut se cacher d'elle. La terre reçoit tout le monde, les bons et les mauvais, les pécheurs. Mais il n'y a aucune autre justice au monde. J'ai travaillé durement et honnêtement toute ma vie. J'ai vécu selon ma conscience. Mais je n'ai obtenu aucune justice. Dieu a fait le partage quelque part et, lorsque mon tour est arrivé, il ne restait plus rien à me donner. Un jeune peut mourir, mais le vieux ne peut pas faire autrement… D'abord, j'ai attendu le retour des gens. Je pensais qu'ils allaient revenir. Personne ne partait pour toujours, seulement pour quelque temps. Maintenant, j'attends la mort… Il n'est pas difficile de mourir, mais cela me fait peur. Il n'y a pas d'église, ici. Le pope ne vient pas… Je n'ai personne pour m'aider à porter mes péchés…

La première fois que l'on nous a parlé de radiation, nous avons pensé qu'il s'agissait d'une maladie et que celui qui en souffrait mourait aussitôt. Non, nous a-t-on expliqué, c'est une chose qui s'insère dans le sol mais qu'on ne peut pas voir. L'animal le peut, il la voit et l'entend, mais pas l'homme. Mais c'est faux! Moi, je l'ai vue… Il y avait de ce césium dans mon potager jusqu'à ce que la pluie l'ait mouillé. Il a une couleur d'encre… Il traînait par terre, luisant, par morceaux… Je suis allée dans le champ du kolkhoze, jusque dans mon potager… C'était un morceau bleu… Et deux cents mètres plus loin, un autre, grand comme le fichu, sur ma tête. J'ai appelé une voisine, d'autres femmes, nous avons couru en tout sens, sur quatre hectares, peut-être. Nous avons trouvé quatre grands morceaux… L'un d'entre eux était rouge… Le lendemain matin, la pluie s'est mise à tomber, sans discontinuer. Et à l'heure du déjeuner, lorsque la milice est arrivée, il n'y avait plus rien à leur montrer. On leur a juste raconté. Des morceaux comme ça… *(Elle décrit la taille avec les mains.)* Comme mon fichu. Bleus et rouges…

Nous n'étions pas très effrayés par cette radiation. Si on ne l'avait pas vue, on en aurait peut-être eu peur, mais lorsque nous l'avons vue, il n'y avait pas de quoi être tellement effrayé. La milice et les soldats ont placé des pancartes. Près de certaines maisons, ils écrivaient : soixante-dix curies[1], soixante curies… Nous qui vivions là de toute éternité en nous nourrissant de nos pommes de terre, on nous a dit soudain que c'était interdit! Certains pleuraient, d'autres ricanaient… On nous a conseillé de travailler nos potagers avec des masques de coton et des gants de caoutchouc… Et un savant très gonflé est venu nous parler, au club du village. Il a prétendu qu'il fallait laver les bûches.. A-t-on jamais entendu pareille chose? Que mes oreilles se dessèchent pour toujours. On nous a ordonné de laver les draps, les housses, les rideaux… Mais tout cela était à l'intérieur de la maison! Dans des placards et dans des coffres. Et quelle radiation pouvait-il y avoir dans la maison? Derrière les vitres? Derrière la porte? C'est tout de même formidable! Il fallait plutôt la chercher dans la forêt et dans les champs… On a mis les puits sous scellés, on les a enveloppés d'une pellicule de plastique… L'eau serait-elle « sale »? Mais de quoi parlaient-ils? Elle a toujours été si pure! Ils ont sorti des tonnes de balivernes. « Vous allez tous mourir… Il faut partir… Il faut évacuer… »

Les gens avaient peur… Ils étaient terrifiés… Certains ont entrepris d'enterrer leurs biens. Moi aussi, j'ai plié mes habits, les diplômes d'honneur pour mon travail honnête et les quelques sous que j'avais économisés. Quelle tristesse! Quelle peine rongeait mon cœur! Que je meure sur place si je mens! Et j'entends que, dans un village, les

---

1. Ancienne unité de mesure d'activité d'une source radioactive, équivalant à $3,7 \times 10^{10}$ becquerels.

soldats ont évacué tout le monde, mais qu'un vieux et sa femme sont restés. Le jour de l'évacuation, lorsqu'on obligeait tout le monde à grimper dans les cars, ils ont pris leur vache et sont partis dans la forêt. Ils ont attendu le départ de tout le monde. D'où nous est-il venu, ce malheur ? *(Elle pleure.)* Notre vie est si précaire... J'aimerais bien ne pas pleurer, mais les larmes coulent toutes seules...

Oh ! Regardez par la fenêtre ! Une pie... Je ne les chasse pas, bien qu'elles me volent parfois des œufs dans la remise. Mais je ne les chasse pas. Je ne chasse personne ! Hier, un lapin est venu...

Si seulement des gens passaient par ici tous les jours, s'ils venaient chez moi ! Pas loin d'ici, dans un autre village, une femme vit toute seule. Je lui ai déjà proposé de s'installer chez moi. Je ne sais pas si elle serait d'une aide quelconque mais, au moins, j'aurais à qui parler. Qui appeler... La nuit, j'ai mal partout. Les jambes me font souffrir. C'est la sciatique. Alors, je prends quelque chose dans les mains. Une poignée de graines de tournesol... Et je les grignote. Alors le nerf se calme... J'ai tellement travaillé toute la vie, j'ai eu tant de chagrins ! J'ai eu assez de tout et ne veux plus rien. Si je mourais, je me reposerais. J'ai des enfants, des garçons et des filles... Ils vivent tous en ville, mais, moi, je ne veux pas partir d'ici ! Dieu m'a donné de longues années, mais pas un bon destin. Je sais que les vieux finissent par ennuyer leurs enfants. D'abord, ils nous supportent, mais on finit par les gêner. Les enfants n'apportent de joie que petits. Celles qui sont parties en ville n'arrêtent pas de pleurer : tantôt c'est la belle-fille qui les rembarre, tantôt leur propre fille. Elles veulent toutes revenir. Mon homme est là... dans la tombe, au cimetière. S'il n'était pas là, il vivrait ailleurs, et moi avec lui. *(Sur un ton gai, soudain.)* Et pourquoi partir ? C'est beau ici ! Tout fleurit, tout pousse. Des moustiques aux animaux domestiques, tout vit.

Je vais me souvenir de tout, pour vous... Les avions passaient et repassaient. Tous les jours. Très bas au-dessus de nos têtes... Ils volaient vers le réacteur. Vers la centrale. L'un après l'autre. Chez nous, c'était l'évacuation. Les soldats prenaient nos maisons d'assaut. Les gens s'enfermaient à clé, se cachaient. Le bétail hurlait, les enfants pleuraient. Comme si c'était la guerre ! Et le soleil brillait... Moi, j'attendais dans la maison, mais sans m'enfermer à clé. Les soldats sont venus : « Alors, grand-mère, tu es prête ? » Je leur ai demandé : « Vous allez m'attacher les bras et les jambes de force ? » Ils sont restés quelques instants, sans parler, puis sont partis. Des jeunes, de vrais gamins ! Les femmes imploraient à genoux devant leurs maisons, mais les soldats les prenaient sous les bras l'une après l'autre pour les faire monter dans les camions. Mais moi, je les menaçais de mon bâton, les injuriais, leur lançais les pires insultes ! Mais je ne pleurais pas. À l'époque, je n'ai pas pleuré.

Je suis restée dans la maison. On criait. On criait très fort. Puis, plus rien. Le silence. Tout est devenu calme. Le premier jour, je ne suis pas sortie de chez moi…

Plus tard, on m'a raconté comment la colonne de gens marchait. Et la colonne de bétail qui avançait. Comme à la guerre !

Mon mari aimait à dire que l'homme tirait, mais que Dieu dirigeait les balles. À chacun son destin ! Parmi les jeunes qui sont partis, certains sont déjà morts. Dans leur nouveau lieu de résidence. Et moi, je marche avec mon bâton. Top-top. Parfois, je m'ennuie et je pleure. Le village est vide, mais il y a plein d'oiseaux… Ils volent… Et les cerfs viennent, comme si de rien n'était… *(Elle pleure.)*

Je vais me souvenir de tout… Les gens sont partis, mais ils ont laissé les chiens et les chats. Au début, je leur versais du lait ou leur donnais du pain. Ils restaient près des cours de leurs maîtres et guettaient leur retour. Ils ont longtemps attendu… Les chats affamés mangeaient des concombres… des tomates… Jusqu'à l'automne, j'ai coupé les herbes devant l'entrée de la voisine. J'ai aussi réparé sa palissade. J'attendais qu'ils reviennent, moi aussi… Le chien des voisins s'appelait Joutchok. « Joutchok, lui disais-je, si tu rencontres des gens le premier, appelle-moi. »

La nuit, je rêvais que l'on m'évacuait… Un officier me criait : « Eh ! La patronne, nous allons tout brûler et enterrer les décombres. Sors ! » Et l'on m'emmenait dans un lieu inconnu. Un endroit déconcertant. Pas une ville et pas un village. Et pas la terre…

J'avais un gentil chat, Vaska. En hiver, des rats affamés m'attaquaient. Ils ne me laissaient pas de répit… Ils se glissaient sous la couverture… Ils ont grignoté un passage dans le tonneau à grains. C'est Vaska qui m'a sauvée… Sans lui, je serais déjà morte. Nous parlions et mangions ensemble. Et puis, un jour, il a disparu… Peut-être des chiens affamés l'ont-ils attaqué et dévoré ? Ils erraient, faméliques, jusqu'à ce qu'ils crèvent tous. Les chats avaient tellement faim, en hiver, qu'ils mangeaient les chatons. Que Dieu me pardonne ! Et les rats ont dévoré une femme… Des rats roux… Je ne sais pas si c'est vrai. C'est ce que l'on raconte. Des sans-logis viennent fouiller par

ici... Dans les premiers temps, il y avait beaucoup de choses abandonnées. Des chemises, des pulls, des pelisses... Ils n'avaient qu'à
se servir et à les vendre au marché aux puces... Ils se soûlaient et
chantaient des chansons. Putain de ta mère! L'un d'eux est tombé
de son vélo et s'est endormi dans la rue. Le matin on n'a retrouvé
que deux os et le vélo. Vrai ou non? Je ne saurais le dire. C'est ce
qu'on raconte.

Tout vit ici. Absolument tout! Le lézard vit, la grenouille vit. Et le
ver de terre vit. Et il y a des souris! Tout y est! C'est surtout au printemps, que c'est beau. J'adore quand les lilas fleurissent. Les fleurs
de merisier sentent si bon. Tant que mes jambes m'ont tenue, j'allais acheter le pain moi-même. Quinze kilomètres, rien qu'à l'aller.
Jeune, je les aurais faits comme une promenade. J'avais l'habitude.
Après la guerre, nous allions en Ukraine chercher des semences. À
trente ou cinquante kilomètres. Les gens portaient un poud[1], moi
j'en portais trois. Et maintenant, il m'arrive de ne pas pouvoir traverser la maison. Comme on dit, la vieille femme a froid, même
les fesses sur le poêle. Quand les miliciens viennent contrôler le village, ils m'apportent du pain. Mais qu'ont-ils à contrôler, ici? Il n'y
a que moi et le chat. J'ai un autre chat, maintenant. Les miliciens
nous font signe, de loin, et nous sommes contents, lui et moi. Nous
nous précipitons à leur rencontre. Ils lui apportent des os. Et moi,
on me demande toujours : « Et si des bandits viennent? » Et je leur
réponds : « Mais que peuvent-ils me voler? Je n'ai que mon âme à
rendre. » De bons gars... Ils rient... Ils m'ont apporté des piles pour
la radio. Maintenant, je peux l'écouter. J'aime Lioudmila Zykina,
mais elle chante rarement. Elle a dû se faire vieille, comme moi...
Mon homme aimait à dire : « Le bal fini, on range les violons! »

Je vais vous raconter comment j'ai trouvé mon nouveau chat.
Après la disparition de mon Vaska, j'ai attendu, un jour, un autre...
Tout un mois... J'étais vraiment toute seule. Personne à qui parler.
Je traverse le village en criant : « Vaska! Mourka! Vaska! Mourka[2]! »
De tous les chats qu'il y avait au début, il n'en restait plus. L'élimi-
nation. La mort ne fait pas de distinction... La terre les accueille
tous... Et je marche et je marche. J'ai appelé pendant deux jours.
Le troisième, j'aperçois un matou assis devant le magasin. Nous

1. Ancienne unité de mesure de masse, sensiblement égale à seize kilogrammes.
2. Noms de chats très répandus.

nous sommes regardés. Il était content et moi aussi, j'étais contente. Seulement, il ne pipe mot. « Viens, lui dis-je. Viens à la maison. » Et lui, il reste assis et il miaule… Je le supplie : « Pourquoi veux-tu rester tout seul ? Les loups vont te dévorer. Viens. J'ai des œufs, j'ai du lard. » Mais comment lui expliquer ? Les chats ne comprennent pas la langue des hommes. Mais comment m'a-t-il comprise ? Il s'est mis à trottiner derrière moi. « Je vais te donner du lard… » Miaou… « Nous allons vivre à deux… » Miaou… « Je vais t'appeler Vaska… » Miaou… Et nous avons déjà passé deux hivers ensemble.

En hiver, je rêve que quelqu'un m'appelle… La voix de la voisine : « Zina ! » Puis le silence… Et encore : « Zina ! »

Cela me rend triste. Je pleure…

Je vais sur les tombes. Ma mère repose là… Ma fille, toute petite, morte de la typhoïde pendant la guerre… À peine l'avait-on enterrée que le soleil est sorti de derrière les nuages. Et il brillait ! On avait vraiment envie de la sortir du trou. Mon homme aussi est là… Mon Fedia… Je reste là, au milieu d'eux tous. Je soupire. On peut parler avec les morts comme avec les vivants. Je ne vois pas de différence. Je les entends, les uns comme les autres. Lorsqu'on reste tout seul… Et lorsque la tristesse vous gagne… Une tristesse immense…

Ivan Prokhorovitch Gavrilenko, l'instituteur, vivait près du cimetière. Il est parti chez son fils, en Crimée. Derrière lui, habitait Piotr Ivanovitch Miousski, un tractoriste… Un stakhanoviste… Jadis, tout le monde voulait être stakhanoviste. Plus loin, c'était Micha Mikhaliov. Il était chauffagiste, à la ferme collective. Micha est mort très vite. Il est parti et il est mort presque aussitôt. Plus loin encore, c'était la maison de Stepan Bykhov, l'éleveur… Elle a brûlé ! Une nuit, des scélérats y ont mis le feu. Des gens venus d'ailleurs. Stepan n'a pas vécu longtemps. Il est enterré quelque part dans la région de Moguilev. La guerre… Tant de gens sont morts ! Vassili Makarovitch Kovalev, Maxim Nikiforenko… Il m'arrive de fermer les yeux et de me promener dans le village… Et je leur dis : mais de quelle radiation parlez-vous, alors que les papillons volent et les abeilles bourdonnent. Et que mon Vaska attrape des souris. *(Elle pleure.)*

Et toi, ma petite, as-tu compris ma tristesse ? Tu vas la porter aux gens, mais je ne serai peut-être plus là. On me trouvera sous la terre… Sous des racines… ”

Zinaïda Evdokimovna Kovalenka,
résidente sans autorisation.

MONOLOGUE SUR UNE VIE ENTIÈRE ÉCRITE SUR UNE PORTE

"Je veux témoigner.

Je l'ai vécu alors, il y a dix ans, et je le revis tous les jours actuellement. C'est toujours en moi.

Nous habitions la ville de Pripiat. Cette même ville.

Je ne suis pas écrivain et je ne pourrai pas le décrire. Mon esprit n'est pas assez vaste pour comprendre. Et même mon éducation supérieure ne me le permet pas. On vit… On est un homme ordinaire. Un petit homme. Comme tout le monde, on va au travail et on rentre du travail. On reçoit un salaire moyen. Et on part en vacances une fois l'an. Un homme normal, quoi! Et puis, un beau jour, on se transforme en un homme de Tchernobyl, en une curiosité! En quelque chose qui intéresse tout le monde et que personne ne connaît. On veut être comme les autres, mais on ne le peut plus. Les yeux des gens sont différents. Et ils posent des questions : « As-tu eu peur, là-bas? Et la centrale, comment brûlait-elle? Qu'as-tu vu? » Plus largement : « Peux-tu avoir des enfants? Et ta femme, elle ne t'a pas quitté? » Nous avons tous été transformés en curiosités ambulantes… Même aujourd'hui, les mots « de Tchernobyl » retentissent comme un signal sonore. Tout le monde se retourne sur notre passage : « Il vient de là-bas! »

Dès les premiers jours, les sentiments étaient que nous n'avions pas seulement perdu la ville, mais la vie entière…

On nous évacua le troisième jour… Le réacteur brûlait… Je me souviendrai toujours des paroles d'un ami : « Ça sent le réacteur. » Une odeur indescriptible. Mais on en a déjà parlé dans la presse. On a fait de Tchernobyl une usine d'horreur. Ou plutôt une bande dessinée. Je ne vais raconter que mon expérience… Ma vérité…

C'était comme ça… Il y a eu une annonce à la radio : interdit d'emporter les chats! Je voulais cacher ma minette dans une valise, mais il n'y avait pas moyen : elle se débattait, griffait tout le monde. Interdit aussi d'emporter des affaires personnelles! Entendu, je ne prendrai rien. À l'exception d'une seule chose : la porte de mon appartement. Il m'était impossible de la laisser… Quitte à clouer des planches pour condamner l'entrée…

Notre porte… Notre talisman! Une relique de famille. Mon père a été allongé sur cette porte. J'ignore l'usage ailleurs, mais, chez nous, ma mère disait qu'il fallait coucher les défunts sur la porte de la maison en attendant de les mettre en bière. J'ai passé la nuit près de mon père, allongé sur cette porte... La maison est restée ouverte. Toute la nuit. Et sur cette même porte, il y a des marques, de bas en haut : ma taille à différents moments de mon existence. De petites encoches accompagnées d'une annotation : première année d'école, seconde, septième, avant le service militaire... Et à côté, la croissance de mon fils et celle de ma fille. Toute notre vie était inscrite sur la porte. Comment pouvais-je la laisser ?

J'ai demandé de l'aide à un voisin qui avait une voiture. Il m'a fait signe que j'étais timbré. Mais je l'ai récupérée quand même, la porte. Deux ans plus tard... De nuit... En moto... À travers la forêt... Notre appartement avait déjà été pillé. Nettoyé. Des miliciens me poursuivaient : « On va tirer ! On va tirer ! » Ils me prenaient pour un pillard. Voilà comment j'ai volé la porte de ma propre maison...

J'ai envoyé à l'hôpital ma fille et ma femme. Elles avaient des taches noires sur le corps. Elles apparaissaient et disparaissaient. Grosses comme des pièces de cinq kopecks... Mais elles n'avaient pas mal. On leur a fait passer des examens. J'ai demandé les résultats. On m'a répondu :

« Cela ne vous concerne pas.

— Ça concerne qui, alors ? »

À l'époque, tout le monde disait que nous allions tous mourir. Que, vers l'an 2000, il n'y aurait plus de Biélorusses. Ma fille avait six ans. Je la borde et elle me murmure à l'oreille : « Papa, je veux vivre, je suis encore petite. » Et moi qui pensais qu'elle ne comprenait pas...

Pouvez-vous imaginer sept petites filles totalement chauves en même temps ? Elles étaient sept dans la chambre... Non, c'est assez ! Je ne peux pas continuer ! Lorsque je raconte cela, j'ai l'impression de commettre une trahison. C'est mon cœur qui me le dit. Parce que je dois la décrire comme une étrangère. Ses souffrances... Ma femme ne pouvait plus supporter de la voir à l'hôpital : « Il vaut mieux qu'elle meure, plutôt qu'elle souffre comme ça ! Ou que je meure pour ne plus voir cela ! » Non ! Je ne peux plus continuer ! Non !

Nous l'avons allongée sur la porte... Sur la porte qui avait supporté mon père, jadis. Elle est restée là jusqu'à l'arrivée du petit cercueil... Il était à peine plus grand que la boîte d'une poupée.

Je veux témoigner que ma fille est morte à cause de Tchernobyl. Et qu'on veut nous faire oublier cela."

Nikolaï Fomitch Kalouguine, un père.

MONOLOGUE D'UN VILLAGE : COMMENT APPELER LES ÂMES DU PARADIS POUR PLEURER ET MANGER AVEC ELLES

Le village Belyï Bereg, district Narovlianski de la région de Gomel. Témoins : Anna Pavlovna Artiouchenko, Eva Adamovna Artiouchenko, Vassili Nikolaïevitch Artiouchenko, Sofia Nikolaïevna Moroz, Nadejda Borissovna Nikolaïenko, Alexandre Fiodorovitch Nikolaïenko, Mikhaïl Martynovitch Lis.

"Des visiteurs… Il n'y a eu aucun signe avant-coureur de cette rencontre… Aucun présage… Parfois, la paume démange : cela indique que l'on va saluer quelqu'un. Mais aujourd'hui, rien. Seul le rossignol a chanté toute la nuit, augure de journée ensoleillée. Oh! Nos femmes vont arriver tout de suite. Voilà déjà Nadia qui arrive en courant…

— Nous avons tout vécu, connu toutes les souffrances…

— Moi, je ne veux pas me souvenir. C'était horrible. Les soldats nous chassaient. Des véhicules militaires sont arrivés. Un vieux grand-père ne pouvait plus bouger. Il était mourant. Où aller ? « Je vais me lever, pleurait-il, et j'irai moi-même au cimetière. Sur mes propres pieds. » Et qu'est-ce qu'on nous a donné pour nos maisons ? Combien ? Regardez comme il fait beau, ici. Qui va nous payer pour cette beauté ? C'est une zone de villégiature !

— Des avions, des hélicoptères… Cela bourdonnait de partout. Des camions Kamaz avec des remorques… Des soldats. J'ai cru que c'était la guerre. Contre les Chinois ou les Américains.

— Mon homme est revenu de la réunion des kolkhoziens et m'a dit : « On nous évacue demain. » Et moi : « Et nos pommes de terre ? Nous n'avons même pas eu le temps de les récolter. » Le voisin est venu et il s'est assis avec mon mari pour boire un coup. Tout en buvant, ils cassaient du sucre sur le dos du président du kolkhoze : « On ne va pas partir, un point c'est tout. Nous avons survécu à la guerre et maintenant, c'est la radiation qui nous tombe dessus. » On était prêts à prendre le maquis, mais pas à partir.

— Au début, nous pensions que nous allions tous mourir en deux ou trois mois. C'est ce qu'on nous disait. De la propagande. Dieu merci, nous sommes vivants !

— Dieu soit loué ! Dieu soit loué !

— Personne ne sait ce qu'il y a dans l'autre monde. Ici, c'est mieux... On connaît. Comme disait ma mère : on se montre, on passe du bon temps et l'on fait ce que l'on veut.

— On va à l'église, on prie.

— Au moment du départ, j'ai mis dans une sacoche un peu de terre de la tombe de ma mère. Je suis restée à genoux : « Pardonne-moi de te laisser ! » Je suis allée la voir la nuit et je n'avais pas peur. Les gens inscrivaient leurs noms sur leurs maisons. Sur les poutres. Sur les palissades. Sur l'asphalte.

— Les soldats tuaient les chiens. Ils tiraient. Poum, poum ! Après cela, je ne peux plus entendre crier les êtres vivants.

— J'ai été chef de brigade, ici. Pendant quarante-cinq ans... J'avais pitié des gens... Une fois, le kolkhoze m'a envoyé en mission, à Moscou, pour présenter notre lin à une exposition. J'ai rapporté un insigne et un diplôme d'honneur. Ici, on me respecte. Tout le monde connaît Vassili Nikolaïevitch. Et qui serais-je dans un endroit nouveau ? Un vieux grand-père en chapka. Ici, quand je serai mourant, ces chères femmes m'apporteront de l'eau et chaufferont la maison. J'étais compatissant envers les gens... Le soir, les femmes rentraient des champs mais, moi, je savais qu'elles ne recevraient rien pour leur labeur. On leur notait des journées de travail, mais elles n'étaient jamais payées pour elles. Et elles chantaient quand même...

— Au village, les habitants vivaient ensemble... En communauté...

— Je faisais un rêve lorsque j'habitais chez mon fils, en ville. Je rêvais que j'attendais la mort. Je la guettais. Et j'ordonnais à mes fils : « Lorsque vous m'emmènerez au cimetière, arrêtez-vous au moins cinq minutes près de la maison où je suis née. » Et, de là-haut, j'observais mes fils m'y transporter...

— Empoisonnée par la radiation ou non, elle reste ma patrie. À aucun autre endroit, on n'a besoin de nous. Même l'oiseau aime son nid...

— Laissez-moi finir... Je vivais chez mon fils, au septième étage, j'allais regarder en bas, par la fenêtre, et je me signais. Il me semblait entendre le hennissement d'un cheval. Le chant du coq... Et j'avais alors une telle nostalgie... Parfois, je rêvais de ma cour : j'attachais la vache et la trayais, la trayais... Et puis, je me réveillais. Je n'avais pas envie de me lever. J'étais encore ici. Tantôt ici, tantôt là-bas.

— La journée, nous vivions dans le nouvel endroit et, la nuit, chez nous. En rêve.

— Les nuits sont longues ici, en hiver. Nous nous rassemblons et nous comptons : qui est déjà mort ?

— Mon homme est resté étendu pendant deux mois... Il ne disait rien, ne me répondait pas. Comme s'il était fâché... Je travaillais dans la cour et revenais : « Papa, comment vas-tu ? » Il levait seulement les yeux, mais cela me soulageait. Il pouvait rester comme cela, au lit, sans parler, mais au moins, il était à la maison. Lorsqu'un homme meurt, il ne faut pas pleurer. Tu lui coupes l'approche de la mort et il va peiner pour la franchir. J'ai sorti une bougie d'un placard et la lui ai mise dans les mains. En la prenant, il respirait difficilement... Je voyais ses yeux se troubler... Mais je ne pleurais pas... Je lui ai juste demandé de saluer pour moi notre fille chérie et ma maman adorée... Je priais pour qu'il nous soit donné de partir ensemble. Certains parviennent à convaincre Dieu, mais il ne m'a pas donné la mort. Je survis...

— Moi, je n'ai pas peur de mourir. Personne ne vit deux fois. Et la feuille tombe, et l'arbre pourrit.

— Amies, ne pleurez pas. Pendant tant d'années, nous avons été des kolkhoziennes progressistes, des stakhanovistes. Nous avons survécu à Staline. Et à la guerre ! Si nous n'avions pas ri, si nous ne nous étions pas amusées, nous nous serions pendues ! Alors, une femme de Tchernobyl dit à une autre : « Tu sais que nous avons tous la leucémie, maintenant ? Du sang blanc ? » Et l'autre répond : « Ce sont des bobards ! Hier je me suis coupé un doigt et le sang était aussi rouge qu'avant. »

— Au pays, c'est comme au paradis. À l'étranger, le soleil brille différemment.

— Ma mère m'a toujours dit de prendre une icône et de la laisser retournée pendant trois jours : où qu'on soit on rentre tout droit à la maison. J'avais deux vaches et deux génisses, cinq cochons, des oies, des poules. Un chien. Je me suis pris la tête dans les mains et j'ai couru dans le jardin. Et combien de pommes j'avais! J'ai tout perdu, que le diable m'emporte! Tout!

— J'ai lavé la maison. J'ai repeint le poêle en blanc... Il faut laisser du pain sur la table, du sel, une écuelle et trois cuillères... Autant de cuillères que d'âmes dans la maisonnée... Tout cela pour revenir.

— Mais les crêtes des poules étaient noires et pas rouges. C'est la radiation.

— J'ai eu la radiation dans mon potager. Il est devenu tout blanc, comme s'il avait été saupoudré par quelque chose. Comme des miettes... Je pensais que le vent avait apporté cela de la forêt...

— Nous ne voulions pas partir. Oh que nous ne voulions pas! Tous les hommes étaient ivres. Ils se couchaient sous les roues. Les chefs allaient d'une maison à l'autre en essayant de convaincre tout le monde. On avait donné l'ordre de ne pas emporter ses biens!

— Le bétail n'avait rien eu à boire depuis trois jours. Ni à manger. Pour le tuer! Le correspondant d'un journal est venu. Des trayeuses soûles ont failli le tuer.

— Le président du kolkhoze tournait avec des soldats autour de ma maison... Ils essayaient de me faire peur : « Sors ou on met le feu! Apportez un jerrican d'essence! » Je me suis mise à courir, saisissant une serviette brodée... un coussin...

— Pendant la guerre, les canons tonnaient et grondaient des nuits entières. Nous avons creusé un abri dans la forêt. Les bombes tombaient et tombaient. Tout a brûlé. Et pas seulement les maisons, mais le potager, les cerisiers...

— Je prie pour qu'il n'y ait plus de guerre... J'ai tellement peur de la guerre!

— On demande à Radio Erevan[1] : « Est-ce qu'on peut manger des pommes de Tchernobyl? » Réponse : « Bien sûr que l'on peut, mais il faut enterrer profondément les trognons. »

— On nous a donné une nouvelle maison. En pierre. Et vous savez, en sept ans, nous n'y avons pas enfoncé un seul clou. Tout nous y était étranger. Mon homme pleurait et pleurait. Il travaillait toute la semaine au kolkhoze, sur le tracteur, et le dimanche, il se couchait, tourné vers le mur, et hurlait.

— Plus personne ne va nous tromper. Nous ne partirons plus de chez nous. Il n'y a ni magasin ni dispensaire. Pas plus que

---

1. La référence à Radio Erevan annonce toujours une histoire drôle.

d'électricité. Nous vivons avec des lampes à pétrole et des torches à pile. Mais nous sommes heureux! Nous sommes chez nous.

— En ville, ma belle-fille me suivait partout où j'allais dans l'appartement et essuyait derrière moi les poignées des portes, les chaises, tout ce que je touchais... Et tout cela a été acheté avec mon argent : les meubles et la voiture Jigouli. Avec celui qu'on m'a donné pour la maison et la vache. L'argent fini, on n'avait plus besoin de maman.

— Nos enfants ont pris l'argent... Et l'inflation a mangé le peu qui restait. Avec cette somme on peut tout juste acheter un kilo de bonbons. Voilà ce qu'on nous a donné en compensation des maisons, des exploitations...

— J'ai marché pendant deux semaines... Avec ma vache... Les gens ne voulaient pas me laisser entrer chez eux... J'ai dû passer les nuits dans la forêt...

— Les gens ont peur de nous. Ils disent que nous sommes contagieux. Pour quels péchés Dieu nous a-t-il punis? Pourquoi s'est-il fâché contre nous? On ne vit pas comme des êtres humains selon les lois divines. On s'entre-tue les uns les autres. Voilà pourquoi.

— Mes petits-enfants sont venus, cet été... Les premières années, ils ne venaient pas. Ils avaient peur... Mais maintenant, ils nous rendent visite, emportent des fruits et des légumes... Tout ce que je leur donne. « Grand-mère, m'ont-ils demandé, as-tu lu le livre sur Robinson? » C'était un type qui vivait comme nous. Sans personne. J'ai ramené un grand sac d'allumettes... Une hache et une pelle... Et maintenant, j'ai mon propre lard, mes œufs, mon lait. Il ne manque qu'une seule chose : je ne peux pas faire du sucre ici. Mais il y a autant de terre qu'on veut! On peut labourer cent hectares si l'on a envie! Et pas d'autorité. Personne ne dérange personne ici, ni les autorités ni les gens...

— Les chats sont revenus avec nous. Et les chiens. Nous sommes revenus ensemble. Les soldats ne nous laissaient pas passer. Des OMON[1]. Mais nous sommes passés pendant la nuit... Par la forêt. Par les sentiers des partisans.

— Nous ne voulons rien de l'État. Nous ne demandons rien, à part qu'on nous laisse tranquilles! Nous n'avons besoin ni de magasin, ni d'autobus. Nous allons à pied pour acheter le pain...

---

1. Unités spéciales de la milice (la police). L'équivalent des CRS en France.

Vingt kilomètres. Seulement qu'on ne nous touche pas ! Nous nous débrouillons tout seuls.

— Nous sommes rentrés en groupe. Trois familles... Tout avait été pillé, saccagé : on avait cassé le grand four, les vitres des fenêtres, enlevé les portes, démonté les planchers, dévissé les ampoules, les interrupteurs, les prises. Il ne restait plus rien de vivant, non plus. Et, de nos propres mains, nous avons tout refait. De ces mains ! Et comment donc !

— Le printemps est arrivé : on entend crier les oies sauvages. C'est le moment de semer. Et nous sommes là, dans les maisons vides... Ce qui nous sauve, c'est que les toits sont intacts...

— Les miliciens hurlaient. Ils sont arrivés avec des voitures et nous nous sommes enfuis dans la forêt. Comme des Allemands ! Une fois, ils sont venus nous voir avec le procureur qui nous menaçait de poursuites en vertu de l'article 10. Je lui ai dit : « On peut me condamner à un an de prison, je purgerai ma peine et reviendrai ici. » S'ils veulent crier, qu'ils crient. Mais nous pouvons nous taire. J'ai été décoré en tant que conducteur émérite d'une moissonneuse-batteuse et il me menace de poursuites selon l'article 10 !

— Chaque nuit, je voyais ma maison en rêve. Je revenais et tantôt je travaillais dans le potager, tantôt je rangeais à l'intérieur... Et je trouvais toujours des choses : une pantoufle, des poussins... Ce sont des présages de joie. De retour...

— Dans la nuit, nous implorions Dieu et, dans la journée, les miliciens. Demandez-moi : « Pourquoi pleures-tu ? » Mais je ne sais pas pourquoi je pleure. Je suis heureuse de vivre dans ma cour.

— Et on a vécu tout cela. Et on a supporté tout cela...

— Une fois, je suis allée chez le médecin. Je lui ai dit : « Mes jambes ne me portent pas. Mes articulations me font mal. » Et il m'a répondu : « Il faut rendre la petite vache, grand-mère. Le lait est contaminé. » Et moi de me lamenter : « Oh non ! Mes jambes me font mal, mes genoux me font mal. Mais je ne donnerai pas ma vache, ma nourrice. »

— J'ai sept enfants. Ils vivent tous à la ville. Je suis seule ici. Parfois, je me sens angoissée et je m'assois près de leurs photos... Et je me parle à moi-même. Je fais tout toute seule. J'ai repeint la maison. J'ai utilisé six boîtes de peinture. Voilà comment je vis. J'ai élevé quatre fils et trois filles. Mon mari est mort jeune. Je suis seule.

— Moi, j'ai rencontré un loup. Nous sommes restés à nous regarder l'un l'autre, face à face. Puis il a fait un bond de côté et s'est enfui... Ma chapka s'est dressée sur ma tête.

— N'importe quel animal a peur de l'homme. Si tu ne lui fais rien, il va te contourner. Avant, lorsque l'on entendait des voix, dans la forêt, on courait vers les gens. Maintenant, on se cache des autres. Que Dieu nous préserve de rencontrer des hommes dans la forêt!

— Tout ce qui a été écrit dans la Bible se réalise. On y parlait de notre kolkhoze... Et de Gorbatchev... Qu'il y aurait un grand chef avec une marque et qu'un grand empire tomberait en poussière. Et après cela, ce serait le Jugement dernier... Ceux qui vivent dans les villes mourront tous. Et, dans les villages, il ne restera qu'un seul homme. Et l'homme se réjouira en voyant des traces humaines! Pas un autre homme : seulement ses traces!

— Et nous nous éclairons à la lampe à pétrole. Ah! Nos femmes vous l'ont déjà dit. Nous tuons le cochon et nous l'enterrons dans la cave. La viande doit rester quatre jours dans la terre. Et nous faisons aussi de la vodka, avec notre propre grain.

— J'ai deux sacs de sel. On ne va pas crever sans l'État. On ne manque pas de bûches : la forêt nous entoure. La maison est chaude. La lampe luit. C'est bien! J'ai une chèvre, un bouc, trois cochons, quatorze poules. De la terre et de l'herbe à profusion. De l'eau dans le puits. C'est la liberté! Nous sommes heureux! Chez nous, ce n'est pas un kolkhoze, mais une commune. Nous allons acheter un cheval et nous n'aurons besoin de personne. Un cheval...

— Nous ne sommes pas rentrés chez nous. En fait, nous sommes revenus cent ans en arrière. Un correspondant de presse s'étonnait de tout ceci : nous moissonnons avec une faucille, nous fauchons avec une faux, nous battons le grain avec des fléaux directement sur l'asphalte.

— Pendant la guerre, nous vivions sous la terre. Dans des abris. Mon frère et mes deux neveux ont été tués. Au total, dix-sept membres de notre famille sont morts. Maman n'arrêtait pas de pleurer. Une vieille mendiante est passée dans le village : « Tu es triste? lui a-t-elle dit. Il ne faut pas pleurer car celui qui donne sa vie pour les autres est un saint. » Et moi aussi, je peux tout faire pour ma patrie. À part tuer. Je suis institutrice. J'enseignais aux enfants à aimer l'homme. C'est ce que je leur apprenais : le bien sort toujours vainqueur. Les enfants, les petits, ils ont des âmes pures.

— Tchernobyl… C'est une guerre au-dessus des guerres. L'homme ne trouve son salut nulle part. Ni sur la terre, ni dans l'eau, ni dans le ciel.

— Nous n'avons ni la télé, ni la radio. Nous ne savons pas ce qui se passe ailleurs, mais on vit plus tranquillement. Nous n'avons pas de quoi nous affliger. Des gens qui passent nous racontent qu'il y a des guerres partout. Et que le socialisme est fini, que l'on vit sous le capitalisme. Et que le tsar va revenir. Est-ce vrai?

— Parfois un sanglier sort de la forêt jusque dans le jardin. Et, d'autres fois, c'est un cerf. Les gens viennent rarement. À part les miliciens.

— Venez donc aussi chez moi.

— Et chez moi. Cela fait une éternité que je n'ai pas eu d'invités à la maison.

— Je me signe et je prie… Mon Dieu! La milice a cassé mon grand four à deux reprises. Et moi, je suis revenue! S'ils laissaient faire les gens, tout le monde rentrerait à genoux. Ils ont éparpillé notre chagrin à travers le monde. Seuls les morts reviennent ici. On n'autorise que le retour des morts. Les vivants, eux, se faufilent la nuit. Par la forêt…

— Pour la Toussaint, tout le monde brûle d'envie de revenir. La milice ne laisse entrer que ceux qui sont inscrits sur des listes et interdit le passage aux moins de dix-huit ans. Ils viennent tellement heureux de passer un moment, chacun auprès de sa maison, dans son jardin, près de son pommier… D'abord, on pleure sur les tombes, puis chacun retourne à sa cour. Et, là aussi, on pleure et l'on prie. On met des bougies, on ne peut se détacher des enclos des tombes… Parfois, on pose une couronne près de sa maison… On accroche un linge blanc à la porte. Le pope dit la prière : « Frères et sœurs, soyez patients! »

Au cimetière, on apporte des œufs et du pain… Chacun apporte ce qu'il a et s'assoit près de ses proches. On appelle : « Sœurette, je suis venu te rendre visite. Viens manger avec nous. » Ou bien : « Chère maman, cher papa. Papounet! » On invoque les âmes du paradis. Ceux dont les proches sont morts dans le courant de l'année pleurent et les autres ne pleurent pas. On discute, on se souvient et tout le monde prie. Même ceux qui ne savent pas.

— Il n'y a que la nuit que je ne pleure pas. La nuit, il ne faut pas pleurer les morts. À partir du coucher du soleil, je ne pleure plus. Que Dieu dise du bien de leurs âmes! Et qu'ils entrent tous au royaume céleste!

— Une Ukrainienne vend au marché de grandes pommes rouges. Elle crie pour attirer les clients : « Achetez mes pommes! De bonnes pommes de Tchernobyl! » Quelqu'un lui donne un conseil : « Ne dis pas que ces pommes viennent de Tchernobyl. Personne ne va les acheter. – Ne crois pas cela! On les achète bien! Certains en ont besoin pour la belle-mère, d'autres pour un supérieur! »

— Ici, il y a un homme qui sort de prison. Il a été amnistié. Il vivait dans le village voisin. Sa mère est morte, la maison a été démolie et les gravats enfouis sous terre. Il est venu chez nous : « Bonnes gens, donnez-moi du pain et du lard, je couperai du bois. » Il mendie.

— C'est le bordel qui règne dans le pays. Les gens viennent ici pour fuir d'autres gens. Ils fuient la loi et ils vivent seuls. Des étrangers aux mines sévères qui ne vous saluent même pas des yeux. Ils se soûlent et mettent le feu. La nuit, nous dormons avec des fourches et des haches sous nos lits. Et, à l'entrée de la cuisine, nous gardons un marteau pour frapper les intrus.

— Au printemps, un renard enragé courait par ici. Lorsqu'il est enragé, le renard devient tout câlin. Il ne peut pas supporter l'eau. Il suffit de mettre un seau d'eau dans la cour et il n'y a plus rien à craindre. Il s'en va.

— Nous sommes des citoyens émérites. J'ai été partisan. J'ai passé toute une année dans la forêt. Et lorsque les nôtres ont repoussé les Allemands, je me suis retrouvé au front. J'ai écrit mon nom sur le Reichstag : Artiouchenko. Et quand j'ai ôté l'uniforme de soldat, j'ai participé à la construction du communisme. Où est-il, ce communisme?

— C'est chez nous, le communisme… Nous vivons ici comme frères et sœurs…

— L'année où la guerre a commencé, il n'y avait ni champignons, ni baies. Vous ne me croyez pas? La terre elle-même sentait le malheur… L'année 1941. Oh! Je me souviens! Je n'ai pas oublié la guerre… On a dit que les Allemands allaient amener au village une colonne des nôtres, faits prisonniers et que les familles qui retrouveraient les leurs pourraient les récupérer. Les femmes se sont précipitées comme le vent! Et le soir, elles ont ramené chez nous des proches, mais aussi des étrangers. Mais il y avait un salaud… Il vivait comme tout le monde. Marié, père de deux enfants… Il nous a dénoncés à la Kommandantur parce que nous avions protégé des Ukrainiens. Vasko, Sachko… Le lendemain, des soldats sont venus à moto… Nous les avons suppliés, même à genoux… Mais ils les ont fait sortir du village et les ont fusillés. Neuf hommes! Ils étaient jeunes et gentils! Vasko, Sachko…

— Fasse Dieu seulement qu'il n'y ait plus de guerre! J'en ai tellement peur!

— Et moi, je reste plongée dans mes pensées… Sur les tombes… Certains se lamentent à voix haute. D'autres pleurent en silence. D'autres encore psalmodient : « Ouvre-toi, sable jaune. Ouvre-toi, nuit noire. » Tu peux attendre que quelqu'un revienne de la forêt mais, de la terre, jamais. Je demande doucement : « Ivan… Ivan, comment dois-je vivre? » Et il ne me répond rien, ni en bien, ni en mal.

— Je n'ai personne pour qui pleurer, alors je pleure pour tout le monde. Pour des étrangers. Je vais sur leurs tombes et je leur parle…

Je ne crains personne, ni les morts, ni les bêtes, personne. Mon fils vient de la ville et me gronde : « Pourquoi restes-tu toute seule? Et si quelqu'un t'étrangle? » Mais il n'y rien à prendre, chez moi. Il n'y a que des coussins… Les coussins brodés sont le seul ornement des simples maisons de village. Et si un bandit veut entrer, je lui coupe la tête à la hache. Il y a peut-être un Dieu. Ou peut-être qu'il n'y a personne. Mais il y a certainement quelqu'un, là-haut. Et je survis…

— L'hiver, un grand-père a accroché dans la cour un veau fraîchement tué pour le débiter. Et c'est justement à ce moment que l'on a amené une délégation d'étrangers : « Grand-père, que fais-tu? » lui ont-ils demandé. « Je chasse la radiation. »

— Il y a eu des histoires… Les gens racontent des choses… Un homme est resté seul avec un petit garçon en bas âge, après la mort de sa femme. Il s'est mis à boire pour noyer son chagrin… Il enlevait les langes mouillés du bébé et les cachait sous un coussin. Mais sa femme – ou son âme, peut-être – venait la nuit pour laver, sécher et ranger les langes. Une fois, il l'a vue… À peine l'a-t-il appelée qu'elle a fondu dans l'air. Alors les voisins lui ont conseillé de fermer les portes à clé dès qu'elle apparaîtrait : comme ça, elle ne pourrait peut-être pas s'enfuir rapidement. Mais elle n'est plus jamais revenue. Qu'est-ce que c'était? Qui venait?

Vous ne me croyez pas? Mais alors, dites-moi d'où viennent les contes? C'était peut-être la vérité, jadis. Vous qui êtes cultivée…

— Pourquoi Tchernobyl a sauté? Certains disent que c'est la faute des scientifiques. Ils attrapent Dieu par la barbe et, lui, il se moque de nous. Et c'est à nous de souffrir!

On n'a jamais vécu calmement, ici. On a toujours eu peur. Avant la guerre, on arrêtait les gens... Des hommes sont venus dans des voitures noires et ils ont emmené trois gars, droit dans les camps. Ils ne sont jamais revenus. Nous avons toujours eu peur, ici.

— Je n'ai qu'une vache, en tout et pour tout. Mais je la donnerais si seulement cela pouvait éviter une guerre. Qu'est-ce que j'en ai peur!

— Mais Tchernobyl, c'est une guerre par-dessus toutes les guerres...

— Et le coucou chante, et les pies jacassent... Les chevreuils courent. Mais personne ne peut dire s'ils survivront longtemps. Le matin, j'ai regardé dans le jardin : les sangliers ont tout saccagé. On peut faire déménager les gens, mais pas un cerf ou un sanglier.

Une maison ne peut pas rester sans occupant. Et pour l'animal, l'homme est indispensable. Tous cherchent l'homme. Une cigogne s'est posée... Un scarabée est sorti... Je me réjouis de chaque chose.

— Qu'est-ce que j'ai mal, les femmes... Quelle douleur! Je dois tout faire avec prudence... Avec précaution... Ne pas heurter la porte ou le lit, ne toucher à rien, ne pas me cogner. Sinon, malheur, il faut s'attendre à un autre mort. Mon Dieu, pense à eux! Qu'ils entrent dans Ton royaume! Et l'on pleure là où on enterre. Chez nous, il ne reste plus que des tombes... Des tombes tout autour... Des camions bennes rugissent... Des bulldozers... Les maisons qu'on abat... Les fossoyeurs travaillent sans relâche... L'école, le soviet municipal, les bains publics ont été enterrés. C'est le même endroit, mais les gens ne sont plus les mêmes. Je ne sais toujours pas si l'homme a une âme. Le pope nous assure que nous sommes immortels, mais c'est quoi, cette âme? Et où peut-on trouver de la place pour toutes ces âmes, dans le monde de l'au-delà?

Mon homme a mis deux ans à mourir. Je me dissimulais derrière le four et attendais de voir son âme s'envoler. Je suis sortie pour traire la vache et, quand je suis rentrée... Je l'appelle... Il était étendu raide, les yeux ouverts... Son âme s'était envolée... Mais peut-être qu'il n'y avait rien? Alors, comment vais-je le revoir?"

MONOLOGUE SUR LA JOIE D'UNE POULE
QUI TROUVE UN VER

"La première peur? La première peur est tombée du ciel... Elle flottait sur l'eau... Et beaucoup de gens étaient calmes comme des pierres. Je vous le jure sur la sainte Croix! Les hommes âgés buvaient et disaient : « Nous sommes allés jusqu'à Berlin et nous avons vaincu. » C'était comme s'ils nous collaient au mur avec leurs paroles...

Oui, il y a eu la première peur... Dans le jardin et le potager, nous avons trouvé des taupes étouffées. Qui les a étranglées? D'habitude, elles ne sortent pas à la lumière du jour. Quelque chose les avait chassées. Sur la croix, je vous le jure!

Mon fils m'a appelée de Gomel :

« Vois-tu des hannetons voler?

— Il n'y a pas de hannetons. On ne voit même pas leurs larves. Ils se cachent.

— Et des vers de terre?

— Lorsque la poule en trouve un, elle est contente. Mais il n'y en a pas, non plus.

— C'est le premier signe : là où il n'y a pas de hannetons ni de vers de terre, la radiation est très forte.

— Qu'est-ce que c'est, la radiation?

— Maman, c'est une sorte de mort. Tu dois convaincre papa de partir. Vous passerez quelque temps chez nous.

— Mais nous n'avons pas encore planté notre potager... »

Si tout le monde était intelligent, il n'y aurait pas eu de sots. La centrale brûlait? Et alors? L'incendie est un phénomène temporaire. Personne n'avait peur. Nous ne connaissions pas l'atome. Je vous le jure sur la sainte Croix! Et nous vivions tout près de la centrale : à trente kilomètres à vol d'oiseau. À quarante par la route. C'était très bien. On prenait le bus pour y aller. Ils étaient approvisionnés comme les magasins de Moscou. Du saucisson bon marché et de la viande à tout moment dans les magasins. C'était le bon temps!

Aujourd'hui, il ne reste que la peur... On prétend que les grenouilles et les moustiques survivront, mais que les gens mourront tous. Que la vie continuera sans les humains. Ce sont des contes et des racontars, mais il y a des crétins qui aiment les écouter. Et pourtant, il n'y a pas de conte sans une parcelle de vérité. C'est une vieille chanson…

À la radio, on nous fait toujours peur avec la radiation, mais nous vivons mieux avec elle. Je vous le jure sur la Croix! On nous a livré des oranges et du saucisson. De trois sortes, s'il vous plaît! Dans un village! Mes petits-enfants ont visité des pays lointains. La plus petite revient de France. C'est de là que Napoléon nous a attaqués, il y a longtemps. « Grand-mère, j'ai vu des ananas! » Un autre de mes petits-fils a été soigné à Berlin… C'est de là que Hitler a foncé sur nous avec ses chars… C'est un autre monde, maintenant. Tout est différent… Est-ce la faute de la radiation? Et comment est-elle? Vous l'avez peut-être vue au cinéma? De quelle couleur? Certains disent qu'elle n'a ni couleur ni odeur, et d'autres qu'elle est noire. Comme la terre! Et si elle n'a pas de couleur, alors elle est comme Dieu. Dieu est partout, mais personne ne le voit. On nous fait peur, mais il y a des pommes sur les branches et des feuilles sur les arbres. Et des pommes de terre dans les champs… Je crois qu'il n'y a pas eu de Tchernobyl. Qu'on a tout inventé… On a trompé les gens… Ma sœur et son mari sont partis, pas très loin d'ici, à vingt kilomètres. Ils y ont passé deux mois. Une voisine est allée les voir :

« Votre vache a contaminé la mienne avec la radiation. Elle est en train de mourir.

— Mais comment a-t-elle bien pu la contaminer?

— La radiation vole dans l'air, comme de la poussière. Elle est volante. »

Vraiment des contes… Et des bobards!

Mais quand j'y réfléchis, il y a des morts dans chaque maison… Qu'est-ce que je peux ajouter d'autre? Il faut bien vivre…

Auparavant, nous battions nous-mêmes le beurre et la crème fraîche. Nous faisions notre propre fromage blanc. Notre propre fromage. Nous cuisinions des pâtes au lait. Est-ce que l'on mange cela, en ville? On verse de l'eau dans la farine et l'on mélange. Cela donne des morceaux de pâte que l'on jette dans l'eau bouillante. On les fait cuire, puis on y ajoute le lait. Ma mère me montrait comment faire et elle ajoutait : « Les enfants, vous allez l'apprendre de la même manière que ma mère me l'a appris. » Nous buvions du jus de bouleau et d'érable. On cuisinait des haricots verts dans des marmites, au four, à la vapeur. On faisait du coulis de canneberge… Pendant la guerre, on ramassait les orties et les feuilles d'arroche. La faim nous gonflait le ventre, mais nous ne mourions pas… Les baies de la forêt, les champignons… Et maintenant… Nous pensions que ce qui bouillait dans les marmites était éternel. Je n'aurais jamais cru que cela pourrait changer. Mais c'est ainsi… On ne peut plus boire du lait. Ni cuisiner des haricots. On nous interdit de cueillir des champignons ou des baies. On nous demande de tremper la viande dans l'eau pendant trois heures. Et de changer deux fois l'eau des pommes de terre pendant la cuisson. Mais comment peut-on combattre Dieu ? Il faut vivre ! On nous dit que même l'eau est contaminée. Pourtant, on ne peut pas vivre sans eau. Dans chaque homme, il y a de l'eau. Même dans les pierres, il y a de l'eau. L'eau est éternelle. Toute la vie provient d'elle… Et auprès de qui nous renseigner ? Personne ne dit rien. Quant à Dieu, on lui fait des prières, mais on ne lui demande rien. Il faut vivre…"

Anna Petrovna Badaïeva,
résidente sans autorisation.

MONOLOGUE SUR UNE CHANSON SANS PAROLES

"Je m'incline bien bas devant vous… Et je me demande s'il vous serait possible de nous retrouver Anna Souchko. Elle habitait notre village. Le village de Kojouchki… Anna Souchko, qu'elle s'appelle ! Je vais vous donner son signalement et vous le publierez. Elle a une bosse et elle est muette de naissance… Elle vivait seule… Elle doit avoir soixante ans. Pendant l'évacuation, on l'a fait monter dans une ambulance et on l'a emmenée dans une direction inconnue. Elle était analphabète, voilà pourquoi elle ne nous a pas écrit. On a placé les personnes seules et malades dans des foyers. Pour les cacher. Mais personne ne connaît l'adresse… Publiez cela…

Au village, tout le monde avait pitié d'elle. On la soignait comme un enfant. L'un lui coupait du bois, l'autre lui apportait du lait. Un autre encore passait la soirée chez elle, pour lui faire du feu… Cela fait deux ans que nous sommes rentrés, après avoir roulé nos bosses. Faites-lui savoir que sa maison est toujours là. Le toit et les cadres des fenêtres sont intacts. Et nous reconstruirons ensemble ce qui a été cassé et volé. Donnez-nous seulement l'adresse où elle vit et souffre et nous irons la chercher. Pour qu'elle ne meure pas d'angoisse. Je vous remercierai bien bas. C'est une âme innocente qui souffre dans un monde étranger…

J'oubliais… Il y a encore un signe : lorsqu'elle a mal quelque part, elle gémit une chanson. Sans paroles, vu qu'elle ne peut pas parler. Quand elle a mal, elle gémit : a-a-a… Elle se plaint."

Maria Voltchok, une voisine.

TROIS MONOLOGUES SUR UNE PEUR TRÈS ANCIENNE

La famille K. La mère et la fille. Et le mari de la fille qui n'a pas dit un seul mot.

La fille :

"Au début, je pleurais tout le temps. J'avais envie de pleurer et de parler… Nous venons du Tadjikistan, de Douchanbe… Là-bas, c'est la guerre.

Je ne dois pas en parler… Je suis enceinte, j'attends un bébé. Mais je vais vous raconter… Un groupe est monté dans le bus pour un contrôle d'identité… Des civils, mais armés de pistolets-mitrailleurs. Ils ont vérifié les papiers et poussé deux hommes dehors. Et là, près des portes, ils ont tiré sur eux. Ils n'ont même pas pris la peine de les emmener un peu de côté. Je n'aurais jamais pu le croire, mais je l'ai vu… J'ai vu comment on a fait descendre ces deux hommes. L'un était jeune et beau. Il leur criait, en tadjik et en russe, que sa femme venait d'accoucher, qu'il avait trois enfants en bas âge. C'étaient des gens ordinaires, mais armés de mitraillettes. Il est tombé… Il leur baisait les pieds… Tout le monde se taisait dans l'autobus. À peine avions-nous démarré : ta-ta-ta-ta… J'ai eu peur de regarder en arrière…

Je ne dois pas en parler… J'attends un bébé… Mais je vais vous raconter… Seulement ne dites pas mon nom, juste mon prénom, Svetlana. J'ai de la famille là-bas… On les tuera. Je croyais, avant cela, qu'il n'y aurait plus jamais de guerre. Un grand pays, estimé. Le plus fort ! On nous disait que nous vivions modestement, au pays des Soviets. Que nous vivions pauvrement parce qu'il y avait eu la grande guerre et que le peuple en avait tant souffert! Mais que, dorénavant, avec la puissance de notre armée, personne n'oserait plus nous toucher. Personne ne pourrait nous vaincre! Et nous nous sommes mis à tirer les uns sur les autres... Maintenant, c'est une guerre différente de celle dont me parlait mon grand-père qui était au front et est entré en Allemagne avec l'armée soviétique. Maintenant, les voisins s'entre-tuent, les anciens camarades de classe se font la guerre et violent les filles de leur école. Tout le monde est devenu fou...

Nos maris se taisent. Les hommes se taisent, ici. Ils ne vous diront rien. On criait dans leur dos qu'ils s'enfuyaient comme des femmes. Qu'ils étaient lâches, des traîtres à la patrie. Mais que faire s'ils ne peuvent pas tirer? Mon mari est tadjik. Il devait faire la guerre et tuer. Et lui, il me disait : « Partons! Je ne veux pas aller à la guerre. Je n'ai pas besoin d'armes. » C'est sa terre, là-bas, mais il est parti parce qu'il ne voulait pas tuer d'autres Tadjiks, ses semblables. Mais il se sent très seul ici. Au pays, ses frères combattent. L'un d'eux a été tué. C'est là-bas que vivent sa mère et ses sœurs. Nous sommes venus par le train de Douchanbe. Les vitres étaient cassées et il faisait froid. On ne nous tirait pas dessus, mais on jetait des pierres par les fenêtres. Voilà pourquoi les vitres étaient brisées. « Russes, criait-on, fichez le camp d'ici! Sales occupants! Vous nous avez assez pillés! » Or il est tadjik, et il entendait tout cela. De même que nos enfants. Notre fille de sept ans était amoureuse d'un garçon tadjik. En rentrant de l'école, elle m'a demandé : « Maman, qui suis je? Une Tadjik ou une Russe? » Comment lui expliquer?

Je ne peux pas en parler... Mais je vais tout de même vous raconter... Chez eux, les Tadjiks du Pamir font la guerre aux Tadjiks de Kouliab. Ils sont tous tadjiks et croient tous au Coran, mais ceux de Kouliab tuent ceux du Pamir et réciproquement. D'abord, ils se sont rassemblés sur la place pour crier et prier. Je voulais comprendre, j'y suis allée. J'ai demandé à un groupe d'anciens : « Contre qui êtes-vous? » Et ils m'ont répondu : « Contre Parlement. On nous a dit que c'était un très mauvais homme, ce Parlement. » Puis, la place s'est vidée et ils se sont mis à tirer. C'est aussitôt devenu un pays inconnu. L'Orient! Jusque-là, nous avions l'impression de vivre sur notre terre. Selon les lois soviétiques. Il y a tellement de tombes russes, mais plus personne pour y pleurer... Des troupeaux paissent dans les cimetières russes... Des chèvres... Des vieillards russes se terrent dans les décharges, cherchent des restes pour survivre...

J'étais infirmière dans une maternité. J'avais pris un service de nuit. Une femme accouchait difficilement, dans la douleur… Soudain, une aide-soignante entre dans la salle, sans gants stériles, sans blouse stérile! Que se passait-il donc pour que quelqu'un entrât en habit de ville dans une salle d'accouchement? « Les filles! criait-elle. Des bandits! » Ils étaient armés et portaient des masques noirs. Et ils ont couru vers nous : « Des drogues! De l'alcool! » Ils ont collé le médecin au mur : « Donne! » Et à ce moment la femme qui accouchait a poussé un cri de soulagement. Et le bébé s'est mis à crier. Je me suis penchée sur lui. Je ne sais même pas si c'était un garçon ou une fille. Il n'avait pas de nom. Rien. Et les bandits de nous demander : « Est-ce une femme de Kouliab ou du Pamir? » Ils n'ont pas demandé si c'était un garçon ou une fille, mais si le bébé était d'une ethnie ou de l'autre. Nous nous sommes tues. Et eux, de hurler : « Elle est d'où, cette bonne femme? » Comme nous ne leur donnions pas de réponse, ils ont saisi le bébé – qui n'est resté que quelques minutes en ce bas monde – et l'ont jeté par la fenêtre! Je suis infirmière. J'ai vu plus d'une fois mourir des enfants… Mais là… Je n'ai pas le droit de me souvenir de telles choses. *(Elle pleure.)* Comment vivre? Comment donner naissance après cela? *(Elle pleure.)*

Cette histoire à la maternité m'a fait attraper un eczéma sur les bras. Je n'avais plus envie de me lever du lit… *(Elle pleure.)* Dès que j'approchais de l'hôpital, je faisais demi-tour. J'étais déjà enceinte. Je ne pouvais pas accoucher là-bas. Nous sommes venus ici, en Biélorussie. À Narovlia… C'est une petite ville paisible. Ne me posez pas d'autres questions… Je vous ai tout raconté… *(Elle pleure.)* Attendez… Je veux que vous sachiez… Je n'ai pas peur de Dieu, j'ai peur de l'homme. Au début, nous demandions : « Où est-elle, cette radiation? » Et on nous répondait : « Là où vous êtes. » Alors, elle est partout, non? *(Elle pleure.)* Il y a beaucoup de maisons vides… Les gens sont partis… Ils avaient peur…

Mais moi, j'ai moins peur ici que là-bas. Nous n'avons plus de patrie, nous n'appartenons à personne. Les Allemands sont partis en Allemagne[1], les Tatars sont retournés en Crimée dès qu'ils l'ont pu[2] mais, nous autres les Russes, personne n'a besoin de nous. Que

---

1. Il s'agit des Allemands de la Volga.
2. Les Tatars de Crimée avaient été déportés en masse en Asie centrale, sous Staline, en 1944.

pouvons-nous espérer? À quoi pouvons-nous nous attendre? La Russie n'a jamais sauvé ses gens, parce qu'elle est grande, infinie. À vrai dire, je n'ai pas l'impression que la Russie soit ma patrie. Nous avons été élevés différemment : notre patrie était l'Union soviétique. Et maintenant, on ne sait plus comment sauver son âme. Mais ici, personne ne fait claquer la culasse de son arme et c'est déjà merveilleux. On nous a donné une maison, du travail pour mon mari. J'ai écrit à des amis qui sont venus s'installer définitivement, ici. Ils sont arrivés hier soir et avaient peur de quitter la gare. Ils sont restés assis sur leurs valises sans même laisser sortir leurs enfants, jusqu'au matin. Et puis, là, ils ont vu les gens dans la rue, qui rient, qui fument… Nous les avons conduits jusqu'à la maison. Ils n'en revenaient pas de tout cela, parce qu'ils ont perdu là-bas toute habitude de vivre normalement. Ils sont allés au magasin, ils ont vu du beurre, de la crème et ils nous ont raconté qu'ils ont acheté cinq bouteilles de crème liquide et les ont bues sur place. Les gens les regardaient comme des malades… Mais cela faisait deux ans qu'ils n'avaient pas vu de beurre ou de crème. Là-bas, il n'est même pas possible d'acheter du pain. C'est la guerre. C'est impossible à expliquer à quelqu'un qui n'a pas vu la guerre d'aujourd'hui…

Là-bas, mon âme était morte… Comment donner naissance avec une âme morte? Ici, il y a peu de gens. Beaucoup de maisons sont vides. Nous vivons à l'orée du bois… J'ai peur lorsqu'il y a beaucoup de monde. Comme à la gare… Comme à la guerre…" *(Elle sanglote puis se tait.)*

La mère :

"De la guerre… Je ne peux parler que de la guerre… Pourquoi sommes-nous venus ici? Sur la terre de Tchernobyl. Parce que personne ne nous chassera d'ici. De cette terre. Elle n'appartient plus à personne. Dieu l'a prise. Les gens l'ont laissée…

À Douchanbe, je travaillais comme directrice adjointe de la gare. Il y avait un autre directeur adjoint, un Tadjik. Nos enfants ont grandi ensemble, ont étudié ensemble. Nous étions assis à la même table pendant les fêtes du Nouvel An ou du Premier Mai. Nous buvions du vin ensemble et mangions du pilaf. Il m'appelait sa « petite sœur », sa « sœur russe ». Et puis, un beau jour, il vient au travail, s'arrête devant ma table – nous partagions le même bureau – et me crie :

« Quand vas-tu enfin ficher le camp et rentrer dans ton pays? C'est notre terre, ici! »

Sur le moment, j'ai cru que ma tête allait exploser. J'ai bondi :
« Ta veste, d'où vient-elle ?
— De Leningrad », répond-il, surpris.
« Enlève cette veste russe, salopard ! »
Je la lui arrache.
« Et ta chapka, d'où vient-elle ? Tu t'es vanté qu'on te l'a envoyée de Sibérie ! Enlève-la, salaud ! Et donne ta chemise et ton pantalon, confectionnés à Moscou ! Ils sont russes, eux aussi ! »
Je l'aurais déshabillé jusqu'au slip. C'était un type énorme et je lui arrivais tout juste à l'épaule, mais je me sentais d'une force folle. Je lui aurais tout arraché. Des collègues se rassemblaient autour de nous. Il s'est écrié :
« Laisse-moi tranquille, tu es folle !
— Non, rends-moi tout ce qui est russe ! Je vais prendre tout ce qui m'appartient. Les chaussettes… Les chaussures… »
J'ai failli perdre la raison.
Nous travaillions jour et nuit… Les trains étaient bondés. Les gens fuyaient… Beaucoup de Russes sont partis : des milliers ! Des dizaines de milliers ! Toute une Russie. Un jour, à deux heures du matin, j'ai fait partir un train pour Moscou, mais un groupe d'enfants de Kourgan-Tioubé est resté dans la salle d'attente : ils étaient arrivés trop tard pour ce train-là. Je les ai enfermés dans la salle pour les cacher. Deux hommes se sont approchés de moi. Armés de mitraillettes.
« Qu'est-ce que vous faites là, les gars ? »
Mon cœur tremblait.
« C'est quoi, ces gosses, là-bas ?
— Des nôtres. Des enfants de Douchanbe !
— Ils ne viendraient pas plutôt de Kouliab ?
— Non, non, ce sont les nôtres. »
Ils sont partis. Mais s'ils étaient entrés dans la salle ? Ils les auraient tous… Et moi aussi, par la même occasion : une balle entre les deux yeux ! Là-bas, il n'y avait qu'un seul pouvoir : l'homme au fusil. Le matin, j'ai mis les enfants dans le train pour Astrakhan. J'ai donné des ordres pour qu'on les transporte comme des pastèques, qu'on n'ouvre pas les portes. *(Elle se tait d'abord, puis pleure longtemps.)* Il n'y a rien de plus horrible que l'homme ?
Ici, lorsque je marchais dans la rue, je me retournais sans cesse. J'avais l'impression que l'on me suivait. Tout près. Il ne se passait

pas un seul jour où je ne pensais pas à la mort... Je sortais de la maison avec des habits toujours fraîchement lavés et du linge propre, au cas où on me tuerait. Et maintenant, je me promène toute seule dans la forêt et je n'ai pas peur. Il n'y a personne dans la forêt. Pas âme qui vive. Je me promène et je me demande si tout cela m'est vraiment bien arrivé. Si ce ne sont pas les souvenirs de quelqu'un d'autre. Parfois, je croise des chasseurs avec des fusils, des chiens, des dosimètres. Ils portent aussi des armes, mais ils ne sont pas comme ceux de là-bas : ils ne chassent pas l'homme. Je les entends tirer et je sais qu'ils visent des lapins ou des corneilles. *(Elle se tait.)* Voilà pourquoi je n'ai pas peur, ici... Je n'ai pas peur de la terre ou de l'eau, j'ai peur de l'homme... Là-bas, pour cent dollars, on peut acheter une mitraillette au marché...

Je me souviens d'un gars, un Tadjik, qui courait après un autre. À la manière que celui-ci avait de galoper, de haleter, il était évident que son poursuivant voulait le tuer. Il est néanmoins parvenu à se cacher, à s'enfuir... Alors le Tadjik revient et, en passant près de moi, il me demande sur un ton habituel, comme si de rien n'était : « Dis, p'tite mère, est-il possible de boire un verre d'eau, ici ? » Je lui ai montré le réservoir de la gare, puis je l'ai regardé droit dans les yeux et lui ai demandé : « Pourquoi vous traquez-vous les uns les autres ? Pourquoi vous entre-tuez-vous ? » J'ai eu l'impression qu'il avait honte. « Allez, p'tite mère, calmez-vous ! » Quand ils sont plusieurs, ils sont différents. À deux ou trois, ils m'auraient fusillée. Mais quand ils sont seuls, on peut leur parler.

De Douchanbe, nous sommes partis pour Tachkent. Notre intention était de continuer sur Minsk, mais on nous a dit qu'il n'y avait plus de billets ! Chez eux, c'est ainsi : sans pot-de-vin, pas d'avion, mais des tracasseries à n'en plus finir : ceci on ne peut pas l'exporter, cela crée un excédent de poids... J'ai fini par comprendre et je leur ai graissé la patte... « Il fallait commencer par là, au lieu de discuter ! » Mais, avant cela, on m'a tourmentée pendant deux jours. Nous avions un conteneur de deux tonnes. « Vous venez d'un point chaud, me disait-on. Et si vous transportiez des armes ou de la drogue ? » J'ai fini par me rendre chez le responsable et, là, dans la salle d'attente, j'ai fait la connaissance d'une femme bien qui m'a renseignée : « Vous n'obtiendrez rien, ici. Si vous réclamez justice, on jettera votre conteneur dans la rue et on vous volera tout. » Il a bien fallu le décharger. Mais qu'est-ce que nous avions ? Des vêtements, des matelas, un vieux frigo, deux sacs de livres... « Vous avez peut-être des livres rares ? » Ils ont regardé : *Que faire ?* de Tchernychev-ski, *Terres défrichées* de Cholokhov... Ils ont ri.

« Combien de frigos avez-vous ?

— Un seul, et il a même été cassé dans le transport.

— Pourquoi n'avez-vous pas fait de déclaration ?

— Comment pouvions-nous le savoir ? C'est la première fois que nous quittons une zone de guerre... »

Pendant que les nôtres sont tous collés à la télé pour grappiller des informations sur ce qui se passe là-bas, moi je me promène dans la forêt pour réfléchir. Je ne veux rien savoir.

J'avais une vie... Une autre vie... J'étais quelqu'un d'important. J'avais un grade militaire : lieutenant-colonel du train. Ici, je me suis retrouvée au chômage puis j'ai trouvé du travail comme femme de ménage à la mairie. Je lave les planchers... J'ai vécu toute une vie et je n'ai pas la force d'en entamer une seconde... Ici, certains ont pitié de nous. D'autres sont mécontents : « Les réfugiés volent les pommes de terre. Ils viennent les déterrer la nuit. » Ma mère me disait que, pendant l'autre guerre, les gens avaient pitié les uns des autres. Récemment, on a découvert le cadavre d'un cheval revenu à l'état sauvage. À un autre endroit, c'était un lapin. Et ils étaient morts tout seuls. Personne ne les avait tués. Cela a inquiété tout le monde. Mais lorsque l'on a trouvé un vagabond, tout aussi mort, cela n'a fait ni chaud ni froid à personne. J'ignore pourquoi, mais les gens ont pris l'habitude de voir mourir des hommes..."

Lena M. vient, elle, de Kirghizie. Sur le seuil de sa maison, se tenaient, comme pour une photo, ses cinq enfants et leur chat Metelitsa.

"Nous sommes partis comme pour fuir une guerre... Nous avons vite rassemblé nos affaires, et le chat nous a suivis jusqu'à la gare, collé à nos talons. Alors nous l'avons emmené. Le voyage en train nous a pris douze jours. Les deux derniers jours, nous n'avions presque plus rien à manger. Des passagers montaient la garde aux portes des voitures, armés de haches, de marteaux ou de piques. Une nuit, des bandits nous ont attaqués. Ils ont failli nous tuer. Aujourd'hui, on peut tuer pour une télé ou un frigo. Nous partions comme pour fuir la guerre même si, en Kirghizie, personne ne tirait encore sur per-sonne. Certes, à l'époque de Gorbatchev, il y a bien eu un massacre sauvage, à Och, entre Kirghizes et Ouzbeks, mais cela s'est calmé, depuis… Il y avait simplement quelque chose dans l'air, dans les rues… Et nous avions peur… Les Russes, c'est sûr, mais aussi les Kirghizes… Dans les queues, pour le pain, ils criaient : « Les Russes hors d'ici ! La Kirghizie aux Kirghizes ! » Et ils nous poussaient hors de la file en ajoutant en kirghize quelque chose dans le genre qu'ils n'avaient pas assez de pain pour eux-mêmes et qu'ils n'allaient pas en plus nous nourrir. Je comprends mal leur langue, mais je sais tout de même quelques mots, pour faire les courses.

Précédemment, nous avions une patrie, mais maintenant, elle a disparu. Qui suis-je ? Ma mère est ukrainienne, mon père russe, je suis née en Kirghizie, où j'ai grandi, et j'ai épousé un Tatar. Et mes enfants ? Quelle est leur nationalité ? Nous sommes tous mélangés. Notre sang est mélangé. Sur nos papiers d'identité, il est indiqué que nous sommes des Russes. Or, nous ne sommes pas des Russes, mais des Soviétiques ! Seulement, le pays qui m'a vue naître n'existe plus. Ni ce lieu que nous appelions patrie, ni cette époque qui était aussi notre patrie. Nous sommes maintenant comme des chauves-souris. J'ai cinq enfants : mon fils aîné est en seconde et la plus petite va au jardin d'enfants. Notre pays n'existe plus, mais nous continuons de vivre.

Je suis née là-bas. J'y ai grandi. J'y ai contribué à construire une usine. J'y ai travaillé. « Va là où se trouve ta terre. Ici, tout est à nous. » On ne m'a permis de rien prendre, à part les enfants. « Tout est à nous ! » Et où se trouve ce qui est à moi ? Les gens s'enfuient. Ils partent. Tous des Russes. Des Soviétiques. Personne n'a besoin d'eux… Personne ne les attend…

Avant, j'étais heureuse. Tous mes enfants viennent de l'amour. Je les ai eus comme ça : garçon, garçon, garçon, puis fille, fille. Je ne peux plus rien dire… J'ai envie de pleurer. *(Elle ajoute quand même quelques mots :)* Nous allons vivre à Tchernobyl. Désormais, notre maison est ici. Tchernobyl est notre maison, notre patrie… *(Soudain, elle sourit.)* Ici, les oiseaux chantent comme partout. Et il y a un monument à Lénine… *(Près de la porte, en nous disant au revoir.)* Tôt le matin, nous avons entendu des coups de marteau dans la maison d'à côté : on enlevait les planches clouées sur les fenêtres. Il y avait une femme :

« D'où venez-vous ?

— De Tchétchénie. »

Elle n'ajoute rien. Elle se contente de pleurer.

Les gens me posent des questions et s'étonnent. L'un d'eux m'a posé la question tout de go : est-ce que j'aurais emmené mes enfants dans un endroit où sévirait la peste, ou le choléra? Mais moi, je connais la peste ou le choléra. Je sais ce dont il s'agit. Mais, la peur dont on parle, ici, je ne la connais pas. Je ne l'ai pas dans ma mémoire…"

MONOLOGUE SUR L'HOMME QUI N'EST RAFFINÉ QUE DANS LE MAL, MAIS SIMPLE ET ACCESSIBLE DANS LES MOTS TOUT BÊTES DE L'AMOUR

"Je me suis enfui. Je me suis enfui du monde… Au début, je passais mon temps dans les gares. Elles me plaisaient bien parce qu'il y avait toujours de la foule alors que j'étais tout seul. Et puis je suis arrivé ici. Ici, c'est la liberté…

J'ai oublié ma propre vie… Ne me posez pas trop de questions. Je me souviens de ce que j'ai lu dans les livres et de ce que d'autres gens m'ont raconté, mais ma vie à moi, je l'ai oubliée. J'étais jeune… J'ai un péché sur ma conscience… Mais il n'y a pas de péché que Dieu ne pardonne si le repentir est sincère…

L'homme ne peut pas être heureux. Il ne doit pas l'être. Dieu a vu Adam seul et lui a donné Ève. Pour le bonheur et non pour le péché! Mais l'homme ne réussit pas à être heureux… Moi, je n'aime pas le crépuscule. La pénombre… Cette heure entre chien et loup, comme maintenant. Le passage de la lumière à la nuit. À ce jour, je ne parviens pas à comprendre où je suis allé. C'est ainsi. Et cela m'est indifférent : je peux vivre comme je peux ne pas vivre. La vie de l'homme est comme l'herbe : elle pousse, se dessèche et brûle. J'aime méditer… Ici, on peut mourir de froid, ou attaqué par une bête sauvage. Pas une âme sur des dizaines de kilomètres. On chasse le diable par le jeûne et la prière. Le jeûne pour la chair. La prière pour l'âme. Mais je ne me sens jamais seul. Un croyant ne peut pas être seul. Je parcours les villages… Avant, je trouvais des pâtes, de la farine, de l'huile, des conserves… Maintenant, je mendie sur les tombes. On laisse aux morts à boire et à manger, mais ils n'en ont pas besoin. Ils ne m'en veulent pas… Dans les champs, je trouve du blé sauvage. Dans la forêt, des champignons et des baies. Ici, on est libre.

J'ai lu dans les livres, chez le père Serguéï Boulgakov, que « Dieu a créé assurément le monde, alors le monde ne peut pas échouer complètement ». Il faut donc « subir l'histoire avec courage et jusqu'au bout ». C'est ainsi... Et un autre philosophe dont j'ai oublié le nom a dit : « Le mal, au fond, n'est pas une chose en soi, mais la privation du bien, de même que les ténèbres ne sont que l'absence de lumière... » Il est facile de se procurer des livres, ici. Il n'y a plus une cruche, une fourchette, une cuillère, mais les livres sont toujours là. Récemment, j'ai trouvé du Pouchkine... « La pensée de la mort est chère à mon âme. » Je l'ai retenu... Voilà, c'est ainsi... « La pensée de la mort... » Je suis tout seul, ici. Je pense à la mort. Je me suis rendu compte que j'aimais méditer. Le silence favorise la préparation... L'homme vit au milieu de la mort, mais il ne comprend pas son essence. Et je suis seul, ici... Hier, j'ai chassé de l'école une louve et ses louveteaux qui s'y étaient installés.

Une question : le monde que reflète la parole est-il vrai ? La parole est entre l'homme et son âme... C'est ainsi.

Et je vais vous dire autre chose : les oiseaux, les arbres, les fourmis sont plus proches de moi qu'auparavant. Je pense à eux, aussi. L'homme est terrible... Et imprévisible... Mais ici, je n'ai pas envie de tuer qui que ce soit. Je pêche à la ligne, mais je ne tire pas sur les animaux. Et je ne pose pas de chausse-trapes... Je n'ai pas envie de tuer, ici.

Le prince Mychkine[1] disait : « Peut-on voir un arbre et ne pas être heureux ? » C'est ainsi... J'aime penser. Et, le plus souvent, l'homme se plaint au lieu de réfléchir...

Pourquoi regarder le mal ? Il nous inquiète, bien sûr... Le péché, ce n'est pas de la physique. Il est indispensable de reconnaître ce qui n'existe pas. La Bible dit : « Pour un initié, c'est une chose, pour les autres, c'est une parabole. » Si l'on prend un oiseau, ou un autre être vivant, nous ne pouvons pas les comprendre car ils vivent pour eux-mêmes et non pour les autres. C'est ainsi...

Les animaux vont à quatre pattes. Ils regardent la terre et ils penchent la tête vers la terre. Seul l'homme est debout, et il tend vers le ciel les bras et le visage. Vers la prière... Vers Dieu ! Les vieilles, à l'église, prient : « Que Dieu nous pardonne nos péchés. » Mais ni les scientifiques, ni les ingénieurs, ni les militaires ne les reconnaissent.

---

1. Héros de *L'Idiot* de Dostoïevski.

Ils pensent : « Je n'ai rien de quoi me repentir. Pourquoi devrais-je le faire ? » C'est ainsi...

Je prie avec simplicité... Dans ma tête... Mon Dieu, appelle-moi ! Entends-moi ! L'homme n'est raffiné que dans le mal. Mais combien il est simple et accessible dans les mots tout bêtes de l'amour. Même chez les philosophes, le verbe ne parvient pas à traduire totalement la pensée. Le mot ne correspond exactement à ce qu'il y a dans l'âme que dans la prière. Je le sens physiquement. Mon Dieu, appelle-moi ! Entends-moi !

Et l'homme également.

Je crains l'homme. Et pourtant, j'ai toujours envie de le rencontrer. Un homme bon... Mais ici, il n'y a que des bandits qui se cachent ou des hommes comme moi... Des martyrs...

Quel est mon nom ? Je n'ai pas de papiers d'identité. Une fois, la milice m'a arrêté... On m'a roué de coups.

« Pourquoi vagabondes-tu ?

— Je ne vagabonde pas, je me repens. »

Ils m'ont battu encore plus fort. Ils m'ont frappé sur la tête... De sorte que vous pouvez me présenter comme Nikolaï, serviteur de Dieu et, désormais, homme libre."

LE CHŒUR DES SOLDATS

Artiom Bakhtiarov, soldat ; Oleg Vorobeï, liquidateur[1] *; Vassili Goussinovitch, conducteur-explorateur ; Guennadi Demenev, milicien ; Vitali Karbalevitch, liquidateur ; Valentin Komkov, conducteur, soldat ; Edouard Korotkov, pilote d'hélicoptère ; Igor Litvine, liquidateur ; Ivan Loukachouk, soldat · Alexandre Mikhalevitch, dosimétriste ; Oleg Pavlov, pilote d'hélicoptère ; Anatoli Rybak, commandant d'une unité de garde ; Victor Sanko, soldat ; Grigori Khvorost, liquidateur ; Alexandre Chinkievitch, milicien ; Vladimir Chved, capitaine ; Alexandre Iassinski, milicien*[2].

1. C'est ainsi que l'on appelait les spécialistes civils ou militaires chargés de "liquider" les conséquences de l'accident.
2. Toutes les énumérations de noms de personnes sont dans l'ordre alphabétique cyrillique.

"Notre régiment fut réveillé par le signal d'alarme. On ne nous annonça notre destination qu'à la gare de Biélorussie, à Moscou. Un gars protesta – je crois qu'il venait de Leningrad. On le menaça de cour martiale. Le commandant lui dit, devant les compagnies rassemblées : « Tu iras en prison ou seras fusillé. » Mes sentiments étaient tout autres. À l'opposé. Je voulais faire quelque chose d'héroïque. Comme poussés par une sorte d'élan enfantin, la plupart des gars pensaient comme moi. Des Russes, des Ukrainiens, des Kazakhs, des Arméniens… Nous étions inquiets, bien sûr, mais gais en même temps, allez savoir pourquoi !

Eh bien, nous y sommes allés, à la centrale. Chacun d'entre nous a reçu une blouse et une calotte blanche et un masque de gaze. Nous avons nettoyé le territoire. Une journée, nous travaillions en bas, à sortir les décombres et gratter des surfaces, et une journée en haut, sur le toit du réacteur. À la pelle. Les robots ne fonctionnaient plus, les appareils et les machines devenaient dingues, mais nous travaillions. Et nous en étions fiers !"

"Nous sommes entrés… Une pancarte annonçait « Zone interdite ». Je ne suis pas allé à la guerre, mais j'avais le sentiment de quelque chose de connu… C'était quelque part dans ma mémoire. Impossible de dire d'où cela venait, mais c'était lié à la mort…

En chemin, nous croisions des chiens et des chats errants. Parfois, ils se comportaient bizarrement et fuyaient les gens. Je ne comprenais pas ce comportement jusqu'au moment où l'on nous a ordonné de tirer systématiquement sur eux… Les maisons étaient sous scellés, les machines agricoles des kolkhozes abandonnées. C'était un spectacle intéressant. Il n'y avait personne à part nous, les patrouilles de la milice. Nous pénétrions dans certaines maisons. Des photos étaient accrochées aux murs, mais les occupants n'étaient pas là. Des papiers jonchaient le sol : cartes des Jeunesses communistes, certificats, diplômes d'honneur… Dans une maison, nous avons emprunté une télé, mais temporairement. Je n'ai pas vu que quelqu'un ait emporté chez lui un quelconque objet. D'abord, nous avions le sentiment que les gens allaient rentrer. Ensuite, c'était… Tout semblait lié à la mort…

Nous sommes allés faire des photos dans le bloc, près du réacteur. Nous avions envie de nous en vanter, à la maison. Nous avions peur et, en même temps, une curiosité irrésistible nous poussait. Moi, je n'ai pas pris de risques. Je pensais à ma femme qui est jeune, mais beaucoup de gars prenaient un grand verre de vodka et y allaient…"

"Une maison abandonnée. La porte d'entrée était fermée. À l'intérieur, il y avait un chaton sur le rebord de la fenêtre. Je pensais qu'il était en terre cuite. Je me suis approché : il était vivant. Il avait mangé toutes les fleurs des pots. Des géraniums. Comment était-il entré? À moins qu'on ne l'ait oublié.

Sur la porte, il y avait un mot : « Cher homme, ne cherche pas des objets de valeur, nous n'en avions pas. Utilise ce dont tu as besoin, mais sans marauder. Nous reviendrons. » Sur d'autres portes, il y avait des inscriptions à la peinture : « Pardonne-nous, notre maison! » On disait adieu à son foyer comme à un homme. D'autres écrivaient : « Nous partons ce matin » ou bien « Nous partons ce soir ». Parfois, ils ajoutaient la date et même les heures et les minutes. J'ai vu également des mots sur des pages de cahier arrachées : « Ne tue pas la chatte. Les rats vont tout manger. » Une écriture d'enfant : « Ne tue pas notre Julka. Elle est gentille. »"

"Quand j'étais sous les drapeaux, notre tâche était de ne pas laisser les habitants du coin retourner dans les villages interdits. On dressait des barrages sur les routes, on construisait des postes, des miradors. Les gens nous appelaient les « partisans », allez savoir pourquoi. Une vie tranquille… Mais nous étions de garde, en uniforme. Les paysans ne comprenaient pas pourquoi ils ne pouvaient pas prendre un seau, une scie ou une hache dans leur propre cour. Ou encore, sarcler leur potager. Comment leur expliquer? En effet, d'un côté de la route, il était interdit de passer et, de l'autre, les vaches paissaient, les moissonneuses-batteuses travaillaient et les camions transportaient les céréales. Des femmes se rassemblaient et nous suppliaient : « Les gars, laissez-nous passer… C'est notre terre… Nos maisons… » Et ils nous apportaient des œufs, du lard, du tord-boyaux…"

"Je suis un militaire. Quand on me donne des ordres, je dois obéir… Mais il y a eu tout de même un élan héroïque. Bien sûr, il n'était pas totalement spontané : les adjoints politiques faisaient des discours. On en parlait à la radio, à la télé. Chacun répondait à des motivations propres : les uns voulaient qu'on parle d'eux, qu'on les interviewe, d'autres voyaient tout cela comme un travail, d'autres encore… J'en ai rencontré, ils vivaient avec le sentiment d'accomplir des actes héroïques. On nous payait bien, mais la question de l'argent ne se posait pas réellement. Mon salaire était de quatre cents roubles et, là-bas, j'en touchais mille. On nous a reproché cela, plus tard. « Vous avez ramassé de l'argent à la pelle et, à votre retour ; vous avez voulu en plus des voitures et des meubles importés, sans faire la queue. » C'était vexant, bien sûr. Il y avait aussi l'élan héroïque…

Avant d'y aller, j'avais peur. Mais cela n'a pas duré longtemps. Une fois sur place, la peur a disparu. Il y avait les ordres, le travail, la mission. J'étais intéressé par le réacteur vu du ciel : que s'était-il passé en réalité ? De quoi cela avait-il l'air ? Mais il était strictement interdit de le survoler. Sur ma fiche, il est écrit que j'ai reçu vingt et un röntgens, mais je ne suis pas certain que ce soit vrai. Le principe était très simple : nous arrivions dans le centre du district, à Tchernobyl (c'est une minable petite ville et non pas cette chose grandiose que j'imaginais), et là, un dosimétriste mesurait le fond de la radiation. Or nous nous trouvions tout de même à dix ou quinze kilomètres de la centrale. Ce chiffre était ensuite multiplié par le temps que nous avions volé dans la journée. Mais dans notre travail, nous survolions régulièrement le réacteur à bord de nos hélicoptères. Et, à la centrale, la radioactivité variait : un jour quatre-vingts röntgens, le lendemain, cent vingt… Dans la nuit, je passais deux heures au-dessus du réacteur. Nous filmions la centrale dans les infrarouges et des morceaux dispersés de graphite apparaissaient sur la pellicule, comme si le film avait été exposé. Dans la journée, on ne pouvait pas les voir.

J'ai discuté avec des scientifiques. L'un me disait : « Je pourrais même lécher votre hélicoptère, cela ne me ferait pas le moindre mal. » Et un autre me tançait : « Mon gars, il ne faut pas voler sans protection. Vous vous abrégez la vic. Fabriquez-vous des protections, avec du métal ! » Nous avons mis des feuilles de plomb sur les sièges et nous avons découpé des plaques de protection pour la poitrine, dans le même métal. Bien sûr, cela nous protégeait contre certains rayons, mais pas contre tous. Nous volions du matin au soir. Il n'y avait là rien de fantastique. Le travail… Un dur travail. La nuit, nous nous installions près de la télé. C'était le mondial et la plupart des conversations tournaient autour du foot…

Nous n'avons commencé à réfléchir que… Comment vous dire ? Trois ans plus tard, je crois. L'un est tombé malade, puis un autre.

L'un est mort, l'autre est devenu fou, le troisième s'est suicidé. C'est alors que nous avons gambergé vraiment. Mais nous ne comprendrons vraiment ce qui s'est passé que dans vingt ou trente ans. L'Afghanistan, où j'ai passé deux ans, et Tchernobyl ont été les deux moments de ma vie où j'ai vécu le plus intensément.

Je n'ai pas dit à mes parents qu'on m'avait envoyé là-bas. Un jour, mon frère a acheté les *Izvestia* et y a trouvé mon portrait. Il l'a montré à ma mère : « Regarde, notre héros ! » Elle s'est mise à pleurer... "

"En y allant, vous savez ce qu'on voyait sur le chemin ? Sur les bas-côtés, sous les rayons du soleil : de petits éclats. De petits cristaux qui brillaient... Des particules minuscules. Nous allions vers Kalinkovitchi par Mozyr. Ça brillait... Nous en avons parlé. Dans les villages où nous travaillions, nous avons aussitôt remarqué ces petits trous brûlés sur les feuilles, surtout sur celles des cerisiers. Lorsque nous ramassions des concombres ou des tomates, dans les potagers, il y avait aussi ces petits trous noirs sur les feuilles. Nous pestions, mais nous les mangions.

J'y suis allé... Je pouvais l'éviter, mais je me suis porté volontaire. Dans les premiers jours, je n'ai pas rencontré de gens indifférents. Ce n'est que par la suite que j'ai vu des yeux vides... Lorsque tout le monde s'est habitué. Décrocher une décoration ? Des privilèges ? Des bêtises ! En ce qui me concerne, je n'avais besoin de rien. Un appartement, une voiture, une datcha... J'avais déjà tout cela. En fait, il s'agissait d'une affaire d'hommes. Les vrais hommes ne refusent pas les missions vraiment dangereuses. Les autres ? Ils restent dans les jupes de leurs femmes... Pour l'un, sa femme doit accoucher ; l'autre a des enfants en bas âge ; le troisième souffre de brûlures d'estomac... On lançait une bordée de jurons, et on y allait. Nous sommes retournés chez nous. J'ai enlevé tous les vêtements que je portais et les ai jetés dans le vide-ordures. Mais j'ai donné mon calot à mon fils. Il me l'a tellement demandé. Il le portait continuellement. Deux ans plus tard, on a établi qu'il souffrait d'une tumeur au cerveau... Vous pouvez deviner la suite vous-même. Je ne veux plus en parler."

"Je rentrais d'Afghanistan. J'avais envie de vivre, de me marier. Je voulais me marier tout de suite. Et là, j'ai reçu une convocation spéciale, barrée de rouge : se présenter à telle heure à telle adresse.

Ma mère a éclaté en sanglots. Elle pensait que l'on me renvoyait à la guerre.

Où nous allions et pourquoi restait un mystère total. À Sloutsk, on nous a distribué des uniformes et nous avons su notre destination : Khoïniki, le centre du district. Lorsque nous sommes arrivés, les habitants locaux n'étaient au courant de rien. On nous a amenés plus loin, dans un village. On y fêtait un mariage : les jeunes mariés s'embrassaient, la musique jouait, les convives buvaient. Et nous avions l'ordre de gratter le sol et d'enlever la terre jusqu'à la profondeur d'une baïonnette...

Le 9 mai, pour la fête de la Victoire, un général est venu nous congratuler. Un soldat a osé lui demander, devant toute l'unité : « Pourquoi nous dissimule-t-on les mesures de radiation ? Quelles doses recevons-nous ? » Après le départ du général, le commandant de l'unité a convoqué le soldat pour lui passer un savon : « C'est de la provocation ! Tu sèmes la panique ! » Quelques jours plus tard, nous avons reçu des masques à gaz, mais personne ne les portait. On nous a montré des dosimètres à deux reprises, mais sans nous les donner. Trois fois par mois, on nous laissait passer deux jours à la maison. Ceux qui restaient demandaient aux permissionnaires de leur rapporter de la vodka. Moi, j'ai ramené deux sacs à dos remplis de bouteilles : on m'a porté en triomphe, comme un héros.

Avant notre retour définitif à la maison, nous avons été convoqués à tour de rôle par un collaborateur du KGB qui nous a conseillé instamment de ne jamais raconter à personne ce que nous avions vu. Lorsque je suis rentré d'Afghanistan, je savais que j'allais vivre. Mais Tchernobyl, c'était le contraire : cela ne tuerait qu'après notre départ..."

"Ce que j'ai retenu ? Ce qui est resté gravé dans ma mémoire ?

Je passais des journées entières en voiture, d'un village à l'autre, avec les dosimétristes... Et aucune femme ne me proposait une pomme..."

"Dix ans ont passé. J'aurais vraiment l'impression que rien de tout cela n'était arrivé, si je n'étais pas tombé malade...

Il faut servir la patrie ! C'est une cause sacrée. J'ai reçu du linge de corps, des chaussettes russes, des bottes, des épaulettes, un calot, un pantalon, une vareuse, une ceinture et un sac à vêtements. Puis, en route! On m'a affecté à un camion benne. Je transportais du béton. Nous étions tous jeunes, célibataires. Nous avions foi en notre étoile et ne portions pas nos respirateurs. Un conducteur seulement, un homme âgé, portait toujours son masque. Pas nous. Les types du contrôle routier non plus. Nous, au moins, nous travaillions dans les cabines, alors qu'eux restaient dehors à respirer la poussière radioactive huit heures par jour. Tout le monde était bien payé : trois fois le salaire mensuel plus des frais de mission. Et puis, on buvait... Vous savez, la vodka, ça aide... Elle enlève le stress. Il y avait bien une raison si, pendant la guerre, on distribuait aux soldats ce fameux verre de vodka, avant l'attaque...

Ne mentionnez pas trop les miracles de l'héroïsme soviétique. Bien sûr, il y en a eu quelques-uns. Mais avant tout, ce que l'on voyait, c'était l'incurie et le désordre. Et après seulement, les miracles. Boucher de sa poitrine l'embrasure d'un nid de mitrailleuse[1]... Mais personne ne précise qu'il n'y a pas eu besoin de donner un tel ordre. Nous, on nous jetait comme du sable sur le réacteur... Chaque jour, dans le journal mural, baptisé *Journal de combat,* on écrivait : « Les gens travaillent avec courage et abnégation », « Nous tiendrons et nous vaincrons ! »...

Pour cet exploit, j'ai reçu mille roubles et un diplôme d'honneur... "

"Au début, cela semblait un jeu... Mais c'était une vraie guerre. Une guerre atomique... Une guerre que nous ne connaissions pas : qu'est-ce qui était dangereux et qu'est-ce qui ne l'était pas ? De quoi fallait-il avoir peur ? Personne ne le savait... C'était une véritable évacuation. Dans les gares... Comment décrire ce qui se passait dans les gares ? Nous aidions à pousser les gosses pour les faire entrer par les fenêtres dans les compartiments des voitures. Nous faisions respecter l'ordre dans les queues, aux caisses pour les billets, dans les pharmacies pour l'iode. Dans les files d'attente, les gens s'injuriaient et se battaient. Ils forçaient les portes des kiosques et des magasins où l'on vendait de l'alcool. Ils arrachaient les grilles métalliques aux fenêtres. Les personnes déplacées... On les installait dans des clubs,

---

1. Allusion à un acte héroïque d'un jeune membre du Komsomol, pendant la Seconde Guerre mondiale, cité en exemple à des générations de jeunes Soviétiques.

des écoles, des jardins d'enfants. Elles étaient à moitié affamées. L'argent était vite épuisé.

Je n'oublierai jamais les femmes qui lavaient notre linge. L'intendance n'avait pas pensé à ramener les machines à laver du cantonnement. Des femmes âgées se chargeaient, à la main, de tout le travail de blanchisserie. Elles avaient les mains couvertes d'ampoules, de croûtes et d'escarres. Mais il ne s'agissait pas seulement de linge sale : ces affaires contenaient des dizaines de röntgens. « Allons, les gars, mangez! nous disaient-elles. Les gars, dormez… Vous êtes jeunes, il faut vous ménager. » Elles avaient pitié de nous et pleuraient.

Sont-elles seulement encore en vie?

Tous les ans, les anciens de Tchernobyl, nous nous réunissons pour échanger des souvenirs, le 26 avril. À la guerre, nous sommes des soldats. Nous avons une utilité. Les mauvaises choses s'oublient, mais cela reste. Le sentiment d'être indispensable. Notre système – un système militaire – fonctionne parfaitement dans des circonstances extraordinaires. C'est dans ces occasions que l'on se retrouve enfin libre et utile. La liberté! Dans ces occasions, le Russe peut montrer à quel point il est grand! Il est même unique! Nous ne deviendrons jamais des Hollandais ou des Allemands. Nous n'aurons jamais d'asphalte correct ou des gazons soignés. Mais nous aurons toujours des héros!"

"J'ai reçu des ordres et j'y suis allé. Il le fallait! J'étais membre du parti. Les communistes, en avant. Telle était la situation. J'étais sergent-chef de la milice. On m'a promis une étoile d'adjudant. C'était en juin 1986… Il fallait impérativement passer un contrôle médical, mais on m'y a envoyé sans m'examiner. Quelqu'un, comme on dit, a mieux tiré son épingle du jeu. Il a fourni un certificat attestant qu'il souffrait d'un ulcère et l'on m'a envoyé d'urgence à sa place.

Nous y allions en tant que brigade de la milice mais, dans les premiers temps, on nous a surtout utilisés comme maçons. Nous bâtissions une pharmacie. J'ai rapidement ressenti des faiblesses. J'avais tout le temps envie de dormir. Je suis allé voir le médecin, mais il ne m'a pas laissé finir : « Tout cela est normal. C'est la chaleur. » À la cantine, nous mangions ce que l'on nous apportait : de la viande, du lait, de la crème fraîche. Le toubib, lui, ne touchait à rien. Lorsqu'il devait analyser des aliments, il marquait que tout était normal, mais ne procédait à aucun examen. Nous l'avons tous

remarqué. Voilà donc quelle était la situation. Nous étions témé-
raires. C'était l'époque des fraises. Les ruches étaient pleines de miel.
Des maraudeurs sont apparus. Nous avions beau clouer les fenêtres
et les portes, les magasins étaient pillés : les grilles arrachées pendaient des fenêtres, le sol était couvert de farine, de sucre et de bonbons écrasés, de boîtes éparpillées. On avait délogé les habitants d'un
village, mais d'autres, à cinq ou dix kilomètres, restaient peuplés.
Des objets et des meubles du village abandonné se retrouvaient vite
chez leurs habitants.

Telle était la situation. Nous étions de garde et voici qu'arrive
l'ancien président du kolkhoze avec des gens du coin. On les avait
déjà installés ailleurs, dans de nouvelles maisons, mais ils revenaient
ici pour récolter ou semer. Ces gars emportaient du foin en tas
entiers mais, dans ces tas, nous trouvions des machines à coudre,
des motos... On procédait à des échanges en nature : une bouteille
d'alcool contre la permission de sortir une télé. On échangeait ainsi
même des tracteurs et des semeuses. Une bouteille, dix bouteilles...
L'argent n'intéressait personne... *(Il rit.)* Comme si l'on vivait sous
le communisme... Il y avait un tarif pour chaque chose : un jerrican d'essence, c'était un demi-litre d'alcool ; un manteau d'astrakan, deux litres ; une moto, le prix était à débattre...

Je suis parti au bout de six mois, lorsque la relève est enfin arrivée. On nous a retenus un peu parce que des soldats des Pays baltes
refusaient de venir. Mais je sais que l'on a volé et sorti de la zone
contaminée tout ce qui était transportable. En fait, c'est la zone elle-
même que l'on a transportée ici. Il suffit de regarder dans les marchés, dans les magasins d'occasions, dans les datchas... Seule la terre
est restée derrière les barbelés... Et les tombes..."

"En arrivant à destination, nous avons changé d'uniforme. Le
capitaine nous a rassurés : « La catastrophe a eu lieu il y a trois mois.
Maintenant, il n'y a plus de danger. » Le sergent nous a dit : « Tout
va bien, lavez-vous simplement les mains avant de manger. »

J'étais dosimétriste. À la tombée de la nuit, des types en voiture
venaient nous voir dans notre wagon de service. Ils nous offraient
de l'argent, des cigarettes et de la vodka contre la permission de
fouiller tout un bric-à-brac d'objets confisqués. Ils remplissaient
de gros sacs. Sans doute emmenaient-ils tous ces objets dans les
marchés de Kiev, ou de Minsk. Nous enterrions ce qui restait : des

robes, des chaussures, des chaises, des accordéons, des machines à coudre... Nous les balancions dans des trous que nous appelions « fosses communes ».

De retour chez moi, je suis allé au bal. Une jeune fille m'a plu : « Et si nous faisions connaissance ? lui ai-je proposé.

— Pour quoi faire ? Tu es désormais un Tchernobylien. J'aurais peur d'avoir un enfant de toi ! »"

"Je me souviens très bien. Là-bas, je commandais une unité de garde. En quelque sorte, j'étais le directeur de la zone d'apocalypse... *(Il rit.)* Vous pouvez le noter.

À un certain moment, nous avons arrêté un camion en provenance de Pripiat. La ville avait déjà été évacuée et il ne devait y rester personne. « Vos papiers ! » Ils n'en avaient pas. La plate-forme du camion était couverte d'une bâche. Nous l'avons soulevée : elle dissimulait vingt services à thé, un ensemble de meubles de salon, une télé, des tapis, des vélos...

J'ai dressé un procès-verbal.

Une autre fois, c'était le bétail abattu que nous devions enterrer dans les fosses. Dans les cadavres des bœufs, les filets manquaient.

Procès-verbal.

Des cochons devenus sauvages gambadaient dans les villages vides. Sur les bâtiments administratifs des kolkhozes et les clubs des villages, il y avait encore des banderoles : « Donnons du pain à la patrie ! », « Gloire au travailleur des champs soviétiques ! », « L'exploit du peuple est immortel ! »

Des fosses communes abandonnées. Une pierre fissurée avec des noms : capitaine Borodine, lieutenant-chef Untel, de simples soldats... Des bardanes, des orties.

Un potager. Le propriétaire marchait derrière sa charrue. En nous voyant, il s'écria :

« Eh ! Le gars ! Ne nous engueulez pas. Nous avons signé l'engagement de partir au printemps.

— Pourquoi labourez-vous ?

— Mais ce sont les travaux de l'automne... »

Je le comprenais, mais je devais rédiger un procès-verbal..."

"Ma femme a pris notre enfant et elle est partie, la chienne ! Mais je ne vais pas me pendre comme Ivan Kotov. Et je ne vais pas me jeter du septième étage! La chienne! Lorsque je suis revenu avec une valise pleine d'argent et qu'on a acheté une voiture, cette salope voulait bien vivre avec moi. Elle n'avait pas peur. *(Soudain, il se met à chanter.)*

> *Même une dose de mille röntgens*
> *Ne fera pas plier une verge russe...*

C'est un bon couplet, de là-bas. Vous voulez que je vous raconte une blague? Un mari rentre à la maison après avoir travaillé près du réacteur. Sa femme demande au médecin :

« Que dois-je faire avec mon mari?

— Laver, embrasser, désactiver. »

La chienne! Je lui faisais peur... Elle m'a volé mon gosse. *(Soudain, il prend un ton grave.)* Les soldats travaillaient près du réacteur... Je les emmenais au travail et les ramenais. Comme tout le monde, j'avais un dosimètre accroché au cou. Après le travail, je ramassais tous ces appareils et les remettais à la première section secrète. Là, on reportait les données sur nos fiches individuelles, mais la quantité de radiation que nous avions reçue demeurait « strictement confidentielle ». Et même au moment de mon départ, ils ne m'ont pas dit combien j'en avais reçu. Les chiens! Maintenant, ils se battent pour le pouvoir... Ils ont des élections!

Et comment nous soignerait-on? Nous n'avons pas ramené le moindre document. À ce jour, on les cache toujours, à moins qu'on ne les ait détruits à cause de leur caractère secret. Comment informer les médecins? Si seulement j'avais un certificat : combien, quoi... J'aurais pu le montrer à ma chienne. Je vais lui prouver que nous pouvons survivre dans n'importe quelles conditions, que nous pouvons nous marier et avoir des enfants. Allez tous vous faire foutre!"

"On nous a fait signer un document de confidentialité... Je me suis tu. En sortant de l'armée, je suis devenu invalide au deuxième degré. J'ai fait ma part. Nous transportions le graphite dans des seaux... Dix mille röntgens! Nous le ramassions avec des pelles ordinaires, en changeant jusqu'à trente fois par jour le filtre de nos masques. Les « muselières » comme disaient les gens. Nous avons élevé un sarcophage, une tombe gigantesque où ne gît qu'une seule personne : le chef-opérateur Valeri Khodemtchouk qui est resté sous les décombres tout de suite après l'explosion. Une pyramide du xxᵉ siècle…

Il nous restait trois mois de service. Lorsque nous sommes retournés dans nos casernes, on ne nous a même pas changé nos uniformes. Nous avons gardé les mêmes vareuses et les mêmes bottes que nous avions en travaillant près du réacteur. Jusqu'à notre démobilisation…

Et même si l'on m'avait autorisé à parler, à qui aurais-je bien pu raconter tout cela? J'ai travaillé à l'usine. Le contremaître m'a dit un jour : « Arrête tes congés de maladie : tu vas te faire virer! » Et l'on m'a viré. Je suis allé voir le directeur : « Vous n'avez pas le droit. J'ai travaillé à Tchernobyl. Je vous protégeais! » Et il m'a répondu : « Nous ne t'avons pas envoyé là-bas. »

Dans la nuit, je suis réveillé par la voix de ma mère : « Mon fils, pourquoi tu ne dis rien? Tu ne dors pas, tu restes étendu, les yeux ouverts, la lumière allumée. » Je me tais. Personne ne trouve les mots qui me feraient répondre. Dans ma langue à moi… Personne ne comprend d'où je suis revenu… Et il m'est impossible de le raconter!"

"Je n'ai pas peur de la mort en elle-même, mais je ne sais pas comment je vais mourir. J'ai vu agoniser un ami. Il a gonflé. Il est devenu énorme, comme un tonneau… Et un voisin. Il était là-bas, lui aussi. Opérateur d'une grue. Il est devenu noir comme du charbon et a rétréci jusqu'à la taille d'un enfant. Je ne sais pas comment je vais mourir. La seule chose que je sache avec certitude, c'est que ma vie ne sera pas longue, avec ce que j'ai. Si seulement je pouvais sentir l'approche du moment, je me tirerais une balle dans la tête… J'ai fait l'Afghanistan, également. C'était plus simple d'y recevoir une balle…

Je conserve une coupure de journal à propos de l'opérateur Leonid Toptounov. Il était de service à la centrale, cette nuit-là. C'est lui qui a appuyé sur le bouton de sécurité, quelques minutes avant l'accident. Mais le système n'a pas fonctionné. On l'a soigné à Moscou. Les médecins disaient : « Pour le sauver, il lui faudrait un nouveau corps. » Il ne lui restait qu'un petit morceau de peau non irradié, dans le dos. Il a été enterré, comme les autres, au cimetière de Mitino. L'intérieur du cercueil était bardé de feuilles de métal… Il est couvert d'un mètre et demi de blocs de béton doublé de plomb. Son père pleurait, mais les gens lui disaient : « C'est ton salaud de fils qui a tout fait sauter! »

Nous sommes seuls. Nous sommes des étrangers. On ne nous enterre pas comme tout le monde, mais séparément, comme des visiteurs de l'espace... Mieux aurait valu pour moi de mourir en Afghanistan! Je vous le dis très sincèrement : ce sont là les pensées qui me viennent à l'esprit. Là-bas, la mort était une chose banale... Compréhensible..."

"De là-haut, de l'hélicoptère, lorsqu'il volait bas au-dessus du réacteur, j'observais... Des chevreuils, des sangliers, maigres et somnolents. Ils bougeaient comme s'ils étaient filmés au ralenti. Ils mangeaient l'herbe qui poussait là et ne comprenaient pas. Ils ne comprenaient pas qu'il fallait partir... Partir avec les gens...

Partir ou ne pas partir? Décoller ou non? J'étais membre du parti, comment aurais-je pu ne pas décoller? Deux navigateurs ont refusé. Ils ont prétendu que leurs femmes étaient très jeunes et qu'ils n'avaient pas encore eu d'enfants. On leur a fait honte. On les a sanctionnés. Leur carrière était finie! C'était une question d'hommes. Une question d'honneur : lui, il n'a pas pu, mais moi je vais le faire! Maintenant, après neuf opérations et deux infarctus, je suis d'un avis différent. Je ne les condamne pas, je les comprends. De jeunes gars. Mais moi, j'aurais volé de toute façon. Ça, c'est sûr. « Lui, il ne peut pas, mais moi, j'y vais. » Un enthousiasme d'homme!

Du ciel, j'étais frappé par la quantité de moyens de transport ; des hélicoptères lourds, des hélicoptères moyens... Le MI-24 est un hélicoptère de combat... Que pouvait-on faire avec des engins de combat à Tchernobyl? Les pilotes, tous des jeunes. Des vétérans de l'Afghanistan... Ils avaient cet état d'esprit : l'Afghanistan leur avait amplement suffi. Ils en avaient assez de la guerre. Et ils étaient stationnés dans la forêt, près du réacteur, à accumuler les röntgens. Les ordres! Il ne fallait pas envoyer une telle quantité de gens. Les soumettre à l'irradiation. Il fallait des spécialistes et non pas seulement du matériel humain. Le bâtiment détruit, les décombres et... une quantité incroyable de petites silhouettes humaines. Il y avait là une grue importée de RFA. Morte. On l'avait installée et elle était morte. Les robots mouraient aussi : les nôtres, ceux de l'académicien Loukatchev pour les recherches sur la planète Mars, et ceux fournis par les Japonais. Visiblement, les radiations étaient telles que tous les équipements brûlaient, mais les petits soldats en combinaisons et gants de caoutchouc couraient dans tous les sens...

Avant notre départ, on nous a prévenus que les intérêts de l'État exigeaient le maintien du secret sur ce que nous avions vu. À part nous, personne ne sait ce qui s'est vraiment passé là-bas. Nous n'avons pas tout compris, mais nous avons tout vu."

II

LA COURONNE DE LA CRÉATION

MONOLOGUE SUR DE VIEILLES PROPHÉTIES

"Ma fillette… Elle n'est pas comme tout le monde. Quand elle aura grandi, elle me demandera : « Pourquoi ne suis-je pas comme les autres ? »

À la naissance, ce n'était pas un bébé, mais un sac fermé de tous les côtés, sans aucune fente. Les yeux seuls étaient ouverts. Sur sa carte médicale, on a noté : « Née avec une pathologie multiple complexe : aplasie de l'anus, aplasie du vagin, aplasie du rein gauche… » C'est ainsi que l'on dit dans le langage scientifique, mais dans la langue de tous les jours, cela signifie : pas de foufoune, pas de derrière et un seul rein. Au deuxième jour de sa vie, je l'ai portée jusqu'au bloc opératoire… Elle a ouvert les yeux et elle a souri ! J'ai d'abord pensé qu'elle allait pleurer, mais elle m'a souri ! Les bébés comme elle ne survivent pas : ils meurent tout de suite. Mais elle n'est pas morte parce que je l'aime. En quatre ans, quatre opérations. En Biélorussie, c'est le seul enfant qui ait survécu avec une pathologie aussi complexe. Je l'aime énormément… *(Elle se tait.)* Je ne pourrai plus avoir d'enfant. Je n'oserais pas. Depuis que je suis rentrée de la maternité, je tremble chaque fois que mon mari m'embrasse, la nuit. Nous n'avons pas le droit… Le péché… La peur… J'ai entendu les médecins parler entre eux : « Si l'on montre cela à la télé, aucune mère ne voudra plus accoucher. » Voilà ce qu'ils ont dit de notre fille… Comment faire l'amour après cela ?

Je suis allée à l'église. J'ai tout raconté au pope. Il a dit qu'il faut prier pour expier ses fautes. Mais dans notre famille, personne n'a commis de crime… De quoi donc serais-je coupable ? Au début, on voulait évacuer le village, mais il a été rayé de la liste par la suite : l'État n'avait pas assez d'argent. C'est à ce moment-là que je suis tombée amoureuse et me suis mariée. J'ignorais qu'il ne fallait pas s'aimer, ici... Il y a des années, ma grand-mère a lu dans la Bible que viendrait une époque d'abondance où tout fleurirait et porterait des fruits. Les rivières seraient pleines de poissons et les forêts de bêtes, mais l'homme ne pourrait pas en profiter car il ne pourrait plus donner naissance à ses semblables, perpétuer la race. J'écoutais ces vieilles prophéties comme un conte terrible. Je n'y croyais pas. Mais parlez de ma fille à tout le monde. À quatre ans, elle chante, danse et récite des poèmes par cœur. Son développement intellectuel est normal. Elle ne diffère en rien des autres enfants, elle a seulement des jeux bien à elle. Avec ses poupées, elle ne joue pas « au magasin » ou « à l'école », mais « à l'hôpital » : elle leur fait des piqûres, leur met le thermomètre, les place sous perfusion, et lorsque la poupée meurt, elle la couvre d'un drap blanc. Depuis quatre ans, nous vivons à l'hôpital, elle et moi. On ne peut pas la laisser seule là-bas, et elle ne sait pas qu'il faut vivre à la maison. Lorsque je la prends chez nous, pour un mois ou deux, elle me demande quand nous allons retourner à l'hôpital. Elle a des amis qui y vivent et y grandissent. On lui a fait des fesses... On est en train de lui former un vagin... Après la dernière opération, l'évacuation d'urine a totalement cessé et les chirurgiens ne sont pas parvenus à lui insérer un cathéter. Il faut encore d'autres interventions. Mais on nous conseille de la faire opérer à l'étranger. Mais où trouver les dizaines de milliers de dollars nécessaires alors que mon mari n'en gagne que cent vingt par mois ?

Un professeur nous a donné un discret conseil : « Avec une telle pathologie, votre enfant représente un grand intérêt pour la science. Écrivez à des cliniques étrangères. Cela doit les intéresser. » Et depuis, je n'arrête pas d'écrire... *(Elle tente de retenir ses larmes.)* J'écris que l'on presse l'urine toutes les demi-heures, avec les mains, que l'urine passe à travers des trous minuscules dans la région du vagin. Si on ne le fait pas, son rein unique cessera de fonctionner. Est-ce qu'il y a un enfant dans le monde à qui l'on doit presser les urines toutes les demi-heures ? Et combien de temps peut-on supporter cela ? Personne ne connaît l'importance des petites doses de radiation sur l'organisme d'un enfant. Je leur demande de prendre ma fillette, même pour des expériences... Je ne veux pas qu'elle meure… Je suis d'accord pour qu'elle devienne un cobaye, comme une grenouille ou un lapin, pourvu qu'elle survive. *(Elle pleure.)* J'ai écrit des dizaines de lettres… Oh! Mon Dieu!

Pour l'instant, elle ne comprend pas, mais, un jour, elle nous demandera pourquoi elle n'est pas comme tout le monde, pourquoi aucun homme ne pourra l'aimer, pourquoi elle ne pourra pas avoir d'enfants, pourquoi elle ne connaîtra jamais ce que connaissent les papillons, les oiseaux… Tout le monde, sauf elle… Je voulais… Il me fallait trouver des preuves, obtenir des documents, pour qu'en grandissant, elle sache que ce n'est pas notre faute, à mon mari et à moi… Que ce n'est pas la faute de notre amour… *(Elle s'efforce encore de retenir ses larmes.)* J'ai lutté pendant quatre ans… Contre les médecins, contre les fonctionnaires… J'ai frappé aux portes de gens bien placés. Cela m'a pris quatre ans pour obtenir un certificat qui confirmait le lien entre des petites doses de radiations ionisantes et sa terrible maladie. Pendant ces quatre années, on me le refusait : « Les malformations de votre fille sont congénitales. Elle est invalide de naissance. » Mais de quoi parlaient-ils? Elle est invalide de Tchernobyl. J'ai étudié mon arbre généalogique : on n'a jamais eu ce type de pathologie dans la famille. Tout le monde a toujours vécu jusqu'à quatre-vingts ou quatre-vingt-dix ans. Mon grand-père est mort à quatre-vingt-quatorze. Les médecins se justifiaient : « Nous avons des instructions. Pour le moment, nous devons considérer de tels cas comme des maladies habituelles. Dans vingt ou trente ans, lorsque l'on aura accumulé suffisamment de données sur Tchernobyl, on établira un lien entre ces maladies et les radiations ionisantes. Mais, pour l'instant, la médecine et la science ne disposent pas d'assez d'éléments. » Or moi, je ne voulais pas attendre aussi longtemps. Je voulais faire un procès à l'État… On me traitait de folle. On riait. On disait que des gosses comme ma fille naissaient même dans la Grèce antique. Un fonctionnaire hurlait : « Vous voulez des privilèges en tant que victimes de Tchernobyl! Vous voulez de l'argent! » J'ai failli m'évanouir dans son bureau…

Ils ne pouvaient pas comprendre une chose. Ou ne le voulaient pas… Je devais savoir que ce n'était pas notre faute… La faute de notre amour… *(Elle ne peut plus se retenir et pleure.)*

Cette fillette grandit. Elle est petite, quand même… Je ne veux pas que vous donniez mon nom… Même nos voisins de palier ne savent pas tout. Je lui mets une robe, je lui fais une natte, et ils me disent :

« Votre petite Katia est si mignonne. » Et moi, je regarde bizarrement les femmes enceintes… Comme de loin… Comme si je les épiais depuis le coin d'une rue. Je ressens un mélange d'étonnement et d'horreur, d'envie et de joie et même de désir de revanche. Une fois, je me suis surprise à penser que j'observe de la même manière la chienne enceinte des voisins ou une cigogne dans son nid…

Ma fille…"

Larissa Z., une mère.

MONOLOGUE À PROPOS D'UN PAYSAGE LUNAIRE

"Je me suis soudain mis à avoir des doutes. Que valait-il mieux : se souvenir ou oublier ? J'ai posé cette question à des amis. Les uns ont oublié, les autres ne veulent pas se souvenir parce qu'on n'y peut rien changer. Nous ne pouvons même pas partir d'ici…

De quoi puis-je me souvenir ? Dans les premiers jours qui ont suivi la catastrophe, les livres sur les radiations, sur Hiroshima et Nagasaki et même sur la découverte de Röntgen ont disparu des bibliothèques. On disait que c'était sur ordre des autorités, pour éviter la panique. Il y avait même une blague : si Tchernobyl avait explosé chez les Papous, le monde entier en aurait eu peur… sauf les Papous. Il n'y avait aucune recommandation médicale, aucune information. Ceux qui le pouvaient achetaient des comprimés d'iodure de potassium (il n'y en avait pas dans les pharmacies de notre ville : il fallait avoir beaucoup de piston pour s'en procurer). Certains prenaient une poignée de ces comprimés en les avalant avec un verre d'alcool pur. Les secours d'urgence sauvaient ces gens de justesse.

Et puis on a trouvé un signe auquel tout le monde prêtait attention : tant qu'il y avait des moineaux et des pigeons, la ville pouvait être habitée aussi par l'homme. Un jour, j'ai pris un taxi et le conducteur s'étonnait de la manière dont les oiseaux se cognaient contre le pare-brise, comme des aveugles. Comme des fous… Comme s'ils se suicidaient…

Je me souviens que je rentrais de mission. De part et d'autre de la route, c'était un véritable paysage lunaire… Jusqu'à l'horizon, les champs étaient couverts de dolomie blanche. La couche supérieure du sol, contaminée, avait été enlevée et enterrée. À la place, on avait versé du sable de dolomie. Comme si ce n'était pas de la terre... J'ai longtemps souffert de cette vision et j'ai même essayé d'en tirer une nouvelle. J'imaginais ce qui se passerait dans cent ans : un homme mutant saute en se propulsant sur ses longues pattes arrière, aux genoux retournés. Dans la nuit, il voit clairement avec son troisième œil et sa seule oreille, sur la nuque, entend même la course d'une fourmi. Et à part ces êtres et les fourmis, tout ce qui était vivant sur la terre et dans le ciel était mort...

J'ai envoyé mon texte à une revue et l'on m'a répondu que ce n'était pas une œuvre littéraire, mais le récit d'un cauchemar nocturne. Bien sûr, je n'ai pas assez de talent, mais je crois qu'il y avait une autre raison. Je me demande pourquoi on écrit si peu sur Tchernobyl. Pourquoi nos écrivains continuent-ils à parler de la guerre, des camps et se taisent sur cela? Est-ce un hasard? Je crois que, si nous avions vaincu Tchernobyl, il y aurait plus de textes. Ou si nous l'avions compris. Mais nous ne savons pas comment tirer le sens de cette horreur. Nous n'en sommes pas capables. Car il est impossible de l'appliquer à notre expérience humaine ou à notre temps humain...

Alors, vaut-il mieux se souvenir ou oublier?"

Evgueni Alexandrovitch Brovkine,
enseignant à l'université de Gomel.

MONOLOGUE SUR UN TÉMOIN QUI AVAIT MAL AUX DENTS ET QUI A VU JÉSUS TOMBER ET GÉMIR

"Je pensais alors à tout autre chose... Cela vous paraîtra bizarre, mais, à cette époque, j'étais justement en instance de divorce.

Soudain, on vient me chercher, on me remet une convocation et l'on m'annonce qu'une voiture attend en bas. Une sorte de fourgonnette spéciale, comme en 1937[1]... Là aussi, on surprenait les gens la nuit, dans leur lit tout chaud, et on les emmenait. Par la suite, ce schéma ne marchait plus : les femmes n'ouvraient pas la porte ou

---

1. Allusion aux grandes purges staliniennes.

prétendaient que leurs maris n'étaient pas là. Elles refusaient même de prendre les convocations. Alors, ils ont changé de tactique : ils allaient voir les gens au travail, ou les coinçaient dans la rue ou dans les cantines des usines, pendant la pause. Comme en trente-sept!

Mais moi, à l'époque, j'étais presque fou... Ma femme me trompait et tout le reste n'avait plus d'importance. Je me suis installé dans cette fourgonnette. Les deux types venus me chercher étaient en civil, mais leur maintien était clairement militaire. Ils m'encadraient comme s'ils avaient peur que je cherche à m'enfuir. En m'asseyant dans la voiture, j'ai pensé, je ne sais pourquoi, aux astronautes américains partis pour la Lune. À leur retour, l'un serait devenu prêtre et l'autre aurait perdu la raison. J'ai lu quelque part qu'il leur avait semblé voir des villes, des traces d'hommes. Des bribes d'articles de journaux m'ont traversé l'esprit : « Nos centrales nucléaires ne présentent aucun risque. On pourrait les construire même sur la place Rouge. Elles sont plus sûres que des samovars. » Mais ma femme m'avait quitté... Je ne pensais pratiquement qu'à cela. J'ai tenté de me suicider à plusieurs reprises... Nous sommes allés au même jardin d'enfants, à la même école, au même institut... *(Il se tait, allume une cigarette.)*

Je vous ai prévenue... Je n'ai rien de bien héroïque à raconter, rien pour la plume d'un écrivain. Je me disais que nous n'étions pas en guerre. Pourquoi devais-je prendre des risques pendant que quelqu'un couchait avec ma femme? Pourquoi moi et pas lui? En toute honnêteté, je n'ai pas vu de héros, là-bas. Tout juste des fous qui n'en avaient rien à foutre, de leur vie. Il y avait aussi pas mal de crâneurs, mais ce n'était pas ce dont nous avions besoin. J'ai obtenu des diplômes d'honneur et des remerciements... Mais c'était parce que je n'avais pas peur de mourir. Parce que je m'en foutais! Cela me semblait même une solution : on m'aurait enterré avec les honneurs, sur le compte de l'État...

Là-bas, on entrait dans un monde fantastique, un mélange de fin du monde et d'âge de pierre. Je percevais tout d'une manière particulièrement aiguë, épidermique... Nous vivions dans des tentes, au milieu de la forêt, à vingt bornes du réacteur. Comme des partisans. On appelait d'ailleurs ainsi les réservistes qui avaient été convoqués comme moi. Des hommes entre vingt-cinq et quarante ans, beaucoup avec une éducation supérieure ou technique. Moi, j'enseigne l'histoire. En guise de fusils, nous avions des pelles.

Nous retournions les décharges, les potagers. Dans les villages, les femmes nous regardaient et se signaient. Nous portions des gants, des masques, des tenues de camouflage... Le soleil était chaud... Nous apparaissions dans leurs potagers, comme des diables. Elles ne comprenaient pas pourquoi nous retournions leurs parcelles, arrachant les plants d'ail et les choux alors qu'ils semblaient parfaitement normaux. Les grands-mères se signaient et criaient : « Petits soldats, est-ce la fin du monde ? »

Dans une maison, le four était allumé et une bonne femme y faisait frire du lard. On a approché le dosimètre : ce n'était pas un four, mais un véritable petit réacteur. Ils nous ont invités : « Restez manger un morceau, les gars ! » Nous avons refusé. Mais eux : « Nous allons trouver de la vodka. Asseyez-vous ! Racontez. » Mais que pouvions-nous bien raconter ? Près du réacteur, les pompiers marchaient directement sur le combustible mou. Il luisait et ils ne savaient même pas ce que c'était. Alors, nous autres, que pouvions-nous savoir ?

Nous y allions. Nous avions un seul dosimètre pour une unité entière. Et la radiation n'était jamais la même à des endroits différents : l'un de nous travaillait là où il n'y avait que deux röntgens, et un autre là où il y en avait dix. D'un côté régnait l'arbitraire, comme dans les camps, et de l'autre la peur. Moi, je voyais tout comme de l'extérieur.

Un groupe de scientifiques est arrivé en hélicoptère. Ils portaient des vêtements spéciaux de caoutchouc, des bottes hautes, des lunettes de protection. Comme pour un débarquement sur la Lune... Une vieille femme s'est approchée de l'un d'eux :

« Qui es-tu ?

— Un scientifique.

— Un scientifique ? Voyez comment il est affublé. Et nous alors ? »

Elle l'a poursuivi avec un bâton. Je me suis dit à plusieurs reprises que l'on finirait par faire la chasse aux savants pour les noyer, comme au Moyen Âge.

J'ai vu un homme dont on enterrait la maison devant ses yeux... *(Il s'arrête.)* On enterrait des maisons, des puits, des arbres... On enterrait la terre... On la découpait, on en enroulait des couches... Je vous ai prévenue... Rien d'héroïque.

Nous rentrions tard le soir parce que nous travaillions douze heures par jour. Sans congés. Nous ne nous reposions que la nuit.

Nous retournions donc au campement, en véhicule blindé, lorsque nous avons vu un homme traverser le village vide. On s'est rapproché : c'était un jeune gars avec un tapis sur les épaules. Une Jigouli était garée près de là, le coffre plein de télés et de postes téléphoniques. Nous avons fait faire demi-tour à notre blindé pour éperonner la voiture. Elle s'est pliée en accordéon, comme une boîte de conserve. Personne n'a bronché.

Nous enterrions la forêt. Nous sciions les arbres par tronçons d'un mètre et demi, les entourions de plastique et les balancions dans une énorme fosse. Je ne pouvais pas dormir, la nuit. Dès que je fermais les yeux, quelque chose de noir bougeait et tournait, comme si la matière était vivante. Des couches de terre vivantes... Avec des insectes, des scarabées, des araignées, des vers... Je ne savais rien sur eux, je ne savais même pas le nom de leurs espèces... Ce n'étaient que des insectes, des fourmis, mais ils étaient grands et petits, jaunes et noirs. Multicolores. Un poète a dit que les animaux constituaient un peuple à part. Je les tuais par dizaines, centaines, milliers, sans savoir même le nom de leurs espèces. Je détruisais leurs antres, leurs secrets. Et les enterrais...

L'écrivain Leonid Andreïev, que j'aime beaucoup, a une parabole sur Lazare qui a regardé de l'autre côté du miroir. Après cela, il est devenu étranger parmi les siens, même si Jésus l'a ressuscité...

C'est assez, peut-être? Je comprends que vous soyez curieuse : ceux qui n'ont pas été là-bas le sont tous. Mais c'était le même monde d'hommes. On ne peut pas vivre tout le temps dans la peur. C'est impossible. Un peu de temps passe et la vie ordinaire reprend le dessus. *(Il s'emballe.)* Les hommes buvaient de la vodka, jouaient aux cartes, draguaient les femmes, faisaient des gosses, parlaient beaucoup d'argent, mais ne travaillaient pas là pour de l'argent. Peu d'entre eux le faisaient par intérêt. Ils travaillaient parce qu'il le fallait : on nous l'avait ordonné. Et ils ne posaient pas de questions. Ils rêvaient de promotions. Ils trichaient, volaient en espérant jouir des privilèges promis : un appartement sans attendre son tour, l'inscription d'un enfant à la crèche, la possibilité d'acheter une voiture. Chez nous, un seul homme avait vraiment peur. Il craignait de quitter la tente, dormait dans sa combinaison de caoutchouc. Un lâche! Il a été exclu du parti. Il criait : « Je veux vivre! »

Tout était mélangé… J'ai rencontré des femmes venues de leur plein gré. Elles avaient envie d'être là. On les dissuadait en leur expliquant qu'on avait besoin de conducteurs, de métalliers, de pompiers, mais elles venaient tout de même. Tout était mélangé… Des milliers de volontaires et on traquait tout de même les réservistes avec une fourgonnette spéciale! Des détachements d'étudiants, des versements au fonds de solidarité avec les victimes, des centaines de gens qui proposaient bénévolement leur sang ou leur moelle épinière… Et, en même temps, on pouvait tout acheter pour une bouteille de vodka : un diplôme d'honneur, un congé pour rentrer à la maison… Le président d'un kolkhoze apportait une caisse de bouteilles aux dosimétristes pour qu'ils n'inscrivent pas son village sur la liste des lieux interdits, alors que son collègue d'un autre patelin apportait une caisse semblable, justement pour obtenir l'évacuation, parce qu'on lui avait déjà promis un trois-pièces à Minsk. Personne ne contrôlait les mesures de radiation. Le bordel russe habituel. C'est ainsi que nous vivons… On rayait des listes, on vendait des choses… D'un côté c'est dégoûtant, mais de l'autre… Allez tous vous faire foutre!

On nous a envoyé des étudiants. Ils déplantaient l'arroche dans les champs, ramassaient le foin en tas. Quelques jeunes couples se trouvaient parmi eux. Ils se tenaient encore par la main. C'était difficile à supporter.

Tous les jours, nous recevions les journaux. Je me contentais de lire les titres : « Tchernobyl, lieu d'exploit », « Le réacteur est vaincu », « La vie continue ». Notre zampolit, l'adjoint politique de notre unité, organisait des réunions et nous disait que nous devions vaincre. Mais vaincre qui? L'atome? La physique? L'univers? Chez nous, la victoire n'est pas un événement, mais un processus. La vie est une lutte. Il faut toujours surmonter quelque chose. C'est de là que vient notre amour pour les inondations, les incendies, les tempêtes. Nous avons besoin de lieux pour « manifester du courage et de l'héroïsme ». Un lieu pour y planter un drapeau. Le zampolit nous lisait des articles qui parlaient de « conscience élevée et de bonne organisation », du drapeau rouge qui flottait au-dessus du quatrième réacteur quelques jours après la catastrophe. Il flamboyait. Au propre ; un mois plus tard, il était rongé par la radiation. Alors on a hissé un nouveau drapeau. Et un mois plus tard, un troisième… J'ai essayé de me représenter mentalement ces soldats qui grimpaient sur le toit... Des condamnés à mort... Le culte païen soviétique, me direz-vous? Un sacrifice humain? Mais, à l'époque, si l'on m'avait donné ce drapeau, j'y serais allé moi-même. Je suis incapable de vous expliquer pourquoi. Je ne craignais pas la mort. Ma femme ne m'a même pas écrit. Pas une seule fois en six mois... *(Il marque une pause.)*

Je vais vous raconter une histoire drôle. Un prisonnier évadé se cache dans la zone de trente kilomètres autour de Tchernobyl. On finit par l'attraper. On le fait passer au dosimètre. Il « brille » à un point tel qu'il est impossible de le mettre en prison ou à l'hôpital. Mais on ne peut pas le laisser en liberté, non plus. Vous ne riez pas? *(Il rit.)*

Je suis arrivé lorsque les oiseaux faisaient leurs nids et je suis reparti lorsque les pommes gisaient sur la neige... Nous n'avons pas pu tout enterrer. Nous enterrions la terre dans la terre... Avec les scarabées, les araignées, les larves... Avec ce peuple différent... Avec ce monde... Voilà la plus forte impression que j'ai gardée : ce petit peuple!

Je ne vous ai pas raconté grand-chose... Des bribes éparses... Je me souviens d'une autre nouvelle d'Andreïev : lors de la passion, Jésus passe près de la maison d'un habitant de Jérusalem qui a une rage de dents. Le Christ tombe, en portant la croix, et gémit. L'homme voit tout et entend tout – cela se passe devant chez lui – mais, à cause de sa rage de dents, il ne sort pas dans la rue. Deux jours plus tard, lorsque sa névralgie a cessé, on lui raconte que le Christ est ressuscité. Et il pense alors : « J'aurais pu assister à tout cela, mais j'avais mal aux dents. »

C'est peut-être toujours ainsi? Mon père a défendu Moscou en 1941. Mais il n'a compris qu'il avait participé à un très grand événement que des dizaines d'années plus tard, grâce aux livres et aux films. Quant à ses souvenirs : « J'étais dans une tranchée. Je tirais. Une explosion m'a enseveli. Des infirmiers m'ont tiré de là, à moitié mort. » C'est tout...

Moi, au moment de Tchernobyl, ma femme venait de me quitter..."

Arkadi Filine, liquidateur.

TROIS MONOLOGUES SUR "LA POUSSIÈRE QUI MARCHE" ET "LA TERRE QUI PARLE"

Viktor Iossifovitch Verjikovski, président de l'association des Chasseurs et des Pêcheurs de Khoïniki, et deux chasseurs, Andreï et Vladimir, qui n'ont pas voulu dire leurs noms.

"La première fois, j'ai tué un renard. J'étais encore gosse. La deuxième fois, c'était une biche... J'ai juré de ne plus jamais en tuer. Elles ont des yeux tellement expressifs...

— Nous autres, les humains, nous comprenons des choses, mais les animaux, eux, se contentent de vivre. Et les oiseaux...

— En automne, le chevreuil a beaucoup de flair. Et si, en plus, le vent souffle de la direction où se trouve l'homme, c'est fini. Jamais le chasseur ne s'approchera de lui... Quant au renard, il est rusé...

— On prétend qu'un homme rôdait dans le coin. Quand il buvait, il faisait des conférences à tout le monde. Il a fait ses études à la faculté de philosophie avant d'aller en prison. Lorsque l'on rencontre un homme dans la zone, il ne dit jamais la vérité sur lui-même. Cela n'arrive que très rarement. Mais celui-là c'était un type intelligent. Il disait que Tchernobyl était destiné à faire naître des philosophes. Il appelait les animaux la « poussière qui marche », et les hommes, la « terre qui parle »... La terre qui parle, parce que nous sommes issus de la terre...

— La zone attire... Je vous le dis. Celui qui y est allé... Il est attiré...

— Procédons par ordre, les gars.

— Vas-y, président. Nous allons fumer un coup.

— Alors, voilà... J'ai été convoqué au comité exécutif de la région. « Écoute, chasseur en chef, m'a-t-on dit, il reste beaucoup d'animaux domestiques dans la zone, des chiens et des chats. Il faut les liquider pour éviter des épidémies. Fais ce qu'il faut! » Le lendemain, j'ai convoqué tous les chasseurs et leur ai expliqué la situation. Personne ne voulait y aller : on ne nous avait fourni aucun moyen de protection. J'ai contacté la défense civile, mais ils n'avaient rien à nous donner. Même pas un seul masque. J'en ai trouvé à la cimenterie. Les filtres étaient fins. Contre la poussière de ciment.

— Nous avons rencontré des soldats. Eux, ils étaient équipés : ils avaient des masques, des gants et se déplaçaient en blindés. Nous, nous étions en chemise, avec des bouts de gaze sur le nez. Et nous rentrions chez nous, dans nos familles, avec ces mêmes chemises et ces bottes.

— J'ai organisé deux brigades de vingt personnes. À chacune d'elles, les autorités ont affecté un vétérinaire et un employé du centre local d'épidémiologie. Nous disposions aussi d'un tracteur et d'une benne à ordures. C'est tout de même pas normal qu'on ne nous ait pas donné de moyens de protection. Personne ne pensait aux gens…

— En revanche, nous avions des primes. Trente roubles par personne. Et, à l'époque, une bouteille de vodka coûtait trois roubles. Nous nous « désactivions » nous-mêmes… Il y avait plein de recettes : une cuillerée de fiente d'oie diluée dans une bouteille de vodka, laisser infuser deux jours avant de boire. C'était… pour rester un homme… Vous vous souvenez des couplets d'alors : « La Zaporojets n'est pas une voiture, l'Ukrainien n'est pas un mâle », « si tu veux être père, enveloppe de plomb tes roustons ». C'est drôle, non ?

— Nous avons parcouru la zone pendant deux mois. Un village sur deux était abandonné. Des dizaines de villages : Babtchine, Toulgovitchi… La première fois, lorsque nous sommes arrivés, les chiens gardaient encore leurs maisons. Ils attendaient le retour des gens. Ils étaient heureux de nous voir. Ils couraient vers nous en entendant des voix humaines… Nous tirions sur eux dans les maisons, les remises, les potagers… Nous les traînions dans la rue et les jetions dans la benne à ordures. C'était désagréable. Ils ne comprenaient pas pourquoi nous les tuions. C'était facile de les avoir… Les animaux domestiques n'ont pas peur des armes. Ils n'ont pas peur de l'homme. Ils accourent lorsqu'ils entendent des voix…

— Une tortue rampait près d'une maison abandonnée. Des aquariums dans les appartements, avec les poissons…

— Nous ne tuions pas les tortues. Lorsqu'on en écrase une avec la roue avant d'une Jeep, la carapace ne craque pas. Bien sûr, nous ne le faisions pas exprès. Cela n'arrivait que lorsque nous étions ivres. Dans les cours, des cages ouvertes… Les lapins couraient. Les loutres enfermées, nous les relâchions dans les rivières ou les lacs à proximité. Tout avait été abandonné à la hâte… On avait dit aux gens qu'ils ne partaient que pour trois jours. On mentait aux gosses : « Nous allons au cirque. » Ils pleuraient. Et les gens pensaient qu'ils allaient revenir. C'était comme à la guerre. Les chats essayaient de capter le regard des gens, les chiens hurlaient et tentaient de suivre leurs maîtres dans les autobus. Mais les soldats ne les laissaient pas monter et leur donnaient des coups de pied. Ils couraient longtemps derrière les voitures... L'évacuation... Que Dieu nous garde!

— Et donc, les Japonais ont eu leur Hiroshima. Ils ont devancé tout le monde. Ils sont les premiers. Alors...

— Bien sûr que l'on peut tirer dans les êtres vivants qui courent. C'est une question d'instinct. De passion. On boit un coup, et on y va. Au boulot, on me comptait une journée de travail. On me payait mon salaire. Plus la prime : trente roubles... Avec cet argent, à l'époque communiste...

— Cela se passait comme ça... Au début, les maisons étaient sous scellés. Nous n'y entrions pas. On voyait des chats derrière les fenêtres, mais on n'avait aucun moyen de les attraper. Plus tard, après le passage des pillards, les portes et les fenêtres étaient brisées. Ils avaient tout emporté : les télés et les magnétophones, les vêtements... Il ne restait que des cuillères en maillechort, par terre. Et les chiens survivants s'étaient installés à l'intérieur. Ils se jetaient sur nous lorsque nous entrions. Ils ne faisaient déjà plus confiance aux hommes. Dans une maison, une chienne gisait dans la pièce commune, entourée de chiots. Dommage! C'était désagréable... En réalité, nous nous comportions comme les détachements punitifs pendant la guerre. Nous suivions le schéma d'une opération militaire : nous arrivions, encerclions le village et les chiens s'enfuyaient vers la forêt au premier coup de feu. Les chats sont plus rusés et ils ont plus de facilité pour se cacher. Un chaton s'était glissé dans un pot de terre. J'ai dû le secouer pour l'en faire sortir... Ils se cachaient même sous le four... C'était désagréable : nous entrions dans une maison et un chat passait comme un boulet près de nos bottes. Il fallait leur courir après avec les fusils. Ils étaient maigres et sales. Dans les premiers temps, les chiens et les chats se nourrissaient d'œufs. Il y en avait beaucoup car les poules étaient restées. Puis, lorsque les œufs se sont faits rares, ils ont mangé ces dernières. Les renards aussi mangeaient les poules. Ils s'étaient installés dans les villages, avec les chiens. Après les poules, les chiens ont mangé les chats. Il nous arrivait de trouver des cochons dans les remises. Nous les relâchions. Dans les caves, il y avait beaucoup de réserves alimentaires :

des cornichons, des tomates. Nous versions le contenu des bocaux dans l'auge des cochons. Nous ne les tuions pas...

— Une vieille grand-mère était seule dans un village. Elle s'était enfermée dans sa maison avec cinq chats et trois chiens. Elle ne voulait pas les donner... Elle nous injuriait. Nous les avons pris de force. Nous lui avons tout de même laissé un chat et un chien. Elle nous a maudits. Elle nous traitait de bandits et de gardes-chiourmes.

— Des villages vides... Comme des Khatyn[1]... Deux vieilles femmes assises au milieu d'un Khatyn. Et elles n'avaient pas peur. Un autre aurait perdu la raison !

— Eh oui ! « Sous le mont laboure le tracteur, sur le mont fume le réacteur. Si les Suédois ne l'avaient pas annoncé, jamais on ne nous aurait informés ! » Ha ! Ha !

— C'était bien comme ça... Des odeurs... Je ne parvenais pas à comprendre pourquoi cela sentait comme ça, au village de Massaly, à six kilomètres du réacteur. Cela sentait l'iode ou un acide... Comme dans un cabinet de radiologie... J'ai dû tirer à bout portant. Une chienne, au milieu de la route, des chiots autour d'elle. Elle s'est jetée sur moi et je lui ai mis une balle. Les chiots me léchaient les mains, jouaient... J'ai dû tirer à bout portant... Et ce chien... Un caniche noir... Je le regrette encore aujourd'hui. Nous en avons rempli une benne entière... À ras bord. Nous l'avons déchargée dans la fosse. C'était, à vrai dire, une fosse profonde. Il y avait des instructions : creuser de préférence dans des endroits élevés, pas trop profondément pour ne pas atteindre les nappes phréatiques et couvrir le fond d'une bâche en plastique. Mais vous pensez bien qu'elles n'ont pas été respectées à la lettre : il n'y avait pas de plastique et l'on ne se fatiguait pas à chercher des endroits convenables. Quant aux animaux, lorsqu'ils n'étaient que blessés, ils gémissaient, piaulaient... Nous vidons donc la benne dans la fosse et ce caniche tente de grimper, de remonter. Nous n'avions plus de balles, alors nous l'avons repoussé dans la fosse et l'on a jeté de la terre par-dessus. Je le regrette encore à ce jour.

---

1. Village de Biélorussie dont les habitants furent exterminés par les Allemands pendant la Seconde Guerre mondiale. Ne pas confondre avec Katyn où, en 1940, le NKVD procéda à l'exécution sommaire de milliers d'officiers et de civils polonais faits prisonniers l'année précédente, lors de l'invasion par l'URSS de la partie orientale de la Pologne, en application des protocoles secrets du Pacte germano-soviétique.

Il y avait nettement moins de chats que de chiens. Ont-ils suivi les gens? Se sont-ils mieux cachés? Ce petit caniche était un chien domestique, gâté...

— Il vaut mieux tuer de loin, pour ne pas supporter leur regard.

— Il faut apprendre à viser juste, pour ne pas être obligé de les achever.

— Nous autres, les hommes, nous comprenons quelque chose, mais eux, ils se contentent de vivre. La « poussière qui marche »...

— On prétend que les animaux n'ont pas de conscience, qu'ils ne pensent pas. Mais ce n'est pas vrai. Un chevreuil blessé... Il a envie qu'on ait pitié de lui, mais tu l'achèves. À la dernière minute, il a un regard tout à fait conscient, presque humain. Il te hait. Ou il te supplie : je veux vivre, moi aussi! Vivre!

— Je vais vous dire, il est plus désagréable d'achever que de tuer. La chasse est un sport. Personne ne blâme les pêcheurs et tout le monde s'en prend aux chasseurs. C'est injuste!

— La chasse et la guerre sont les deux occupations principales de l'homme. D'un vrai homme.

— Je n'ai pas eu le courage de dire à mon fils où j'étais et ce que je faisais. C'est encore un gosse. Il croit toujours que son père a défendu les gens, à son poste! À la télévision, on montrait les moyens de transport, beaucoup de militaires, et mon fils m'a demandé : « Papa, tu étais comme un soldat! »

— Un cadreur de télévision nous accompagnait avec sa caméra. Vous vous souvenez? Il pleurait. Un mec. Et il pleurait... Il avait envie de voir un sanglier à trois têtes...

— Eh oui! Un renard voit une boule de pain rouler dans la forêt : « Où vas-tu, boule de pain? – Je ne suis pas une boule de pain, mais un hérisson de Tchernobyl! » Ha! Ha! Comme on disait : que l'atome pacifique pénètre dans chaque maison!

— Je vais vous dire : l'homme meurt comme un animal. Je l'ai vu à plusieurs reprises, en Afghanistan... J'étais blessé au ventre et je gisais là, au soleil. La chaleur était insupportable. Je n'avais qu'une seule idée : boire! Et je pensais : « Je vais crever comme une bête. » Je vais vous dire : le sang coule de la même manière... Et la douleur...

— Un milicien nous accompagnait... Il a perdu la raison. Il regrettait les chats siamois parce qu'ils se vendent cher, au marché. Et ils sont beaux. Il est devenu complètement dingue...

— Les vaches et les veaux, nous ne les tuions pas. Nous ne tirions pas non plus sur les chevaux. Ils avaient peur des loups, mais pas de l'homme. Le cheval peut se défendre, mais les vaches ont été les premières à souffrir des loups. La loi de la jungle.

— Certains vendaient en Russie le bétail biélorusse. Ces vaches avaient la leucémie. Mais on ne les vendait pas cher.

— C'étaient les vieux qui nous apitoyaient le plus. Ils venaient nous voir : « Mon gars, jette un œil sur ma maison. » Ils nous confiaient les clés : « Rapporte-moi mon manteau, mon chapeau ! » Ils nous donnaient de l'argent... « Comment va mon chien ? » Or le chien était mort et la maison pillée. Et ils n'y retourneraient jamais. Mais comment leur dire cela ? Je ne prenais pas les clés. Je ne voulais pas les tromper. D'autres les prenaient : « Dis, grand-père, où as-tu caché le tord-boyaux ? » Et le bonhomme parlait. On en trouvait dans d'énormes bidons de lait.

— On nous a demandé de ramener un sanglier pour un mariage. Une commande ! Le foie du sanglier s'effilochait, mais les gens ont continué à nous en commander quand même... Pour un mariage, pour un baptême...

— Nous tuons aussi pour la science, une fois par trimestre : deux lapins, deux renards, deux chevreuils. Tous contaminés. Mais nous chassons aussi pour nous-mêmes, et nous mangeons notre gibier. Au début, nous avions tous peur. Puis nous nous sommes habitués. Il faut bien manger quelque chose. Nous n'allons tout de même pas déménager sur la Lune, ou sur une autre planète.

Il paraît qu'un homme s'est acheté une chapka, au marché, et qu'il en est devenu chauve. Et un Arménien se serait acheté une mitraillette et il en serait mort. On raconte tous des histoires de ce genre, pour se faire peur les uns les autres.

— Moi, là-bas, je n'éprouvais rien. Ni dans la tête ni dans l'âme... Des chats, des chiens... Je tirais... C'était un travail...

— J'ai discuté avec le chauffeur d'un camion qui « exportait » des bâtiments de la zone. Ce n'étaient plus des maisons, des écoles ou des jardins d'enfants, mais des objets numérotés en attente d'être désactivés, et il les transportait quand même ! Il m'expliquait que l'équipe arrivait avec son Kamaz et démontait la maison en trois heures. De retour en ville, les gens s'arrachaient le contenu du camion, pour construire leurs datchas. Et les chauffeurs, non seulement ils étaient bien payés, mais encore on les nourrissait à l'œil et on leur offrait à boire...

— Il y a tout de même des rapaces parmi nous… Des chasseurs rapaces… Mais d'autres aiment simplement se promener dans la forêt et chasser de petits animaux, des oiseaux…

— Je vais vous dire… Personne n'a encore avoué combien il y a eu de victimes. Le directeur de la centrale a été mis en prison, puis relâché. Il est difficile de dire qui était coupable, dans le système qui existait alors. Si des ordres arrivaient d'en haut, qu'étiez-vous censé faire? Ils procédaient à des essais quelconques. J'ai lu dans le journal que les militaires y produisaient du plutonium pour les bombes atomiques… C'est pour cela qu'il y a eu une explosion… Pour parler court, il faut se demander pourquoi il y a eu Tchernobyl. Pourquoi cela s'est-il passé chez nous et non pas chez les Français ou les Allemands?

— Cela m'est resté en mémoire… C'est dommage que plus personne n'ait eu de balles pour achever ce caniche… Vingt personnes, et plus une seule balle, en fin de journée. Pas une seule…"

MONOLOGUE SUR LA DIFFICULTÉ DE VIVRE SANS TCHEKHOV NI TOLSTOÏ

"Pour qui ou pour quoi je prie? Vous vous demandez pour quoi je prie? Je ne prie pas à l'église. Je prie mentalement… Je veux aimer! J'aime! Je prie pour mon amour! Et je… *(Elle s'arrête au milieu de la phrase. Visiblement, elle ne veut pas en parler.)* Me souvenir? Peut-être vaut-il mieux pas… Je n'ai pas lu de livres sur cela. Je n'ai pas vu de films, non plus… La guerre, oui, je l'ai vue au cinéma. Mes grands-parents me disent qu'ils n'ont pas eu d'enfance parce qu'il y avait la guerre. Leur enfance, c'est la guerre. Et la mienne, c'est Tchernobyl. Je viens de là-bas… Vous êtes écrivain, mais jusqu'ici aucun livre ne m'a aidée, ne m'a permis de comprendre. Pas plus que le théâtre ou le cinéma. Alors, je cherche toute seule. Moi-même. Nous vivons tout cela, mais nous ne savons qu'en faire. Je ne peux pas le comprendre avec mon esprit. Ma mère est particulièrement désemparée. Elle enseigne la langue et la littérature russes et m'a toujours appris à vivre d'après des livres. Et soudain, il n'y a plus de livres utilisables. Maman se sent perdue. Elle ne sait pas vivre sans le conseil des livres… Sans Tchekhov et Tolstoï.

Me souvenir ? Je veux me souvenir, mais, en même temps, je ne veux pas… *(Elle semble écouter une voix intérieure ou, peut-être, discuter avec elle-même.)* Si les savants ne savent rien, si les écrivains ne savent pas, alors c'est à nous de les aider par notre vie et notre mort. C'est ce que pense maman… Mais moi, j'aimerais ne pas y penser, j'aimerais être heureuse. Pourquoi ne puis-je pas être heureuse ?

Nous résidions à Pripiat, près de la centrale. C'est là que je suis née. C'est là que j'ai grandi. Nous habitions au cinquième étage d'un grand immeuble. Nos fenêtres donnaient sur la centrale. Le 26 avril… Cela a duré deux jours. Les deux derniers jours que j'ai passés dans ma ville. Une ville qui n'existe plus. Ce qu'il en reste n'est plus à nous. Ce jour-là, notre voisin, installé sur le balcon, observait l'incendie avec des jumelles. Et nous… Garçons et filles, nous allions et revenions à bicyclette entre notre immeuble et la centrale. Ceux qui n'avaient pas de vélo nous enviaient. Personne ne nous grondait. Ni les parents, ni les profs. À midi, il n'y avait plus de pêcheurs à la ligne au bord de la rivière. Ils sont rentrés chez eux tout noirs. Impossible de bronzer ainsi, même après un mois à Sotchi[1]. Le bronzage nucléaire! Au-dessus de la centrale, la fumée n'était ni noire ni jaune. Elle était bleue. Mais personne ne nous disait rien… C'était, semblait-il, l'effet de l'éducation. La notion de danger était uniquement associée à la guerre, alors que là, il s'agissait d'un incendie ordinaire, combattu par des pompiers ordinaires… Les garçons plaisantaient : « Faites la queue pour le cimetière. Les plus grands mourront les premiers. » Moi, je suis petite. Je ne me souviens pas d'avoir eu peur, mais de beaucoup de choses bizarres. Une copine m'a raconté qu'elle a aidé sa mère à enterrer dans la cour l'argent et les bijoux en or. Elles avaient peur d'oublier l'endroit précis. En prenant sa retraite, ma grand-mère avait eu un cadeau : un samovar de Toula. C'était pour ce samovar et les médailles de grand-père qu'elle se faisait le plus de souci. Et pour sa vieille machine à coudre Singer. Nous avons été évacués. C'est papa qui a rapporté le mot « évacuation » de son travail. Comme dans les livres sur la guerre. Nous étions déjà installés dans l'autobus lorsque papa s'est rendu compte qu'il avait oublié quelque chose. Il a couru à la maison pour revenir avec ses deux chemises neuves… Sur un cintre… C'était bizarre. Les soldats avaient l'air d'extraterrestres. Ils portaient

---

1. Station balnéaire sur la mer Noire.

des tenues de camouflage blanches et des masques. « Qu'allons-nous devenir ? » leur demandaient les gens. « Qu'est-ce que vous avez à nous demander cela à nous ? s'irritaient-ils. Vous voyez les Volga blanches ? Les chefs sont à l'intérieur. » Les bus roulaient. Le ciel était d'azur. Où allions-nous ? Dans leurs sacoches, les gens avaient mis des gâteaux de Pâques et des œufs décorés. Si c'était la guerre, je m'en étais fait une idée différente, dans les livres. Une explosion à droite, une explosion à gauche... Des bombardements... Nous roulions lentement : le bétail nous empêchait de progresser. Les troupeaux de vaches, les chevaux étaient également évacués par la route. Cela sentait la poussière et le lait... Les conducteurs des bus criaient après les garçons de ferme : « Pourquoi les évacuer par la route, putain de ta mère ! Ils soulèvent de la poussière radioactive ! Vous pouviez passer à travers champs ! » Les vachers se justifiaient avec des gros mots, eux aussi, en disant que c'était dommage de piétiner les jeunes pousses dans les champs. Personne ne croyait que nous ne reviendrions plus. Un cas pareil ne s'était jamais présenté. La tête me tournait un peu, et j'avais la gorge irritée. Les vieilles femmes ne pleuraient pas, mais les jeunes ne pouvaient pas se retenir. Je voyais des larmes sur les joues de ma mère...

Nous sommes allés à Minsk. Nous avons dû acheter nos tickets de train à la contrôleuse d'une voiture pour le triple du prix normal. Elle servait du thé aux voyageurs, mais elle nous a demandé de fournir nos propres verres. Nous n'avons pas compris tout de suite. Au début, nous pensions qu'elle n'en avait pas assez pour tout le monde. Et puis nous nous sommes aperçus qu'elle avait peur de nous... Un homme est entré dans notre compartiment : « D'où venez-vous ? » Nous lui répondons : « De Tchernobyl. » Il s'en est allé, l'air gêné, chercher une place ailleurs. On ne permettait pas aux enfants de s'approcher de nous, en jouant dans le couloir. À Minsk, nous avons été hébergés par une amie de ma mère. J'ai encore honte que nous ayons fait irruption chez elle dans nos vêtements et nos chaussures « sales ». Mais nous avons été bien accueillis. Des voisins sont venus : « Vous avez des invités ? D'où viennent-ils ? »

— De Tchernobyl. »

Et eux aussi de se presser de partir, gênés.

Un mois plus tard, les gens ont été autorisés à retourner chez eux, pour prendre de menus objets. Mes parents sont revenus avec une couverture chaude, mon manteau d'hiver et la collection complète de Tchekhov, la lecture préférée de maman. Grand-mère ne comprenait pas pourquoi ils n'avaient pas ramené les deux bocaux de confiture de fraises que j'aimais tant, étant donné qu'ils étaient fermés hermétiquement… On a découvert une « tache » sur la couverture. Maman l'a lavée, nettoyée avec l'aspirateur : cela n'a rien donné. On l'a donnée à la blanchisserie, mais elle « brillait » toujours… Nous avons fini par la découper avec des ciseaux… Les objets rapportés semblaient tellement normaux, naturels… Mais je ne pouvais plus dormir sous cette couverture. Ou enfiler ce manteau. Nous n'avions pas assez d'argent pour en acheter un nouveau, mais je ne pouvais pas… Je haïssais ces affaires ! Comprenez-moi bien, je n'en avais pas peur ! Je les haïssais ! Tout cela pouvait me tuer ! Cette animosité, je ne parviens toujours pas à la comprendre intellectuellement.

Partout, on parlait de la catastrophe : à la maison, à l'école, dans l'autobus, dans la rue. On la comparait avec Hiroshima, mais personne n'y croyait. Comment croire une chose inconcevable ? On a beau essayer de comprendre, on n'y parvient pas. Je me souviens très bien : nous partions et le ciel était d'un bleu azur.

Grand-mère ne s'est jamais habituée au nouveau logement. Elle était angoissée. Avant de mourir, elle a demandé une soupe à l'oseille. Depuis des années, on lui interdisait de cuire de l'oseille car c'est ce qui accumule le plus de radioactivité. Nous l'avons enterrée à Doubrovniki, son village natal. Il se trouve désormais dans une zone entourée de barbelés et gardée par des soldats armés. On n'a laissé passer que les adultes : papa, maman, quelques parents… Mais pas moi : « Interdit aux enfants. » J'ai compris que je ne pourrais jamais rendre visite à ma grand-mère… J'ai compris… Où peut-on lire cela ? Une telle chose s'est-elle déjà produite quelque part ? Maman m'a avoué détester les fleurs et les arbres. Et elle a eu peur d'elle-même. Au cimetière, sur l'herbe… Ils avaient étendu une nappe pour y poser les zakouski, la vodka… Mais les soldats ont pris des mesures avec les dosimètres et ils ont tout jeté ! L'herbe, les fleurs, tout « craquait » ! Mon Dieu ! Où avons-nous laissé grand-mère ?

J'ai peur… J'ai peur d'aimer. J'ai un fiancé. Nous avons déjà déposé notre demande de mariage à la mairie. Avez-vous entendu parler des *hibakushi* de Hiroshima ? Les survivants de l'explosion… Ils ne peuvent se marier qu'entre eux. On n'en parle pas, chez nous. On n'écrit rien à ce sujet. Mais nous existons, nous autres, les *hibakushi* de Tchernobyl… Il m'a présentée à sa maman. Elle est économiste et fréquente tous les meetings anticommunistes. Mais lorsqu'elle a appris que je venais d'une famille de réfugiés de Tchernobyl, elle m'a demandé : « Est-ce que vous pouvez avoir des enfants ? » Nous avons déjà déposé la demande à la mairie... Il tente de me remonter le moral : « Je vais quitter la maison. Nous louerons un appartement. » Mais les mots de sa mère résonnent toujours à mes oreilles : « Pour certains, c'est un péché d'enfanter. » Le péché d'aimer...

Avant cela, j'ai eu un autre ami. Un artiste. Il peignait. Nous voulions également nous marier. Tout allait bien jusqu'au jour où je l'ai entendu, par hasard, parler au téléphone avec un ami. Je suis entrée dans son atelier alors qu'il criait dans le combiné : « Quelle chance ! Tu ne te rends même pas compte de la chance que tu as ! » C'était surprenant de le voir aussi agité, lui qui était tellement calme et flegmatique d'habitude. J'ai vite compris ce qui motivait son enthousiasme. Son copain habitait dans un foyer d'étudiants et, dans une pièce voisine, il venait de voir une jeune fille qui s'était pendue. Il l'avait décrochée Et mon ami me racontait cela avec des trémolos d'excitation dans la voix : « Tu ne peux pas t'imaginer ce qu'il a vu ! Ce qu'il a vécu ! Il l'a portée dans ses bras ! Il a touché son visage... Elle avait de l'écume aux lèvres... Viens ! Viens vite, on arrivera peut-être à temps pour la voir ! » Il n'a pas eu la moindre compassion pour la fille morte. Il voulait juste la voir et la graver dans sa mémoire pour la dessiner... Je me suis aussitôt rappelé les questions qu'il me posait : quelles étaient les couleurs de l'incendie de la centrale, si j'avais vu des chiens et des chats abattus, dans les rues, comment les gens pleuraient, si j'en avais vu mourir... Après cela, je n'ai pas pu rester avec lui... *(Après un silence.)* Je ne sais pas si je serai d'accord pour vous revoir. Il me semble que vous me percevez de la même manière que lui. Que vous m'observez, tout simplement. Que vous essayez de garder mon image, comme pour une expérience... Je ne peux pas me défaire de cette impression. Je ne le pourrai plus...

Est-ce que vous savez sur qui tombe ce péché ? Le péché d'enfanter... Auparavant, jamais je n'avais entendu de tels mots."

Katia P.

MONOLOGUE SUR CE QUE SAINT FRANÇOIS PRÊCHAIT AUX OISEAUX

"C'est mon secret. Personne ne le sait. Je n'en ai parlé qu'à un ami…
Je suis cadreur de cinéma. Je suis allé là-bas en me disant qu'il
n'y a qu'à la guerre que l'on devient un véritable écrivain et tout
ce genre de choses. Mon écrivain préféré était Hemingway et mon
livre de chevet *L'Adieu aux armes*. Je suis arrivé. Les gens s'affairaient
dans leurs potagers, des tracteurs et des semeuses travaillaient dans
les champs. Je ne savais pas ce qu'il fallait filmer. Il n'y avait aucune
explosion en vue.

Première séquence. Dans un club de village, un téléviseur est installé sur la scène. On a rassemblé les gens pour écouter Gorbatchev :
tout va bien, tout est sous contrôle. Le village était en pleine « désactivation » : on lavait les toits. Mais comment laver un toit qui fuit
chez une vieille grand-mère ? Il fallait enlever la surface de la terre
jusqu'à la profondeur d'un manche de pelle : couper donc toute la
partie féconde. En dessous, chez nous, il n'y a que du sable. Alors,
les bonnes femmes, obéissant aux injonctions du soviet, creusaient
la terre, mais elles n'enlevaient que l'humus qui était dessus. Dommage que je ne l'aie pas filmé ! Partout où j'allais avec mon équipe,
on nous disait : « Ah ! Les cinéastes, on va vous trouver des héros. »
Par exemple, un vieillard et son petit-fils qui ont mis deux jours pour
conduire les vaches du kolkhoze, de leur village situé tout près de
Tchernobyl jusqu'à l'endroit où ils ont été évacués. Après le tournage,
le vétérinaire du coin m'a montré l'énorme tranchée dans laquelle
ces vaches ont été enterrées à l'aide d'un bulldozer. Mais je n'ai pas
eu l'idée de filmer ça. Je me suis éloigné de la tranchée pour tourner un épisode dans la meilleure tradition du cinéma documentaire
soviétique : les conducteurs du bulldozer lisant la *Pravda* avec un
titre en lettres énormes : « Le pays ne vous abandonne pas dans le
malheur. » De plus, j'ai eu de la chance : une cigogne s'est posée sur
le pré, à côté. Tout un symbole ! Nous vaincrons quelles que soient
les difficultés ! La vie continue…

Les routes de campagne. La poussière. Je comprenais déjà que
ce n'était pas de la poussière toute simple, qu'elle était radioactive.
Je protégeais ma caméra comme je pouvais, c'est tout de même un
instrument sensible. Le mois de mai était très sec, cette année-là, et

je ne sais pas combien de poussière nous avons avalée nous-mêmes. Au bout d'une semaine, nous avions les ganglions lymphatiques enflammés. Nous économisions la pellicule en attendant Sliounkov, le premier secrétaire du Comité central de Biélorussie. Personne ne nous avait dit à l'avance à quel endroit il allait apparaître, mais nous l'avions facilement deviné : un chemin de terre que nous avions emprunté la veille, soulevant des tourbillons de poussière, était en travaux le lendemain : on le couvrait d'une triple couche de bitume! Tout était clair : voilà donc le chemin de la haute direction! J'ai pu filmer nos dignitaires lorsqu'ils sont arrivés. Ils prenaient bien soin de ne pas marcher en dehors de l'asphalte, même d'un seul centimètre! J'ai filmé cela, mais je ne l'ai pas utilisé dans mon sujet...

Personne ne comprenait rien et c'était bien là le plus terrible. Les dosimétristes nous donnaient des chiffres, mais les journaux en publiaient d'autres, totalement différents. J'ai fini par comprendre... Ma femme était restée à la maison, avec notre enfant... J'étais vraiment con de me retrouver là! Au mieux, j'aurais une médaille. Mais ma femme finirait par me quitter...

L'humour était notre seule planche de salut. On racontait des blagues sans arrêt. Si je veux être sincère jusqu'au bout... Tchernobyl... Voilà. La route s'étire... Le ruisseau coule... Il coule tout simplement. Et cela a eu lieu... J'ai ressenti la même impression lorsque l'un de mes proches est mort. Il y a du soleil, les oiseaux volent... Les hirondelles... Une ondée passe... Et il n'est plus là. Vous comprenez? Je m'efforce de rapporter par la parole une autre dimension, de transmettre mes sentiments d'alors...

J'ai vu un pommier en fleur et j'ai entrepris de le filmer. Des bourdons vrombissaient... Du blanc, couleur de noces... Devant ma caméra, des gens travaillaient dans les vergers en fleurs, mais je sentais que quelque chose m'échappait. Que quelque chose clochait. Et soudain, cela m'a frappé de plein fouet : il n'y avait pas d'odeurs! Le verger était en fleurs, mais il ne sentait rien! Plus tard, j'ai appris que l'organisme réagit aux fortes radiations en bloquant certains organes. Mais sur le moment, je me suis souvenu de ma mère qui, à soixante-quatorze ans, se plaignait d'avoir perdu l'odorat. J'ai pensé que c'était en train de m'arriver aussi à moi. J'ai demandé aux deux autres membres de l'équipe de sentir les pommiers : « Mais ils n'ont pas d'odeur!» m'ont-ils répondu. Indiscutablement, il se passait quelque chose : même les lilas ne sentaient pas! Les lilas! J'ai eu alors le sentiment que tout ce qui m'entourait était faux. Que je me trouvais au milieu d'un décor... Je suis encore incapable de comprendre tout à fait. Je n'ai rien lu de tel nulle part...

Dans mon enfance, une voisine qui avait combattu dans les rangs des partisans pendant la guerre me raconta un épisode terrible. Son détachement s'efforçait de rompre un encerclement. Ils avançaient dans les marais, pourchassés par des unités punitives allemandes. Elle tenait dans ses bras un bébé d'un mois. L'enfant pleurait et risquait de les faire découvrir. Alors elle l'a étranglé. Elle en parlait d'une manière très détachée, comme si c'était arrivé à une autre femme. Comme si l'enfant n'avait pas été le sien. J'ai oublié pourquoi au juste elle évoquait ce souvenir, mais je me rappelle très distinctement le sentiment d'horreur que j'ai ressenti. Qu'avait-elle fait là? Comment avait-elle pu? Il me semblait que tout le détachement de partisans aurait dû rompre l'encerclement justement pour sauver l'enfant. Alors qu'elle avait étranglé son bébé pour que des hommes grands et forts restent en vie. Quel sens, dès lors, donner à la vie? Après un tel récit, je n'avais plus envie de vivre. Après cela, moi, jeune garçon, je me sentais gêné de croiser le regard de cette femme. Et elle, que ressentait-elle en me voyant? *(Il se tait un long moment.)* Voilà pourquoi je n'ai pas envie de me souvenir de ces journées dans la zone... Je m'invente diverses explications... Et je n'ai pas envie d'ouvrir cette porte... J'ai voulu comprendre, là-bas, ce qui était vrai à l'intérieur de moi-même, et ce qui était faux. J'avais déjà un enfant. Un fils. Lorsqu'il est né, j'ai cessé d'avoir peur de la mort. J'ai compris le sens de ma vie...

Une nuit, à l'hôtel, je me suis réveillé. J'entendais un bruit monotone derrière la fenêtre où fulguraient des éclairs bleus, bizarres. J'ai ouvert les rideaux : des dizaines de jeeps passaient dans la rue avec des croix rouges et des gyrophares. À part les vrombrissements des moteurs, il n'y avait pas le moindre bruit. J'ai ressenti comme une sorte de choc. Des images d'un film sont remontées dans ma mémoire. D'un film vu dans mon enfance... Nous autres, enfants de l'après-guerre, nous aimions les films de guerre. Et des images pareilles... C'était comme si on était resté tout seul dans une ville abandonnée par tout le monde. Il fallait prendre une décision, mais laquelle? Faire semblant d'être mort? Et s'il fallait faire quelque chose, alors quoi?

À Khoïniki, dans le centre de la localité, se dressait un tableau d'honneur avec les portraits des meilleurs travailleurs de la région.

Mais le chauffeur de car qui est allé chercher dans la zone contaminée les enfants d'une crèche, c'était un ivrogne invétéré et non pas celui qui exhibait sa photo sur le panneau. La catastrophe a permis à chacun de montrer sa vraie nature. Ou bien, prenez l'exemple de l'évacuation. Les enfants ont été emmenés en premier, dans de grands cars de tourisme. Je me suis aussitôt rendu compte que j'avais déjà vu cela dans des films de guerre. Et que tous ceux qui se tenaient autour de moi se comportaient exactement de la même manière, comme dans ce film que nous avons tant aimé : *Quand passent les cigognes.* Une larme solitaire, de sobres mots d'adieu… Nous nous efforcions tous, inconsciemment, de calquer notre attitude sur quelque chose que nous connaissions déjà. Cela est resté gravé dans ma mémoire. Et cette fillette qui remuait la main en disant au revoir à sa maman : tout va bien, elle est courageuse. Nous vaincrons !

Je pensais que Minsk aussi allait être évacuée. Je me demandais comment je me séparerais des miens, de ma femme, de mon fils ? Je m'imaginais faisant aussi ce geste : nous vaincrons. Nous, les chevaliers. Mon père, pour autant qu'il m'en souvienne, portait des tenues militaires bien qu'il ne fût pas dans l'armée. Penser à l'argent était perçu comme un acte mesquin, penser à sa propre vie, comme un manque de patriotisme. L'état normal était d'avoir faim. Nos parents avaient vécu des années de ruine et nous étions censés traverser les mêmes épreuves. Sans cela, il était impossible de devenir de vrais hommes. On nous apprenait à lutter et à survivre dans n'importe quelles conditions. Après le service militaire, j'ai moi-même ressenti à quel point la vie civile était fade. Nous nous promenions dans les rues, la nuit, à la recherche de sensations fortes. Dans mon enfance, j'ai lu un livre, *Les Nettoyeurs,* dont j'ai oublié l'auteur. On y attrapait des saboteurs et des espions. La passion ! La chasse ! C'est pour cela que nous sommes faits. Si l'on a tous les jours du travail et de quoi manger à satiété, cela devient inconfortable, ennuyeux.

Nous habitions au foyer d'une école technique où nous avions pour voisins des liquidateurs. De jeunes gars. Pour neutraliser les radiations, on nous avait donné une pleine valise de vodka. Nous avons appris qu'une unité du service médical habitait le même foyer et que des filles en faisaient partie. « On va faire la fête ! » s'écrient les gars. Deux d'entre eux sont partis en reconnaissance et sont revenus avec les yeux écarquillés… Je garde moi-même une image : des jeunes filles dans le couloir… On leur avait donné des caleçons longs, d'homme, qui se lacent aux chevilles. Les lacets sortaient de sous les pantalons et traînaient par terre. Leurs vêtements usés, qui ne correspondaient pas à leur taille, pendaient sur elles comme sur des cintres. L'une portait des chaussons, l'autre de vieilles bottes. Et, par-dessus les vareuses, elles avaient des gilets de protection, imbibés d'une solution chimique et enduits de caoutchouc... Certaines ne l'enlevaient même pas pour dormir. C'était horrible à voir...

Pour la plupart, elles n'étaient pas infirmières. C'étaient des étudiantes que l'on avait mobilisées pendant leur stage de préparation militaire. On leur avait dit que c'était juste pour deux jours mais, à notre arrivée, cela faisait déjà un mois qu'elles étaient là. Elles nous ont raconté qu'on les avait emmenées jusqu'au réacteur et qu'elles y avaient vu des gens grièvement brûlés. Mais je n'ai entendu personne d'autre parler de brûlures. Je les revois encore, ces filles, rôder dans le foyer comme des somnambules...

Les journaux ont écrit que le vent, heureusement, soufflait dans l'autre sens. Pas sur la ville... Pas sur Kiev... Mais personne ne soupçonnait qu'il soufflait sur la Biélorussie. Sur mon petit Iouri, sur moi. Le jour de l'accident, nous nous sommes promenés en forêt, lui et moi. Nous coupions ces brins d'herbe dont raffolent les lapins. Mon Dieu! Pourquoi personne ne m'a prévenu!

En rentrant à Minsk, après mon expédition dans la zone contaminée, j'ai pris le trolley pour aller au travail. J'ai entendu les bribes d'une conversation : un cadreur serait mort en tournant un documentaire à Tchernobyl. Je me suis demandé qui cela pouvait bien être. À côté de moi, on continuait à discuter. Il s'agirait d'un jeune homme, père de deux enfants : Vitia Gourievitch. Quelqu'un de ce nom travaille bien chez nous, un jeune homme. Deux enfants? Pourquoi nous l'a-t-il caché? Pas Gourievitch : Gourine, précise un homme, près de moi. Sergueï Gourine. Mon Dieu! Mais c'est de moi qu'ils parlent! En allant de l'arrêt du trolley jusqu'aux studios, une pensée complètement incongrue envahissait mon esprit : « Où ont-ils pris ma photo? Au service du personnel? » Comment cette rumeur était-elle née? À cause de la différence d'échelle entre ce qui s'était passé et le nombre de victimes? Ainsi, la bataille de Koursk avait fait des milliers de victimes... C'était simple à comprendre. Mais à Tchernobyl, dans les premiers jours, seuls sept pompiers étaient morts... Puis quelques personnes de plus. Et quelques définitions trop abstraites pour notre conscience : dans quelques générations, l'éternité, le vide. Des rumeurs ont commencé à se répandre sur des oiseaux à trois têtes, des poules qui tuaient des renards à coups de bec, des hérissons sans piquants...

Et puis, on est venu me trouver : il fallait encore envoyer quelqu'un là-bas. Un cadreur avait un ulcère, l'autre était en congé... « Tu dois y aller !

— Mais je viens de rentrer !

— Justement, tu y es déjà allé, cela doit t'être égal. Et puis, tu as déjà des enfants. Alors qu'eux, ils sont jeunes. »

Merde alors ! Et si je voulais avoir cinq ou six gosses ?! Les pressions commencent, alors. Bientôt il y aurait des commissions de promotion, ce serait un atout pour moi. Il y aurait des augmentations de salaire... Une histoire à la fois triste et ridicule que j'ai repoussée au fond de ma conscience.

J'ai eu l'occasion de filmer des déportés des camps de concentration. Ils évitaient de se rencontrer entre eux. Je les comprends. Il y a quelque chose de pervers dans le fait de se réunir pour se souvenir de la guerre. Ceux qui ont vécu des humiliations ou qui ont connu la vraie nature de l'homme se fuient inconsciemment les uns les autres. J'ai appris et senti à Tchernobyl quelque chose dont je n'ai pas envie de parler. Peut-être à cause de la relativité de nos représentations humanistes... Dans les situations extrêmes, l'homme n'est pas du tout comme on le décrit dans les livres. Cet homme-là, je ne l'ai pas trouvé dans la réalité. Je ne l'ai pas rencontré. En fait, c'est le contraire. L'homme n'est pas un héros, nous ne sommes tous que des vendeurs d'apocalypse. Plus ou moins grands.

Des bribes de souvenirs me traversent la tête... Des images... Le président du kolkhoze a besoin de deux camions pour évacuer sa famille, ses affaires, ses meubles... Le secrétaire de la section locale du parti exige un camion pour lui tout seul. Et cela, j'en étais témoin, au moment même où les moyens de transport manquaient : on ne parvenait pas à évacuer tous les enfants des crèches ! Mais le président du kolkhoze trouvait que même deux camions n'étaient pas suffisants pour transporter tout son attirail, y compris des bocaux de trois litres de confitures et de conserves maison. J'ai vu charger tout cela. Mais je ne l'ai pas filmé, non plus. *(Soudain, il se met à rire.)* Nous avons acheté du saucisson et des conserves, au magasin du coin, mais nous avions peur de les manger. Nous avons trimballé ces sacs avec nous car nous n'avions pas le cœur à les jeter. *(Il poursuit plus sérieusement.)* Le mécanisme du mal fonctionnera ainsi, même au moment de l'apocalypse. J'en suis sûr. On répandra des rumeurs, on fera de la lèche aux supérieurs, on s'efforcera de sauver sa télé ou son manteau d'astrakan. Même le jour de la fin du monde, l'homme restera tel qu'il est maintenant. Il ne changera pas.

Je suis mal à l'aise de n'avoir pas su obtenir des privilèges pour mon groupe. Un de nos gars avait besoin d'un logement. Je suis allé au comité d'entreprise : « Aidez-le! Nous sommes restés dans la zone pendant six mois. Nous avons bien droit à quelques avantages. » On m'a dit de fournir des certificats avec des tampons. Mais quels certificats? Lorsque nous arrivions dans les comités du parti de la zone, il ne restait plus que des bonnes femmes avec leurs balais. Tous les autres s'étaient enfuis.

J'ai en tête un grand film que je n'ai pas tourné. Plusieurs séries, même... *(Il se tait.)* Nous sommes tous des vendeurs d'apocalypse...

Nous entrons avec les soldats dans une maison occupée par une petite vieille.

« Viens, grand-mère. Il faut partir.

— D'accord, les enfants.

— Alors ramasse tes affaires, grand-mère. »

Nous l'attendons dehors, en fumant. Elle sort très vite avec, dans les bras, une icône, un chat et un petit baluchon. Elle ne veut rien d'autre.

« Grand-mère, tu ne peux pas emporter ton chat. C'est interdit. Ses poils sont radioactifs.

— Non, les enfants, je ne partirai pas sans lui. Je ne peux pas l'abandonner. C'est ma seule famille. »

C'est avec cette grand-mère que cela a commencé... Avec ce pommier en fleur... Maintenant, je ne filme que des animaux. Je vous l'ai dit : j'ai découvert le sens de ma vie...

Une fois, j'ai montré à des enfants mes sujets sur Tchernobyl. On m'a fait des reproches : « Pourquoi? Il ne faut pas! Ils vivent déjà dans la peur, au milieu de toutes les conversations. Leur formule sanguine a changé. Leur système immunitaire est atteint. » J'attendais un auditoire d'une cinquantaine de personnes, mais la salle était pleine. On m'a posé toutes sortes de questions, mais l'une d'entre elles est restée gravée dans ma mémoire : un garçon qui rougissait et balbutiait a pris la parole. Apparemment, il était timide et taciturne. Il m'a demandé : « Pourquoi ne pouvait-on pas sauver les animaux qui sont restés là-bas?» Je n'ai pas pu lui répondre... Nos livres, nos films parlent seulement de la pitié et de l'amour pour l'homme. Rien que pour l'homme! Pas pour tout ce qui est vivant. Pas pour les animaux ou les plantes... Cet autre monde... Mais avec Tchernobyl, l'homme a levé la main sur tout...

Je voudrais tourner un film... *Les Otages*... Sur les animaux. Vous vous souvenez de la chanson *Une île rousse voguait sur l'océan?* Un bateau coule, les gens montent dans les chaloupes de sauvetage, mais les chevaux qui étaient à bord ne savaient pas qu'il n'y avait pas de place pour eux dans les canots...

Ce serait une parabole moderne. L'action se passe dans une planète lointaine. Un cosmonaute dans sa combinaison étanche. Ses écouteurs lui transmettent un bruit. Une chose énorme se précipite vers lui. Un dinosaure? Sans vraiment comprendre de quoi il s'agit, il fait feu. Un instant plus tard, une nouvelle apparition. Il détruit cet être également. L'instant d'après, c'est un troupeau entier qui déboule dans sa direction. Il fait un carnage. Or, en fait, ces animaux se bornaient à fuir un incendie qui s'était déclaré non loin de là.

Une chose extraordinaire m'est arrivée là-bas. Je me suis approché des animaux... Des arbres... Des oiseaux... Ils me sont plus proches qu'auparavant. La distance entre eux et moi s'est rétrécie... Je suis allé à plusieurs reprises dans la zone, pendant toutes ces années... Un sanglier bondit hors d'une maison abandonnée et pillée... Une biche sort d'une habitation... J'ai filmé tout cela. Je veux faire un film, et tout voir au travers des yeux d'un animal. «Qu'est-ce que tu filmes? me reproche-t-on. Regarde autour de toi: il y a la guerre en Tchétchénie!» Mais saint François prêchait aux oiseaux. Il parlait aux oiseaux comme à ses semblables. Et si c'étaient les oiseaux qui lui parlaient dans leur propre langue et non lui qui s'abaissait jusqu'à eux? Il comprenait leur langage secret. Vous vous souvenez de Dostoïevski? Il parlait d'un homme qui fouettait un cheval sur ses yeux dociles. Un fou! Pas sur la croupe, mais sur ses yeux dociles..."

Sergueï Gourine,
opérateur de cinéma.

MONOLOGUE SANS TITRE – UN CRI…

"Bonnes gens, laissez-moi tranquille! Nous autres, nous habitons ici. Vous, vous allez causer et repartir. Mais nous resterons!
Regardez ces cartes médicales. Je les prends. Je les compulse chaque jour!
Ania Boudaï, née en 1985 : 380 rems.
Vitia Grinkevitch, né en 1986 : 785 rems.
Nastia Chablovskaïa, née en 1986 : 570 rems.
Aliocha Plenine, né en 1985 : 570 rems.
Andreï Kotchenko, né en 1987 : 450 rems…
On prétend que ce n'est pas possible. Comment peuvent-ils vivre avec une thyroïde pareille? Mais c'est la première fois qu'un tel événement se produit dans le monde. Je lis… Je vois… Jour après jour. Pouvez-vous être d'un quelconque secours? Non! Alors, à quoi bon venir? Nous poser des questions? Nous toucher? Je ne veux pas faire commerce de leur malheur. Ou philosopher là-dessus. Bonnes gens, laissez-moi! C'est à nous de rester vivre ici."

Arkadi Pavlovitch Bogdankevitch,
assistant médecin.

MONOLOGUE À DEUX VOIX POUR UN HOMME ET UNE FEMME

Nina Konstantinovna et Nikolaï Prokhorovitch Jarkov. Il enseigne le travail manuel et elle, la littérature.

Elle :
"J'entends si souvent parler de la mort que je ne vais plus aux enterrements. Avez-vous entendu des conversations d'enfants sur la mort? En sixième, ils se demandent si cela fait peur ou non. Il n'y a pas si longtemps, à leur âge, ils voulaient savoir comment naissent les bébés. Maintenant, ils s'inquiètent de savoir ce qui se passerait après une guerre atomique. Ils n'aiment plus les œuvres classiques : je leur récite du Pouchkine et ils me regardent avec des yeux froids,

détachés… Un autre monde les entoure… Ils lisent de la science-fiction. Cela les entraîne dans un monde différent, où l'homme se détache de la terre, manipule le temps… Ils ne peuvent pas avoir peur de la mort de la même manière que les adultes… Que moi, par exemple. Elle les excite comme quelque chose de fantastique.

Je réfléchis à cela. La mort tout autour oblige à penser beaucoup. J'enseigne la littérature russe à des enfants qui ne ressemblent pas à ceux qui fréquentaient ma classe, il y a dix ans. Ils vont continuellement à des enterrements… On enterre aussi des maisons et des arbres… Lorsqu'on les met en rang, s'ils restent debout quinze ou vingt minutes, ils s'évanouissent, saignent du nez. On ne peut ni les étonner ni les rendre heureux. Ils sont toujours somnolents, fatigués. Ils sont pâles, et même gris. Ils ne jouent pas, ne s'amusent pas. Et s'ils se bagarrent ou brisent une vitre sans le faire exprès, les professeurs sont même contents. Ils ne les grondent pas parce que ces enfants ne sont pas comme les autres. Et ils grandissent si lentement. Si je leur demande de répéter quelque chose pendant le cours, ils n'en sont même pas capables. Parfois, je dis juste une phrase et leur demande de la répéter : impossible, ils ne la retiennent pas… Alors, je pense. Je pense beaucoup. Comme si je dessinais avec de l'eau sur une vitre : je suis seule à savoir ce que représente mon esquisse. Personne ne le devine, ne l'imagine.

Notre vie tourne autour… autour de Tchernobyl. Où était Untel à ce moment-là ? À quelle distance du réacteur vivait-il ? Qu'a-t-il vu ? Qui est mort ? Qui est parti ? Pour où ? Je me souviens que, dans les premiers mois après la catastrophe, les restaurants se sont de nouveau remplis. Les gens organisaient des soirées bruyantes… « On ne vit qu'une seule fois… », « Quitte à mourir, autant que ce soit en musique ». Des soldats, des officiers sont venus. Mais Tchernobyl est désormais tout le temps avec nous… Une jeune femme enceinte est morte soudain, sans cause apparente. Le pathologiste n'a pas établi de diagnostic. Une petite fille de onze ans s'est pendue. Sans raison. Une petite fille… Et quoi qu'il arrive, les gens disent que c'est à cause de Tchernobyl. On nous dit : « Vous êtes malades parce que vous avez peur. À cause de la peur. De la phobie de la radiation. » Mais pourquoi les petits enfants sont-ils malades ? Pourquoi meurent-ils ? Ils ne connaissent pas la peur. Ils ne comprennent pas encore.

Je me souviens de ces jours… J'avais la gorge irritée et me sentais lourde. « Vous vous faites des idées sur votre santé, m'a dit le

médecin. Tout le monde se fait des idées à cause de Tchernobyl. »
Mais non, je me sentais réellement mal, avec des douleurs partout
et les forces qui m'abandonnaient. Mon mari et moi étions gênés
de nous l'avouer l'un à l'autre, mais nous commencions à perdre
l'usage de nos jambes. Tout le monde autour de nous se plaignait,
même nos amis, de ne plus avoir la force de marcher, d'avoir envie
de s'allonger au milieu de la route. Les élèves étaient avachis sur les
tables et perdaient connaissance pendant les cours. Tout le monde
était devenu sombre. On ne rencontrait plus de gens souriants, de
visages sympathiques. Les enfants restaient à l'école de huit heures
du matin à neuf heures du soir. Il leur était strictement interdit de
jouer dehors, de courir dans la rue. On leur avait distribué des vêtements : une jupe et un chemisier aux filles, un costume aux garçons,
mais ils rentraient chez eux dans ces vêtements et l'on ne savait pas
où ils traînaient avec. Normalement, les mères devaient laver ces
vêtements chaque jour, de manière à ce que les enfants aillent tous
les matins à l'école avec des habits propres. Mais on n'avait pas distribué de vêtements de rechange. De plus, les mères avaient leurs
tâches domestiques. Elles devaient s'occuper des poules, des vaches,
des cochons... Elles ne comprenaient pas pourquoi elles devaient
se charger de ce surcroît de travail. Pour elles, des vêtements sales
devaient porter des taches d'encre, de terre, de graisse et non des
isotopes à courte période. Lorsque j'essayais d'expliquer la chose
aux parents d'élèves, j'avais l'impression de leur parler en bantou.
« Qu'est-ce que c'est que cette radiation ? On ne l'entend pas, on
ne la voit pas... Mais moi, je n'ai pas assez d'argent pour finir le
mois. Les trois derniers jours avant la paie, nous ne mangeons que
des pommes de terre et du lait. Laissez tomber... » Et la mère faisait un geste las de la main. Or, justement, on a interdit de boire
le lait et de manger les pommes de terre de la région. Les magasins
étaient approvisionnés en conserves chinoises de viande et en sarrasin. Seulement, les villageois n'avaient pas assez d'argent pour se les
payer. Les consignes étaient destinées à des individus cultivés. Elles
supposaient une certaine éducation. Or cela manquait cruellement !
Le peuple pour qui les instructions étaient rédigées n'existe pas chez
nous. Et il n'est pas si simple d'expliquer la différence entre un röntgen et un rem... De mon point de vue, je qualifierais ce comportement de fatalisme léger. Par exemple, la première année, il était
interdit de consommer ce qui poussait dans les potagers. Et pourtant,

non seulement les gens en ont mangé, mais ils en ont même fait des conserves. De plus, la récolte était extraordinaire ! Comment expliquer que l'on ne peut pas manger ces cornichons ou ces tomates... Cela veut dire quoi : on ne peut pas ? Leur goût est normal et ils ne donnent pas mal au ventre... Et personne ne « brille » dans l'obscurité... Pour changer leur plancher, nos voisins ont utilisé du bois local. Ils ont mesuré : la radiation était cent fois supérieure à la normale. Vous croyez qu'ils ont démonté ce parquet pour le jeter bien loin ? Pas du tout, ils ont vécu avec. Les gens se disent que tout cela va se calmer et finir par s'arranger tout seul. Au début, certaines personnes apportaient des produits alimentaires aux dosimétristes. Le niveau de radiation dépassait systématiquement la norme des dizaines de fois. Mais l'habitude a été vite perdue. « La radiation, on ne la voit pas, on ne l'entend pas. Ce sont des inventions des scientifiques ! » Les choses ont repris leur cours : les labours, les semailles, la récolte... L'impensable s'est produit : les gens se sont mis à vivre comme avant. Renoncer aux concombres de son potager était plus grave que Tchernobyl. Pendant tout l'été, les enfants ont été forcés de rester à l'école. Les soldats l'ont lessivée à fond et ont enlevé une couche de terre autour d'elle. Mais, à la rentrée, on a envoyé ces écoliers récolter les betteraves, ainsi d'ailleurs que des étudiants et des élèves des écoles techniques. Ils étaient tous forcés d'y aller. Tchernobyl était moins grave que de laisser des légumes non récoltés dans les champs...

Qui est coupable ? Personne, à part nous-mêmes !

Avant, nous ne voyions même pas le monde autour de nous. Il était comme le ciel, comme l'air. Comme si quelqu'un nous l'avait donné à tout jamais et ne dépendait pas de nous. Comme s'il devait exister toujours. J'aimais me coucher sur l'herbe, dans la forêt, et admirer le ciel. Je me sentais heureuse au point d'en oublier mon nom. Et maintenant ? La forêt est toujours belle, il y a des myrtilles à foison, mais personne ne les ramasse. On y entend rarement une voix humaine à l'époque des champignons. Nous avons inconsciemment peur de nos sensations. Il nous reste la télé et les livres. L'imagination... Les enfants grandissent dans les maisons. Sans la forêt ou la rivière... Ils ne peuvent que les voir de loin. Ce sont des enfants différents. Et je leur récite, en classe, des vers de Pouchkine sur le bel automne. Ce Pouchkine qui me semblait éternel. Parfois, une pensée sacrilège m'envahit : et si toute notre culture n'était qu'une caisse avec de vieux manuscrits ? Tout ce que j'aime... »

Lui :

"Vous savez, nous avons reçu une éducation militaire. On nous enseignait à riposter aux attaques nucléaires et à en liquider les conséquences. Nous étions censés être opposés aux guerres chimiques, biologiques et nucléaires. Nous n'apprenions pas à expulser des radionucléides de l'organisme... On ne peut pas comparer cela à une guerre. Ce n'est pas exact, même si tout le monde le fait. Dans mon enfance, j'ai vécu le blocus de Leningrad. Ce n'est pas du tout la même chose. Nous vivions comme au front, sous des tirs permanents. Et l'on a connu la famine pendant des années. L'homme se rabaissait alors jusqu'aux instincts animaux. Alors que maintenant : tout pousse dans les potagers ! Ce n'est pas comparable. Mais je voulais dire autre chose... Sous un bombardement, que Dieu te préserve ! La perspective de la mort est immédiate et non dans un avenir quelconque. En hiver, le froid était glacial. Dans notre appartement, nous avons brûlé tous les objets en bois, tous les livres, tous les vieux vêtements. Un homme s'asseyait dans la rue et, le lendemain, il était mort, gelé, et il restait ainsi jusqu'au printemps... Jusqu'au dégel. Personne n'avait la force de l'extraire de la glace. Les gens s'approchaient rarement de ceux qui tombaient, pour les aider. Les gens passaient à côté. En fait, je me souviens, ils ne marchaient pas, ils se traînaient très lentement. On ne peut comparer cela à rien !

Ma mère vivait encore avec nous lorsque le réacteur a explosé. Elle répétait : « Nous avons vécu la chose la plus horrible. Nous avons survécu au blocus. Rien de plus horrible ne peut nous arriver. »

Nous nous préparions à la guerre. À la guerre nucléaire. Nous construisions des abris. Nous voulions nous cacher de l'atome comme des éclats d'obus. Mais il est partout... Dans le pain, dans le sel... Nous respirons la radiation, nous mangeons de la radiation... Je conçois qu'on puisse ne pas avoir du pain et du sel, qu'on mange n'importe quoi, qu'on puisse faire bouillir une ceinture et en respirer l'odeur, se nourrir d'odeur. Mais ce qui se passe aujourd'hui, je ne parviens pas à me le fourrer dans le crâne... Tout est empoisonné ? L'important, pour nous, c'est de comprendre comment vivre maintenant. Dans les premiers mois, les gens avaient peur. Surtout les personnes cultivées, les médecins, les professeurs. Ils abandonnaient tout et partaient. Ils fuyaient. Mais la discipline militaire... On les excluait du parti. On ne laissait partir personne... Qui est coupable ? Pour savoir comment nous devons vivre, il faut d'abord déterminer les responsabilités. À qui la faute ? Aux scientifiques ? Au personnel de la station ? Au directeur ? Aux opérateurs de service ? Mais, dites-moi, pourquoi ne combattons-nous pas l'automobile de la même manière que le réacteur ? Nous exigeons de fermer toutes les centrales nucléaires et de traîner en justice les spécialistes de l'atome ! Nous les maudissons ! Or, en soi, la connaissance ne peut pas être criminelle. Les scientifiques d'aujourd'hui sont également victimes de Tchernobyl. Je veux vivre après Tchernobyl et ne pas mourir de Tchernobyl. Je veux comprendre...

Les réactions des gens sont tellement différentes. Dix ans ont passé, déjà, et ils mesurent tout à l'aune de la guerre. La guerre, elle, n'a duré que quatre ans... Comptez donc que cela fait plus de deux guerres. Je vais vous énumérer les réactions typiques : « Tout est derrière nous », « Cela va s'arranger », « Après dix ans, ce n'est plus aussi terrifiant », « Nous allons tous mourir ! Ça ne va pas tarder ! », « Je veux partir à l'étranger », « On doit nous aider », « Je m'en fous ! Il faut continuer à vivre ! » Je crois avoir énuméré l'essentiel. Nous entendons cela tous les jours. De mon point de vue, nous sommes des cobayes pour des expériences scientifiques. Un laboratoire international... Sur les dix millions de Biélorusses, plus de deux vivent en zone contaminée. C'est un gigantesque laboratoire du diable... On vient chez nous de partout... On écrit des thèses... De Moscou et de Saint-Pétersbourg, du Japon, d'Allemagne, d'Autriche... Ils préparent l'avenir... *(Une longue pause.)*

À quoi je pense ? À une nouvelle comparaison... J'ai pensé que je pouvais parler de Tchernobyl, mais pas du blocus. On m'a invité à Saint-Pétersbourg, à une rencontre intitulée « Les enfants du blocus de Leningrad ». J'y suis allé, mais je n'ai pas réussi à sortir un seul mot. Parler seulement de la peur ? Cela ne suffit pas... À la maison, nous ne parlions jamais du blocus. Ma mère ne voulait pas que nous nous en souvenions. Mais nous parlons de Tchernobyl. Ou plus exactement... Non... *(Il marque une pause.)* Nous n'en parlons pas entre nous. Cette conversation surgit lorsque quelqu'un vient nous voir : des étrangers, des journalistes, des parents d'autres régions. Pourquoi ne parlons-nous pas de Tchernobyl ? À l'école, avec les élèves ? Les gens en parlent avec eux en Autriche, en France, en Allemagne : là où ils vont en traitement. Il m'arrive de demander aux enfants de quoi on leur parle, là-bas. Ce qui intéresse les gens. Mais, pour la plupart, ils ne se rappellent même pas la ville ou les familles qui les ont accueillis. Ils énumèrent seulement les cadeaux qu'ils ont reçus, la bonne nourriture qu'ils ont mangée. Ils font des comparaisons entre eux : qui a reçu un magnétophone, qui autre chose. Ils reviennent dans des vêtements qu'ils n'ont pas gagnés, ni leurs parents. Comme s'ils étaient allés à une exposition, dans un grand magasin... Ils attendent en permanence d'y retourner. Ils veulent voir de jolis endroits, qu'on leur offre des cadeaux. Ils s'y habituent. Ils s'y sont déjà habitués. C'est leur façon de vivre, leur idée de la vie. Et, après ce grand magasin qui s'appelle l'étranger, après cette exposition d'objets précieux, je dois leur faire mon cours. En classe, je vois bien qu'ils sont devenus des observateurs... Ils observent au lieu de vivre. Je les conduis dans mon atelier, rempli de sculptures sur bois. Ces objets leur plaisent et je leur dis : « On peut tout faire à partir d'un simple morceau de bois. Vous n'avez qu'à essayer. » Réveillez-vous ! Cela m'a aidé à sortir du blocus. J'ai mis des années à m'en sortir... "

MONOLOGUE SUR UNE CHOSE TOTALEMENT INCONNUE QUI RAMPE ET SE GLISSE À L'INTÉRIEUR DE SOI

"Des fourmis courent sur le tronc d'arbre, tandis que des voitures militaires rugissent tout autour. Des soldats. Des hurlements, des jurons. Le vrombissement des hélicoptères... Et elles continuent de courir... Je revenais de la zone et seule cette image est demeurée claire dans ma mémoire le reste de la journée... Nous avons fait une halte dans la forêt et je me suis installé près d'un bouleau pour fumer. Sous mes yeux, les fourmis grimpaient le long du tronc sans me prêter la moindre attention... Nous allons disparaître et elles ne s'en rendront même pas compte. Et moi ? Je ne les avais jamais regardées d'aussi près...

Tout le monde parlait d'abord de la catastrophe, puis d'une guerre nucléaire. J'ai lu des ouvrages sur Hiroshima et Nagasaki, j'ai vu des documentaires. C'est horrible, mais compréhensible : une guerre atomique, le rayon de l'explosion... Tout cela, je peux bien me le représenter. Mais ce qui s'est passé ici n'entre pas dans ma conscience. Nous nous en allons... Je sens qu'une chose totalement inconnue de moi détruit tout mon monde antérieur, rampe, se glisse à l'intérieur de moi-même. J'ai discuté avec un scientifique : « Il y en a pour des milliers d'années, m'expliquait-il. La désintégration de l'uranium, il y en a pour un milliard d'années. Et pour le thorium, quatorze milliards. » Cinquante, cent, deux cents ans… Mais plus loin ? Plus loin, ma conscience ne saisit pas. Je ne comprends plus ce qu'est le temps. Et moi, dans tout ça ?

Écrire sur tout cela aujourd'hui, alors que dix ans seulement se sont écoulés ? Écrire ? Je crois que cela n'a pas de sens ! Il est impossible de le comprendre, de le concevoir. Nous allons de toute manière inventer quelque chose qui ressemble à notre vie… J'ai essayé… Cela n'a rien donné. Après Tchernobyl, la mythologie de Tchernobyl est restée… Les journaux et les magazines se sont lancés dans une compétition pour écrire les choses les plus horribles. Il s'agit surtout de gens qui n'ont jamais mis les pieds ici et qui aiment les cauchemars. Tout le monde a lu des articles sur des champignons grands comme des têtes humaines, mais personne n'en a trouvé. C'est pourquoi il ne faut pas écrire, mais prendre des notes. Il n'y a pas de roman de science-fiction sur Tchernobyl. La réalité est encore plus fantastique !

J'ai un carnet spécial dans lequel je note des conversations, des rumeurs, des blagues. C'est ce qu'il y a de plus intéressant, et c'est intemporel. Qu'est-ce qui est resté de la Grèce ancienne ? Les mythes de l'Antiquité grecque…

Voici mon bloc. Quelques conversations :

« Depuis trois mois, on dit à la radio que la situation se stabilise… La situation se stabilise… La situation se stab…

— Des instructeurs du Comité central sont arrivés. Leur itinéraire : aller-retour, en voiture, de l'hôtel au comité du parti. Ils étudient la situation dans les collections des journaux locaux. Ils ont ramené de Minsk des sacs entiers de sandwiches. Ils font leur thé avec de l'eau minérale qu'ils ont également apportée de la capitale. C'est une employée de leur hôtel qui m'a raconté cela. Les gens ne prêtent pas foi aux journaux, à la télé, à la radio. Ils cherchent l'information dans le comportement des chefs. C'est cela qui les guide au mieux.

— Le conte le plus populaire de la zone : le meilleur remède contre le strontium et le césium est la vodka Stolitchnaïa.

— Que faire de mon enfant ? J'ai envie de le prendre dans mes bras et m'enfuir, mais j'ai la carte du parti et je ne peux pas !

— On trouve maintenant dans les magasins des villages des articles qui, d'habitude, font défaut. J'ai entendu le discours du secrétaire du comité régional du parti : « Nous allons vous créer une vie paradisiaque. Il vous suffit de rester et de travailler. Vous aurez du saucisson et du sarrasin en abondance. Vous aurez tout ce que l'on vend dans les meilleurs magasins spéciaux. » C'est-à-dire dans les cantines des comités de région. Voilà leur attitude à l'égard du peuple : il se contentera de vodka et de saucisson.

Mais diable ! Avant cela je n'avais jamais vu trois variétés de saucisson dans un magasin de village. Et j'ai pu acheter à ma femme des collants d'importation…

— Il y a eu des dosimètres en vente pendant un mois, et puis ils ont disparu. On n'a pas le droit de l'écrire. Ni de préciser combien et quels radionucléides sont tombés. Ni de rapporter que seuls les hommes sont restés dans les villages. Les femmes et les enfants ont été évacués. Tout l'été, les hommes ont lavé eux-mêmes leur linge, ils ont trait les vaches et se sont occupés des potagers. Bien sûr, ils buvaient, se bagarraient. Un monde sans femmes… On a rayé cette phrase de mon article : « N'oubliez pas que nous avons beaucoup d'ennemis de l'autre côté de l'océan », me menaça le rédacteur. Voilà pourquoi, chez nous, tout va bien. Rien ne va mal. Seulement, quelque part, des trains spéciaux partent, avec les chefs et leurs valises…

— Une vieille femme m'a arrêté près d'un poste de la milice : « Regarde, c'est le moment de récolter les pommes de terre, et les soldats ne me laissent pas passer. » Ce sont des personnes déplacées. Des gens dépossédés. Ils se faufilent dans leurs villages à travers les barrages militaires… Par les sentiers de la forêt… À travers les marais… La nuit… On leur donne la chasse, en voiture, avec des hélicoptères, et on les attrape. « Comme sous les Allemands », disent les personnes âgées.

— J'ai vu le premier pillard. Un jeune gars qui portait deux vestes de fourrure, l'une par-dessus l'autre. Il affirmait à une patrouille que c'était le seul moyen de soigner son lumbago. Mais on l'a fait craquer, et il a fini par avouer : « La première fois, on a un peu la trouille. Et puis cela devient une chose normale. Je bois un grand verre et j'y vais. » Il a franchi le seuil de l'instinct de conservation. Dans un état normal, ce n'est pas possible. Mais c'est ainsi que les gens accomplissent des exploits. Ou commettent des crimes.

— Peut-on nous venir en aide? Et comment? Transférer les gens en Australie ou au Canada? Il semblerait que de telles idées circulent dans les hauts échelons du pouvoir.

— L'emplacement des églises était choisi en fonction des signes du ciel. Les gens avaient des visions. On organisait des cérémonies religieuses avant de commencer la construction. Mais la centrale nucléaire a été bâtie comme une vulgaire usine. Comme une porcherie. Le toit a été couvert d'asphalte. Et il fondait...

— J'ai lu qu'on avait attrapé, près de Tchernobyl, un soldat évadé. Il s'était construit une hutte et est parvenu à vivre toute une année près du réacteur. Il se nourrissait de ce qu'il trouvait dans les maisons abandonnées : un peu de lard, une boîte de cornichons. Il posait des collets. Il a déserté parce que les « anciens » le battaient à mort[1]. Il a préféré Tchernobyl aux sévices...

— Nous sommes tous des fatalistes. Nous n'entreprenons rien parce que nous croyons que rien ne peut changer. Notre histoire? Chaque génération a vécu une guerre... Comment pourrions-nous être différents? Nous sommes des fatalistes.

— Des mélanges de chiens et de loups sont apparus. Ils sont le fruit de croisements entre les louves et les chiens qui se sont enfuis dans la forêt. Ils sont plus grands que les loups et n'ont pas peur de la lumière ni de l'homme. Ils ne réagissent pas aux appeaux des chasseurs. Les chats devenus sauvages se rassemblent en bandes et attaquent les humains. Ils se vengent. Les réflexes de soumission à l'homme ont disparu. Et, chez nous, c'est la frontière entre le réel et l'irréel qui s'évanouit... »

Des rumeurs :

On construit des camps à quelque distance de Tchernobyl pour interner tous les irradiés. Là, on les gardera, les observera et les enterrera.

On ramène par milliers les morts des villages situés près de la centrale et on les enterre dans d'énormes fosses communes creusées dans les cimetières. Comme pendant le blocus de Leningrad...

Quelques personnes auraient vu, la veille de l'explosion, une lumière inexplicable dans le ciel. Quelqu'un serait même parvenu

---

1. En URSS, les nouvelles recrues étaient soumises à l'arbitraire et aux brimades, très souvent brutales et particulièrement cruelles, des "anciens" qui finissaient leur service de deux ans.

à la photographier. Et, sur la photo, on a vu que c'était un engin extraterrestre qui volait...

À Minsk, on a lavé les trains de voyageurs et de marchandises. On va déporter toute la population en Sibérie. On y répare déjà les baraquements de l'époque stalinienne. Les femmes et les enfants d'abord. Et l'on déporte déjà les Ukrainiens...

Les pêcheurs rencontrent de plus en plus souvent des poissons amphibies qui peuvent vivre aussi bien dans l'eau que sur la terre. Sur terre, ils se servent de leurs nageoires comme de petites pattes pour se déplacer...

Ce n'était pas un accident, mais un tremblement de terre. Il s'est passé quelque chose dans l'écorce terrestre. Une explosion géologique provoquée par des forces géophysiques et cosmophysiques. Les militaires le savaient d'avance. Ils auraient pu donner l'alerte. Mais, chez eux, tout est couvert par le secret.

Dans les lacs et les rivières, on pêche des brochets sans tête ni nageoires. Des estomacs qui nagent... Quelque chose de semblable va bientôt arriver aux humains. Les Biélorusses vont se transformer en humanoïdes.

Les bêtes de la forêt souffrent du mal des rayons. Elles rôdent tristement. Leurs yeux sont affligés. Les chasseurs ont pitié d'elles et ne les tuent pas. Et les animaux ont cessé d'avoir peur de l'homme. Les renards et les loups entrent dans les villages et jouent avec les enfants.

Les habitants de Tchernobyl parviennent à avoir des enfants. Mais, en guise de sang, ces derniers ont dans les veines un liquide jaune inconnu. Des scientifiques affirment que le singe est devenu intelligent parce qu'il vivait dans un milieu irradié. Les enfants qui naîtront dans trois ou quatre générations seront tous des Einstein. C'est une expérience cosmique que nous subissons..."

Anatoli Chimanski, journaliste.

MONOLOGUE SUR LE REGRET DU RÔLE ET DU SUJET

"Des dizaines de livres ont été écrits. De gros pavés. Il y a eu de nombreux commentaires. Mais cet événement déborde le champ de l'analyse philosophique. J'ai lu ou entendu quelque part que le problème de Tchernobyl est d'abord celui de la connaissance de soi-même. J'ai accepté cette façon de voir les choses, car elle correspondait à mes propres sentiments. Mais j'attends sans cesse que quelqu'un d'intelligent m'explique... De la même manière que l'on m'éclaire sans arrêt sur Staline, sur Lénine, sur le bolchevisme. Ou que l'on me rebat les oreilles avec le marché libre! Et nous autres, qui avons été élevés dans un monde sans Tchernobyl, nous vivons avec Tchernobyl.

En fait, je suis un spécialiste des fusées, du combustible pour fusées. J'ai travaillé à Baïkonour. Les programmes Cosmos et Intercosmos ont occupé une grande place dans ma vie. Quelle époque merveilleuse que celle-là! À nous le ciel! À nous l'Arctique! À nous les terres défrichées! Tout le peuple soviétique a volé dans le cosmos avec Gagarine... Je l'aime encore, à ce jour! Ce bel homme russe! Avec son éclatant sourire! Même sa mort m'a semblé théâtrale. Le rêve de naviguer, de voler, d'être libre... Quelle époque merveilleuse! Pour des raisons de famille, j'ai été muté en Biélorussie. C'est ici que j'ai poursuivi mon travail. Dès mon arrivée, je me suis plongé dans cet espace de Tchernobyl et il a transformé mes sentiments. Comment pouvais-je imaginer une chose pareille, même si j'avais toujours travaillé dans le cadre de la technique spatiale la plus moderne? Il est encore difficile de se prononcer... Cela défie l'entendement. C'est quelque chose... *(Il réfléchit.)* Il m'a semblé, il y a une seconde, que j'avais saisi le sens... Il y a une seconde. J'ai envie de philosopher. Tous ceux avec qui je parle de Tchernobyl ont envie de philosopher.

Mais je vais plutôt vous parler de mon travail. Que ne faisons-nous pas! Nous construisons une église... Une église de Tchernobyl. Nous ramassons des dons, rendons visite aux malades et aux mourants. Rédigeons des annales. Constituons un musée. Pendant quelque temps, j'ai cru que je ne pourrais pas, avec le cœur que j'ai, travailler dans un endroit pareil. On m'a confié une première mission : « Voici de l'argent. Partage-le entre trente-cinq familles. Entre trente-cinq veuves. » Ils étaient tous liquidateurs. Il fallait le faire avec équité, mais comment? L'une de ces femmes avait une petite fille malade, une autre deux enfants, la troisième était malade elle-même, une autre louait son appartement sur le marché libre... La nuit, je me réveillais en pensant : « Comment le faire de manière équitable?» J'ai gambergé, j'ai compté, recompté. Et je n'ai pas pu. Nous avons fini par partager l'argent à égalité. Mais mon œuvre véritable, c'est le musée. Le musée de Tchernobyl. *(Il se tait.)* Et parfois j'ai l'impression que ce n'est pas un musée, mais un bureau de pompes funèbres. Je travaille dans les pompes funèbres! Ce matin, je n'avais pas eu le temps d'ôter mon manteau qu'une femme faisait irruption en sanglotant ou, plutôt, en hurlant : « Reprenez sa médaille et ses diplômes d'honneur! Reprenez tous ses privilèges! Rendez-moi mon mari!» Elle a crié longtemps. Elle a laissé la médaille et les diplômes. Ils resteront donc sous verre, au musée… Les gens les regarderont… Mais personne à part moi n'a entendu ces cris. Je serai le seul à m'en souvenir, lorsque je disposerai les diplômes.

Le colonel Iarochouk est en train de mourir. C'est un chimiste-dosimétriste. Un gars énorme. Maintenant, il est paralysé. Sa femme le retourne comme un coussin. Elle le nourrit à la cuillère. Il a des calculs rénaux. Il aurait fallu les éliminer, mais nous n'avons pas assez d'argent pour l'opération. Nous sommes des mendiants. Nous n'existons que grâce aux aumônes. Et l'État se comporte comme un escroc qui a abandonné ces gens. Lorsqu'il mourra, on donnera son nom à une rue, à une école ou à une unité militaire. Mais ce sera après sa mort… Le colonel Iarochouk… Il marchait dans la zone en déterminant les limites des points de plus forte contamination. En d'autres termes, on l'employait comme un robot biologique, dans le vrai sens du terme. Il le savait très bien, mais il remplissait son devoir avec ses dosimètres, en partant de la centrale elle-même et en suivant les rayons d'un cercle, secteur après secteur. Dès qu'il découvrait une « tache », il en suivait les contours, pour la porter avec exactitude sur la carte…

Et les soldats qui ont travaillé sur le toit du réacteur? Au total, deux cent neuf unités militaires ont été envoyées pour liquider les conséquences de la catastrophe. Cela fait près de trois cent quarante mille hommes. Un véritable enfer, pour ceux qui ont nettoyé le toit… On leur donnait des tabliers en plomb, mais la radiation venait d'en bas et, là, ils n'étaient pas protégés. Ils portaient des bottes ordinaires en similicuir… Ils passaient là-haut entre une minute trente et deux minutes par jour… Puis on les versait dans la réserve avec un diplôme d'honneur et une prime de cent roubles. Et ils disparaissaient dans les étendues infinies de notre grande patrie. Sur le toit, il fallait ratisser le combustible nucléaire et le graphite du réacteur mélangés à des morceaux de béton et de charpente... Vingt à trente secondes pour charger un bard et autant pour balancer les décombres du toit. À lui seul, le bard pesait une quarantaine de kilos. Alors, vous pouvez vous imaginer la chose : le tablier de plomb, le masque, le bard et l'allure vertigineuse... Au musée de Kiev, on peut voir le moulage d'un morceau de graphite, il est grand comme une casquette de base-ball, mais, s'il était vrai, il pèserait seize kilos. Les robots téléguidés refusaient souvent d'exécuter les ordres, ou faisaient autre chose que ce qui leur était demandé : leurs circuits électroniques étaient détruits par les radiations. Les soldats étaient plus sûrs. On les a surnommés les « robots verts » (à cause de la couleur de leur uniforme). Trois mille six cents soldats sont passés par le toit du réacteur. Ils dormaient par terre. Tous racontent qu'au début, ils utilisaient du foin pour se faire des paillasses, dans les tentes. Or, ce foin, ils le prenaient dans des meules, près du réacteur.

De jeunes gars. Ils sont en train de mourir actuellement, mais ils comprennent que, s'ils n'avaient pas fait tout cela...

À un moment donné, il existait un risque d'explosion nucléaire. Pour l'éviter, il a fallu vider le réservoir d'eau lourde sous le réacteur, pour qu'il ne s'écroule pas dedans. L'eau lourde est une composante du combustible nucléaire. Vous imaginez ce qui aurait pu se passer. La mission était donc de plonger dans l'eau lourde et d'ouvrir la soupape de vidange. À celui qui y parviendrait, on a promis une voiture, un appartement, une datcha et une pension à ses proches jusqu'à la fin de leurs jours. Et il y a eu des volontaires. Les gars ont plongé à plusieurs reprises et ils sont parvenus à ouvrir la soupape. On a donné sept mille roubles à l'ensemble de l'équipe et l'on a oublié les voitures, les appartements et le reste. Mais ce n'est pas à cause de cela qu'ils ont plongé ! Les biens matériels n'étaient pas leur premier souci ! *(Il est ému.)*

Ces gens ne sont plus de ce monde... Il ne reste que des documents dans notre musée... Des noms... Mais s'ils avaient refusé de le faire ? Le sens de l'abnégation... En cela, personne ne nous arrive à la cheville...

Je me suis disputé avec quelqu'un à ce sujet... Il cherchait à me faire admettre que c'était lié au prix très bas de la vie humaine chez nous. Une sorte de fatalisme asiatique. L'homme qui se sacrifie ne se percevrait pas comme un être unique et exceptionnel. En fait, il souhaiterait simplement avoir un rôle et passer de simple figurant à personnage principal. Il s'agirait également d'une quête de sens. Notre propagande aurait proposé la mort comme moyen de donner un sens à la vie. Elle donnerait une grande valeur à la mort, parce qu'elle préfigurerait l'éternité. Voilà ce qu'il cherchait à me démontrer. Mais je n'étais pas du tout d'accord! Certes, nous avons été élevés pour devenir des soldats. C'était tout le sens de notre éducation. Nous sommes mobilisés en permanence, toujours prêts à faire l'impossible. Mon père était bouleversé lorsque j'ai voulu faire des études supérieures civiles. « Je suis un militaire de carrière et tu vas te promener en costume? Il faut défendre la patrie! » Il ne m'a pas adressé la parole pendant des mois, jusqu'au jour où je me suis inscrit dans une école militaire. Il avait fait la guerre. À sa mort, il n'avait pratiquement aucun bien matériel, comme toute sa génération. Et moi, qu'est-ce que j'ai de lui? La sacoche d'officier qu'il avait reçue avant la campagne de Finlande où nous conservons ses décorations. Et un sac en plastique où je garde trois cents lettres qu'il a envoyées à ma mère, du front, à partir de 1941. C'est tout ce qui reste de lui... Mais, pour moi, c'est un capital inestimable!

Vous comprenez maintenant comment je vois notre musée. Là, dans un petit bocal, une poignée de terre de Tchernobyl. Un casque de mineur et des outils de paysan venant de la zone... On ne peut pas admettre de dosimètre ici. Le fond de radiation est élevé, mais tout, ici, doit être authentique. Pas de moulages. On doit être crédible et les gens ne croiront que ce qui est vrai, car il y a eu trop de mensonges autour de Tchernobyl. Et il y en aura encore. On s'est servi de la tragédie pour créer des fonds de commerce...

Puisque vous écrivez un livre sur cela, vous devriez voir nos documents vidéo. Ils sont uniques. Nous constituons des archives par petits morceaux. Il n'y a pas de véritable chronique de Tchernobyl dans la mesure où personne ne pouvait vraiment filmer : tout était couvert par le secret militaire. Et si quelqu'un parvenait à filmer ou à photographier quelque chose, le matériel lui était confisqué et la pellicule détruite. Il n'existe pas de chronique de l'évacuation des gens ou du bétail... La seule chose que l'on pouvait filmer, c'étaient les actes d'héroïsme. Certes, des albums sur Tchernobyl ont été publiés, mais combien de fois a-t-on détruit les caméras des cadreurs! On les traînait même devant les instances administratives... Pour raconter honnêtement Tchernobyl, il fallait avoir du courage. D'ailleurs, il en faut toujours, croyez-moi! Mais vous devriez voir ces images...

Les visages des premiers pompiers, noirs comme du charbon. Et leurs yeux... Les yeux de gens qui savent qu'ils nous quittent. Sur un fragment, on voit les jambes d'une femme qui, le matin après la catastrophe, est allée travailler dans son potager, près de la centrale. Elle a marché dans l'herbe couverte de rosée... Ses jambes ressemblent à un tamis. Elles sont couvertes de petits trous, jusqu'aux genoux... Il faut le voir, si vous écrivez un tel livre...

Quand je rentre à la maison, je ne peux pas prendre mon petit-fils dans mes bras. Je dois boire un verre de vodka avant de pouvoir le faire...

Une section entière du musée est consacrée aux pilotes d'hélicoptères... Le colonel Vodolajski... Un héros de la Fédération de Russie enterré en terre biélorusse. Lorsqu'il a dépassé la dose maximale, il n'a pas voulu être évacué. Il est resté pour apprendre la technique à trente-trois équipages supplémentaires. Il a fait lui-même cent vingt vols et balancé sur la centrale entre deux cents et trois cents tonnes de sable. Quatre à cinq vols par jour. À trois cents mètres au-dessus du réacteur, la température dans la carlingue atteignait soixante degrés. Vous pouvez vous imaginer ce qu'il en était en bas, pendant la durée de l'opération. La radioactivité atteignait mille huit cents röntgens par heure. Les pilotes avaient des malaises en plein vol. Pour balancer leurs sacs de sable dans l'orifice brûlant de la centrale, ils sortaient la tête de la carlingue et faisaient une estimation visuelle. Il n'y avait pas d'autre moyen... Aux réunions de la commission gouvernementale, on rapportait les choses d'une manière très simple : « Pour cela, il faut mettre une vie. Et pour ceci, deux ou trois vies... » Une manière très simple. La banalité du quotidien...

Le colonel Vodolajski est mort. Sur sa fiche médicale, les médecins ont noté six rems. En vérité ce sont six cents !

Et les quatre cents mineurs qui creusaient jour et nuit une galerie sous le réacteur ? Il fallait creuser ce tunnel pour y verser de l'azote liquide et congeler un coussin de terre, comme disent les ingénieurs. Autrement, le réacteur aurait risqué de s'enfoncer dans les eaux souterraines. Ces mineurs venaient de Moscou, de Kiev, de Dniepropetrovsk. Ils ne sont mentionnés nulle part. Nus, accroupis, ils poussaient devant eux des wagonnets. La température atteignait cinquante degrés et la radiation, des centaines de röntgens.

Maintenant, ils agonisent... Et s'ils n'avaient pas fait cela ? Ce sont des héros et non pas des victimes de cette guerre qui semble ne pas avoir eu lieu. On parle de catastrophe, mais c'était une guerre. Les monuments de Tchernobyl ressemblent à des monuments de guerre. Il y a des choses dont on ne parle pas, chez nous. La pudeur slave. Vous le savez sans doute, puisque vous écrivez un livre sur tout cela... Ceux qui travaillaient à proximité immédiate du réacteur sont généralement atteints... Il y a d'ailleurs un symptôme très proche chez ceux qui travaillent sur les fusées... Disons que le système génito-urinaire est atteint. Mais on n'en parle pas, chez nous... Cela ne se fait pas. J'ai accompagné une fois un journaliste anglais. Il avait préparé des questions très pertinentes à ce propos. Il s'intéressait au côté humain du problème : les conséquences sur l'homme, à la maison, dans la vie quotidienne, dans la vie intime. Mais il ne parvint à nouer aucune conversation franche. Il rencontra, par exemple, un groupe de pilotes d'hélicoptères. Il voulait leur parler entre hommes. Certains, à trente-cinq ou quarante ans, bénéficiaient déjà de leur retraite. Un ancien pilote était venu avec une jambe cassée : il avait une fracture de vieille femme car ses os avaient été ramollis par la radiation... L'Anglais leur posa des questions : comment êtes-vous en famille, avec vos épouses ? Les pilotes restèrent muets. Ils étaient venus parler de leurs cinq vols par jour et pas de... ces choses. Ils répondirent en chœur : la santé est bonne, l'État nous apprécie, l'amour règne dans nos familles... Pas un seul ne s'ouvrit. Après leur départ, l'Anglais était visiblement déçu. « Tu comprends maintenant, me dit-il, pourquoi personne n'a foi en vos dires ? Vous vous mentez à vous-mêmes. » Cette rencontre eut lieu dans un café. Deux jolies serveuses s'occupaient des clients. Au moment où elles rangeaient les tables, il leur demanda de répondre à quelques questions. Et les deux filles lui déballèrent tout : elles rêvaient toutes d'épouser un étranger pour donner naissance à des enfants sains. Et lui d'insister : « Vous avez des partenaires ? Comment sont-ils ? Êtes-vous satisfaites ? Vous voyez bien de quoi je veux parler ? » Elles rirent. « Il y avait des gars ici, des pilotes d'hélicoptère. Ils sont grands et bardés de médailles, mais ils ne sont bons que pour s'asseoir à des tribunes officielles. Au lit, ils ne valent rien. »

Il a pris ces filles en photo et m'a répété la même phrase : « Vous comprenez pourquoi personne ne vous croit ? Parce que vous vous mentez à vous-mêmes. »

Nous nous sommes rendus dans la zone. Les statistiques sont bien connues : il y a huit cents « sépulcres » autour de Tchernobyl.

Il s'attendait à des fortifications d'une complexité inouïe alors que ce ne sont que de simples fosses. C'est là que l'on a enterré la « forêt rousse » abattue sur cent cinquante hectares autour du réacteur (dans les deux jours qui ont suivi la catastrophe, les sapins et les pins sont devenus rouges, puis roux). Là gisent des milliers de tonnes de métal et d'acier, des tuyaux, des vêtements de travail, des constructions en béton. Il m'a montré une vue aérienne publiée par un magazine anglais... Des milliers de voitures, de tracteurs, d'hélicoptères... Des véhicules de pompiers, des ambulances... C'était le plus important sépulcre, près du réacteur. Il voulait le photographier dix ans après la catastrophe. On lui avait promis une bonne rémunération pour cette photo. Mais nous avons tourné en rond, d'un responsable à l'autre et tous refusaient de nous aider : tantôt il n'y avait pas de carte, tantôt il manquait une autorisation. Et puis, j'ai fini par comprendre que le sépulcre n'existait plus que dans les rapports. En réalité, tout a été pillé, vendu dans les marchés, utilisé comme pièces détachées par des kolkhozes et des particuliers. L'Anglais ne parvenait pas à y croire. Lorsque je lui ai dit la vérité, il ne m'a pas cru ! Et maintenant, lorsque je lis l'article le plus audacieux, je n'y crois pas. Il y a toujours une pensée qui tourne au fond de mon esprit : « Et si ce n'étaient que des mensonges ? Des racontars ? » Les mentions de la tragédie sont devenues d'une banalité... Un conte pour faire peur aux enfants ! *(Ces derniers mots contiennent une note de désespoir. Il se tait.)*

Je ramène au musée tout ce que je peux... Je ramasse... Mais il m'arrive de penser à tout abandonner, à m'enfuir ! Comment puis-je supporter tout cela ?

J'ai parlé à un jeune prêtre.

Nous nous trouvions près de la tombe toute fraîche de l'adjudant-chef Sacha Gontcharov. C'était l'un de ceux qui ont travaillé sur le toit du réacteur... Il neigeait. Il y avait du vent. Un temps exécrable. Le prêtre disait l'office des morts. Il était tête nue. « Vous n'avez pas froid ? » lui ai-je demandé, après. « Non ! m'a-t-il répondu. Dans de tels moments, je me sens tout-puissant. Aucune cérémonie religieuse ne me donne autant d'énergie que l'office des morts. » J'ai retenu ces paroles d'un homme qui se trouve toujours en contact avec la mort. J'ai demandé à plusieurs reprises à des journalistes étrangers qui nous rendaient visite – certains sont venus plusieurs fois – ce qui les conduit à visiter la zone. Je savais bien que ce n'était pas

seulement pour des raisons de profit ou de carrière. Ils m'ont avoué :
« Cela nous plaît de venir ici. Cela nous donne une charge énergé-
tique puissante. » C'est une réponse inattendue, n'est-ce pas ? Il est
probable que, pour eux, nos sentiments, notre monde, nous-mêmes,
représentons quelque chose d'inconnu, d'hypnotique... Mais je n'ai
pas compris ce qui leur plaisait le plus : nous ou ce qu'il est possible
d'écrire à notre sujet, de comprendre à travers nous ?

Pourquoi tournons-nous toujours autour de la mort ?

Tchernobyl... Il n'y aura plus jamais d'autre monde. Nous comprenons maintenant que nous n'avons nulle part où aller. Cela
implique une sensation de sédentarité tragique, une autre perception du monde. Souvenez-vous d'Erich Maria Remarque... Comme
une génération perdue qui rentre toujours de la guerre. Avec Tchernobyl, il s'agit d'une génération désemparée. Nous sommes désarmés... Seule la souffrance humaine n'a pas changé... Notre seul
capital. Qui n'a pas de prix !

Je rentre à la maison... Après tout cela... Ma femme m'écoute,
puis elle me dit tout bas : « Je t'aime, mais je ne te donnerai pas mon
fils. Je ne le donnerai à personne. Ni à Tchernobyl ni à la Tchétchénie... À personne ! » Elle est déjà habitée par cette peur..."

Sergueï Vassilievitch Sobolev,
vice-président de l'Association biélorusse
Le Bouclier de Tchernobyl.

LE CHŒUR POPULAIRE

Klavdia Grigorievna Barsouk, femme de liquidateur ; Tamara Vassi-
lievna Belookaïa, médecin ; Ekaterina Fiodorovna Bobrova, évacuée
de la ville de Pripiat ; Andreï Bourtys, journaliste ; Ivan Naoumovitch
Vergueïtchik, pédiatre ; Elena Ilinitchna Voronko, résidente du bourg
de Braguine ; Svetlana Govor, femme de liquidateur ; Natalia Maxi-
movna Gontcharenko, évacuée ; Tamara Ilinitchna Doubikovskaïa,
résidente du bourg de Narovlia ; Albert Nikolaïevitch Zaritski, méde-
cin ; Alexandra Ivanovna Kravtsova, médecin ; Eleonora Ivanovna
Ladoutenko, radiologue ; Irina Iourievna Loukachevitch, sage-femme ;

Antonina Maximovna Larivontchik, évacuée ; Anatoli Ivanovitch Polichtchouk, météorologue ; Maria Iakovlevna Saveliova, mère de famille ; Nina Khantsevitch, femme de liquidateur.

"Cela fait bien longtemps que je ne vois plus de femmes enceintes, heureuses… Des mères heureuses…

Lorsqu'une femme accouche, la première chose qu'elle fait, c'est appeler le médecin : « Docteur, montrez-le-moi ! Apportez-moi mon bébé ! » Elle tâte sa tête, son front, tout le corps. Elle compte les doigts, les orteils… Elle veut se rassurer : « Docteur, est-ce un enfant normal ? » Plus tard, on le lui apporte pour l'allaiter. Elle a peur : « Je vis non loin de Tchernobyl… J'allais rendre visite à ma mère… Je me suis retrouvée sous cette pluie noire. »

On raconte des cauchemars : l'une a accouché d'un veau à huit pattes, l'autre d'un chien à tête de hérisson… Des rêves bizarres. Naguère, les femmes ne faisaient pas de tels rêves. Je n'ai jamais entendu quelque chose de semblable. Et je suis sage-femme depuis trente ans !"

"À l'école, j'enseigne la langue et la littérature russes. Cela s'est passé, je crois, au début du mois de juin, à l'époque des examens. Soudain, le directeur nous a rassemblés pour nous annoncer : « Demain, chacun devra venir avec une pelle. » Nous devions enlever la couche supérieure de terre, contaminée, autour des bâtiments. Des soldats viendraient, plus tard, asphalter la surface. Question : « Quels moyens de protection aurons-nous ? Va-t-on nous apporter des costumes spéciaux et des masques ? » La réponse a été négative. « Vous prendrez simplement des pelles pour creuser. » Seuls deux jeunes professeurs ont refusé. Tous les autres, nous avons obéi. Le découragement coexiste en nous avec le sentiment du devoir accompli : il faut être là où il y a du danger, il faut défendre la patrie. Ai-je appris autre chose à mes élèves : aller de l'avant, se jeter dans le feu, défendre, se sacrifier. La littérature que j'ai enseignée ne parlait pas de la vie, mais de la guerre. Cholokhov, Serafimovitch, Fourmanov, Fadeïev, Boris Polevoï… Seuls deux jeunes profs ont refusé, mais ils sont de la nouvelle génération… Ils sont différents…

Nous creusions la terre du matin au soir et, lorsque nous rentrions à la maison, cela nous semblait bizarre que les magasins en ville soient ouverts et que les femmes y achètent des collants ou des parfums. Des sensations de l'époque de la guerre s'étaient déjà réveillées en nous. Et nous aurions mieux compris si les gens avaient fait la queue pour faire des provisions de pain, de sel, d'allumettes... Tout le monde s'est mis à griller des quantités incroyables de pain... Ce comportement m'a semblé familier, bien que je sois née après la guerre. J'ai tenté d'analyser mes sentiments et j'ai été frappée de constater que j'avais assimilé, aussi incroyable que cela puisse paraître, l'expérience de la guerre. Je savais comment j'abandonnerais ma maison, de quelle manière je partirais avec les enfants, quelles affaires nous emporterions, ce que j'écrirais à ma mère. Et tout cela alors même qu'une vie normale se poursuivait autour de nous et que la télévision diffusait des comédies. Mais nous avons toujours vécu dans l'horreur et nous savons vivre dans l'horreur. C'est notre milieu naturel. Pour cela, notre peuple est sans égal..."

"Les soldats arrivaient dans les villages et évacuaient les gens. Les rues étaient encombrées de véhicules militaires : des voitures de transport blindées, des camions bâchés et même des blindés légers. Les gens quittaient leurs maisons en présence de soldats et cela avait une influence accablante, surtout pour ceux qui avaient vécu la guerre.

Nous comparons sans cesse la catastrophe à la guerre. En fait... On peut comprendre la guerre... Mais cela ?"

"C'est comme si je n'étais pas partie... Chaque jour, je me promène à travers mes souvenirs. Le long des mêmes rues, des mêmes maisons. C'était une bourgade si paisible...

Le dimanche, j'étais étendue dehors, à bronzer. Ma mère vient en courant : « Ma petite, Tchernobyl a explosé, les gens se terrent dans les maisons et, toi, tu es là, sous le soleil. » J'ai ri : Narovlia se trouve à quarante kilomètres de Tchernobyl.

Dans la soirée, une Jigouli s'est arrêtée près de notre maison : une amie et son mari en descendent. Elle portait une robe de chambre. Lui, un survêtement de sport et de vieux chaussons. Ils s'étaient enfuis de Pripiat à travers la forêt par les petits chemins de terre. La milice et les soldats dressaient des barrages sur les routes : on ne laissait passer personne. La première chose qu'elle m'a criée c'était : « Il faut acheter d'urgence du lait et de la vodka. » Elle répétait tout le temps : « Je viens d'acheter de nouveaux meubles, un nouveau frigo. Je viens de me faire tailler un manteau de fourrure. J'ai tout laissé. J'ai juste couvert les meubles de plastique... Nous n'avons pas dormi de la nuit... Que va-t-il se passer ? Que va-t-il se passer ? » Son mari la calmait. Nous passions des journées entières près de la télé et attendions que Gorbatchev parle au peuple. Les autorités se taisaient... Ce n'est qu'après les fêtes de la Victoire que Gorbatchev a enfin dit : ne vous inquiétez pas, camarades, la situation est sous contrôle... Il n'y a rien d'horrible... Les gens vivent et travaillent..."

"On amenait tout le bétail des villages évacués chez nous, au centre du district. Des vaches, des brebis, des cochons couraient dans les rues, affolés. Ceux qui voulaient pouvaient les attraper. De l'abattoir industriel, des camions de viande se dirigeaient vers la gare de Kalinovitchi et, là, on chargeait leur contenu dans des trains, vers Moscou. Mais là-bas, personne ne voulait de cette viande et les wagons, transformés en sarcophages, revenaient chez nous. C'est ici qu'on enterrait ces bœufs et ces moutons. L'odeur de la viande pourrie nous poursuivait la nuit... « Est-ce cela, l'odeur de la guerre nucléaire ? » me demandais-je. La guerre dont je gardais le souvenir sentait la fumée...

Dans les premiers jours, on évacuait les enfants la nuit, pour que le moins possible de gens puissent les voir. On voulait dissimuler le malheur, mais les gens savaient tout quand même. Ils guettaient les bus qui passaient et offraient aux enfants de petits bidons de lait, des petits pains. Comme à la guerre... À quoi d'autre pourrais-je bien comparer cela ?"

"Une réunion au comité exécutif du soviet régional. Une situation d'urgence. Chacun attend le discours du responsable de la préparation militaire pour les civils parce que, concernant la radiation, les gens ne se souviennent que de bribes du cours de physique à l'école. Il monte sur la tribune et expose le contenu des manuels sur la guerre atomique : après avoir reçu cinquante röntgens, le soldat doit quitter les rangs. Il explique comment construire des abris, comment utiliser les masques à gaz, quel est le rayon d'une explosion...

Nous sommes partis dans la zone contaminée en hélicoptère. Nous nous étions équipés selon les instructions : pas de sous-vêtements, une combinaison en coton, comme celles des cuisiniers, couverte d'une pellicule de protection, des gants, un masque de gaze sur le visage. Nous étions bardés d'appareils enregistreurs. Nous nous posons près d'un village. Des gosses se roulaient dans le sable comme des moineaux… Avec des brindilles ou des cailloux dans la bouche, sans culottes, les fesses nues… Mais les ordres étaient de ne pas entrer en contact avec la population, ne pas soulever de panique… Et maintenant je vis avec cela…"

"À la télévision, les émissions se multipliaient… L'un des sujets concernait une vieille femme qui venait traire une vache. Le journaliste s'approchait d'elle avec un dosimètre militaire, le glissait le long du seau de lait. Et le commentaire : vous pouvez constater que la norme est respectée alors que nous ne nous trouvons qu'à dix kilomètres du réacteur. On montrait aussi la rivière Pripiat où des gens se baignaient et bronzaient… Au loin, on apercevait le réacteur couvert de panaches de fumée… Et toujours le commentaire : les Occidentaux sèment la panique en diffusant des calomnies délibérées au sujet de l'accident. Quant au dosimètre, tantôt on l'apposait sur une assiette de soupe de poisson, tantôt sur des beignets vendus dans un kiosque en plein air. C'était une imposture. Les dosimètres militaires en usage à l'époque n'étaient pas destinés au contrôle des produits alimentaires. Ils ne mesuraient que le fond de radiation…

L'incroyable quantité de mensonges liés à Tchernobyl n'a pas d'équivalent, sauf pendant la guerre…"

"Nous attendions notre premier enfant. Mon mari voulait un garçon et moi, une fille. Les médecins tentaient de me convaincre : « Il faut se résoudre à un avortement. Votre mari est allé à Tchernobyl. » Il est chauffeur et on l'a appelé là-bas dès les premiers jours. Il transportait du sable. Je ne leur ai pas fait confiance.

Le bébé était mort-né. Et il lui manquait deux doigts. Une petite fille. J'ai pleuré. « Si au moins elle avait tous ses doigts. C'est quand même une petite fille. »"

"Personne ne comprenait ce qui s'était passé. J'ai téléphoné au bureau de recrutement, puisque nous autres, les médecins, nous sommes soumis aux obligations militaires. J'ai proposé mon aide. Je ne me souviens pas du nom du maïor qui m'a répondu : « Nous avons besoin de jeunes. » J'ai tenté de lui faire entendre raison :

« D'abord, les jeunes médecins ne sont pas préparés. De plus, ils courent un plus grand danger car les organismes jeunes sont plus sensibles aux radiations. » Il m'a répondu : « Nous avons des ordres : engager des jeunes. »

Les plaies des malades guérissaient mal. Je me souviens de la première pluie radioactive. Plus tard, on l'a appelée « pluie noire »... D'une part, notre conscience n'était prête à rien de semblable. D'autre part, nous étions toujours les meilleurs, les plus extraordinaires, et notre pays était toujours le plus grand. Mon mari, qui a fait des études supérieures et est ingénieur, m'assurait le plus sérieusement du monde qu'il s'agissait d'un acte terroriste. Une diversion ennemie. Beaucoup de gens le pensaient. Et moi, je me rappelais qu'un administrateur rencontré dans un train m'avait raconté des détails sur la construction de la centrale nucléaire de Smolensk : la quantité de ciment, de planches, de clous, de sable qui était volée sur le chantier et transportée dans les villages voisins. Pour de l'argent. Pour une bouteille de vodka...

Des fonctionnaires des comités du parti parcouraient les villages et les usines pour être en contact avec les gens. Mais ils étaient incapables de répondre aux questions : Qu'est-ce que c'est que la désactivation ? Comment protéger les enfants ? Quels sont les coefficients de passage des radionucléides dans la chaîne alimentaire ? Ils n'avaient aucune notion des particules alpha, bêta et gamma, de radiobiologie, sans parler des isotopes. Pour eux, c'étaient des choses d'un autre monde. Ils faisaient des conférences sur l'héroïsme des Soviétiques, sur les symboles du courage militaire, sur les menées des services secrets occidentaux... Et, lorsque j'ai essayé de dire quelques mots à la réunion du parti, d'exprimer des doutes, on m'a avertie que l'on allait me retirer ma carte du parti..."

"Beaucoup de décès étaient inexplicables, inattendus... Ma sœur était cardiaque. Lorsqu'elle a entendu parler de Tchernobyl, elle nous a dit : « Vous survivrez à cela, pas moi. » Elle est morte quelques mois plus tard. Les médecins n'ont pas su réellement de quoi. Même avec sa maladie, elle pouvait vivre encore longtemps..."

"J'ai peur de vivre sur cette terre. On m'a donné un dosimètre, mais, à quoi bon ? Je lave le linge, chez moi. Il est si blanc, mais le dosimètre sonne. Je prépare un gâteau, il sonne. Je fais le lit, il sonne. À quoi bon l'avoir ? Je donne à manger aux enfants et je pleure. « Maman, pourquoi pleures-tu ? »

Deux enfants, deux garçons. Ils n'ont pas été à la crèche, ni au jardin d'enfants. Ils passent leur temps à l'hôpital. L'aîné, on ne peut même pas savoir si c'est un garçon ou une fille. Il est chauve. Je l'ai amené chez des médecins et des guérisseurs de toutes sortes. Il est le plus petit de sa classe. Il n'a pas le droit de courir, de jouer. Si quelqu'un le bouscule par hasard, il saigne, il peut mourir. Il a une maladie du sang dont je ne peux même pas prononcer le nom. Je restais près de lui à l'hôpital et je me disais : « Il va mourir. » Par la suite, j'ai compris que je ne devais pas penser ainsi. J'allais aux toilettes pour pleurer. Aucune mère ne pleure dans la chambre de son enfant, mais aux toilettes, dans la salle de bains. Je revenais toute gaie :

« Tes joues sont roses. Tu vas guérir.

— Maman, fais-moi sortir de l'hôpital. Je vais mourir. Ici, tout le monde meurt. »

Où puis-je pleurer ? Aux toilettes ? Mais il y a la queue, là-bas... Et ils sont tous comme moi..."

"Pour la Toussaint, on nous a permis de nous rendre au cimetière. Mais la milice nous interdisait d'aller ailleurs que sur nos tombes. Au moins, nous avons pu regarder nos maisons de loin... Leur lancer des signes de croix..."

"Je vais vous dire ce qu'est un homme de chez nous. Un exemple : dans les districts contaminés, dans les années qui ont suivi la catastrophe, les magasins ont été remplis de conserves de viande grecques ou chinoises, et les gens s'en réjouissaient. Ils disaient qu'aucune force ne pourrait les faire partir. Ils se trouvaient bien, là ! Le sol était contaminé de manière inégale. Dans le même kolkhoze, il y avait des champs « propres » et des champs « sales ». Ceux qui travaillaient dans les champs « sales » étaient mieux payés et tout le monde voulait y aller... Les gens refusaient d'aller dans les champs « propres »...

Récemment, j'ai reçu la visite de mon frère qui habite en Extrême-Orient russe. Il m'a dit que nous sommes comme des « boîtes noires », les enregistreurs de vol des avions... Des « hommes-boîtes »... Nous pensons vivre, parler, marcher, manger, faire l'amour… En fait, nous enregistrons l'information !"

"Je suis pédiatre. Chez les enfants, tout est différent des adultes. Par exemple, pour eux, le cancer ne signifie pas la mort. Ils n'ont pas cette image. Ils savent tout sur ce qui les concerne : le diagnostic, le nom des procédures, les médicaments… Ils en savent plus que leurs mères. Il me semble que, lorsqu'ils meurent, l'étonnement s'affiche sur leurs visages. Ils gisent avec des visages étonnés…"

"Les médecins m'ont dit que mon mari allait mourir. Il souffrait d'une leucémie. Le cancer du sang.

Il est tombé malade deux mois après son retour de la zone contaminée de Tchernobyl. Son usine l'a envoyé là-bas. Il est rentré de son travail un matin, après l'équipe de nuit :

« Je pars là-bas.

— Que vas-tu y faire ?

— Travailler au kolkhoze. »

Ils faisaient des meules de foin dans la zone de quinze kilomètres, récoltaient des betteraves, des pommes de terre.

À son retour, nous sommes allés chez ses parents. Il aidait son père à crépir le four et il a perdu connaissance. On a appelé une ambulance, on l'a transporté à l'hôpital. Et on l'a envoyé à Moscou.

Il est rentré de la capitale avec une seule pensée : « Je vais mourir. » Il est devenu taciturne. J'essayais de l'encourager, de le raisonner, mais il ne me croyait pas. À l'époque, je n'interprétais pas mes rêves. Tantôt on me conduisait à l'échafaud, tantôt j'étais habillée de blanc… Je me réveillais le matin, le regardais : comment pouvais-je rester seule ? Il ne faut pas penser à la mort, alors je chassais ces idées… Si j'avais su qu'il allait tomber malade, j'aurais fermé toutes les issues, j'aurais barré la route. J'aurais cadenassé la porte avec dix verrous…"

"Cela fait deux ans que nous allons d'un hôpital à l'autre, mon garçon et moi. Je ne veux plus entendre parler de Tchernobyl. J'ai vu trop de choses…

Dans les chambres d'un hôpital, des petites filles jouent à la poupée. Les poupées ferment les yeux et meurent.

« Pourquoi meurent-elles ?

— Parce que ce sont nos enfants et que nos enfants ne vont pas vivre. Ils vont naître et mourir. »

Mon Artiomka a sept ans, mais on lui en donne à peine cinq. Il ferme les yeux et je pense qu'il s'est endormi. Alors, je pleure, car je crois qu'il ne me voit pas. Et il me dit :

« Maman, est-ce que je meurs déjà ? »

Il s'endort et ne respire presque pas. Je m'agenouille devant son lit...

« Artiomka, ouvre les yeux... Dis quelque chose... »

Je pense : « Tu es encore chaud. »

Il ouvre les yeux. Et s'endort de nouveau. Il est si calme. Comme s'il était mort.

« Artiomka, ouvre les yeux... »

Je l'empêche de mourir..."

"Pour le réveillon, nous avons dressé une bonne table. Tout était fait à la maison : viandes fumées, lard, viande, cornichons... Seul le pain venait du magasin. Même la vodka était de fabrication maison. On plaisante chez nous sur le fait que nos produits de Tcherno-byl ont un goût spécial : celui du césium et du strontium. Mais que faire ? Les étals des magasins des villages sont vides et, lorsqu'ils sont approvisionnés, nous ne pouvons pas nous payer ce qu'ils vendent avec nos salaires et nos retraites.

Nous avions des invités. Nos voisins. Des jeunes. Un prof et un mécanicien du kolkhoze, avec sa femme. Nous avons bu et mangé. Et nous nous sommes mis à chanter. Sans nous concerter, nous avons entonné des chants révolutionnaires. Des chansons de la guerre. Et ma préférée : *L'aube colore de lumière tendre la muraille du vieux Kremlin*. C'était une si bonne soirée. Comme dans le bon vieux temps.

J'ai décrit tout cela à mon fils, par lettre. Il fait ses études dans la capitale. Et je reçois la réponse : « Maman, j'imagine le tableau... Dément... La terre de Tchernobyl, la maison, le sapin qui brille... Et les gens à table qui chantent des airs révolutionnaires et militaires... Comme s'ils n'avaient pas, derrière eux, le Goulag et Tchernobyl ! »

J'ai eu peur. Pas pour moi. Pour mon fils. Il n'a nul endroit où revenir..."

III

ADMIRATION DE LA TRISTESSE

MONOLOGUE SUR CE QUE NOUS IGNORIONS :
LA MORT PEUT ÊTRE SI BELLE

"Dans les premiers jours, la question « qui est coupable » nous semblait la plus importante. Plus tard, lorsque nous avons appris plus de choses, nous nous sommes demandé « que faire? ». Comment se sauver? Maintenant que nous nous sommes faits à l'idée que cela va durer non pas un an ou deux, mais plusieurs générations, nous avons commencé à retourner mentalement en arrière. À tourner une page après l'autre.

Cela s'est passé dans la nuit du vendredi au samedi... Au matin, personne ne soupçonnait rien. J'ai envoyé mon fils à l'école et mon mari est allé chez le coiffeur. Je préparais le déjeuner lorsque mon mari est revenu : « Il y a un incendie à la centrale. On a donné l'ordre de ne pas éteindre la radio. » J'ai omis de dire que nous habitions Pripiat, tout près du réacteur. Je revois tout cela de mes yeux : une lueur framboise, flamboyante. Le réacteur semblait être éclairé de l'intérieur. Ce n'était pas un incendie ordinaire, mais une luminescence. C'était très beau. Je n'ai rien vu de tel, même au cinéma. Le soir, tout le monde était à son balcon. Ceux qui n'en avaient pas sont passés chez les voisins. On prenait les enfants dans ses bras pour leur dire : « Regarde! Cela te fera des souvenirs! » Et c'étaient des employés de la centrale... Des ingénieurs, des ouvriers, des professeurs de physique... Ils se tenaient là, dans la poussière noire... Ils parlaient... Ils respiraient... Ils admiraient... Certains faisaient des dizaines de kilomètres à bicyclette ou en voiture pour voir cela. Nous ignorions que la mort pouvait être aussi belle. Mais je ne dirais pas qu'elle n'avait pas d'odeur. Ce n'étaient pas les senteurs du printemps ou de l'automne, mais quelque chose de différent. Ce n'était pas, non plus, l'odeur de la terre... J'avais la gorge irritée et les yeux pleins de larmes. Je n'ai pas dormi de la nuit. J'entendais les voisins marcher dans l'appartement du dessus. Insomniaques, eux aussi. Ils tiraient des meubles et tapaient avec un marteau. Ils faisaient peut-être leurs bagages. Moi, j'étouffais une migraine avec des comprimés. Le matin, lorsque le soleil s'est levé, j'ai regardé autour de moi et – je ne l'invente pas maintenant, je l'ai ressenti à ce moment-là – j'ai vu que quelque chose avait définitivement changé. À huit heures, des soldats avec des masques à gaz déambulaient déjà dans les rues. Lorsque nous les avons vus, avec leurs véhicules militaires, nous n'avons pas eu peur. Au contraire, nous nous sommes calmés. Puisque l'armée venait nous aider, tout irait bien. L'idée que l'atome pacifique pouvait tuer n'entrait pas dans nos esprits... Que l'homme était impuissant devant les lois de la physique...

À la radio, on annonçait régulièrement de se préparer à l'évacuation : on allait nous emmener ailleurs pour trois jours pendant lesquels les surfaces seraient lavées et le niveau de radiation vérifié. Les enfants devaient emporter leurs livres de classe. Mon mari a quand même mis dans une serviette nos papiers et nos photos de mariage. Et moi, la seule chose que j'ai emportée, c'est un foulard de coton pour le mauvais temps...

Dès le début, nous avons senti que nous autres, les gens de Tchernobyl, nous étions devenus un peuple à part. L'autobus qui nous transportait s'est arrêté dans un village pour la nuit. Nous avons dormi par terre, dans une école et dans le club local. La place était très limitée et une femme nous a invités chez elle : « Venez, je vais vous faire des lits. Votre garçon me fait de la peine. » Mais une autre femme, qui se tenait à côté d'elle, l'a tirée par le bras pour l'éloigner de nous : « Tu es folle. Ils sont contagieux. » Plus tard, lorsque nous nous sommes installés à Moguilev et que mon fils est allé à l'école, il est rentré en larmes dès le premier jour de classe. On lui avait dit de s'installer à côté d'une petite fille, mais celle-ci n'avait pas voulu, en disant qu'il était radioactif et qu'on pouvait mourir à rester assis à côté de lui. Mon fils était le seul enfant de Tchernobyl, dans sa classe. Les autres avaient peur de lui et l'appelaient « la luciole ». J'ai eu peur que son enfance se termine si vite...

Lorsque nous avons quitté Pripiat, des colonnes de véhicules militaires allaient dans la direction opposée. Des blindés... C'est à ce moment que nous avons eu peur. Mais j'avais l'impression bizarre que tout cela ne me concernait pas, moi, mais une autre. Je pleurais, cherchais de la nourriture, embrassais et tranquillisais mon fils. Mais, dans mon for intérieur, j'avais la sensation permanente de n'être qu'une spectatrice.

À Kiev, on nous a distribué de l'argent pour la première fois, mais il était impossible d'acheter quoi que ce soit : avec une migration de centaines de milliers de personnes, les magasins étaient dévalisés. Dans les gares, dans les cars, il y avait beaucoup de crises cardiaques et d'hémorragies cérébrales. C'est l'exemple de ma mère qui m'a sauvée. Pendant sa longue vie, elle a perdu à maintes reprises sa maison et tous ses biens. La première fois, elle a été victime des répressions des années trente. Ils lui ont tout confisqué : la vache, le cheval, la maison. La deuxième fois, c'était un incendie et elle a pu tout juste me prendre dans les bras pour me sauver des flammes.

Je garde certains souvenirs... Cela se passait dans un car. Tout le monde pleurait. Un homme, devant moi, grondait sa femme : « Tu es idiote! Tout le monde a pris au moins quelques affaires et nous nous sommes chargés de bocaux vides de trois litres! » Sa femme avait décidé de profiter du voyage pour apporter à sa mère, à Kiev, des récipients pour les compotes. À côté d'eux, des sacs énormes et ventrus étaient posés par terre. Nous nous y heurtions continuellement. C'est avec ces bocaux qu'ils sont arrivés à Kiev.

Je chante à la chorale de l'église. Je lis l'Évangile. Je vais à l'église parce qu'on y parle de la vie éternelle. C'est réconfortant pour les gens. On n'entend pas de tels mots ailleurs et j'ai tellement besoin d'être consolée.

Je fais souvent un rêve : je marche avec mon fils dans Pripiat ensoleillée. Maintenant, c'est une ville fantôme. Nous marchons et regardons les roses. Il y avait beaucoup de roses, là-bas, d'énormes parterres de roses... J'étais si jeune... Mon fils était si petit... J'aimais...

Mais j'ai oublié toute la peur. Comme si je n'étais qu'une spectatrice... "

Nadejda Petrovna Vygovskaïa,
évacuée de la ville de Pripiat.

MONOLOGUE SUR LA LÉGÈRETÉ DE DEVENIR POUSSIÈRE

"Je me suis efforcé de retenir ces jours dans ma mémoire… Il y avait beaucoup de sensations nouvelles… La peur… Je me suis lancé dans l'inconnu, comme si c'était la planète Mars. Je suis né à Koursk. Là-bas, on a construit une centrale nucléaire en 1969. Dans la ville de Kourtchatov. Les gens de Koursk s'y rendaient pour faire des provisions. On pouvait y acheter du saucisson. Les gens qui travaillaient en relation avec l'atome étaient mieux approvisionnés. Je me souviens d'un grand étang où l'on pouvait pêcher. À proximité du réacteur. Je me suis souvent souvenu de ce détail après Tchernobyl.

Voilà comment les choses se sont passées : on m'a apporté une convocation et moi, en homme discipliné, je me suis présenté le jour même au bureau de recrutement. Le commissaire a feuilleté mon dossier :

« Je constate que tu n'es pas allé une seule fois en manœuvres. Et, actuellement, nous avons besoin de chimistes. Veux-tu aller dans un camp d'entraînement, près de Minsk, pour vingt-cinq jours ? »

Je me suis dit : « Pourquoi ne pas me reposer de ma famille, de mon travail ? Je vais faire des marches au grand air. »

Le 22 juin 1986, avec mes effets personnels, une gamelle et une brosse à dents, je suis arrivé au point de rassemblement. Nous étions très nombreux pour un temps de paix et cela m'a surpris. Des images de films de guerre ont défilé devant mes yeux. En plus, c'était une journée spéciale : le 22 juin. Le jour du début de la guerre. Nous sommes montés dans les cars à la tombée de la nuit.

« Ceux qui ont de l'alcool peuvent boire, nous a dit le commandant. Dans la nuit, nous allons prendre le train et demain matin, nous rejoindrons notre unité. Tout le monde doit être en pleine forme, sans gueule de bois. »

Les ordres étant clairs, nous avons fait la fête toute la nuit.

Le lendemain matin, nous avons retrouvé notre unité dans une forêt. On nous a alignés et l'on a fait l'appel pour nous distribuer des vêtements de travail. Chacun a reçu une tenue, puis une deuxième, puis une troisième. Cela semblait sérieux. Ensuite, on nous a distribué à chacun une capote, une chapka, un matelas et un oreiller. Il s'agissait d'affaires d'hiver, or nous étions en été et nous ne devions rester que vingt-cinq jours.

« Mais vous rigolez, les gars, s'est esclaffé le capitaine qui nous accompagnait. Vingt-cinq jours ? Vous allez moisir six mois à Tchernobyl ! »

L'embarras et l'agressivité lui ont répondu. Alors les gradés ont utilisé la persuasion : celui qui travaillera à vingt kilomètres du réacteur verra son salaire doublé. À dix kilomètres, le salaire sera triplé. Et celui qui sera à proximité immédiate recevra six fois sa paie. L'un a calculé que, en six mois, il rentrerait à la maison dans sa propre voiture, l'autre aurait aimé s'enfuir, mais la discipline militaire...

Quant à la radiation, personne ne savait ce que c'était. Moi, je venais de suivre des cours de défense civile et l'on nous avait donné des informations vieilles de trente ans : cinquante röntgens, la dose mortelle. On nous apprenait à tomber pour que l'onde de choc passe au-dessus de nous, sans nous toucher. L'irradiation, la vague de chaleur... Mais personne ne nous avait dit que la contamination radioactive du terrain était le facteur qui affectait le plus l'organisme. Et les officiers de carrière qui nous avaient amenés là n'en savaient pas plus. Ils n'avaient qu'une seule conviction ferme : la vodka aidait à lutter contre les effets des radiations, il fallait donc en boire le plus possible.

Nous demeurâmes stationnés six jours près de Minsk et, pendant ces six jours, nous n'avons pas arrêté de boire. Je collectionnais les étiquettes des bouteilles. D'abord, c'était de la vodka, puis nous passâmes à d'autres boissons bizarres : du Nitkhinol et d'autres solvants. Cela éveillait ma curiosité de chimiste. Après le Nitkhinol, la tête reste claire, mais les jambes deviennent molles comme du coton. Tu veux te lever, mais tu tombes.

Voilà donc la situation. Je suis ingénieur chimiste, docteur ès sciences. On m'a rappelé sous les drapeaux alors que je dirigeais le laboratoire d'un grand complexe industriel. Et comment m'utilisait-on ? On m'a mis une pelle dans les mains. C'était pratiquement mon seul instrument. Nous avons énoncé un aphorisme : la pelle, la meilleure arme antinucléaire. Nos moyens de protection : des masques à gaz que personne n'utilisait. Il faisait 35° à l'ombre : si tu les mets, tu crèves. On a signé une décharge à leur réception pour les oublier aussitôt.

Comment raconter Tchernobyl ? Des véhicules militaires et des soldats. Des postes de lavage. Une atmosphère militaire. On nous a installés dans des tentes, par groupes de dix. Certains avaient de jeunes enfants, la femme de quelqu'un devait accoucher, un autre n'avait pas d'appartement. Mais personne ne se plaignait. Quand il faut y aller, il faut y aller! La patrie nous a appelés! Il est comme ça, notre peuple.

Des montagnes de boîtes de conserve vides autour des tentes. Des Everest... C'était la réserve conservée dans les entrepôts en cas de guerre. Des boîtes de singe, de la kacha d'orge perlée, des anchois... Il y avait aussi des meutes de chats. Aussi nombreux que des mouches... Des villages évacués, vides... Parfois, un portillon grinçait. On se retournait en s'attendant à apercevoir un homme et l'on voyait sortir un chat...

Nous enlevions la couche contaminée de la terre, la chargions dans des camions et la transportions dans des « sépulcres ». Je croyais, au début, que les « sépulcres » étaient des constructions compliquées, conçues par des ingénieurs, mais il s'agissait de simples fosses. Nous soulevions la terre et l'enroulions comme un tapis... L'herbe verte avec les fleurs, les racines, les scarabées, les araignées, les vers de terre... Un travail de fous. On ne peut quand même pas éplucher toute la terre, ôter tout ce qui est vivant... Si nous ne nous étions pas soûlés à mort toutes les nuits, je doute que nous eussions pu supporter cela. L'équilibre psychique était rompu. Des centaines de kilomètres de terre arrachée, dénudée, stérile. Les maisons, les remises, les arbres, les routes, les jardins d'enfants, les puits restaient comme nus... Le matin, il fallait se raser, mais chacun avait peur de se regarder dans un miroir, de voir son propre reflet. De telles idées nous traversaient la tête!

Il était difficile d'imaginer que des gens reviendraient vivre là. Cependant, nous changions les ardoises et lavions les toits. Tout le monde savait que ce travail était inutile, mais nous nous levions tous les matins pour le faire. Parfois, nous rencontrions un vieillard inculte :

« Les enfants, arrêtez ce travail idiot! Venez vous asseoir à table avec nous. Partagez notre repas. »

Le réacteur n'était pas fermé. Une semaine après avoir enlevé la couche de terre, tout était à recommencer. Seulement, il n'y avait plus rien à enlever. Il ne restait plus que du sable, impossible à retirer en couches... Je n'ai vu qu'une seule action raisonnable : pulvériser un liquide spécial qui formait une fine pellicule pour empêcher le sol friable de bouger. Cela, au moins, cela correspondait à quelque chose. Mais nous, nous creusions et creusions...

Les villages avaient été évacués, mais quelques vieillards étaient restés, ici ou là... Nous avions tellement envie d'entrer dans une maison ordinaire pour partager un repas... Une demi-heure de vie normale. Nous n'avions pas le droit de manger ce qu'ils nous servaient. C'était formellement interdit. Mais nous avions tellement envie de rester à table, dans une vieille maison campagnarde...

Derrière nous, il ne restait que des fossés comblés. Plus tard, on devait les couvrir de dalles de béton et les entourer de barbelés. Nous y laissions les bennes, les jeeps et les grues que nous avions utilisées, car le métal a la propriété d'amasser la radiation, de l'engloutir. On raconte que tout ce matériel a disparu. Volé. Je crois bien que c'est vrai. Chez nous, tout est possible. Une fois, il y a eu une alerte : les dosimétristes ont trouvé que la cantine avait été construite à un endroit encore plus radioactif que celui où nous allions travailler. Or, nous y habitions depuis deux mois. C'est cela, notre peuple. Nous avons enfoncé des poteaux dans la terre pour y fixer des planches, à hauteur de poitrine, en guise de tables. Nous appelions cela la « salle à manger »... Nous mangions debout. Nous nous lavions dans un tonneau. Quant aux toilettes, c'était une longue tranchée dans un champ... Nous avions chacun une pelle pour tout équipement. Et le réacteur était tout près...

Au bout de deux mois de travail, nous avons commencé à comprendre certaines choses. Et nous nous sommes posé des questions. « Nous ne sommes pas des kamikazes. Nous avons travaillé ici deux mois. Il est temps de nous remplacer. Cela suffit. » Le général Antochkine est venu nous parler. Il nous a dit franchement :

« Nous n'avons aucun avantage à vous remplacer. Vous avez reçu trois paquets de vêtements, vous avez acquis des aptitudes. Vous remplacer reviendrait cher et provoquerait beaucoup de tintouin! »

Il a mis l'accent sur le fait que nous étions des héros. Une fois par semaine, on octroyait un diplôme d'honneur à celui qui creusait le mieux la terre. Sur le front des troupes. Le meilleur fossoyeur de l'Union soviétique. De la démence pure!

Les villages vides... Seulement des poules et des chats. Nous sommes entrés dans une remise. Elle était pleine d'œufs. Nous nous sommes fait une ventrée d'œufs sur le plat. Les soldats sont de braves gens. Ils attrapent facilement une poule. Une bouteille de tord-boyaux. La consommation quotidienne de notre tente était de trois litres d'alcool. Certains jouaient aux échecs, un autre pinçait une guitare. L'homme s'habitue à tout. L'un se soûle, l'autre a envie de crier, de se bagarrer. Deux gars ont emprunté une voiture. Ils étaient ivres. Ils se sont tués. Il a fallu découper la ferraille à l'auto-gène pour extirper leurs cadavres. Je préservais mon intégrité morale en écrivant de longues lettres à la maison et en tenant un journal. Le chef du service politique l'a remarqué et s'est mis à m'épier : qu'est-ce que j'écrivais, au juste ? Il a demandé à un camarade de cham-brée de me surveiller. Celui-ci m'a averti :

« Qu'est-ce que tu écris ?

— J'ai déjà passé une thèse. Maintenant, je travaille mon doc-torat d'État. »

Il a ri :

« Je vais le transmettre au colonel, mais tu ferais mieux de cacher ce que tu fais. »

C'étaient des gars bien. Comme je l'ai déjà dit, pas un seul ne se lamentait. Il n'y avait pas un lâche parmi eux. Croyez-moi, personne ne pourra nous vaincre. Jamais ! Les officiers ne quittaient pas leurs tentes. Ils restaient vautrés sur leurs lits de camp, en pantoufles. Ils se soûlaient. Mais nous nous en foutions. Nous creusions. Ils pou-vaient bien s'accrocher de nouvelles étoiles sur leurs épaulettes. Nous n'en avions rien à faire. Il est comme ça, notre peuple.

Les dosimétristes étaient comme des dieux. Les gens se les arra-chaient : « Alors, fiston, c'est quoi la radiation, chez moi ! » Un sol-dat un peu filou avait bien compris le truc. Il a pris un simple bâton enroulé de fil de fer pour le promener le long du mur d'une maison. La propriétaire, une vieille femme, est aussitôt sortie :

« Dis-moi ce qu'il y a, mon gars.

— Secret militaire, la vieille.

— Dis-le-moi quand même. Je vais te verser un verre d'alcool.

— D'accord. »

Quand il a bu, il lui a lancé : « Tout est en ordre chez toi, la vieille. » Et il est allé plus loin trouver une autre poire…

Vers le milieu de notre séjour, nous avons enfin reçu des dosi-mètres, des petites boîtes avec un cristal à l'intérieur. Certains se sont tout de suite mis à réfléchir : il fallait le laisser le matin près d'un « sépulcre » et le récupérer le soir. Ils se disaient que plus le niveau de radiation serait élevé et plus vite on les laisserait partir. Ou, au moins, ils seraient mieux payés. D'autres l'ont accroché à la sangle de l'une de leurs bottes, pour qu'il soit plus près de la terre. Bref, le théâtre de l'absurde. Or, ces dosimètres n'étaient pas chargés. Il fallait les charger d'une dose de radiation initiale pour qu'ils puissent fonctionner. En d'autres termes, on nous avait donné des joujoux, juste pour faire bien. Une sorte de psychothérapie. En réalité, il s'agissait de vieux instruments de silicium, restés dans les entrepôts pendant près d'un demi-siècle. À la fin, le chiffre inscrit sur nos livrets militaires était le même pour tous : la dose moyenne de radiation multipliée par le nombre de jours. Cette dose était celle des tentes où nous habitions.

J'ignore si l'histoire suivante est vraie ou non. C'est peut-être simplement une blague. Un soldat appelle sa fiancée qui lui demande ce qu'il fait dans la zone. Le gars décide de se vanter : « Je sors de sous le réacteur. Je viens à peine de me laver les mains. » Et il entend que la conversation vient d'être coupée. Le KGB était à l'écoute…

Deux heures de repos. Nous nous étendions sous les buissons. Les cerises étaient déjà mûres, si grosses, si juteuses… Nous les essuyions et les mangions. Quant aux mûres… C'était la première fois que je voyais des mûres…

Lorsque nous n'avions pas de travail, nous faisions des marches. Il nous arrivait également de voir des films. Des films d'amour indiens. Jusqu'à trois ou quatre heures du matin. Parfois, le cuistot ne se réveillait pas à temps et la kacha n'était pas assez cuite. On nous apportait les journaux où l'on écrivait que nous étions des héros ! Des volontaires. Les articles étaient accompagnés de photos. Si seulement nous avions pu mettre la main sur ces photographes…

Des unités d'autres nationalités étaient stationnées à proximité. Des Tatars de Kazan. J'ai été témoin de leur justice sommaire. On faisait courir un soldat devant une rangée de ses camarades et, dès qu'il s'arrêtait ou tentait de s'enfuir, on le frappait. À coups de pied. Le type s'était rendu coupable de maraudage dans les maisons abandonnées. Il y avait aussi des Lituaniens. Ils se sont révoltés après un mois de présence et ont exigé d'être renvoyés chez eux.

Une fois, nous avons reçu une commande spéciale : il fallait de toute urgence laver une maison dans un village vide. Fantastique, non ?

« Demain, on y fêtera un mariage », nous a-t-on expliqué.

Nous avons arrosé le toit et les arbres, et raclé la couche supérieure de terre. Nous avons fauché la fane des pommes de terre, tout le potager, l'herbe dans la cour. Le lendemain, les fiancés sont arrivés, avec des invités et des musiciens. C'était un vrai mariage. Le couple habitait un autre village, mais on les avait persuadés de venir là, pour être filmés. Pour l'histoire. La propagande fonctionnait. Une usine de rêves... Elle continuait à défendre nos mythes, même dans ces circonstances : nous survivrons partout, même sur la terre morte...

Juste avant mon départ, le commandant m'a convoqué :

« Qu'est-ce que tu écrivais ?

— Des lettres à ma femme.

— Fais gaffe... »

Ce qui est resté dans ma mémoire de cette période ? L'ombre de la démence... La manière dont nous creusions... J'ai noté dans mon journal ce que j'ai compris. Dès les premiers jours, j'ai su à quel point il était facile de devenir poussière... "

Ivan Nikolaïevitch Jmykhov,
ingénieur chimiste.

MONOLOGUE SUR LES SYMBOLES D'UN GRAND PAYS

"Vers la fin mai, juste un mois après la catastrophe, nous avons commencé à recevoir, à des fins de contrôle, des denrées alimentaires en provenance de la zone de trente kilomètres autour de la centrale. L'institut fonctionnait jour et nuit. Comme une institution militaire. À l'époque, nous étions les seuls en Biélorussie à disposer d'appareils spéciaux et de spécialistes. On nous amenait des viscères d'animaux domestiques et sauvages. Nous contrôlions le lait. Dès les premiers tests, il est devenu clair que l'on nous apportait non pas des aliments, mais des déchets radioactifs. On continuait à faire paître des troupeaux là-bas. Les bergers et les vachers travaillaient par roulement et l'on amenait les trayeuses juste au moment de la traite. Nous nous sommes longtemps servis du lait en poudre et des boîtes de lait concentré de l'usine de Rogatchev comme exemples de produits irradiés. Mais, pendant ce temps, ces produits étaient en vente dans les magasins... Lorsque les gens ont cessé d'acheter le lait de Rogatchev et qu'il restait des excédents, l'usine s'est lancée dans la production de boîtes sans étiquettes. Je ne pense pas que c'était à cause du manque de papier : on trompait simplement les gens. L'État trompait les gens.

Un premier déplacement dans la zone : dans la forêt, le fond de radiation était cinq à six fois plus élevé que dans les champs et sur la route. Partout des doses élevées, mais les tracteurs travaillaient dans les champs, les paysans s'occupaient de leurs potagers. Dans quelques villages, nous avons pris des mesures de la thyroïde des habitants : entre cent et mille fois supérieures à la normale. Une femme faisait partie de notre groupe. Elle était radiologue. Elle a eu une crise d'hystérie quand elle a vu des enfants jouer dans le sable. Nous avons également contrôlé le lait maternel : il était radioactif... Les magasins étaient ouverts et, comme il est de règle dans les villages, les vêtements et les denrées alimentaires étaient disposés les uns à côté des autres : des costumes, des robes, du saucisson, de la margarine. Les aliments n'étaient même pas couverts de plastique. Nous mesurions le saucisson, des œufs : c'étaient des déchets radioactifs...

Nous demandions des instructions. Que fallait-il faire ? Mais tout ce qu'on nous répondait, c'était : « Continuer les mesures. Et regardez la télé. » À la télé, Gorbatchev était rassurant : « Des mesures d'urgence ont été prises. » J'y croyais. Moi, avec vingt ans d'ancienneté en tant qu'ingénieur et une bonne connaissance des lois de la physique. Je savais bien qu'il fallait faire partir de là tout être vivant. Même temporairement. Mais nous avons continué à mesurer consciencieusement et à regarder la télé. Nous avions l'habitude de croire. J'appartiens à la génération de l'après-guerre et nous avons grandi dans la foi. Mais d'où venait-elle ? Du fait que nous étions sortis vainqueurs d'une guerre horrible. Tout le monde nous vénérait, alors. C'était ainsi ! Dans les Andes, on a même taillé le nom de Staline sur des rochers. C'était un symbole. Le symbole d'un grand pays.

Voici les réponses à vos questions : pourquoi avons-nous gardé le silence alors que nous savions ? Pourquoi n'avons-nous pas crié sur la place publique ? Nous avons fait des rapports, écrit des notes explicatives, mais nous nous sommes tus. Nous avons obéi sans un murmure parce qu'il y avait la discipline du parti, parce que nous étions communistes. Je ne me souviens pas qu'un seul des employés de l'Institut ait refusé d'aller en mission dans la zone. Pas par peur d'être exclu du parti. Parce qu'ils croyaient. C'était la foi de vivre dans une société belle et juste. La foi que l'homme, chez nous, était la valeur suprême. Pour beaucoup de gens, l'effondrement de cette foi s'est soldé par des infarctus et des suicides. Certains se sont tiré une balle dans le cœur, comme l'académicien Legassov... Parce que, dès que l'on perd la foi, on n'est plus un participant, on devient un complice et l'on perd toute justification. Je le comprends si bien.

Il y a un signe... Chaque centrale nucléaire de l'ex-URSS disposait d'une copie d'un plan de sauvegarde en cas d'accident. Ce plan secret était conservé dans un coffre. Sans un tel plan, il était impossible de faire diverger une centrale. Plusieurs années avant la catastrophe, ce plan avait été mis au point justement à partir de l'exemple de la centrale de Tchernobyl : Que faire et comment ? Qui était responsable ? Où se trouvait la place de chacun ? Et cela, jusqu'au moindre détail... Et c'est justement là que l'accident s'est produit... Faut-il y voir une coïncidence, ou un signe du destin ? Si j'étais croyant... Lorsqu'on veut chercher du sens, on est un religieux. Mais, moi, je suis un ingénieur. Ma foi est différente. Mes symboles sont différents..."

Marat Philippovitch Kokhanov,
ancien ingénieur en chef de l'Institut de l'énergie nucléaire
de l'Académie des sciences de Biélorussie.

MONOLOGUE SUR LE FAIT QUE, DANS LA VIE, DES CHOSES HORRIBLES SE PASSENT DE FAÇON PAISIBLE ET NATURELLE

"Au début, quelque chose s'est passé quelque part. Je n'ai même pas entendu le nom. C'était quelque part, loin de notre Moguilev... Mon frère est revenu de l'école : on distribuait des comprimés à tous les enfants. Quelque chose de sérieux semblait être vraiment arrivé. Aïe aïe aïe ! La journée du Premier Mai s'est merveilleusement bien passée. Nous sommes rentrés tard le soir à la maison. Le vent avait ouvert la fenêtre de ma chambre. Je m'en suis souvenue plus tard...

Je travaillais à l'inspection pour la préservation de la nature. Nous nous attendions à recevoir des ordres, mais ils ne venaient pas. Parmi le personnel de l'inspection, il n'y avait presque pas de professionnels, en particulier dans la haute direction : des colonels en retraite, des anciens fonctionnaires du parti, à la retraite ou indésirables. Des types qui avaient commis des fautes et qu'on envoyait chez nous, à remuer la paperasse. Les gens ont réellement commencé à en parler après une intervention publique, à Moscou, de notre écrivain biélorusse Ales Adamovitch qui a sonné le tocsin. Comme ils le détestaient! C'était totalement irréel. Leurs enfants vivaient là, leurs petits-enfants, mais ce n'étaient pas eux, mais l'écrivain qui criait à la face du monde : sauvez-nous! L'instinct de préservation aurait dû prévaloir, mais, lors des réunions du parti et même dans des conversations privées ils exprimaient leur indignation contre ces « écrivaillons » : « De quoi se mêlent-ils? Ils laissent aller leur langue! Il y a les ordres! La subordination! Et puis, qu'est-ce qu'il y comprend, celui-là? Il n'est pas physicien. Il y a tout de même le Comité central! Le secrétaire général! » C'est à ce moment que j'ai réellement compris pour la première fois ce qu'avait été l'année 1937. Comment tout cela avait pu se passer...

Au moment de Tchernobyl, j'avais une idée idyllique des centrales nucléaires. À l'école, à l'institut, on nous apprenait que c'étaient des « usines fantastiques qui fabriquaient de l'énergie à partir de rien », où des gens en blouses blanches, assis devant de grandes consoles, appuyaient sur des boutons. L'explosion de Tchernobyl a eu lieu alors que notre conscience n'y était pas préparée. De plus, il n'y avait aucune information. Nous recevions des montagnes de papiers avec la mention « strictement confidentiel » : « garder secrètes les informations sur l'accident », « garder secrètes les informations sur les résultats du traitement des malades », « garder secrètes les informations sur le degré de contamination radioactive du personnel ayant participé à la liquidation »...

Toutes les rumeurs circulaient : quelqu'un avait lu dans un journal, quelqu'un avait entendu, quelqu'un avait dit... Certains écoutaient les radios occidentales. Elles étaient les seules à dire les comprimés qu'il fallait prendre et comment. Mais la réaction était négative, le plus souvent : nos ennemis se déchaînent, alors que tout va bien chez nous et que, le 9 mai, les vétérans iront au défilé, comme d'habitude... Même – nous l'avons su plus tard – ceux qui participaient à l'extinction de l'incendie vivaient au milieu des rumeurs : il paraît qu'il est dangereux de prendre le graphite à mains nues... Il paraît...

Une folle est apparue en ville. Elle parcourait le marché en disant : « J'ai vu la radiation. Elle est bleu ciel et luit... » Les gens ont cessé d'acheter au marché le lait et le fromage blanc. Une vieille essayait de vendre son lait, mais personne n'en voulait. « N'ayez pas peur,

disait-elle. Je ne sors pas ma vache dans les champs, je lui apporte
de l'herbe moi-même. » Lors d'un déplacement à la campagne, j'ai
vu des épouvantails au bord de la route : une vache couverte d'une
bâche plastique broutait l'herbe. À côté d'elle se tenait une vieille,
couverte de plastique, elle aussi. On peut en rire ou en pleurer.

Soudain, nous avons éprouvé un sentiment nouveau, inhabituel :
chacun de nous avait une vie propre. Jusque-là, nous n'en avions
pas besoin. Chacun a commencé à s'interroger à chaque instant
sur ce qu'il mangeait, ce qu'il donnait à manger aux enfants, ce qui
était dangereux pour la santé et ce qui ne l'était pas... Et il devait
prendre ses décisions personnellement. Nous n'étions pas habitués à vivre ainsi, mais avec tout le village, toute la communauté,
toute l'usine, tout le kolkhoze. Nous étions des Soviétiques, avec
un esprit communautaire. Ainsi, moi, j'ai été une femme soviétique. Très soviétique. Pendant mes études à l'institut, chaque été,
j'allais travailler avec un détachement communiste d'étudiants.
Nous travaillions dans des chantiers et donnions l'argent gagné à
des partis communistes du tiers-monde. Notre détachement aidait
celui de l'Uruguay...

Nous avons changé. Tout a changé. Il faut faire de très grands
efforts pour le comprendre. Sans parler de l'incapacité de s'exprimer...

Je suis biologiste. Mon mémoire de diplôme portait sur le comportement des guêpes. Pendant deux mois, j'ai vécu sur une île
déserte. J'y observais un nid de guêpes. Elles m'ont admise après
m'avoir observée pendant une semaine. Normalement, elles ne
laissent approcher personne à moins de trois mètres, mais moi,
après une semaine, je pouvais rester tout près de leur nid. Je leur
donnais à manger de la confiture sur une allumette. Mon professeur avait un dicton favori : « Ne détruis pas une fourmilière,
c'est une bonne forme de vie étrangère. » Un nid de guêpes est lié
à toute la forêt et, graduellement, je suis devenue une partie du
paysage, moi aussi. Un souriceau est venu s'installer sur l'une de
mes baskets. C'était un souriceau sauvage, mais il me percevait
comme un élément de la forêt : j'y étais la veille, j'y étais ce jour-
là, j'y serais le lendemain...

Après Tchernobyl... J'ai vu, à une exposition de dessins d'enfants,
une cigogne qui se promenait dans un champ noir avec, comme
légende : « Personne n'a rien dit à la cigogne. » C'étaient également

mes sentiments. Mais j'avais mon travail. Nous nous déplacions dans toute la région. Nous prélevions des échantillons d'eau et de terre pour les porter à Minsk. Nos jeunes collaboratrices bougonnaient : « Nous transportons de petits pains bien chauds. » Aucune protection, pas de vêtements spéciaux. Nous voyagions sur le siège avant et les échantillons « rayonnaient » dans notre dos. Nous participions également à l'enfouissement de la terre radioactive. Enterrer la terre dans la terre... Une occupation humaine bien bizarre... Nos instructions étaient de faire précéder l'opération par une exploration géologique. Il fallait s'assurer que les eaux souterraines se trouvaient, au minimum, à quatre mètres de la surface et que la fosse elle-même était moins profonde. Il fallait aussi étaler une couche de plastique au fond de la fosse. Dans la réalité, les choses ne se passaient pas du tout comme ça. Comme d'habitude. Il n'y avait généralement aucune exploration. Le chef montrait un endroit du doigt : « Creuse ici ! » L'opérateur de l'excavatrice obéissait. Quand il avait fini, on lui demandait :

« Quelle est la profondeur du trou ?

— Le diable le sait. Lorsque j'ai vu de l'eau, j'ai arrêté. »

Et l'on jetait les déchets contaminés directement dans les nappes phréatiques.

Il est courant de dire : peuple saint, gouvernement criminel... Je vous dirai tout à l'heure ce que j'en pense, de notre peuple et de moi-même...

Ma plus longue mission se déroula dans le district de Krasnopolie, le plus irradié. De manière à empêcher que les radionucléides soient emportés par les eaux d'écoulement et les rivières, il fallait suivre des instructions précises : creuser des sillons selon une certaine manière. Je devais inspecter les petites rivières. Je suis arrivée en autobus jusqu'au chef-lieu de district. Pour continuer, j'avais besoin d'une voiture. Je suis allée voir le président du comité exécutif local. Il était assis à son bureau et se tenait la tête dans les mains : personne n'avait annulé le plan, personne n'avait changé la rotation des cultures. On avait donc continué à semer des pois, tout en sachant qu'ils engrangeaient particulièrement bien la radiation. Par endroits, le niveau dépassait les quarante curies. Le président avait bien d'autres soucis : les cuisiniers et les nurses des jardins d'enfants étaient partis, abandonnant les bambins à leur triste sort. Les chirurgiens aussi avaient foutu le camp. Pour une simple appendicectomie, il fallait emmener le malade en ambulance jusqu'au district voisin : soixante kilomètres sur une route cabossée comme une planche à linge. Dès lors, quelle voiture aurait-il bien pu m'accorder ? Je me suis donc rendue chez les militaires. Ces jeunes gars sont restés six mois là-bas, et ils sont tous malades, à l'heure actuelle. Mais, à l'époque, cela ne faisait pas très longtemps qu'ils étaient là. Ils ont mis à ma disposition une voiture de reconnaissance blindée, avec une mitrailleuse. L'adjudant qui commandait la voiture se mettait sans cesse en contact avec la base : « Faucon ! Faucon ! Nous poursuivons le travail. » Nous avancions en véhicule de combat à travers les forêts et les champs de notre propre pays. Des femmes se tenaient près de leurs maisons. Elles pleuraient. La dernière fois qu'elles avaient vu de tels engins, c'était pendant la guerre, et elles avaient peur d'un nouveau conflit.

Les instructions disaient que la cabine du tracteur qui creusait les sillons de drainage devait être hermétiquement fermée et protégée contre les radiations. J'ai vu l'un de ces tracteurs. La cabine était en effet hermétique, mais l'engin était à l'arrêt et son conducteur couché dans l'herbe. Il se reposait.

« Êtes-vous fou ? Ne vous a-t-on pas averti ?

— Mais je me suis couvert la tête avec mon gilet molletonné. »

Les gens ne comprenaient pas. On les préparait à une guerre nucléaire, mais pas à Tchernobyl…

Il y a là-bas de très beaux endroits. La forêt a été préservée des plantations forestières. Une forêt ancienne traversée par de petites rivières à l'eau claire, couleur de thé. L'herbe verte. Les gens s'interpellaient… Pour eux, se promener là semblait aussi naturel que de sortir dans leur jardin. Mais tout cela était contaminé.

Nous avons rencontré une vieille femme :

« Les enfants, est-ce que je peux boire le lait de ma vache ? »

Nous avons baissé les yeux. Nos ordres étaient de rassembler des informations et non d'avoir des contacts avec la population.

L'adjudant a trouvé la solution :

« Grand-mère, quel âge avez-vous ?

— Quatre-vingts ans. Et peut-être même plus. Mes papiers ont brûlé pendant la guerre.

— Alors, vous pouvez boire. »

C'est pour les villageois que j'éprouve le plus de pitié. Ils ont été des victimes innocentes, comme les enfants. Parce que Tchernobyl n'a pas été inventé par les paysans. Eux, ils avaient leurs propres relations avec la nature. Relations de confiance et non de conquête. Ils vivaient comme il y a un siècle ou un millénaire, selon les lois de la divine providence... Et ils ne comprenaient pas ce qui s'était passé. Ils avaient une foi quasi religieuse dans les scientifiques, dans les gens cultivés. Et nous leur répétions : « Tout va bien. Rien de grave. Il suffit de se laver les mains avant de manger. » J'ai compris plus tard, quelques années plus tard, que nous avions tous participé... À un crime... À un complot... *(Elle se tait.)*

Vous ne pouvez pas vous imaginer en quelles quantités sortaient de la zone l'aide qu'on y envoyait, les compensations pour les habitants : conserves de viande, café, jambon, oranges. Par fourgons entiers. À l'époque, de tels produits n'étaient accessibles nulle part dans le pays. Les vendeurs locaux, les contrôleurs, les petits et moyens fonctionnaires du parti s'en mettaient plein les poches. L'homme s'est révélé un être encore plus infâme que je ne le pensais. Et moi aussi... Plus infâme. Je le sais maintenant. *(Elle marque une pause.)* Je le reconnais... Désormais, pour moi, c'est important... Encore un exemple... Un kolkhoze est composé de, disons, cinq hameaux. Trois sont « propres » et deux sont « sales ». Ils sont situés à deux ou trois kilomètres les uns des autres. Aux habitants des deux villages « sales », l'État verse des « frais d'enterrement », pas aux autres. On bâtit une ferme d'élevage dans un village « propre » en promettant d'y apporter du fourrage non contaminé. Mais où le prendre? Le vent souffle la poussière d'un champ à l'autre. La terre est la même. Pour construire la ferme, il faut des autorisations. La commission dont je fais partie les signe, bien que chacun sache que c'est interdit. Que c'est criminel. Finalement, je me suis fait une raison : le problème du fourrage propre n'est pas l'affaire d'un inspecteur chargé de la préservation de la nature.

Chacun s'efforçait de justifier ses actes. De les expliquer. J'ai fait moi-même cette expérience. Et, plus largement, j'ai compris que, dans la vie, des choses horribles se passent de façon paisible et naturelle... "

Zoïa Danilovna Brouk,
inspecteur de la préservation de la nature.

MONOLOGUE SUR LE FAIT QU'UN RUSSE
A TOUJOURS BESOIN DE CROIRE EN QUELQUE CHOSE

"N'avez-vous pas remarqué que nous n'en parlons pas, même entre nous? Dans des dizaines ou des centaines d'années, tout cela sera de la mythologie...

Je crains la pluie... Voilà ce que c'est Tchernobyl. Je crains la neige... Et la forêt. Ce n'est pas une abstraction, une déduction, mais un sentiment qui gît au plus profond de moi-même. Tchernobyl se trouve dans ma propre maison. Il est dans l'être le plus cher pour moi, dans mon fils qui est né au printemps 1987... Il est malade. Les animaux, même les cafards, savent à quel moment il convient d'enfanter. Les hommes ne le peuvent pas. Dieu ne leur a pas donné le sens du pressentiment. Récemment, j'ai lu dans les journaux qu'en 1993 les femmes de Biélorussie ont subi, à elles seules, deux cent mille avortements. Et la cause principale en est Tchernobyl. Nous vivons partout avec cette peur... La nature semble se recroqueviller en attendant. En guettant. « Malheur à moi! Où le temps est-il passé? » se serait exclamé Zarathoustra.

J'ai beaucoup réfléchi. Je cherchais le sens... Tchernobyl est une catastrophe de la mentalité russe. Vous n'y avez jamais pensé? Bien sûr que je suis d'accord lorsque l'on dit que ce n'est pas le réacteur qui a explosé, mais tout l'ancien système de valeurs. Quelque chose, pourtant, me manque dans cette explication...

Je parlerais plutôt de ce que Tchaadaïev a été le premier à définir: notre hostilité envers le progrès. Notre aversion pour la technologie. Notre anti-instrumentalisme. Regardez l'Europe. À partir de la Renaissance, elle adopte une attitude instrumentaliste à l'égard du monde environnant. C'est rationnel, raisonnable. Comme le respect d'un professionnel, d'un maître, pour l'instrument qu'il tient dans les mains. Leskov a écrit une remarquable nouvelle: *Hugo Pectoralis ou Une volonté de fer*. De quoi s'agit-il? Le caractère russe, c'est de s'en remettre toujours au petit bonheur la chance. C'est le leitmotiv du thème russe. L'Allemand, lui, mise sur l'instrument, sur la machine. Les Allemands tentent de surmonter les événements, de dompter le chaos, alors que nous comptons sur le hasard. Allez où vous voudrez, à Kiji par exemple, et vous entendrez le guide vous expliquer avec orgueil que le temple a été bâti sans un seul clou. Au lieu de construire une bonne route, nous nous vantons d'avoir su ferrer un pou. Les roues des charrettes s'enlisent dans la boue, mais nous tenons l'oiseau de feu dans nos mains. Nous payons aussi le prix d'une industrialisation rapide. Du bond en avant. En Occident, cela a pris du temps : un siècle pour les filatures, un siècle pour les manufactures. La machine et l'homme ont changé de concert. La conscience et la pensée technologiques ont eu le temps de se former. Alors que chez nous... À part ses mains, de quoi dispose un villageois, encore de nos jours ? D'une hache, d'une faux et d'un couteau. Et d'une pelle. Comment un Russe s'adresse aux machines ? En les couvrant d'injures. Il ne les aime pas, les méprise, les hait. En fait, il ne comprend pas ce qu'il a entre les mains. J'ai lu quelque part que le personnel des centrales nucléaires traite les réacteurs de casseroles, de samovars, de cuisinières. Voilà de la superbe : nous allons cuire des œufs au plat sur le soleil !

Il y avait beaucoup de paysans parmi ceux qui travaillaient à Tchernobyl. Dans la journée, ils étaient à proximité du réacteur et, le soir, ils retournaient dans leurs potagers ou dans ceux de leurs parents d'autres villages : ils y plantaient des pommes de terre avec une pelle et distribuaient le fumier avec une fourche... Leur conscience se baladait entre deux époques : l'âge de pierre et l'âge de l'atome. Ils oscillaient sans cesse, comme un balancier. Imaginez un chemin de fer conçu par de brillants ingénieurs. Le train roule à toute vitesse, mais en guise de machinistes, il est conduit par des cochers de diligence. C'est le destin de la Russie de voyager entre deux cultures. Entre l'atome et la pelle. Et la discipline technologique ? Notre peuple la perçoit comme une violence, comme des fers, des entraves. Il est spontané. Il a toujours rêvé non de liberté, mais d'un manque total de contrôle. Pour nous, la discipline est un instrument de répression. Il a quelque chose de particulier dans notre ignorance qui la rapproche de l'ignorance orientale...

Je suis historien... Auparavant, j'ai beaucoup étudié la linguistique, la philosophie du langage. La langue ne nous permet pas seulement de penser, elle dirige aussi nos pensées. À dix-huit ans, ou peut-être un peu plus tôt, lorsque j'ai commencé à lire le samizdat, j'ai découvert Chalamov, Soljenitsyne, et j'ai soudain compris que, bien qu'élevé dans un milieu cultivé (l'un de mes grands-parents était prêtre et mon père professeur à l'université de Saint-Pétersbourg), toute mon enfance a été pénétrée de la conscience des camps.

Mon vocabulaire, alors, était celui des zeks[1]. Pour nous, c'était tout à fait naturel d'appeler son père, le patron, et sa mère, la matrone. « Pour un cul malin, il se trouvera toujours une bitte en vis » : voilà la sagesse que j'assimilais à neuf ans. Même nos jeux, nos dictons, nos devinettes venaient du monde des zeks. Parce que les détenus ne formaient pas un monde à part existant dans un ailleurs imprécis, les prisons. Ce monde était mitoyen avec le nôtre. Comme l'écrivait Akhmatova : « La moitié du pays emprisonnait et l'autre moitié moisissait en prison. » Il me semble que cette conscience de zek est entrée en opposition avec la culture. Avec la civilisation, avec le synchrotron…

De plus, nous avons été élevés dans un paganisme soviétique très particulier : l'homme était considéré comme le maître, la couronne de la création. Et il avait le droit de faire ce qu'il voulait de la planète. Comme dans la célèbre formule de Mitchourine : « Nous ne pouvons pas attendre que la nature nous accorde ses faveurs, notre tâche est de les lui arracher. » C'était une tentative d'inoculer au peuple des qualités qu'il n'avait pas. De lui donner la psychologie d'un violeur. Un défi à l'histoire et à la nature. Aujourd'hui, tout le monde s'est soudain mis à parler de Dieu. Que ne l'a-t-on cherché au Goulag, dans les cellules en 1937, dans les réunions du parti, en 1948, lorsqu'on dénonçait les cosmopolites ! Ou sous Khrouchtchev, lorsqu'on détruisait les églises ? Le contexte contemporain de cette recherche de Dieu par les Russes est faux. On bombarde des maisons civiles en Tchétchénie… On ramasse à la pelle les restes des tankistes russes brûlés vifs dans leurs chars… Et l'on va aussitôt à l'église… Pour la veillée de Noël…

Ce qu'il faut, c'est répondre à une question : le peuple russe est-il capable de faire une révision globale de toute son histoire, comme l'ont fait les Japonais et les Allemands après la Seconde Guerre mondiale ? Aurons-nous assez de courage intellectuel ? On ne parle presque pas de cela. On parle du marché, des bons de privatisation… Nous survivons pour la énième fois. Toute notre énergie est investie dans ce processus. Mais, pendant ce temps, l'âme est livrée à elle-même… Alors, à quoi tout cela sert-il ? Votre livre ? Mes nuits d'insomnie ? On peut trouver quelques explications, parler de fatalisme primitif. Mais il peut également y avoir des réponses

1. Contraction russe du mot "détenu".

grandioses. Le Russe veut toujours avoir foi en quelque chose : dans les chemins de fer, dans l'idée byzantine, dans l'atome... Et maintenant, dans le marché...

Dans une nouvelle de Boulgakov, l'un des personnages disait : « J'ai péché toute ma vie. J'ai été actrice. » La conscience du caractère pécheur de l'art, de l'immoralité de sa nature même. Car c'est jeter un regard dans la vie d'autrui. Mais comme le sérum extrait d'une matière contaminée, ce regard peut devenir le vaccin d'une expérience qu'un autre a vécue. Tchernobyl est un sujet à la Dostoïevski. Une tentative pour donner une justification à l'homme. Et peut-être est-ce tout simple ? Peut-être suffit-il d'entrer dans le monde sur la pointe des pieds et de s'arrêter sur le seuil ?"

Alexandre Revalski, historien.

MONOLOGUE SUR LA PHYSIQUE, DONT NOUS ÉTIONS TOUS AMOUREUX

"J'ai l'habitude de tout noter. Lorsque Staline est mort, j'ai marqué ce qui se passait dans les rues, les conversations des gens. Et j'ai noté ce qui se rapportait à Tchernobyl depuis le premier jour. Je savais que beaucoup de choses finiraient par être oubliées, par s'effacer. C'est ce qui s'est passé. Des amis qui se trouvaient au cœur des événements ont oublié ce qu'ils avaient ressenti, ce qu'ils m'avaient raconté. Mais moi, j'ai tout noté.

Ce jour-là, je me suis présenté à mon poste de chef de laboratoire à l'Institut de l'énergie nucléaire de l'Académie des sciences de Biélorussie. Notre Institut se trouve à la campagne, dans la forêt, et le temps était merveilleux. Le printemps. L'air était pur et frais. Je me suis étonné de voir que les mésanges que j'avais apprivoisées pendant l'hiver, en accrochant des morceaux de saucisson à une lucarne, n'étaient pas là. Avaient-elles trouvé une meilleure nourriture ailleurs ?

À mon arrivée, un vent de panique régnait autour de notre réacteur à nous : les dosimètres montraient une aggravation de l'activité. Sur les filtres à air, elle avait augmenté de deux cents fois. La dose à l'entrée des bâtiments était de près de trois milliröntgens par heure. C'était très grave. Cela représente la limite admise dans des locaux soumis à l'irradiation pour une durée de travail ne dépassant pas six heures. Une première idée nous est venue : l'enveloppe de l'un des éléments calorifères avait perdu son étanchéité dans la zone active. Nous avons vérifié : tout était normal. Il était également possible qu'un conteneur eût été endommagé pendant un transport au laboratoire radiochimique. Mais, dans ce cas, allez donc nettoyer l'asphalte! De plus, on annonçait par les haut-parleurs intérieurs qu'il ne fallait pas quitter les bâtiments. La cour s'est vidée aussitôt. Plus personne. C'était effrayant. Inhabituel.

Les dosimétristes ont contrôlé mon bureau. Ma table, mes vêtements, les murs : tout « luisait ». Je me suis levé. Je n'avais pas envie de rester assis sur une chaise. Y avait-il eu un accident, à l'Institut? Une fuite? Et comment tout désactiver? Un vrai casse-tête. J'ai toujours été tellement fier de notre réacteur. J'en connaissais chaque millimètre…

Nous avons téléphoné à la centrale d'Ignalina, en Lituanie, non loin de chez nous. Chez eux, c'est aussi la panique. Nous avons également appelé Tchernobyl, mais personne ne répondait… Vers midi, les choses se sont précisées : un nuage radioactif couvrait tout Minsk. Nous avons pu déterminer qu'il s'agissait d'iode radioactif. Un accident dans un réacteur…

Ma première réaction a été d'appeler ma femme et de l'avertir, mais tous les téléphones de l'Institut étaient sur écoute. Oh! Cette peur éternelle que l'on nous a inculquée pendant des décennies! Et les miens qui ignoraient tout! Ma fille, après ses cours au conservatoire, se promenait en ville avec des amis. Elle mangeait des glaces. Téléphoner pouvait m'attirer des problèmes : me valoir le retrait de mon habilitation au secret. Mais je n'ai pas pu me retenir et j'ai décroché le combiné.

« Écoute-moi attentivement!

— Mais, de quoi parles-tu? m'a demandé ma femme, tout fort.

— Parle plus bas. Ferme les fenêtres, mets tous les aliments dans des sacs en plastique. Mets des gants de caoutchouc et essuie tout ce que tu peux avec un chiffon humide. Lave le plancher. Enveloppe le chiffon et la serpillière dans un sac en plastique et jette-le. Remets au lavage le linge qui sèche sur le balcon.

— Qu'est-ce qu'il y a eu, chez vous?

— Chut! Dilue deux gouttes d'iode dans un verre d'eau. Lave-toi les cheveux...

— Que... »

Mais j'ai raccroché. Ma femme travaillait elle-même pour notre Institut. Elle avait dû comprendre.

À quinze heures trente, nous avons appris qu'il y avait eu un accident à la centrale de Tchernobyl...

Le soir, pendant la demi-heure de trajet de retour à Minsk, dans l'autobus de service, nous avons gardé le silence ou parlé de sujets extérieurs. Nous avions peur de parler de ce qui venait de se passer. Chacun de nous avait en poche sa carte du parti...

Une serpillière mouillée était posée devant la porte de l'appartement. Ma femme avait donc tout compris. En entrant, dans le vestibule, je me suis débarrassé de tous mes vêtements pour rester en slip. J'ai eu soudain une crise de rage... Au diable les secrets! J'ai pris les carnets d'adresses de ma femme et de ma fille et j'ai entrepris d'appeler tout le monde : Moi, chef de laboratoire de l'Institut de l'énergie nucléaire, je vous annonce qu'un nuage radioactif traverse notre ville... Et j'énumère les mesures à prendre : se laver les cheveux, fermer les fenêtres et les lucarnes, relaver le linge qui sèche dehors, boire de l'iode. J'expliquais aussi comment le boire de manière correcte. Les gens me remerciaient poliment, sans poser de questions supplémentaires. Ils ne semblaient pas le moins du monde effrayés. Je pense qu'ils ne me croyaient pas ou qu'ils étaient incapables de comprendre le caractère terrible de l'événement. Ce manque de réaction me surprit grandement.

Le soir même, un ami me passa un coup de fil. Un physicien, docteur ès sciences, spécialiste du nucléaire... Comme il était insouciant. Avec quelle foi vivions-nous à l'époque! Ce n'est qu'aujourd'hui qu'on le comprend... Il m'annonça en passant que, pour le Premier Mai, il emmenait ses enfants chez ses beaux-parents, dans la région de Gomel... À un jet de pierre de Tchernobyl! Je me mis à hurler :

« Quelle décision formidable! Mais tu es fou à lier! »

Voilà pour le professionnalisme! Et pour la foi! Je hurlais. Il ne se souvient peut-être pas que j'ai sauvé ses enfants... *(Il marque une pause.)*

Nous… Je parle de nous tous… Nous n'avons pas oublié Tchernobyl. En fait, nous ne l'avons pas compris. Qu'est-ce que des sauvages peuvent comprendre aux éclairs ?

Dans son livre, Ales Adamovitch rapporte une conversation qu'il a eue avec Andreï Sakharov sur la bombe nucléaire. « Savez-vous, demandait l'académicien, père de la bombe H soviétique, qu'après une explosion atomique, il y a une fraîche odeur d'ozone, qui sent si bon ? » Il y a du romantisme dans ces mots. Pour moi… Pour ma génération… Excusez-moi, je vois votre réaction s'inscrire sur votre visage… Vous pensez à l'extase devant un cauchemar à l'échelle planétaire… Et non pas devant le génie humain… C'est aujourd'hui que la science de l'énergie nucléaire est humiliée et couverte de honte. À mon époque… J'avais dix-sept ans en 1945, lorsque la première explosion atomique a eu lieu. J'aimais la science-fiction. Je rêvais de voler vers d'autres planètes. Dans mon esprit, l'énergie atomique nous emporterait dans l'espace. Je suis entré à l'Institut de l'énergie de Moscou et là, j'ai appris qu'il y avait une faculté ultra-secrète, celle de l'énergie nucléaire. Pendant les années cinquante et soixante, les physiciens du nucléaire étaient considérés comme une élite… C'était cela l'extase. Les littéraires étaient repoussés à l'arrière-plan. Notre prof disait que trois pièces de monnaie contiennent assez d'énergie pour faire fonctionner une centrale électrique. J'en avais le souffle coupé. Je lisais le livre d'un Américain qui expliquait comment on avait inventé la bombe atomique et procédé aux essais dont il donnait des détails. Chez nous, de telles choses étaient considérées comme de grands secrets. Je lisais… J'imaginais… Tout le pays a vu le film *Neuf jours d'une année*, consacré aux atomistes soviétiques. Les hauts salaires et le secret ajoutaient au romantisme. Le culte de la physique ! L'ère de la physique ! Mais après Tchernobyl… On a fait venir des scientifiques jusqu'au réacteur. Avec un vol spécial. Plusieurs n'avaient même pas pris leurs rasoirs car ils étaient certains de n'y aller que pour quelques heures. L'ère de la physique s'est terminée avec Tchernobyl…

Vous avez un autre regard sur le monde… J'ai lu récemment, chez Konstantin Leontiev, une réflexion selon laquelle les résultats de la débauche de la physique et de la chimie obligeraient un jour l'intelligence cosmique à se mêler des affaires terrestres. Et nous, élevés sous Staline, ne pouvions pas admettre l'existence de forces surnaturelles. Ce n'est que plus tard que j'ai lu la Bible... Et que j'ai épousé une deuxième fois la même femme. Je l'ai quittée et je l'ai retrouvée une fois de plus dans ce monde. La vie est une chose surprenante, mystérieuse! Aujourd'hui, je crois... En quoi? Que le monde tridimensionnel est déjà trop étroit pour l'homme moderne... Pourquoi voyons-nous se développer un tel intérêt pour la science-fiction? L'homme se détache de la Terre... Il manipule d'autres catégories temporelles et pas seulement la Terre, mais d'autres mondes. L'apocalypse... L'hiver nucléaire... Tout cela a été décrit par la littérature occidentale comme une répétition avant le spectacle du futur. L'explosion d'un grand nombre d'armes nucléaires provoquera des incendies gigantesques. L'atmosphère sera saturée de fumée. Les rayons du soleil ne pourront plus arriver à la surface de la terre, ce qui provoquera une réaction en chaîne : il fera de plus en plus froid. La version profane de « la fin du monde » est implantée dans les consciences depuis la révolution industrielle du XIXᵉ siècle. Mais les bombes atomiques ne disparaîtront pas. Même lorsque la dernière ogive sera détruite. La connaissance restera...

Vous vous bornez à poser des questions, et moi, j'argumente tout le temps. C'est un conflit de générations... L'avez-vous remarqué? L'histoire de l'atome n'est pas seulement un secret militaire, un mystère et une malédiction. C'est aussi notre jeunesse, notre époque... Notre religion...

Cinquante ans ont passé. Seulement cinquante ans... Aujourd'hui, il me semble parfois que le monde est gouverné par quelqu'un d'autre et que, avec nos canons et nos vaisseaux spatiaux, nous sommes comme des enfants. Mais je n'en ai pas encore la certitude... La vie est une chose étonnante! J'ai aimé la physique et je pensais que je ne m'occuperais de rien d'autre. Or, maintenant, j'ai envie d'écrire. Tout part, s'évanouit... Nos sentiments changent...

Avant l'opération, je savais déjà que j'avais un cancer. Je pensais qu'il ne me restait que quelques jours à vivre et je n'avais pas envie de mourir. Je remarque soudain chaque feuille, la couleur vive des fleurs, le ciel brillant, l'asphalte d'un gris éclatant et, dans ses fissures, les fourmis qui s'affairent. Je pense : « Non, il faut les contourner. » J'ai pitié d'elles. Pourquoi faudrait-il qu'elles meurent? Et l'odeur! L'odeur de la forêt me donne le vertige... Je la perçois encore plus fortement que la couleur. Les bouleaux si légers, les sapins si lourds...

Et je ne verrai plus tout cela ? Vivre une minute, une seconde de plus ! Pourquoi ai-je perdu tant d'heures et de jours devant la télé ou un tas de journaux ? Le principal, c'est la vie et la mort."

Valentin Alexeïevitch Borissevitch,
ancien chef de laboratoire de l'Institut de l'énergie nucléaire
de l'Académie des sciences de Biélorussie.

MONOLOGUE SUR CE QUI EST PLUS INSONDABLE QUE LA KOLYMA, AUSCHWITZ ET L'HOLOCAUSTE

"Dans les premiers jours, nos sentiments étaient mitigés. Les plus forts étaient la peur et l'impression d'outrage. Une chose terrible venait de se produire et aucune information n'était disponible : les autorités se taisaient, les médecins se taisaient. Dans notre district, nous attendions les instructions du comité régional qui lui attendait celles de Minsk. Bien sûr, à Minsk, on attendait celles de Moscou. C'était une très longue chaîne au bout de laquelle quelques personnes prenaient les décisions. Nous étions complètement sans défense. Tel était le sentiment principal, ces jours-là. Le sort de millions de personnes se trouvait entre les mains de quelques individus. De la même manière que quelques personnes se sont révélées capables de nous assassiner. Ce n'étaient ni des maniaques, ni des criminels. De simples opérateurs de service dans une centrale nucléaire. Lorsque je l'ai compris, j'ai été bouleversée. Tchernobyl a ouvert un abîme, quelque chose de plus insondable que la Kolyma, Auschwitz et l'Holocauste. Avec une hache ou un arc, ou même avec un lance-grenades et des chambres à gaz, l'homme ne peut pas tuer tout le monde. Mais s'il a l'atome à sa disposition...

Je ne suis pas une philosophe et je ne vais pas philosopher. Je vous raconterai plutôt ce dont je me souviens...

La panique des premiers jours : certains se sont rués vers les pharmacies pour y acheter des stocks d'iode. D'autres ont cessé d'aller au marché et d'acheter du lait et de la viande, surtout du bœuf. À cette époque, notre famille a décidé de ne pas économiser sur la nourriture. Nous achetions le saucisson le plus cher en espérant qu'il était fait avec de la bonne viande. Et puis nous avons bientôt appris que l'on ajoutait de la viande contaminée justement dans ce saucisson-là car il n'était consommé qu'en petites quantités à cause de son prix élevé. Nous nous sommes retrouvés sans défense. Mais vous savez déjà tout cela. Je veux écrire autre chose : que nous étions une génération soviétique.

Mes amis sont médecins, enseignants. L'intelligentsia locale. Nous avions notre petit cercle. Nous nous sommes réunis chez moi, à la maison, pour le café. Deux d'entre eux se sont lancés dans une grande discussion. Deux femmes. L'une était médecin, les deux avaient des enfants.

La première :

« Je pars demain chez mes parents. J'amène les enfants. S'ils tombent malades, je ne me le pardonnerai jamais. »

La seconde :

« Les journaux disent que la situation redeviendra normale dans quelques jours. Nos troupes se trouvent là-bas. Des hélicoptères, des blindés. On l'a dit à la radio. »

La première :

« Je te conseille également de partir. Emmène les enfants ! Très loin ! Ce qui arrive n'est pas une guerre. On n'a même pas idée de ce qui s'est passé. »

Elles ont haussé le ton et fini par se brouiller en se lançant des accusations réciproques :

« Où est ton instinct maternel ? Tu es une fanatique !

— Que serions-nous devenus si chacun s'était comporté comme toi ? Aurions-nous gagné la guerre ? »

Nous tous qui étions présents, nous avions le sentiment que cette femme nous angoissait. Nous étions habitués à attendre qu'on nous dise les choses, qu'on nous les annonce. Mais elle, médecin, en savait plus : « Vous n'êtes pas capables de défendre vos propres enfants ! »

Comme nous la haïssions à ce moment-là ! Elle nous a gâché la soirée.

Le lendemain, elle est partie et nous avons mis à nos enfants leurs plus beaux vêtements pour les emmener aux commémorations du Premier Mai. Nous n'étions pas obligés d'y aller. Nous avions le choix. Personne ne nous forçait. Mais nous avons considéré que c'était notre devoir. Et comment donc ! À un moment pareil! Nous nous devions d'être tous ensemble... De nous réfugier dans la foule...

Tous les secrétaires du comité du parti étaient debout à la tribune et la fille du premier secrétaire se tenait près de son papa, pour que tout le monde puisse la voir. La fillette portait un imperméable et un chapeau, bien que le soleil fût de la partie. Son père portait un caban militaire. Mais ils étaient là... Je me souviens de cela...

J'écris cette lettre pour que la vérité de ces jours-là – et de ces sentiments – reste. Je n'oublierai jamais cette manifestation du Premier mai...

Que s'est-il donc passé en nous? Qu'est-ce qui s'est ouvert en nous? Je le répète : c'est quelque chose qui dépasse la Kolyma, Auschwitz et l'Holocauste. Mais où sont-ils nos intellectuels, nos écrivains, nos philosophes? Pourquoi se taisent-ils?"

Extraits d'une lettre
de Lioudmila Dmitrievna Polenskaïa,
institutrice, évacuée de la zone de Tchernobyl.

MONOLOGUE SUR LA LIBERTÉ ET LE RÊVE D'UNE MORT ORDINAIRE

"C'était la liberté... Là-bas, je me sentais un homme libre... Vous ne pouvez pas comprendre. Seuls le peuvent ceux qui ont fait la guerre. Ceux qui ont fait la guerre boivent un coup et commencent à parler. Je les ai entendus : ils ont encore la nostalgie de cette liberté, de cet envol... « Pas un pas en arrière! » Tel était l'ordre de Staline. Il y avait des détachements de barrage[1]. Mais tu tirais, tu restais en vie. Tu recevais un verre de vodka et du tabac... Tu pouvais mourir cent fois, éclater en mille morceaux, mais si tu faisais des efforts et rasais la barbe du diable, de l'adjudant-chef, du commandant de bataillon, de quiconque portait un casque et une baïonnette étrangers, et même de Dieu tout-puissant, tu pouvais survivre! La solitude de la

---

1. Détachements du NKVD, postés derrière les troupes engagées dans la bataille et chargés de fusiller ceux qui reculaient.

liberté, je la connais. Nous la connaissons tous, nous qui travaillions au réacteur. Comme dans une tranchée en première ligne... La peur et la liberté! Nous respirions pleinement. Vous autres qui avez des vies ordinaires, vous ne pouvez pas le concevoir... Souvenez-vous que l'on nous préparait en permanence à une guerre future. Mais la conscience n'était pas prête. Moi, en tout cas, je n'étais pas prêt. Deux militaires se sont présentés à l'usine où je travaillais. J'ai été convoqué : « Sais-tu faire la différence entre l'essence et le gasoil? » J'ai demandé aussitôt :

« Où voulez-vous m'envoyer?

— Où ça? Mais à Tchernobyl! Tu partiras comme volontaire. »

Ma profession militaire est spécialiste du combustible nucléaire. C'est une spécialité secrète. On m'a embarqué directement de l'usine, avec la chemisette que je portais. On ne m'a même pas autorisé à faire un saut à la maison. J'ai dit :

« Je dois prévenir ma femme.

— Nous nous en chargerons. »

Dans le bus, nous étions une quinzaine, tous des officiers de réserve. Les gars m'ont plu : s'il faut y aller, on y va ; s'il faut travailler, on travaille ; si on nous envoie à la centrale, nous grimperons sur le toit du réacteur.

Près des villages évacués, il y avait des miradors avec des soldats en armes. Des barrières. Des panneaux : « Accotements contaminés. Arrêt strictement interdit. » Des arbres gris arrosés du liquide de désactivation. Tout cela m'a mis la cervelle sens dessus dessous. Les premiers jours, nous avions peur de nous asseoir par terre, sur l'herbe. Nous ne marchions pas, mais courions. Nous mettions nos masques dès qu'une voiture passait en soulevant la poussière. Et nous restions dans les tentes après le travail. Ha! Ha! Deux mois plus tard, nous nous comportions normalement. C'était désormais notre vie. Nous cueillions des prunes, pêchions du poisson. Il y a là-bas des brochets énormes. Et des brèmes. Nous faisions sécher les brèmes pour les manger avec de la bière. Nous jouions au foot. Nous nous baignions! *(Il rit encore.)* Nous avions foi en notre bonne étoile. Dans notre for intérieur, nous sommes tous des fatalistes et non des pharmaciens. Nous ne sommes pas rationalistes. C'est la mentalité slave... Je croyais en mon étoile... Ha! Ha! Me voici invalide au deuxième degré... Je suis tombé malade tout de suite après mon retour. Ce fichu mal des rayons. Avant cela, je n'avais même pas de dossier au centre médical. Mais je m'en fous! Je ne suis pas le seul... La mentalité...

En tant que soldat, je fermais les maisons des gens et il m'arrivait d'y pénétrer. J'étais assailli par un sentiment très particulier. Une terre sur laquelle il est impossible de semer... Une vache tente de pousser le portillon, mais il est fermé. La porte est cadenassée. Des gouttes de lait tombent par terre... Comment exprimer un tel sentiment! Dans les villages qui n'avaient pas été évacués, les paysans produisaient du tord-boyaux. C'était leur gagne-pain. Ils nous le vendaient. Et de l'argent, nous en avions : trois fois le salaire mensuel plus des frais de séjour multipliés par trois. Plus tard, nous avons reçu une menace : ceux qui continueraient de boire rempileraient pour une autre période. Mais la vodka était-elle d'un quelconque secours contre les radiations, ou non? Au moins, ses effets psychologiques étaient positifs. En tout cas, dans la zone, on croyait dur comme fer à ses vertus... La vie des paysans se déroulait en toute simplicité : les gens semaient et récoltaient. Tout le reste fonctionnait sans eux. Les paysans n'avaient rien à faire ni du tsar, ni du pouvoir soviétique, ni des vaisseaux spatiaux, ni des centrales nucléaires, ni des meetings dans la capitale. Et ils ne parvenaient pas à croire qu'ils vivaient à Tchernobyl : ils ne bougeaient pas pour autant... Ils ramassaient des bûches en cachette, arrachaient des tomates encore vertes pour en faire des conserves. Comment détruire, enterrer, transformer en déchets tout cela? C'était cela, notre travail. Pour eux nous étions des ennemis... Moi, je brûlais d'envie de monter sur le toit du réacteur. « Ne sois pas si pressé, m'a-t-on dit. Le dernier mois avant la démobilisation, on expédiera tout le monde sur le toit. » Notre période de service était de six mois. Le cinquième mois, notre lieu de cantonnement fut changé. Nous nous trouvions désormais tout près du réacteur. Cela a engendré pas mal de blagues, mais aussi des conversations sérieuses : nous prévoyions le passage sur le toit. Combien de temps nous resterait-il après cela? Cela s'est passé sans bruit, sans panique.

« Les volontaires, un pas en avant. »

Toute la compagnie a fait ce fameux pas en avant. Un moniteur de télévision est installé près du commandant. Il l'allume. Sur l'écran apparaît le toit du réacteur parsemé de morceaux de graphite, le bitume fondu.

« Vous voyez, les gars, il y a des décombres sur le toit. Il faut nettoyer la surface. Et ici, dans ce carré, vous allez faire un trou. »

Quarante à cinquante secondes aller-retour. L'un de nous charge le bard, les autres en balancent le contenu dans le réacteur. Nous avions l'ordre de ne pas regarder en bas, mais nous l'avons fait tout de même. Les journaux écrivaient : « Au-dessus du réacteur, l'air est pur. » Nous avons ri, nous avons juré. L'air est peut-être pur, mais les doses énormes ! Nous avions des dosimètres. L'un était étalonné jusqu'à cinq röntgens : l'aiguille venait aussitôt buter au maximum. Un autre, qui ressemblait à un stylo, pouvait mesurer jusqu'à deux cents röntgens. Il ne suffisait pas, non plus. On nous a dit que nous pourrions avoir de nouveau des enfants au bout de cinq ans... À condition de ne pas mourir avant ! *(Il rit.)* On nous donnait des diplômes d'honneur. J'en ai deux. Avec Marx, Engels, Lénine et des drapeaux rouges... Un gars a disparu. Nous pensions qu'il s'était enfui. On l'a retrouvé dans les buissons, deux jours plus tard. Il s'était pendu. Le zampolit nous a réunis pour nous parler. Il a prétendu que le type avait reçu une lettre de sa famille : sa femme le trompait. C'était peut-être vrai. Qui sait ? Nous devions être démobilisés une semaine plus tard... Notre cuistot avait tellement la trouille qu'il vivait non pas dans sa tente, mais dans l'entrepôt : il s'était creusé une niche sous les caisses de beurre et de conserves de viande. Il y avait installé son matelas et son oreiller. Soudain arrive l'ordre de former une nouvelle équipe et de l'envoyer sur le toit. Mais nous y étions tous passés. Il fallait donc trouver des gens. Et on l'a pris. Il n'y est monté qu'une seule fois... Maintenant, il est invalide au deuxième degré. Il m'appelle souvent. Nous ne perdons pas le contact. Nous maintenons des liens les uns avec les autres. Notre mémoire vivra tant que nous vivrons. Vous pouvez l'écrire.

Dans la presse, tout était mensonge... Je n'ai lu nulle part que nous nous fabriquions une sorte de cotte de mailles... Des chemises de plomb... Des culottes... On nous distribuait des tabliers de caoutchouc recouvert d'une pellicule de plomb pulvérisé. Et nous, nous complétions cela avec des slips de plomb... C'était l'un de nos soucis. Dans un village, il y avait deux maisons closes clandestines. Vous imaginez ? Des hommes arrachés à leurs femmes pendant six mois, dans une situation extrême. Nous y allions tous. Et les filles du coin faisaient la noce. Elles disaient qu'elles allaient mourir bientôt, de toute façon. Des slips de plomb ! On les mettait

par-dessus le pantalon. Vous pouvez le noter... On racontait des
blagues sans arrêt. En voilà une : on envoie un robot américain sur
le toit. Il fonctionne cinq minutes. On envoie un robot japonais. Il
fonctionne cinq minutes. On envoie un robot russe. Il fonctionne
pendant deux heures. Il avait reçu un ordre par radio : « Soldat Ivanov, dans deux heures, vous pourrez descendre pour fumer une
cigarette! » Ha! Ha!

Avant de monter sur le réacteur, le commandant nous a réunis
pour le briefing. Quelques gars se sont rebellés : « Nous y sommes
déjà montés. On doit nous renvoyer à la maison. » Certains se trouvaient dans le même cas que moi : mon affaire, c'était le combustible, l'essence. Et l'on m'envoyait malgré tout sur le toit. Moi, je
n'ai rien dit. Je voulais y aller. Mais d'autres ont refusé. Le commandant a réglé toute l'affaire :

« Les volontaires iront sur le toit et les autres chez le procureur. »

Alors tout le monde est rentré dans le rang. Les réfractaires ont
tenu conseil et ont fini par accepter. Tu as prêté serment, tu as
embrassé le drapeau, tu es donc obligé... Il me semble qu'aucun
d'entre nous n'avait de doute quant au fait qu'on pouvait nous
emprisonner pour refus d'obéissance. On disait que la peine encou-
rue était de deux ou trois ans. En revanche, si le soldat chopait plus
de vingt-cinq röntgens, c'est le commandant qui allait en taule.
Pour avoir irradié ses soldats. Personne ne devait avoir reçu plus de
vingt-cinq röntgens.

Les gars étaient bien. Deux sont tombés malades, alors il s'en
est trouvé un pour dire : « J'y vais! » Il y était déjà allé, ce jour-là.
On l'a vraiment respecté. La prime était de cinq cents roubles. Un
autre était chargé de percer un trou, sur le toit, pour insérer le tuyau
qui devait permettre de faire descendre les décombres. On lui a fait
signe qu'il était temps de partir, mais il a continué. Il a continué à
percer, à genoux. Il ne s'est relevé que lorsqu'il a eu fini. Il a touché
une prime de mille roubles. On pouvait s'acheter deux motos avec
cela. Aujourd'hui, il est invalide au premier degré... Mais pour la
peur, on payait tout de suite...

Lorsqu'on nous a démobilisés, nous sommes montés dans les
camions et l'on a traversé toute la zone en klaxonnant. Aujourd'hui,
lorsque je me remémore ces journées, je me dis que j'ai éprouvé un
sentiment... fantastique. Je ne réussis pas à l'exprimer. Les mots

« grandiose » ou « fantastique » ne parviennent pas à tout retranscrire. Je n'ai jamais éprouvé un tel sentiment, même pendant l'amour… "

Alexandre Koudriaguine, liquidateur.

MONOLOGUE SUR CE QU'IL FAUT AJOUTER
À LA VIE QUOTIDIENNE POUR LA COMPRENDRE

"Vous voulez que je vous raconte les détails de ces jours-là ? Ou bien mon histoire ? Ainsi, par exemple, je n'ai jamais fait de photographie et là, soudain, je me suis mis à prendre des photos. J'avais emporté mon appareil par hasard. Et maintenant, c'est mon métier. Je n'ai pas pu me libérer des nouveaux sentiments que j'éprouvais. Ce n'étaient pas de brèves émotions, mais toute une histoire intérieure. Vous comprenez ?

(Tout en parlant, il étale des photos sur la table, les chaises, le rebord de la fenêtre : un tournesol gigantesque, grand comme la roue d'une charrette, un nid de cigogne dans un village vide, un cimetière campagnard avec un panneau « Hautement radioactif – Entrée interdite », une poussette dans la cour d'une maison aux fenêtres condamnées, une corneille posée dessus comme si elle y avait fait son nid, un vol de grues formant un caractère cunéiforme au-dessus d'un champ redevenu sauvage.)

On me demande pourquoi je ne prends pas de photos en couleur. Mais il s'agit de Tchernobyl… Littéralement, ce nom signifie « la réalité noire »… Les autres couleurs n'existent pas. Mon histoire ? C'est la légende de cela… *(Il montre les photos.)* D'accord, je vais essayer. Vous comprenez, tout se trouve là… *(Il désigne encore une fois ses clichés.)* À cette époque, je travaillais à l'usine tout en suivant mes études par correspondance, à la faculté d'Histoire. J'étais serrurier. J'ai été rappelé avec un groupe de réservistes et l'on nous a fait partir sur-le-champ, en urgence. Comme au front.

« Où va-t-on ?

— Là où on vous le dira.

— Et qu'est-ce qu'on va faire ?

— Ce qu'on vous ordonnera. Mais vous allez construire. Reconstruire. »

Nous construisions des bâtiments de service : des lavoirs, des entrepôts, des préaux. J'étais affecté au déchargement du ciment. Comment il était fait et d'où il venait, personne ne le vérifiait. Nous chargions et déchargions. À la pelle, toute la sainte journée. Le soir, seules les dents brillaient. Nous étions des hommes de ciment, tout gris, vêtements compris. En rentrant, nous secouions nos affaires. Le matin, nous les portions encore. Nous avons eu droit à des causeries politiques : héros, exploit, première ligne... Le vocabulaire militaire. Mais nous posions des questions : Qu'est-ce qu'un rem, un curie, un röntgen ? Le commandant était incapable de nous répondre. Il n'avait pas appris cela à l'école militaire. Milli, micro... De l'hébreu !

« Qu'avez-vous besoin de savoir ? Exécutez les ordres. Ici, vous êtes des soldats. »

Oui, nous étions des soldats, mais pas des zeks !

Une commission est venue nous calmer. "Dans votre coin, tout va bien. Le fond de la radiation est normal. À quatre kilomètres d'ici, la vie est impossible, on va évacuer la population, mais chez vous, c'est calme." Un dosimétriste les accompagnait. Il a mis en marche son appareil et a promené son capteur le long de nos bottes. Il a brusquement fait un bond de côté... Un réflexe...

Là commencent les choses intéressantes pour vous, en tant qu'écrivain. Combien de temps croyez-vous que nous avons conservé cela en mémoire ? À peine quelques jours. Le Soviétique est incapable de penser exclusivement à lui-même, à sa propre vie, de vivre en vase clos. Nos hommes politiques sont incapables de penser à la valeur de la vie humaine, mais nous non plus. Vous comprenez ? Nous sommes organisés d'une manière particulière. Nous sommes d'une étoffe particulière. Bien sûr nous buvions comme des trous. Le soir, plus personne n'était sobre. Après les deux premiers verres, la plupart soupiraient en se souvenant de leurs femmes et de leurs enfants ou se plaignaient du travail et pestaient contre les chefs. Mais, après une ou deux bouteilles, on ne parlait plus que du destin du pays et de l'organisation de l'univers. De Gorbatchev et de Ligatchev[1]. De Staline. Étions-nous un grand pays ou non ? Allions-nous vaincre les Américains ? L'année 1986... Quels avions étaient

---

1. À l'époque, secrétaire du Comité central et membre du Politburo. Numéro deux du parti, il devint progressivement l'un des principaux opposants à l'élargissement de la perestroïka qui conduisait, à terme, à la perte du pouvoir par le parti.

les meilleurs et quelles fusées les plus sûres? D'accord, Tchernobyl avait explosé, mais nous étions les premiers à avoir envoyé un
homme dans l'espace! Nous discutions jusqu'à l'extinction de
voix, jusqu'au petit matin. Et ce n'était qu'en passant que nous
nous demandions pourquoi nous n'avions pas de dosimètres,
pourquoi on ne nous donnait pas de comprimés par prophylaxie,
pourquoi nous n'avions pas de machines à laver pour nettoyer nos
vêtements de travail tous les jours et non deux fois par mois. Nous
sommes ainsi faits, que diable!

La vodka était plus appréciée que l'or. Il était impossible d'en acheter. Nous avons bu tout ce qu'on pouvait trouver dans les villages
des alentours : tord-boyaux, lotions, laques, sprays... On posait sur
la table un récipient de trois litres de tord-boyaux ou un sac rempli
de flacons d'après-rasage et on causait... On causait. Il y avait parmi
nous des profs et des ingénieurs... C'était une vraie internationale :
des Russes, des Biélorusses, des Kazakhs, des Ukrainiens... Et nous
tenions des conversations philosophiques... Nous sommes prisonniers du matérialisme, disait-on, et ce matérialisme nous limite au
monde des objets. Or Tchernobyl est une ouverture vers l'infini. Je
me souviens aussi de discussions sur le sort de la culture russe, de
son penchant pour le tragique. Impossible de rien y comprendre
sans l'ombre de la mort. La catastrophe n'est compréhensible qu'à
partir de la culture russe. C'est la seule qui s'y prête... Nous crai-
gnions la bombe, le champignon nucléaire et les choses ont pris une
autre tournure... Nous savons comment brûle une maison incendiée
par une allumette ou un obus... Mais ce que nous voyions ne ressemblait à rien... Les rumeurs disaient que c'était le feu céleste. Et
même pas un feu, mais une lumière. Une lueur. Un rayonnement.
Le bleu céleste. Et pas de fumée. Avant cela, les scientifiques étaient
des dieux. Maintenant, ce sont des anges déchus. Des démons! La
nature humaine demeure toujours un mystère pour eux. Je suis
russe. Je suis né près de Briansk. Chez nous, les vieux sont assis sur
le seuil de leurs maisons de guingois qui ne vont pas tarder à tomber en ruine, mais ils philosophent, réorganisent le monde. Ainsi
faisions-nous, près du réacteur...

Des journalistes passaient nous voir. Ils prenaient des photos.
Des sujets inventés. Ils posaient un violon devant la fenêtre d'une
maison abandonnée et appelaient cela la « symphonie de Tchernobyl ». En fait, il n'y avait rien à inventer. Il y avait de quoi faire :

un globe terrestre écrasé par un tracteur dans la cour d'une école ; le linge étendu sur le balcon depuis un mois, devenu tout noir, des fosses abandonnées ; l'herbe qui atteignait déjà la hauteur des soldats en plâtre sur le piédestal des monuments, et des oiseaux qui avaient fait leur nid sur les mitraillettes de plâtre ; les portes d'une maison défoncées par les pillards, mais les rideaux tirés aux fenêtres. Les habitants sont partis, mais leurs photos, chez eux, sont restées vivre à leur place. Comme leurs âmes.

Il n'y avait rien de superflu, dans tout cela. J'avais envie de tout mémoriser en détail et avec précision : l'heure à laquelle j'ai vu telle ou telle chose, la couleur du ciel, mes sensations. Vous comprenez ? L'homme s'en était allé pour toujours de ces endroits et nous étions les premiers à visiter ce « pour toujours ». Nous n'avions pas le droit de laisser échapper un seul détail... Les visages des vieux paysans qui ressemblent à des icônes... Ils ne comprennent vraiment pas ce qui s'est passé. Ils n'ont jamais quitté leur maison, leur terre. Ils venaient au monde, faisaient l'amour, gagnaient leur pain dans la sueur, assuraient la lignée, attendaient les petits-enfants et, ayant vécu leur vie, ils quittaient la terre pour rentrer en elle. La maison biélorusse ! Pour nous, citadins, l'appartement est une machine pour la vie, mais pour eux, la maison représente un monde tout entier. Un cosmos. Et passer à travers des villages vides... On éprouve tellement le désir de rencontrer quelqu'un... Avec mon groupe, nous sommes entrés dans une église abandonnée, pillée... Cela sentait la cire. J'avais envie de prier...

C'est parce que je voulais me rappeler tout cela que je me suis lancé dans la photo... Voilà mon histoire.

Dernièrement, je suis allé à l'enterrement d'un ami qui était là-bas. Frappé de leucémie. Au repas funèbre, nous avons bu et mangé selon la coutume slave, vous voyez. Et les conversations ont duré jusqu'à minuit. On a d'abord parlé du défunt, puis du sort du pays et de l'organisation de l'espace. Les troupes russes vont-elles ou non quitter la Tchétchénie ? Une nouvelle guerre du Caucase est-elle en cours ou va-t-elle seulement commencer ? Quelles chances a Jirinovski de devenir président ? Et celles d'Eltsine de rester à son poste ? Nous avons parlé de la reine d'Angleterre et de la princesse Diana. De la monarchie russe. De Tchernobyl. Nous avons émis des hypothèses... Que les extraterrestres étaient au courant de la catastrophe et nous sont venus en aide... Que c'était une expérience cosmique

qui donnerait naissance à des enfants géniaux... À moins que les
Biélorusses ne disparaissent de la surface du globe comme d'autres
peuples avant eux : les Scythes, les Sarmates, les Cimmériens... Nous
sommes des métaphysiciens... Nous ne vivons pas sur terre, mais
dans un monde de rêves et de bavardages. Il nous faut toujours ajouter quelque chose à la vie quotidienne pour la comprendre. Même
quand on frôle la mort..."

Victor Latoun, photographe.

MONOLOGUE SUR UN PETIT MONSTRE
QU'ON AIMERAIT QUAND MÊME

"Ma fille m'a dit récemment : « Maman, si j'accouche d'un bébé
difforme, je l'aimerai quand même. » Vous vous rendez compte?
Elle est en terminale et elle a déjà des idées pareilles. Ses copines
aussi, elles pensent toutes à cela... Un garçon est né chez des amis à
nous. Il était tellement attendu! Vous pensez, le premier enfant d'un
couple jeune et beau! Mais le bébé a une énorme fente en guise de
bouche et pas d'oreilles... Je ne vais plus chez eux. Je ne passe plus
comme avant. Cela m'est impossible, mais ma fille y fait des sauts.
Elle a envie de les voir. J'ai l'impression qu'elle veut se faire à l'idée...
Nous aurions pu partir d'ici, mais mon mari et moi, nous avons
réfléchi et y avons renoncé. Nous avons peur de l'extérieur. Ici, nous
sommes le peuple de Tchernobyl. Nous n'éprouvons aucune crainte.
Si quelqu'un nous offre des pommes ou des concombres de son jardin, nous les prenons et les mangeons. Nous ne les cachons pas hon-
teusement dans un sac pour les jeter plus tard. Nous partageons la
même mémoire, le même sort. Partout ailleurs, nous sommes des
étrangers. Des lépreux. Tout le monde s'est habitué aux expressions :
« enfants de Tchernobyl », « évacués de Tchernobyl », mais personne
ne sait rien de nous. Il est probable que si on nous avait interdit de
partir d'ici, si on avait installé des barrages autour de la zone, beaucoup d'entre vous se seraient calmés. *(Elle s'arrête.)* Ne me dites pas
le contraire, j'ai vécu cela. Dans les premiers jours, j'ai pris ma fille
et me suis ruée chez ma sœur, à Minsk... Ma propre sœur ne nous
a pas laissées entrer chez elle parce qu'elle allaitait son bébé. Vous

vous rendez compte? Nous avons passé la nuit à la gare. Des idées folles me passaient par la tête… Où fuir? Peut-être valait-il mieux se suicider pour ne pas souffrir… C'étaient les premiers jours… Je m'imaginais des maladies horribles, inconcevables… Or je suis médecin. Alors que devaient penser les autres? Quant aux enfants, où qu'ils aillent, ils se sentent étrangers parmi les autres… À la colonie de vacances où ma fille a passé un été, on avait peur de la toucher : « Un hérisson de Tchernobyl. Une luciole. Elle brille dans le noir. » Le soir, on la faisait sortir dans la cour pour voir si c'était vrai.

On dit : la guerre… La génération de la guerre… On fait des comparaisons… La génération de la guerre? Mais elle était heureuse! Ces gens avaient la victoire. Ils ont vaincu! Cela leur a donné une formidable énergie vitale ou, pour utiliser le vocabulaire d'aujourd'hui, une orientation très forte vers la survie. Ils n'avaient peur de rien. Ils voulaient vivre, étudier, faire des enfants… Et nous? Nous avons peur de tout… Peur pour nos enfants… Pour les petits-enfants que nous n'avons pas encore. Ils ne sont pas encore nés et nous avons déjà peur… Les gens sourient moins. Ils ne chantent plus comme avant au moment des fêtes. Non seulement le paysage change, puisque des forêts poussent de nouveau à la place des champs, mais encore le caractère national. La dépression règne sans partage… Chacun éprouve le sentiment d'être condamné. Tchernobyl est une métaphore, un symbole…

Parfois, je me dis qu'il vaudrait mieux que personne n'écrive plus sur nous. Les gens auraient alors moins peur de nous. Tout comme on ne parle pas de cancer dans la maison de quelqu'un qui en est atteint. Et personne ne parle d'échéances dans la cellule d'un condamné à perpétuité… »

Nadejda Afanassievna Bourakova,
habitante de Khoïniki.

MONOLOGUE SUR UN SOLDAT MUET

"Je n'irai plus dans la zone alors que, avant, cela m'attirait… Si je revois cela, si j'y pense, je vais tomber malade et mourir. Vous vous souvenez de ce film où l'on tuait une vache? Sa pupille occupait tout l'écran. Je n'ai pas pu le regarder jusqu'au bout... Je me suis évanouie. Je n'ai donc pas vu comment on tuait des gens... Non! L'art, c'est l'amour, j'en suis convaincue! Je ne veux pas allumer la télé ou lire les journaux... Partout des tueries... En Tchétchénie, en Bosnie... Je perds la raison, ma vue se trouble. La banalité de l'horreur... Chaque jour qui passe, l'ignominie sur l'écran se fait encore plus terrible que la veille. Sinon, cela ne fait plus peur. Nous avons passé la ligne...

Hier, j'ai pris le trolley. Un garçon n'a pas cédé sa place à un vieillard et celui-ci le lui a reproché :

« Qu'est-ce que tu diras quand tu seras vieux et qu'on ne te cédera pas la place?

— Je ne serai jamais vieux! a répondu le gosse.

— Et pourquoi donc?

— Parce que nous mourrons tous bientôt. »

Autour de nous, on ne parle que de la mort. Les enfants pensent à la mort, alors qu'il s'agit d'une chose à laquelle on réfléchit à la fin de la vie, pas au début.

Je vois le monde en petites scènes... La ruse pour moi, c'est un théâtre... La maison, un théâtre. Je ne me rappelle jamais un événement dans son intégralité, mais je retiens des détails, des gestes. Tout se confond dans ma mémoire, s'entremêle. S'agit-il d'une scène de cinéma, d'un article de journal... Ou bien l'ai-je vu de mes yeux quelque part?

Je vois un renard se traîner dans la rue déserte d'un village. Il est doux, câlin. Comme un enfant... Il fait des mamours à des chats sauvages et des poules...

Tout est calme. Et soudain, au milieu du silence, des mots bizarres : « Gocha est gentil! Gocha est gentil! » Une cage rouillée, la grille ouverte, se balance sur la branche d'un vieux pommier. Un perroquet se parle à lui-même.

Pourquoi je collecte tous ces détails? Je ne créerai jamais de spectacle sur Tchernobyl, de la même manière que je n'ai jamais mis en scène de spectacle sur la guerre. Je ne montrerai jamais de mort sur scène, même un hérisson ou un simple oiseau. En m'approchant d'un sapin, dans la forêt, j'ai remarqué quelque chose de blanc entre les racines... Je croyais voir des champignons, mais il s'agissait de moineaux étendus sur le dos, morts. Là, dans la zone... La mort m'est incompréhensible. Je m'arrête devant elle pour ne pas perdre la raison. Il faut montrer la guerre de manière si horrible que les gens vomissent. Qu'ils en soient malades... Ce n'est pas un spectacle...

Dans les premiers jours, alors qu'on n'avait pas encore montré la moindre photo, je m'imaginais déjà les solives écroulées, les murs détruits, la fumée, les vitres brisées. Des enfants silencieux qu'on emmène quelque part. Des convois de camions. Les adultes pleurent, pas les gosses. Et l'on n'avait pas publié de photo... Il est probable que, si on les interroge, les gens ne conçoivent pas d'autres images de l'apocalypse : explosions, incendies, cadavres, panique. Comme ce dont je me souviens de mon enfance... *(Elle se tait.)* Mais j'en parlerai plus tard... À part ça, il y a eu autre chose. Une autre peur. On ne l'entend pas, on ne la voit pas, elle n'a ni odeur ni couleur, mais nous change physiquement et psychologiquement. Notre formule sanguine change, notre code génétique change, le paysage change... Quoi que nous pensions, quoi que nous fassions... Je me lève le matin, je bois du thé, je vais aux répétitions, je rencontre mes élèves... Et cela est suspendu au-dessus de moi. Comme un signe. Comme une question. Je ne peux comparer cela à rien. De mon enfance, je garde des souvenirs qui ne ressemblent guère à cela.

J'ai vu seulement un bon film de guerre. J'en ai oublié le titre. Il racontait l'histoire d'un soldat muet. Il ne parlait pas de tout le film. Il accompagnait une Allemande enceinte, engrossée par un soldat russe. Et l'enfant est né pendant le voyage, dans la charrette. Le soldat le prend dans ses bras et, pendant qu'il le tient, le bébé fait pipi sur sa mitraillette. L'homme rit... Ce rire, c'est comme un discours. Il regarde successivement l'enfant et son arme, et il rit... La fin du film.

Dans cette histoire, il n'y a pas de Russes ou d'Allemands. Il y a un monstre : la guerre. Mais maintenant, après Tchernobyl, tout a changé. Le monde a changé, il ne semble plus éternel, comme avant. Soudain, la Terre est devenue petite. Nous avons été privés de l'immortalité : voilà ce qui nous est arrivé. À la télé, je vois comment on tue tous les jours. On tire. Ce sont des gens privés d'immortalité qui en tuent d'autres. Après Tchernobyl.

Quelque chose de trouble, comme si je regardais au loin... J'avais trois ans lorsque j'ai été déportée avec ma mère, en Allemagne, dans un camp de concentration... Je me souviens d'images d'une grande beauté... Ma vue est peut-être ainsi faite. Des montagnes... Il pleuvait, ou il neigeait. Les gens se tenaient en un énorme demi-cercle.

Chacun avait un numéro... Très net, avec de la peinture blanche...
Sur les chaussures... Sur le dos... Des numéros, des numéros partout... Des barbelés. Un homme casqué dans un mirador. Des
chiens courent et aboient très fort. Deux Allemands : un grand et
gros, en noir, et un autre, petit, en marron. Le gros pointe du doigt
quelque part... Une ombre surgit du demi-cercle sombre et devient
un homme. L'Allemand en noir le frappe...

Je me souviens d'un Italien grand et beau... Il chantait tout le
temps...

J'ai essayé d'écrire des scènes de guerre, mais rien n'en est sorti.
Je ne pourrai jamais monter un spectacle sur la guerre. Je n'y arri-
verai pas.

Nous avons donné un spectacle très joyeux dans la zone de
Tchernobyl. Il s'intitulait : *Puits, donne de l'eau*. Un conte. C'était
à Khotimsk, un chef-lieu de district. Pour les pensionnaires d'un
orphelinat. On n'a pas évacué les orphelins.

À l'entracte, personne n'applaudissait. Ils se taisaient tous. À la fin
du spectacle, la même chose. Ils n'applaudissaient pas, se taisaient.

Mes étudiants étaient en larmes. Ils se sont rassemblés en cou-
lisse : « Mais qu'est-ce qu'ils ont, ces gosses ? » Plus tard, nous avons
compris : ils croyaient tout ce qui se passait sur la scène. Pendant
tout le spectacle, ils attendaient un miracle. Les enfants ordinaires,
qui vivent dans leurs familles, comprennent que c'est du théâtre.
Ceux-là attendaient un miracle...

Nous autres, Biélorusses, nous n'avons jamais eu d'éternité. Nous
n'avons même pas de territoire historique. On nous l'a pris tout le
temps, effaçant nos traces. Nous ne pouvions même pas vivre avec
l'éternité, comme dans l'Ancien Testament : Untel a engendré Untel
qui, à son tour... Nous ne savons que faire d'elle, nous ne savons
pas vivre avec elle. Nous ne sommes pas capables de la concevoir.
Mais elle nous a été enfin concédée. Notre éternité, c'est Tchernobyl... Et nous, nous rions ! Comme dans cette histoire où les voisins viennent consoler un homme dont la maison a brûlé. Et lui leur
répond : « Eh oui, j'ai tout perdu, mais que de souris crevées ! » Et,
d'un geste crâne, il jette son chapeau par terre. Voilà bien le caractère biélorusse.

Nos dieux ne rient pas. Nos dieux sont des martyrs. Les Grecs
avaient des dieux gais, rieurs. J'entends partout la même mélo-
die... Elle traîne là où je vais... Ce n'est pas une chanson, mais une

lamentation. La prédestination de notre peuple pour n'importe quel malheur. L'attente ininterrompue d'un désastre. Et le bonheur? Le bonheur est une chose temporaire, due au hasard. La sagesse populaire dit : « un seul malheur n'est pas un malheur », « contre le malheur, un bâton ne protège pas », « à chaque mouvement, un coup sur les dents », « pas de chanson, quand le malheur assiège la maison ». Nous n'avons rien, à part la souffrance. Pas d'autre histoire, pas d'autre culture...

Mes élèves tombent amoureux, font des enfants, mais ils sont calmes et faibles. Après la guerre, je suis rentrée du camp de concentration... J'ai survécu. À l'époque, il suffisait de survivre. Je pouvais manger de la neige en guise d'eau, ne pas sortir de la rivière, l'été, plonger cent fois... Leurs enfants ne peuvent pas manger de la neige. Même la plus propre, la plus blanche qui soit..."

Lilia Mikhaïlovna Kouzmenkova,
metteur en scène, enseignante
au conservatoire théâtral de Moguilev.

MONOLOGUE SUR L'ÉTERNEL ET LE MAUDIT : QUE FAIRE ET QUI EST COUPABLE?

"Je suis un homme de mon temps. Aujourd'hui, c'est la mode de nous injurier... C'est sans danger... Tous les communistes sont des criminels. Nous sommes responsables de tout, y compris des lois de la physique. À l'époque, j'étais premier secrétaire d'un comité de district du parti. On écrit dans les journaux que les communistes étaient coupables, car ils construisaient des centrales de mauvaise qualité, par souci d'économie, et ne prenaient pas en compte les vies humaines. Que l'homme n'était pour eux que du sable, le fumier de l'histoire! Questions maudites : que faire? Et qui est coupable? Questions éternelles, immuables. Mais ils sont tous impatients. Tout le monde veut se venger! Du sang! Sus aux communistes!

Si les autres se taisent, moi, je vais parler. On lit aujourd'hui dans les journaux : les communistes trompaient le peuple, lui cachaient la vérité. Mais nous avions notre devoir... Nous recevions des

télégrammes du Comité central, du comité régional du parti...
Notre mission était d'empêcher la panique. Les gens étaient pendus aux nouvelles. Il n'y a que pendant la guerre que l'on suivait
avec autant d'attention les communiqués du front. Et il y avait la
peur, les rumeurs. C'était cela qui assommait la population, et non
la radiation... Nous devions... On ne peut pas dire que l'on dissimulait les choses volontairement. En fait, personne ne comprenait
les dimensions de ce qui se passait. On agissait en vertu de consi-
dérations politiques supérieures. Mais si l'on met de côté les émotions et la politique, il faut reconnaître que personne ne croyait
vraiment ce qui venait de se passer. Même les scientifiques ne parvenaient pas à y croire! Il n'y avait aucun précédent, ni chez nous,
ni dans le monde entier. Sur place, dans la centrale, les savants
étudiaient la situation et prenaient des décisions. Récemment,
j'ai regardé l'émission *Moment de vérité*, avec Alexandre Iakovlev,
membre du Politburo. Celui qui était aux côtés de Gorbatchev...
Il se souvient de quoi? Eux, au sommet, ils ne s'imaginaient pas
le tableau, non plus... Lors d'une séance du Politburo, un général disait : « Qu'est-ce que la radiation a de terrible? Après un test
nucléaire, nous avons bu du vin rouge, le soir, sur le champ de tir.
Et personne n'a rien eu. » On parlait de Tchernobyl comme d'un
accident, un accident ordinaire.

Si j'avais déclaré qu'on ne pouvait pas sortir dans la rue, on m'aurait dit : « Vous voulez saboter la fête du Premier Mai? » Cela serait
devenu une affaire politique. J'aurais dû mettre ma carte du parti
sur la table... *(Il se calme un peu.)* Ce n'est pas une blague! C'est
ce qui s'est vraiment passé... On raconte que Chtcherbina, le président de la commission du gouvernement, arrivé sur place peu de
jours après l'explosion, a exigé d'être immédiatement conduit sur les
lieux de l'accident. On lui a parlé des amas de graphite, des champs
de radiation affolants, des températures très élevées... Impossible
donc de l'y emmener. Mais il se mit à hurler : « Je dois tout voir de
mes yeux. Ce soir, je dois faire mon rapport au Politburo. » C'est
le type même du comportement militaire. Nous ne connaissions
rien d'autre. Nous ne comprenions pas que la physique existait...
La réaction en chaîne... Et qu'aucun décret du gouvernement ne
pouvait la changer. Mais si j'avais osé le dire! Si j'avais osé annu-
ler la manifestation du Premier Mai! *(Il s'échauffe de nouveau.)* La
presse écrit... Comme si le peuple était dans la rue et nous dans

des bunkers souterrains! Je suis resté debout à la tribune pendant deux heures, sous ce soleil, sans chapeau, sans manteau... Et pareillement le 9 mai, le jour de la Victoire. J'ai défilé avec les vétérans... Il y avait des airs d'accordéon. On buvait, on dansait. Nous faisions tous partie du système. Nous croyions! Nous avions des idéaux élevés. Nous avions foi en la victoire! Nous allions vaincre Tchernobyl! Nous lisions des articles enthousiasmants sur la lutte héroïque pour dompter le réacteur que l'on ne maîtrisait plus. L'homme sans idéal? C'est horrible... Que voyons-nous se passer, maintenant? La débâcle. L'anarchie. Les idéaux sont indispensables... Ce n'est qu'avec eux qu'un État fort est possible! Et nous les avions.

Dans les journaux, à la radio, à la télé, tout le monde criait : la vérité, nous voulons la vérité! Dans les meetings, on exigeait la vérité! Mais c'est mauvais, très mauvais! Nous allons tous bientôt mourir! Qui a besoin d'une telle vérité? Lorsque les foules ont fait irruption à la Convention pour exiger la mise à mort de Robespierre, avaient-elles raison? Se soumettre à la foule... Devenir la foule... Regardez ce qui se passe, maintenant... *(Un silence.)* Si je suis un criminel, alors pourquoi ma petite-fille... Mon enfant... Elle est malade, elle aussi. Ma fille l'a mise au monde ce printemps-là. Elle nous l'a amenée, à Slavgorod, quelques semaines après l'explosion de la centrale... Les hélicoptères faisaient toujours des allers-retours et les véhicules militaires encombraient les routes... Ma femme me suppliait de les renvoyer, de les faire partir. Mais moi, premier secrétaire du comité du parti, je l'ai interdit catégoriquement : « Que diront les gens si je mets ma fille et son bébé à l'abri, alors que leurs enfants restent ici? » Ceux qui voulaient partir pour sauver leur peau, je les convoquais au bureau du comité de district : « Es-tu communiste ou non? » C'était une véritable épreuve. Si j'étais un criminel, pourquoi alors est-ce que je condamnais mon propre enfant? *(Il prononce encore quelques phrases incohérentes.)*

Vous m'avez demandé de vous parler des premiers jours... L'inquiétude régnait en Ukraine, mais tout était calme, en Biélorussie. La campagne des semailles battait son plein. Je ne me cachais pas, je ne restais pas cloîtré dans mon bureau, mais je parcourais les champs, les prés. Nous semions, nous labourions. Avez-vous oublié qu'avant Tchernobyl, l'atome était surnommé « le travailleur pacifique »? Nous étions fiers de vivre à l'ère atomique. Je ne me souviens pas qu'on ait eu peur du nucléaire... Et le premier secrétaire d'un comité du parti, c'était qui? C'est un homme ordinaire avec un diplôme d'études supérieures ordinaire, généralement ingénieur ou agronome. Certains avaient fait, en plus, des études à l'École supérieure du parti. Sur les radiations, je ne savais que ce qu'on nous avait dit au cours de défense civile. Je n'avais jamais entendu parler de césium dans le lait, ni de strontium... Or le lait avec le césium, nous le portions dans les laiteries. Et la viande, dans les boucheries industrielles. Nous fauchions de l'herbe à 40 curies. Nous exécutions le plan. Et j'exerçais des pressions pour le remplir. Car personne ne l'avait annulé...

Un détail sur ce que nous étions à l'époque : dans les premiers jours, les gens éprouvaient non pas seulement de la peur, mais aussi de l'enthousiasme. Je suis totalement privé de l'instinct de conservation. *(Après un instant de réflexion.)* J'ai un sens du devoir très développé... J'avais sur mon bureau des dizaines de demandes : « Je vous prie de m'envoyer à Tchernobyl. » Des volontaires. Quoi que vous écriviez, le caractère soviétique a existé. Et l'homme soviétique aussi. Quoi que vous écriviez...

Des scientifiques venaient nous voir. J'en pris un à part :

« Est-il nocif pour nos enfants de jouer dans du sable irradié ?

— Vous semez la panique, me répondit-il. Vous êtes des amateurs. Que savez-vous de la radiation ? Moi je suis un spécialiste. Vingt minutes après un essai nucléaire, j'allais en jeep, vers l'épicentre. Sur le sol vitrifié. Pourquoi semez-vous la panique ? »

Je le crus. Je convoquais les gens dans mon bureau : « Les gars, vous allez fuir, je vais fuir. Mais que penseront les gens de nous ? Ne diront-ils pas que les communistes ont déserté ? » Si ces mots ne parvenaient pas à les convaincre, j'agissais différemment : « Es-tu ou non un patriote ? Si tu ne l'es pas, jette ta carte du parti sur la table ! » Certains la jetaient...

Ce n'est que plus tard, que j'ai eu des soupçons... Nous avions un contrat avec l'Institut de physique nucléaire pour l'analyse de nos terres. Ils ont pris de l'herbe et des couches de terre arable pour les transporter à Minsk. Puis ils m'ont rappelé :

« Venez reprendre vos échantillons de terre, s'il vous plaît. »

Le combiné manqua de me tomber des mains.

« Mais, vous plaisantez ? Il y a quatre cents kilomètres jusqu'à Minsk... Reprendre des échantillons de terre ?

— Ce n'est pas une plaisanterie, me répondit-on. Les instructions exigent que ces échantillons soient enterrés dans un sépulcre en béton armé. Mais nous recevons de la terre de toute la Biélorussie. En un mois, nous avons rempli notre sépulcre. »

Vous avez entendu ? Et nous labourions cette terre, semions. Nos enfants y jouaient. On exigeait de nous de remplir les plans de livraison de lait et de viande. L'alcool était distillé à partir de notre grain. On préparait des jus avec nos pommes, nos poires, nos cerises !

L'évacuation… Si quelqu'un avait vu cela d'en haut, il aurait pensé que la Troisième Guerre mondiale venait de commencer. On évacue un village et l'on prévient celui d'à côté : évacuation dans une semaine. Et, pendant une semaine, les villageois font des meules, fauchent l'herbe, travaillent dans les potagers, coupent du bois… La vie suit son cours. Personne ne comprend ce qui se passe. Et, une semaine plus tard, on emmène tout le monde dans des camions militaires… Des réunions, des missions, des instructions, des nuits sans sommeil. Il y avait de tout. Je me souviens d'un homme, près du comité municipal du parti, à Minsk. Il tenait une pancarte : « Donnez de l'iode au peuple ! » Il faisait chaud, mais il portait un imperméable.

(Il revient au début de notre conversation.)

Vous avez oublié… À l'époque, les centrales nucléaires, c'était l'avenir. J'ai fait plusieurs interventions… De la propagande… J'ai visité une centrale : tout était paisible, solennel. Dans un coin, des drapeaux rouges et des fanions de victoire à l'émulation socialiste. Notre avenir…

Je suis un homme de mon époque, pas un criminel…"

Vladimir Matveïevitch Ivanov,
ancien premier secrétaire du comité
du parti du district de Slavgorod.

MONOLOGUE D'UN DÉFENSEUR DU POUVOIR SOVIÉTIQUE

"Qu'est-ce que vous notez là ? Qui vous a donné la permission ? Et vous prenez des photos… Rangez votre appareil ou je le casse… Ce n'est pas croyable ! Ils débarquent ! Nous habitons ici. Nous souffrons. Et vous désorientez les gens… Vous vous insurgez… Vous tentez de nous tirer les vers du nez ! Il n'y a plus d'ordre ! Pas d'ordre ! Et en plus, ils débarquent ! Avec un magnétophone…

Parfaitement, je le défends! Je défends le pouvoir soviétique. Notre pouvoir. Le pouvoir du peuple! Sous le pouvoir soviétique, nous étions forts. Le monde entier avait peur de nous. Tout le monde avait les yeux fixés sur nous! Certains tremblaient de peur! D'autres d'envie! Et, merde! Que se passe-t-il maintenant? Sous la démocratie... On nous vend des friandises et de la margarine aux dates dépassées, des jeans usés, comme aux indigènes qui viennent à peine de descendre des arbres. Je regrette l'État! Et ils débarquent!

C'était tout de même un bel État, merde alors! Tant que Gorbatchev n'est pas monté sur le trône... Ce démon marqué sur le crâne! Gorby... Il agissait selon les plans de la CIA. Ce sont eux qui ont fait exploser Tchernobyl : les gens de la CIA et les démocrates... Je l'ai lu dans la presse... Si Tchernobyl n'avait pas explosé, l'État ne se serait pas effondré. Un grand empire! Merde! Un pain sous les communistes coûtait vingt kopecks. Maintenant, il coûte deux mille roubles. Pour trois roubles, j'achetais une bouteille, et il me restait de quoi me payer quelque chose à manger... Et maintenant, avec les démocrates? Ils ont tout vendu! Tout hypothéqué. Nos petits-enfants n'auront pas de quoi régler tous les comptes...

Je ne suis pas ivre! Je suis pour les communistes! Ils étaient bien pour nous, les gens simples. Je n'ai pas besoin de contes! La démocratie... L'homme libre... Merde! Quand cet homme libre meurt, il n'y a même pas d'argent pour l'enterrer. Une vieille femme est morte, chez nous. Seule, sans enfants. On l'a laissée pendant deux jours dans sa maison, la pauvre... Dans un vieux gilet molletonné... Sous les icônes... On ne pouvait pas acheter le cercueil! Jadis, elle était stakhanoviste, chef d'équipe. Pendant deux jours, nous avons refusé de travailler dans les champs. Nous avons manifesté jusqu'à ce que le président du kolkhoze nous promette d'octroyer, pour chaque défunt, un cercueil, ainsi qu'un veau ou un cochon et deux caisses de vodka pour le repas funèbre. Sous les démocrates... Deux caisses de vodka... Gratuitement! Une bouteille pour chaque homme, c'est une beuverie ; une demi-bouteille, c'est un remède... Contre les radiations...

Pourquoi ne notez-vous pas cela? Vous notez seulement ce qui vous convient! Vous embrouillez les gens. Vous vous insurgez... Vous avez peut-être besoin d'un capital politique? Ou de vous remplir les poches avec des dollars? Nous, nous vivons ici... Nous souffrons... Et pas de coupables! Nommez-moi les coupables! Je suis pour les communistes! Ils vont revenir au pouvoir et retrouver les coupables! Merde, alors! Ils débarquent... Ils notent..."

(Il n'a pas donné son nom.)

MONOLOGUE SUR COMMENT DEUX ANGES ONT RENCONTRÉ LA PETITE OLGA

"J'ai mes propres archives... J'ai compilé pendant sept ans des coupures de presse, des notes. J'ai même des chiffres. Je vous donnerai tout cela. Je ne pourrai jamais abandonner le sujet, mais je suis incapable de l'écrire moi-même. Je peux lutter, organiser des manifestations, des piquets de grève, chercher des médicaments, rendre visite aux enfants malades, mais je ne peux pas écrire... Faites-le! Mes sentiments débordent tellement que je ne peux les maîtriser, ils me paralysent. Tchernobyl a déjà ses propres écrivains, mais je ne veux pas me joindre au cercle de ceux qui exploitent le sujet. *(Elle réfléchit.)*

Cette pluie tiède d'avril... Depuis sept ans, je pense à cette pluie... Les gouttes roulaient comme du mercure. On dit que la radiation n'a pas de couleur, mais les flaques étaient vertes ou jaunes, fluorescentes. Une voisine m'a dit en chuchotant que Radio Liberty parlait d'un accident à la centrale nucléaire de Tchernobyl. Je n'y ai pas prêté la moindre attention. J'avais la certitude que, s'il s'était agi de quelque chose de grave, nous en aurions été informés. Il y avait des moyens techniques spéciaux, une signalisation spéciale, des abris antiatomiques. On nous aurait avertis. Nous en étions certains! Nous avions tous fait des stages de défense civile. J'y avais moi-même enseigné... Le soir du même jour, la voisine nous a apporté des cachets. Elle les avait eus par l'un de ses parents qui travaillait à l'Institut de la physique nucléaire et lui avait expliqué comment les prendre. Il lui avait fait jurer le silence. Muette comme une carpe! Comme une pierre! Il avait surtout peur qu'on en parle et qu'on l'appelle pour lui poser des questions...

Mon petit-fils habitait à ce moment chez moi. C'était encore un petit garçon... Et moi, je n'y ai pas cru. Je crois que, chez moi, personne n'a pris ces cachets. Nous étions très confiants. Et pas

seulement la vieille génération, mais aussi les jeunes... Je me souviens des premières impressions, des premières rumeurs... Je passe
sans cesse d'un temps à l'autre, d'un état à l'autre... D'ici à là...
En tant que femme de plume, j'ai réfléchi à ces passages. Ils m'intéressaient. Deux personnes coexistaient en moi. celle d'avant
Tchernobyl et celle de Tchernobyl. Mais il m'est désormais difficile de reconstituer cet « avant » avec authenticité. Ma vision a
changé...

Je suis allée dans la zone dès les premiers jours... Je me souviens,
nous nous sommes arrêtés dans un village et j'ai été frappée par le
silence. Pas d'oiseaux, aucun son... Pas un bruit dans les rues...
D'accord, les maisons étaient vides, les gens étaient partis, mais tout
s'était tu : il ne restait pas un seul oiseau...

Nous sommes arrivés dans le village non évacué de Tchoudiany :
cent quarante-neuf curies... À Malinovka : cinquante-neuf curies...
La population avait reçu des doses de plusieurs dizaines de milliers
de fois supérieures à celles des soldats qui gardent les zones d'essais
nucléaires! Des dizaines de milliers de fois! Le dosimètre craquait.
Il se bloquait au maximum... Et dans les bureaux des kolkhozes
étaient affichées des annonces signées par les radiologues locaux selon
lesquelles on pouvait manger des oignons, des laitues, des tomates,
des concombres. Tout poussait, on mangeait tout...

Où sont-ils maintenant, ces radiologues? Où sont les secrétaires
des comités du parti? Comment parviennent-ils à se justifier?

Dans ces villages, nous rencontrions beaucoup de gens ivres.
Même les femmes étaient un peu soûles, surtout celles qui s'occupaient de traire les vaches.

À Malinovka (dans le district de Tcherikovski), j'ai visité le jardin d'enfants. Les gosses jouaient dans la cour... Faisaient des pâtés
de sable dans le bac... La directrice nous a expliqué que l'on changeait le sable tous les mois. On l'amenait de quelque part. Mieux
valait ne pas se demander d'où. Les enfants étaient tristes. Nous
avons tenté de plaisanter avec eux. Sans succès. L'éducatrice pleurait : « Ce n'est même pas la peine d'essayer. Nos enfants ne sourient pas. Et ils pleurent en dormant. » Nous avons rencontré dans
la rue une femme avec un nouveau-né.

« Qui vous a permis d'accoucher ici? Cinquante-neuf curies...

— Le radiologue est venu et m'a seulement conseillé de ne pas
faire sécher les langes dehors. »

Les autorités persuadaient les gens de ne pas partir. De rester. Même dans les villages évacués, on ramenait des gens pour les travaux des champs. Pour récolter les pommes de terre…

J'ai gardé plusieurs instructions… Strictement confidentielles… Je vous les donnerai toutes! Écrivez un livre honnête… L'une d'elles concernait la manière de traiter les poulets contaminés. Dans la boucherie où on les traitait, il fallait être habillé comme en terrain contaminé : gants de caoutchouc, combinaison de caoutchouc, bottes, etc. Si la radiation atteignait tant de curies, il fallait cuire la volaille dans l'eau salée, jeter l'eau aux égouts et ajouter la viande à celle des pâtés et des saucissons. Si la radiation était encore plus importante, il fallait l'ajouter à la nourriture pour le bétail… Voilà comment on remplissait les plans de livraison de viande. On vendait des veaux des régions contaminées dans d'autres endroits, pour pas cher. Les chauffeurs qui les transportaient racontaient que ces veaux étaient bizarres leurs poils pendaient à terre et ils avaient tellement faim, qu'ils mangeaient de tout, même des chiffons et du papier. Ils étaient faciles à nourrir! On les vendait aux kolkhozes, mais ceux qui en voulaient pouvaient les prendre pour leur consommation personnelle. C'était criminel! Criminel!

Nous avons rencontré, sur la route, un camion qui avançait lentement, comme pour un enterrement… Comme s'il transportait un défunt. Nous l'avons arrêté. Un jeune gars était au volant.

« Tu te sens mal? lui ai-je demandé. Est-ce pour cela que tu roules si lentement?

— Non, je transporte de la terre radioactive. Et il fait chaud. Et il y a beaucoup de poussière!

— Tu es fou! Tu es en âge de te marier. De faire des enfants!

— Mais où me donnera-t-on cinquante roubles pour un seul trajet? »

À l'époque, avec cinquante roubles, on pouvait se payer un beau costume. Et les primes comptaient plus que la radiation. Les primes et les combines misérables… Misérables en regard du prix de la vie…

Le tragique et le ridicule se côtoyaient. Ainsi, nous avons rencontré deux grands-mères assises sur un banc, près d'une maison. Des enfants couraient autour d'elles. Nos détecteurs indiquaient soixante-dix curies…

« Qui sont ces enfants?

— Ils sont venus de Minsk, passer l'été.

— Mais la radiation est très élevée, ici!

— Qu'est-ce que tu as à nous bourrer le crâne? La radiation, nous l'avons vue.

— On ne peut pas la voir!

— Tu vois cette maison inachevée? Les gens l'ont abandonnée. Ils sont partis. Ils ont eu la trouille. Un soir, nous y sommes allés voir. Nous avons regardé par la fenêtre... Et elle était assise à l'intérieur, cette radiation. Très méchante avec les yeux qui brillent... Très noire...

— Arrêtez vos bêtises!

— Nous te jurons que c'est vrai! Tiens, nous nous signons!»

Elles se signent. Elles se signent et se marrent. De qui se moquent-elles? De nous? Ou d'elles-mêmes?

À notre retour à la rédaction, nous nous sommes tous rassemblés pour une réunion. Chacun demande aux autres comment ils vont. «Tout va bien! répond l'un d'entre nous.

— Tout va bien? Mais regarde-toi dans une glace! Tu es revenu avec les cheveux gris!»

Des quantités de blagues sont nées. La plus courte : «Ils formaient un bon peuple, les Biélorusses!»

Quelqu'un vous a-t-il dit qu'il était strictement interdit de prendre des photos à proximité immédiate du réacteur? Il fallait une autorisation spéciale. On confisquait les appareils. Avant leur départ, on fouillait les soldats qui y avaient fait leur service, pour qu'ils n'emportent pas de photos. Pas de pièces à conviction. Le KGB confisquait même les pellicules aux équipes de télévision. Ils les rendaient après les avoir exposées à la lumière. Que de documents ont ainsi été détruits! Que de témoignages perdus pour la science et pour l'histoire! Si l'on pouvait retrouver ceux qui ont donné ces ordres... Qu'inventeraient-ils pour se justifier, aujourd'hui?

Je ne leur pardonnerai jamais! Jamais! Ne serait-ce qu'à cause d'une fillette... Elle dansait à l'hôpital... Une danse polonaise... Elle avait neuf ans et dansait très joliment... Deux mois plus tard, sa maman m'a appelée : « Ma petite Olga est en train de mourir! » Ce jour-là, je n'ai pas eu la force de me rendre à l'hôpital. Ensuite, c'était trop tard. Olga avait une petite sœur. Elle s'est réveillée, le matin, et a dit :

« Maman, j'ai vu dans mon rêve que deux anges sont venus et ont emporté notre Olga chérie. Ils ont dit qu'elle serait heureuse là-bas. Qu'elle n'aurait mal nulle part. Maman, ce sont deux anges qui ont emporté Olga… »

Je ne peux trouver d'excuse à personne. "

Irina Kisseleva, journaliste.

MONOLOGUE SUR LE POUVOIR DÉMESURÉ D'UN HOMME SUR UN AUTRE

"Je ne suis pas un homme de plume, je suis physicien. Voilà pourquoi je me bornerai à parler de faits…

Pour Tchernobyl, il faudra bien répondre un jour… Le temps viendra où il faudra payer… Comme pour 1937. Même si ce n'est que dans cinquante ans! Même s'ils sont vieux! Même s'ils sont morts! Ce sont des criminels! *(Un silence.)* Il faut préserver les faits… On les réclamera!

Ce jour-là, le 26 avril, j'étais à Moscou. En mission. C'est là que j'ai appris pour la catastrophe.

J'ai aussitôt appelé Sliounkov, le premier secrétaire du Comité central de Biélorussie, à Minsk, mais on ne me l'a pas passé. J'ai renouvelé l'appel à plusieurs reprises, jusqu'à tomber sur l'un de ses assistants qui me connaissait très bien.

« Je téléphone de Moscou. Passez-moi Sliounkov! J'ai des informations urgentes. Au sujet de l'accident… »

J'appelais sur une ligne gouvernementale, mais l'affaire était déjà strictement confidentielle. Dès que j'ai mentionné l'accident, la liaison a été coupée. Bien sûr, tout était écouté. Inutile de préciser par qui. Les organes concernés. L'État dans l'État. Et le fait que moi, le directeur de l'Institut de l'énergie nucléaire de l'Académie des sciences de Biélorussie, membre correspondant de l'Académie des sciences, je voulais parler au premier secrétaire du Comité central n'y changeait rien. Le secret s'étendait à moi aussi.

Il me fallut batailler pendant deux heures pour que Sliounkov daigne enfin se saisir du combiné.

« C'est un grave accident. Selon mes calculs (j'avais déjà pu contacter un certain nombre de personnes à Moscou et obtenir des informations), le nuage radioactif avance vers vous. Vers la Biélorussie. Il faut immédiatement traiter préventivement à l'iode toute la population et évacuer ceux qui vivent à proximité de la centrale. Il faut évacuer les gens et le bétail dans un rayon de cent kilomètres.

— On m'a déjà fait un rapport, m'a répondu Sliounkov. Il y a bien eu un incendie, mais il a été maîtrisé. »

Je n'ai pas pu me retenir :

« On vous trompe! C'est un mensonge. N'importe quel physicien vous dira que le graphite se consume à raison de cinq tonnes à l'heure. Vous pouvez déterminer vous-même combien de temps il va brûler! »

J'ai pris le premier train pour Minsk. Après une nuit sans sommeil, au matin, j'étais chez moi. J'ai mesuré la thyroïde de mon fils : cent quatre-vingts microröntgens à l'heure! La thyroïde est un parfait dosimètre. Il fallait de l'iode. De l'iode ordinaire. Deux à trois gouttes pour les enfants dans un demi-verre d'eau. Trois à quatre gouttes pour les adultes. Le réacteur allait brûler pendant dix jours, il fallait faire ce traitement pendant dix jours. Mais personne ne nous écoutait, nous autres, les scientifiques, les médecins. La science a été entraînée dans la politique... La médecine, dans la politique. Et comment donc! Il ne faut pas oublier dans quelle situation nous nous trouvions, il y a dix ans. Le KGB fonctionnait, on brouillait les radios occidentales. Il y avait des milliers de tabous, de secrets militaires, de secrets du parti... De plus, nous avions été élevés dans l'idée que l'atome pacifique soviétique n'était pas plus dangereux que le charbon ou la tourbe. Nous étions paralysés par la peur et les préjugés. Par la superstition de la foi... Mais restons-en aux faits! Rien qu'aux faits...

Dès mon retour, le 27 avril, j'ai décidé d'aller constater par moi-même la situation dans la région de Gomel, à la frontière ukrainienne, dans les chefs-lieux de district de Braguine, Khoïniki et Narovlia qui se trouvent à quelques dizaines de kilomètres à peine de la centrale. J'avais besoin d'une information complète. J'ai emporté des instruments pour mesurer le fond. À Braguine : trente mille microröntgens à l'heure ; à Narovlia : vingt-huit mille... Les gens travaillaient la terre, préparaient la fête de Pâques, peignaient des œufs, faisaient des gâteaux... « Quelle radiation? De quoi s'agit-il? Il n'y a eu aucun ordre. La direction demande des rapports sur l'avancement et le rythme des semailles. » On me prenait pour un fou. « De quoi parlez-vous, professeur? » Röntgens, microröntgens... Un langage d'extraterrestre...

Retour à Minsk. Sur l'avenue principale, on vendait des pirojkis farcis à la viande hachée, des glaces, des petits pains. Sous le nuage radioactif...

Le 29 avril. Je m'en souviens avec exactitude... À huit heures du matin, j'attendais déjà dans l'antichambre de Slìounkov. Même si j'insistais, faisais du forcing, personne n'acceptait de me recevoir. À cinq heures et demie du soir, un célèbre poète biélorusse est sorti du bureau de Slìounkov. Nous nous connaissions bien :

« Avec le camarade Slìounkov, me dit-il, nous avons abordé les problèmes de la culture biélorusse. »

J'explosai :

« Mais bientôt, il n'y aura plus personne pour développer cette culture. Il n'y aura plus de lecteurs pour vos livres, si nous n'évacuons pas d'urgence les environs de Tchernobyl. Si nous ne les sauvons pas!

— Mais, de quoi parlez-vous? On m'a dit que l'incendie a déjà été éteint. »

Je suis finalement parvenu à me frayer un chemin jusqu'à Slìounkov et à lui décrire le tableau que j'avais vu la veille. Il fallait sauver tous ces gens! En Ukraine (j'avais téléphoné), l'évacuation avait déjà commencé...

« Pourquoi est-ce que les dosimétristes de votre Institut courent partout dans la ville en semant la panique? me demande-t-il. J'ai consulté l'académicien Iline, à Moscou. Selon ses services, tout est normal, ici... Une commission gouvernementale est au travail, là-bas. Et le parquet. L'armée, les moyens techniques militaires sont déjà sur place pour colmater la brèche. »

Des milliers de tonnes de césium, d'iode, de plomb, de zirconium, de cadmium, de béryllium, de bore et une quantité inconnue de plutonium (dans les réacteurs de type RBMK à uranium-graphite du type de Tchernobyl on enrichissait du plutonium militaire qui servait à la production des bombes atomiques) étaient déjà retombées sur notre terre. Au total, quatre cent cinquante types de radionucléides différents. Leur quantité était égale à trois cent cinquante bombes de Hiroshima. Il fallait parler de physique, des lois de la physique. Et eux, ils parlaient d'ennemis. Ils cherchaient des ennemis!

Tôt ou tard, ils auront à répondre de cela.

« Vous allez vous justifier, disais-je à Slìounkov, en prétendant que vous êtes un constructeur de tracteurs (il avait dirigé une usine de tracteurs avant de faire carrière dans le parti) et que vous ne comprenez rien à la radiation. Mais moi, je suis physicien et j'ai une bonne connaissance des conséquences de la catastrophe. » Mais comment ? Un physicien quelconque osait donner des leçons au Comité central ? Non, ce n'étaient pas des criminels, mais des ignorants. Un complot de l'ignorance et du corporatisme. Le principe de leur vie, à l'école des apparatchiks : ne pas sortir le nez dehors. On devait justement promouvoir Sliounkov à un poste important, à Moscou. C'était cela. Je pense qu'il a dû recevoir un coup de fil du Kremlin, de Gorbatchev : surtout pas de vagues, ne semez pas la panique, il y a déjà assez de bruit autour de cela en Occident. Les règles du jeu étaient simples : si vous ne répondez pas aux exigences de vos supérieurs, vous ne serez pas promu, on ne vous accordera pas le séjour souhaité dans une villégiature privilégiée ou la datcha que vous voulez... Si nous étions restés dans un système fermé, derrière le rideau de fer, les gens seraient demeurés à proximité immédiate de la centrale. On y aurait créé une région secrète, comme à Kychtym ou Semipalatinsk[1]... Nous sommes dans un pays stalinien. Il est encore stalinien à ce jour...

Dans les instructions de sécurité nucléaire, on prescrit la distribution préventive de doses d'iode pour l'ensemble de la population en cas de menace d'accident ou d'attaque atomique. En cas de menace ! Et là, trois mille microröntgens à l'heure... Mais les responsables ne se faisaient pas du souci pour les gens, ils s'en faisaient pour leur pouvoir. Nous vivons dans un pays de pouvoir et non un pays d'êtres humains. L'État bénéficie d'une priorité absolue. Et la valeur de la vie humaine est réduite à zéro. On aurait pourtant bien pu trouver des moyens d'agir ! Sans rien annoncer et sans semer la panique... Simplement en introduisant des préparations à l'iode dans les réservoirs d'eau potable, en les ajoutant dans le lait. Les gens auraient peut-être senti que l'eau et le lait avaient un goût légèrement différent, mais cela se serait arrêté là. La ville était en possession de sept cents kilogrammes de ces préparations qui sont restées

---

1. En 1957, un accident nucléaire (une explosion chimique dans une cuve contenant des déchets radioactifs) se produisit dans la ville secrète de Tcheliabinsk-40, près de la localité de Kychtym, dans l'Oural, contaminant une zone de plus de mille kilomètres carrés. C'est notamment à Semipalatinsk, au Kazakhstan, qu'étaient testées les bombes nucléaires et thermonucléaires soviétiques.

dans les entrepôts… Nos responsables avaient plus peur de la colère de leurs supérieurs que de l'atome. Chacun attendait un coup de fil, un ordre, mais n'entreprenait rien de lui-même. Moi, j'avais toujours un dosimètre dans ma serviette. Lorsqu'on ne me laissait pas entrer quelque part (les grands chefs finissaient par en avoir marre de moi!), j'apposais le dosimètre sur la thyroïde des secrétaires ou des membres du personnel qui attendaient dans l'antichambre. Ils s'effrayaient et, parfois, ils me laissaient entrer.

« Mais à quoi bon ces crises d'hystérie, professeur? me disait-on alors. Vous n'êtes pas le seul à prendre soin du peuple biélorusse. De toute manière, l'homme doit bien mourir de quelque chose : le tabac, les accidents de la route, le suicide… »

Ils se moquaient des Ukrainiens qui « se traînaient à genoux » au Kremlin en quémandant de l'argent, des médicaments, des dosimètres (dont on ne disposait pas en quantité suffisante). Notre Sliounkov, lui, s'est borné à faire un bref rapport « Tout est normal. Nous surmonterons les problèmes par nos propres moyens. » On le félicita : « Bravo, les petits frères biélorusses! »

Mais combien de vies ont-elles coûté, ces félicitations?

Je sais bien que les chefs, eux, prenaient de l'iode. Lorsque les gars de notre Institut les examinaient, ils avaient tous la thyroïde en parfait état. Cela n'est pas possible sans iode. Et ils ont envoyé leurs enfants bien loin, en catimini. Lorsqu'ils se rendaient en inspection dans les régions contaminées, ils portaient des masques et des vêtements de protection. Tout ce dont les autres ne disposaient pas. Et aujourd'hui on sait même qu'un troupeau de vaches spécial paissait aux environs de Minsk. Chaque animal était numéroté et affecté à une famille donnée. À titre personnel. Il y avait aussi des terres spéciales, des serres spéciales… Un contrôle spécial… C'est le plus dégoûtant… *(Après un silence.)* Et personne n'a encore répondu de cela…

Lorsque l'on a cessé de me recevoir et de m'écouter, je les ai inondés de lettres et de rapports. J'envoyais des cartes, des chiffres à toutes les instances. J'ai constitué un dossier : quatre chemises de deux cent cinquante feuilles chacune. Des faits, rien que des faits. J'en ai pris une copie. Je gardais l'un des deux exemplaires au bureau et cachais l'autre à la maison. C'est ma femme qui s'en est chargée. Pourquoi cette copie? Nous vivons dans un pays bien particulier… Je fermais toujours personnellement mon bureau. Au retour d'une mission, mes dossiers avaient disparu… Mais j'ai grandi en Ukraine. Mes

ancêtres étaient des Cosaques. J'ai le caractère cosaque. J'ai continué d'écrire. De faire des conférences. Il fallait sauver les gens. Les
évacuer d'urgence! Nous avons multiplié nos missions d'enquête.
Notre Institut a dressé la première carte des régions contaminées…
Tout le sud de la république.

Mais tout cela, c'est déjà de l'histoire… L'histoire d'un crime!

L'Institut s'est vu confisquer – sans explication – tous les appareils
destinés au contrôle des radiations. On me téléphonait à la maison,
pour me menacer :

« Arrêtez de faire peur aux gens, professeur. Nous allons vous exiler dans des contrées éloignées. Vous ne devinez pas où? Eh bien,
vous avez la mémoire courte. »

On exerçait aussi des pressions sur les employés de l'Institut. On
les intimidait de la même manière.

J'ai écrit à Moscou…

Platonov, le président de notre Académie des sciences, m'a convoqué :

« Le peuple biélorusse se souviendra un jour de toi, car tu as beaucoup fait pour lui. Mais tu n'aurais pas dû écrire à Moscou. Tu n'aurais pas dû! Maintenant, on exige que je te limoge. Pourquoi as-tu
écrit? Ne comprends-tu pas à quoi tu t'attaques? »

J'avais des chiffres, des cartes. Et eux? Ils pouvaient m'interner
en asile psychiatrique. En tout cas, ils m'ont menacé de le faire. Ils
pouvaient organiser un accident de voiture. Ils m'ont prévenu de
cela, aussi. Ils pouvaient également ouvrir une information judiciaire
pour activités antisoviétiques. Ou pour escroquerie, par exemple, à
cause d'une caisse de clous qui n'avait pas été enregistrée par l'économe de l'Institut.

Une enquête a été ouverte… Et ils ont obtenu le résultat souhaité : j'ai été victime d'un infarctus… *(Il se tait.)*

J'ai tout marqué. Tout est dans le dossier. Rien que des faits…

Nous examinions les enfants dans les villages… Garçons et filles…
Mille cinq cents, deux mille, trois mille microröntgens… Plus de trois
mille… Ces filles ne pourront jamais être mères. Elles ont des séquelles
génétiques… Un tracteur labourait un champ. J'ai demandé au représentant du comité de district du parti, qui nous accompagnait :

« Le tractoriste est-il au moins protégé par un masque?

— Non, ils travaillent sans.

— Pourquoi? Vous n'en avez pas?

— Pas du tout! Nous en avons, en quantité suffisante au moins jusqu'à l'an deux mille. Mais nous ne les distribuons pas pour éviter la panique. Tout le monde s'enfuirait!

— Vous rendez-vous compte de ce que vous faites?

— Bien sûr, pour vous c'est facile de discuter, professeur. Si on vous chasse de votre travail, vous en trouverez un autre. Mais moi, où j'irais? »

Vous vous rendez compte de l'étendue de ce pouvoir! Un pouvoir illimité d'une personne sur quelqu'un d'autre. Ce n'est plus de la tromperie. C'est une guerre. Une guerre contre des innocents!

Nous avancions le long du Pripiat. Des familles entières y passaient leurs vacances, en camping. Ils se baignaient, bronzaient. Ils ignoraient que, depuis quelques semaines, ils se prélassaient sous un nuage radioactif. Il nous était strictement interdit d'entrer en contact avec la population, mais j'ai vu des enfants… Je me suis approché pour leur parler. Les gens étaient perplexes : « Et pourquoi personne n'en parle, à la radio et à la télé? » Notre accompagnateur se taisait. Nous étions toujours escortés par un représentant des autorités locales. C'étaient les ordres… Je pouvais voir sur son visage le dilemme qui se posait à lui : cafarder ou ne pas cafarder? Mais, en même temps, je voyais qu'il avait pitié de ces gens. C'était tout de même un homme normal… Mais j'ignorais quel sentiment l'emporterait, à notre retour. Rapporterait-il ou non? Chacun faisait son choix… *(Il demeure silencieux.)*

Que devons-nous faire aujourd'hui de cette vérité? S'il y avait une autre explosion, tout recommencerait. Nous sommes toujours un pays stalinien… Et l'homme stalinien vit toujours…"

Vassili Borissovitch Nesterenko,
ancien directeur de l'Institut de l'énergie nucléaire
de l'Académie des sciences de Biélorussie.

MONOLOGUE SUR DES VICTIMES ET DES PRÊTRES

"L'homme se lève tôt le matin… Et il ne pense nullement à l'éternité, ses pensées vont à son pain quotidien. Et vous voulez forcer les gens à penser à l'éternité? Voilà bien l'erreur de tous les humanistes.

Vous voulez savoir ce qu'est Tchernobyl?

Nous arrivions dans un village à bord d'un minibus allemand qu'on avait offert à notre fondation. Des gosses nous entouraient : « S'il vous plaît! Nous sommes des enfants de Tchernobyl. Que nous avez-vous apporté? S'il vous plaît, donnez-nous quelque chose. »

Donnez! C'est cela Tchernobyl.

En route vers la zone, nous rencontrons une vieille femme en jupe brodée et tablier, un baluchon sur le dos.

« Où vas-tu, grand-mère? En visite?

— Je vais chez moi, à Marki… »

Il y avait cent cinquante curies là-bas! Elle avait vingt-cinq kilomètres à faire, rien qu'à l'aller. De toute manière, le retour, elle le ferait le lendemain. Elle allait simplement chercher un bocal vide de trois litres qui était resté pendant deux ans accroché sur sa palissade. Mais au moins, elle a revu sa maison.

C'est cela aussi, Tchernobyl.

Ce dont je me souviens des premiers jours? Comment c'était? Il vaut mieux commencer par le début. J'ai mon propre point de départ. Tout à fait autre chose. On fêtait les quarante ans de la Victoire. Il y avait des feux d'artifice, dans ma ville de Moguilev. Après les cérémonies officielles, les gens ne sont pas rentrés chez eux. Ils se sont mis à chanter. C'était assez inattendu. Je me souviens de ce sentiment. Après quarante ans, tout le monde parlait de la guerre et savait interpréter cette expérience commune. Jusque-là, on s'était borné à survivre, à reconstruire, à faire des enfants. Pour Tchernobyl, ce sera la même chose… Nous y reviendrons. Il s'ouvrira à nous encore plus profondément pour devenir un sanctuaire, un mur des lamentations. Pour l'instant, nous n'avons pas de formule, pas d'idées. Parler de curies, de rems, de röntgens, ce n'est pas une interprétation. Ce n'est pas une philosophie. Pas une conception du monde. Chez nous, il n'y a que l'homme au fusil ou l'homme à la croix. À travers toute l'histoire, il n'y en a pas eu d'autre. Et il n'y en a toujours pas, pour l'instant…

Ma mère travaillait à l'état-major de la défense civile de la ville. Elle a été l'une des premières à apprendre ce qui s'était passé. Tous les appareils ont convenablement fonctionné. Selon les instructions accrochées dans chaque bureau, il fallait immédiatement informer la population et distribuer des masques et tout le reste. Ils ont ouvert les entrepôts secrets, mais tout ce qui s'y trouvait était dans un triste état, hors d'usage. Dans les écoles, les masques à gaz dataient d'avant la guerre et les tailles ne convenaient pas aux enfants. Les aiguilles des appareils enregistreurs restaient bloquées au maximum, mais personne ne comprenait rien. La situation était dantesque. Alors, ils ont simplement débranché les compteurs.

« Si la guerre avait commencé, nous aurions eu des instructions, nous aurions su ce qu'il fallait faire. Mais là... »

À la tête de notre défense civile se trouvaient des généraux et des colonels de réserve pour qui la guerre commence par une déclaration du gouvernement à la radio, des alertes aériennes, des bombardements... Ils n'ont pas compris que le siècle n'est plus le même. Il aurait fallu un changement psychologique... D'une certaine manière ce dernier s'est produit. Nous savons maintenant que nous pouvons boire du thé autour d'une table, parler et rire sans nous apercevoir que la guerre a commencé... Que nous n'allons même pas nous rendre compte de notre propre disparition...

La défense civile est un jeu auquel excellaient de grands hommes... Ils organisaient des défilés, des manœuvres... On nous arrachait au travail pour trois jours, sans la moindre explication. Nous allions faire des exercices. Le jeu s'appelait « En cas de guerre atomique ». Les hommes jouaient aux soldats et aux pompiers, les femmes aux infirmières. Nous recevions des combinaisons, des bottes, des trousses de premier secours, des bandages. Et comment donc! Le peuple soviétique devait riposter dignement à l'attaque ennemie. Des cartes secrètes, des plans d'évacuation étaient conservés dans des coffres-forts, sous scellés. Ces plans prévoyaient d'avertir la population entière en quelques minutes et de l'évacuer dans la forêt, en zone sûre... La sirène hurle... Attention! La guerre...

Les meilleurs recevaient des coupes, des drapeaux. Et, bien entendu, on organisait un banquet sur l'herbe. Les hommes buvaient à notre future victoire! Et aussi aux femmes, cela va de soi!

Récemment, il y a une semaine, il y a eu une alerte dans notre ville. Attention! Défense civile! Les gens ont peur, mais différemment... Ils ne pensent plus à une attaque des Américains ou des Allemands, mais à Tchernobyl. Y aurait-il eu un nouvel accident?

L'année 1986... Qui étions-nous? Comment nous sommes-nous comportés face à cette version high-tech de la fin du monde? Moi. Nous. L'intelligentsia locale. Nous avions notre petit cercle. Nous vivions notre propre vie, en nous isolant de ce qui nous entourait. C'était une forme de protestation. Nous ne lisions pas la *Pravda*, mais nous nous passions de main en main le magazine *Ogoniok*[1]. C'était l'époque où l'on commençait à relâcher les rênes et cela nous procurait une joie intense. Nous lisions le samizdat qui avait enfin fini par atteindre le pays profond. Nous nous plongions dans Soljenitsyne, Chalamov. Nous allions chez les uns ou les autres et nous lancions dans des discussions infinies autour de la table. Nous étions nostalgiques. De quoi? Quelque part vivaient des acteurs et des stars de cinéma... J'avais envie d'être Catherine Deneuve, de mettre une robe idiote et d'aller chez le coiffeur... La nostalgie de la liberté... Cet autre monde... Ce monde étranger... Comme une forme de liberté... Mais c'était aussi un jeu. Une fuite de la réalité. Dans notre cercle, quelqu'un a sombré dans la boisson... Un autre est entré au parti, pour faire carrière. Personne ne croyait que l'on pouvait abattre le mur du Kremlin... Qu'il allait s'effondrer... Et puisqu'il en était ainsi, nous nous foutions de ce qui se passait ailleurs que chez nous... Nous vivions dans notre monde illusoire...

Tchernobyl? Au début, nous avons tous eu la même réaction. Qu'est-ce que ça peut nous faire? Que les autorités s'en occupent! C'est leur rôle... Et puis, c'était loin. Nous n'avons même pas consulté la carte. Cela ne nous intéressait pas. Nous n'avions plus besoin de la vérité... C'est lorsque des étiquettes « Lait pour adultes » et « Lait pour enfants » sont apparues sur les bouteilles que... Voilà! Nous avons senti que quelque chose approchait... Certes, je n'ai jamais été membre du parti, mais j'étais quand même une Soviétique. Je me suis mise à avoir peur : « Pourquoi les radis ont-ils des feuilles comme des betteraves, cette année? » Mais le soir, à la télé, on nous disait : « Ne cédez pas aux provocations. » Et tous nos doutes se dissipaient. Et la manifestation du Premier Mai? Personne ne nous obligeait à y aller. Nous avions le choix. Mais nous y sommes allés. Je ne me souviens pas d'y avoir jamais vu autant de monde que cette année-là. Nous étions tous inquiets, nous avions envie, naturellement, de faire partie du troupeau, d'être avec tout le monde. Nous avions envie d'injurier quelqu'un... Les supérieurs, le gouvernement, les communistes... Aujourd'hui, je me remémore tout cela et je me demande à quel endroit le fil s'est cassé. En fait,

---

1. Ce magazine se trouvait alors à la pointe de la perestroïka.

il s'est cassé dès le début... À cause de l'absence de liberté... Nous n'avions plus besoin de la vérité. Voilà le sommet de la pensée libre : « Peut-on manger des radis ou non ? » L'absence de liberté en nous, dans notre for intérieur...

J'étais ingénieur à l'usine Khimvolokno. Un groupe d'Allemands travaillait avec nous. Ils mettaient en marche de nouveaux équipements. J'ai vu comment d'autres gens se conduisaient. Un autre peuple. Dès qu'ils ont appris l'accident de Tchernobyl, ils ont immédiatement exigé des médecins, des dosimètres et des contrôles alimentaires. Ils écoutaient la radio de chez eux et savaient ce qu'il fallait faire. Naturellement, leurs demandes n'ont pas été satisfaites. Ils ont alors décidé de partir et fait leurs valises. Prenez-nous des billets ! Faites-nous repartir chez nous. Si vous ne pouvez pas assurer notre sécurité, nous partons. Ils ont fait grève, envoyé des télégrammes à leur gouvernement. Ils luttaient pour leurs femmes, pour leurs enfants (ils habitaient chez nous avec leurs familles). Ils luttaient pour leur vie ! Et nous ? Que faisions-nous ? Nous critiquions ces Allemands toujours repassés et amidonnés. Des hystériques ! Des lâches ! Ils mesuraient la radiation jusque dans le borchtch et les boulettes de viande... Ridicule ! Nos hommes, au moins, sont de vrais hommes ! Courageux ! Ils combattent le réacteur ! Ils ne tremblent pas pour leur vie ! Ils montent sur le toit les bras nus, avec juste des gants de toile (nous avions vu cela à la télé) ! Nos enfants vont à la manifestation avec des petits drapeaux ! Et les vétérans de la guerre... La vieille garde ! *(Elle réfléchit.)*

Mais c'est aussi une sorte de barbarie... Nous disons toujours « nous », et pas « je » : « Nous allons leur montrer l'héroïsme soviétique, le caractère soviétique. » Au monde entier ! Mais c'est « je » ! Je ne veux pas mourir... J'ai peur !

C'est intéressant de suivre ses propres sentiments. Leur développement, leur changement... J'ai remarqué depuis longtemps que je suis plus attentive au monde qui m'entoure. Après Tchernobyl, c'est venu naturellement. Nous apprenons à dire « je »... Je ne veux pas mourir ! J'ai peur ! À l'époque, j'augmentais le son de la télé : on offrait aux ouvrières d'une laiterie un drapeau rouge pour leur victoire dans le cadre de l'émulation socialiste. C'était chez nous ! Près de Moguilev ! Dans un village qui se trouvait au cœur d'une zone contaminée par le césium ! D'ailleurs, on allait bientôt l'évacuer...
Le présentateur :

« Les gens travaillent avec abnégation, malgré tout ! »

Le déluge pouvait bien subvenir, on n'en avancerait pas moins d'un pas révolutionnaire! Certes, je n'étais pas membre du parti, mais j'étais quand même un *homo sovieticus.*

« Camarades, ne cédez pas aux provocations », tonnait la télé, jour et nuit.

Et les doutes se dissipaient... *(Elle se tuit.)*

Encore du café? Je dois me reposer un peu... Rassembler mes pensées...

La compréhension philosophique de Tchernobyl est encore devant nous. Nous avons deux États séparés par des barbelés : la zone elle-même et le reste. Des serviettes blanches pendent sur des poteaux pourris autour de la zone, comme sur des croix... Les gens y vont comme dans un cimetière. Il n'y a pas que leurs maisons qui y sont enterrées, mais toute leur époque. L'époque de la foi en la science et en la justesse de l'idée sociale. Un grand empire s'est effiloché, s'est effondré. D'abord l'Afghanistan, puis Tchernobyl. Lorsque l'empire a disparu, nous sommes restés seuls. J'ai peur de le reconnaître, mais nous aimons Tchernobyl. Cela a redonné un sens à notre vie... Le sens de la souffrance. Comme la guerre. Le monde n'a appris l'existence des Biélorusses qu'à la suite de Tchernobyl. Cela a constitué notre fenêtre sur l'Europe. Nous sommes en même temps ses victimes et ses prêtres. C'est horrible à reconnaître...

Dans la zone... On pénètre dans une maison comme dans le château de la Belle au Bois dormant. Si elle n'a pas été pillée, si tout est en l'état : photos, poupées, meubles, c'est que ses occupants doivent être quelque part, tout près. Parfois, nous les trouvons. Mais ils ne parlent pas de Tchernobyl. Ils se plaignent d'avoir été trompés. Ils s'inquiètent de ne pas avoir obtenu tout ce à quoi ils ont droit et si d'autres n'obtiennent pas plus qu'eux. Notre peuple a toujours eu le sentiment d'être grugé. À toutes les étapes de son long chemin. Par nihilisme et par fatalisme. On ne croit pas les autorités, on ne croit pas les médecins, mais on n'entreprend rien soi-même. À la fois innocents et indifférents. On trouve dans la souffrance elle-même le sens et la raison de ce qu'on endure. Le reste est sans importance. Les champs ont beau être parsemés de panneaux « Haute radiation », ils sont labourés... Trente curies, cinquante curies... Les tractoristes travaillent dans des cabines ouvertes (au bout de dix ans, nous n'avons toujours pas de tracteurs avec des cabines hermétiques) et respirent de la poussière radioactive... Déjà dix ans!

Qui sommes-nous, à vivre sur une terre contaminée, à la labourer, semer ? À faire des enfants ? Quel est le sens de notre souffrance ? D'ailleurs, pourquoi tant de souffrance ? Nous parlons beaucoup de cela, mes amis et moi. Parce que la zone, ce ne sont pas des rems, des curies, des microröntgens. C'est le peuple. Notre peuple… Tchernobyl a contribué à donner une bouffée d'oxygène à notre système qui allait périr. Il y avait une nouvelle situation d'exception pour justifier la pénurie et le rationnement. Avant, on nous bourrait le crâne en nous disant combien tout serait merveilleux « s'il n'y avait pas eu la guerre ». Après, c'était : « Ah! S'il n'y avait pas eu Tchernobyl. » Nos yeux deviennent humides d'affliction. Il faut donner pour pouvoir partager. Une auge! Un paratonnerre.

Tchernobyl est déjà un symbole… Une image. Mais c'est aussi mon travail, mon quotidien, si j'ose dire. Je voyage, je vois. Un village biélorusse traditionnel. Une maisonnette campagnarde, sans toilettes ni eau chaude, mais avec une icône, un puits en bois, des serviettes brodées et des tapis tissés à la main. Et l'hospitalité. Nous entrons pour demander de l'eau. La maîtresse de maison sort une serviette brodée d'un coffre aussi vieux qu'elle et me la tend :

« En souvenir de ma maison. »

Il y avait la forêt, le champ, la terre près de sa maison et une vache. Les évacués de Tchernobyl ont été déplacés « en Europe », dans des bourgades de type européen. On peut y bâtir une maison meilleure, plus confortable, mais il est impossible de transporter dans un nouveau lieu le monde qui reliait tous ces gens. Ils étaient comme liés à leur terre par un cordon ombilical. L'obligation de partir a été comme un coup colossal porté à leur psychisme. La rupture des traditions, de toute la culture séculaire. Lorsqu'on s'approche des nouveaux villages, ils sont comme des mirages à l'horizon. Ils sont peints en bleu ciel et en bleu foncé. Ils apparaissent comme un miracle. C'est la raison pour laquelle on les a appelés : Bourg de mai, Ensoleillé… Les cottages de type européen sont beaucoup plus confortables que les maisons primitives. C'est un futur tout prêt, mais il est impossible de parachuter les gens dans le futur… On les a simplement transformés en Éthiopiens… Ils restent assis par terre, à attendre qu'un avion ou un bus arrivent avec de l'aide humanitaire. Ils ne se réjouissent pas de leur chance d'avoir été arrachés à l'enfer, d'avoir une maison, un peu de terre à soi, de pouvoir sauver leurs enfants qui ont Tchernobyl dans leur sang et dans leurs gènes. D'être libres…

Ils habitent dans ces cottages comme dans des volières. Ils s'écroulent, tombent en ruine, parce que ce ne sont pas des hommes libres qui les habitent, mais des condamnés qui en veulent à l'humanité entière à cause de leurs problèmes, qui vivent dans la peur, qui veulent le retour du communisme... Ils attendent... La zone a besoin du communisme... À toutes les élections, on y vote pour la main de fer. On y éprouve la nostalgie de l'ordre stalinien. Pour eux, c'est le synonyme de justice. D'ailleurs, ils vivent à la manière militaire : des postes de la milice, des gens en uniforme, le contrôle des entrées et des sorties, les rations. Des fonctionnaires qui distribuent l'aide humanitaire. Sur les boîtes, il est écrit, en russe et en allemand : « Interdit d'échanger. Interdit de vendre. » Mais on les vend tout de même juste à côté. Dans n'importe quel kiosque commercial...

C'est comme un jeu... Un message publicitaire... Je conduis dans la zone un convoi d'aide humanitaire. Des étrangers qui viennent au nom de la charité chrétienne ou au nom d'autre chose. Et ma tribu est là, debout, pour les accueillir en vieilles vestes ouatinées, les bottes en mauvais similicuir enfoncées dans la boue. Dans les yeux de certains, je peux lire : « Nous n'avons besoin de rien ! D'ailleurs, on va tout nous voler ! » Mais d'autres espèrent se saisir d'une boîte, d'une caisse de marchandises étrangères. Nous connaissons les vieilles grands-mères et nous savons où habite chacune d'elles... Comme dans une réserve... Tout à coup, un désir ignoble, dément, monte en moi. Je m'écrie soudain : « Je vais vous montrer quelque chose que vous ne trouverez nulle part au monde, pas même en Afrique ! Deux cents curies... Trois cents curies... »

Je vois les grands-mères changer à vue d'œil. Certaines sont devenues des stars. Elles ont appris leurs monologues et la larme roule sur la joue au moment voulu. Quand venaient les premiers étrangers, elles se taisaient, elles se contentaient de pleurer. Maintenant, elles ont appris à parler. Pour se procurer du chewing-gum ou quelques vêtements supplémentaires pour leurs petits-enfants... Et cela, à côté d'une philosophie profonde, parce qu'elles ont leurs propres rapports avec la mort et le temps. Et si elles ne quittent pas leurs maisons, leurs cimetières, ce n'est pas à cause du chocolat allemand... Ou du chewing-gum.

Il est temps de rentrer... « Quel joli coin ! » dis-je à nos hôtes. Le soleil est très bas. Il éclaire la forêt, les champs, comme pour nous dire au revoir. « Oui, répond l'un des Allemands qui parle russe.

C'est un joli coin, mais contaminé. » Il tient un dosimètre entre les mains. Et je comprends que je suis la seule à aimer ce coucher de soleil. Parce que c'est ma terre."

Natalia Arsenievna Roslova,
présidente du comité de femmes de Moguilev,
Enfants de Tchernobyl.

LE CHŒUR DES ENFANTS

Aliocha Belski, 9 ans ; Ania Bogouch, 10 ans ; Natacha Dvoretskaïa, 16 ans ; Lena Joudro, 15 ans ; Olia Zvonak, 10 ans ; Snejana Zinevitch, 16 ans ; Ira Koudriatcheva, 14 ans ; Ioulia Kasko, 11 ans ; Vania Kovarov, 12 ans ; Vadim Krasnosolnychko, 9 ans ; Vassia. Mikoulitch, 15 ans ; Anton Nachivankine, 14 ans ; Marat Tatartsev, 16 ans ; Ioulia Taraskina, 15 ans ; Katia Chevtchouk, 14 ans ; Boris Chkirmankov, 16 ans.

"J'étais à l'hôpital. J'avais tellement mal... Je demandais à maman : « Maman, je ne peux plus le supporter. Tue-moi plutôt ! »

"Un nuage tellement noir... Une pluie drue tellement... Les flaques sont devenues jaunes, vertes... Comme si l'on y avait versé de la couleur... On disait que c'était le pollen des fleurs... Nous ne courions pas dans les flaques, nous les avons seulement regardées. Grand-mère nous a enfermés dans la cave. Et elle s'est mise à genoux pour prier. Elle nous a dit : « Priez ! C'est la fin du monde. C'est la punition divine pour nos péchés. » Mon frère avait huit ans, et moi, six. Nous nous sommes souvenus de nos péchés : il avait cassé le bocal de confiture de framboises... Et moi, je n'ai pas avoué à maman que j'avais déchiré ma nouvelle robe en m'accrochant à la palissade... Je l'avais cachée dans le placard...

Maman s'habille souvent en noir. Elle met un fichu noir. Dans notre rue, il y a tout le temps des enterrements... Dès que j'entends la musique, je cours à la maison et je prie, je récite le « Notre père ». Je prie pour maman et papa..."

"Des soldats en camions sont venus nous chercher. J'ai cru que c'était la guerre. Ils disaient des mots incompréhensibles : désactivation, isotopes… Pendant le trajet, j'ai eu rêve : une explosion ! Mais je m'en suis sorti vivant. Il n'y avait plus de maison, plus de parents, même plus de moineaux ni de corneilles. Je me suis réveillé en nage. J'ai regardé par la fenêtre pour voir s'il n'y avait pas un champignon cauchemardesque dans le ciel.

Je me souviens d'un soldat qui poursuivait une chatte… Son dosimètre claquait comme une mitraillette chaque fois qu'il l'approchait de l'animal : ta-ta-ta-ta… Derrière, couraient un garçon et une fille. C'était leur chatte. Le garçon se taisait, mais la fille hurlait : « Je ne la donnerai pas ! » Elle courait et criait : « Sauve-toi, ma chérie ! Sauve-toi ! » Et le soldat courait avec un grand sac en plastique…"

"Nous avons laissé chez nous mon hamster, nous l'avons enfermé. Nous lui avons laissé de la nourriture pour deux jours. Et nous sommes partis pour toujours."

"On nous a embarqués dans un long train. Les petits pleuraient, ils se sont salis. Il y avait une éducatrice pour vingt enfants et ils pleuraient tous : « Maman ! Où est ma maman ? Je veux rentrer à la maison ! » J'avais dix ans, les filles comme moi aidaient à calmer les plus petits. Des femmes nous accueillaient aux gares et bénissaient le train en faisant le signe de la croix. Elles nous apportaient des pâtisseries, du lait, des pommes de terre chaudes…

On nous emmenait dans la région de Leningrad. Là-bas, lorsque nous approchions des gares, les gens se signaient et nous regardaient de loin. Ils avaient peur de notre train. À chaque arrêt, on le lavait longtemps. À un arrêt, on nous a fait descendre de voiture pour nous conduire à la cantine. On n'y laissait entrer personne, à part nous : « Ici, des enfants de Tchernobyl mangent des glaces. » La serveuse parlait au téléphone avec quelqu'un. Elle lui disait : « Après leur départ, nous allons javelliser le sol et désinfecter les verres. » Nous l'avons entendue…

Des médecins nous ont accueillis. Ils portaient des masques et des gants de caoutchouc… Ils nous ont pris nos vêtements, toutes nos affaires, et même les enveloppes, les crayons et les stylos, pour les fourrer dans des sacs en plastique et aller les enterrer dans la forêt.

Nous étions tellement effrayés! Après cela, nous avons cru long-temps que nous allions mourir…"

"Maman et papa se sont embrassés, et je suis née.

Avant, je pensais que je ne mourrais jamais. Mais maintenant, je sais que ce n'est pas vrai. Un garçon était avec moi, à l'hôpital… Vadik Korinkov… Il me dessinait des oiseaux. Des maisons. Il est mort. Il n'avait pas peur de mourir… Tu vas dormir très, très longtemps et tu ne te réveilleras jamais…

J'ai rêvé que je mourais. J'ai entendu dans le rêve ma maman pleurer. Et je me suis réveillée."

"Je veux raconter comment ma grand-mère a fait ses adieux à notre maison. Elle a demandé à mon père de monter du garde-manger un sac de millet et l'a éparpillé dans le jardin : « Pour les oiseaux du Bon Dieu! » Elle a ramassé des œufs et les a laissés dans la cour : « Pour notre chat et notre chien! » Elle leur a coupé du lard. Elle a vidé tous les sachets de graines : de carottes, de courges, de concombres, et les a dispersées dans le potager : « Qu'elles vivent dans la terre! » Et puis, elle s'est inclinée devant la maison pour la saluer. Elle a salué la remise, puis elle a fait le tour du jardin pour prendre congé de chaque pommier…"

"J'étais petit… Six ans… Non, huit, je crois. Oui, c'est sûr. Huit. Je viens de compter.

Je me souviens de beaucoup de peurs. J'avais peur de courir pieds nus sur l'herbe. Maman m'a effrayé en disant que je pouvais en mourir. J'avais peur de me baigner, de plonger. De tout. Même de cueillir des noisettes dans la forêt. De toucher un scarabée, puisqu'il rampait sur le sol et que le sol était contaminé. Les fourmis, les papillons, les bourdons : ils étaient tous contaminés. Un jardin tout blanc… Un jardin de verre…

Nous attendions la venue du printemps : les marguerites vont-elles pousser de nouveau? Comme avant? Chez nous, tout le monde disait que le monde allait changer. On l'affirmait aussi à la radio et à la télé. La marguerite allait se transformer… En quoi? En quelque chose de différent… Le renard aurait une deuxième queue, les hérissons naîtraient sans piquants, les roses, sans pétales. Les gens deviendraient des humanoïdes, sans cheveux et sans cils. Rien que des yeux. J'étais petit… Huit ans…

Le printemps est arrivé… Comme toujours, les feuilles sont apparues. Vertes. Les pommiers ont fleuri. Le merisier sentait bon. Les marguerites se sont ouvertes, comme toujours. Alors, nous nous sommes précipités à la rivière, pour voir les pêcheurs : « Les gardons ont-ils toujours des queues et des têtes ? Et les brochets ? » Nous avons vérifié les perchoirs des sansonnets : « Les sansonnets sont-ils arrivés ? Vont-ils avoir des petits ? »"

"J'ai entendu les adultes chuchoter… Grand-mère pleurait. Depuis ma naissance, en 1986, il n'y a plus de garçons ni de filles dans le village. Je suis tout seul. Les médecins ne voulaient pas autoriser ma naissance, mais maman s'est enfuie de l'hôpital pour se cacher chez ma grand-mère… C'est là que je suis né… Et j'ai surpris cette conversation…

Je n'ai ni frère ni sœur. Et je voudrais tellement en avoir. Dites, vous qui êtes écrivain, comment est-ce que j'aurais pu ne pas être ? Où est-ce que j'aurais été ? Quelque part dans le ciel ? Sur une autre planète ?"

"Il y a eu une exposition de peinture dans notre ville. Des tableaux sur Tchernobyl : un poulain court dans la forêt, mais il n'a que des pattes, huit ou dix ; un veau à trois têtes ; des lapins sans poils dans une cage, comme s'ils étaient en plastique ; des gens qui se promènent dans les champs en scaphandres ; des arbres plus hauts que des églises, des fleurs grandes comme des arbres… Je n'ai pas pu regarder jusqu'au bout. Je me suis heurtée à une toile : un garçon tend les bras vers une fleur de pissenlit, ou peut-être le soleil, mais il a une trompe en guise de nez… J'ai eu envie de pleurer, de crier : « Nous n'avons pas besoin de telles expositions ! Ne les amenez pas ! Tout le monde environnant parle de la mort, des mutants ! Je ne veux pas ! » Le premier jour, il y avait du monde dans la salle, et puis, plus une âme. À Moscou, à Saint-Pétersbourg, la presse publiait des articles sur cette exposition. Des foules se déplaçaient pour la voir. Et chez nous, la salle était vide.

Je suis allée suivre un traitement, en Autriche. Il y avait là des gens qui pouvaient accrocher chez eux une image comme celle du garçon à la trompe… Et la regarder chaque jour, pour ne pas oublier ceux qui souffrent. Mais lorsqu'on vit ici… Au milieu de tout cela… Je préfère accrocher un joli paysage dans ma chambre… Je ne veux pas penser à la mort."

"Au village, les moineaux ont disparu dans la première année après l'accident... Il y en avait partout, morts : dans les jardins et sur l'asphalte. On les ramassait à la pelle pour les emporter dans des conteneurs, avec les feuilles mortes. Cette année-là, il était interdit de brûler les feuilles : elles étaient radioactives. On les enterrait. Deux ans plus tard, les moineaux sont revenus. Nous nous en sommes réjouis. Nous criions aux autres : « Hier j'ai vu un moineau... Ils sont revenus... »

Les hannetons, eux, ont disparu. Il n'y en a toujours pas. Peut-être reviendront-ils dans cent ou mille ans, comme le dit notre prof. Je ne verrai pas ça..."

"Le 1er septembre... Le jour de la rentrée... Et pas un seul bouquet de fleurs. Nous savions déjà que les fleurs étaient très irradiées. Avant le début de l'année scolaire, ce n'étaient pas les menuisiers ou les peintres qui travaillaient, dans l'école, mais des soldats. Ils fauchaient les fleurs, enlevaient et emportaient la terre dans de grands camions bennes. Ils ont également coupé tous les arbres du vieux parc. Les vieux tilleuls. Il y avait grand-mère Nadia. On l'invitait toujours pour pleurer les morts, pour se lamenter, dire des prières. « Ce n'est pas l'éclair qui l'a frappé ; ce n'est pas la sécheresse qui l'a abattu ; ce n'est pas l'inondation qui l'a emporté... Reposent les cercueils noirs... » Elle pleurait les arbres comme les humains.

L'année suivante, on nous a évacués et l'on a enterré notre village. Mon papa est chauffeur. Il y est allé et nous a tout raconté. D'abord, on creuse une énorme fosse de cinq mètres de profondeur... Des pompiers arrivent... Ils lavent les maisons des fondations jusqu'au toit, à coups de lance d'incendie, pour ne pas soulever de poussière radioactive. Les fenêtres, le toit, le seuil... Tout... Et puis une grue soulève la maison et la dépose dans la fosse... Les poupées, les livres, les bocaux de verre gisent par terre... Une pelleteuse repousse tout dans le trou, puis on le comble avec du sable, de l'argile et l'on dame la surface. À la place du village, il n'y a plus qu'un champ. Et dessus, on a semé de l'orge. Notre maison est enterrée là-bas. Et aussi l'école et le bureau du village... Mon herbier et deux albums de timbres. Je rêvais de les récupérer. J'avais un vélo..."

"J'ai douze ans et je suis invalide. Dans notre famille, le facteur apporte des pensions d'invalidité à mon grand-père et à moi. Lorsque les filles de ma classe ont su que j'avais la leucémie, elles ont eu peur d'être assises à côté de moi... Peur de me toucher...

Les médecins me l'ont dit : je suis tombée malade parce que mon papa a travaillé à Tchernobyl. Et je suis née après cela.

J'aime mon papa..."

"Les soldats ont lavé les arbres, les maisons, les toits... Ils ont lavé les vaches du kolkhoze... Je pensais : « Pauvres bêtes de la forêt! Personne ne les lave. Elles vont toutes mourir! Et personne ne lave non plus la forêt. Elle aussi, elle va mourir! »

La maîtresse a dit : « Dessinez la radiation. » J'ai dessiné une pluie jaune... Et une rivière rouge..."

"C'est la nuit qu'on est venu chercher papa. Je ne l'ai pas entendu, alors qu'il se préparait à partir. Le matin, j'ai vu que maman pleurait : « Papa est à Tchernobyl. »

On l'attendait comme quelqu'un qui est parti pour la guerre...

Quand il est revenu et qu'il a repris son travail à l'usine, il n'a rien raconté. À l'école, je me vantais en disant que mon papa était allé à Tchernobyl, qu'il était un liquidateur et que les liquidateurs sont ceux qui ont aidé à liquider les conséquences de la catastrophe. Des héros! Les autres garçons m'enviaient.

Un an plus tard, mon papa est tombé malade... Nous nous promenions dans le jardin de l'hôpital, après sa deuxième opération, et là, pour la première fois, il m'a parlé de Tchernobyl.

Ils travaillaient à proximité du réacteur. Tout semblait calme et paisible, beau. Mais, en même temps, quelque chose n'allait pas. Les vergers étaient en fleurs, mais pour qui? Les habitants avaient été évacués des villages. Mon père et ses collègues ont traversé la ville de Pripiat : du linge séchait sur les balcons décorés de pots de fleurs. Près d'un buisson, le vélo d'un facteur est attaché, un sac rempli de journaux et de lettres sur le porte-bagages. Et sur ce sac, un nid d'oiseau. Comme au cinéma...

Ils « nettoyaient »... Ils retiraient la couche supérieure de la terre, contaminée par le césium et le strontium. Ils lavaient les toits. Mais, le lendemain, les dosimètres « craquaient » de nouveau.

« Le jour du départ, on nous a serré la main et remis à chacun un certificat de reconnaissance pour notre abnégation... » Mon père déversait sur moi tous ses souvenirs. La dernière fois que je l'ai vu, avant de retourner à l'hôpital, il m'a dit : « Si je demeure en vie, plus de physique ni de chimie. Je vais quitter l'usine... Je vais me faire berger... »

Maman et moi sommes restés seuls. Je ne ferai pas l'Institut technique, comme le rêve ma mère. Celui où papa a fait ses études...”

“J'ai un petit frère. Il aime jouer à Tchernobyl. Il construit un abri antiatomique, verse du sable sur le réacteur... Il n'était pas encore né quand c'est arrivé.”

“La nuit, je vole... Je vole dans une lumière forte... Ce n'est pas la réalité, mais ce n'est pas non plus l'au-delà. C'est l'un et l'autre, et encore une troisième chose. Dans mon rêve, je sais que je peux pénétrer à l'intérieur de ce monde, y passer un moment... Ou y rester ? Ma langue se paralyse, je m'essouffle, mais, là-bas, je n'ai pas besoin de parler à qui que ce soit. Quelque chose de semblable m'arrivait dans mon enfance. J'étouffe du désir de m'unir aux autres, mais je ne vois personne... Rien que la lumière... J'ai la sensation que je peux la toucher... Que je suis énorme ! Je suis avec tout le monde, mais je suis déjà de côté, séparé des autres, seul. Dans mon enfance, j'ai vu dans les rêves des images colorées de la même manière que maintenant. Dans ce rêve...

Il m'est revenu à plusieurs reprises. Il arrive des moments où je ne peux penser à rien d'autre. Une fenêtre va soudain ouvrir... Un coup de vent inattendu. Qu'est-ce que c'est ? D'où vient-il ? Où souffle-t-il ? Entre quelqu'un et moi un lien s'établit... Un contact... Mais comme ces murs gris de l'hôpital me dérangent ! Comme je suis encore faible ! Je couvre la lumière par un effort mental, parce qu'elle m'empêche de voir... Je me tends vers le haut, vers le haut... J'essaie de voir... Je commence à regarder plus haut...

Maman est venue. Hier, elle a accroché une icône dans ma chambre d'hôpital. Elle chuchote dans le coin, devant l'icône, se met à genoux. Tout le monde se tait : le professeur, les médecins, les infirmières. Ils pensent que je ne devine pas... Que je ne sais pas que je vais bientôt mourir... Ils ne savent pas que, la nuit, j'apprends à voler...

Qui a dit qu'il était facile de voler?

Jadis, j'écrivais des poèmes… À onze ans, je suis tombé amoureux d'une fille… À quatorze, j'ai découvert l'existence de la mort…

Garcia Lorca avait une expression : « La sombre racine du cri ». J'ai entrepris d'apprendre à voler… Je n'aime pas ce jeu, mais que faire? J'avais un ami. Il s'appelait Andreï. On l'a opéré deux fois avant de le renvoyer à la maison. Il devait subir une nouvelle intervention dans six mois. Il s'est pendu avec sa ceinture… Dans une classe vide, pendant que tous ses camarades participaient au cours d'éducation physique. Les médecins lui avaient interdit de courir, de sauter…

Ioulia, Katia, Vadim, Oksana, Oleg… Maintenant, c'est Andreï… « Nous mourrons et deviendrons la science », disait Andreï. « Nous mourrons et l'on nous oubliera », pensait Katia. « Nous mourrons… » pleurait Ioulia. Pour moi, le ciel, maintenant, est vivant. Et quand je le regarde… Ils sont là!"

CONCLUSION

UNE AUTRE VOIX SOLITAIRE

"Tout récemment encore, j'étais si heureuse. Pourquoi ? J'ai oublié…
C'est resté dans une autre vie. Je ne comprends pas… J'ignore comment j'ai pu revivre. Je l'ai voulu. Et voilà : je ris, je parle. J'étais
tellement angoissée… Comme paralysée. J'avais envie de parler à
quelqu'un, mais pas aux gens. J'allais à l'église. Là, tout est calme,
comme à la montagne. Très calme. On peut y oublier sa vie. Mais je
me réveille le matin… J'étends la main et je tâte… Où est-il ? Son
oreiller, son odeur… Un petit oiseau inconnu sautille sur le rebord
de la fenêtre avec une petite cloche et me réveille : jamais auparavant je n'ai entendu un son, un timbre pareils. Où est-il ? Impossible de tout transmettre, je ne parviens pas à tout exprimer. Je ne
comprends pas comment je suis restée en vie.

Le soir, ma fille s'approche : « Maman, j'ai appris mes leçons. »
Je me souviens alors de ce que c'est que d'avoir des enfants. Mais
où est-il ? « Maman, il faut me recoudre un bouton. » Comment
puis-je le suivre ? Le rencontrer. Je ferme les yeux et je pense à lui,
jusqu'à trouver le sommeil. Il vient lorsque je dors, mais furtivement, rapidement. Il disparaît aussitôt. J'entends ses pas… Mais
où s'en va-t-il ? Il avait une telle envie de vivre. Il regardait sans cesse
le ciel par la fenêtre. Je lui plaçais un coussin derrière le dos, puis
un autre, puis un troisième… Pour qu'il puisse se relever. Il mourait lentement… Une année entière… Nous ne pouvions pas nous
séparer. *(Elle se tait longtemps.)*
Non, non ! Ne craignez rien, j'ai désappris à pleurer. Je veux parler… Je ne peux pas me dire à moi-même que je ne me souviens de

rien, comme les autres. Comme une amie à moi. Nos maris sont morts la même année, ils ont été ensemble à Tchernobyl. Elle va déjà se remarier. Non, je ne la blâme pas. C'est la vie... Il faut survivre... Elle a des enfants... Mais une pensée bizarre ne me quitte pas, me tourmente, me semble ne pas être à moi, comme si je l'avais lue quelque part : j'ai vu ce que les autres n'ont pas encore vu. Quelque chose d'horrible s'est ouvert devant nous avant les autres...

Il est parti à Tchernobyl le jour de mon anniversaire. Les invités étaient encore à table. Il s'est excusé, m'a embrassée. Une voiture l'attendait en bas. Le 19 octobre 1986. Le jour de mon anniversaire... Il était monteur. Il partait en mission dans toute l'Union soviétique, et je l'attendais. Cela a été ainsi pendant des années. Nous vivions comme des amoureux : nous nous séparions et nous retrouvions. Mais cette fois... Nos mères, la mienne et la sienne, avaient peur. Mais pas lui, ni moi. Je me demande maintenant pourquoi. Nous savions pourtant où il allait. Nous aurions pu emprunter au fils des voisins le manuel de physique de terminale. Il y est parti sans chapeau. Aux autres gars de son équipe, les cheveux sont tombés en un an. Mais sa crinière est devenue encore plus épaisse. Son équipe comptait sept personnes : aucun d'eux n'est plus de ce monde. Ils étaient jeunes... Ils sont morts les uns après les autres... Le premier, trois ans après... Nous nous sommes dit que c'était peut-être le hasard. Puis, le deuxième, le troisième, le quatrième... Finalement, ils attendaient leur tour. Voilà comment ils vivaient! Mon mari est mort le dernier... Ils débranchaient l'électricité dans les villages évacués, grimpaient sur les poteaux... Dans des rues mortes... Tout le temps en haut... Il était grand, presque deux mètres. Quatre-vingt-dix kilos. Qu'est-ce qui pouvait abattre un tel homme? Pendant longtemps, nous n'avons pas eu peur... *(Soudain, elle sourit.)*

Oh! Comme j'étais heureuse, quand il est rentré! C'était la fête à la maison! C'était toujours la fête quand il revenait. J'ai une chemise de nuit très longue, très belle. Je la mettais. J'aimais la belle lingerie. Tout mon linge est joli, mais cette chemise en particulier. Pour notre premier jour... La première nuit... Je connaissais son corps par cœur, je le couvrais de baisers partout. Je rêvais même parfois d'être une partie de son corps, tellement nous étions inséparables. Quand il partait, il me manquait énormément, à en avoir mal physiquement. Il m'arrivait même de perdre le sens de l'orientation :

j'oubliais parfois où je me trouvais, dans quelle rue, et même l'heure qu'il était.

En revenant de Tchernobyl, il avait les ganglions lymphatiques un peu gonflés. Je les ai sentis sur son cou, avec mes lèvres. Ils étaient petits, mais j'ai demandé : « Veux-tu qu'on aille voir le médecin ? » Il m'a rassurée :

« Ça va passer.

— Comment c'était là-bas ?

— Un travail ordinaire. »

Ni bravade, ni panique. L'une des rares choses que je lui aie extirpées : « Là-bas, c'est le même système qu'ici. » À la cantine où ils mangeaient, on servait les soldats et les gens ordinaires au rez-de-chaussée. On leur donnait des pâtes et des conserves. Et au premier, chez les supérieurs, les officiers, on servait des fruits, du vin rouge, de l'eau minérale. Il y avait des nappes propres et chacun était équipé d'un dosimètre. En bas, ils n'en avaient pas un seul pour toute leur équipe.

Oh ! Comme j'étais heureuse ! Nous avons pu aller à la mer. Il y avait autant de mer que de ciel. La mer était partout. Une amie y est allée également, avec son mari. Elle n'en a pas gardé un bon souvenir : « La mer était sale. Tout le monde avait peur d'attraper le choléra. » Les journaux en ont parlé, je crois... Moi, ma mémoire me parle autrement : des couleurs fortes... Je me rappelle que la mer était partout, comme le ciel. Très, très bleue. Et il était à mes côtés.

Je suis née pour l'amour... À l'école, les filles rêvaient d'entrer à l'institut, ou de partir sur un grand chantier du Komsomol. Moi, je voulais me marier. Aimer très, très fort, comme Natacha Rostova[1]. Rien qu'aimer. Mais je ne pouvais l'avouer à personne, parce que, à l'époque, vous vous en souvenez, on nous ordonnait de rêver seulement des chantiers du Komsomol. On nous bourrait le crâne avec ça. Les jeunes rêvaient de la Sibérie et de la taïga impénétrable, en chantant : « Là nous appellent les brouillards et les odeurs de la taïga. » Je n'ai pas réussi à entrer à l'institut la première année. Je n'ai pas obtenu suffisamment de points, aussi j'ai pris un travail au central du téléphone. C'est là que je l'ai rencontré... Je lui ai demandé moi-même de m'épouser. Je lui ai dit : « Épouse-moi. Je t'aime tant. »

1. Héroïne de *Guerre et paix* de Léon Tolstoï.

J'étais follement amoureuse. Un si beau gars... Je planais. Je lui ai dit : « Épouse-moi. » *(Elle sourit.)*

Parfois, je réfléchis et je cherche des consolations : peut-être que la mort n'est pas la fin de tout. Il a peut-être simplement changé de monde et vit ailleurs. Aujourd'hui, je travaille dans une bibliothèque. Je lis beaucoup. Je rencontre des gens très divers. J'ai envie de parler de la mort. De comprendre. Je cherche dans les journaux et les livres. Je vais voir des pièces qui parlent de la mort. Sans lui, j'ai physiquement mal. Je ne peux pas vivre seule...

Il ne voulait pas aller chez le médecin : « Je ne veux rien entendre. Je n'ai pas mal. » Mais ses ganglions étaient devenus gros comme des œufs. Je l'ai forcé. Je l'ai poussé dans la voiture et l'ai emmené au dispensaire. On l'a envoyé voir un spécialiste. Un médecin l'a examiné et a appelé l'un de ses collègues : « Encore un Tchernobylien. » Et ils ne l'ont plus lâché. Une semaine plus tard, on l'a opéré. On lui a entièrement retiré la thyroïde et le larynx, que l'on a remplacé par des tuyaux. Oui... *(Elle se tait.)* Oui, je sais maintenant que c'était une époque heureuse. Mon Dieu! Je m'occupais de telles conneries! Je courais dans les magasins, j'achetais des cadeaux aux médecins : des boîtes de chocolat, des liqueurs d'importation. Des bonbons pour les infirmières et les aides-soignantes. Et personne ne refusait. Il se moquait de moi : « Ce ne sont pas des dieux. Ici, ce qu'il faut, ce sont des rayons et de la chimiothérapie pour tous. On me les accordera, même sans bonbons. » Mais, je courais à l'autre bout de la ville pour me procurer le gâteau « Lait d'oiseau », ou de l'eau de toilette française. À cette époque, on ne pouvait trouver tout cela que grâce à du piston, sous le manteau. Avant de le laisser revenir à la maison – revenir à la maison! –, on m'a remis une seringue spéciale et l'on m'a montré comment m'en servir pour le nourrir. J'ai tout appris. Je cuisinais quatre fois par jour des plats frais, très frais. J'éminçais la nourriture dans un hachoir, la passais au tamis, puis la lui injectais en piquant la seringue dans l'un des tuyaux. Le plus gros, celui qui allait à l'estomac. Mais il ne distinguait même plus les saveurs. Je lui demandais : « Est-ce bon ? » Il ne le savait pas.

Mais, malgré tout, nous sommes encore allés à quelques reprises au cinéma. Et nous nous y sommes embrassés. Nous n'étions suspendus qu'à un fil très mince, mais nous imaginions que nous étions de nouveau accrochés à la vie. Nous nous efforcions de ne pas parler de

Tchernobyl. C'était un sujet tabou. Je ne le laissais pas parler au téléphone. J'interceptais ses appels. Ses camarades mouraient l'un après l'autre… Un sujet tabou… Mais un matin, au réveil, il ne pouvait pas se lever. Et ne pouvait rien dire… Il ne pouvait plus parler… Il avait de très grands yeux… C'est seulement à ce moment-là qu'il a eu peur. Oui… *(Elle se tait encore.)* Il nous restait une année…

Pendant toute cette année, il a agonisé… Chaque jour, son état empirait. Et il savait que ses amis mouraient… Ce fardeau pesait aussi sur nous… Et ce qui était encore plus intolérable, c'était l'ignorance. On dit « Tchernobyl », on écrit « Tchernobyl ». Mais personne ne sait ce que c'est… Nous sommes parmi les premiers à avoir entr'aperçu quelque chose d'horrible… Chez nous, tout se passe différemment que chez les autres : nous naissons de façon différente, nous mourons de façon différente. Vous allez me demander comment on meurt après Tchernobyl ? L'homme que j'aimais, que j'aimais tellement que je n'aurais pu l'aimer davantage si je l'avais mis au monde moi-même, se transformait devant mes yeux… En un monstre…

On lui a enlevé les ganglions lymphatiques, mais, sans eux, la circulation sanguine s'est déréglée. Et son nez a bougé sur le côté, pour devenir trois fois plus gros qu'avant. Ses yeux aussi sont devenus différents. Ils se sont écartés et une lumière inconnue y est apparue, une expression différente, comme si ce n'était pas lui, mais quelqu'un d'autre qui regardait avec ses yeux. Et puis l'un d'entre eux s'est fermé complètement… Et moi, j'avais peur qu'il se voie dans cet état. Je ne voulais pas qu'il garde le souvenir d'une telle image de lui-même. Mais il s'est mis à me dire avec les mains qu'il voulait un miroir. Moi, je faisais mine de ne pas comprendre, d'oublier. J'inventais des subterfuges. J'ai réussi à retarder le moment fatidique pendant deux jours. Le troisième, il m'a écrit dans le cahier en grands caractères et avec trois points d'exclamation : « Donne le miroir!! » Pour correspondre, nous avions recours à un petit cahier, un stylo, un crayon… Je lui ai apporté le miroir, le plus petit que j'avais. Il s'est regardé, s'est pris la tête dans les mains et a commencé à se balancer dans le lit… Je me suis élancée vers lui pour le consoler :

« Dès que tu iras un peu mieux, nous nous installerons dans un village désert. Nous achèterons une maison. Si tu ne veux pas vivre dans une ville où il y a beaucoup de monde. Nous vivrons seuls. »

Je ne lui mentais pas. Je serais allée n'importe où avec lui. Peu m'importait comment il serait. Je voulais simplement être avec lui. Je ne lui mentais pas...

Le concernant, je ne me souviens de rien que je voudrais passer sous silence. Et il s'en est passé des choses... J'ai regardé très loin. Peut-être plus loin que la mort... *(Elle s'arrête.)*

J'avais seize ans lorsque je l'ai rencontré. Il en avait sept de plus que moi. Nous nous sommes fréquentés pendant deux ans. Chez nous, à Minsk, j'aime beaucoup le quartier de la Poste, la rue Volodarski. C'est là qu'il me fixait rendez-vous, sous l'horloge. J'habitais alors près de la filature et je prenais le trolley numéro 5 qui ne s'arrêtait pas près de la Poste, mais un peu plus loin, devant le magasin de vêtements d'enfants. J'arrivais exprès un peu en retard pour passer en trolley devant lui, le voir et m'émerveiller du beau gars qui m'attendait. Pendant deux ans, je n'ai vu passer ni l'hiver, ni l'été! Il m'emmenait aux concerts de ma chanteuse préférée, Edith Piekha. Nous n'allions pas au bal parce qu'il ne savait pas danser. Nous nous embrassions. Nous n'allions pas plus loin... Il m'appelait sa « petite ».

Le jour de mon anniversaire – c'est curieux, mais les choses les plus importantes m'arrivent ce jour-là –, je l'attendais sous l'horloge, à cinq heures. Il n'est pas venu. À six heures, affligée, je me suis traînée jusqu'à mon arrêt de trolley. Au moment de traverser la rue, je me suis retournée, comme si je sentais quelque chose. Il courait derrière moi, dans sa tenue de travail... On ne l'avait pas laissé sortir plus tôt. C'était ainsi que je l'aimais le plus : dans des vêtements de chasse ou de travail. Tout lui allait à merveille. Nous sommes allés chez lui. Il s'est changé et nous avons décidé de fêter mon anniversaire au restaurant. Hélas! Nous n'avons pas pu avoir une table : c'était déjà le soir, il n'y avait plus de places libres et nous ne savions pas graisser la patte du portier.

« Dans ce cas, s'est-il enflammé, achetons du champagne et des gâteaux et allons au parc. Nous ferons la fête là-bas! »

Sous les étoiles... Sous le ciel! Il était comme ça. Nous sommes restés jusqu'au matin sur un banc du parc Gorki. Jamais je n'ai eu un tel anniversaire. C'est à ce moment que je lui ai dit : « Épouse-moi. Je t'aime tant! » Il a ri : « Tu es encore petite. » Mais le lendemain, nous déposions notre demande au bureau de l'état civil.

Comme j'étais heureuse! Même si quelqu'un de là-haut, des étoiles, m'avait dit ce qui allait se passer, je n'aurais rien changé...

Le jour du mariage, il n'a pas retrouvé son livret d'identité. Nous avons fouillé en vain tout l'appartement. On a noté notre mariage sur un bout de papier[1] dans le bureau de l'état civil.

« Ma fille, c'est un mauvais présage », pleurait ma mère.

Plus tard, nous avons retrouvé le fameux livret dans un vieux pantalon, dans les combles. L'amour! Le matin, je dansais devant un miroir : je suis jeune, je suis belle, il m'aime! Maintenant, j'ai oublié mon visage, ce visage que j'avais avec lui... Je ne vois pas ce visage dans le miroir...

Peut-on parler de tout cela? Il y a des mystères. À ce jour, je ne comprends pas certaines choses... Jusqu'au dernier mois, il m'appelait la nuit... Il avait des désirs. Il m'aimait plus fort qu'avant. Le jour, quand je le regardais, je ne parvenais pas à croire ce qui se passait la nuit... Nous ne voulions pas nous séparer. Je le caressais. Dans ces instants, je me souvenais des instants les plus heureux... Lorsqu'il était arrivé barbu du Kamtchatka. Il s'était laissé pousser la barbe, là-bas. Mon anniversaire sur le banc d'un parc... « Épouse-moi. » Je suis allée vers lui, comme l'homme va vers la femme... Que pouvais-je lui donner, à part ses médicaments? Quel espoir? Il avait une telle envie de ne pas mourir...

Je n'ai rien raconté à ma mère. Elle ne m'aurait pas comprise. Elle m'aurait blâmée Elle m'aurait maudite. Car ce n'était pas un cancer ordinaire, dont tout le monde a peur. C'était celui de Tcherno-byl, encore plus terrifiant! Les médecins m'ont expliqué que, si les métastases avaient frappé les organes intérieurs, il serait mort rapidement. Mais elles se sont répandues à la surface, sur le corps, sur le visage... Il était recouvert d'excroissances noirâtres. Son menton avait disparu. Le cou aussi. Sa langue pendait. Des vaisseaux écla-taient et il avait des saignements. J'apportais de l'eau froide, je fai-sais des compresses : rien n'y faisait. C'était horrible. Tout l'oreiller se couvrait de sang... J'apportais une cuvette... Les jets de sang y tombaient avec le même bruit que le lait dans un seau pendant la traite de la vache... Ce son... Si calme, si campagnard... Je l'en-tends encore, la nuit. Tant qu'il était conscient, il tapait des mains. C'était notre signal convenu : « Appelle l'ambulance! » Il ne vou-lait pas mourir. Il avait quarante-cinq ans... J'appelle les urgences,

---

1. En URSS, les mariages étaient notés sur le livret d'identité (appelé aussi "pas-seport intérieur") de chacun des époux.

mais on nous connaissait. Personne ne voulait se déplacer : « Nous ne pouvons pas aider votre mari ! » Une piqûre, au moins ! De la drogue. Je le piquais moi-même. J'avais appris à le faire. Mais l'injection ne faisait qu'un bleu sur la peau, sans se diffuser. Une fois, je suis parvenue à les convaincre et l'ambulance est venue.

C'était un jeune médecin... Il s'est approché de lui pour reculer aussitôt.

« Dites, ce n'est pas une victime de Tchernobyl ? Il ne fait pas partie de ceux qui ont travaillé là-bas ?

— Oui. »

Alors, je n'exagère pas, il s'est exclamé :

« Ma pauvre ! Que cela se termine le plus vite possible ! J'ai déjà vu mourir des Tchernobyliens ! »

Mais mon mari était pleinement conscient et il entendait tout. Mais il ne savait pas, ne devinait pas qu'il était le dernier de son équipe à être encore en vie. Le dernier...

Une autre fois, c'est une infirmière qui est venue. Elle est restée sur le palier. Elle n'est même pas entrée dans l'appartement.

« Excusez-moi, je ne peux pas. »

Et moi, est-ce que je pouvais ? Je pouvais tout. Il criait... Il avait mal... Toute la journée... Alors j'ai trouvé la solution : je lui injectais de la vodka. Il se débranchait, alors. Il s'oubliait. Ce sont d'autres femmes qui m'ont soufflé ce remède... D'autres femmes qui avaient connu le même malheur...

Sa mère venait : « Comment as-tu pu le laisser aller à Tchernobyl ? Mais comment as-tu pu ? » Mais quel moyen avais-je de l'empêcher ? Et lui, l'idée de refuser d'y aller ne l'avait même pas effleuré. C'était une autre époque. Comme en temps de guerre. Une fois, je lui ai demandé : « Regrettes-tu d'y être allé ? » Il a remué négativement la tête. Et il a écrit dans le cahier : « Après ma mort, vends la voiture, vends les roues de rechange, mais n'épouse pas Tolik. » Tolik, son frère, était un peu amoureux de moi.

Il y a des mystères... Je me tenais assise près de lui. Il dormait. Il avait de si beaux cheveux. J'ai pris une mèche et je l'ai coupée... Il a ouvert les yeux et a vu ce que je tenais dans ma main. Il a souri... J'ai gardé de lui sa montre, sa carte militaire et la médaille qu'il a reçue pour Tchernobyl...

(Après un silence.) J'étais tellement heureuse ! À la maternité, je passais mes journées à l'attendre, près de la fenêtre. Je ne comprenais pas

réellement ce qui m'arrivait, quand j'allais accoucher. Je n'avais besoin que de le voir... Je ne me lassais pas de le regarder, comme si je sentais que cela devait se terminer un jour. Le matin, je lui préparais le petit-déjeuner et j'admirais sa manière de manger. Sa manière de se raser, de marcher dans la rue. Je suis une bonne bibliothécaire, mais je ne comprends pas comment on peut aimer son travail. Je n'aimais que lui. Lui seul. Et je ne peux pas vivre sans lui. La nuit, je crie... Je crie dans mon oreiller, pour que les enfants n'entendent pas...

Je n'imaginais pas une seconde la maison sans lui. Ma vie sans lui. Ma mère, mon frère me préparaient. Ils faisaient de discrètes allusions, me rappelaient que les médecins conseillaient de le faire entrer dans un hôpital spécial aux environs de Minsk. Là où, avant, on envoyait les malades incurables... Les victimes de l'Afghanistan... Des estropiés sans bras ni jambes... Et maintenant, c'était le tour des Tchernobyliens. Ils me suppliaient : il serait mieux, là-bas ! Il y aurait toujours des médecins à portée de la main. Moi, je ne voulais pas en entendre parler. Ils l'ont alors persuadé et c'est lui qui me demandait : « Amène-moi là-bas. Ne souffre pas. »

Il a rempli de supplications tout notre cahier. Il m'a obligée à donner ma parole. Alors je suis allée en voiture, avec son frère. Au bout d'un village qui s'appelait Grebenka, se dressait une grande maison de bois avec un puits qui tombait en ruine et des toilettes dehors. Elle était tenue par de vieilles femmes vêtues de noir. Des religieuses... Je ne suis même pas sortie de la voiture... La nuit, je l'ai embrassé : « Comment as-tu pu me demander une chose pareille ? Jamais je ne le ferai. Jamais ! » Je l'ai couvert de baisers...

Les dernières semaines furent les pires... Pendant des demi-heures entières, je l'aidais à uriner dans un petit bocal. Il ne levait pas les yeux. Il avait honte. Et moi, je l'embrassais. Le dernier jour, à un moment, il a ouvert les yeux, s'est assis, a souri et a dit : « Valioucha ! »

Il est mort seul... L'homme meurt seul... Des collègues l'ont appelé, de son travail : « Nous allons lui apporter un diplôme d'honneur. » Je lui ai dit : « Tes gars veulent venir. » Il a fait « Non ! Non ! » de la tête. Mais ils sont venus tout de même... Ils ont apporté de l'argent et le diplôme, dans une pochette rouge ornée du portrait de Lénine. En la prenant, j'ai pensé : « Mais pour quelle cause meurt-il ? Dans les journaux, on écrit que ce n'est pas seulement Tchernobyl qui a explosé, mais le régime communiste. Et le profil sur la pochette rouge n'a pas bougé... »

Les gars voulaient lui dire quelques mots d'encouragement, mais il s'est caché sous une couverture. Seuls ses cheveux dépassaient. Ils sont restés un moment debout, près de lui, et puis ils sont partis. Il avait peur des gens. J'étais la seule personne dont il n'avait pas peur.

Lorsqu'on l'a enterré, je lui ai recouvert le visage avec deux mouchoirs. Si quelqu'un voulait le voir, je le montrais. Une femme s'est évanouie. Elle était naguère amoureuse de lui. J'étais jalouse d'elle.

« Permets-moi de le voir pour la dernière fois, m'a-t-elle demandé.

— Regarde. »

Quand il est mort, personne n'osait s'approcher de lui. Selon nos coutumes slaves, les membres de la famille n'ont pas le droit de laver et d'habiller le défunt. On a fait venir deux employés de la morgue. Ils ont demandé de la vodka.

« Nous avons vu de tout, m'ont-ils dit. Des victimes d'accident de la route, des personnes assassinées au couteau, des cadavres d'enfants calcinés dans des incendies... Mais une chose pareille, c'est bien la première fois ! Les Tchernobyliens meurent de la façon la plus horrible... »

(Elle s'arrête.) Quand il est mort, il était très chaud. On ne pouvait pas le toucher... J'ai arrêté l'horloge de la maison. Il était sept heures du matin. Elle est restée ainsi jusqu'à ce jour : impossible de la remonter... On a fait venir un horloger : il a eu un geste dépité :

« Ce n'est ni mécanique, ni physique, a-t-il dit. C'est métaphysique ! »

Les premiers jours sans lui... J'ai dormi quarante-huit heures d'affilée. Il était impossible de me réveiller. Je me levais, buvais de l'eau, ne mangeais rien et retombais sur l'oreiller. Maintenant, cela me semble bizarre, inexplicable. Comment ai-je pu dormir ?

Lorsque le mari de l'une de mes amies mourait, il lui balançait la vaisselle. Pourquoi était-elle jeune et belle, alors que lui... ? Le mien n'arrêtait pas de me regarder... Il a écrit dans notre cahier : « Quand je mourrai, brûle mes restes. Je ne veux pas que tu aies peur. » Pourquoi en a-t-il décidé ainsi ? Il y avait pas mal de rumeurs : on disait que les Tchernobyliens « luisaient » même après leur mort... J'ai lu que les gens font un détour pour ne pas s'approcher trop des tombes des pompiers de Tchernobyl, enterrés au cimetière de Mitino. Et l'on évite d'enterrer d'autres morts près d'eux. Si les morts ont peur des morts, que dire des vivants ? Car personne ne sait ce qu'est Tchernobyl. Il n'y a que des suppositions. Des pressentiments. Il avait ramené de là-bas le costume de travail blanc qu'il utilisait. Un pantalon et une veste... Ce costume est resté dans le débarras, chez nous, jusqu'à sa mort. Et puis ma mère a décidé : « Il faut jeter toutes ses affaires. » Elle avait peur... Moi, j'ai gardé ces vêtements malgré tout. J'étais une criminelle. J'avais quand même des enfants à la maison : ma fille et mon fils. Nous avons fini par enterrer ses affaires à la campagne...

J'ai lu beaucoup de livres, je vis parmi les livres, mais on ne peut rien expliquer. On m'a rapporté l'urne... Je n'ai pas eu peur. J'ai touché avec ma main ce qu'il y avait à l'intérieur : j'ai senti quelque chose de menu, comme des petits coquillages. C'était ce qui restait des os iliaques. Jusque-là, lorsque je touchais à ses affaires après sa mort, je ne le sentais pas. Et soudain, à ce moment, c'était comme si je l'avais embrassé. La nuit où il est mort, je m'en souviens, j'étais assise à côté de lui. Et soudain, j'ai vu une toute petite fumée... Et j'ai revu une fumée semblable au-dessus du crématorium... Son âme... Personne ne l'a remarquée, à part moi. J'ai eu le sentiment de l'avoir rencontré une fois de plus...

Oh! Comme j'étais heureuse! Lorsqu'il partait en mission, je comptais les jours et les heures jusqu'à son retour. Je ne pouvais pas me passer de lui... Une fois, nous avons rendu visite à sa sœur, à la campagne. Le soir, elle me dit :

« Je t'ai fait ton lit dans cette chambre et celui de ton mari dans celle-là... »

Lui et moi, nous avons éclaté de rire. Nous n'imaginions même pas pouvoir faire chambre à part. Toujours ensemble. Sans lui je ne peux pas... Son frère m'a demandée en mariage... Ils se ressemblent tellement... Mais il me semble que, si quelqu'un d'autre me touche, je vais pleurer...

Qui me l'a pris? De quel droit? On lui a apporté la convocation barrée de rouge le 19 octobre 1986... Comme pour la guerre!

(Nous prenons le thé. Elle me montre les photos de famille. Les photos du mariage. Et lorsque je m'apprête à prendre congé, elle m'arrête.)

Comment vais-je vivre? Je ne vous ai pas tout raconté... Pas jusqu'au bout. J'ai été heureuse... À la folie. Peut-être ne faut-il pas donner mon nom... Il y a des mystères... On récite des prières dans le mystère... On parle de soi en chuchotant... *(Elle se tait.)* Non, donnez mon nom! Nommez-moi devant Dieu! Je veux comprendre... Je veux aussi comprendre pourquoi les souffrances nous sont données. Pourquoi elles existent. Au début, j'avais l'impression qu'après tout cela, il me resterait quelque chose de sombre dans le regard... Quelque chose d'étranger... Ce qui m'a sauvée? Ce qui m'a rendue à la vie? Mon fils... J'ai encore un fils... Notre fils... Il est malade depuis longtemps. Il a grandi, mais il voit le monde avec les yeux d'un enfant de cinq ans... Je veux être avec lui... Je rêve d'échanger mon appartement pour être plus près de Novinki. Il se trouve là-bas, dans un hôpital psychiatrique... Tel est le verdict des médecins. Pour survivre, il doit rester là-bas. Je vais le voir tous les week-ends. Il m'accueille en me disant :

« Où est papa Micha? Quand est-ce qu'il va venir? »

Qui d'autre peut bien me le demander? Il l'attend...

Alors, nous l'attendrons ensemble. Je réciterai en chuchotant ma supplication pour Tchernobyl et lui, il regardera le monde avec des yeux d'enfant... "

Valentina Timofeïevna Panassevitch,
épouse d'un liquidateur.

EN GUISE D'ÉPILOGUE

"Une agence de voyages de Kiev propose des voyages à Tchernobyl et une tournée au cœur des villages morts… Naturellement, pour de l'argent. Visitez La Mecque du nucléaire…"

Le journal *Nabat,* février 1996.

NOTE BIOGRAPHIQUE

Svetlana Alexievitch, née le 31 mai 1948 en Ukraine, a longtemps vécu à la campagne, en Biélorussie, où ses parents étaient instituteurs. Diplômée de la faculté de journalisme de Minsk, elle a commencé sa carrière dans un journal rural. En 1985 son premier livre, *La guerre n'a pas un visage de femme*, recueil de témoignages de femmes pendant la Seconde Guerre mondiale, provoque une énorme polémique. L'ouvrage est jugé "antipatriotique, naturaliste, dégradant" et relevant de la haute trahison. Son livre, soutenu par Gorbatchev, se vend néanmoins à plusieurs millions d'exemplaires. Toujours en 1985 paraît *Derniers témoins*, la guerre vue par des femmes et des hommes qui, à l'époque, étaient des enfants. *Les Cercueils de zinc* (1990), recueil de témoignages de soldats soviétiques partis se battre en Afghanistan, est un nouveau scandale, suivi d'un procès. Quant à *La Supplication. Tchernobyl, chronique du monde après l'Apocalypse* (1997), l'ouvrage est aujourd'hui encore interdit en Biélorussie. Enfin, *La Fin de l'homme rouge, ou le Temps du désenchantement* (2014), sur la fin de l'URSS et ce qui a suivi, prix Médicis essai, a été classé Meilleur livre de l'année par *Lire*.

Aujourd'hui, Svetlana Alexievitch vit de nouveau en Biélorussie, à Minsk, après plusieurs séjours "obligés" à l'étranger.

Pour plus d'informations sur la vie et l'œuvre de Svetlana Alexievitch (textes originaux russes, articles de presse, interviews, etc.), voir aussi le site personnel de l'auteur : http://alexievich.info.

TABLE

Introduction. – "J'écris l'histoire des âmes." *Entretien de Svetlana Alexievitch avec Michel Eltchaninoff* 7

LA GUERRE N'A PAS UN VISAGE DE FEMME 17
L'homme est plus grand que la guerre 20
 Dix-sept ans plus tard 29
 Ce que la censure a supprimé 30
 Ce que j'ai écarté moi-même 35
"Je ne veux pas me souvenir…" 38
"Grandissez encore, les filles… Vous êtes trop jeunes…" 53
 Des serments et des prières 57
 De l'odeur de la peur et d'une valise de chocolats 68
 De la vie quotidienne et de l'existence 81
"Je suis la seule à avoir revu ma mère…" 93
"Chez nous cohabitent deux guerres…" 112
"Le téléphone ne tue pas…" 120
"Nous n'avions droit qu'à de petites médailles…" 133
 Des poupées et des fusils 136
 De la mort et de l'étonnement devant la mort 140
 Des chevaux et des oiseaux 143
"Ce n'était pas moi…" 148
"Je me rappelle encore ces yeux…" 157
"Nous n'avons pas tiré…" 174
 De bottines et d'une maudite jambe de bois 175
 Du savon spécial "K" et des arrêts de rigueur 180
 Des roulements à billes qui fondent et des jurons russes 187

"On avait besoin de soldats... Mais j'avais aussi envie d'être jolie...".. 196

Bottes d'homme et chapeaux de femme 198

De la voix de soprano des jeunes filles et des superstitions de marins 208

Du silence de la vie et de la beauté de la fiction.................... 218

"Mesdemoiselles, savez-vous bien qu'un chef de section de sapeurs ne vit que deux mois..."................................... 219

"Le voir, au moins une fois...".. 233

D'une maudite bonne femme et des roses de mai 233

D'un étrange silence devant le ciel et d'une bague perdue 246

De la solitude de la balle et de l'homme.............................. 254

"De minuscules patates..."... 257

D'une corbeille contenant une bombe et un jouet en peluche, et de serviettes brodées posées sur des icônes........................ 258

Des mamans et des papas... 269

Petite vie et grande idée 276

"Maman, qu'est-ce que c'est, papa ?"................................ 284

Du bain d'un enfant et d'une maman qui ressemble à un papa 284

Du Petit Chaperon rouge et de la joie de rencontrer un chat à la guerre... 293

Du cri et du chuchotement 301

"Et elle pose la main là où bat son cœur..." 303

"J'ai soudain éprouvé une terrible envie de vivre..."................ 316

DERNIERS TÉMOINS 327

"Il avait peur de se retourner..."...................................... 333

"Ma première et dernière cigarette..."............................ 335

"Grand-mère priait... Elle demandait que mon âme revienne..." 338

"Ils gisaient, tout roses, parmi les cendres..." 338

"Je veux toujours ma maman..."....................................... 341

"De si beaux jouets allemands..." 344

"Une poignée de sel, voilà tout ce qui restait de notre maison..." 349

"J'ai embrassé tous les portraits de mon manuel..." 352

"Je l'ai ramassée de mes propres mains… Elle était blanche,
toute blanche…" 354

"Je veux vivre ! Vivre !…" 355

"Par la boutonnière…" 356

"Je n'ai entendu que le cri de maman…" 359

"On jouait et les soldats pleuraient…" 362

"Au cimetière, les morts sont remontés à la surface… Ils gisent,
comme s'ils avaient été tués une seconde fois…" 364

"Je comprends que c'est bien mon père… Et j'ai les genoux qui
tremblent…" 365

"Ferme les yeux, fiston, ne regarde pas…" 367

"Mon petit frère pleure parce qu'il n'était pas là quand on avait
un papa…" 370

"Ma voisine de table était aux premières loges…" 370

"C'est moi, ta maman…" 373

"On demandait : on peut lécher ?…" 374

"Une demi-cuillerée supplémentaire de sucre… " 375

"Ne brûle pas, maison chérie, ne brûle pas !…" 378

"Elle avait une blouse blanche, comme maman…" 380

"S'il te plaît, prends-moi sur tes genoux…" 382

"Elle la berçait comme une poupée…" 383

"On m'avait déjà acheté un abécédaire…" 385

"Pas l'âge de combattants, et pas l'âge de galants…" 393

"Si au moins il pouvait me rester un fils…" 394

"De sa manche, il sèche ses larmes…" 396

"Il était pendu à sa corde, comme un enfant…" 397

"À présent, vous serez mes enfants…" 399

"Nous, on leur baisait les mains…" 401

"Je les voyais avec mes yeux de petite fille…" 402

"Maman n'avait jamais souri…" 404

"Je ne pouvais pas me faire à mon nom…" 405

"Sa vareuse était mouillée…" 406

"À croire qu'elle lui avait sauvé sa fille…" 408

"On m'a porté jusqu'au détachement… J'étais en miettes, de la tête
aux pieds…" 411

"Et pourquoi, moi, je suis tout petit ?…" 414

"Ils étaient attirés par l'odeur de la chair humaine…" 415

"Pourquoi ils lui ont tiré dans la figure ? Ma maman était si
jolie…" 417

"Tu me demandes de t'achever…" 421

"Je n'avais même pas un fichu…" 425

"Il n'y a personne pour jouer dehors…" 428

"Elle a ouvert la fenêtre… et lâché les feuilles au vent…" 429

"Creusez là!…" 434

"On a enterré grand-père sous la fenêtre…" 436

"Ils tapotaient par-dessus, avec leurs pelles, pour que ce soit plus joli…" 437

"Je m'achèterais une robe avec un nœud…" 439

"Comment ça, mort? Y a pas eu de coups de feu, aujourd'hui…"… 441

"Parce qu'on est des filles, et lui un garçon…" 447

"T'es plus mon frère, puisque tu joues avec les petits Allemands…" 449

"On avait oublié jusqu'au mot…" 454

"Votre place est au front, et vous tombez amoureux de ma maman…" 458

"À l'instant ultime, ils ont crié leur nom…" 464

"On s'est attelées, toutes les quatre, à cette luge…" 465

"Ces deux gamins ne pesaient pas plus lourd que des moineaux…" 467

"Ce qui m'embêtait le plus, c'est que j'avais des chaussures de fille…" 469

"Je crie, crie… Je ne peux plus m'arrêter…" 473

"Tous les enfants se sont pris par la main." 475

"On ne savait même pas à quoi ressemblait un enterrement… Mais là, on a trouvé…" 477

"Il les avait mis dans un panier…" 478

"Ils ont sorti les petits chats…" 480

"Retiens bien : Marioupol, 6, rue du Parc…" 482

"J'ai senti son cœur s'arrêter…" 483

"J'ai filé au front, rejoindre ma sœur, le sergent-chef Vera Redkina…" 486

"Du côté où le soleil se lève…" 487

"Une chemise blanche dans le noir, ça se voit de loin…" 491

"Sur le plancher tout propre, que je venais de laver…" 493

"Est-ce que Dieu voyait tout ça? Et qu'est-ce qu'il en pensait?…"… 495

"Ce monde si beau qu'on ne s'en lasse pas…" 496

"Elle m'apportait des bonbons tout en longueur… On aurait dit des crayons…" 500

"La mallette était juste à sa taille…" 501

"Ce rêve, j'en avais peur…" 502

"Je voulais être la seule pour maman, et qu'elle me gâte…" 503

"Ils ne coulaient pas, on aurait dit des ballons…" 504

"Je me souviens d'un ciel bleu, tout bleu. Et de nos avions dans
  ce ciel…" 508

"On aurait dit des citrouilles mûres…" 510

"Le parc, on l'a mangé…" 512

"Si vous pleurez, on tire…" 515

"Maman, papa… des mots en or…" 516

"Ils l'avaient rapportée en morceaux…" 518

"On venait d'avoir des poussins… J'avais peur qu'ils les
  tuent…" 520

"Roi de trèfle… roi de carreau…" 520

"Une grande photo de famille…" 524

"Donnez, que j'emplisse au moins vos poches de patates à
  planter…" 525

"To-to boit du bon lo-lo…" 526

"Il m'a donné une toque avec un ruban rouge…" 528

"Et je tirais en l'air…" 532

"Pour ma première rentrée des classes, maman m'a portée à
  l'école…" 533

"Petit chien chéri, m'en veux pas… petit chien chéri…" 534

"Ce n'est pas ma fille! pas ma fi-ille!…" 538

"Nous, des enfants? On était des hommes et des femmes…" ... 539

"Ne donne pas le costume de papa à quelqu'un qu'on connaît
  pas…" 540

"La nuit, je pleurais : où était ma maman si gaie?…" 541

"Il ne voulait pas que je m'envole…" 542

"Tout le monde veut embrasser le mot « victoire »…" 544

"Une chemise faite dans la vareuse de mon père…" 545

"Je l'ai décoré d'œillets rouges…" 546

"Longtemps, j'ai attendu papa… Toute ma vie…" 549

"Au bout de la chaîne…" 549

LA SUPPLICATION 559

Information historique 563

Prologue 567

Une voix solitaire 567

I. La Terre des morts 587

Monologue sur la nécessité du souvenir 587

*Monologue sur ce dont on peut parler avec les vivants et les
    morts* 589

Monologue sur une vie entière écrite sur une porte 595

*Monologue d'un village : comment appeler les âmes du paradis
    pour pleurer et manger avec elles* 597

Monologue sur la joie d'une poule qui trouve un ver 608

Monologue sur une chanson sans paroles 610

Trois monologues sur une peur très ancienne 611

*Monologue sur l'homme qui n'est raffiné que dans le mal,
    mais simple et accessible dans les mots tout bêtes de l'amour* ... 619

Le chœur des soldats 621

II. La Couronne de la création 635

Monologue sur de vieilles prophéties 635

Monologue à propos d'un paysage lunaire 638

*Monologue sur un témoin qui avait mal aux dents et qui a vu
    Jésus tomber et gémir* 639

*Trois monologues sur "la poussière qui marche" et "la terre qui
    parle"* 645

Monologue sur la difficulté de vivre sans Tchekhov ni Tolstoï ... 651

Monologue sur ce que saint François prêchait aux oiseaux 656

Monologue sans titre – un cri. 664

Monologue à deux voix pour un homme et une femme 664

*Monologue sur une chose totalement inconnue qui rampe et
    se glisse à l'intérieur de soi* 670

Monologue sur le regret du rôle et du sujet 674

Le chœur populaire 682

III. Admiration de la tristesse 691

Monologue sur ce que nous ignorions : la mort peut être si belle ... 691

Monologue sur la légèreté de devenir poussière 694

Monologue sur les symboles d'un grand pays 700

*Monologue sur le fait que, dans la vie, des choses horribles
    se passent de façon paisible et naturelle* 702

*Monologue sur le fait qu'un Russe a toujours besoin de croire
    en quelque chose* 708

Monologue sur la physique, dont nous étions tous amoureux ... 711

*Monologue sur ce qui est plus insondable que la Kolyma,
    Auschwitz et l'Holocauste* 716

Monologue sur la liberté et le rêve d'une mort ordinaire 718
Monologue sur ce qu'il faut ajouter à la vie quotidienne pour
   la comprendre 723
Monologue sur un petit monstre qu'on aimerait quand même 727
Monologue sur un soldat muet 728
Monologue sur l'éternel et le maudit : que faire et qui est
   coupable ? 732
Monologue d'un défenseur du pouvoir soviétique 736
Monologue sur comment deux anges ont rencontré la petite
   Olga 738
Monologue sur le pouvoir démesuré d'un homme sur un autre 742
Monologue sur des victimes et des prêtres 748
Le chœur des enfants 756
Conclusion 765
   Une autre voix solitaire 765
En guise d'épilogue 777

Note biographique 779

DANS LA MÊME COLLECTION

Littérature

PAUL AUSTER, œuvres romanesques, t. I.
PAUL AUSTER, œuvres romanesques et autres textes, t. II.
PAUL AUSTER, œuvres romanesques, t. III.
AMADOU HAMPÂTÉ BÂ, Mémoires.
INGEBORG BACHMANN, œuvres.
RUSSELL BANKS, œuvres romanesques, t. I.
NINA BERBEROVA, essais.
CATULLE, *Le Livre de Catulle de Vérone*.
DON DELILLO, œuvres romanesques, t. I.
FÉDOR DOSTOÏEVSKI, œuvres romanesques 1846-1849.
FÉDOR DOSTOÏEVSKI, œuvres romanesques 1859-1864.
FÉDOR DOSTOÏEVSKI, œuvres romanesques 1865-1868.
FÉDOR DOSTOÏEVSKI, œuvres romanesques 1875-1880.
PER OLOV ENQUIST, œuvres romanesques, t. I.
DIDIER-GEORGES GABILY, œuvres.
ELFRIEDE JELINEK, œuvres romanesques.
EDUARD VON KEYSERLING, œuvres choisies.
SELMA LAGERLÖF, œuvres romanesques.
NAGUIB MAHFOUZ, œuvres romanesques.
THÉODORE MONOD, récits.
PAUL NIZON, œuvres "autofictionnaires".
HUBERT NYSSEN, œuvres, t. I.
YÔKO OGAWA, œuvres, t. I.
YÔKO OGAWA, œuvres, t. II.
OVIDE, *Les Métamorphoses*.
OVIDE, écrits érotiques.
OVIDE, *Lettres d'amour, lettres d'exil*.
CLAUDE PUJADE-RENAUD, œuvres, t. I.
REZVANI, romans.
SÉNÈQUE, théâtre complet.
GONZALO TORRENTE BALLESTER, *Les Délices et les Ombres*.
MICHEL TREMBLAY, *Chroniques du Plateau-Mont-Royal*.
MICHEL TREMBLAY, *Le Gay Savoir*.
GÖRAN TUNSTRÖM, œuvres romanesques, t. I.

HERBJØRG WASSMO, œuvres romanesques, t. I.
HERBJØRG WASSMO, œuvres romanesques, t. II.

Essais

BENJAMIN CONSTANT, *De la religion*.
MARQUIS DE CUSTINE, *La Russie en 1839*.
IBN KHALDÛN, *Discours sur l'histoire universelle*.
RENÉ PASSET, *Les Grandes Représentations du monde et de l'économie à travers l'histoire*.
JEAN-JACQUES ROUSSEAU, *Dictionnaire de musique*.
TABARÎ, *La Chronique* (2 volumes).
GIORGIO VASARI, *Les Vies des meilleurs peintres, sculpteurs et architectes* (2 volumes).
VOLTAIRE, *Dictionnaire philosophique*.
Sagesses de l'Égypte pharaonique, sous la direction de Pascal Vernus.

Nature

JEAN-PIERRE DEMOLY ET FRANKLIN PICARD, *Guide du patrimoine botanique en France*.
ANTOINE-JOSEPH DEZALLIER D'ARGENVILLE, *La Théorie et la Pratique du jardinage*.
JEAN HENRI FABRE, *Récits sur les insectes, les animaux et les choses de l'agriculture*.
CHEN HAOZI, *Miroir des fleurs*.
IBN AL-'AWWÂM, *Le Livre de l'agriculture*.
JEAN-BAPTISTE DE LA QUINTINIE, *Instruction pour les jardins fruitiers et potagers*.
GARCIA DA ORTA, *Colloques des simples et des drogues de l'Inde*.
OLIVIER DE SERRES, *Le Théâtre d'agriculture et mesnage des champs*.

Ouvrage réalisé
par l'Atelier graphique Actes Sud.
Achevé d'imprimer
en septembre 2015
par Normandie Roto Impression s.a.s.
61250 Lonrai
pour le compte
des éditions Actes Sud
Le Méjan
Place Nina-Berberova
13200 Arles.

Dépôt légal
1re édition : octobre 2015

N° impr. : 1504196

(Imprimé en France)